W0095838

V o r w o r t

Als Teilnehmer des "Schülerwettbewerbs Deutsche Geschichte"
1977 haben Sie Ihr Interesse an der historischen Forschung
bekundet. Mit Ernst und Eifer waren Sie bemüht, bisher noch
weiße Flecken der Sozialgeschichte unseres Landes zu erforschen. Dazu haben Sie historische Fakten zusammengetragen
und den Versuch einer Wertung unternommen. Als Dank für
Ihre Teilnahme an dem Wettbewerb erhalten Sie dieses Buch.
Es soll Ihnen ein Anreiz sein, sich auch weiterhin mit der
Sozialgeschichte zu beschäftigen.

Für die Verfasser des Buches ist Geschichte nicht ausschließlich eine Reihe von Aktionen von Staatsmännern und
Politikern. Ihr Interesse gilt vor allem den geschichtlichen Veränderungen, die sich weitgehend unbemerkt vollziehen. Die Beiträge untersuchen, wie sich das Leben der
einzelnen Menschen und Gruppen unter den Bedingungen politischer Gegebenheiten, wirtschaftlicher und sozialer Verwand-
lungsprozesse verändert hat.

Für den Leser wird dabei deutlich, welche Opfer und Ver-
zichte frühere Generationen, vor allem beim Beginn der
Industrialisierung, auf sich nehmen mußten. Sie haben damit
die Grundlagen für unseren heutigen Wohlstand geschaffen.
Das sollten wir nie vergessen.

Fabrik – Familie – Feierabend

Sonderausgabe
für die
Teilnehmer am Schülerwettbewerb
Deutsche Geschichte 1977
um den Preis des Bundespräsidenten

Thema:
»Arbeitswelt und Technik im Wandel.
Zur Sozialgeschichte des Alltags«

Anerkennungsgeschenk
der
Kurt A. Körber Stiftung

Fabrik
Familie
Feierabend

Beiträge zur Sozialgeschichte des Alltags
im Industriezeitalter

Herausgegeben von
Jürgen Reulecke und Wolfhard Weber

Peter Hammer Verlag, Wuppertal

© Peter Hammer Verlag, Wuppertal 1978
Alle Rechte vorbehalten
Umschlag: hammerteam
Umschlagfoto:
Mit freundlicher Genehmigung des Verlages Schirmer/Mosel
aus W. Ranke:
Heinrich Zille. Photographien Berlin 1890–1910, München 1975
Druck: F. L. Wagener, Lemgo
Buchbinderei: Klemme & Bleimund, Bielefeld
Gesetzt in der Linotype Garamond
ISBN: 3 87294 122 4

Inhalt

Vorwort

Die deutschen Neuzeithistoriker haben sich in den vergangenen ein-
einhalb Jahrhunderten überwiegend mit den »Haupt- und Staatsak-
tionen« und den Leistungen und Wirkungen »großer Männer« beschäftigt; die zentralen Linien der Politik und die ins Auge fallenden
politischen Ereignisse beherrschten neben ideen- und verfassungsge-
schichtlichen Fragestellungen weitgehend die historische Forschung.
Erst allmählich und keineswegs durchgängig wurden nach dem Zweiten
Weltkrieg auch sozioökonomische Zusammenhänge und Prozesse untersucht und Strukturen, d. h. die inneren Bauformen von Staat, Wirtschaft und Gesellschaft, analysiert. Hinzu kam in jüngster Zeit die
Beschäftigung mit geschichtswirksamen sozialen Bewegungen, besonders mit der Arbeiterbewegung. Wie aber die einzelnen Menschen unter den Bedingungen der spektakulären politischen Ereignisse und
sozialen Wandlungsprozesse der Moderne gelebt, wie sich diese im
alltäglichen Leben der vielen einzelnen und Kleingruppen bemerkbar
gemacht haben, ist bisher kaum untersucht worden. Möglicherweise
hielten die meisten Historiker diesen Bereich für zu banal und »alltäg-
lich«. Geschichtsformende Kräfte suchten und erkannten sie entweder
im Denken und Handeln einzelner herausragender Persönlichkeiten
oder in anonymen, aber mehr oder weniger »gesetz«mäßig ablaufenden Prozessen. Der »kleine Mann«, der »Normalverbraucher«, blieb
bei dieser Betrachtungsweise »auf der Strecke«. Er und seinesgleichen,
die »Leute«, die nach Brecht am Ende die Spesen zu tragen haben,
waren allenfalls Fußvolk, Statisten, »nur« passiv Betroffene; höchstens in Ausnahmefällen handelten sie einmal kollektiv als »Masse«,
»Pöbel«, »Volk«. Mit Recht hat deshalb ein Nichthistoriker, der
Schriftsteller Enzensberger, schon vor zwei Jahrzehnten geklagt: »Wir
haben eine Geschichte der Völker. Die der Leute ist immer noch nicht
geschrieben ...« Auch heute besitzen wir noch keine Geschichte des
Alltags, aber es lassen sich seit einiger Zeit verschiedene Schritte unterschiedlicher Herkunft in diese Richtung feststellen:

1. Manche Sozialhistoriker erinnerten sich an Ansätze älterer kulturhistorischer Forschungen, aufgenommen in der Landesgeschichte, aber auch in der Volkskunde, die dann allerdings eigene Wege ging und erst in jüngster Zeit sich wieder historischen Fragestellungen nähert.
2. Weitere Anregungen gingen von der französischen Historikergruppe um die Zeitschrift »Annales« aus. In vielerlei Detailforschungen war von ihren Vertretern der einzelne nicht als isoliertes Individuum oder als winziger Teil großer Kollektive, sondern als soziales Wesen in einer Fülle von gesellschaftlichen Bezügen gesehen worden, die man nur durch eine fächerübergreifende »Wissenschaft vom Menschen« untersuchen zu können glaubte. Ein Zeichen für die Wirkung dieser Gruppe ist die noch nicht abgeschlossene Diskussion um Fragestellungen und Selbstverständnis einer »Historischen Anthropologie«.
3. Die intensivere Beschäftigung mit der Geschichte der Arbeiterbewegung seit etwa einem Jahrzehnt hat – nicht nur bei uns, sondern auch z. B. in der DDR – die Einsicht gefördert, daß man diese Bewegung eigentlich nicht voll verstehen kann, wenn man nicht die Lebensbedingungen und das alltägliche Denken und Handeln derjenigen kennt, von denen sie getragen wurde und denen sie in erster Linie galt.
4. Gleichzeitig erwiesen sich sozialwissenschaftliche Forschungen als besonders anregend, bei denen Alltagsverhältnisse im Hinblick beispielsweise auf die Entstehung von gruppenspezifischen Mentalitäten, Wahlentscheidungen, Konsumverhaltensweisen usw. untersucht wurden. Unter dem Einfluß moderner sozialwissenschaftlicher Fragestellungen und Methoden begannen vor allem jüngere Historiker, die Geschichtswissenschaft insgesamt als »Historische Sozialwissenschaft« zu verstehen.

Der langsamen Hinwendung zu einer Sozialgeschichte des Alltags folgte bald das Staunen über die Problemfülle und die Fragemöglichkeiten sowie über den Quellenreichtum, die eine zusammenfassende Darstellung z. B. des Alltags unter dem Einfluß des Industrialisierungsprozesses vorerst noch unmöglich machen. Werner Conze hat daher in seinem Abschlußvortrag auf dem Mannheimer Historikertag 1976 ausdrücklich aufgerufen, diesen »Neulandbereich« zu betreten. Beweggrund dazu ist weder verklärende Nostalgie noch allein museale bzw. antiquarische Neugier, sondern vor allem die Überzeugung, daß mit dieser Hinwendung ein Beitrag zum besseren Verständnis tiefsitzender Prägungen und Verhaltensweisen, zentraler Bedürfnisstrukturen und ähnlicher grundlegender Aspekte des menschlichen Zusammenlebens in einer differenzierten modernen Industriegesellschaft geleistet werden kann.

Im vorliegenden Band sind in vierzehn exemplarischen Beiträgen Teilaspekte und Forschungsansätze dieses Problemfeldes zusammengefaßt, die insgesamt mehr zum Weiterfragen anregen als abschließende Ergebnisse bringen sollen. Bewußt wurden dabei recht unterschiedliche Quellengattungen herangezogen (z. B. literarische Quellen, Werkzeuge, Bilder, Statistiken, Interviews u. ä.). Nicht nur der Platzmangel, auch der Forschungsstand bedingen aber deutliche Lücken. Zudem war eine zeitliche und räumliche Eingrenzung angebracht: Bis auf zwei weiter ausgreifende Beiträge behandeln die Aufsätze Themen aus der Industrialisierungsphase im engeren Sinn, also von der Mitte des 19. Jahrhunderts bis zur Weimarer Republik, wobei sie sich vor allem regional auf das Rheinisch-Westfälische Industriegebiet und seine Nachbarschaft beziehen. Dieser Raum bot sich in besonderer Weise an, weil er von Anfang an kein hauptstädtisches Ballungszentrum, sondern eine flächenhafte Agglomeration gewesen ist, in der nebeneinander dörfliche und städtische Entwicklungen unter dem dominierenden Einfluß der Industrie abgelaufen sind.

Nach zwei einleitenden Aufsätzen, die – ausgehend von ungewöhnlichen Quellen – Lebensbedingungen und Normenstruktur in der Frühindustrialisierung, z. T. am Beispiel einer bestimmten Stadt (W. Köllmann), und in einem an das Ruhrgebiet angrenzenden agrarischen Gebiet (A. Gladen) behandeln, folgen drei Bereiche, in denen – in lockerer Zuordnung – Probleme des Arbeitsplatzwandels, der häuslichen Lebensverhältnisse und der Nicht-Arbeitszeit dargestellt werden. Während im ersten Bereich (Stichwort »Fabrik«) im ersten Beitrag zunächst allgemein die Frage nach den sich wandelnden Arbeitsbedingungen vor allem unter dem Begriff der »Arbeitssicherheit« in seiner doppelten Bedeutung im Mittelpunkt steht (F. W. Henning), untersuchen die beiden folgenden Beiträge Arbeitsplatzwandel und Arbeitsverrichtungen am Beispiel zweier Berufe, in denen noch lange handwerkliche Traditionen weiterwirkten (W. Weber, R. Stahlschmidt). Vier weitere Aufsätze (Stichwort »Familie«) beschäftigten sich weniger mit den bisher noch kaum erforschten inneren Familienstrukturen als vielmehr mit den Sozialisationsbedingungen und Bedürfnisbefriedigungen (L. Niethammer / F. Brüggemeier; H. J. Teuteberg / A. Bernhard) sowie mit Versuchen von Selbsthilfeorganisationen und Betrieben (G. Huck), Schulen und Kommunalverwaltungen (J. Reulecke), darauf einzuwirken. Der Übergang zum letzten Bereich (Stichwort »Feierabend«) ist fließend. Die beiden Aufsätze, die sich exemplarisch mit Problemen evangelischer Gemeinden im Industriezeitalter (A. Kraus) und ihrer Einschätzung durch Vertreter der Kirche (G. Brakelmann) auseinandersetzen, machen deutlich, wie kirchliche Einstellungen und Verhaltensweisen in die Gefahr gerieten, in Randzonen menschlicher Existenz »abgedrängt« zu werden. Drei abschließende Beiträge analysieren unter den Leitbegriffen »Kommunikation« und »Sozialisation«, wie sich vor allem im Bereich der Nicht-Arbeitszeit die Industriegesellschaft vielfältig strukturiert und in »subkulturellen« Erscheinungsformen ausgeprägt hat (K. Tenfelde, V. Schmidtchen, S. Gehrmann).

Angesichts des breiten Spektrums der behandelten Themen und der Vorläufigkeit der Einzelergebnisse können wir nur mit erheblichen Einschränkungen von einem Gesamtergebnis sprechen. Immerhin dürften die Beiträge sichtbar machen, daß »Industrialisierung« ein höchst differenzierter, in sich widersprüchlicher und teilweise auch von älteren Traditionen und retardierenden Kräften geprägter Vorgang war. Offenbar hat erst ein langer Lernprozeß die Menschen befähigt, sich in den neuen Strukturen mit ihren veränderten Wertigkeiten zurechtzufinden. Erst nach einer mühevollen Anpassung war es ihnen möglich, Forderungen zu stellen, in solidarischen Aktionen selbstbewußt soziale Konflikte auszutragen und so an den »Errungenschaften der modernen Zivilisation« teilzunehmen.

Jede Geschichtsforschung ist immer auch »Kind ihrer Zeit«; die eigenen Probleme prägen in erkennbarer Weise das Erkenntnisinteresse und die jeweils vorherrschende Fragerichtung. Wenn heute Historiker durch eine Hinwendung zur Sozialgeschichte des Alltags den einzelnen in seiner sozialen Umwelt ernster nehmen als bisher, dann mag darin die Befürchtung mitschwingen, daß die vielfältigen Hoffnungen, Ängste und Glückswünsche der »Leute« aus dem Blickfeld geraten könnten. Gerade diese Gefahr droht sowohl in totalitären Einparteienstaaten als auch in technokratisch erstarrten pluralistischen Gesellschaften, wenn eine arrogante und menschenverachtende Bürokratie den Alltag zu bestimmen versucht.

Bochum, im Februar 1978   Jürgen Reulecke   Wolfhard Weber

Wolfgang Köllmann

Aus dem Alltag der Unterschichten in der Vor- und Frühindustrialisierungsphase

In der bürgerlichen Gesellschaft des deutschen Vormärz gewannen die Unterschichten eine neue Qualität. Nicht nur ihr absolutes Wachstum, in dem sich die Prozesse der ländlichen Übervölkerung, der Übersetzung des Handwerks und der durch den technischen und ökonomischen Strukturwandel bedingten Bedeutungsverluste des Heimgewerbes verschränkten[1], sondern auch ihre mit der Entlassung aus den Bindungen älterer ständischer (oder halbständischer) Ordnung durch Revolution und Reformen[2] gewandelte gesellschaftliche Position lassen sie als Potential der Veränderung begreifen. So verstand die Sozialkritik jener Zeit den »Vierten Stand«[3] durchaus als Bedrohung der bürgerlichen Gesellschaft und entwickelte die Modelle sozialer Integration und proletarischer Revolution, die noch in den Ost-West-Gegensätzen unserer Tage nachwirken[4]. Zwar löste die erst nach der Revolution 1848/49 voll einsetzende Industrialisierung – in den fünfziger Jahren weitgehend im Verein mit der Auswanderung – die soziale Problematik des vormärzlichen Pauperismus, weil dem wachsenden Arbeitskräftepotential nunmehr Arbeitsplätze verfügbar wurden, aber dies bedeutete zunächst nur Rettung vor Verelendung durch das Elend frühindustriellen Proletarierdaseins, das trotz allmählicher Steigerung der Reallöhne seit Mitte der sechziger Jahre[5] bis in die Hochindustrialisierungsphase hin-

---

1 Vgl. dazu: *W. Köllmann:* Bevölkerung und Arbeitskräftepotential in Deutschland 1815–1865, in: *ders.:* Bevölkerung in der industriellen Revolution (= Kritische Studien zur Geschichtswissenschaft, Bd. 12), Göttingen 1974, S. 61 ff., vor allem S. 76 ff.

2 Die Konsequenzen der Französischen Revolution, wie sie primär im Verfassungswandel der unter französischem Einfluß stehenden Rheinbundstaaten zum Ausdruck kamen, führten in die gleiche Richtung wie die Ergebnisse der – scheinbar – durch die Revolution beeinflußten Reformen. Hier unterscheidet sich meine Auffassung von der *C. Jantkes:* Zur Deutung des Pauperismus, in: *C. Jantke / D. Hilger* (Hg.): Die Eigentumslosen, Freiburg/München 1965, S. 7.

3 Vgl. hierzu *C. Jantke:* Der Vierte Stand, Freiburg 1955; *W. Conze:* Vom »Pöbel« zum »Proletariat«, in: VSWG, Bd. 41 (1954), S. 333 ff.; Wiederabdruck in: *H.-U. Wehler* (Hg.): Moderne deutsche Sozialgeschichte, 3. Aufl. Köln 1971, S. 111–136.

4 Vgl. hierzu *W. Köllmann:* Politische und soziale Entwicklung der deutschen Arbeiterschaft 1850–1914, in: VSWG, Bd. 50 (1964), S. 480 ff., vor allem S. 487 ff.

5 Eine trotz ihrer Knappheit besonders instruktive Diskussion der Proble-

einreichte. Damit setzte sich die soziale Problematik des »Vierten Standes« in der sozialen Problematik frühindustriellen Proletariats fort.

Die Lage der verelendenden Massen am Ende der Vorindustrialisierungsphase und des Proletariats in der Frühindustrialisierungsphase ist weitgehend bekannt[6]. Neben den Arbeiten der Sozialkritiker und ökonomischen und soziologischen Untersuchungen der Zeit bietet sich ein reiches Quellenmaterial in amtlichen oder privaten Berichten, Enquêten und politischen und sozialpolitischen Äußerungen, das die sozialgeschichtliche Forschung der vergangenen zwanzig Jahre so weit aufgearbeitet hat, daß Strukturen und Verläufe der wesentlichen Prozesse des Wandels verdeutlicht werden konnten. Doch besitzen diese Quellen bei allem Materialreichtum den Mangel, nicht von den Betroffenen selbst zu stammen, so daß sie, falls nicht schon durch ideologische Positionen oder durch politische und sozialpolitische Absichten der Verfasser verfremdet, eine aus Fragestellung und Zielsetzung folgende Stufe der Reflektion spiegeln, die zwar erlaubt, in entsprechender Zusammenführung den Gestaltwandel zu fassen und darzustellen, aber wenig über Welt- und Selbstverständnis dieser Unterschichten aussagen kann. Ein Grund für solche Einseitigkeit liegt in mangelnder Schriftlichkeit dieser Unterschichten[7]. Auch wenn das Analphabetentum durch Verschärfung der Schulpflicht und Erfolge früher Sozialpolitik in den Gesetzen gegen die Kinderarbeit weitgehend zurückgedrängt werden konnte, wurde die Fähigkeit eigenständigen Ausdrucks kaum geübt, bewegte sich doch die Schulbildung in den Grenzen stereotyper Muster der Vorbereitung auf Lehre und Beruf. Außerdem zielte solche Schulerziehung auf unkritische, oft intolerante Kirchengläubigkeit und einen ebenso unkritischen und intoleranten Patriotismus: »Außer lesen, schreiben, rechnen wurde uns besonders noch gelehrt, was der liebe Gott für einen guten Mann war und ebenso der König. Es wurden immer Lieder gesungen, wo nur Gott und der König gelobt wurden.«[8]

---

matik der Reallohnentwicklung findet sich bei *K. Borchardt:* Wirtschaftliches Wachstum und Wechsellagen 1800–1914, in: *H. Aubin / W. Zorn* (Hg.): Hb. d. Deutschen Wirtschafts- und Sozialgeschichte, Bd. 2, Stuttgart 1976, S. 225 ff.

6 Vgl. dazu: *W. Conze:* Sozialgeschichte 1800–1850 und 1850–1918, in: *Aubin / Zorn* (s. Anm. 5), S. 426 ff. und 602 ff. (mit ausführlichen Literaturbelegen) und die o. genannten Arbeiten von *C. Jantke* und *D. Hilger.* Auf Einzelheiten einzugehen, muß ich mir hier versagen.

7 Belege für Analphabetentum der Dienstboten bei: *R. Engelsing:* Dienstbotenlektüre im 18. und 19. Jahrhundert, in: *ders.:* Zur Sozialgeschichte deutscher Mittel- und Unterschichten (= Kritische Studien zur Geschichtswissenschaft, Bd. 4), Göttingen 1973, S. 197 f.

8 *K. Eckert* u. a. (Hg.): Die kleine mühselige Welt des jungen Hermann Enters. Erinnerungen eines Amerika-Auswanderers an das frühindustrielle

Dies fand seine Fortsetzung in den speziell für Gruppen der Unterschicht verfaßten oder als »Volksliteratur« deklarierten Schriften, die eher über den aus der Aufklärung erwachsenen Glauben ihrer zeitgenössischen bürgerlichen oder adeligen Autoren an Pädagogik, denn über Lage, Wissen oder Selbstverständnis der angesprochenen Zielgruppe Aussagen ermöglichen. Auch die späteren Arbeiterselbstbiographien[9], nicht selten von bereits durch die politische Arbeiterbewegung Geschulten verfaßt, geben kaum Einblicke in die Frühzeit[10], so daß sie, selbst wenn die üblichen selbstbiographischen Mängel (Erinnerungsfehler oder Beschönigung) vernachlässigt werden, eher einer schon fortgeschritteneren Phase ökonomischer und sozialer Entwicklung mit entsprechender Bewußtseinsbildung zuzuordnen sind.

Damit erhebt sich die Frage, ob es überhaupt Quellen gibt, die als unmittelbare Beiträge zur Erhellung der angesprochenen Problematik in der Vor- und Frühindustrialisierungsphase gewertet werden dürfen. Solche Quellen müssen entweder in den Unterschichten selbst entstanden sein, oder diese müssen sie sich so angeeignet haben, daß sie als wesensgemäß begriffen und übertragen werden. Ähnlich älteren Volksüberlieferungen, wie den Liedern und Geschichten, die die Volkskundler seit Achim von Arnims und Clemens Brentanos »Des Knaben Wunderhorn« (3 Bde., 1806/1809) und Jacob und Wilhelm Grimms »Kinder- und Hausmärchen« (2 Bde., 1812/1814) sammelten, würden die Autoren solcher jüngerer Volksüberlieferung unbekannt bleiben, weil es zwischen »Erfindung« und späterer Erfassung Generationen mündlicher Weitergabe geben könnte, obwohl der Zeitraum der Entstehung häufig deutlicher festlegbar ist als bei den älteren Volksliedern und -märchen. Als eine andere Quellengruppe wären mundartliche Äußerungen zu betrachten, die niedergeschrieben worden sind, nachdem die sprachliche »Klassentrennung« zwischen einer Bürgerlichkeit hochdeutscher und einem »gemeinen Volk« mundartlicher Umgangssprache[11]

Wuppertal (= Beiträge zur Geschichte und Heimatkunde des Wuppertals, Bd. 18), Wuppertal 1970, S. 28. Bei diesen Erinnerungen handelt es sich um einen 1922 geschriebenen Brief eines 75jährigen, der bereits 40 Jahre in den USA lebte. S. zu den Schulverhältnissen auch den Beitrag von *J. Reulecke* im vorliegenden Band, bes. S. 260 f.

9 *W. Conze* (Sozialgeschichte, s. Anm. 6, S. 619, S. 630, Anm. 30) weist auf die geringe Zahl der bekannten Arbeiterselbstbiographien hin. Hier wäre eine systematische Erfassung notwendig. S. auch den Aufsatz von *W. Fischer:* Arbeitermemoiren als Quellen für Geschichte und Volkskunde der industriellen Gesellschaft, in: *ders.:* Wirtschaft und Gesellschaft im Zeitalter der Industrialisierung (= Kritische Studien zur Geschichtswissenschaft, Bd. 1), Göttingen 1972, S. 214–223.

10 *Enters* (vgl. Anm. 8) scheint hier eine Ausnahme zu bilden.

11 *Engelsing* charakterisiert (s. Anm. 7, S. 192) diesen Prozeß der Sprachen-

vollzogen war. Selbst wenn bürgerliche Autoren solche Schriften verfaßten, deutet doch, falls mehr als bloße anekdotenhafte Wirkung er-
zielt werden soll, allein die Verwendung der Mundart auf die Absicht,
»mit Hilfe des spezifischen Idioms die Eigenart eines ganz bestimmten
Menschenschlages nicht nur zu umschreiben, sondern plastisch darzustellen«[12]. Aus unmittelbarer Beobachtung bei Beherrschung mundartlicher Umgangssprache entstanden, zumeist ebenfalls kaum reflektiert
und auf einen Leserkreis beschränkt, für den eine ähnliche Nähe zum
Dargestellten vorausgesetzt werden darf, beruht die Aussagekraft dieser Quellen nicht auf ihrer Entstehung aus den angesprochenen Unterschichten, sondern auf voraussetzbarem Einfühlungsvermögen und
Kenntnissen der Autoren.

Der Aussagewert solcher Quellen ist durch Überprüfung anhand anderer Quellen zu ermitteln. Erst aus der Belegbarkeit von Aussagen ergibt sich die Möglichkeit der Einschätzung des nicht mehr Belegbaren
und damit der Beurteilung. Als Beispiele für die zwei genannten Quellengruppen können die seit einigen Jahren unter der Bezeichnung »Lieder aus der Küche« bekanntgewordenen Folklore-Lieder und Otto
Hausmanns in Elberfelder Mundart geschriebenes Epos »Mina Knallenfalls« herangezogen werden[13]. Sie entsprechen den gestellten Bedingungen der Unmittelbarkeit, der Verarbeitung eigener Erfahrungen
und der unreflektierten mundartlichen Wiedergabe, so daß sie als
typisch gelten dürfen.

I

Während das kleine Epos Otto Hausmanns anonym in den sechziger
Jahren[14] erschienen ist, stehen die Jahre der Entstehung der einzelnen
»Lieder aus der Küche« nicht fest. Für manche von ihnen ist aber eine

---

trennung unter Hervorhebung seiner nord- und süddeutschen Differenzierungen.

12 *R. Picard:* Solinger Sprachschatz. Wörterbuch und sprachwissenschaftliche
   Beiträge zur Solinger Mundart, Duisburg 1974, S. 6 (als Hinweis auf den
   Solinger Heimatdichter Peter Witte).

13 Die folgenden Ausführungen sollen nur die Möglichkeiten der Auswertung der angesprochenen Quellengruppen zeigen. Deshalb stellt sich hier
   nicht die philologische Frage der Edition. Herangezogen wurden: *H. Goetz*
   (Hg.): Lieder aus der Küche, München o. J.; *O. Hausmann:* Lewensgeschichte vam Mina Knallenfalls van äm selwer vertault, 8. Aufl. Wupper-
   tal-E. o. J. (1948).

14 *H. Wolff:* Otto Hausmann 1837–1916, in: Wuppertaler Biographien,
   8. Folge (= Beiträge zur Geschichte und Heimatkunde des Wuppertals,
   Bd. 16), Wuppertal 1969, S. 59.

zeitliche Einordnung durchaus möglich, am einfachsten dann, wenn sich aus dem Inhalt Bezüge zu Ereignissen ergeben. So heißt es in einem dieser Lieder:

»Von Hamburg ging sie bis nach Bremen,
von dort bis an die Eisenbahn.
Sie wollt ihr Haupt auf Schienen legen,
bis daß der Zug aus Barmbeck kam.«

Von der geographischen Verwirrung – Barmbeck liegt nicht an der Eisenbahnstrecke Hamburg–Bremen – abgesehen, ist dieses Lied erst in einer Zeit möglich, in der es Eisenbahnen gibt. Die erste Eisenbahnstrecke, die Hamburg erreichte (Hamburg–Berlin), wurde 1842 eröffnet, so daß es mit Sicherheit in die Zeit nach 1842 zu datieren ist. Wenn in einem anderen Lied ein Leutnant von der Garde ein Mädchen verführt, das sich dann im Rhein ertränken möchte, deutet das auf die Zeit nach 1815, weil die Rheinlande erst dann in den preußischen Staat eingegliedert worden sind. Kaum früher könnten die von meist edlen Räubern handelnden Gesänge entstanden sein, veröffentlichte doch Christian August Vulpius, der Schwager Goethes, seinen dreibändigen Schauerroman »Rinaldo Rinaldini« erst 1797, während der als legendärer Wohltäter gefeierte »edle Räuber« Schinderhannes 1803 in Mainz hingerichtet wurde. Solche Verse wie

»Rinaldini, lieber Räuber,
raubst den Weibern Herz und Ruh.
Ach, wie schrecklich in dem Kampfe,
wie verliebt im Schloß bist du«

können also erst danach entstanden sein. Andere Lieder nehmen simplifizierend die Schäferidyllik der Rokokozeit wieder auf, so daß sie frühestens noch in das ausgehende 18. Jahrhundert gehören wie auch die Lieder, die pietistisches Gedankengut auf einfache Schuld- und Sühneverhältnisse reduziert verwenden, so wenn der zurückkehrende Wandersmann seine treulose Braut als kinderreiche (verheiratete) Mutter im tiefsten Elend antrifft: »denn Gottes Strafe bleibet niemals aus«. Es lassen sich also viele Anhaltspunkte dafür finden, daß diese Lieder aus dem ausgehenden 18. und der ersten Hälfte des 19. Jahrhunderts stammen, also in die Vorindustrialisierungszeit gehören. Damit sind sie sowohl vom älteren Volkslied, als dessen Fortsetzung sie betrachtet werden können, als auch vom jüngeren Gassenhauer oder gar vom Schlager abgesetzt. Weil sie, wenn auch mit regionalen Unterschieden – Matrosenlieder eher im Norden, Jägerlieder eher im Süden – so verbreitet waren, daß sie in mündlicher Überlieferung immerhin anderthalb Jahrhunderte und mehr lebendig blieben, läßt sich vermuten, daß sich in ihnen Anschauungen, Probleme und Wünsche der Menschen, die solche Lieder erfanden oder mit Hingebung sangen, abzeichneten. Dies

aber sind die Menschen des unterbürgerlichen und unter- und klein-
bäuerlichen Bereiches der vorindustriellen Gesellschaft, die Mägde und
Knechte, die Handwerksgesellen und Dienstboten, die Tagelöhner und
Häusler, die sich in ihnen ausgedrückt fanden. Wenn Küche und Spinn-
stube, Felder und Handwerksstätte die Orte waren, an denen diese
Lieder erklangen, so ersetzen sie schriftliche Äußerungen zum eigenen
Selbstverständnis.

Auf den ersten Blick wird man enttäuscht sein. Von den 32 Liedern,
die in der hier zugrundegelegten Sammlung publiziert sind, entstammen allein neun der Räuber- und Ritterromantik oder der Jäger- und
Schäferidyllik. Da raubt Rinaldini »den Weibern Herz und Ruh«, ein
anderer Räuber setzt ein Mädchen, das ihm »von Herzen gut« war, zu
seiner Erbin ein, und ein dritter gibt sein Handwerk auf, als er merkt,
daß der überfallene Wandersmann sein Bruder ist, und geht mit ihm
»übers weite Meer«. Die »stolze Isabell« – »sie schoß mit Pfeil und
Bogen so gut als Wilhelm Tell« – erschießt ihren Verehrer, während
Ritter Hugo nach Rückkehr aus dem Kampfe nur das Grab seiner »von
der Liebe festgebannten« Ida vorfindet. Glücklicher endet die Liebe
zwischen Schäfermädchen und Jäger:

> »Sie traten beide vorn Altar
> und sagten alle beide Ja.
> Nach Verlauf von dreiviertel Jahren
> bekam sie einen kleinen Knaben.
> Der war ja ganz nach ihrem Sinn,
> viel schöner als die Jägerin.«

Aber jenseits von Räuber- und Ritterromantik und -idyllik tritt bereits
in manchen dieser Lieder ein eigenes Grundmotiv zutage, das auf das
Selbstverständnis derer, die sie sangen und ihren Inhalt mitfühlend
nachempfanden, schließen läßt: ein offensichtlich von pietistischem
Denken beeinflußtes einfaches Schuld-, Reue- und Sühnedenken: Die
Geschichte der »stolzen Isabell« endet nämlich damit, daß sie ihre Fre-
veltat erkennt und in wenigen Wochen an gebrochenem Herzen stirbt,
während Ritter Hugo sich im Kloster zu Tode grämt. Fehlen Gram
und Reue, so folgt die Strafe, wie die Schauerballade vom bürgerlichen
Bösewicht Heinrich zeigt, der seine frühere Geliebte verlassen und damit in den Tod getrieben hat, um eine »reiche Erbin von dem Rhein«
zu heiraten. Der Geist der Verstorbenen verfolgt ihn, bis er sich selbst
das Leben nimmt, um dann auf ewig verdammt zu sein:

> »Gnade fand sie, doch ihr Ungetreuer
> war verloren ohne Wiederkehr.
> Als ein Scheusal, als ein Ungeheuer,
> irrt sein Geist um Mitternacht umher.«

Zu einer zweiten Gruppe gehören die 17 Lieder, die von Treulosigkeit oder verschmähter Liebe handeln. Im Unterschied zu den Räuber- und Ritterliedern bleiben sie ganz im Bereich der Unterschichten. Ihre Inhalte sind weithin ähnlich, wie auch das Grundmotiv Schuld und Reue in fast allen wiederkehrt:

> »Ach, hätten meine Augen
> den Jüngling nie gesehn,
> so könnt ich froh und heiter
> an ihm vorübergehn.
>
> Ach hätten meine Eltern
> mich an einen Baum gehängt,
> und mit dem schwersten Mühlstein
> in tiefen See versenkt.«

Dieses Motiv erscheint allerdings in charakteristischen Abwandlungen: Während der adelige Verführer dem verführten Mädchen ins Grab folgt, steht es in einem andern Lied allein und verlassen. Der junge Mann macht sich davon oder bleibt ungerührt, wenn die bei der Geburt seines Kindes gestorbene ehemalige Geliebte zu Grabe getragen wird:

> »Und er hat ihr Treu geschworen,
> doch der Schwur war falsch,
> Lina hat ein Kind geboren,
> und sie starb daran.
>
> Und man wickelt sie in Leinen,
> trug zum Friedhof hin.
> Und der Jüngling stand von ferne,
> sah nicht einmal hin.«

Die Verzweiflung der Verlassenheit kann in den Selbstmord führen. Dann erneuert sich die klassische Gretchen-Tragödie, freilich nicht mehr in der Form der Hinterlassenschaft eines strebenden Faust, dem ein mephistophelischer Böser höhere Ziele vorspiegelt, sondern als eher triviale, aber wohl realistische Verzweiflungstat auf den Schienen der Eisenbahn, von denen »ein Haupt rollt blutrot in den Sand«, oder im Wasser des Dorfteiches.

Manchmal erfahren Resignation und Verzweiflung eine Wendung zum Positiven, zu neuem Lebenswillen, die dann sogar Verzeihung für den Verführer einschließen kann, wie in dem wohl bekanntesten dieser Lieder, der Geschichte von Mariechen, das weinend im Garten saß:

> »Dein Vater lebt lustig in Freuden,
> Gott laß es ihm wohlergehn,
> er denkt nicht mehr an uns beide,
> will dich und mich nicht sehn.
> Drum wollen wir uns stürzen
> hinab in die tiefe See,
> dort sind wir beide geborgen
> vor Kummer, Leid und Weh.

Das Kind erhebt seine Augen
zur Mutter auf und ab,
die Mutter drückts an ihr Herz
und spricht mit zarter Kraft:
Nein, nein, wir wollen leben,
wir beide, du und ich,
deinem Vater sei alles vergeben,
so glücklich machst du mich.«

Wenn gerade das uneheliche Kind so häufig Gegenstand solcher Lieder wird, so deutet sich hier ein belegbarer sozialgeschichtlicher Tatbestand an. Im Jahrzehnt 1841/50 waren im Königreich Bayern 20,6 % aller Geborenen unehelich, im Herzogtum Braunschweig 20,0 %, im Großherzogtum Mecklenburg-Schwerin 17,4 % und im Großherzogtum Baden 15,1 %. Diese Werte lagen höher als die für die Stadt Berlin (15,1 %) oder die Stadtstaaten Lübeck (12,3 %), Hamburg (11,5 %) und Bremen (7,8 %), während die preußischen Provinzen Schlesien (9,4 %), Ostpreußen (9,1 %) und Pommern (7,9 %) einen Mittelplatz in der deutschen Statistik einnahmen. Nur die Provinz Westfalen (4,0 %) und die Rheinprovinz (3,6 %) wiesen in dieser »Moralitätsstatistik« die mit deutlichem Abstand geringste uneheliche Geburtlichkeit auf[15]. Nun war in den bäuerlichen Gebieten Bayerns, Ost- und Südwestdeutschland ein uneheliches Kind kein so großes soziales Problem, wie es auf den ersten Blick erscheinen mag. Schon der Kommentar der angeführten Statistik weist darauf hin, daß die Häufigkeit der unehelichen Geburten »den entgegengesetzten Verlauf« zur Häufigkeit der Eheschließung nahm, »namentlich insoweit es sich bei letzteren um Kinder von Eltern handelt, die eine spätere Eheschließung vorhaben, zunächst aber daran gehindert sind«[16]. Bekannt ist die bäuerliche Sitte der »Verlobungsprobe«, die von der zukünftigen Bäuerin verlangte, vor der Ehe zu beweisen, daß sie Nachwuchs auf den Hof bringen kann. Leider fehlen Zahlen über Legitimierungen, aber es läßt sich doch annehmen, daß der Grad der Diskriminierung unehelicher Geburt landschaftsweise sehr verschieden war. Zum Problem wurde das uneheliche Kind erst dann, wenn das Mädchen sitzengelassen wurde, oder aber, wenn ein uneheliches Kind prinzipiell als Schande angesehen war, die Mutter und Kind automatisch gesellschaftlich in Verruf brachte. So verbergen sich hinter den oft unbeholfen-komisch wirkenden Versen Alltagstragödien der Verlassenheit und Verzweiflung, wie sie wohl in jedem Dorf und in jeder Stadt erlebbar waren. Die zentrale Thematik von Liebesleid und Tod, wie sie in den meisten der Lieder dieser Ausgabe in Erscheinung tritt, erweist sich somit durchaus als Bestandteil des Alltags jener vorindustriellen Unterschichten.

15 Statistik des Deutschen Reichs, Neue Folge, Bd. 44, Berlin 1892, S. 17* f.
16 Ebd., S. 19* f.

Schon solches Geschehen bedeutet Elend. Zwar bleiben die Erzählungen im Bereich des persönlichen Schicksals, wie auch andere Schilderungen, die die Lage der vorindustriellen Unterschichten, deren Verelendung im Vormärz katastrophale Ausmaße anzunehmen drohte, mit aller Deutlichkeit darstellen. Hier gewinnt die Gestalt des Wandersmannes, der in vielen Liedern eine Rolle spielt, eine besondere Bedeutung. Nicht immer ist es nämlich derjenige, der seine Geliebte verläßt, um den Folgen zu entgehen, seltener noch der wandernde Handwerksgeselle, für den die Wanderjahre Bestandteil seiner Ausbildung sind, sondern eher schon der Mann, der auszieht, um die Familie zu ernähren und ebenso mittellos heimkehrt, wie er gegangen ist. So antwortet in dem schon zitierten Räuberlied der Überfallene auf die Aufforderung: »Gib mir dein Geld, sonst muß ich dich durchbohren« mit den Worten:

> »Ich hab kein Geld, kann leider dir nichts geben.
> Willst du mein Leben, nimms und kühle deine Lust,
> willst du es haben, ich will es dir geben,
> ich öffne dir von selber meine Brust.«

Noch drastischer ist die Darstellung des Elends in einem anderen Lied, das zugleich der Hoffnungslosigkeit beredten Ausdruck verleiht. Es handelt von einer Familie, deren Vater gestorben ist. Die Mutter steht mit sechs Kindern allein und nahrungslos im strengen Winter, dazu müssen sie die Wohnung räumen, weil sie die Miete nicht zahlen können:

Abb. 1

>»Das eine Kind schreit, weil es friert,
eins hälts vor Hunger nicht mehr aus,
das dritte schreit nach seinem Vater.
Sie müssen aus der Wohnung raus.
Das sind Gefühle, die man nie vergessen kann.«

Dann stirbt auch die Mutter, und die Kinder »müssen in die Welt hinaus«. Sie vermehren die Zahl der bettelnden Obdachlosen. Wieweit dies tatsächlichen Verhältnissen entspricht, mag ein Bericht des »Westphälischen Dampfboots« aus dem Herforder Gebiet von 1847 illustrieren:

> »Niemals habe ich größere Scharen von Bettlern gesehen als in diesem Jahr. In einem Hause belief sich die Zahl der bettelnden Männer, Frauen und Kinder, die nacheinander an demselben Morgen sich einstellten, auf 250. Mit dem Bettelgesetz ist gegen solche Armut nichts mehr auszurichten.«[17]

Dies kennzeichnet die Not vor allem während der großen Agrarkrise vor der Revolution 1848/49. Die Armut begründete die Mobilitätsbereitschaft der Unterschichten, wie sie bereits für das ausgehende 18. Jahrhundert belegbar ist. Die Klagen über die »Bettlerplage« nahmen vor allem in Hungerzeiten nach Mißernten, aber auch nach Kriegen zu. »Zumeist vagabundierende Heeresinvaliden und keine Versorgung mehr findende Angehörige der unterbäuerlichen und unterbürgerlichen Schichten« legten den Besitzenden eine »Kontribution« auf, die als ernsthafte Belastung begriffen wurde, zumal Ablehnung von den Verzweifelten häufig mit Drohung und Gewalt beantwortet wurde[18]. Der Arme, im Mittelalter und in der frühen Neuzeit als Gegenstand christlicher Nächstenliebe ein wichtiger Teil der Gesellschaft, wurde nunmehr zunehmend zu einer Belastung, der mit den Mitteln geforderter Mildtätigkeit nicht mehr zu begegnen war. Weil er am Ort keinen Unterhalt mehr finden konnte, wurde er deshalb zur Wanderung der Arbeit nach oder auch nur den Bettelchancen nach motiviert. Im Gegensatz zu den sozial gesicherten Schichten des Bauerntums und der bürgerlichen Handwerker-, Gewerbetreibenden- und Kaufmannschaft bis hin zum Heimgewerbe in Stadt und Land war der »Pöbel« deshalb kaum noch wohnortgebunden, weil seine Existenz nicht in Besitz oder Arbeitsplatz abgesichert war. Der Verlust der Heimat, d. h. nicht nur des Ortes, sondern auch der daran gebundenen gesellschaftlichen Beziehungen, wurde Folge der Armut, wenn sie das Maß der örtlichen oder regionalen Tragfähigkeit überschritt und der Betroffene nicht mehr einzubinden war. Der Prozeß gesellschaftlicher Desintegration mündete in die

---

17 Zitiert bei: *W. Schulte:* Volk und Staat. Westfalen im Vormärz und in der Revolution 1848/49, Münster 1954, S. 152.
18 Vgl.: *M. Heinemann:* Schule im Vorfeld der Verwaltung, Göttingen 1974, S. 123 ff.; Zitat S. 123.

Binnen- und Außenwanderungen, die bereits vor der Industrialisierung bei aller Beschränkung der Freizügigkeit und der Niederlassung die zunehmende Bedeutung der Unständigkeit der Unterschichten kennzeichnete. Dies findet Ausdruck in der Gestalt des Wanderers, wie auch der Verlust der Heimat in gefühlsbetonter Rückerinnerung beklagt werden kann. So ruft das von seinem Leutnant verlassene Mädchen: »Heimat, süße Heimat, wann werden wir uns wiedersehn«, während die auf St. Pauli Gestrandete weiß, daß es keine Wiederkehr gibt:

> »Wenn ich nachts vor der Haustür stehe,
> beim hellerlichten Mondenschein,
> dann denk ich an die Heimat so gerne,
> an die Heimat so ganz allein.
>
> ... Ich kehre ja niemals zurück.
> Meine Ehre, die ist mir genommen,
> in der Heimat, da blüht mir kein Glück.«

Auch mit den Elendsschilderungen kann sich das erwähnte Motiv von Schuld und Sühne verbinden: Armut und Not galten als Strafe für Treulosigkeit. So trifft ein nach zehn Jahren Abwesenheit zurückkehrender »Wandersmann« seine ehemalige Braut mit einem anderen verheiratet in tiefstem Elend an:

> »Vor einem Häuschen bleibt er plötzlich stehn,
> vor Schrecken bleich, was mußte er da sehn!
>
> Sie sitzt am Fenster, bleich und abgezehrt,
> wie man auch deutlich Kinder weinen hört.
> Ihn faßt ein Graun, er eilt mit raschem Schritt:
> Gewähr mir Platz, ich bin so matt, so müd.
>
> So setzt Euch nieder, spricht sie dann und weint,
> belaben kann ich euch nicht, bester Freund.
> Ich und die Kinder leiden selber Not,
> Mein Mann ist krank und ringet mit dem Tod.
>
> Denn Gottes Strafe bleibet niemals aus,
> mein Schatz zog in die Welt hinaus.
> Nur ich allein, allein brach ihm den Schwur.
> Ach wollte Gott, er käme nie retour.«

Es kommt hier nicht auf die groteske, aber aus einer pietistisch geprägten Geisteshaltung durchaus verständliche Wendung an, mit der dieses Lied schließt. Die bereitwillige Hilfsbereitschaft des Heimkehrers, der der Familie sein Geld geben will, findet ihren »Lohn« im Tode des Ehemanns, durch den die Getrennten die Möglichkeit der Vereinigung finden, das »Unrecht« also wieder gutgemacht wird. Wichtiger ist das Selbstverständnis durch moralische Verfehlung verschuldeten Elends, seine wiederkehrende Interpretation. Daß mit solchen Beschreibungen der Armut wieder Erlebbares verarbeitet wird, zeigen viele Quellen des Vormärz. So bestätigen, um nur einen amtlichen Bericht der Zeit zu zitieren, die Ausführungen des Regierungsrats Carl Hermann Bitter, des späteren preußischen Finanzministers (1879–1882), der 1853 die Senne bei Bielefeld, eines der schlimmsten Elendsgebiete in Westdeutschland, bereist hatte, um Vorschläge zur Entwicklung dieses Notstandsgebietes zu machen[19], die Aussagen der Lieder:

>Man trete in die Hütten hinein! In kleinen elenden Gemächern von Rauch geschwärzt, ohne Hausrath und irgendwelche Zeichen eines Besitzes, der auf ein klein Mehreres als das bloße nackte Leben hindeutet, erblickt man einen Kreis blasser Menschen, Männer, Frauen, Mädchen, Kinder am Spinnrade sitzen ... Vergebens sucht das Auge während der Mittagszeit nach den Zeichen des nothdürftigsten Mahles, nach einem Brode, nach dem Kartoffelbrei oder nach dem braunen Cichorientrank, dem steten Nahrungsmittel der armen Bevölkerung in übersetzten Landstrichen. Nur in einem schmutzigen Winkel entdeckt man endlich den bescheidenen Napf, in dem die Reste von Steckrüben oder Wurzeln erkennbar sind. Zwischen Spinnrad und Haspel aber und zwischen die zerlumpten Jammergestalten hindurch erblickt man die Bibel und das aufgeschlagene Gesangbuch, aus dem der hungernde Spinner hin und wieder bei der Arbeit sich Trost und Zuspruch erholt.«

Erschütternd ist all dieses Elend, erschütternd aber auch die durch Bibel und Gesangbuch belegte Religiosität, die in den Küchenliedern ebenfalls im einfachen Verständnis von Schuld und Strafe wie in manchen Szenen von Tod und Grab einen Niederschlag findet. In der resignierenden Hinnahme des Elends deutet sich aber auch Passivität der Betroffenen an, die sich höchstens eine wunderbare Errettung erhoffen können, aber nicht gegen die Ungerechtigkeit der Welt protestieren oder gar zu aktivem Kampf gegen das Elend aufrufen. So darf auch die Verherrlichung von Räubergestalten nicht als Protest gedeutet werden, sondern eher als Zeichen einer Hoffnung, die das Bild eines anderen Lebens vorspiegelt.

Wie sich hier fast ohne Zwischentöne Schwarz-Weiß-Zeichnungen finden, die die einfache Gleichung von Unrecht und Elend ausführen, wird auch das Bild der anderen Schichten simplifiziert. So erscheint Bürgerlichkeit in Gestalt des »Reichen«, der sich barmherzig einer armen Waise annimmt, wie in der Gestalt des Bösewichtes Heinrich, der sich allein durch materielle Vorteile leiten läßt. Auch der Adel begegnet entweder in der Figur des romantisierten Ritters oder aber als Lüstling, der den Mädchen nachstellt, und zuletzt gar als zynischer Gardeleutnant, der der verlassenen Geliebten, die sich ertränken will, nachruft:

---

19 *C. H. Bitter:* Bericht über den Notstand in der Senne ..., in: 64. Jahresbericht des Historischen Vereins für die Grafschaft Ravensberg, Jg. 1964/1965, Bielefeld 1966, S. 1–108; Zitat S. 11.

»... Mein liebes Kind,
mit dem Ertrinken mußt du warten,
bis daß die Wasser offen sind.«

Während einerseits Manövererlebnisse oder gar Verhältnisse auf gewissen Gütern nachgezeichnet werden, lassen sich andererseits durchaus
Wunschvorstellungen von einem besseren Leben erkennen; letztlich
aber zeigt dies alles, wie gering die Kenntnisse vom Leben der anderen
Schichten wirklich waren.

Die getragenen Weisen tun das ihre, die Sentimentalität solcher Texte
zu unterstreichen. Denjenigen, die sie in späteren Zeiten sangen und
singen, halfen sie sicher, die Erfahrungen zu verdecken, die in solchen
Texten liegen. Es sind Äußerungen eines einfachen Lebens, das vom
Rhythmus ländlicher, handwerklicher oder häuslicher Arbeit bestimmt
wird, wie sich denn auch der Takt des Bügelns oder der Takt des Mä-
hens und Dreschens in ihnen wiederfindet. Diese Welt mußte sich noch
nicht mit den komplizierteren Formen technisch-industriellen Daseins
auseinandersetzen, auch wenn die Eisenbahn einmal hineinpfeift; andererseits war der Alltag vielfach problematischer und nicht so einfach,
wie Erinnerungen an »besonnte Vergangenheit« ihn erscheinen lassen.
Dies vermögen gerade die Lieder aus der Küche zu verlebendigen, die
mehr über Fühlen, Denken und Sein vorindustrieller Unterschichten
aussagen, als es zunächst den Anschein hat.

II

Lassen sich die »Lieder aus der Küche« als Äußerungen vorindustrieller
Unterschichten interpretieren, so kennzeichnet das kleine »Volks-Epos«
Otto Hausmanns frühindustrielles Proletariat[20]. Es erzählt die Lebensgeschichte eines Proletariermädchens in achtzehn Episoden, die alltägliches Geschehen wiedergeben. Gewiß eher den auf den Jahrmärkten
gesungenen Moritaten vergleichbar – aber eben durch die Alltäglichkeit
des Berichteten doch deutlich von ihnen abzusetzen –, zeichnet es sich
durch die ungeschminkte, oft derb-drastische Darstellung der Lebens-

---

20 Eine erste Fassung der folgenden Ausführungen wurde am 1. Dezember
1954 in der Abteilung Wuppertal des Bergischen Geschichtsvereins e. V.
vorgetragen. Sie erschien im Druck in: Unsere bergische Heimat, Heimat-
kundliche Monats-Beilage zum General-Anzeiger der Stadt Wuppertal,
12/1954 und 1/1955. Falls im folgenden nicht gesondert ausgewiesen, finden sich die Belege in meiner »Sozialgeschichte der Stadt Barmen«, Tübingen 1960, vor allem S. 131 ff. Für andere Teile Deutschlands finden
sich jetzt auch Angaben zur Geschichte der Arbeiterfamilie bei: I. Weber-
Kellermann: Die Familie. Geschichte, Geschichten und Bilder, 2. Aufl.
Frankfurt a. M. 1977, vor allem S. 171 ff.

verhältnisse aus. Dramatische Konflikte fehlen ebenso wie Überlegungen zur Begründung oder gar Änderung der Verhältnisse, obwohl der Verfasser sozialpolitische Bestrebungen und Maßnahmen, wie die Anfänge der politischen Arbeiterbewegung, kennen mußte, weil die Wupperstädte Barmen und Elberfeld in diesen Jahrzehnten Zentren der nicht zuletzt aus der Sozialkritik des Vormärz entstandenen sozialpolitischen Entwicklung im Sinne des bürgerlichen Integrationsmodells und zugleich auch Zentren der frühen Arbeiterbewegung gewesen sind; entsandten sie doch 1867 mit dem Nachfolger Lassalles in der Führung des Allgemeinen Deutschen Arbeitervereins von Schweitzer den ersten in den preußischen Westprovinzen gewählten Vertreter einer Arbeiterpartei in den Norddeutschen Reichstag. Die sich in solchen Vorgängen äußernde Sonderstellung der beiden Städte beruhte auf der frühen industriellen Entwicklung, die an eine bis in das 15. Jahrhundert zurückreichende gewerbliche Entfaltung nahezu bruchlos anknüpfen konnte. Bis zu den 70er Jahren des 19. Jahrhunderts dürfte es in Westdeutschland kaum ein anderes Gebiet ähnlich fortgeschrittenen Industrialisierungsstandes gegeben haben wie das Wuppertaler Textilgebiet. Dies bedeutet zugleich, daß auch die gesellschaftlichen Folgen des Industrialisierungsprozesses hier früher und krasser zutage traten als anderswo. Der Übergang vom vorindustriellen Pauperismus zur elenden Lage frühindustriellen Proletariats vollzog sich schon um die Jahrhundertmitte. Friedrich Engels hat in seinen »Briefen aus dem Wuppertal« von 1839[21] die Zustände beredt geschildert. Dort wies er auf die Umtriebe des »liederlichen Gesindels« und das »schreckliche Elend unter den niederen Klassen, besonders den Fabrikarbeitern im Wuppertal« hin und kennzeichnete auch den unständigen Bodensatz der »Karrenbinder« als

> »ein gänzlich demoralisiertes Volk, ohne Obdach und sichern Erwerb, die mit Tagesanbruch aus ihren Schlupfwinkeln, Heuböden, Ställen etc. hervorkriechen, wenn sie nicht auf Düngerhaufen oder den Treppen der Häuser die Nacht überstanden hatten«.

Der industrielle Aufschwung der Jahrzehnte nach der Jahrhundertmitte schlug sich in einem beschleunigten Zuwachs der Volkszahl der schon damals eine Einheit zusammenhängender Siedlung bildenden Städte Elberfeld und Barmen nieder. Sie zählten 1849 insgesamt rd. 83 000, Köln, die größte Stadt Westdeutschlands, rd. 95 000 und Essen fast 9 000 Einwohner. 1880 besaßen die Wupperstädte rd. 189 000, Köln 145 000 und Essen 57 000 Einwohner. Zwar verzeichnete Essen relativ den höchsten Zuwachs, aber die beiden Wupperstädte wurden in diesen Jahrzehnten zur größten geschlossenen westdeutschen Siedlung trotz

---

21 *F. Engels:* Briefe aus dem Wuppertal, MEW, Bd. 1 (Ost-)Berlin 1957, S. 413–432; Zitat S. 417 f.

ihrer ungünstigen Topographie, drängten sich doch die Menschen in einem engen Tal zusammen, dessen Sohle zudem Industriefläche war. Hier, in der »alten Fuhr« wurde die Heldin des Versepos, Mina Knallenfalls, geboren (s. Bild 1 im Bildteil).

Bilder der »alten Fuhr« zeigen eine Gasse an der Wupper mit Häusern im bergischen Fachwerkstil, die ein wenig verwahrlost und verkommen aussehen. An ihren Wänden befinden sich noch die Spuren der letzten Wupperüberschwemmung; Wäschestücke hängen aus den Fenstern in die Gasse hinein. Es ist ein Ort der Enge und der Armut. In diesem mit Menschen voll belegten Quartier waren die Stuben bis zum Dachboden vermietet. Hier lebte die Familie, in die Mina Knallenfalls hineingeboren wird:

Abb. 2

»Eck si an de Foahr ertrocken,
Mi Vader wor fuselkrank,
Mi Moder, die streckten Socken
On spolden onger de Hank.

Vi hatten dän böwerschten Auler
För twentig Daler gepeit,
Wo onger haulerdebauler
Eck kom op de Welt äs Weit.

Die Kamer wor nu tum Danzen
Wall ewes nit enngerecht,
Doch Tummelskopp schlogen de Wanzen
Äm neits do dörch et Gesecht.

Vi hatten en Stall voll Blagen,
Dat wor en Gekriesch on Gequetts,
Vi soten em Dreck bis am Kragen;
Met vier Johr kreeg eck die Krätz.

Twei Brödersch leeden an Drösen,
On drei hatten opene Been,
Em Wengter schlogen vör Freesen
Us rappelnd de Täng molls aneen.«[22]

---

22 Ich bin in der Fuhr-Straße aufgewachsen, mein Vater war Alkoholiker,

Diese Schilderung der elenden Wohnungsverhältnisse in der überfüllten
Stadt ist nicht übertrieben, sondern wird durch eine Reihe zeitgenössi-
scher Berichte belegt. Zu Ende der vierziger Jahre fand der Barmer
Missionsinspektor Fabri

> »in dem Anbau eines überfüllten Hauses, der einem schlechten Stalle glich,
> in einem Raum von zwölf Fuß Länge, sieben Fuß Breite und sechs Fuß
> Höhe zehn Personen beiderlei Geschlechts und verschiedenen Alters in
> einem Bett mit Lumpen bedeckt, in einem anderen Raum unter den Dach-
> ziegeln, sechs Fuß lang, sieben Fuß breit und fünf Fuß hoch, vier Perso-
> nen, in einem Keller zehn Fuß lang, sechs Fuß hoch, acht Fuß breit, sechs
> Personen«.

1865 wurden bei einer behördlichen Revision allein in einer Straße
Unterbarmens fünfzehn solcher Wohnungen wegen Baufälligkeit ge-
räumt. Der »Auler« der Familie Knallenfalls war also kein Sonderfall,
sondern ein Beispiel des Wohnungselends der Zeit, in der die »Woh-
nungsfrage« innerhalb der sozialen Problematik eine gravierende Position einnahm.
Die hygienischen Verhältnisse waren dazu unbeschreiblich. Die Wupper, in die damals noch alle Abwässer der Städte flossen, glich eher
einer Kloake denn einem Fluß. Noch 1885 berichtete der kgl. Gewerbe-
rat:

> »Nach den Erhebungen schleppt der Fluß täglich etwa 150 Pfund Unrat
> jeglicher Art fort. Wochenlang, bei trockener Jahreszeit monatelang, sam-
> meln sich die Schmutzwasser im Wupperbette und verbreiten zeitweise
> wahrhaft schauderhafte Miasmen. Jedes Hochwasser führt dann tausende
> von Tonnen der stinkenden, faulenden Massen auf die niedrig gelegenen
> Seitengelände des Flusses, wo sie weiterfaulend die Luft verpesten und
> wo ihre Rückstände dicke Anschwemmungen bilden.«

Der Fluß verschmutzte selbst das Grundwasser so, daß mancher Brun-
nen, der 20 bis 30 m von ihm entfernt lag, »nur tiefdunkelbraun ge-
färbte wäßrige Brühen« gab. Die Folgen des Wohnens unter solchen
Verhältnissen liegen auf der Hand. Daß Wanzen die Räume bevölker-
ten, war noch nicht einmal das schlimmste; auch die Krätze, die Mina
mit vier Jahren bekam, mußte hingenommen werden. Gerade diese

---

meine Mutter strickte Socken und spulte nebenbei. Wir hatten den obersten Boden für 20 Taler gemietet. Dort kam ich unter Holterdipolter als
Mädchen auf die Welt. Die Kammer war zum Tanzen nicht geeignet, aber
die Wanzen schlugen einem nachts durch das Gesicht Purzelbäume. Wir
hatten viele Kinder; das bedeutete Geschrei und Gezank; wir saßen bis
zum Kragen im Dreck; mit vier Jahren bekam ich die Krätze. Zwei Brüder litten an Drüsenkrankheiten (Tuberkulose?) und drei hatten »offene
Beine« (Tuberkulose der Haut?); im Winter klapperten uns manchmal vor
Kälte die Zähne.

Krankheit, deren Wurzeln in Schmutz und Unterernährung zu suchen sind, war weit verbreitet, wie die Krankenhausberichte zeigen. So litten von 1 232 Patienten des Barmer Krankenhauses 1867 388 an der Krätze, im folgenden Jahr von 1 170 Patienten 440 und 1869 von 1 219 Patienten 484. Jährlich holte aber auch die Cholera ihre Opfer in diesen Vierteln. Besonders schwer war die Epidemie von 1867, einem der wenigen Jahre, in denen in Barmen die Sterblichkeit die hohe Geburtlichkeit überstieg. Lungenkrankheiten und Tuberkulose waren ebenfalls häufig, vor allem wenn die meist schlechte und unzureichende Ernährung die körperlichen Widerstandskräfte schwächte.

>>Dat Freeten wor ok sonn Dengen!
Bi us geng et schmal on kott;
Des Sonndags, dann wol seck fengen
Märr höachstens en Lus em Pott.

Vi konen vör Elend nit gapen,
En Klöngeln stoken vi all
On hatten, grad wie de Apen
Molls ömmer Striet on Krawall.<<[23]

Unterernährung, unzureichende Kleidung und mangelnde Wohnungsausstattung beschrieben die Lage dieser frühindustriellen Unterschichten. Sie waren Äußerungen einer sozialen Problematik, die mit der Entstehung der Lohnarbeiterschaft gegeben war. Der Ablösung des ledigen Gesellen durch den verheirateten Fabrikarbeiter folgte keine entsprechende Ablösung des Gesellenlohnes durch einen eine Familie auch nur minimal absichernden Arbeiterlohn. Die Löhne blieben auf den ledigen Gesellen zugeschnitten, dessen Arbeitskraft der des verheirateten Lohnarbeiters entsprach. Zwar nominal höher, weil Wohnung und Beköstigung im Haushalt des Meisters fortfielen, überstieg der Arbeiterlohn aber kaum den Betrag, der für solche >>Naturalleistungen<< angerechnet werden mußte, obwohl er jetzt den Unterhalt einer Familie tragen sollte. So verdiente 1865 ein Handwerksgeselle bei freier Kost und Wohnung 1 bis 2 Taler wöchentlich, bei eigener Wohnung und Selbstbeköstigung 4 Taler, während ein Fabrikarbeiter es auf 3 bis 6 Taler brachte, wobei die Spitzenverdienste Ausnahmen gewesen sein dürften. Daß das Arbeitseinkommen für den Familienunterhalt unzureichend war, belegten bereits Diskussionen des >>Konstitutionellen Vereines<< in Elberfeld 1849. Dort wurde die Berechnung eines Haushaltsbudgets für eine fünfköpfige Arbeiterfamilie (Mann, Frau und drei

---

23 Das Essen war auch so eine besondere Sache! Bei uns ging es knapp und karg zu; sonntags fand sich wohl höchstens eine Laus im Topf (d. h., es gab nichts zu essen). Wir konnten vor Elend kaum japsen; gekleidet waren wir alle in Lumpen und hatten wie die Affen immerzu Streit.

Kinder im Alter von zehn, sieben und dreieinhalb Jahren) vorgelegt, die bei sparsamsten Ansätzen einen wöchentlichen Mindestbedarf von 4 Tlr. 4 Sgr. nachwies, so daß sich gegenüber einem von einem anderen Redner als »guten Verdienst« bezeichneten Arbeiterlohn von 3 Tlr. 7 Sgr. ein Defizit von 27 Silbergroschen (= rd. 22 %) ergab. Damit bestand der Zwang zur Mitarbeit für die durch den kinderreichen Haushalt ohnehin überlastete Ehefrau[24] und die heranwachsenden Kinder. Für Familie und Haushalt bedeutete dies insofern ein besonderes Problem, als mit der Verlagerung der Produktion in die Fabrik im Gegensatz zum älteren Heimgewerbe Wohnung und Arbeitsort getrennt wurden, die Mutter also während der Stunden ihrer Berufstätigkeit den Haushalt nicht mehr überwachen konnte. Gewiß gab es Ausnahmen, war es doch vor allem in der Textilindustrie möglich, einzelne Arbeitsgänge weiterhin in Heimarbeit durchzuführen. Dies galt vor allem für die Spulerei, durch die Mutter und Kind einen entsprechenden Nebenverdienst erwarben.

> »Kom no Hus eck, maut eck spolen
> Meck de Fühste lahm on stief,
> On dat sall dä Deuwel holen,
> Heet me nix wie Broat em Lief.«[25]

Diese von keiner Kontrolle erfaßte Form der Kinderarbeit bestand bis in das gegenwärtige Jahrhundert hinein, nachdem die Arbeit von Kindern in den Fabriken zunächst durch das »Regulativ über die Beschäftigung jugendlicher Arbeiter in Fabriken« vom 9. März 1839, dann durch das Kinderschutzgesetz vom 16. Mai 1853 verboten worden war. Obwohl solcher Kinderschutz auch die Heimarbeit erfassen sollte, blieben die Gesetze in diesem Bereich unwirksam, solange das Familieneinkommen nicht ausreichte. Weil auch solcher Zuverdienst die Bildung von Rücklagen nicht erlaubte, wurde in Zeiten des Arbeitsmangels weithin gehungert. Bei jeder Stockung der Textilindustrie, deren vor allem im Wuppertal vertretene Modebranchen besonders labil waren, wurden solche Familien dem äußersten Elend preisgegeben, konnten doch schon in normalen Zeiten Kartoffeln, Brot und Kaffee, die Hauptnahrungsmittel, kaum in ausreichendem Maße gekauft werden. An der hohen Kinder- und Jugendsterblichkeit lassen sich die Folgen solcher Verhältnisse mit besonderer Deutlichkeit ermessen: In Barmen – für Elberfeld dürften die Werte ähnlich sein – standen im Durchschnitt der Jahre 1861–1870 von 1 000 Gestorbenen 525 im Alter von unter

---

24 Vgl. auch: *L. Schneider:* Der Arbeiterhaushalt im 18. und 19. Jahrhundert, Berlin 1967, vor allem S. 97 f.
25 Kam ich (von der Schule) nach Hause, dann mußte ich spulen, bis mir die Hände lahm und steif waren; und wenn man nichts als Brot im Magen hat, dann soll das der Teufel holen.

15 Jahren, eine Zahl, deren furchtbare Aussage man erst dann voll ermessen kann, wenn man sie mit dem ungünstigsten Jahr der Zeit nach dem Zweiten Weltkrieg, 1946, vergleicht, in dem in Wuppertal nurmehr 63 von 1 000 Gestorbenen jünger als 15 Jahre waren[26].

Es ist verständlich, daß dieses häusliche Elend Unfrieden zeugte. Der Familienvater und die Söhne tranken, Grobheit und Roheit waren häufig. Einziges Genußmittel war der Schnaps, dem weite Kreise der Bevölkerung verfielen. Nach einer Bekanntmachung des Elberfelder Kreispolizeidirektors aus dem Jahre 1853 bestanden so viele Wirtschaften im Tal, »daß in Elberfeld auf 142 Seelen (Männer, Weiber, Kinder), in Barmen auf 190 Seelen eine Wirtschaft zu rechnen ist . . .«. Weithin ersetzte das Wirtshaus das Heim, und die Folge des Alkoholismus waren ständige Prügeleien bis hin zu Messerstechereien: »Treten Angeschuldigte im blauen Kittel vor den Gerichtshof, so ist unter zehn Fällen neunmal anzunehmen, daß die Anklage auf Mißhandlung lauten wird«, kommentierte die Barmer Zeitung 1861 einen einschlägigen Prozeß. Mißhandlungen und Angriffe auf Beamte waren bei weitem die häufigsten Delikte, die zur Anklage gebracht wurden. Wie die Kriminalstatistik auswies, kam es allein 1866–1870 zu 224 Fällen von Widerstand gegen die Staatsgewalt und zu 790 Fällen von Gewaltanwendung; in Elberfeld wurden 1864–1867 114 Fälle von Widerstand und 640 Fälle von Mißhandlungen vor Gericht behandelt. Wegen Trunkenheit, Ruhestörung, Obdachlosigkeit oder Herumtreiberei verhaftete man hier 1864: 1 263, 1865: 1 614, 1866: 1 712 und 1867: 1 657 Personen, die, falls nichts anderes vorlag, im Polizeigefängnis, dem »Kaschott«, ihren Rausch ausschlafen konnten. Im Vergleich dazu betrug die Zahl der Diebstähle 1866–1870 in Barmen 1 894, 1864–1867 in Elberfeld 1 135. Von vielen Prügelszenen weiß auch unser Gedicht zu berichten, manchmal mit verschmitzter Freude, wenn es der Heldin und ihren Freunden gelungen ist, sich rechtzeitig aus der Affäre zu ziehen, und der »Pannasch«, der Polizist, den wenig gelittenen Nachbarn ins »Kaschott« gesteckt hat, mit Bitterkeit, wenn die häusliche Zwietracht geschildert wird.

> »Met wat Schriewen, Reeknen, Lesen,
> Woad eck en die School erfreut;
> Dat et es nit mear gewesen,
> Kom, weil eck so völl gebläut.«[27]

Daß unter solchen Verhältnissen der Schulbildung kaum ein Interesse entgegengebracht wurde, charakterisiert die Entwicklung dieses Prole-

---

26 Eigene Auszählungen aus den Sterberegistern.

27 Mit einem bißchen Schreiben, Rechnen, Lesen wurde ich in der Schule traktiert; daß es nicht mehr gewesen ist, kam daher, daß ich so oft geschwänzt habe.

tariermädchens. Unter dem Zwang der Heimarbeit nach den Schulstunden verschaffte es sich die Freizeit zum Spielen und Herumstreifen, indem es die Schule schwänzte. Bei Klassenfrequenzen von 70 und mehr Schülern oft mehrerer Jahrgänge war auch die geringste kindgemäße pädagogische Betreuung kaum möglich, selbst wenn der Lehrer über andere Erziehungsmittel als den Rohrstock verfügt hätte. So wurde gescholten und geprügelt, und die Eltern reagierten nicht anders. Diese Verhältnisse belegt auch Hermann Enters in seinen Lebenserinnerungen: »An Prügel fehlte es ohnehin nicht, da waren meine Eltern sehr schnell mit fertig. Hiebe und nochmals Hiebe; bei den geringsten Kleinigkeiten setzte es Hiebe ab.« Auch er mußte nach den Schulstunden »jede freie Minute auf dem Spulrad sitzen« und wurde selbst dann bestraft, wenn er spielenden Schulkameraden »einen Augenblick« zusah und dabei seine Arbeit versäumte[28].

Durch diese häusliche Arbeit und durch die geringen Kenntnisse, die die Schule vermittelte, war der weitere Lebensweg festgelegt, boten sich doch bei diesem Bildungsstand kaum Chancen des Ausbruchs zur eigenständigen Veränderung der sozialen Position, in die man hineingeboren war. So kam das vierzehnjährige Mädchen mit ihren Altersgenossinnen nach Schulabschluß und Konfirmation in die Fabrik. An ihren Erlebnissen dort wird eine andere Problematik deutlich, die schon im ländlichen Milieu der Küchenlieder eine besondere Rolle gespielt hatte: die frühe Sexualität. Bezeichnend ist eine Ermahnung des betrunkenen Vaters an seine Tochter auf der Konfirmationsfeier:

»Minnen Aulen hat gepöselt,
Wie en Beckstät wor hä flöck.
Bubbeln, wenn hä soa genöselt,
Dätt hä molls an eenem Stöck.

›Mina‹, seit hä, ›wat vamorgen
Deck dä Paschtoar leit utreen,
Lot nit sinn dinn eenzig Sorgen,
Haul meck ok de Been bineen!‹«[29]

Nicht nur Äußerung simpler Roheit und Zotenhaftigkeit deutete eine solche »Lebensregel« an, was die junge Fabrikarbeiterin an der Arbeitsstätte erwartete, und schon bald war sie den Angriffen ihres Werkmeisters ausgesetzt, der »hinter jedem Frauenzimmer« her war. Gerade in einer Region, in der vor- oder außereheliche Beziehungen zur sozialen Deklassierung des Mädchens führten, war solche Ausnutzung Ab-

---

28 *Enters* (s. Anm. 8), S. 34.
29 Mein Alter hatte getrunken, bis er so munter wie ein Schwalbenschwanz war. In solchem Zustand schwätzte er meist ohne Unterbrechung. »Mina«, sagte er, »was der Pastor dir heute morgen erklärt hat, laß nicht deine einzige Sorge sein. Halt mir auch die Beine zusammen!«

hängiger kein Einzelfall. So geht aus einer Rede des Barmer Abgeord-
neten Schuchard vor dem rheinischen Provinziallandtag von 1841 hervor, daß in einem Fall dreizehn Mädchen von zehn bis vierzehn Jahren
in Ausnutzung ihrer Abhängigkeit sexuell mißbraucht und mit einer
Geschlechtskrankheit angesteckt worden waren. Selbst wenn es sich
hier um einen gerichtskundig gewordenen Extremfall handelte, ist doch
allgemein anzunehmen, daß die junge Arbeiterin ihr erstes sexuelles
Erlebnis in der Fabrik hatte, nachdem schon durch die engen häuslichen
Verhältnisse dem Kind nichts fremd geblieben war. Daß in den Fa-
brikstädten die Prostitution grassierte, daß ihr oftmals gerade Fabrikarbeiterinnen mit geringem Verdienst anheimfielen, wird ebenfalls in
Berichten der Zeit erwähnt. Auf solche Zustände deutet auch eine Episode hin, in der eine Nachbarin Mina zur Prostitution zu verführen
sucht:

»En däm Noberschhus, do wonnden
Grad nu domols de Frau Kopp,
Die heel molls för nette Konden
Bi seck schöane Weiter op.

Eenes Dags kom se eröwer
No meck en de Meddagsstonk,
Äs eck grad mem Bessemsstöwer
Meck de Stof wat mackten bonk.

›Mina!‹ feng se aan tu setten,
›Wat böß du en Döppen doch!
Met ding Arbet dös de quetten
Ut däm Balg de Seal deck noch!

Eck well deck wat Bessres leahren!
Woste met sinn vam Komplott?
Dröwen setten en paar Hearen
Bi meck, die betahlen got!‹«[30]

Verdeutlicht wird hier die Ausbeutung der Armut der jungen Fabrikarbeiterin, die zu Hause Kostgeld und Mietzuschuß zahlen mußte, bis
sie, nachdem Vater und Mutter gestorben und mit Unterstützung der
Armenkasse begraben worden waren, mit einem Einkommen von drei
Talern in der Woche alleine stand. Mit den Kniffen, die sie in Straßen-
prügeleien gelernt hatte, wehrte Mina die Nachstellungen ihres Meisters ab, wie sie auch der Frau Kopp, der Zuhälterin, eine handgreif-

30 Im Nachbarhaus wohnte damals die Frau Kopp. Die hielt für nette Kunden schöne Mädchen in ihrer Wohnung. Eines Tages kam sie in der
Mittagsstunde zu mir, als ich mit dem Kehrbesen die Stube etwas sauber
machte. »Mina«, begann sie ganz gespreizt zu reden, »was bist du doch
für ein dummes Mädchen! Mit deiner Arbeit quetschst du dir die Seele
noch aus dem Körper! Ich kann dich was besseres lehren! Bist du mit dabei? Bei mir drüben sitzen einige Herren, die gut bezahlen.«

liche Abfuhr erteilte. Gerade wenn sie ihre Frauenehre verteidigte, tat sie das im Bewußtsein ihres Eigenwertes als Frau, das trotz aller elenden Lebensumstände besonders ausgeprägt war. Dies geschah nicht nur aus Furcht vor gesellschaftlicher Diskriminierung, sondern vor allem aus einem durchaus an bürgerlichen Wertvorstellungen der Zeit ausgerichteten Selbstverständnis:

> »Meck kritt nömmes an die Heegen!
> Dat es secher on geweß.
> Nix leit an em Weit gelegen,
> Däm sing Eahr nit heilig es.«[31]

Dem widersprach nicht, daß man schon vor der Ehe mit dem Freund, dem späteren Ehemann, sexuelle Beziehungen hat. Aber gerade die derb-komische Liebesgeschichte, die einige Episoden dieses Volksepos ausfüllt, belegt, daß es auch hier festgefügte Wertvorstellungen gab, die sich zwar nicht völlig mit den bürgerlichen Moralanschauungen deckten, aber ebenso fest banden wie diese. Nachdem Mina noch erste Annäherungsversuche ihres Kadel (Karl) zurückgewiesen hatte, kam es in der beschwingten Atmosphäre eines Schützenfestes doch zum ersten intimen Erlebnis, als beide sich aus dem Trubel einer Schlägerei hinter Tonnen versteckt hatten:

> »Jommernd reep eck: ›O Kranaten!
> Jetz es aff van meck dä Staat!‹
> ›Wat kann all dat Hülen baten‹,
> Seit dä Kahl. ›Vi twei sind prat!
>
> Eck wear deck nit setten loten!
> Denk märr nit, dat eck wör schleit!
> Polwer well doch sinn verschoten,
> On en Uhr ens opgedreit!‹«[32]

Die Reaktion des jungen Mannes entsprach durchaus der Erwartung. Es war nämlich selbstverständlich, daß man sein Mädchen nicht »sitzen« ließ, wenn auch die Kindstaufe häufig zugleich mit der Hochzeit gefeiert werden mußte. Tat er es doch, so verfiel er der Verachtung seiner Freunde, Kameraden und Kollegen. Prügel und »Katzenmusik« zwangen ihn, entweder das Mädchen, das er verführt hatte, zu heiraten oder den Ort zu verlassen. Gerade hier zeigt sich ein beachtlicher Unterschied zu den Liedern aus der Küche, in denen der sexuelle Kon-

---

31 Mich kriegt niemand unter die Hecke! Das ist sicher und gewiß. Nichts ist von einem Mädchen zu halten, dem seine Ehre nicht heilig ist.

32 Jammernd rief ich: »Um Himmels willen, jetzt ist mein Schmuck weg!« Da sagte der Kerl: »Was kann all das Jammern helfen, wir zwei gehören zusammen! Ich werde dich nicht sitzen lassen! Denke bloß nicht, daß ich schlecht wäre! Pulver will doch verschossen und eine Uhr einmal aufgedreht werden.«

takt gerade nicht – oder nur im Ausnahmefalle – zur Familiengründung führte. Keine materiellen Erwägungen, sondern gefühlsbetonte Liebe und Zuneigung führten zu Verlöbnis und Heirat, die gleichzeitig Familiengründung bedeutete[33].

Gerade an dieser Stelle läßt das Gedicht erkennen, daß der Typ des Proletariers, der hier geschildert wird, kein verkommener und verwahrloster Mensch ist. Bei dem elenden Leben, das er führt, bleibt er in seiner Weise anständig. Das Leitbild der kleinbürgerlichen Familie wurde durchaus von dieser Arbeiterschaft akzeptiert. Dies gilt auch im Hinblick auf das Verhältnis zur Arbeit, zeichneten sich doch diese Menschen durch ihren steten Fleiß aus. Daß gerade solche Züge immer wieder betont hervortreten, ist ein großes Verdienst des Gedichtes und beweist, wie gut der Dichter aus eigener Anschauung die Menschen gekannt hat, die er hier schilderte.

Mit der Familiengründung begann erneut der Kampf gegen das Elend. Als Karl dann noch zum Militär eingezogen wurde, mußte Mina, die inzwischen bereits das zweite Kind erwartete, ihren geringen Besitz an Mobiliar und Kleidung verkaufen, die Wohnung räumen, weil sie die Miete nicht bezahlen konnte, und in einem Kellerloch von Armenunterstützung leben. Bessere Zeiten kündigten sich erst an, nachdem Karl zurückgekehrt war und sofort Arbeit gefunden hatte, aber jetzt verfiel er dem Alkohol wie früher der Vater der Mina Knallenfalls, so daß sie wieder mit dem Spulrad den notwendigen Unterhalt verdienen mußte. Das Gedicht endet damit, daß die Heldin mit Mann und Kinderschar wieder in der Bodenkammer in der »alten Fuhr« lebt, in der sie einst zur Welt gekommen war.

Gerade in der Diskrepanz zwischen Charakter und Lebensführung liegt die Tragik einer solchen Gestalt wie der Mina Knallenfalls, der zuletzt nur die Resignation blieb, als die Zustände ihres Elternhauses auch in ihrer eigenen Familie zwangsläufig wiederkehrten:

> »Wead nit alles ronk gedreewen?
> Es nit endlich alles Dreck?
> Bi us fängt dat aule Lewen
> Weder aan om aulen Fleck. – – –«[34]

Die in allen Einzelheiten belegbare Schilderung der Lebensumstände des Proletariats macht aber nicht den ganzen Gehalt des Gedichtes aus. Darüber hinaus wird noch ein anderer sozialgeschichtlicher Sachverhalt dieser Zeit deutlich: die Entfremdung der Arbeiterschaft von der Kir-

---

33 S. dazu jetzt auch: *E. Shorter:* Die Geburt der modernen Familie, Reinbeck bei Hamburg 1977, bes. S. 175 ff.
34 Dreht sich nicht alles? Ist nicht alles letzten Endes doch Dreck? Bei uns fängt das alte Leben wieder am alten Ort an.

che. Wenn nämlich Kritik geübt wird, so trifft sie nicht den Mittelstand, die »Fiene Hearen« (feinen Herren), die zur Schützengesellschaft gehören und mit einem Anflug von neidischem Respekt geschildert werden. Von der Ablehnung sexueller Annäherungsversuche des Werkmeisters abgesehen, bezieht sie sich auch nicht auf die Arbeitswelt, werden doch die Fabrikanten nicht einmal erwähnt. Wohl aber richtete sie sich auf den Kreis der kirchlichen Gemeinde, zu dem Menschen aus allen bürgerlichen Schichten vom Kleinbürgertum bis zur Oberschicht gehören:

> »Fule Paffen, Kerkenbrödersch
> Sind verdammt dat schleitste Pack!«[35]

Den Ansatzpunkt für solche Ablehnung gab ein Erlebnis aus dem Konfirmandenunterricht:

Abb. 3

> »Dä Paschtoar stault us molls Frogen,
> Ganz verdreiht on wederwensch.
> ›Was bist du?‹ – on ongelogen
> Bölkten sie dann all: ›En Mensch!‹
>
> Dodrenn log meck doch en Hoken!
> Eck en Mensch? Sonn blotjong Weit?!
> Geftig woad eck en die Knoken,
> On eck heff erut geschreit:
>
> ›Herr Paschtoar, ä watt, geloten!
> Wenn eck si ok van de Foahr,
> Menscher fengt me op de Stroten,
> On eck si noch lang keng – schleit Dier!

---

35 Faule Pfaffen, Kirchenbrüder sind verdammt das schlechteste Pack!

Wenn, öm afftukoamen, jeder
Platterdengs en Mensch sinn mott,
Si eck doch ut angerm Leder!
Lecken se meck en de – dän Farfkasten!«[36]

Ein geradezu groteskes Mißverständnis des Wortes »Mensch« war der
Anlaß zu diesem echten Protest, bezeichnete doch »das Mensch« in der
Elberfelder Mundart eine Dirne. Der Pfarrer wußte auf den Ausbruch
seiner Konfirmandin, die doch nichts weiter tat, als ihr Selbstverständnis sittlicher Werte zu verteidigen, nur mit Prügel zu antworten. Er
verstand dieses Proletarierkind nicht, dessen Gedankenwelt freilich
seiner eigenen bürgerlich-akademischen fern lag. Beide redeten in verschiedenen Sprachen, und der Pfarrer erwartete Anpassung und Einfügung. Er setzte die Autorität seines Amtes gegen die Not eines kleinen Mädchens, das nur seine Ehrbarkeit verteidigte.

Diese Episode zeichnet ein Hindernis der Eingliederung der neuen
Fabrikarbeiterschicht in eine Gesellschaft, die sich gerade zu ihrer bürgerlich-industriellen Form entwickelte: die klassendifferenzierte Sprache. Darüber hinaus kommt aber ein Autoritätsanspruch zur Geltung,
der auch jegliches Bemühen um Einfühlung in Leben und Denken dieser
industriellen Unterschicht vermissen läßt. Man versuchte, diese Proletarier mit den Maßen der alten städtischen Armut zu fassen und hatte
nicht erkannt, daß hier in Wirklichkeit etwas Neues, anderes mit eigenständigen Ansprüchen entstanden war. Gerade in den Wupperstädten,
herausragenden Zentren protestantischer Kirchlichkeit in Deutschland,
trat dies besonders kraß zutage. Gewiß ist es oft leicht, Handlungen
echter Frömmigkeit und Nächstenliebe, wie sie besonders von den Kirchengemeinden und den kirchlichen Vereinigungen geleistet wurden,
mit pharisäerhafter Distanz zu verwechseln, aber gerade solche phari-
säerhafte Distanz – ob wirklich oder vermeintlich – trat eben auch in
den Bemühungen um die Armen zutage. Sie trug zur Entkirchlichung
des Proletariats ebenso bei wie zur Verdeutlichung der sozialen Gegen-
sätze zwischen ihm und der Bürgerlichkeit. Daß dies erkannt und kritisiert wurde, läßt sich an anderen Publikationen der Zeit belegen. So
veröffentlichte das »Elberfelder Kreisblatt« 1855 ein anonymes Gedicht, das bezeichnenderweise »Die Pinte und die Agape« überschrie-
ben war:

---

36 Der Pastor stellte uns manchmal ganz verzwickte Fragen: »Was bist du?« –
Und ungelogen riefen sie dann alle: »Ein Mensch!« Da schien mir doch der
Wurm drin! Ich sollte ein Mensch sein? Solch ein blutjunges Mädchen?! Bis
ins Mark hinein wurde ich wütend und habe laut herausgeschrien: »Herr
Pastor, das ist doch Mist! Auch wenn ich aus der Fuhr komme, findet man
Dirnen auf der Straße, und ich bin noch lange kein schlechtes Weib! Wenn,
um selig zu werden, jeder platterdings eine Dirne sein muß, dann bin ich
doch aus anderem Holz! Lecken Sie mich am ...«

> »Ihr tituliert den armen Mann
> als Bruder noch im Gotteshaus:
> Doch schließt ihr mit der Bildung dann
> gleich vor der Tür ihn wieder aus.
> Von euren Geistgenossen, euren Gästen
> von euren Tischen und von euren Festen.
> Sechs Tage soll er ohne Klang
> auf euren Feldern säh'n und mäh'n,
> doch sonntags nach dem Morgensang,
> da mag er seine Wege geh'n.
> . . .
> Er geht die Bruderhallen aufzuspüren
> und schleicht verstoßen hin an eure Türen . . .«

Der anonyme Dichter führt weiter aus, daß der Arme damit notwendig ins Wirtshaus getrieben würde. Gerade diese Haltung des kirchentreuen Bürgertums macht er verantwortlich für Verelendung, Verwahrlosung und Verbitterung des Proletariats, wobei es nur einen Ausweg gebe: die Beseitigung der gesellschaftlichen Schranken durch echte brüderliche Liebe und Hilfe.

Damit rundet sich das Bild, das Otto Hausmann vom Leben der Mina Knallenfalls als einer typischen Vertreterin des frühen Industrieproletariats gezeichnet hat. Es bleibt noch zu erwähnen, daß auch die wenigen Freuden – etwa die Tanzstunde oder das Schützenfest – lebendig geschildert werden und als Beitrag zur Kulturgeschichte jener Zeit gelten können. Mit seltener Lebendigkeit vermag diese Lied das Milieu zu verdeutlichen und darüber hinaus einen Einblick in das Selbstverständnis jener Unterschichten zu geben, in deren Sprache es geschrieben ist.

* * *

Wie die hier angeführten Beispiele zeigen, sind sowohl die Lieder aus der Küche als auch mundartliche Schilderungen durchaus ernst zu nehmende Quellen zur Sozialgeschichte der Unterschichten. Sie gewähren vor allem Einblicke in den Alltag, wie sie sonst in gleicher Plastizität nur selten zu gewinnen sind. Zwar läßt die Form, sei es nur die gefühlsbeladene Sprache und die oft grotesk-komische Reimerei der Küchenlieder oder auch der Humor der mundartlichen Knittelverse, den Leser den Ernst vergessen, der in ihren Aussagen verborgen ist, aber ist es nicht gerade ein Wesenszug echten Humors, sich auch bitteren Geschehens mit Wärme und Menschlichkeit anzunehmen? Steht nicht häufig der Wille zur Veränderung hinter Darstellungen, die zunächst oberflächlich-witzig, ja banal erscheinen und gerade darum Menschen erreichen können, die von amtlichen Berichten, wissenschaftlichen Untersuchungen und selbst politischen Äußerungen nicht oder kaum ansprechbar sind, aber solch »leichte« Lektüre als Freizeitunterhaltung bevorzugen?

Gerade die Frage nach der Freizeitlektüre führt noch zu einer anderen Quellengruppe, deren Aussagen auch einmal unter dem Gesichtspunkt des Beitrags zum Alltagsleben überprüft werden müssen: der Trivialliteratur. Auch hier können Beiträge zur Problematik der Unterschichten – wie zur bürgerlichen Gesellschaft überhaupt – vermutet werden, vor allem dann, wenn Verfasser Erfahrungen eigener Lebenszeit nahezu unreflektiert verarbeitet haben. Zwar soll, auch wenn die Handlung im Milieu der Unterschichten spielt, in solchen Romanen und Erzählungen eine andere Zielgruppe, vor allem ein eifriges Lesepublikum klein- oder mittelbürgerlicher Provenienz, angesprochen werden, das sich dann in bestimmten, immer edlen Heldenrollen selbst entdecken kann, aber schon dies bedeutet, daß gewisse Verbindungen zur eigenen Umwelt realisierbar sind. Gegenüber den späteren Arbeiterselbstbiographien könnten solche Erzählungen sogar den Vorzug größerer Unmittelbarkeit besitzen, weil nicht Mitteilung der Erfahrung ihren Inhalt ausmacht, sondern Erfahrung in »Erfindung« umgesetzt wird. Hier wären etwa die Werke Karl Mays zu nennen, vor allem die Erzgebirgischen Dorfgeschichten und die frühen Kolportageromane, in deren Gestalten und Schilderungen Erinnerungen der eigenen armseligen Jugend des Verfassers einfließen, so daß sie bei aller Verbrämung der Erweiterung sozialgeschichtlicher Kenntnisse dienen können. Darüber hinaus scheinen auch die Helden der berühmten Reiseerzählungen Typen, die eher in der deutschen Kleinstadt denn im Wilden Westen oder im Orient zu Hause sind. So wären Winnetou und Old Shatterhand oder Kara Ben Nemsi durchaus als Verkörperungen von Turn- oder Gesangsvereinsvorsitzenden des 19. Jahrhunderts denkbar, wie sie in aller Unfehlbarkeit bramarbasierend an Stammtischen das Geschehen der Welt kommentieren und entscheiden. Zu ihnen gehören die hinterlistigen Intrigen dörflicher oder kleinstädtischer »Indianerkämpfe« ebenso wie der banale Hurra-Patriotismus, der jedem Ausländer negative Eigenschaften zuschreibt, und die missionarischen Ambitionen oder die Schwarz-Weiß-Malereien des Guten und des Bösen. Dies zeigt aber, welche Möglichkeiten der Erschließung von Quellen noch bestehen und welche Aufgaben von sozialgeschichtlicher Forschung noch zu lösen sind, bevor ein gerundetes Bild des Alltagslebens einer Zeit gezeichnet werden kann, in der bereits die Prozesse struktureller Veränderung deutlich sichtbar werden, die die Entwicklung bis in unsere Gegenwart hinein bestimmen.

Albin Gladen

»Augustin Wibbelt: Drüke-Möhne«[1]

Grundwerte in der bäuerlichen Lebenswelt des Münsterlandes an der Wende zum 20. Jahrhundert

Der Terrorismus der Gegenwart hat die Menschen in unserem Lande in der letzten Zeit verstärkt nach den ethischen Normen ihrer ökonomischen und sozialen Umwelt und damit zugleich nach den eigentlichen Fundamenten unserer Gesellschaft und ihrer freiheitlichen politischen Ordnung fragen lassen. Dabei hat die noch andauernde Diskussion vor allem auch Überlegungen zu den Grundwerten angeregt. Soweit sich erkennen läßt, besteht offensichtlich Übereinstimmung darin, daß es Grundwerte gibt, die jedem persönlichen Leben als Richtmaße vorgegeben und als Grundlagen einer menschenwürdigen Gesellschaft unabdingbar sind. Nach ihnen aber wird nicht nur forschend gefragt, sie sind dringlich gefragt! Doch die Meinungen über ein System von verbindlichen Grundwerten, über die Art ihrer Verwirklichung und die Reichweite ihrer Gültigkeit gehen vielfach weit auseinander. Deutlich geworden ist wohl dabei, daß Grundwerte wie »Persönlichkeit, Freiheit, Familie, Eigentum und Menschenwürde«[2] prinzipiell nicht veränderbar sind, jedoch inhaltlich erweitert werden können, wie es z. B. der Grundwert »Persönlichkeit« in unserer Gegenwart zeigt, der vor allem durch Regelungen der Mitbestimmung der Arbeitnehmer in der industriellen Arbeitswelt qualitativ erweitert wurde. Darüber hinaus kristallisiert sich im Meinungsbildungsprozeß heraus, daß Grundwerte keine spezifisch christliche, sondern vielmehr eine allgemeinmenschliche Weltordnung darstellen und im Grunde daraus gerade ihre Konsensfähigkeit resultiert. Auch werden Grundwerte nicht vom Staat gesetzt, sondern sind ihm vorgegeben. Als Inhalte der modernen »Grundrechte« gilt ihnen dagegen die Schutzpflicht des Staates, der mit den Grundrechten zugleich die Grundwerte der Gesellschaft zu sichern und zu schützen hat, die damit der Beliebigkeit gesellschaftlicher Entwicklungen entzogen sein sollen.

Die offensichtlichen Krisensymptome unserer Gesellschaft scheinen vor

---

1 *A. Wibbelt:* Gesammelte Werke, hg. v. *P. J. Tembrink,* 10 Bände, Münster 1953–1960, hier vor allem Bd. I: Drüke-Möhne (3 Teile), Münster 1953, und Bd. VI: Plattdütske Gedichte, Münster 1957.

2 Vgl. Grundgesetz für die Bundesrepublik Deutschland, Artikel 1–19; hier besonders die Bestimmung Art. 19, 2: »In keinem Fall darf ein Grundrecht in seinem Wesensgehalt angetastet werden.«

allem ein Resultat des schwindenden Konsenses der Menschen in den nach ihren Meinungen verbindlichen Grundüberzeugungen und Werthaltungen zu sein. Die erkennbar zunehmende Orientierungslosigkeit im täglichen Leben der Menschen unserer Zeit läßt die Frage nach neuen Orientierungspunkten immer dringlicher werden. Mir scheint nun, daß im geschichtlich gewordenen und in unsere Gegenwart tradierten Potential menschlicher Alltagserfahrungen mit ihren Orientierungssystemen, auf das wir Menschen zweifellos heute verwiesen sind und auf das wir in kritischer Distanz zurückgreifen könnten, Leitbilder und Orientierungshilfen auszumachen sind, die uns den Sinn des Lebens zu verdeutlichen helfen und für dessen Verwirklichung hilfreich sein könnten. Zwar lassen sie sich wohl nicht wissenschaftlich zwingend und für jedermann verbindlich als universale Orientierungssysteme gewinnen und rechtfertigen, aber es gibt wohl auch kein wissenschaftliches Verfahren, das sie als erledigte Vergangenheit und als überwundene und überlebte Traditionen erweisen könnte.

Dialektik von Geschichte und Geschichten

Einen wissenschaftlich noch kaum bedachten und schon gar nicht gehobenen Schatz solcher Einsichten in die Voraussetzungen und Verwirklichungschancen eines menschenwürdigen Lebens in dieser Welt, über die nachzudenken und deren Konsequenzen handelnd einzulösen wir uns aufgerufen fühlen könnten, stellt das literarische Werk Augustin Wibbelts als reflektierte Geschichte bäuerlichen Lebens seiner Münsterländer Heimat unter den Bedingungen des Industriezeitalters dar. Zwar gewinnt in der aktuellen Autorenkritik[3] durchaus die Frage, ob ein Schriftsteller fähig war oder ist, den Menschen in seinen Alltagssituationen präzis zu schildern, zunehmend an Gewicht, aber lange bevor in der Literaturkritik von einer »Ästhetik des Alltags« die Rede war, hat schon Wibbelt[4], der am 19. September 1862 in Vorhelm/Ahlen (Westf.) geboren wurde und dort auch am 14. September 1947 verstarb, einer der bedeutendsten westfälischen Schriftsteller, in seinen

---

3 Als Beispiel sei hier auf die Kritik verwiesen, die *J. Quack* an Erzählungen von *G. Wohmann* übt und dabei feststellt: »Heute zählt das Lob, ein Autor sei ein Meister der Kurzgeschichte, bedeutend weniger als die Feststellung, er sei geübt, Alltagssituationen präzis zu schildern.« In: Frankfurter Allgemeine Zeitung, Nr. 304, 31. 12. 1977.

4 Zur Biographie Augustin Wibbelts s. *S. Pohl:* Augustin Wibbelt als niederdeutscher Lyriker, Köln u. Graz 1962, S. 3–53; *E. Nörrenberg:* Augustin Wibbelt zum Gedächtnis, in: Jahrbuch der Droste-Gesellschaft, Bd. II (1948–1950), Münster 1950, S. 299–309.

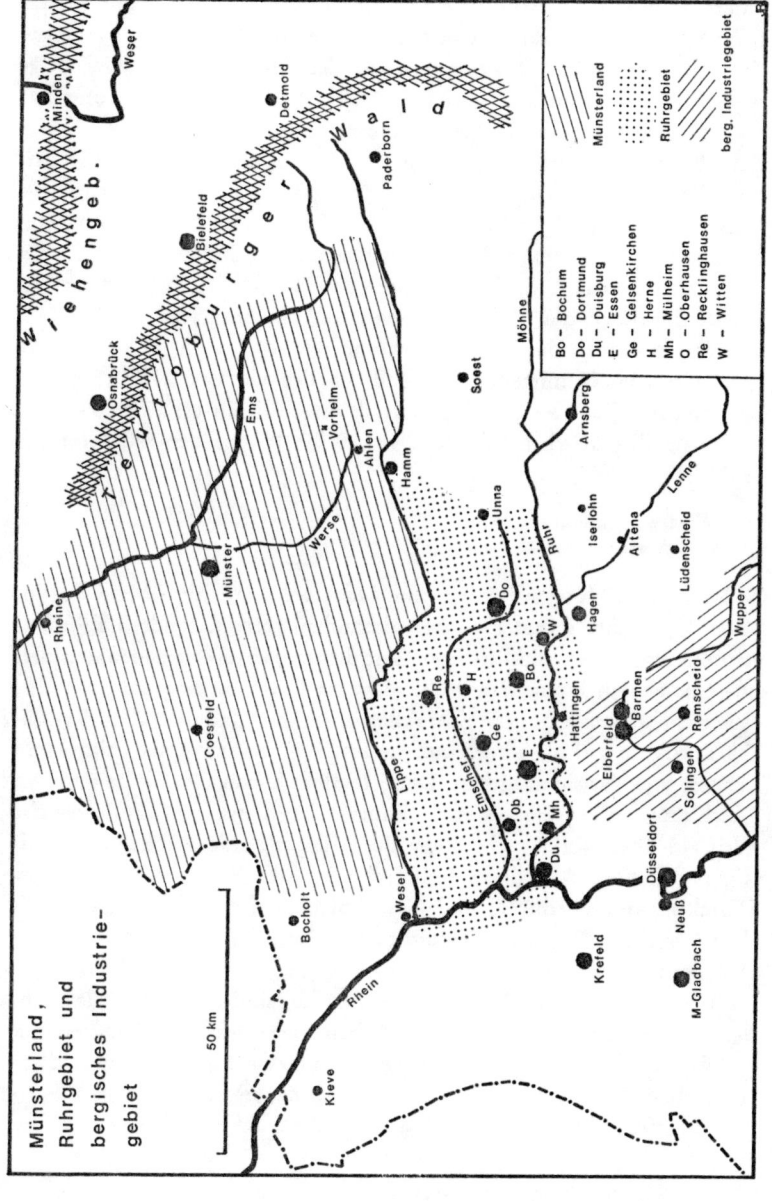

Abb. 4

Münsterland,
Ruhrgebiet und
bergisches Industrie-
gebiet

Legende:
- Münsterland
- Ruhrgebiet
- berg. Industriegebiet

Bo – Bochum
Do – Dortmund
Du – Duisburg
E – Essen
Ge – Gelsenkirchen
H – Herne
Mh – Mülheim
O – Oberhausen
Re – Recklinghausen
W – Witten

41

»Vertellßels uut'n Möänsterlann'«[5] solchen literaturkritischen Maßstäben vollends entsprochen. Seine Geschichten lassen uns in der Fixierung des Alltäglichen der Menschen seiner Zeit und Heimat vielfältige menschliche Beziehungen und Bemühungen beobachten, die offenbar an ethischen und moralischen Grundwerten orientiert waren, die im Bewußtsein der Handelnden wie des Autors Grundvoraussetzungen der Menschlichkeit wie des menschlichen Zusammenlebens darstellten. Was Wibbelt in seiner Münsterländer Heimat erlebt und beobachtet hat, das machte er zum Inhalt seiner Geschichten. Fast alle Bereiche des anonymen ländlichen Alltagslebens gewinnen dabei ihre eigene Historie, die durch die Gegenwärtigkeit und Spontaneität der Dialektsprache, in der sie durch Wibbelt vermittelt sind, noch eine besondere Qualität von Unmittelbarkeit und Ehrlichkeit besitzen. Und mir scheint bemerkenswert, daß gerade darin auch ein erstrangiges Leitmotiv des literarischen Schaffens von Wibbelt zu sehen ist, bemerkte er doch:

> »Watt witt is, loat ick witt,
> Watt swatt is, nöm ick swatt –.«[6]

Wibbelts Erzählungen können nun keineswegs nur als Abbild der lokalen Geschichte seiner Heimat verstanden werden, sondern sie scheinen mir vor allem auch in ihrer Geschichtswirksamkeit bedenkenswert zu sein. Gewiß kann man wohl nicht zu Recht behaupten, daß seine Geschichten geradezu Geschichte machten. Aber dadurch, daß der Autor durch sie auf sie einwirkte, brachten sie auch die Geschichte mit hervor, von der sie ausgehen. Diese Dialektik von Geschichte und den Geschichten, die Wibbelt aufzeichnete, ist damit notwendigerweise auch ein wichtiger Aspekt einer Beschäftigung mit Wibbelts literarischem Schaffen. Allerdings stellt man bei der Frage, wie weit diese Dialektik von Geschichte und Geschichten in der sozialwissenschaftlichen Forschung Beachtung gefunden hat, fest, daß die deutsche Historiographie dieses Problemfeld sowohl im allgemeinen wie besonderen bislang nur am Rande berücksichtigt hat. So sind die anregenden Studien Rolf Engelsings – wie z. B. »Analphabetentum und Lektüre; zur Sozialgeschichte des Lesens in Deutschland zwischen feudaler und industrieller Gesellschaft« (1973) – wie auch neuere Arbeiten zur »Dorfgeschichtsforschung«[7] eher episodenhafte Bemühungen einzelner am

---

5 Erzählungen aus dem Münsterland.

6 »Was weiß ist, lasse ich weiß,
   Was schwarz ist, nenne ich schwarz.«
   In: Vorwort, Ut de feldgraoe Tied (2 Teile), Gesammelte Werke, Bd. V, 1956.

7 Vgl. dazu G. *Schalkamp*: Augustin Wibbelt und die Dorfgeschichte, Würz-

Rande der aktuellen historischen Forschung. Diesen Mangel abbauen zu helfen, ist damit auch ein Ziel dieses Beitrags.

Schon ein flüchtiger Blick in Wibbelts Reichtum an Geschichten läßt erkennen, daß sie nicht nur die realen Prozesse von Wandel und Beharrung in der Münsterländer Agrargesellschaft seiner Zeit widerspiegeln, sondern daß auch ihre bewußtseins- und mentalitätsprägenden Einflüsse auf die Menschen seiner Zeit im Münsterland außerordentlich hoch einzuschätzen sind. Besonders aufschlußreiche Beispiele seiner Prosa stellen in dieser Hinsicht die Erzählungen »Drüke-Möhne« (1898/1906), »Wildrups Hoff« (1900), »Schulte Witte« (1905), »De Iärfschopp« (1910), »Dat veerte Gebott« (1912) und »Ut de feldgraoe Tied« (1918) dar[8]. Als eindrucksvolle Absicherung dieser Einschätzung des angedeuteten historischen Effekts Wibbeltscher Geschichten möge eine autobiographische Notiz des Münsterländer Schriftstellers Friedrich Castelle (1879–1955) dienen:

> »Ich war ein Schuljunge, als Augustin Wibbelt in seinem Ludgerusblatte zum erstenmal von sich reden machte. Dieses Sonntagsblatt war sehr bald auch in meinem Heimatdorfe Haus um Haus verbreitet. Am Samstagabend brachte es der Kiepenkerl, der für das ganze Dorf die Besorgungen in Münster machte, aus der Stadt mit. Wibbelts erste Erzählungen erschienen in diesem unscheinbaren Blättchen. Es waren die Anfänge der köstlichsten Geschichten, die Wibbelt überhaupt geschaffen hat, der heiteren Abschilderungen von Drüke-Möhne, Vader Klüngelkamp und all den anderen unübertrefflichen echten Volksgestalten, die in ihm lebendig waren. ... Die Geschichten von Augustin Wibbelt bildeten in der Tat in meinem Heimatdorf und im ganzen Münsterlande Woche um Woche das Hauptgespräch des ganzen Volkes. ... Den ganzen Sonntag über aber war die Luft über meinem Heimatdorf sozusagen erfüllt von der Atmosphäre Augustin Wibbelts. An den Wirtshaustheken nach dem Hochamt, über die Gartenzäune nach dem Mittagessen erzählten die Leute sich gegenseitig die neue Geschichte ...«[9] –

und ihre Essenz, die Lehr' von der Geschicht, so möchte ich hinzufügen, nahmen sie mit in ihren Alltag.

Offenbar enthielten Wibbelts »Vertellßels« ein so reichhaltiges Identifikationspotential, daß er dadurch den Münsterländern durchaus tra-

---

burg 1933; *H. O. Lichtenberg:* Unterhaltsame Bauernaufklärung, Tübingen 1970; *J. Hein:* Dorfgeschichte, Stuttgart 1976; modellhaft dagegen *J. Faye:* Theorie der Erzählung. Einführung in die »totalitären Sprachen«. Aus dem Französischen von *J. Hoch,* Frankfurt 1977.

8 Die Erzählungen sind veröffentlicht in: Gesammelte Werke, Bd. I: Drüke-Möhne (3 Teile), 1953; Bd. II: Wildrups Hoff, 1954; Bd. III: Schulte Witte (2 Teile), 1955; Bd. IV: De Iärfschopp, Dat veerte Gebott, 1955; Bd. V: Ut de feldgraoe Tied (2 Teile), 1956.

9 Zitiert nach *A. Wibbelt:* Drüke-Möhne, hg. v. R. Schepper, Münster 1977, S. 173.

dierte Verantwortung, Empfindungen und Ansprüche bestätigte und in ihrem Bewußtsein befestigte, indem er sie beim Namen nannte. Hier scheint mir die »Mitwirkung« seiner Geschichten am historischen Prozeß des sozialen Wandels der ländlichen Gesellschaft im Münsterland, der somit ein nicht zu unterschätzendes Maß an konservativer Stützung und Stabilisierung mitgewann, erkennbar. Ihre empirische Überprüfung im einzelnen jedoch ist ein dringliches Gebot regionalgeschichtlicher Forschung, die dabei einer Zusammenarbeit mit der historischen Literaturwissenschaft nicht aus dem Wege gehen dürfte. Meine Absicht in dieser Studie kann allenfalls nur auf den Versuch beschränkt bleiben, die angedeutete Wechselwirkung von Geschichten und Geschichte exemplarisch weiter zu verdeutlichen. Dabei möchte ich das Interesse auf »Drüke-Möhne«[10] konzentrieren, die nicht nur eine Leitfigur Wibbeltscher Erzählungen, sondern zugleich eine zentrale Gestalt der regionalen Sozialgeschichte ist. Wibbelt präsentiert uns Drüke-Möhne:

hochdeutsche Übertragung:

Drüke-Möhne

Drüke-Möhne

Des Muorgens fröh vör Dau un Dagg
Well rüstert sick in't Huus.
Wenn alls no slöpp un höchstens wach
Ne kleine Knuspermus?

Des Morgens früh vor Tau und Tag
Wer reget sich im Haus.
Wenn alles noch schläft und höchstens wach
Eine kleine Knabbermaus?

Dat is de aolle Drüke-Möhn,
Se mott de erste sieen,
Un wenn de annern kuemmt, dann giff
Dat Füer all hellen Schien.

Das ist die alte Drüke-Möhn,
Sie muß die erste sein,
Und wenn die anderen kommen, dann gibt
Das Feuer schon hellen Schein.

De Miägde wiss se iähren Patt,
De Kinner snitt se Braut:
Se kuemmt to iähr un hangt an iähr,
De Moder is jä daut.

Den Mägden weist sie ihren Weg,
Den Kindern schneidet sie Brot:
Sie kommen zu ihr und hängen ihr an,
Die Mutter ist ja tot.

De Möhne hät den ganzen Dagg
De beiden Hänn' vull Wiärk,
Se find un günnt sick kinne Ruh
Äs sunndaggs in de Kiärk.

Die Möhne hat den ganzen Tag
Die beiden Hände voll Arbeit,
Sie findet und gönnt sich keine Ruhe
Als sonntags in der Kirche.

Se höllt dat Huus so blitzeblank,
Se höllt den Gaoern grön.
Un de wat will un den wat feihlt,
De geiht nao Drüke-Möhn.

Sie hält das Haus so blitzeblank,
Sie hält den Garten grün.
Und der etwas will und dem etwas fehlt,
Der geht zur Drüke-Möhn.

Un aobends, wenn dat ganze Huus
So still is äs en Graff,
Dann raket se dat Füer to
Un slütt de Düöern af.

Und abends, wenn das ganze Haus
So still ist wie ein Grab,
Dann deckt sie das Feuer ab
und schließt die Türen zu.

---

10 Vgl. *A. Wibbelt:* Gesammelte Werke, Bd. VI: Plattdütske Gedichte, 1957, S. 29.

Dann slütt se auk dat ganze Huus	Dann schließt sie auch das ganze Haus
No met in iähr Gebätt –	Noch ein in ihr Gebet –
Wat is dat doch en Glück, dat man	Was ist das doch ein Glück, daß man
So Drüke-Möhnen hät!	So Drüke-Möhnen hat!

In Auswirkung der Agrarreformen des frühen 19. Jahrhunderts, die zwar mit der Regelung der grundherrlich-bäuerlichen Verhältnisse die Agrarstruktur und Arbeitsverfassung im Münsterland weithin nur modifizierten, aber doch vor allem durch die Praxis der Gemeinheitsteilungen sowie die Restauration der Sitte der geschlossenen Hofvererbung (18. 2. 1848) die Schicht der bäuerlichen Bevölkerung eindeutig zum Nachteil der bäuerlichen Unterschicht verstärkten[11], hatte das ländliche Sozialgefüge neue Konturen gewonnen. Sie wurden vor allem deutlich in der definitiven Verschiebung der Gesellschaftsstrukturen auf dem Lande zugunsten der bäuerlichen Eigentümer. Bedeutete die restaurierte Erbsitte für das Hofbauerntum die Gewinnung der rechtlichen Sicherheit von Bauerngut und damit der ökonomischen Basis seiner berufsständischen wie gesellschaftlichen Vorrangstellung im ländlichen Sozialsystem, so bewirkte sie zugleich für die nicht erbenden Bauernsöhne den Zwang zur Mobilität, wollten sie nicht auf Eigenständigkeit und Familiengründung verzichten. Die somit sozial freigesetzten Überzähligen der bäuerlichen Familien erwiesen sich als soziales Reservoir zur Erweiterung der bäuerlichen Unterschicht »von oben« oder zur Auffüllung eines Wanderungsvorgangs, der verstärkt seit den vierziger Jahren des 19. Jahrhunderts die ländliche Überschußbevölkerung zunächst vorwiegend nach Übersee abgeleitet hatte[12]. Mit der Entwicklung industrieller Standorte, vor allem des benachbarten Ruhrgebietes, fügten sich die sozial Entwurzelten des Münsterlandes zunehmend den Wanderungsströmen ein, die das Bevölkerungspotential zur Entstehung des »Ruhrvolkes«[13] herbeiführten. Schlug damit der vor allem von der ländlichen Unterschicht verursachte und innergebietlich

11 Vgl. *D. Sauermann* (Hg.): Knechte und Mägde in Westfalen um 1900, Münster 1972; *A. Gladen*: Der Kreis Tecklenburg an der Schwelle des Zeitalters der Industrialisierung, Münster 1970, S. 27 ff.; zur Frage der »Regulierung der gutsherrlichen und bäuerlichen Verhältnisse« in der Provinz Westfalen vgl. *M. Pfeffer von Salomon*: Die königliche Generalkommission zu Münster, in: *E. Kerckerinck zur Borg* (Hg.): Beiträge zur Geschichte des westfälischen Bauernstandes, Berlin 1912, S. 361 ff.; zum Erbrecht vgl. *W. Reineke*: Die Entwicklung des bäuerlichen Erbrechts in der Provinz Westfalen von 1815 bis heute, in: *E. Kerckerinck zur Borg*, S. 107 ff.

12 Die Auswanderung aus dem Regierungsbezirk Münster nach Übersee wird für das 19. Jahrhundert (1803–1900) mit 46 159 Personen angegeben. Vgl. *F. Müller*: Westfälische Auswanderer im 19. Jahrhundert, in: Beiträge zur westfälischen Familienforschung, Bd. 22–24 (1964–1966), S. 46.

13 Vgl. *W. Brepohl*: Der Aufbau des Ruhrvolkes im Zuge der Ost-West-

nicht zu kompensierende Bevölkerungsdruck in eine umfassende horizontale Mobilität um, so erschütterte zugleich der soziale Abstieg der nichterbenden Bauernsöhne die traditionelle »Ohme- und Möhneverfassung«[14] als Grundelement der alterhergebrachten bäuerlichen Lebens- und Arbeitsverhältnisse, durch die vor allem auch die Bevölkerungsentwicklung[15] in der alten Ordnung immer wieder der Tragfähigkeit des Raumes angepaßt worden war. Die überkommenen Sozialstrukturen wurden zunehmend durch den Liberalisierungseffekt der Reformprozesse sowie einen wachsenden sozialen und ökonomischen Druck aufgebrochen und als Normen zur Gestaltung der bäuerlichen Lebenswelt in Frage gestellt. Zwar war so die Mithilfe bei Eltern und Geschwistern, dann als »Ohm oder Möhne« im Grundmuster der ländlichen Arbeits- und Sozialverfassung keine zwingende Sitte mehr, jedoch vielfach eine ökonomische Notwendigkeit. So halfen »Ohm und Möhn« nicht mehr nur wie in der alten Ordnung vor allem den bäuerlichen Familien, die Last der Kinder zu tragen, sondern ein wachsendes Fehl an ländlicher Arbeitskraft mit auszugleichen[16]; denn an der Wende vom 19. zum 20. Jahrhundert hatte die Abwanderung vom Lande

---

Wanderung. Beiträge zur deutschen Sozialgeschichte des 19. und 20. Jahrhunderts (= Soziale Forschung und Praxis, Bd. 7), Recklinghausen 1948.

14 »Ohm« (Oheim) und »Möhne« (Muhme) wurden die unverheirateten männlichen bzw. weiblichen Geschwister des Hofeigentümers genannt, soweit sie im Hofverband lebten und arbeiteten. Vgl. *W. v. Laer*: Die Entwicklung des bäuerlichen Wirtschaftswesens von 1815 bis heute, in: *Kerckerinck zur Borg*, s. Anm. 11, S. 176.

15 Tab. 1: Landwirtschaftliche Bevölkerung im Reg.-Bez. Münster 1882–1907

Jahr	in 1 000	in % der Wohnbevölkerung
1882	230	44,3
1895	237	40,5
1907	239	27,8

Quelle: *H. Pohle*: Die Entwicklung der landwirtschaftlichen Bevölkerung im Land Nordrhein-Westfalen von 1882 bis 1964, Diss. agr. Düsseldorf 1967, S. 58.

16 Tab. 2: Familienfremde Arbeitskräfte in der Landwirtschaft im Reg.-Bez. Münster 1852–1861

Jahr	Knechte und Jungen	Mägde
1852	18 518	26 685
1855	18 225	26 684
1861	15 691	20 098

Quelle: Jahrbuch für die amtliche Statistik des preußischen Staats, II. Jahrgang, Berlin 1867, S. 237 u. 255.

die Schwelle der Entlastung von freigesetztem Bevölkerungsüberschuß bereits überschritten, wie W. Köllmann in seinen regionalgeschichtlichen Forschungen zu Rheinland und Westfalen ausweist[17]. Wibbelt charakterisiert vor allem in diesem Gedicht und seinen Erzählungen von der Drüke-Möhne in idealtypischer[18] Stilisierung den neugewonnenen sozioökonomischen Ort der »Möhnen« im Hofverband, im »ganze(n) Huus«, der zudem, wie hier am Beispiel ausgeführt wird, in der schwersten menschlichen Krise, die eine Bauernfamilie treffen kann, beim Tod der Bäuerin, zum Mittelpunkt des »ganzen Hauses« werden konnte, ja meistens werden mußte. Drüke-Möhnes Leben, Wirken und Werken spiegeln, wie in einem Brennpunkt verdichtet, die besonderen wechselseitigen Abhängigkeiten zwischen der nicht verheirateten Schwester und dem Hofbauern im ländlichen Sozialsystem und damit zugleich, wie diese Wechselbeziehungen von dem spezifischen Strukturwandel der ländlichen Gesellschaft des Münsterlandes unter den Bedingungen der industriellen Welt modifiziert wurden. Hier verzahnen sich Geschichte und Geschichten. Die Abhängigkeiten eines Individuums von gesellschaftlichen Konstellationen, von Strukturen und Interessen werden allerdings von Wibbelt nicht kritisch hinterfragt. So verändert er durch seine Erzählungen mögliche subjektive Dispositionen von Menschen – wie hier der »Möhnen« seiner Zeit – nicht zu Haltungen, die zu einer Bereitschaft und Fähigkeit führen, den jeweiligen sozialen Status im Mikrokosmos des Hofverbandes in Frage zu stellen und zu einer neuen, eigenen Selbsteinschätzung zu kommen mit der möglichen Konsequenz, die Lage dem so gewonnenen Lagebewußtsein anzupassen. Vielmehr werden die Begründungs- und Machtzusammenhänge der bestehenden bäuerlichen Herrschaft von Drüke-Möhne, die formalrechtlich im Sozialverband des Hofes nur noch eine soziale »Grenzexistenz« darstellt, nicht nur nicht reflektiert, sondern unbedacht hingenommen. Darüber hinaus identifiziert sie sich voll und ganz mit ihrer Rolle und trägt die soziale Welt, in der sie steht, verantwortungsvoll und verantwortungsbewußt mit. Sie versteht sie dazu als gottgewollte Ordnung, in der sie durch ihr »Gebätt« das ganze Haus letztendlich geborgen weiß:

»Un aobends, wenn dat ganze Huus
So still is äs en Graff,
Dann raket se dat Füer to
Un slütt de Düöern af.

---

17 Dazu W. *Köllmann:* Der Prozeß der Verstädterung in Deutschland in der Hochindustrialisierungsperiode, in: *ders.:* Bevölkerung in der industriellen Revolution, Göttingen 1974, S. 125–139, besonders 134–138.
18 *Wibbelt* erläutert selbst seine Typenbildung. Vgl. »Well is Drüke-Möhne?«, in: *A. Wibbelt:* Drüke-Möhne, hg. v. *R. Schepper,* Münster 1977, S. 16.

Dann slütt se auk dat ganze Huus
No met in iähr Gebätt –
Wat is dat doch en Glück, dat man
So Drüke-Möhnen hät.«[19]

Während so Wibbelt durch Drüke-Möhne ganz allgemein den Prozeß der Herrschaftsstabilisierung des Bauerntums literarisch mit absichert und die neu entstandene hierarchisch strukturierte ländliche Sozialordnung untermauert, stellt er diese Schlüsselfigur in dem Zyklus der Erzählungen »Drüke-Möhne«, der in den Jahren 1898–1906 entstand, mitten hinein in ein facettenreiches Alltagsleben seiner ländlichen Heimat. In der Bewältigung besonderer Lebenssituationen gewinnt sie vor allem die Funktion, die das bäuerliche Leben tragenden Grundwerte zu erschließen, bewußt und verbindlich werden zu lassen. Vielfältig spiegelt sich der Alltag in den »Vertellßels uut'n Möänsterlann'«[20], die Wibbelt nach dem Zeugnis seiner Gewährsleute, der »Drüke-Möhne« und des Bauern »Vader Klüngelkamp«, bei dem Drüke als Möhne die Stelle der verstorbenen Bäuerin eingenommen hatte, aufzeichnete[21].

»Wu faken häww ick met Drüke-Möhne un Vader bi't Füer siätten . . ., un dann vertällen se von düt un dat . . . Wat se mi doa vertellt häfft, dat häww ick guett behoallen, un in't Wiervertellen sin ick en Mester« (S. 16)[22].

Diese beiden »Repräsentanten« des Münsterländer Bauerntums besitzen manch autobiographische Züge, doch sind sie nur in dem Maße lebenswahr, wie etwa ein »Ruhrkumpel« ein echter Vertreter des »Ruhrvolkes« sein kann. In der Tat läßt sich die Vielfalt menschlichen Lebens nicht auf Standards und Typen reduzieren. Die Fülle an Realität kann sich stets nur am und im Einzelnen als wahr und echt erweisen. Und doch scheinen mir landschaftliche Typen durchaus ihre Berechtigung zu haben. Sie können uns die Grundmuster einer Ordnung erschließen helfen, der sie als Schlüsselfiguren entstammen und auf die sie strukturformend miteingewirkt haben. In dieser Funktion vor allem hat Wibbelt »Drüke-Möhne« und »Vader«[23] gesehen und wirksam werden lassen. Sie mögen uns daher dienlich sein, das ländliche Alltagsleben der Münsterländer ihrer Zeit auszuforschen und Antwor-

---

19 Vgl. S. 44 f.
20 Vgl. Anmerkung 5.
21 Zugrunde gelegt wird hier die 4. Auflage der von *A. Wibbelt* und *E. Nörrenberg* bearbeiteten Fassung, neu hg. von *R. Schepper*, Münster 1977.
22 »Wie oft habe ich mit Drüke-Möhne und Vader am Herdfeuer gesessen . . ., und dann erzählten sie von diesem und jenem . . . Was sie mir da erzählt haben, das habe ich gut behalten, und im Wiedererzählen bin ich ein Meister.«
23 Dazu führt *Wibbelt* aus: »De Drüke-Möhne sprank mi waorhaftig fix un feddig uut'n Kopp haruut, . . . Vader Klüngelkamp quamm aohne widders

ten zu gewinnen auf Fragen nach den Grundwerten, die wir als Bausteine und Strukturelemente ihrer Sozialordnung interpretieren könnten. Zugleich läßt sich mit einer solchen Intention die Erwartung verbinden, auf ein Erfahrungspotential zu stoßen, das auch uns heutigen Menschen Orientierungshilfe in den Sinnfragen des Lebens zu bieten vermag.

Als bemerkenswerte Episode für eine solch zielgerichtete Analyse möchte ich exemplarisch die Erzählung »Gottfried«[24] nutzen.

Grundwerte im »Leben«

»Gottfried, ... so'n Bengel von twiälf Jaohren uut de Stadt, ne Art Waisenkind, wenigstens en half ...« (S. 20)[25]

kam durch Vermittlung eines Kaplans auf Klüngelkamps Hof, damit er dort erzogen würde.

»... so up'n Lanne bi guedde Lüde un gesunne Kost un Aarbeit kann uut so'n aarm Schaop alltiet noa wat wäern. Slächter wätt he sicker nich ...«,[26]

so läßt Wibbelt den »Magister«[27] argumentieren, als er von der Erziehungsaufgabe erfährt, die Teil des Alltags auf Klüngelkamps Hof geworden war. Wibbelt macht deutlich, wie bei der Lösung dieser Aufgabe jeder einzelne betroffen und gefordert ist und zwar in seiner Unvertretbarkeit. Indem nun Vader diesen Grundsatz verletzt, muß sein Erziehungsbemühen scheitern. Wibbelt schildert dann mit entlarvendem Humor, wie Vader mit Hilfe des Magisters »Raot un en Book«[28] (S. 21) seine Erziehung des Jungen zu einer »Erziehungskunst« hochstilisiert, für die er sich allein zuständig hält. So bedeutet er Drüke-Möhne:

---

met, Drüke iähr Bro'er. Een Mensk alleen kann doach nich küern« (S. 9). – »Die Drüke-Möhne entsprang fix und fertig meinem Kopf ... Vader Klüngelkamp, Drükes Bruder, kam ohne weiteres mit. Ein Mensch allein kann doch kein Gespräch führen.«

24 »Gottfried«, in: A. Wibbelt: Drüke-Möhne, hg. v. R. Schepper, Münster 1977, S. 17–45.
25 »Gottfried, ... so ein ungezogener Junge von zwölf Jahren aus der Stadt, eine Art Waisenkind, wenigstens ein halbes – ...«
26 »... so auf dem Lande bei guten Leuten und gesunder Kost und Arbeit kann aus solch einem armen Schaf zu jeder Zeit noch etwas werden. Verschlechtern wird er sich sicher nicht ...«
27 Lehrer.
28 »Rat und einem Buch«.

»... ick niemm de Erziehunk in de Hand, un du moß mi doa nich tüsken kuemmen, dat litt dat System nich« (S. 26)[29].

Die entscheidenden Mißgriffe Vaders liegen offensichtlich darin, daß er sich grundsätzlich von den tradierten Formen und Zielen der Erziehung absetzt. Seine vermeintliche Hinwendung zur Wissenschaft, die mit dem Begriff »System« symbolhaft verdeutlicht wird und die Drüke-Möhne als »Quaterie«[30] abtut, wird von ihm als »Fortschritt« verstanden, an dem Drüke-Möhne offensichtlich keinen Anteil nimmt. Damit ist sie nach Vader gerade als Erziehungsperson disqualifiziert.

»Du bis nich föär den Fortschritt, Drüke! Hütigen Dages will de Welt ganz anners vüorran as fröher« (S. 23)[31].

Mit dieser Argumentation schließt Vader nicht nur die Mithilfe Drüke-Möhnes bei der Erziehung aus, sondern läßt auch das generationenalte Erziehungsziel, das sie vertritt, nicht mehr gelten:

»een üörntlicken Mensken« (S. 23)[32].

Ein so verstandener »Fortschritt« zerstört, wie Wibbelt zeigt, die Solidarität des »ganzen Hauses«, das in der bäuerlichen Welt des Münsterlandes immer auch als natürliche und erstrangige Erziehungsgemeinschaft verstanden worden war. Vaders »Wissenschaftsgläubigkeit« und moderne »Egozentrik« bedeuten einen radikalen Bruch mit der Tradition. Wibbelt macht klar, wie damit die Gemeinschaft derer, die in aktiver Solidarität für einander zuständig sind – Familie im erweiterten, traditionalen Sinne – auch als natürliche Schutzzone des Hauses zerbricht und die einzelnen in ihrer Bezogenheit zueinander beginnen, sich mehr wundzuscheuern als einander Geborgenheit erfahren zu lassen. Vaders »Erziehungskunst« entpuppt sich zunehmend als ein Netz der Gewalt, das jede freie Entfaltung fesselt und den Frieden des Hauses in seine engen Maschen und Schnüren einbindet. Das so bewirkte Defizit an Verantwortung, die nach Wibbelt jeder für das Gelingen eines menschenwürdigen Daseins hat und die sich in aktiver Solidarität, in Liebe als uneigennütziges Tun realisiert, treibt konsequenterweise Gottfried in eine delinquente Entwicklung, die Drüke-Möhne verärgert bewußt macht:

»... de Slüngel süpp us de Eier uut« (S. 29)[33].

---

29 »... ich nehme die Erziehung in die Hand, und du darfst mir nicht dazwischen kommen, das verträgt das System nicht.«
30 Geschwätz.
31 »Du bist nicht für den Fortschritt, Drüke! Heutigentags will die Welt ganz anders voran als früher.«
32 »ein ordentlicher Mensch«.
33 »Der Schlingel säuft uns die Eier aus.«

Die Vertrauensbasis, Fundament der Gemeinschaft, ist zerbrochen. Der junge Mensch wird zunehmend in seinen sozialen Kontakten zum Außenseiter:

> »Auk de Denstbuodden beklageden sick, daß met Gottfried kinn Husen wöer ...« (S. 29)[34].

Eindringlich verdeutlicht Wibbelt, wie Vaders »Erziehungskunst« zu einem Sanktionssystem entartet, das alle mehr und mehr mit einschließt:

> *Möhne:* »... doa hadde he rächts un links eenen an de Aohren ... (S. 28)[35].
> *Baumester:* »... gaff Gottfried doach en paar an de Aohren ...«, (S. 30)[36].
> *Vader:* »... doa susede em de Swiepp üm de Küten, dat he anfonk to danzen ...« (S. 31)[37].
> *Vader:* »... Ick gleiw', met de Tiet könn ick en grusammen Tyrannen wäern« (S. 33)[38].

Die Delinquenz des Jungen erscheint als Prozeß, als ein Sichhochschaukeln von dissozialem Verhalten einerseits und Sanktionen andererseits, der dazu führt, daß der junge Mensch, als die mit ihm ins Haus gekommenen Probleme nicht erkannt und gelöst werden, ausgesondert wird und sich schließlich selbst aussondert.

> *Vader:* »... trock Gottfried de Träpp harup up d'n Kaorn-Büenn un slaut em drup to« (S. 36)[39].
> *Vader:* »Härr du meines Lebens, ... häste siliäwe so watt beliäwt! – Wägg is he! ...«[40]
> *Drüke-Möhne:* »So, ... dat kümp d'rbie haruut. Nu is he wäggloapt« (S. 37)[41].

Durch Drüke-Möhne macht Wibbelt dann deutlich, daß Erzieher erst in dem Augenblick ihrer Erziehungsaufgabe gerecht werden, wenn

---

34 »Auch die Dienstboten beklagten sich, daß man mit Gottfried nicht zusammenleben könne.«
35 Möhne: »... da hatte er rechts und links einen an die Ohren ...«
36 Baumester (Großknecht): »... gab Gottfried doch ein paar an die Ohren ...«
37 Vader: »... da sauste ihm die Peitsche um die Waden, daß er zu tanzen anfing ...«
38 Vader: »... Ich glaube, daß ich mit der Zeit ein grausamer Tyrann werden könnte.«
39 Vader: »... zog Gottfried die Treppe herauf auf den Kornboden und schloß ihn dort zu.«
30 Vader: »Herr du meines Lebens, ... hast du zeitlebens so etwas erlebt! – Weg ist er!«
41 Drüke-Möhne: »So, ... das kommt dabei heraus. Nun ist er weggelaufen.«

Verantwortung vor dem kulturellen Erbe ihr pädagogisches Handeln mitprägt. Ein solches Erbe tradieren bedeutet dann, Erfahrungen weitergeben, die sich in Generationen bewährt und angesammelt haben. Aus solcher Auffassung resultiert Drükes Aufforderung an Vader:

> »Legg dat Book män wägg, ...
> Dat is jä'n ganz unwies Book« (S. 23 f.)[42].

Die größte Gefahr der »Verwissenschaftlichung« der häuslichen Erziehung sieht Wibbelt offensichtlich darin, daß Methoden und Techniken für die Sache selbst genommen werden. Wibbelts verurteilende Kritik gilt dabei vor allem dem »Wissenschaftsjargon«. Seine destruktive Wirkung liegt nach ihm darin, daß er leicht nachzuahmen ist und zur groben Selbsttäuschung führt, da er gegenüber Erfahrung und Einsichten blind macht.

So läßt er Vader argumentieren:

> »Ne abgeschlossene Persönlichkeit – dat kann ick allenfalls noa begriepen. Weeßte, wenn so Blagen nich duegen willt, dann slüett man se mankst tor Straofe in de Kammer to, so föär'n halben Dag. Dat is ne abgeschlossene Persönlichkeit« (S. 23 f.)[43].

Jargon wird entlarvt als Etikett, das Verstehen vortäuscht, wo barer Unverstand vorherrscht, als unüberwindbare Barriere menschlicher Kommunikation, die jede Möglichkeit eines vernünftigen Zusammenlebens ausschließt. Wibbelt vertritt damit die Auffassung, daß niemand als »Asozialer« geboren wird und daß niemand ohne die vielfältige Mitbeteiligung seiner Umwelt und ohne die Mitschuld der Menschen, die ihn auf seinem Lebensweg negativ beeinflussen, zu einem dissozialen Verhalten kommt. Allerdings folgt er nicht der Theorie, die alle Schuld auf schlechte äußere Einflüsse und ungerechte Strukturen der Gesellschaft abschiebt, wie sie in Gottfrieds Kindheitserfahrung und Herkunft als Ansatz durchaus sichtbar werden –

> »... de Moder daut, und de Vader sitt in't Tuchthuus! ... He süpp, ... un doa hät he Eenen stiäcken ... Gottfried hat einen trägen, eigensinnigen und boshaften Charakter«[44] (S. 26).

So liest es sich im Begleitbrief des Kaplans.
Für Wibbelt gilt jedoch vielmehr, daß Menschen durch eigene Entscheidungen gegen das Gute Schuld auf sich laden können, daß jedoch

---

42 »Leg das Buch nur fort, ... Das ist ja ein ganz unvernünftiges Buch.«
43 »Eine abgeschlossene Persönlichkeit – das kann ich zumindest noch verstehen. Weißt du, wenn so lästige Kinder nicht taugen wollen, dann schließt man sie manchmal zur Strafe in der Kammer ein, so für einen halben Tag. Das ist eine abgeschlossene Persönlichkeit.«
44 »... die Mutter tot, und der Vater sitzt im Zuchthaus! ... Er säuft, ... und da hat er jemanden erstochen ...«

die schuldhaften Entscheidungen auf vielfache Weise mitbedingt werden, wie z. B. durch erlittenes Unrecht, ungünstige Lebensverhältnisse und vor allem Mängel in der Erziehung. Jeder ist dabei durch das Gute, das er unterläßt, und durch das Böse, das er tut, mitbeteiligt und mitschuldig am Zustand einer Welt, in der die Gefahren der Kriminalisierung, wie durch Gottfried offenkundig, gegeben sind. Wibbelts implizite Kritik bleibt nun nicht im Negativen stecken. An der Bereitschaft Gottfrieds, nach Hause zurückzukehren, wie der Einsicht Vaders, daß seine »Erziehungskunst« gescheitert ist, werden Chancen zur Konfliktlösung aufgezeigt. Sie liegen darin, daß die Probleme, die dem Konflikt zugrunde liegen, kompromißfähig sind. Drüke-Möhne bewirkt dann die Lösung des Konflikts, die Wibbelt durch Vader kommentieren läßt, der bekennt:

> »De Junge ist äs uutwesselt, un Möhne kann em üm'n Finger wickeln ...
> Un Möhne, de versteiht sick hellsk guett up de Erziehunk, wenn se't auck
> aohne System mäck – ... man kann auck seggen, se handelt noa dat System: Die Liebe trägt den Sieg davon, bloß dat de Liebe bi iähr en annern
> Anlaot hät, nicks von rosa Klöer un Suckerwiärk, mähr as Braut und
> Knabbeln« (S. 46)[45].

Wibbelt macht deutlich, daß es Drüke-Möhne nur deswegen gelingt, im Leben des Jungen einen neuen Anfang zu setzen, sein dissoziales Verhalten ins Gegenteil zu verkehren, weil ihre Hinwendung als Zuneigung empfunden wird, ohne falschen Beigeschmack, sondern ehrlich und ungekünstelt wie »Braut un Knabbeln«[46]. Durch eine solch aktive Solidarität, bei der Selbstbehauptung nicht Verzeihen blockiert –

> Gottfried: »... ick – ick – ick will't wisse nich wier dohen« (S. 44) –[47],

sondern die vor allem als Leben sichernde und entfaltende Teilnahme erfahren wird, erscheint die erfolgreiche Erziehung des Jungen auf ein Denken und Handeln hin, das vornehmlich geprägt ist von Familiensinn, Toleranz und Respekt vor der Persönlichkeit eines jeden einzelnen Menschen, gesichert.

---

45 »Der Junge ist wie umgewandelt, und Möhne kann ihn um einen Finger wickeln ... Und Möhne, die versteht sich höllisch gut auf die Erziehung, auch wenn sie es ohne System macht – ... man kann auch sagen, sie handelt nach dem System: Die Liebe trägt den Sieg davon, nur daß die Liebe bei ihr einen anderen Ausdruck hat, nichts von Rosafarbenem und Zuckerwerk, sondern vielmehr von Schwarzbrot und getrocknetem Weißbrot.«
46 Vgl. Anmerkung 45.
47 Gottfried: »... ich – ich – ich will es gewiß nicht wieder tun.«

Die Verwirklichung solch ethischer Normen verbürgt, wie Wibbelt an der Episode »Gottfried« aus dem Alltagsleben auf Klüngelkamps Hof im Beispiel zeigt, tragfähige Fundamente einer menschenwürdigen Gemeinschaft; das Fehlen solcher Grundlagen dagegen wirkt zerstörerisch. Es besteht wohl kein Zweifel, daß Wibbelt durch die Wertwelt, die er in seinen Geschichten vergegenwärtigt, an der Ausprägung eines verbindlichen Grundwertesystems der Münsterländer Agrargesellschaft an der Wende zum 20. Jahrhundert bestimmend mitgewirkt hat. In diesem Sinne waren seine Geschichten durchaus geschichtswirksam, und sie dürften es wohl auch heute noch sein[48]. So scheint mir ein weiterwirkender Bestand der in Wibbels literarischem Werk offenkundig werdenden Wertordnung in einem Kommentar zur Lage der deutschen Landwirtschaft erkennbar zu sein, den der Präsident des deutschen Bauernverbandes Constantin Freiherr von Heeremann, selbst ein Münsterländer, zum Jahreswechsel 1977 gab. Dort stellte er u. a. fest:

> »Wer (ähnlich denkt) und Eigenschaften wie mitbürgerliche Solidarität, Familiensinn, Vaterlandsliebe, Leistungsbereitschaft und Ordentlichkeit für Tugenden hält, der hat in den Landwirten gute Partner und Verbündete.«[49]

Im sozialen Mikrokosmos des »ganzen Hauses« läßt Wibbelt durch Drüke-Möhne eine Wertordnung realisieren, die vornehmlich durch eine Balance zwischen Freiheit und Bindung, Recht und Pflicht charakterisiert ist. Zugleich vermittelt sie die Erfahrung, daß Autorität und Führung durchaus mit Geborgenheit und Entlastung korrespondieren können, vor allem jedoch, daß die soziale Welt, in der sie lebt und wirkt, ihre innere Stabilität durch die Ausgewogenheit dieser Strukturelemente gewinnt bzw. durch ihre Disproportionalität verliert.

Sicherung wie Abwehr der Gefährdung einer menschenwürdigen Gesellschaft erscheinen so als ständige historische Aufgaben. Könnte in dieser Einsicht, die uns Wibbelt durch seine Geschichten vermittelt, nicht auch ein Orientierungsangebot für die gegenwärtige Gesellschaft enthalten sein? Ich möchte jedenfalls diese Frage durchaus bejahen. Darüber hinaus läßt eine kritische Reflexion der Dialektik von Geschichte und

---

48 In diesem Zusammenhang verdienen die »Rüschhaus-Abende« – *Rainer Schepper*, bekannt als Sprecher plattdeutscher Sendungen des WDR, NDR und Radio Bremen, liest z. B. 1978 an vier Sonntagabenden »Augustin Wibbelt« im Geburtshaus der westfälischen Dichterin *Annette Freiin von Droste-Hülshoff* (1797–1848) – Beachtung, die einen starken Zuspruch verzeichnen.

49 Westfälische Nachrichten 1977, Nr. 333, 31. 12. 1977.

Wibbelts Erzählungen Geschichte als einen zur Zukunft hin offenen Prozeß verstehen, in der die Möglichkeit der Selbstbestimmung und Selbstverwirklichung des Menschen sicherlich nicht gegen Wissenschaft und Technologie zu realisieren ist, wie es Wibbelt vermuten lassen könnte. Doch andererseits wäre es eine unhistorische und verhängnisvolle Verkürzung der Perspektiven unserer Zivilisation, eine solche Möglichkeit allein in Wissenschaft, Technik und rationeller Organisation zu sehen. Im Grunde gilt es für jede Generation, Droysens Utopie zu verwirklichen, daß der Mensch »mit Bewußtsein in der Geschichte und die Geschichte in seinem Bewußtsein«[50] lebe. Dazu vor allem Mut zu machen, war geradezu ein Leitmotiv Wibbelts:

»Dat was't üöwerhaupt, wat ick wull, de Welt en lück upmüntern.«[51]

50 *J. G. Droysen:* Historik. Hg. v. *R. Hübner,* 6. unveränderte Auflage, München 1971, S. 16.
51 »Das war es überhaupt, was ich wollte, die Welt ein wenig aufmuntern.« *A. Wibbelt:* Kleinkraom, Bocholt o. J., S. 6.

Friedrich-Wilhelm Henning

Humanisierung und Technisierung der Arbeitswelt

Über den Einfluß der Industrialisierung
auf die Arbeitsbedingungen im 19. Jahrhundert[*]

Die Industrialisierung hat die wirtschaftlichen und notwendigerweise damit verbunden auch die sozialen Wandlungen im 19. Jh. in Deutschland entscheidend geprägt. Die Industrialisierung enthält in ihrem Kern dabei zwei technische Entwicklungslinien[1]:

1. Der Übergang von der Handarbeit zur Maschinenarbeit, z. B. vom Handspinnrad oder gar von der Handspindel[2] zur Spindelmaschine.

2. Die Ersetzung von biologischer Arbeitskraft (Mensch, Tier) durch physikalische. Zunächst geschah dies in Form eines verstärkten Einsatzes von Wasserkraft. Da hier aber die Kapazitäten eng begrenzt waren und außerdem diese Kraft nicht über das ganze Jahr kontinuierlich zur Verfügung stand, errang bald die Dampfkraft eine Schlüsselstellung. In der fortgeschrittenen Industrialisierung wurde diese Kraftquelle dann durch Gasmotor (ab 1862), Flüssigkeitsmotor (ab 1876) und Elektromotor (ab 1866) ergänzt, die wegen der geringeren Kapazität und wegen der größeren Reagibilität vor allem den kleineren Betrieben sehr nützlich waren.

Der durch beide Entwicklungen verstärkte Einsatz von Technik änderte das Betriebsklima. Die Technik gewann einen entscheidenden Einfluß auf die Gestaltung und auf die Atmosphäre des Arbeitsplatzes und damit auf den arbeitenden Menschen. In der vorindustriellen Zeit war das Werkzeug Attribut des arbeitenden Menschen, jetzt wurde der Mensch – jedenfalls optisch – Attribut der arbeitenden Maschine. Hinter dieser Vereinfachung verbirgt sich eine sehr lange, über mehrere Jahrzehnte gehende und auch sehr differenzierte, die einzelnen Zweige der Wirtschaft unterschiedlich stark einbeziehende Entwicklung.

Sowohl der Ersatz der Handarbeit durch Maschinenarbeit als auch der Ersatz der Muskelkraft durch Dampfkraft bewirkten eine erhebliche

---

[*] Dieser Beitrag erschien in wenig veränderter Form zuerst in den Mitteilungsblättern für das Archivwesen der Wirtschaft »Archiv und Wirtschaft«, Jg. 9 (1976), S. 29–59.

[1] Vgl. *F.-W. Henning:* Die Industrialisierung in Deutschland 1800 bis 1914, 2. Aufl., Paderborn 1975, S. 111 ff.

[2] Über die Vorzüge der Handspindel gegenüber dem Spinnrad wegen der besseren Qualität der Leinenfäden berichtet *C. F. v. Benekendorf:* Oeconomia forensis, Bd. 6, Berlin 1780, S. 122 ff.

Erhöhung der Produktionsleistungen je Arbeitskraft in einer Zeiteinheit. Arbeitskraft wurde durch zusätzliche Investitionen ersetzt – nichts anderes bedeutete der hier beschriebene technische Vorgang wirtschaftlich. Damit verstärkte sich eine Entwicklung, die bis in die Gegenwart bei jeder technischen Verbesserung, durch welche die Arbeitsproduktivität positiv beeinflußt wird, erneut zu beobachten ist. Arbeitsplätze werden wegrationalisiert, sagt man heute[3].

Damit ist bereits ein Punkt des hier zu erörternden Problems konkret angesprochen. Auch in der Gegenwart wird dieser Teilaspekt, dessen Bedeutung mindestens von den Betroffenen als wichtig angesehen wird, im Zusammenhang mit der »Humanisierung der Arbeitswelt« erörtert werden müssen. Einfach gesagt: Das Wohlbefinden des Arbeitnehmers – und übrigens auch des durch Rationalisierungsmaßnahmen in der Branche betroffenen Unternehmers – ist besser, wenn man weiß, daß entweder der eigene Arbeitsplatz nicht gefährdet ist oder ein Ersatzarbeitsplatz relativ leicht zu finden sein wird.

Mit diesen wenigen Bemerkungen ist schon deutlich geworden, daß die Technik nicht nur positive, sondern auch negative Auswirkungen gehabt hat. Bevor ein kurzes Schema der für die Beurteilung relevanten Gesichtspunkte gegeben wird, sei zunächst auf den Begriff »Humanisierung der Arbeitswelt« eingegangen. Der Begriff »Humanisierung der Arbeitswelt« wird in den letzten Jahren immer häufiger gebraucht. Wie auch bei dem Begriff »Verbesserung der Lebensqualität« handelt es sich zunächst um ein Etikett, dessen Aussage, wie häufig bei in der politischen Auseinandersetzung gebrauchten Worten, nicht eindeutig definiert ist, dessen Inhalt zu präzisieren ist. Da die »Humanisierung der Arbeitswelt« einer recht subjektiven Betrachtungsweise zugänglich ist, bis hin zu der Ansicht, daß Arbeit überhaupt schon inhuman ist, gibt es einen breiten Fächer von Definitionsmöglichkeiten[4].

Hier soll entsprechend dem Untertitel des Themas auf die Arbeitsbedingungen abgestellt werden[5], und zwar unter Berücksichtigung des

---

3 Dabei muß es sich aber nicht unbedingt um einen mechanisch-technischen Fortschritt handeln, sondern möglich ist auch ein organisatorischer Fortschritt.

4 Vgl. dazu W. D. *Winterhagen:* Humanisierung der Arbeitswelt; gesetzliche Vorschriften, Modelle, Pläne und Kontroversen, Berlin-New York 1975, S. 8 f., über die Systematik des Inhaltes des Begriffes: Arbeitsschutz, Autonomie, Mitbestimmung, Systemüberwindung, Utopien.

5 In der Regierungserklärung des Bundeskanzlers W. *Brandt* vom 28. Okt. 1969 hieß es: »Zur Humanisierung des Arbeitslebens haben Gesetzgeber und Tarifparteien den Schutz der Arbeitnehmer am Arbeitsplatz zu garantieren. Die Arbeitssicherheit und die gesundheitliche Betreuung am Arbeitsplatz werden ausgebaut.« Schutz am Arbeitsplatz (= Arbeitssicherheit) und

speziellen Einflusses der Industrialisierung, der konzentrierten Einführung des technischen Fortschritts im 19. Jh. Diese Arbeitsbedingungen sind für den größten Teil der Bevölkerung von unmittelbarer Bedeutung[6].

Die Arbeitsbedingungen lassen sich schematisch folgendermaßen aufgliedern, was zugleich die Gliederung der weiteren Ausführungen bestimmen wird:

1. Das Problem der Ersetzung des Arbeitsplatzes; dies ist insbesondere auch in der gegenwärtigen Situation hoher Arbeitslosigkeit von starkem Interesse.

2. Die Erleichterung der Arbeit an den bestehenden Arbeitsplätzen, d. h. vor allem eine Verringerung der physischen Beanspruchung.

3. Die Verringerung der psychischen Beanspruchung, vor allem auch unter Berücksichtigung dessen, daß mit der Industrialisierung die Technik den Arbeitsablauf, den Produktionsprozeß bestimmt, bis hin zur weitgehenden Zergliederung des Arbeitsprozesses und schließlich zur Fließbandarbeit.

4. Die Frage der Unfallhäufigkeit, des Ausmaßes von Unfällen und der Unfallfolgen, insbesondere unter dem Aspekt einer verstärkten Gefährdung bei der Maschinenarbeit im Gegensatz zur vorindustriellen Produktionsweise.

Wenn damit die relevanten Arbeitsbedingungen auch nicht vollständig aufgezählt sind, so ist die Formulierung der einzelnen Punkte doch so allgemein gehalten, daß die wichtigsten Teile der Gesamtproblematik unter dieses Schema subsumiert werden können, sieht man vielleicht von den heute aktuellen Fragen der Mitbestimmung und der Gewinnbeteiligung ab[7].

Diese vier Aspekte werden unter der Fragestellung betrachtet, welche Einflüsse von der Industrialisierung (= Einführung einer besonders stark technisch bestimmten Produktionsweise) auf die Arbeitswelt ausgingen, in welchem Maße die Einführung der Technik die Arbeitswelt

---

ärztliche Betreuung sind sicher auch nach dieser Ansicht nur Teile der Humanisierung des Arbeitslebens.

6 Sie müßten daher eigentlich auch in den Forschungen des vor wenigen Jahren gegründeten Max-Planck-Instituts zur Erforschung der Lebensbedingungen der wissenschaftlich-technischen Welt stärker berücksichtigt werden. Eine Übersicht der Arbeiten des Instituts in: Forschungsarbeiten 1973 in den Sozialwissenschaften; Dokumentation; hg. vom Informationszentrum für Sozialwissenschaftliche Forschung bei der Arbeitsgemeinschaft sozialwissenschaftlicher Institute. Berlin 1974, S. 325 f.

7 Zu der durchaus auch schon gegen Ende des 19. Jh.s vorhandenen Relevanz dieser beiden Aspekte vgl. *K.-W. Gabbert*: Heinrich Freese. Sein Wirken, seine Gedankenwelt, seine Bedeutung, Diss. Göttingen 1970, S. 45 ff. und passim.

humanisiert oder inhumaner gemacht hat. Dazu ist es erforderlich, daß zunächst die Arbeitsbedingungen der vorindustriellen Zeit dargestellt werden, weil erst dann die Wandlungen durch den Industrialisierungsvorgang sichtbar werden und beurteilt werden können.

Die Arbeitsbedingungen der vorindustriellen Zeit

a) die Landwirtschaft

Es sei gleich darauf hingewiesen, daß die Verhältnisse am Ende der vorindustriellen Zeit und damit trotz häufig geäußerter entgegengesetzter Meinung über Jahrtausende hin keineswegs idyllisch waren. Die Landwirtschaft vermittelte noch der überwiegenden Zahl der Menschen das erforderliche Einkommen. Die Mehrzahl der Menschen hatte ein so niedriges Einkommen, daß trotz harter und langer Arbeit nur wenig mehr als das Notwendigste zum Leben übrig blieb – ein Ausdruck der geringen Produktivität der Arbeitskraft. Auch die – technisch kaum vollziehbare – gleichmäßige Verteilung der Wertschöpfung hätte nur eine geringfügige Verbesserung der allgemeinen Lebensverhältnisse gebracht. Eine meistens sehr einfache Ernährung, nicht selten Hungersituationen, waren das wichtigste äußere Zeichen dieser Lebenslage[8].

Die Bitte »Unser täglich Brot gib uns heute« hatte ihren harten Hintergrund. Diese schlechten Lebensbedingungen schlugen sich auch in den Arbeitsbedingungen nieder. Noch etwa zwei Drittel der Bevölkerung Deutschlands bezogen am Ende des 18. Jhs. das Einkommen überwiegend oder ausschließlich aus der Landwirtschaft[9].

Die Landarbeit ist jedoch keineswegs so idyllisch gewesen, wie es z. B. unser Volksliederschatz glauben machen will. Als ein Beispiel dieser Volkslieder sei hier ein Lied angeführt, das die bessarabischen deutschen Bauern gesungen haben sollen:

> »Ich bin das ganze Jahr vergnügt; im Frühling wird das Feld gepflügt. Dann steigt die Lerche hoch empor und singt ihr frohes Lied mir vor. Und kommt die liebe Sommerzeit, wie hoch ist da mein Herz erfreut, wenn ich vor meinem Acker steh und so viel tausend Ähren seh. Rückt endlich Erntezeit heran, dann muß die blanke Sense dran: dann zieh ich in das

---

8 Vgl. dazu *W. Abel:* Massenarmut und Hungerkrisen im vorindustriellen Europa, Hamburg-Berlin 1974, passim.

9 *F.-W. Henning:* Die Wirtschaftsstruktur mitteleuropäischer Gebiete an der Wende zum 19. Jahrhundert unter besonderer Berücksichtigung des gewerblichen Bereiches, in: Beiträge zu Wirtschaftswachstum und Wirtschaftsstruktur im 18. und 19. Jahrhundert, hg. von *W. Fischer* (= Schriften des Vereins für Sozialpolitik, N. F. Bd. 83), Berlin 1971, S. 115.

Feld hinaus und schneid und fahr die Frucht nach Haus. Im Herbst schau ich die Bäume an, seh Äpfel, Birnen, Pflaumen dran. Und sind sie reif, so schüttl' ich sie. So lohnet Gott des Menschen Müh! Und kommt die kalte Winterszeit, dann ist mein Häuschen überschneit, das ganze Feld ist kreideweiß und auf der Wiese nichts als Eis[10].«

Nur teilweise war diese idyllische Beschreibung berechtigt:

1. Die Arbeiten konzentrierten sich auf einige Jahreszeiten im besonders starken Maße. In dem zitierten Lied ist es die Sommerzeit. Zwischen der Saat des Getreides und dem Beginn der Ernte liegen einige Monate relativer Arbeitsruhe, sofern sich nicht für etwa zwei bis drei Wochen die Heuernte im Juni einschiebt. Auch im Winter weiß das Volkslied keine Arbeit anzugeben. Es ist also vor allem die Erntezeit, die über sechs bis sieben Wochen übermäßige Anstrengungen erfordert. Dies bedeutet einen gewissen Rhythmus im Leben. Die relativ kurzfristigen Anstrengungen kann man im übrigen besser ertragen, weil es eine überschaubare Arbeit ist, weil der Erfolg nach und nach deutlich sichtbar ist. Am Ende der Erntezeit ist man zufrieden. Diese Zufriedenheit wurde nur durch die – allerdings recht häufig auftretenden – Mißernten beeinträchtigt.

2. Die Überschaubarkeit der Arbeit war verbunden mit einer engen Beziehung zur Arbeit. In der Landwirtschaft waren keine großen Anmarschwege zur Arbeitsstätte zu bewältigen. Die kleine überschaubare Arbeitsgruppe des dörflichen Bereiches wirkte sich im allgemeinen positiv aus. Es ist jedoch nicht zu verhehlen, daß in Einzelfällen auch wie heute unter Nachbarn eine lebenslängliche Zwietracht dieses idyllische Leben zur Hölle machen konnte. Disharmonien waren in diesem Bereich durchaus keine Seltenheit.

3. Bei Landarbeitern, Gesindekräften und bei bäuerlichen Frondiensten war die Fremdbestimmung der Arbeit vorhanden und, je nach den Ausgestaltungen dieses Abhängigkeitsverhältnisses seitens der Arbeitgeber im weitesten Sinne, konnte hier Idylle, Hölle oder ein Übergang zwischen diesen beiden Polen gegeben sein. Entscheidend war bei den Fronarbeiten das von den Aufsichtspersonen beeinflußte Arbeitsklima.

Insgesamt wird man davon ausgehen können, daß die Landarbeit der vorindustriellen Zeit vor allem auch durch negative Auswirkungen
– der Abhängigkeit innerhalb des Feudalsystems und
– der niedrigen Einkommen
bestimmt war. Beide Komponenten waren Auswirkungen des Feudalsystems, da auch das niedrige Niveau der Einkommen aufgrund der hohen, an die herrschende Schicht zu übertragenden Leistungen (Feu-

10 Zitiert nach: Das singende Jahr, Wolfenbüttel 1952, S. 3.

dalquote) bewirkt wurde[11]. Die Auswirkungen der geringen Ertrags-
fähigkeit der Böden und der hierdurch bedingten geringen Arbeitsproduktivität wurden damit erheblich verstärkt.

b) Das Handwerk

Im sekundären Sektor der vorindustriellen Zeit sind die Handwerker
von den Verlagsarbeitern zu unterscheiden. Jede der beiden Gruppen
umfaßte etwa die Hälfte der im gewerblichen Bereich Deutschlands
Tätigen[12]. Die Arbeitsbedingungen des Handwerks entwickelten sich
über die Jahrhunderte hin recht unterschiedlich. Vor allem die Höhe
der Realeinkommen und damit die Nachfrage der Bevölkerung nach
Produkten des Handwerks bestimmten die Einkommenslage, aber auch
die Arbeitszeit und die Arbeitsbedingungen in diesem Wirtschaftszweig.
Zeiten mit einer stark reduzierten Bevölkerung wie aufgrund der Pest
im späten Mittelalter oder wie nach dem Dreißigjährigen Krieg verbesserten die materielle Lage der im Handwerk Beschäftigten[13]. Im
allgemeinen kann man davon ausgehen, daß auch die Arbeitsbedingungen bei steigenden Löhnen, d. h. bei Arbeitskräfteknappheit, im
Handwerk günstiger wurden. Die Grundtendenz der Arbeitsbedingungen ist aber trotzdem recht negativ zu sehen. Die Einfügung der
meisten Handwerksgesellen in den Haushalt der Meister[14] und die Enge des Arbeitsplatzes im Hause des Meisters haben die Arbeitswelt
zwar überschaubar, jedoch auch stark abhängig vom persönlichen Verhalten des Meisters und dessen Familie gemacht. Die lustigen Hand-
werkslieder unter dem Volksliedergut täuschen wie schon für die Landwirtschaft eine Idylle vor, die in Wirklichkeit nicht bestand oder nur
als eine Ausnahme anzusehen ist[15].

---

11 *F.-W. Henning:* Dienste und Abgaben der Bauern im 18. Jahrhundert,
Stuttgart 1969, S. 151 ff.

12 *F.-W. Henning:* Die Industrialisierung, S. 130, Tab. 7.

13 *W. Abel:* Agrarkrisen und Agrarkonjunktur. Eine Geschichte der Land-
und Ernährungswirtschaft Mitteleuropas seit dem hohen Mittelalter,
2. Aufl., Hamburg-Berlin 1966, S. 59 ff. und S. 154.

14 In Zwickau waren 1531 25 v. H. aller Handwerksgesellen verheiratet, im
Bauhandwerk mit 71 v. H. weit mehr als der Durchschnitt; die übrigen
Gesellen lebten überwiegend im Haushalt der Meister. Vgl. *F.-W. Henning:* Die zunehmende wirtschaftliche und soziale Differenzierung in einer
obersächsischen Gewerbeexportstadt (Zwickau) bis zum 16. Jahrhundert,
in: Scripta Mercaturae, Bd. 1, München 1968, S. 48.

15 *R. Wissell:* Des alten Handwerks Recht und Gewohnheit, Berlin 1971,
S. 49 ff., über vom Handwerk ausgehende Unruhen, denen häufig, vor
allem wenn es sich um Unruhen der Gesellen handelte, schlechte Arbeitsbedingungen im weitesten Sinne zugrunde lagen.

c) Das Verlagswesen

Im Verlagswesen waren die Arbeitsbedingungen ebenfalls schlecht, vielleicht sogar noch schlechter als im Handwerk. Die Fremdbestimmung durch den Verleger, der Preis und nachgefragte Menge im Rahmen der ihm von den Absatzbedingungen gegebenen Möglichkeiten weitgehend festlegen konnte, erstreckte sich bis zum Einkommen. Andererseits fehlte eine Aufsicht in den Häusern der Verlegten, so daß diese den Arbeitsrhythmus und die Arbeitszeit selbst festlegen konnten. Diese Freiheit wurde jedoch erheblich eingeschränkt, da aufgrund des Überangebotes an Arbeitskräften und der dadurch bedingten niedrigen Löhne die Arbeitszeit übermäßig ausgedehnt werden mußte[16] und außerdem sämtliche halbwegs arbeitsfähigen Familienmitglieder in den heimischen Arbeitsprozeß einbezogen wurden. »Kinder, die kaum das 6te Jahr erreicht haben, sitzen mit Greisen in engen Stuben und wetteifern unter sich in der Arbeit«, berichtet der Pfarrer aus Kleinenbremen bei Stadthagen, P. F. Weddigen, der von 1781 bis 1793 Lehrer in Bielefeld war[17], im Jahre 1806 über die Verhältnisse in dem Leinen-Verlagsgewerbe von Minden-Ravensberg (Bielefelder Leinen)[18]. Ein Teil des Leinengarns wurde nach Barmen, Elberfeld und in andere Städte des Rheinlandes geliefert[19]. Die Textilgewerbe des Wuppertales bauten sehr stark auf diesen Zufuhren auf, jedenfalls bis zum Ende des 18. Jhs.[20]. Danach kamen im Wuppertal verstärkt die Baumwollgewerbe auf. »Leinen wurden immer weniger benötigt.«[21] Zu den in den Orten des Wuppertales den Übergang vom vorindustriellen Leinengewerbe zum industriellen Baumwollgewerbe mittragenden Unternehmerfamilien gehörten die Engels[22].

Der Sohn Friedrich Engels ging 1843 nach England, um in der Hochburg der dortigen Baumwollindustrie, d. h. in Manchester, in einem Betrieb (Spinnerei) seines Vaters (Fa. Ermen & Engels), wie viele andere

---

16 W. *Abel:* Massenarmut, S. 211 und passim.
17 W. *Schulte:* Westfälische Köpfe, 300 Lebensbilder bedeutender Westfalen, Münster 1963, S. 358 f.
18 P. F. *Weddigen:* Historisch-geographisch-statistische Beiträge zur näheren Kenntnis Westfalens, Teil 2, Elberfeld 1806, S. 71.
19 P. F. *Weddigen* (s. Anm. 18), Teil 1, S. 133 ff.
20 W. *Dietz:* Die Wuppertaler Garnnahrung. Geschichte der Industrie und des Handels von Elberfeld und Barmen 1400 bis 1800, Neustadt/Aisch 1957, passim.
21 W. *Hoth:* Die Industrialisierung einer rheinischen Gewerbestadt – dargestellt am Beispiel Wuppertal, Köln 1975, S. 55.
22 Ausgehend von der Leingarnbleicherei und -zwirnerei ging die Entwicklung mit unterschiedlichen Zwischenstufen zur mechanisierten Baumwollspinnerei, vgl. *H. Bollow:* Engels, in: Neue Deutsche Biographie, Bd. 4, Berlin 1959, S. 520, r. Sp.

Barmer junge Textilkaufleute und -fabrikanten seine Kenntnisse der Textilherstellung zu vervollkommnen. Engels veröffentlichte zwei Jahre später sein berühmtes Buch über »Die Lage der arbeitenden Klasse in England«. Vermutlich um die schlechten und trostlosen Arbeits- und Lebensbedingungen in den jungen Industriebetrieben und in den neuen beengten Wohnvierteln besonders hervorzuheben, brachte Engels eine recht idyllische Schilderung der vorindustriellen Verlagsverhältnisse, die ihm eigentlich aus Deutschland schlechter in Erinnerung sein mußten:

> »Vor der Einführung der Maschinen geschah die Verspinnung und Verwebung der Rohstoffe im Hause des Arbeiters. Frau und Töchter spannen das Garn, das der Mann verwebte oder das sie verkauften, wenn der Familienvater nicht selbst es verarbeitete. Diese Weberfamilien lebten meist auf dem Lande, in der Nähe der Städte, und konnten mit ihrem Lohn ganz gut auskommen ... So kam es, daß der Weber meist im Stande war, etwas zurückzulegen und sich ein kleines Grundstück zu pachten, das er in seinen Mußestunden – und deren hatte er so viele als er wollte, da er weben konnte, wann und wie lange er Lust verspürte – bearbeitete ...
> Auf diese Weise vegetirten die Arbeiter in einer ganz behaglichen Existenz und führten ein rechtschaffenes und geruhiges Leben in aller Gottseligkeit und Ehrbarkeit, ihre materielle Stellung war bei weitem besser als die ihrer Nachfolger; sie brauchten sich nicht zu überarbeiten, sie machten nicht mehr, als sie Lust hatten, und verdienten doch, was sie brauchten, sie hatten Muße für gesunde Arbeit in ihrem Garten oder Felde, eine Arbeit, die ihnen selbst schon Erholung war, und konnten außerdem noch an den Erholungen und Spielen ihrer Nachbarn Theil nehmen.«

Engels weist dann darauf hin, daß diese Menschen sehr wenig gebildet waren und in großer Demut lebten:

> »Dafür aber waren sie auch geistig todt, lebten nur für ihre kleinlichen Privatinteressen, für ihren Webstuhl und ihr Gärtchen und wußten nichts von der gewaltigen Bewegung, die draußen durch die Menschheit ging. Sie fühlten sich behaglich in ihrem stillen Pflanzenleben und wären ohne die industrielle Revolution nie herausgetreten aus dieser allerdings sehr romantisch-gemüthlichen, aber doch eines Menschen unwürdigen Existenz. Sie waren eben keine Menschen, sondern blos arbeitende Maschinen im Dienst der wenigen Aristokraten, die bis dahin die Geschichte geleitet hatten; die industrielle Revolution hat auch nur die Konsequenz hiervon durchgesetzt, indem sie die Arbeiter vollends zu bloßen Maschinen machte und ihnen den letzten Rest selbständiger Thätigkeit unter den Händen wegnahm.«[23]

Trotz der auch von Engels an den vorindustriellen Zuständen geäußerten Kritik kann man doch davon ausgehen, daß die Wirklichkeit wesentlich herber war, als das von ihm gezeichnete Bild. Ein zeitgenössi-

23 Zitiert nach *F. Engels:* Die Lage der arbeitenden Klasse in England, 4. Aufl., Stuttgart 1913, S. 1 bis 4.

scher Bericht aus der die Wuppertaler Textilgewerbe und damit auch die der Familie Engels gehörenden Produktionsstätten bis zum Ende des 18. Jhs. mit Leingarn beliefernden Grafschaft Ravensberg mag dies zeigen:

>Im Winter, wenn der Bauer außer dem Hause wenig Geschäfte hat, sondern sich in seiner Stube mit dem Spinnrade und Weberstuhle beschäftigt, ist seine enge Stube von Menschen, Vieh und Hausrat voll gepfropft ... Kaum kann die schwarze Höhle von Calcuta[24] fürchterlicher sein, als eine solche Spinnstube im Winter. Dazu kommt, daß der arme Bauer bei sehr strenger Kälte seine Ziegen, Hühner und anderes kleine Vieh nebst seinem Gemüsevorrath mit in die Stube nimmt, um sie vor dem Erfrieren zu schützen.«[25]

In einer so schlechten wirtschaftlichen Verfassung und unter so schlechten Arbeitsbedingungen lebte der größte Teil der im vorindustriellen Verlagswesen Deutschlands Beschäftigten. Immerhin waren dies um 1800 etwa 1 Mill. und um 1850 etwa 1,5 Mill. Personen[26], einschließlich der Familienangehörigen kann man sogar mehr als die doppelte Zahl annehmen. Der überwiegende Teil dieser Bevölkerungsgruppe bezog sein klägliches Einkommen aus der Textilherstellung[27], d. h. war durchaus mit dem von Engels geschilderten ländlichen Textilgewerbe vergleichbar. Wie groß die Not in dieser Zeit gewesen ist, zeigt die Tatsache, daß in einigen Teilen Deutschlands in den letzten vorindustriellen Jahrzehnten auch die Männer dort zum Spinnen übergingen, wo es bisher noch nicht üblich war. So berichtete Haxthausen 1829 aus den westlichen Teilen des ehemaligen Fürstentums Paderborn, daß hier »selbst die Mannsleute spinnen und stricken, was die übrigen Paderborner für einen Schimpf halten würden«[28].

---

24 Bei den schweren Kämpfen zwischen Engländern und einheimischen indischen Fürsten wurden in Kalkutta 1755 156 englische Gefangene bei großer Hitze in eine Zelle mit etwa 36 qm Grundriß eine Nacht lang gesperrt. Am nächsten Morgen lebten nur noch 23. Obgleich auch von englischer Seite keine Samthandschuhe verwendet wurden, wurde von ihnen diese Geschichte der »Black Hole of Calcutta« als Hinweis auf die inhumane Haltung der Inder allgemein in Europa verbreitet. Sie gehörte sozusagen zum Standardrepertoir der Berichte aus fremden Kontinenten.

25 *P. F. Weddigen* (s. Anm. 18), Teil 2, S. 62 f. Die sog. Weberkate aus Holzbunge im Freilichtmuseum Molfsee bei Kiel wurde ursprünglich zwar vermutlich nicht von einem Weber genutzt. Sie zeigt in dem bis nach 1822 allein bestehenden einen Raum aber deutlich Verhältnisse ähnlich denen, wie sie Weddigen für Ravensberg schildert. Mit dem »armen Bauern« ist offensichtlich der landarme Bauer gemeint, der häufig kein eigenes Großvieh besaß.

26 *F.-W. Henning:* Die Industrialisierung (s. Anm. 1), S. 130

27 *F.-W. Henning:* a.a.O., S. 73.

28 *A. Frhr. v. Haxthausen:* Über die Agrarverfassung in den Fürstentümern

Im Ergebnis kann man also davon ausgehen, daß die vorindustrielle Zeit
— aufgrund der niedrigen Arbeitsproduktivität
— zu einer zeitlich aufwendigen täglichen Arbeit zwang,
— und zwar aufgrund des niedrigen Lebensstandards unter sehr schlechten Bedingungen auch am Arbeitsplatz.

Die Arbeitsbedingungen unter dem Einfluß der Industrialisierung

Die Einflüsse der Einführung der Technik in der ersten Industrialisierungsphase werden im folgenden entsprechend den vier Punkten in dem obengenannten Schema dargestellt.

a) Die Ersetzung des Arbeitsplatzes
Eine Mechanisierung einzelner Wirtschaftszweige mit der Folge einer wachsenden Arbeitsproduktivität führt zu einer Ersetzung des Arbeitsplatzes oder zu einer Ausdehnung der Produktion, für welchen Zuwachs dann aber zusätzliche Absatzmöglichkeiten geschaffen werden müssen. Die Entwicklung der Zahl der Arbeitsplätze im 19. Jh. bis zum Ersten Weltkrieg zeigt, daß per Saldo keine Arbeitsplatzverluste eingetreten sind, daß mehr neue Arbeitsplätze entstanden, als durch die Industrialisierung verlorengingen.
Die Zahl der Arbeitsplätze im sekundären Sektor stieg ständig, und zwar stärker als die Bevölkerungszahl. 1800 waren etwa 2,2 Mill. Personen im sekundären Sektor tätig, 1850 3,6 Mill. und 1913 11,6 Mill.[29]. Die Bevölkerung stieg in der gleichen Zeit von 23 Mill. auf fast 67 Mill., d. h. einem Bevölkerungswachstum von etwa 190 v. H. stand ein Wachstum der Arbeitsplätze im sekundären Sektor um 420 v. H. gegenüber. Der sekundäre Sektor erhöhte damit seinen Anteil an der Gesamtzahl der Beschäftigten von 21 auf 38 v. H.
Während am Vorabend der Industrialisierung in fast allen europäischen Regionen allgemein Unterbeschäftigung und Arbeitslosigkeit weit verbreitet waren — man sprach vom Pauperismus[30] —, vermittelte die entstehende Industrie zusätzlich so viele Arbeitsplätze, daß der natürliche Bevölkerungszuwachs — abgesehen von den Auswanderern — und

Paderborn und Corvey und deren Conflikte in der gegenwärtigen Zeit, Berlin 1829, S. 10.
29 Zahlen nach *F.-W. Henning:* Die Industrialisierung (s. Anm. 1), S. 137 und passim.
30 *W. Abel:* Der Pauperismus in Deutschland, in: Wirtschaft, Geschichte und Wirtschaftsgeschichte; Festschrift zum 65. Geburtstag von Friedrich Lütge, Stuttgart 1966, S. 284 ff.

in den letzten Jahrzehnten vor dem Ersten Weltkriege auch noch zahlreiche Einwanderer in Nahrung gesetzt werden konnten. Der Bevölkerungsüberschuß der landwirtschaftlichen Bevölkerung wurde etwa zur Hälfte von der Industrie aufgenommen, während die andere Hälfte in der Landwirtschaft selbst ein zusätzliches Einkommen fand. Die Ansicht, daß die Landwirtschaft aufgrund der Bauernbefreiung am Anfang des 19. Jh.s genügend Personen für die Industrialisierung freigesetzt habe, stimmt insofern nicht mit der Wirklichkeit überein, als auch ohne den Bevölkerungsüberschuß der (ebenfalls expandierenden) Landwirtschaft genügend Arbeitskräfte für die aufkommende Industrie zur Verfügung standen. Bis etwa in die 60er Jahre des 19. Jh.s konnte die Industrie noch auf Unterbeschäftigte und Arbeitslose außerhalb der Landwirtschaft zurückzugreifen. Schon in der Mitte des 19. Jh.s hatte daher Bruno Hildebrand in einer Besprechung des oben zitierten Buches von Engels darauf hingewiesen[31], daß gerade der Mangel an Industrie und damit an zusätzlichen Einkommensquellen eine Verarmung der Bevölkerung – in dem von ihm beschriebenen Kreis Marburg – begünstigt habe. Die Provinz Oberhessen

> »steht in ihrer industriellen Verfassung noch ganz auf dem Standpunkt des vorigen Jahrhunderts. Sie bringt wie ein historisches Denkmal der Vorzeit uns die ökonomischen Zustände der Vergangenheit zur lebendigen Anschauung ... Hier gibt es nichts von alledem, was gewöhnlich zu den Ursachen des Pauperismus und des Proletariats gerechnet wird. Man kennt keine Fabriken und Fabrikarbeiter, keine Spinn-, Dampf- und anderen Maschinen, keine Gewerbefreiheit und keine unbeschränkte Konkurrenz der Einzelnen, sondern in alter patriarchalischer Form herrscht neben dem Ackerbau noch der alte Handwerksbetrieb.«[32]

Diese beiden Meinungen von Hildebrand und Engels beruhen auf einer falschen Einschätzung der tatsächlichen Verhältnisse durch beide:
1. Engels beschreibt die vorindustrielle Situation in England als Idylle – wenn auch mit erheblichen Relativierungen –, um den Gegensatz zur miserablen frühindustriellen Situation um so besser herausarbeiten zu können. Er ging nicht auf den vorindustriellen Pauperismus ein, der gerade in den letzten Jahrzehnten vor der beginnenden Industrialisierung in Deutschland besonders scharf heraustrat und seit etwa 1770 das soziale Bild Deutschlands und der meisten Länder Europas aufgrund der schneller als die Löhne steigenden Preise (für Güter der Nachfrage der privaten Haushalte) beherrschte[33]. In England war die Zeitspanne zwischen beginnender Übervölkerung und industriellem

---

31 *B. Hildebrand:* Die Nationalökonomie der Gegenwart und Zukunft, Bd. 1, Frankfurt/M. 1848, § 34.
32 Zitiert nach *W. Abel:* Agrarkrisen (s. Anm. 13), S. 226 f.
33 *W. Abel:* Agrarkrisen, S. 184, Abb. 48, für England, Frankreich, Deutschland, Österreich, Polen und Dänemark für das 18. Jh.

Pauperismus relativ kurz, da schon in den 80er Jahren des 18. Jh.s der Industrialisierungsvorgang im Baumwollgewerbe begann[34]. Man wird davon ausgehen können, daß diese Entwicklung durch die napoleonischen Kriege mit der Abschneidung Englands von den Absatzgebieten für Baumwollgewebe und Baumwollgarnen auf dem Kontinent verzögert wurde. Etwa in den 20er Jahren des 19. Jh.s wurde der vorindustrielle Pauperismus dann mehr und mehr zurückgedrängt und das (negative) soziale Bild nunmehr von der industriellen Armut geprägt, von den Arbeitsplatz- und Wohnverhältnissen in den schnell wachsenden Städten bestimmt[35]. Hierzu gehörte auch Manchester, wo der Vater von Engels sein Unternehmen besaß und wo Engels von 1843 bis 1845 tätig war.

2. Demgegenüber hatte Hildebrand nicht das Elend in den Städten der sich entwickelnden Textilindustrie, sondern den vorindustriellen Pauperismus vor Augen, der gerade darauf beruhte, daß zusätzliche Arbeitsplätze nicht entstanden, weil die Entwicklung des sekundären Sektors, d. h. weil die Industrialisierung auf sich warten ließ. Hildebrand gestand aber immerhin Engels zu, daß auch in Deutschland solche idyllischen vorindustriellen Zustände noch in jenen Gebieten bestehen, »welche von der modernen Industrie noch nicht berührt sind«[36].

Interessant ist an der Argumentation sowohl von Engels als auch von Hildebrand, daß sie das, was sie vor Augen hatten, recht objektiv beschrieben, daß sie es aber mit solchen Zuständen verglichen, die ihnen nicht geläufig waren. Engels griff in die Vergangenheit, Hildebrand in

34 Über die Entwicklung von Löhnen und Preisen als einem Indiz für den Lebensstandard der arbeitenden Bevölkerung in England und damit auch der von Engels genannten ländlichen Weber vgl. *E. J. Hamilton:* Profit inflation and the industrial revolution 1751–1800, in: Quarterly Journal of Economics, Jg. 56, Cambridge/Mass. 1942, S. 256 ff. Von 1750 bis 1800 stiegen die Löhne um 20 v. H., die Preise um 150 v. H., so daß die Reallöhne sich halbierten, was nur durch längere Arbeitszeiten und wachsende Kinderarbeit teilweise ausgeglichen werden konnte. Im übrigen darf auch für England der Industrialisierungsvorgang für die Zeit von 1770 bis 1815 nicht überschätzt werden. Die Verarbeitung von Rohbaumwolle stieg zwar von 2 000 t im Jahre 1764 (Erfindung der Jenny) auf 50 000 t im Jahre 1815, vgl. *W. Treue u. a.* (Hg.): Quellen zur Geschichte der industriellen Revolution, Göttingen-Berlin-Frankfurt 1966, S. 108. Unterbeschäftigung und Arbeitslosigkeit, und als Auswirkung hiervon niedrige Einkommensverhältnisse, waren in dieser Zeit aber nach wie vor weit verbreitet, vgl. *K. M. Walter:* Die Emanzipation der Arbeiterschaft in Großbritannien, Diss. Köln 1965, S. 76 ff. (bis S. 89).

35 Zur allgemeinen wirtschaftlichen Situation in England am Ende des 18. Jh.s und im beginnenden 19. Jh. vgl. *J. Kuczynski:* Die Geschichte der Lage der Arbeiter unter dem Kapitalismus, Bd. 23, Darstellung der Lage der Arbeiter in England von 1760 bis 1832, Berlin 1964, S. 27 ff.

36 *B. Hildebrand* (s. Anm. 31), § 34.

andere Gegenden, ohne diese allerdings genauer zu benennen. Da es ihnen aber jeweils auf die Kritik an den von ihnen zu beschreibenden negativen Zuständen ankam, sollte man ihrer Argumentation vielleicht doch nur in diesem Teil folgen. Im übrigen machte Hildebrand noch den Fehler, die negativen Seiten der industriellen Entwicklung zu unterschätzen, vielleicht weil ihm die Anschauung hierfür fehlte.

Im Prinzip ist aber davon auszugehen, daß sowohl die letzte vorindustrielle als auch die erste industrielle Phase die im sekundären Sektor Beschäftigten in einer schlechten materiellen und sozialen Lage sah. Da in der Literatur häufig beide Erscheinungen mit dem Begriff »Pauperismus« bedacht werden, sollte man zur Klarheit zwischen dem vorindustriellen und dem industriellen Pauperismus unterscheiden, die beide auf unterschiedliche Faktoren zurückzuführen sind.

Man kann für die deutschen Verhältnisse davon ausgehen, daß die Industrialisierung zwar aus der stark durch Arbeitslosigkeit geprägten vorindustriellen Situation geholfen hat, daß aber nicht zuletzt aufgrund der noch nicht bestehenden Erfahrungen mit einem schnellen wirtschaftlichen und bevölkerungsmäßigen Wachstum in den stärker betroffenen Städten auch die Industrialisierung in ihrer ersten Phase erhebliche Nachteile brachte.

Aber nicht nur die allgemeine Arbeitsplatzentwicklung ist in diesem Zusammenhang von Bedeutung, sondern auch die Frage, wer seinen Arbeitsplatz verlor und wie groß die Chancen waren, einen neuen Arbeitsplatz zu erhalten.

Hier sei zunächst das Handwerk genannt. Nach einer These von Engels und von Marx sollten die kleinen Warenproduzenten nach und nach von der Industrie verdrängt werden[37].

Nach dieser These sollte es den Handwerkern nicht mehr möglich sein, mit der billigeren Produktion in der Industrie (Massengutherstellung) zu konkurrieren. So logisch diese Ansicht zunächst klingen mochte, im Ergebnis hat sich herausgestellt, daß die einzelnen Handwerkszweige recht unterschiedlich in dieser Hinsicht betroffen wurden[38].

– Ein Teil des Handwerks wurde tatsächlich nach und nach durch die industrielle Produktion bedrängt und schließlich verdrängt. Nach Schmoller gehörten hierzu in der Mitte der 60er Jahre des 19. Jh.s die Tapeten-, Hut-, Knopf-, Schirm-, Stock-, Seifen- und Lichterfabrikanten[39].

---

[37] Marx hatte hierbei aber wohl in erster Linie an das Verlagswesen und nur wenige Zweige des eigentlichen Handwerks gedacht, vgl. *K. H. Marx: Das Kapital; Kritik der politischen Ökonomie*, Berlin 1948, S. 366 ff.

[38] Nach *F.-W. Henning: Die Industrialisierung* (s. Anm. 1), S. 128.

[39] *G. Schmoller: Zur Geschichte der deutschen Kleingewerbe im 19. Jahrhundert*, Halle 1870, S. 202.

- Die »Nahrungs-, Bau- und persönlichen Gewerbe« wurden am wenigsten industrialisiert, klagte Schmoller schon 1870, was auch noch weitgehend bis in die Gegenwart gilt.
- Das Handwerk erhielt neue Aufgaben im Kleinhandel und in der Reparatur industriell hergestellter Produkte.
- Bis zum Ersten Weltkrieg verschwand noch ein großer Teil der Schuhmacher und Schneider. Es blieben Schuh- und Kleidergeschäfte, ferner Schuster als Reparateure von Schuhen.

Insgesamt wuchs die Zahl der Handwerker von 1800 = 1,1 Mill. auf 1913 = 4 Mill.[40]. Die Zahl der Handwerker je 1 000 Einwohner stieg von 1800 bis 1914 von etwa 48 auf 60, d. h., das Handwerk dehnte sich mehr aus, als die Bevölkerung wuchs. Das Handwerk insgesamt verlor also an die Industrie weniger Aufgaben als es durch die allgemeine Entwicklung hinzubekam. Neben den zusätzlichen, durch die Industrie verursachten neuen Aufgaben war hierfür die überproportional steigende Nachfrage aus der Bevölkerung nach handwerklichen Produkten verantwortlich:
- Die Verstädterung und die weitgehende Lösung des Bevölkerungszuwachses aus der Landwirtschaft bewirkten eine Verringerung der Selbstversorgung.
- Die in den letzten Jahrzehnten vor dem Ersten Weltkrieg steigenden Industriearbeiterlöhne stärkten auch die über die Nahrungsmittel hinausgehende Nachfrage.

Mit diesen Ausführungen soll jedoch nicht der Eindruck geweckt werden, daß die Industrialisierung in dem hier angesprochenen Teilaspekt problemlos abgelaufen sei. Die Hauptprobleme lagen genau dort, wo sie Engels gesehen hat:
- Auch wenn in der Textilindustrie mehr Arbeitsplätze entstanden als im – hauptsächlich ländlichen – Verlagswesen verloren gingen[41], so fand doch ein erheblicher Wandel statt. Die neuen Arbeitsplätze lagen nicht im ländlichen Bereich, wie die bisherigen, so daß für die Verlagsarbeiter eine Ortsveränderung erforderlich wurde. Da damit gleichzeitig die geringen Ergänzungsmöglichkeiten der Nahrungsversorgung aus den kleinen Flächen Land verlorengingen oder die Familie im ländlichen Bereich zurückgelassen werden mußte, bedeutete dies einen erheblichen Einschnitt im Leben des einzelnen Verlagsarbeiters.
- Geschah der Übertritt in die städtische Industrie, dann erfolgte eine

---

40 *F.-W. Henning:* Die Industrialisierung (s. Anm. 1), S. 130.
41 Im Wirtschaftszweig Textil, Bekleidung und Leder waren 1800 1,17 Mill. beschäftigt. 1835 = 1,59 und 1913 = 2,7 Mill.; vgl. *F.-W. Henning:* Die Industrialisierung (s. Anm. 1), S. 137.

erhebliche Änderung des Lebens. Das Herausreißen aus den Primärgruppen Nachbarschaft, Verwandtschaft usw. verringerte vor allem auch die Hilfsmöglichkeiten in Notfällen. Die Arbeitsplätze waren in den neuen Fabriken keineswegs besser als in den alten Heimgewerben. Darauf wird im einzelnen noch einzugehen sein. Die Wohnverhältnisse litten unter dem schnellen Wachstum der Städte und den geringen Aktivitäten der Unternehmer, der Gemeinden, der Kirchen und anderer Gruppen. Die einkommensschwachen Zugezogenen waren aber auf solche Hilfen angewiesen.

– Am schlimmsten war es aber, wenn es zwar eine Verdrängung aus dem bisherigen Arbeitsplatz gab, wenn jedoch nicht gleichzeitig die Möglichkeit bestand, einen neuen Arbeitsplatz zu erhalten. Vor allem in der ersten Phase der Industrialisierung, insbesondere bis etwa 1860 war dies häufig der Fall. Traf diese Situation noch mit der letzten verstärkten Phase des vorindustriellen Pauperismus zusammen, dann war die Not sehr groß. Ein Beispiel mag hier genannt werden, zumal da es in die Literatur eingegangen ist: der Weberaufstand in Schlesien im Jahre 1844, der als Ausgangspunkt und Anstoß für Gerhard Hauptmanns Drama »Die Weber« diente. In Wirklichkeit war dies aber kein Weberaufstand. Vielmehr fürchteten die Baumwollspinner die Konkurrenz der neu aufgestellten Spinnmaschinen. Es kam zur Maschinenstürmerei[42]. Weberunruhen gab es in Schlesien erst 20 Jahre später, als 1864 die Beschäftigungsmöglichkeiten infolge des amerikanischen Bürgerkrieges (fehlende Rohbaumwolle) und des nunmehr auch die Baumwollweber bedrängenden technischen Fortschritts sich verringerten[43]. Zuvor waren die stärker auf Baumwollverarbeitung ausgerichteten Gebiete Sachsens und des Rheinlandes eher hiervon betroffen. Interessant sind bei den Unruhen von 1844 zwei Aspekte:

– Die Baumwollspinner waren noch nicht lange etabliert, da es sich bei dem Baumwollgewerbe in Schlesien um ein junges Gewerbe handelte. Demzufolge waren in diesem Wirtschaftszweig die jungen Familien zu finden, die daher auch kaum mit Landnutzung ausgestattet waren. Diese hatten also fast keine Möglichkeit, selbst den Grundbedarf an Nahrungsmitteln zu produzieren.

– Der noch herrschende Pauperismus, die im Übermaß angebotene Zahl an Arbeitskräften und die noch fehlende Bereitschaft der Arbeiter zum Streik hatten bis 1844/47 die Löhne relativ niedrig ge-

---

42 *G. Meinhardt:* Der schlesische Weberaufstand von 1844, in: Jahrbuch der Schlesischen Friedrich-Wilhelms-Universität zu Breslau, Bd. 17, Berlin 1972, S. 91 ff., mit einer genauen Schilderung der Vorgänge und Probleme.
43 *A. Richter:* Bismarck und die Arbeiterfrage im preußischen Verfassungskonflikt, Leipzig 1935, S. 236 ff. und passim.

halten[44], so daß die Einführung des technischen Fortschritts sich um einige Jahre verzögerte. Nunmehr (1844) kam der Zeitpunkt, daß eine weitere Lohnminderung nicht mehr möglich war, so daß der technische Fortschritt beschleunigt eingeführt wurde.

Insgesamt wurden in dieser Periode die Arbeitsbedingungen demnach unter dem genannten Gesichtspunkt der Ersetzung von Arbeitskraft durch Maschinen in zwei Richtungen verschlechtert:

– Die Ersetzung von Arbeitsplätzen zwang zur Suche nach einem neuen Arbeitsplatz, der nur selten in vom bisherigen Wohnort erreichbarer Nähe zu finden war, da die Industrialisierung, soweit sie sich im Textilgewerbe vollzog, eine Standortverlagerung vom Land zur Stadt brachte. Es war also eine Verschlechterung der materiellen Lage der Arbeitskräfte zu beobachten.

– In den verbleibenden Arbeitsplätzen war meistens bis nach der Jahrhundertmitte ein starker Druck auf das Lohnniveau zu beobachten. Zwar wurde dadurch die Ersetzung der Arbeitsplätze verzögert, aber gleichzeitig wurden die Arbeitsbedingungen erheblich verschlechtert.

Am Ende des 19. Jh.s waren nach Sombart[45] nur noch solche Personen in der Heimweberei beschäftigt, die »wegen hohen Alters, kleineren Besitztums oder dergleichen, also aus persönlichen Gründen den Übergang in die Fabrik nicht mehr zu vollziehen« vermochten. Es handelte sich im Prinzip um diejenigen, die sich den veränderten wirtschaftlichen Gegebenheiten nur zögernd oder überhaupt nicht anpassen konnten. Die von Sombart genannten Gründe des Verbleibens können zugleich als wichtige Hinweise auf die auch im eigentlichen Industrialisierungsprozeß entscheidenden Motive für den nicht vollzogenen Wechsel auf einen anderen Arbeitsplatz angesehen werden:

1. Aufgrund eines relativ fortgeschrittenen Alters war die Mobilität nicht mehr gegeben, entweder weil es sich für die kurze Zeit der noch zu erwartenden industriellen Tätigkeit nicht mehr lohnte, einen Arbeitsplatzwechsel mit einem Ortswechsel zu kombinieren oder weil aus familiären oder anderen Gründen bereits eine gewisse Immobilität eingetreten war, z. B. bei fortgeschrittenem Alter die Erlangung eines industriellen Arbeitsplatzes wenig aussichtsreich war.

2. Ein kleines Besitztum, d. h. ein kleines Haus und ein Stück Garten oder sogar Ackerland, ließ man nicht gern zurück, zumal da damit ein erheblicher Teil der Lebenshaltungskosten (Wohnen und zum Teil auch

---

44 *J. Kuczynski* (s. Anm. 35), Bd. 1. Die Geschichte der Lage der Arbeiter in Deutschland von 1789 bis in die Gegenwart, Teil 1, 1789 bis 1849, 6. Aufl., Berlin 1964, S. 81 ff.

45 *W. Sombart:* Die deutsche Volkswirtschaft im 19. Jahrhundert, Berlin 1909, S. 332.

Nahrung) bereits abgedeckt war. Der neue Arbeitsplatz fern vom bisherigen Wohnsitz hätte auch diese aufgegebenen Vorteile ausgleichen müssen.

3. Hinzu kam in der Zeit bis etwa 1860/65, daß die Zahl der Personen, die Beschäftigung auch unter schlechten Verhältnissen suchten, sehr groß war. Es gab daher keine große Sicherheit, einen Arbeitsplatz außerhalb des bisherigen ländlichen Bereichs zu finden. Außerdem war dieser Arbeitsplatz dann im allgemeinen so risikoreich – konjunkturempfindlich usw. –, daß man nicht gern die Familie mitnahm und die bisherige materielle Grundlage in Form eines kleinen Hauses und eines Gartens aufgab.

Es handelte sich bei dieser Ersetzung der bisherigen Arbeitsplätze durch andere, technisch besser dotierte und möglicherweise auch an einem anderen Ort gelegene um einen Vorgang, der im Laufe der wirtschaftlichen und sozialen Entwicklung immer wieder zu finden ist. Die technischen Verbesserungen schafften die Voraussetzungen zur Erhöhung der Arbeitsproduktivität und zur Arbeitserleichterung. Umsetzungen sind die notwendige Folge. Es ist eine wichtige Aufgabe der staatlichen und der betrieblichen Sozialpolitik, diese zu Brüchen im Lebensweg des einzelnen führenden Wandlungen in ihren negativen wirtschaftlichen und sozialen Auswirkungen zu mildern.

Diese neuen Arbeitsplätze waren im 19. Jh. nicht nur in der stark expandierenden Textilindustrie zu finden, sondern auch in der Investitionsgüterindustrie, die von der zunehmenden Nachfrage nach Kapitalgütern profitierte, und in der Konsumgüterindustrie allgemein, deren Anteil aufgrund der nur langsam wachsenden Arbeitseinkommen jedoch die geringste Dynamik aufwies. Stellt man die entsprechenden Beschäftigtenzahlen der einzelnen Gewerbezweige in einer Tabelle zusammen, dann zeigt sich deutlich die hervorragende Stellung der Metallerzeugung und -verarbeitung (vgl. Tabelle 3).

Aber auch der Bergbau, und zwar vor allem der Kohlebergbau, bot in sehr starkem Maße neue Arbeitsplätze. In der Ausdehung der Metallindustrie im weitesten Sinne kommt die eingangs genannte Entwicklungslinie von der Ersetzung der Handarbeit durch Maschinenarbeit zum Ausdruck. Die Ausdehnung des Kohlebergbaues ist Ausdruck der starken Nachfrage nach dem wichtigsten Spender der Energie für die Erzeugung der Dampfkraft. Hinzu tritt die Versorgung der städtischen Bevölkerung mit Wärme (Braunkohle in Form der Briketts).

Insgesamt zeigt die Tabelle deutlich, in welchem gewaltigen Ausmaß mit der Industrialisierung neue Arbeitsplätze geschaffen wurden, so daß per Saldo für die von der Industrie bedrängten im Gewerbe Beschäftigten umfangreiche Ausweichmöglichkeiten gegeben waren. Die Einführung des mechanisch-technischen Fortschritts, d. h. die Industria-

Tabelle 3:

*Die Entwicklung der Gewerbezweige in Deutschland von 1800 bis 1913
nach der Zahl der Beschäftigten*[a]

Gewerbezweig	1800		1850		1913	
	1	2	1	2	1	2
Metall	170 000	7,6	333 000	9,4	2 330 000	20,1
Bau	240 000	10,4	368 000	10,3	1 630 000	14,0
Steine, Erden	70 000	3,1	166 000	4,7	1 042 000	8,9
Feinmechanik	20 000	0,9	37 000	1,0	217 000	1,9
Textil, Leder	1 170 000	52,9	1 638 000	46,1	2 705 000	23,3
Holz, Druck	230 000	10,3	397 000	11,2	1 430 000	12,2
Nahrung	300 000	13,4	520 000	14,6	1 427 000	12,2
Bergbau	40 000	1,8	95 000	2,7	863 000	7,4
Zusammen	2 240 000	100,0	3 554 000	100,0	11 644 000	100,0

1 = Zahl der Beschäftigten; 2 = Beschäftigte in v. H. aller im sekundären Sektor Tätigen (einschließlich Handwerk)

a Die Tabelle wurde auszugsweise entnommen *F.-W. Henning:* Die Industrialisierung (s. Anm. 1), S. 137. Die Zusammenstellung erfolgte in Anlehnung an die heutige Gewerbestatistik, um Vergleichsmöglichkeiten auch mit dem 20. Jh. zu ermöglichen. So umfaßt die »Feinmechanik« auch optische Gewerbe und die Elektroindustrie. »Steine und Erden« enthalten Glas-, Keramik-, Steingut- und Porzellanherstellung, ferner die chemische **Industrie.** »Holz und Druck« umfassen auch die Papierindustrie.

lisierung hat insoweit die Arbeitswelt nicht inhumaner gemacht, sieht man von der fehlenden individuellen Hilfe beim Arbeitsplatzwechsel ab.

b) Die physische Beanspruchung

Die physische Beanspruchung der Arbeitenden war in der vorindustriellen Zeit in fast allen Berufen sehr stark. Eine ausgedehnte Arbeitszeit wurde von kräfteverzehrenden Dauerbeanspruchungen begleitet. Dabei waren die Licht- und die Luftverhältnisse bei solchen Arbeiten, die in Räumlichkeiten stattfanden, d. h. bei der Mehrzahl der Arbeitsplätze im sekundären Sektor, sehr schlecht. Bei einigen Tätigkeiten, wie z. B. im Gerbergewerbe, kamen noch die Geruchsbelästigungen hinzu. Es erhebt sich damit die Frage, in welchem Maße sich die Einführung der Industrialisierung auf diese Verhältnisse ausgewirkt hat. Bei der Arbeitszeit ergaben sich zwei Entwicklungslinien: die Arbeitszeit in Stunden je Tag oder je Woche und die Zeiteinteilung. Der Übergang vom vorindustriellen Gewerbe (Handwerk und vor allem Verlagswesen) zum industriellen Gewerbe war mit der verstärkten Verbreitung zentralisierter Produktionsstätten verbunden. Während die

Verlagsarbeiter und auch sehr viele der im Handwerk Beschäftigten (Meister) selbst bestimmen konnten, wie die Arbeitszeit zu gestalten war, bis hin zur Pausenregelung, war in den Industriebetrieben, wie schon zuvor in den Manufakturen, eine genau festgelegte Arbeitszeit erforderlich. Die Einordnung des einzelnen in die Organisation der Fabrik beengte die zeitliche Bewegungsfreiheit des Arbeitenden, was sicher – wie heute in Entwicklungsländern – erst ein neues Gefühl für zeitliche Ordnung (Pünktlichkeit und Zuverlässigkeit) bei den Arbeitenden schaffen mußte. Da auch schon in der vorindustriellen Zeit eine starke zeitliche Beanspruchung gegeben war[46], so bedeutete allein die faktische Möglichkeit der Unterbrechung eine erhebliche Erleichterung, auch wenn von dieser Möglichkeit nur wenig Gebrauch gemacht wurde, um das Einkommen nicht noch mehr absinken zu lassen.

Eine genauere Einschätzung der Arbeitszeit in der vorindustriellen Zeit ist aufgrund der weit verbreiteten Selbstbestimmung nicht möglich. Auch in den ersten Jahrzehnten der Industrialisierung war die Arbeitszeitregelung recht uneinheitlich. Im allgemeinen kann man aber davon ausgehen, daß bis in die 40er Jahre des 19. Jh.s die Arbeitszeit in den Fabriken immer mehr zunahm[47]. Ursächlich hierfür war das Überangebot an Arbeitskräften und damit die Möglichkeit der Verlagsherren und der Eigentümer der neuen Fabriken, die Reallöhne je Leistungs- oder Zeiteinheit sehr niedrig zu drücken. Die vorhandenen Umstände erlaubten es, die im Arbeitsprozeß Stehenden stärker zu beanspruchen und damit die Unterbeschäftigung und die Arbeitslosigkeit immer mehr wachsen zu lassen. Während um 1800 die Arbeitszeit etwa 70 bis 80 Stunden in der Woche bei geregelten Arbeitszeiten betragen hatte, stieg sie bis auf 90 Stunden kurz vor der Jahrhundertmitte[48]. Sonntagsarbeit war für einen großen Teil der in der Industrie Arbeitenden die Regel. Der 1840 als Sohn eines Spinnermeisters geborene

---

46 Kuczynski meint zur vorindustriellen Arbeitszeit: »Soweit sich feststellen läßt, war der Arbeitstag zu Beginn des 19. Jahrhunderts selten länger als 12 Stunden.« Vgl. *Kuczynski* (s. Anm. 35), Bd. 1, Teil 1, S. 94. Dies trifft in der Tat für die Landwirtschaft, für das Handwerk und die Manufakturen zu. Es kann aber angenommen werden, daß in dem in Deutschland in der ersten Hälfte des 19. Jh.s und auch am Ende des 18. Jh.s weit verbreiteten Verlagswesen wesentlich höhere Arbeitszeiten zu verzeichnen waren, die allerdings nicht registriert wurden, jedoch indirekt aus solchen Berichten wie dem des westfälischen Pastors Weddigen geschlossen werden können (s. Anm. 18).

47 Vgl. *J. Kuczynski* (s. Anm. 35), Bd. 1, S. 94 ff.

48 *R. Meinert:* Die Entwicklung der Arbeitszeit in der deutschen Industrie 1820–1856, Diss. Münster 1958, S. 4 f., geht ebenfalls von den Arbeitszeiten in den neuen Fabriken aus, bezieht aber nicht das Verlagswesen mit ein.

Ernst Abbe berichtet, daß sein Vater um die Mitte des 19. Jh.s täglich 14 bis 16 Stunden, je nach Konjunktur, arbeiten mußte; Pausen, auch zum Essen, gab es praktisch nicht. Der junge Abbe brachte seinem Vater das Essen in die Fabrik.

Eine ausgedehnte Arbeitszeit hatte für die Fabrikbesitzer einen doppelten Vorteil: Die Stundenlöhne konnten niedriggehalten werden, und die Maschinen konnten besser ausgenutzt werden. Dabei wurde aber nicht bedacht, daß ein Schichtbetrieb von etwa 3 mal 8 Stunden eine noch intensivere Kapitalnutzung ermöglicht hätte. Die Reduzierung der Arbeitszeit hätte die Stundenleistung erhöht und die Unfallgefahr (wegen Übermüdung) vermindert, wie die Entwicklung später gezeigt hat. Anfang der 20er Jahre arbeiteten in einer Spinnerei des Reg.-Bez. Düsseldorf die Kinder in der Tagschicht 13 und in der Nachtschicht 11 Stunden[49]. Damit erreichte man eine kontinuierliche Produktion über 24 Stunden.

Die Arbeitszeit wurde erst nach der Jahrhundertmitte reduziert, nach Hoffmann von 1860–1870 = 78 Wochenstunden über 1885–1890 = 66 Wochenstunden auf 1910–1914 = 57 Wochenstunden[50]. Im Ergebnis war im neuen Jahrhundert allgemein der Zehnstundentag erreicht, und zwar bei einer Sechstagewoche. Aber schon der Zwölfstundentag, der sich in den 70er Jahren des 19. Jh.s allgemein durchgesetzt hatte, wurde als ein Fortschritt im Verhältnis zu den besonders ausgedehnten Arbeitszeiten in den letzten zwei Jahrzehnten vor der Mitte des 19. Jh.s angesehen.

Im Ergebnis kann man zwar davon ausgehen, daß die erhebliche Verbesserung der Arbeitsproduktivität die Voraussetzung für eine Verminderung der Arbeitszeit geschaffen hat. Jedoch wurde zunächst die Verkürzung der Arbeitszeit noch verzögert, da aufgrund des Überangebotes an Arbeitskräften – und zwar weniger aus der Freisetzung infolge der Veränderungen in der Landwirtschaft (Bauernbefreiung) und im Gewerbe (Gewerbefreiheit, Industrialisierung), sondern vor allem aus dem ständigen Bevölkerungszuwachs, wie die Entwicklung der Beschäftigtenzahl gezeigt hat – die Fabrikanten ihre wirtschaftlich günstige Position ausnutzen konnten.

Zur Verschlechterung der Arbeitsbedingungen durch die Industrialisierung trug auch die mit der Industrialisierung verbundene Zentralisierung der Arbeitsstätten bei. Während im Handwerk und im Verlagswesen der vorindustriellen Zeit Arbeitsplatz und Wohnplatz eng

---

49 F. *Syrup:* Hundert Jahre Staatliche Sozialpolitik 1839 bis 1939, Stuttgart 1957, S. 59.
50 W. G. *Hoffmann:* Das Wachstum der deutschen Wirtschaft seit der Mitte des 19. Jahrhunderts, Berlin-Heidelberg-New York 1965, S. 213 f.

beieinander lagen, ja im allgemeinen identisch waren, hatten die Arbeitskräfte nunmehr einen mehr oder weniger großen Weg täglich zu überwinden, sofern sie nicht sogar gänzlich von ihren Familien getrennt in Arbeiterheimen wohnten. Die Arbeitszeit wurde über die eigentliche Verweildauer am Arbeitsplatz hinaus durch die stärkere räumliche Trennung von Wohnplatz und Arbeitsplatz erheblich zusätzlich ausgedehnt.

Als Gegenkräfte gegen die umfangreichen Arbeitszeiten kamen in den ersten Jahrzehnten der Industrialisierung, d. h. vor der Entstehung der Arbeitervereinigungen bis hin zu den Gewerkschaften, lediglich staatliche Stellen in Betracht. Diese reagierten jedoch sehr langsam. Zwar fragte der preußische Kanzler Hardenberg in dem Runderlaß vom 5. September 1817 nach den Zuständen in den Fabriken und regte auch eine (zeitliche) Verminderung der Kinderarbeit an. Hieraus ist immerhin zu schließen, daß man an der Staatsspitze durchaus die schlechten Verhältnisse in den zu diesem Zeitpunkt noch wenigen Fabriken Preußens kannte und genauer darüber informiert werden wollte. Zu Gegenmaßnahmen kam es aber nicht. Auch der Bericht des Generals von Horn über den schlechten Gesundheitszustand der Wehrpflichtigen aus dem Jahre 1828 führte erst 1839 zu einem Kinderschutzgesetz, durch das die Arbeitszeit der 9- bis 16jährigen auf maximal 10 Stunden am Tage begrenzt wurde[51], während jüngere Kinder nicht mehr »in einer Fabrik oder bei Berg-, Hütten- und Pochwerken« beschäftigt werden durften. Welchen Erfolg diese Bestimmungen hatten, läßt sich schwer sagen. Die im Verhältnis zur Differenz von Kinder- und Erwachsenenlohn niedrige Strafandrohung (Geldbuße) war sicher ebensowenig ein Anreiz zur Einhaltung des Gesetzes wie die vorläufig noch geringen Kontrollen. Die Regierungspräsidenten berichteten immer noch über Kinderarbeit. Die 1849 zur Kontrolle eingesetzten »Gewerberäte« hatten bei mindestens 15 Mitgliedern zwar auch vier Arbeitnehmer. Diese standen aber in starker Abhängigkeit von ihren Arbeitgebern, von denen das bestehende Arbeitsverhältnis jederzeit gekündigt werden konnte. Im übrigen waren die Widerstände der »Fabrikanten« und »Kaufleute«, weniger der Handwerker, gegen die Arbeit der Gewerberäte sehr stark[52].

Ab 1853 konnte in Preußen dort, »wo sich dazu ein Bedürfnis ergibt«, eine Fabrikinspektion eingerichtet werden. Diese Regelung wurde erst

---

51 Diese 10 Stunden mußten zwischen 5 und 21 Uhr liegen. *M. Stolleis* (Hg.): Quellen zur Geschichte des Sozialrechts, Göttingen-Frankfurt-Zürich 1976, S. 67, mit dem Wortlaut des Regulativs vom 9. März 1839.
52 1853 hatten von den insgesamt ursprünglich 92 Bezirken Preußens mit Gewerberäten nur noch 16 einen solchen, vgl. *F. Syrup* (s. Anm. 49), S. 66.

1878 für alle Teile Deutschlands obligatorisch[53]. Die Regelung von 1853 war gleichzeitig mit einer weiteren Einschränkung der Kinderarbeit verbunden. Nicht nur Kinder unter 9 Jahren, sondern solche unter 12 Jahren durften nicht mehr »regelmäßig« beschäftigt werden. Für Heimarbeit, im Handel und in der Landwirtschaft galten diese Bestimmungen nicht. Gerade hier konnten also Kinder noch ausgiebig beschäftigt werden, unregelmäßig auch in den anderen Wirtschaftszweigen. Die recht zögernden und nicht sehr erfolgreichen Aktivitäten des Staates wurden von den Kräften aus den etablierten Gruppen der Gesellschaft nicht ergänzt oder gar forciert. Insbesondere die Kirchen zeigten ihr Desinteresse nicht nur als Institutionen, sondern auch in den einzelnen sie vertretenden Personen. Seit den 40er Jahren des 19. Jh.s gab es zwar schon spontane und dauernde Zusammenschlüsse von Arbeitern. Diese hatten aber zunächst keine großen Erfolge, da die Machtkonstellation für sie noch ungünstig war und die Zahl der Arbeiter an der gesamten Gesellschaft noch nicht ein bestimmendes Ausmaß erreichte. Erst in den 80er Jahren änderte sich dies grundsätzlich. Man kann davon ausgehen, daß die staatlichen Bemühungen noch für die Herabsetzung der Arbeitszeit auf durchschnittlich 12 Stunden je Tag bis in die 70er Jahre entscheidend gewesen sind. Bereits seit der Mitte der 60er Jahre gingen aber die staatlichen Bemühungen zurück, da Bismarck für den Arbeitsschutz und die Arbeitsbedingungen kein Interesse aufbrachte, ja sogar davon ausging, daß Arbeitszeitregelungen für die Einkommen der Arbeiter und für die wirtschaftliche Entwicklung Deutschlands nachteilig sein würden[54]. Lediglich die Sozialversicherung hatte für ihn eine gewisse Bedeutung, und zwar um die Arbeiter dem Staat nicht zu sehr zu entfremden, da ein stabiler Staat die Leistungsfähigkeit seiner Einrichtungen zu garantieren schien.

Erst nach Bismarcks Sturz erfolgten daher wieder gesetzliche Regelungen zur Verbesserung der Arbeitsbedingungen. Inzwischen hatte sich die Szene aber grundlegend geändert. Die patriarchalisch motivierte staatliche Sozialpolitik geriet durch die Aktivitäten der inzwischen stärker gewordenen Vereinigungen der Arbeiter aus dem Fahrwasser königlicher oder kaiserlicher Gnadenerlasse.

Gerade hinsichtlich der Arbeitszeitregelungen standen die Gewerkschaften bei ihren Bemühungen vor einer problematischen Situation: Die Verkürzung der Arbeitszeit verminderte bei nicht gleichzeitig durchsetzbarer Erhöhung der Stunden- und Leistungslöhne das ohnehin schon recht niedrige Lohneinkommen, so daß die Arbeiterschaft aus Gründen der Absicherung des Grundbedarfs nur wenig Interesse zeigte,

---

53 *F. Syrup* (s. Anm. 49), S. 76.
54 *F. Syrup* (s. Anm. 49), S. 82.

der Verminderung der Arbeitszeit auf weniger als 12 Stunden am Tage zuzustimmen. Die Verbesserung der Arbeitsproduktivität schuf zwar die Voraussetzungen für eine Erhöhung der Löhne je Zeiteinheit, sie schlug aber nur teilweise auf eine Verminderung der wöchentlichen Arbeitszeit durch. Man kann davon ausgehen, daß die Verminderung der durchschnittlichen wöchentlichen Arbeitszeit von mehr als 70 Stunden in den 70er Jahren des 19. Jh.s auf weniger als 60 Stunden in den letzten Jahren vor dem Ersten Weltkrieg mit der Weiterentwicklung der Produktionstechnik eng zusammenhing und durch die damit verbesserte Arbeitsproduktivität wirtschaftlich abgesichert wurde. Die Durchsetzung der Verminderung der Arbeitszeit war mit den 70er Jahren nicht mehr der staatlichen Sozialpolitik, sondern überwiegend den aus der Arbeiterschaft kommenden Initiativen zu verdanken[55]. Die Unternehmer wandten sich wegen der damit verbundenen Erhöhung der Stundenlöhne zum überwiegenden Teil dagegen. Immerhin gab es aber bereits vor dem Ersten Weltkrieg

> »eine Reihe von Unternehmungen, in denen sogar der Achtstundentag von seiten der Arbeitgeber selbst eingeführt wurde, da sie von dieser Verkürzung eine Förderung des Betriebsinteressen erwarteten und anscheinend auch erzielt haben«[56].

Wie eng Arbeitszeitverkürzungen und Lohnausgleich zusammenhingen, zeigt das Beispiel der Fa. Heinrich Freese in Berlin. Freese wollte 1889/1890 in seinem Unternehmen den Achtstundentag einführen. Die Generalversammlung der Betriebsangehörigen wollte dem Vorschlag nur bei einer Erhöhung der Löhne und der Akkordsätze um 15 v. H. zustimmen. Erst in einer für die Firma schlechten Konjunktur konnte dann 1891 der Achtstundentag vereinbart werden[57].
In den Hütten- und Walzwerken gab es besondere Probleme: Die kontinuierlich arbeitenden Betriebe produzierten im Zweischicht-System zu je 12 Stunden. Die Unfallhäufigkeit war hier sehr hoch[58].

---

55 Vgl. dazu Korrespondenzblatt, Berlin 18. 7. 1908, mit Angaben der Generalkommission der Gewerkschaften über deren Wirksamkeit hinsichtlich der Arbeitszeitverkürzung in den davor liegenden Jahren.
56 *H. Herkner:* Art. »Arbeitszeit«, in: Handwörterbuch der Staatswissensch., 3. Aufl., Bd. 1, Jena 1909, S. 1200, 1. Sp.
57 Vgl. *K.-W. Gabbert* (s. Anm. 7), S. 77 f., mit ausführlicher und differenzierter Darstellung.
58 Nach *H. Herkner* (s. Anm. 56), S. 1200 r. Sp., kamen auf 1 000 Versicherte (Berufsgenossenschaft) 1887 8,3 und 1906 15,7 Verletzte im Jahr. Worauf diese starke Zunahme der Unfälle zurückzuführen ist, ist nicht ersichtlich. Da die Arbeitszeit 1906 eher kürzer als 1887 war, kann die Erhöhung nicht mit der Arbeitszeit zusammenhängen. Vielleicht war die berufsgenossenschaftliche Haftung 1887 noch zu sehr im Anfangsstadium, um bereits alle Fälle von Unfallverletzungen zu registrieren.

Die Verkürzung der Arbeitszeit auf 8 Stunden hätte zu einer erheblichen Verbesserung der Arbeitsbedingungen geführt.

Im Bergbau gab es ein anderes Problem: Die Arbeitszeit vor Ort betrug zwar schließlich nur noch 8 Stunden, teilweise aber in Oberschlesien noch 10 bis 12 Stunden. Die Ein- und Ausfahrt verlängerten jedoch den Arbeitstag gerade hier erheblich, d. h. die reguläre Arbeitszeit wurde um 2 bis 3 Stunden verlängert, wenn man das Passieren des Zechentores als entscheidende Zeitpunkte ansieht.

Insgesamt läßt sich sagen, daß die Industrialisierung zunächst sehr ausgedehnte Arbeitszeiten brachte, die aber im Prinzip aus der letzten vorindustriellen Periode übernommen wurden. Erst nach und nach wurden die mit der Industrialisierung verbundenen Produktivitätsfortschritte in eine Verkürzung der Arbeitszeit umgewandelt, und auch dies geschah nur teilweise.

Neben eine zeitlich sehr ausgedehnte Beanspruchung der Arbeitskräfte trat auch eine intensivere Anforderung an die Arbeitskräfte je Zeiteinheit, jedenfalls in den neu entstehenden Gewerbezweigen der Metallerzeugung und -verarbeitung. Man müßte eigentlich annehmen, daß der mechanisch-technische Fortschritt die Anforderungen an die Muskelkraft vermindert hätte (Handarbeit → Maschinenarbeit). Dies war zwar in einigen Bereichen der Fall. Da mit der Industrialisierung aber eine umfangreiche Änderung der Wirtschaftsstruktur verbunden war, entstand eine ganze Zahl neuer Arbeitsplätze, deren Bedarf an Muskelkraft keineswegs geringer war als bei der Mehrzahl der vorindustriellen Arbeitsplätze. Die bis zum Ersten Weltkrieg noch stark auf eine umfangreiche Kalorienzufuhr (Kartoffeln, fettes Schweinefleisch) ausgerichtete Ernährung ist nicht nur Ausdruck des immer noch relativ niedrigen Lebensstandards mit der Bevorzugung je Geldeinheit möglichst maximal sättigender Nahrungsgüter, sondern auch des nach wie vor hohen Kalorienbedarfs bei einer immer noch schweren körperlichen Arbeit in der Industrie[59].

Im Prinzip ersetzten zwar die Maschinen Arbeit. Jedoch schufen sie zugleich neue Arbeit in der Beschickung und Bedienung eben dieser Maschinen. Hierbei wurde kaum auf eine Erleichterung der Arbeit geachtet, es sei denn die Arbeitsproduktivität ließ sich damit erhöhen. Eine meßbare Verbesserung der Arbeitsbedingungen trat daher hinsichtlich der Beanspruchung der menschlichen Arbeitskraft durch die Industrialisierung generell nicht ein, auch wenn in einzelnen Gewerbe-

---

59 Genauere Untersuchungen hierüber fehlen allerdings, so daß eine gesicherte Aussage zu diesem Problem nicht gemacht werden kann, vgl. *H. J. Teuteberg* und *G. Wiegelmann:* Der Wandel der Nahrungsgewohnheiten unter dem Einfluß der Industrialisierung, Göttingen 1972, S. 63 ff. und S. 133 ff.

zweigen sich eine solche Entwicklung nachweisen ließ. Da in der vorindustriellen Zeit in der gewerblichen Produktion außerhalb des
Handwerks die Textilherstellung dominierte, gab es hier bereits eine
umfangreiche Beschäftigungsmöglichkeit für Frauen und Kinder. Die
Weberei war offensichtlich schwerer als die Garnherstellung, möglicherweise war sie noch nicht industrialisiert, so daß aus diesem Grunde hier eine Ersetzung der Männerarbeit durch billigere Frauen- und
vor allem Kinderarbeit nicht so umfangreich wie in der Garnherstellung vorgenommen worden war. Das Ergebnis einer so ausgedehnten
Kinderarbeit in den Fabriken beschreibt ein Bericht aus dem Rheinland
aus dem Jahre 1824:

>Bleiche Gesichter, matte und entzündete Augen, geschwollene Leiber,
aufgedunsene Backen, geschwollene Lippen und Nasenflügel, Drüsenan-
schwellungen am Halse, böse Hautausschläge und asthmatische Zustände
unterscheiden sie in gesundheitlicher Beziehung von anderen Kindern derselben Volksklasse, welche nicht in Fabriken arbeiten.«[60]

Wie Spott muß unter solchen Umständen die Antwort des Bürgermei-
sters von Ratingen auf eine amtliche Anfrage über die Kinderarbeits-
verhältnisse in seiner Stadt im Jahre 1822 klingen. Es wurde unter
anderem gefragt: »Wie ist der Gesundheitszustand dieser Kinder[61] an
sich und im Verhältnis zu den nicht in Fabriken arbeitenden Kindern
derselben Volksklasse?« Antwort: »Die meist gehend und stehend ver-
richtete Arbeit in luftigen Gebäuden erhält die Kinder gesund, die nicht
darin arbeitenden sind krank« von Elend und betteln.«[62] Den Bürgermeister berührte vermutlich vor allem die Tatsache, daß Kinder ohne
eigenes Einkommen mit ihren Familien von den Dorf- und Stadt-
gemeinden zu versorgen waren[63]. Eine Reduzierung der Kinderarbeit
hätte nach seiner Ansicht vermutlich die Zahl der von der Gemeinde zu
Versorgenden erhöht. Es wurde hierbei nicht beachtet, daß bei einem
Ersatz der Kinderarbeit durch Männer- und Frauenarbeit rein rechnerisch bei gleichbleibender Lohnsumme die Zahl der einkommenslosen
und einkommensschwachen Erwachsenen zurückgehen mußte.
Die Folge der negativen Auswirkungen der Frauen- und Kinderarbeit
war eine erhebliche gesetzliche Einschränkung dieser Beschäftigungsmöglichkeiten. Die Beschäftigung von Frauen im Bergbau wurde erst

---

60 F. Syrup (s. Anm. 49), S. 60.
61 Gemeint sind 6 bis 16 Jahre alte Kinder, die 12 Stunden je Tag in einer
    Baumwollspinnerei arbeiten und dort mit »Aufpassen und anderen Baum-
    wollgarnarbeiten« beschäftigt waren.
62 W. Köllmann: Die industrielle Revolution, Kletts Arbeitshefte Nr. 4231,
    Stuttgart o. J., S. 29 f.; zitiert nach W. Treue u. a. (Hg.) (s. Anm. 34),
    S. 159 f.
63 Teil 2, Titel 19, §§ 10 ff., Pr. ALR v. 5. Febr. 1794.

1878 verboten[64], während die Untersagung der Nachtarbeit und eine Beschränkung der Arbeitszeit auf maximal 11 Stunden am Tage erst nach 1891 erfolgte[65].

Der Übergang zur Maschinenarbeit brachte nicht nur eine Ausdehnung der Arbeitszeit und für viele neue Arbeitsplätze eine Zunahme der erforderlichen Kraftanstrengungen, sondern auch eine Verschlechterung der Arbeitsbedingungen durch Lärmeinwirkungen. Maschinen verursachen im allgemeinen, insbesondere aber in Form der in der ersten Industrialisierungsphase eingesetzten Exemplare erheblich mehr Lärm als ein handwerkliches Gerät. Das Klappern eines Handwebstuhles und das Rasseln eines mechanischen Webstuhles, bei dem sich zudem die Zahl der Bewegungsvorgänge in einer Zeiteinheit erheblich erhöht hatte, deuten die Zunahme des Lärmpegels an. Hinzu kam, daß die Lärmeinwirkungen kontinuierlicher waren. Außerdem war durch die Verbindung der Industrialisierung mit der Entstehung größerer zentralisierter Produktionsstätten eine Kumulation der Lärmbeeinträchtigung der Arbeiter vorhanden, wie überhaupt die großbetrieblichen Arbeitsverhältnisse aufgrund der schlechten Ausstattung der Fabrikationsanlagen eine erhebliche Verschlechterung der Arbeitsbedingungen brachten.

Das gilt auch für Licht-, Geruchs- und Hitzeverhältnisse. Die Fabriken des 19. Jh.s wurden so gebaut, als ob Fensterglas teurer war als Ziegelsteine. Auch mit dem künstlichen Licht wurde recht sparsam umgegangen. Die Geruchs- und Staubverhältnisse dürften vor allem auch in der chemischen Industrie, in Bleiwerken und im Bergbau häufig gesundheitsschädlich gewesen sein. Da die Anlagen und Maschinen noch unmittelbar von den Arbeitern bedient wurden, waren insbesondere in der Metallherstellung und -verarbeitung die Hitzebelastungen teilweise erheblich. Sie gingen weit über das vorindustrielle Maß hinaus. Die Arbeitsverhältnisse waren keineswegs so idyllisch, wie sie auf dem bekannt gewordenen, 1875 entstandenen Gemälde, »Eisenwalzwerk« von Adolph v. Menzel erscheinen[66].

---

64 § 154a der deutschen Gewerbeordnung vom 21. Juni 1869, in der geänderten Fassung vom 17. Juli 1878; vgl. Reichsgesetzblatt 1878, S. 212. Eigenartigerweise wird in den meisten sozialgeschichtlichen Werken entweder das Verbot von Frauenarbeit in Bergwerken überhaupt nicht erwähnt oder es erfolgt keine zeitliche Einordnung (z. B. *F. Syrup* [s. Anm. 49]; *A. Gladen:* Geschichte der Sozialpolitik in Deutschland, Wiesbaden 1974; *R. Wilbrandt:* Die Frauenarbeit als Problem des Kapitalismus, Leipzig 1906).

65 Zur Entwicklung der Frauenarbeit im 19. Jahrhundert vgl. *R. Wilbrandt* (s. Anm. 64), passim; vgl. auch die anderen in Anm. 64 genannten Quellen.

66 Über die schlechten Bedingungen der Feuerarbeit noch am Anfang des 20 Jh.s vgl. *F. Syrup:* Die Feuerarbeiter in zwei Betrieben der Großeisen-

Bedenkt man, daß auch in der Gegenwart noch die schlechten Lichtverhältnisse und der hohe Lärmpegel in den Klein- und Mittelbetrieben (ferner im öffentlichen Dienst) von Arbeitsmedizinern als besonders ausgeprägt kritisiert werden[67], dann gilt dies erst recht für das
19. Jh. An den heutigen Maßstäben ausgerichtet, gab es damals – etwa
bis in die 70er Jahre des 19. Jh.s – eigentlich nur Klein- und Mittelbetriebe. Die staatliche Aufsicht (Gewerbeaufsicht) war auch bei den
größeren Betrieben noch nicht sehr ausgeprägt. Sie beschränkte sich
auf Unfallgefahren und andere direkte Einwirkungen auf den Körper
der Arbeitenden.

Die Wirksamkeit der Arbeitervereinigungen (Gewerkschaften usw.)
war in dieser Hinsicht noch gering. Im Prinzip blieb alles dem freien
Gestaltungswillen der Unternehmensleitung überlassen.

Auch die ab 1891 für Betriebe mit mehr als 20 Arbeitern obligatorischen Arbeitsordnungen dienten mehr der Ordnung des Ablaufs im
Arbeits- und Produktionsprozeß als dem Schutz der Arbeiter durch
eine Verbesserung der Arbeitsbedingungen. Die Gewerbeordnung
Preußens vom 17. Januar 1845 kannte lediglich Bestimmungen zum
Schutz der Nachbarn der Fabriken.

c) Die psychische Beanspruchung

Die psychische Beanspruchung wuchs aus verschiedenen Gründen mit
der Industrialisierung sehr stark an. Zwei Punkte standen hier im Vordergrund:

1. Die Eintönigkeit der Fabrikarbeit, die zwar auch im vorindustriellen
Gewerbe, z. B. in der Garnherstellung zu finden war, die aber aufgrund der stärkeren Fremdbestimmung in den Fabriken drückender
empfunden wurde.

2. Die Größe der Betriebe erhöhte oder schuf sogar erst das Unpersönliche zu den Menschen am Arbeitsplatz und im Betrieb, was allerdings
auch dort Vorteile hatte, wo in der vorindustriellen Zeit die persönlichen Beziehungen zum Meister oder Betriebsinhaber streitbeladen
waren.

Die Technik, die Maschine bestimmte nach ihrer Bau- und Nutzungsart
den Arbeitsrhythmus. Schon in dem bereits weiter oben genannten
Runderlaß des Kanzlers von Hardenberg aus dem Jahre 1817 hieß es
im Hinblick auf die Nachteile einer eintönigen Arbeit für Kinder, und
zwar im Verhältnis zu den Vorzügen einer vielfältigeren und nicht so
eintönigen handwerklichen Ausbildung:

    industrie, in: Concordia, Zeitschrift der Zentralstelle für Volkswohlfahrt,
    Jg. 18, Berlin 1911, S. 179.
67 Kölner Stadt-Anzeiger vom 20. Febr. 1976, S. 13, mit einem Bericht über
    die Tagung des Verbandes Deutscher Betriebs- und Werkärzte.

»Die ausschließliche frühe Gewöhnung der Menschen an die unaufhör-
liche Wiederholung eines einzelnen Handgriffs gibt ihnen zwar in diesem
eine unglaubliche Fertigkeit, aber sie macht dieselben auch in gleichem
Maße unfähig, zu irgendeiner anderen Verrichtung überzugehen.«

Danach folgte ein Lob der handwerklichen Ausbildung:

>»Die Handwerke haben eben deswegen einen ganz anderen Stamm von
Menschen geliefert als die Fabriken, weil der Lehrling in der Regel erst
mit dem vierzehnten Jahr aufgenommen wird, weil die Beschäftigung desselben mannigfaltiger ist als die des Fabrikarbeiters.«[68]

Ein erheblicher ökonomischer Vorzug der maschinellen Produktion war
die regelmäßige Wiederkehr bestimmter Arbeitsvorgänge. Die damit
verbundene Schmälerung und d. h. Verminderung der Anforderungen
an die Kenntnisse und damit den Ausbildungsstand der Arbeitskräfte
bewirkte, daß etwa ein Drittel der in der Industrie Tätigen nur die
Maschinen zu bedienen und zu überwachen hatte, d. h. keine ausge-
prägte und längere Ausbildung benötigte. Diese große Gruppe der An-
gelernten konnte aus verwandten Berufen kommen, etwa für die Bedienung der Spindelmaschinen aus der bisherigen Handspinnerei, aber
auch aus völlig anderen Bereichen. Dies hatte für die Entwicklung der
Industrie einen großen Vorteil: Da Arbeitskräfte im allgemeinen bis in
die 60er Jahre des 19. Jh.s reichlich, sogar im Übermaß vorhanden
waren, wurde die industrielle Entwicklung von dieser Seite her in keiner Weise beeinträchtigt. Nur ausgebildete Personen, insbesondere
Spitzenkräfte für die Organisation der Produktion und mit ausreichen-
den Kenntnissen für die Reparatur und die Überwachung des ord-
nungsgemäßen Ablaufes des Produktionsprozesses der Maschinen waren zu wenig vorhanden. Teilweise wurden diese Kräfte anfangs aus
England geholt. Sie hatten in der überwiegenden Zahl dann auch eine
Tätigkeit, die nicht von der industriellen Einförmigkeit gekennzeichnet
war. Das allgemeine und das berufsbezogene Ausbildungswesen war in
Deutschland allgemein zu wenig ausgebaut, um über den großen Bedarf an ungelernten und wenig vorgebildeten Kräften hinaus auch in
genügender Zahl Fachkräfte zu bieten[69].
Für die Mehrzahl der industriellen Arbeitskräfte galten aber eben nicht
diese Voraussetzungen. Die Einführung der Technik
– erhöhte ihre Produktivität und verbesserte damit die wirtschaftlichen Voraussetzungen zur Anhebung der Reallöhne, die dann aber
durchgehend erst im 20. Jh. erfolgte.

68 Zitiert nach *J. Kuczynski* (s. Anm. 35), Bd. 8, Hardenbergs Umfrage über
   die Lage der Kinder in den Fabriken und andere Dokumente aus der
   Frühgeschichte der Lage der Arbeiter, Berlin 1960, S. 24 ff.
69 *O. Simon:* Das gewerbliche Fortbildungs- und Fachschulwesen in Deutschland, Berlin 1903.

– Die Technik vergrößerte aber gleichzeitig die psychische Belastung
durch die dauernde und eintönige Arbeit, auch wenn das Fließband
erst im 20. Jh. eingeführt wurde (Taylor, Ford).
Der Leistungsstreß wuchs zudem in einer unpersönlichen Umgebung,
die nur in geringem Maße bereit war, Fehler zu überdecken.

d) Die Vergrößerung der Unfallhäufigkeit

Mit der zunehmenden Ausstattung der Gewerbezweige mit Maschinen
wuchs auch die Unfallhäufigkeit, da mit jeder Maschine mindestens
eine neue Quelle für mögliche Unfälle geschaffen wurde. Wie groß die
Zahl der Unfälle gerade in der Textilindustrie gewesen ist, ergibt sich
aus der Angabe von Engels für Manchester. 1843 waren im Kranken-
haus dieser Stadt neben 962 von Maschinen Verletzten 2 426 andere
Kranke[70]. Wenn man hieraus auch erst einen abgewogenen Schluß ziehen kann, wenn man Angaben darüber hat, wie im allgemeinen die
Versorgung der Bevölkerung mit Krankenhausleistungen gewesen ist,
in welchem Maße also die Krankenhäuser allgemein von der Bevölkerung genutzt werden konnten und wurden, so läßt sich doch tendenziell ablesen, daß die Verletzungen im (industriellen) Produktionsprozeß ein erhebliches Ausmaß angenommen haben müssen.
Die größte Gefahr ging aber meistens nicht einmal von der Maschine
selbst aus, da der Arbeiter hier im allgemeinen die Gefahr vor sich sah,
so daß allenfalls bei großer Übermüdung infolge zu starker Ausdehnung der Arbeitszeit eine Verletzung drohte. Häufiger und wichtiger
waren die Gefahren, die nicht vorhersehbar waren. Diese gingen insbesondere auch von den Kraftübertragungen aus, d. h. von den Transmissionen (s. zum Beispiel Bild 4 im vorliegenden Band). Auf Abbildungen aus der Zeit vor dem Ersten Weltkrieg kann man immer entdecken, welches Ausmaß diese Transmissionen hatten, solange die
Dampfmaschine die wichtigste Kraftquelle blieb und man nicht zum
Elektromotor überging. Die Verletzungen, die von gerissenen oder ab-
gesprungenen Riemen ausgingen, waren meistens verheerend.

> »Wer von diesen Riemen ergriffen wird, den reißt die treibende Kraft
> pfeilschnell mit sich herum, schlägt ihn oben gegen die Decke und unten
> gegen den Fußboden mit solcher Gewalt, daß selten ein Knochen am Kör-
> per ganz bleibt, und der augenblickliche Tod erfolgt«,

schreibt Engels über die englischen Verhältnisse[71], dabei wohl eher
daran denkend, welches Schicksal ein in einen laufenden Riemen ge-
ratener Arbeiter hat. Häufiger war allerdings der unvorhersehbare
und nicht durch Unachtsamkeit verursachte Unfall.

---

70 *F. Engels* (s. Anm. 23), S. 159.
71 *F. Engels* (s. Anm. 23), S. 158.

Das Reichshaftpflichtgesetz vom 7. Juni 1871 brachte eine gewisse Vereinfachung der Haftungsregelungen, die Einführung der Unfallversicherung (Berufsgenossenschaft) im Jahre 1884 einen zusätzlichen Schutz für den durch Betriebsunfälle Geschädigten. Diese genossenschaftliche Regelung führte aber keineswegs zu einer Verringerung der Betriebsunfälle. Vielmehr stiegen diese kontinuierlich vom Anfangsjahr der Unfallversicherung (1886) mit 2,80 je 1 000 versicherte Personen auf 7,39 im Jahre 1899 an, um sich dann zwischen 8 und 9 langsam einzupendeln.

»Diese (keineswegs in Deutschland allein hervorgetretene) Erscheinung wird, neben der durch die Unfallversicherungsgesetze verschärften Unfallmeldekontrolle und erleichterten Rechtsverfolgung von Entschädigungsansprüchen, im wesentlichen auf die (gerade für Deutschland im verflossenen Zeitraum besonders hervorgetretene) Fortentwicklung der modernen Industrie zurückzuführen sein, deren erhöhte Gefahren (intensiver Betrieb, Heranziehung noch ungeschulter Arbeitskräfte, neue und gefährliche Betriebsarten usw.) sich durch entsprechende Unfallverhütungsmaßnahmen keineswegs sogleich und durchweg paralysieren lassen.«[72]

Am höchsten lag die Unfallhäufigkeit je 1 000 Arbeitern in den Wirtschaftszweigen »Spedition, Lagerei und Fuhrwesen« (14,15), im »Bergbau« (12,0) und in den »Steinbrüchen« (11,94). Die wenigsten Unfälle waren in der »Textilindustrie« (3,25), in den Branchen »Nahrungsmittelindustrie, Fleischerei und Tabak« (3,12) und in der »Leder- und Bekleidungsindustrie« (3,07).

Daß die Maschinen selbst als Ursachen der größeren Unfallhäufigkeit keineswegs im Vordergrund standen, hat schon die vorstehende Abstufung der verschiedenen Branchen gezeigt. 1887/97 lassen sich die Unfälle nach den Ursachen folgendermaßen aufgliedern:

Arbeitsmaschinen	17 v. H.
Hebemaschinen	5 v. H.
Transmissionen	2 v. H.
Motoren	1 v. H.
Maschinen insgesamt	25 v. H.
Sonstige Betriebseinrichtungen	75 v. H.

Diese Relation zwischen Unfällen, die durch Maschinen und durch sonstige Betriebseinrichtungen verursacht wurden, blieb auch bei der Erhebung von 1907 in etwa in diesem Rahmen[73].

Hinsichtlich der Unfälle kann daher allenfalls gesagt werden, daß die Entschädigung verbessert wurde. Die Zunahme der Unfälle zeigt aber,

---

72 *G. Zacher:* Art. Unfallstatistik, in: Handwörterbuch der Staatswissenschaften, 3. Aufl., Bd. 8, Jena 1911, S. 47, 1. Sp.
73 *G. Zacher* (s. Anm. 72), S. 47 ff.

daß bei der Weiterentwicklung der Produktionstechnik offensichtlich nicht oder zu wenig auf den Unfallschutz geachtet wurde. Ein Vergleich dieser Zahlen für das Ende des 19. Jh.s mit den von Kuczynski für die erste Hälfte des 19. Jh.s für den Bergbau zusammengestellten[74] ist nicht möglich, da die Erhebung offensichtlich sehr verschieden war. Nach Kuczynskis Angaben wurden im Eschweiler Bezirk von 1814 bis 1853 etwa 13 bis 17 v. H. der Bergarbeiter jährlich verletzt und von 1821 bis 1850 etwa 0,2 v. H. der Bergarbeiter ganz Preußens durch Betriebsunfälle getötet. Es ist anzunehmen, daß die Unfallhäufigkeit von 1,2 v. H. an der Wende zum 20. Jh. nur die der Berufsgenossenschaft gemeldeten Unfälle umfaßt, denn allgemein war gerade in diesen Jahrzehnten eine Zunahme der Unfälle in der Montanindustrie zu verzeichnen[75]. Ob eine solche Entwicklung auch im Kohlebergbau zu beobachten war, ist nicht eindeutig zu bejahen. Es spricht jedoch einiges dafür[76].

* * *

Im Ergebnis läßt sich sagen, daß die Technik im Zusammenhang mit der Industrialisierung

– die Arbeitsprozesse in den einzelnen Branchen recht unterschiedlich erleichtert hat.

– Entscheidend ist aber gewesen, daß die Technik die Arbeitsproduktivität erheblich verbessert hat, so daß in stärkerem Maße als dies in der vorindustriellen Zeit möglich war, Bedürfnisse über den Grundbedarf hinaus befriedigt werden konnten.

Welche Bedeutung dieser zuletzt genannte Punkt gehabt hat und noch heute hat, ergibt sich daraus, daß in der Gegenwart etwa 48 v. H. des Volkseinkommens von öffentlichen Einrichtungen ausgegeben werden. Die öffentlich-rechtlichen Versicherungsträger mit dem Ergebnis einer besseren sozialen Absicherung sind daher ebenso die Folge des mit der Industrialisierung verbundenen starken wirtschaftlichen Wachstums wie die verschiedenen kulturellen und sonstigen Einrichtungen der öffentlichen Hand.

Am Arbeitsplatz selbst, in der Arbeitswelt hat die Technisierung die Verbesserungen der Arbeitsbedingungen nicht von selbst gebracht; sie hat aber auch hier die materiellen Voraussetzungen dafür geschaffen, daß nach und nach die Arbeitsbedingungen verbessert werden konnten. Daß die negativen Auswirkungen der Technisierung am Arbeits-

---

74 *J. Kuczynski* (s. Anm. 35), Bd. 1, Teil 1, S. 122 ff.
75 *H. Herkner* (s. Anm. 56), S. 1200, r. Sp.
76 Vgl. dazu die Zahlen bei *J. Kuczynski* (s. Anm. 74), S. 122 ff. und (für 1841 bis 1870) S. 223 ff.; vgl. dazu auch *J. Kuczynski* ebd., Bd. 3, Berlin 1962, S. 373.

platz in den letzten Jahrzehnten grundlegend verbessert worden sind, und zwar stärker als in den übrigen Bereichen des menschlichen Lebens, hängt nicht zuletzt damit zusammen, daß die Gewerkschaften dazu beigetragen haben, im 19. Jh. noch gegen erhebliche Widerstände negative Auswirkungen nach und nach zurückzudrängen.

Die Technisierung der Arbeitswelt hat nicht eine Humanisierung zur Folge gehabt, aber die materiellen Voraussetzungen hierfür geschaffen.

Wolfhard Weber

Der Arbeitsplatz in einem expandierenden Wirtschaftszweig: Der Bergmann*

Das Industriezeitalter umfaßt als erste Phase der Industrialisierung in Deutschland die Jahre von etwa 1830 bis etwa 1930 und schließt dabei Expansion und Wandel der Branchen Textil- und Schwerindustrie und Maschinenbau sowie das Entstehen der chemischen und der Elektroindustrie ein. Die allgemeinen Beziehungen zwischen Industrialisierung und Steinkohlenbergbau, der zu allen Branchen in enger Verbindung stand, sei es zunächst als Energielieferant, sei es später als Rohstoffbasis, lassen sich kaum in wenigen Sätzen auch nur andeutungsweise darlegen. Doch kann nicht bestritten werden, daß der Bergbau am Durchbruch der industriellen Revolution einen erheblichen Anteil gehabt hat; es wird sich aber zeigen, daß der Bergbau selbst für diese Zeit kaum als industrialisierter Wirtschaftszweig angesprochen werden kann.

Die wichtigsten technologischen Kennzeichen des Industriezeitalters waren

1. der schnelle Aufbau von kollektiven Landtransportmitteln – wegen des eigenen Aufbaubedarfs und wegen der Erschließung neuer Gebiete, die in rascher Zeit zu großen neuen Märkten führten – und

2. die Mechanisierung und Motorisierung der Produktion, wozu der fremdgetriebene Einsatz von Werkzeugmaschinen am Arbeitsplatz gehörte.

In dem hier angedeuteten Wandlungsprozeß, zu dem sich noch die jeweiligen wissenschaftlichen und sozialen Voraussetzungen und Folgen bei der Entwicklung der Teilelemente gesellen, spielt der Bergbau, besonders der Steinkohlenbergbau, zunächst nur eine untergeordnete, von der Mehrheit der Industrieverfechter nicht weiter problematisierte oder hinterfragte Rolle. Die Frühzeit der Industrialisierung begnügte sich mit Wasserradantrieb. Der Steinkohlenbergbau lieferte die gespeicherte Energie der Steinkohlen erst, als die an der Erdoberfläche vorhandenen Energien – Holz, Wind, Wasser – nicht mehr ausreichten. Wohl läßt sich schon zu Beginn des 18. Jh.s in England der Ein-

* Für Anregungen zu diesem Thema habe ich vielen Gesprächspartnern zu danken: Vom Bergbauarchiv Bochum vor allem Frau Dr. E. Kroker und Frau G. Unverferth, vom Deutschen Bergbaumuseum, Bochum, Herrn F. Miekley, der mir die Suche nach passenden Abbildungen erheblich erleichtert hat.

satz von Dampf- bzw. »Feuer«maschinen im Bergbau feststellen, ja hier lag die erste Verwendungsmöglichkeit von Dampfmaschinen überhaupt. Sie machte die Arbeit des Bergmanns überhaupt erst möglich, indem sie sozusagen einen wasserfreien Arbeitsraum schuf, so wie ihn über Tage die nach 1830 schnell heranwachsenden Fabrikgebäude bildeten. Die ständischen gesellschaftlichen Strukturen im 18. Jh. wurden durch ihren Einsatz auch in Mitteleuropa nicht gefährdet und sind auch von den zeitgenössischen Beobachtern nicht so erkannt worden, im Gegenteil: Die Dampfmaschinenwärter und -mechaniker wurden zunächst in den spätabsolutistisch neuformierten Bergmannsstand eingegliedert.

Doch die Dampfmaschine griff nicht in den Arbeitsprozeß des Bergmannes ein; und da wir von diesem bzw. seiner Tätigkeit die Maßstäbe zur Beurteilung historischer Zeitabschnitte nehmen wollen, muß die Entwicklung dieser Maschine ohne Berücksichtigung für unsere Epochengliederung bleiben. In anderen Branchen als dem Bergbau schritten Arbeitsteilung und Mechanisierung wesentlich schneller voran.

Welche Gesichtspunkte sind nun bei einer historischen Untersuchung über den Arbeitsplatz zu berücksichtigen, zunächst unabhängig davon, ob wir dafür später dann auch die gesuchten Unterlagen, die Quellen, finden? Dabei wollen wir auf der einen Seite nicht an allzu vordergründigen, nur vereinzelt auftretenden Erscheinungen hängen bleiben, andererseits uns aber auch nicht mit den in den vergangenen Jahren von der historischen Forschung immer breiter zur Verfügung gestellten statistischen makroökonomischen oder makrosozialen Daten zufrieden geben, weil hier aus Gründen der Übersichtlichkeit Zahlen von unterschiedlicher Herkunft oft in einen Topf geworfen werden müssen[1].

Dabei sind diese Gesamtdaten ebenso wie Daten über die Entwicklung bestimmter Maschinentypen oder über allgemeine Richtlinien zur Leitung von Betrieben unbedingt erforderlich, um die kleine Gruppe von beobachteten Fällen dagegen abheben zu können.

So ist sicherlich wichtig, welche Herstellung von Teilen oder Prozesse der Arbeiter ausführt oder kontrolliert, welche Kollegen, Vorgesetzten und Untergebenen er hat, wie lange und wie intensiv er arbeitet und welchen (im 19. Jh.: »welches«) Lohn er dafür erhält. Nur ist einsichtig, daß solche vordergründigen Fragen keine Antwort darauf ge-

---

1 *G. Hohorst / J. Kocka / G. A. Ritter:* Sozialgeschichtliches Arbeitsbuch. Materialien zur Statistik des Kaiserreiches 1870–1914, München 1975, und *K. Borchardt* und *W. Conze* im Handbuch der deutschen Wirtschafts- und Sozialgeschichte, Bd. 2, Stuttgart 1976, weisen wiederholt darauf hin, mit welcher Vorsicht solche Gesamtdaten zur Interpretation von Gruppenprozessen benutzt werden müssen.

ben, warum ein Arbeiter in einen bestimmten Betrieb und innerhalb dieses Betriebes an einen bestimmten Arbeitsplatz gerät.

Der Arbeitsplatz ist mit seiner Ansiedlung im Produktionsablauf wie auch mit seinen Gefahrenmomenten (Krankheit und Unfall) in bestimmter Weise, oft nicht mehr veränderbar, organisiert. Ob der Arbeiter sich dort mit Kollegen unterhalten kann, ob seine Arbeit anerkannt wird, ob er im Betrieb den Arbeitsplatz wechseln kann und wer mehr Lohn oder Prämien als ein anderer erhält, kann nach Kriterien entschieden werden, die seiner Einsicht nicht zugänglich sind. Die Möglichkeiten zu Lohnverbesserungen in und außerhalb des Betriebes, sein Ausbildungsweg, sein Qualifikationsprofil und die Anforderungen, die an ihn gestellt werden, unterliegen weitgehend nicht seinen eigenen Entscheidungen, sondern sind abhängig von meist langfristigen gesellschaftlichen und institutionellen Bedingungen, auf die er nur über größere Organisationen einwirken kann. Nur sie haben sich historisch auch als tragbare Konfliktlösungsmittel herausgeschält. Also sind auch historische Erkenntnisse etwa über die Arbeiterbewegung heranzuziehen, doch sollen diese ebenso wie andere Fragen nach der Mentalität, nach der Familienstruktur, nach dem Verhalten am Feierabend an dieser Stelle zurücktreten, weil sie anderwärts behandelt werden bzw. behandelt worden sind[2].

Diese Perspektive historischer Betrachtung soll freilich nicht den Eindruck erwecken, als hätten Politiker, Unternehmer und nachgeordnete Zechenbeamte ihren Arbeitsanteil an der Entwicklung des Ruhrgebiets nicht geleistet. Es muß aber deutlicher werden als bisher, was sich genauer hinter der sogenannten »schweren« Arbeit des Bergarbeiters verborgen hat.

Die ständische Tradition

Im Gegensatz zu anderen europäischen Ländern war der im Edelmetallbergbau tätige Bergmann in Mitteleuropa nach Ansätzen im 15.

---

2 Siehe die anderen Beiträge in diesem Band. Für die Bergarbeiterbewegung siehe auch: Bergarbeiter. Katalog der Ausstellung zur Geschichte der organisierten Bergarbeiterbewegung in Deutschland (= Veröffentlichungen aus dem Bergbaumuseum Bochum Nr. 4, Bochum 1969). *L. Rothert:* Umwelt und Arbeitsverhältnisse von Ruhrbergleuten in der zweiten Hälfte des 19. Jh.s. Dargestellt an den Zechen Hannover und Hannibal in Bochum (= Veröffentlichungen des Provinzialinstituts für westfälische Volksforschung des Landschaftsverbandes Westfalen-Lippe, Reihe 1, Heft 20), Münster 1976, S. 45. Industrielles System und politische Entwicklung in der Weimarer Republik. Hg. *H. Mommsen / D. Petzina / B. Weisbrod,* Düsseldorf 1974; jetzt auch in einer Taschenbuchausgabe, Düsseldorf 1977.

und 16. Jh. im Laufe des 18. Jh.s eine enge Verbindung mit den feudalen landesherrlichen »Wohlfahrts«staat eingegangen. Die Territorialfürsten des 18. Jh.s, vor allem in Preußen und Sachsen, haben die Bergleute des Silberbergbaus in enger Anlehnung an die Spezialisten in Luxusmanufakturen und -handwerken, aber eben zahlenmäßig darüber weit hinausgehend, in einen sozial und ständisch abgesicherten Rahmen eingebaut[3]. Diese sozialen Sicherungen sind aus heutiger Sicht zugegebenermaßen gering gewesen. Sie gehen zurück auf die Erkenntnis der entstehenden Bergbauwissenschaften und damit auch der kameralistischen Fürstenberater und -beamten, daß die Heranbildung eines kenntnisreichen und von Hungerkrisen gesicherten Bergmannsstammes notwendig war, um bei reichen Erzanbrüchen sofort in umfangreichem Maße die Produktion und damit die Silbergewinnung zugunsten der arg bedrängten landesherrlichen Kassen wieder aufzunehmen. Neben den rechtlichen Sonderstatus durch eine eigene Gerichtsbarkeit, die sich aus der mittelalterlichen Eigengerichtsbarkeit der Knappen und Bergwerkseigentümer herleitete, und eine eigene Kleidung traten solche in der Aufklärung fußende Einrichtungen wie Bildungsanstalten auf untere Ebene, für besonders Begabte auch auf mittlerer Ebene, Invaliden-, Witwen- und Waisenversorgung sowie Getreidesubventionierung, all dies in Begleitung verlängerter und intensivierter Arbeitszeiten bei einer verschlechterten (Real-)Lohnsituation, wobei die Löhne außerordentlich differenziert sein konnten.

Die kameralistisch und bergbautechnologisch geschulten Betriebsleiter in Sachsen und Preußen haben aber mit gewissem Erfolg versucht, den sinkenden Erträgen bei landesherrlichen Bergwerken organisatorische und »technologische« Verbesserungen entgegenzusetzen[4]. Zwar gelang es nicht, das unübersichtliche Kassenwesen so zu vereinheitlichen, daß wir uns heute ein sicheres Bild über Erträge und Verluste machen könnten, doch führte etwa der einmännische Bohrer (statt ihn mit zwei Hauern zu bedienen) und das Naßbohren (statt des staublungefördernden Trockenbohrens), das Schießen aus dem Ganzen (d. h. der gesamten Querfläche am Abbauort) und die mechanische Aufbereitung der Erze zu Produktivitätssteigerungen bis zum Doppelten, ja Dreifachen. Umfassendere Gedinge (Erweiterung der Arbeitsvorrichtungen zum gleichen Lohn) zwangen die Bergleute, die Förderung vom Abbauort zum Schacht in neuen einrädrigen Karren statt dreirädrigen »Hunden« einzubeziehen. Die besser informierten landesherrlichen Beamten

3 W. *Weber:* Innovationen im frühindustriellen deutschen Bergbau. Friedrich Anton von Heynitz (= Studien zur Naturwissenschaft, Technik und Wirtschaft im 19. Jh., Bd. 6), Göttingen 1976, S. 137 ff.
4 W. *Weber* (s. Anm. 3), S. 143.

erhielten auf diese Weise ein hohes Maß an Sachverstand in technischen Fragen, das den Oberbergämtern im 19. Jh. über die liberalistische Zeit der Jahre 1865 bis etwa 1895 hinweg viel Autorität in diesen Fragen bewahrte. Sie nahmen vor allem ein gesamtstaatliches Interesse für ihre Argumentation in Anspruch und entwickelten dabei im öffentlichen Bewußtsein den Bergmann vom silberliefernden fürstlichen Kassenfüller zum energieliefernden Garanten einer blühenden Volkswirtschaft weiter.

Die ständische Sonderformation der Bergleute erlangte in der ersten Hälfte des 19. Jh.s in Schlesien und in Westfalen/Rheinprovinz (also einschließlich der Aachener und Saarbrückener Reviere) angesichts des wachsenden frühindustriellen »Pauperismus« eine gewisse Attraktivität, zumal sich bei langsam wachsenden Belegschaften die Lohn- und Arbeitszeitsituation nicht bei allen Bergleuten gleichschnell verschlechterte wie bei anderen Beschäftigten. Die Bergbeamten veränderten durch die Einführung des westfälischen Schrämens der Kohle (ein Schram ist ein schlitzartiger Einbruch im Flöz parallel zum Liegenden) in Schlesien und des schlesischen Pfeilerbaues in Westfalen (zum Pfeilerbau s. Abb. 5) die Arbeitsvorgänge erheblich. Sie sorgten durch ein relativ knappes Steinkohlenangebot für eine gleichmäßige Beschäftigung und damit Lohnpolitik, die spekulativ-unternehmerische »Konjunkturen« ausschließen sollte[5].

Später als in Schlesien ist im entstehenden Ruhrgebiet in der ersten Hälfte des 19. Jh.s der Bergmannsberuf ein ständiger Vollzeitberuf geworden. Viele Bergleute hatten Grund- und Hausbesitz (Kötter), und mancher wechselte bei Gelegenheit eine Zeitlang in eine handwerkliche Beschäftigung über Tage, weil es dort mehr Lohn gab. Erst als sich der preußische Staat nach 1848 aus dem Bergbau weitestgehend zurückzog[6] und einigen wenigen Bergbauunternehmern, überwiegend aus dem Bereich des Steinkohlenhandels, sowie den schnell entstehenden Aktiengesellschaften das Feld überließ, vollzog sich bald ein auffälliger Wechsel der bergmännischen Arbeitsbedingungen.

Der nun einsetzende wirtschaftliche Expansionsprozeß steht unter dem

5 Siehe E. *Klein*: Der Staat als Unternehmer im Saarländischen Steinkohlenbergbau 1750–1853, in: Vierteljahrschrift für Sozial- und Wirtschaftsgeschichte, Jg. 56 (1970), S. 323–349; *ders.*: Der Steinkohlenbergbau an der Saar während der 70er Jahre des 19. Jh.s, in: Festschrift für W. *Abel*, Bd. 3, 1974, S. 753–774; H. D. *Krampe*: Der Staatseinfluß auf den Ruhrkohlenbergbau in der Zeit von 1800 bis 1865 (= Schriften zur rheinischwestfälischen Wirtschaftsgeschichte, Bd. 5), Köln 1961.
6 Siehe W. *Fischers* 1961 erschienene Aufsätze, jetzt in: *ders.*: Wirtschaft und Gesellschaft im Zeitalter der Industrialisierung, Göttingen 1972, S. 139–178.

Tabelle 4:
Steinkohlenförderung im Ruhrgebiet 1830–1976

Jahr	Steinkohlen-fördermenge in 1 000 t	Anzahl der Beschäftig-ten	Förderung je Beschäftigtem		
			pro Jahr in t	pro Stunde in kg	pro Schicht unter Tage in kg
	1	2	3	4	5
1830	571	4 457	128	–	–
1850	1 961	12 238	160	–	–
1870	11 571	50 499	229	95	–
1890	35 517	127 534	278	114	1 208
1910	89 089	342 249	260	107	1 127
1930	107 179	314 973	324	169	1 678
1932	73 725	190 009	386	203	2 093
1966	102 908	207 057	497	–	3 006
1976	89 300	196 400	454	–	4 152

Quellen: *Holtfrerich*, a.a.O., S. 67 f. für Spalte 4; *P. Wiel:* Wirtschaftsge-schichte des Ruhrgebietes, Essen 1970, S. 137 für Spalten 1, 2, 3; Der Ruhr-bergbau im Wechsel der Zeiten. Festschrift zum 75jährigen Bestehen des Ver-eins für die bergbaulichen Interessen, Essen, bearb. von *H. Meis,* Essen 1933, S. 353 für Spalte 5. – Die Zahlen für 1976 sind entnommen: Gesamtverband des Steinkohlenbergbaus. Daten und Tendenzen 1976/77, Essen 1977.

überwältigenden Kennzeichen des Produktionswachstums (Förderungs-wachstums) nach den Bedingungen der kapitalistischen Konkurrenz-wirtschaft, die bis etwa 1893 (Gründung des Rheinisch-Westfälischen Kohlen-Syndikats[7]) auch für den Ruhrkohlenbergbau galten. In immer neuen Schüben erhöhten die Bergbauunternehmen die Kohlenförde-rung[8], ohne daß die absolute Zahl jemals ernsthaft zurückging. Bei jedem Nachlassen der Konjunktur überlegten sie neue Verfahren, zu-nächst den Verfall der Preise aufzuhalten, dann auch die wachsenden

7 *W. Goetzke:* Das Rheinisch-Westfälische Kohlensyndikat und seine wirt-schaftliche Bedeutung, Essen 1905; *M. Liefering:* Das Rheinisch-West-fälische Kohlensyndikat und sein Einfluß auf die Kohlenpreise und die Lage der Bergarbeiter, Dortmund 1910; *K. Wiedenfeld:* Das Rheinisch-Westfälische Kohlensyndikat, Bonn 1912; *H. Lüthgen:* Das Rheinisch-Westfälische Kohlensyndikat in der Vorkriegs-, Kriegs- und Nachkriegs-zeit und seine Hauptprobleme, Leipzig 1926; *A. Bührmann:* Syndikats-recht in RWKS 1893–1945, Essen 1953.

8 *C.-L. Holtfrerich:* Quantitative Wirtschaftsgeschichte des Ruhrkohlenberg-baus im 19. Jh. Eine Führungssektoranalyse (= Untersuchungen zur Wirt-schafts-, Sozial- und Technikgeschichte, Bd. 1), Dortmund 1973, S. 19. Diese Bände werden von der Gesellschaft für Westfälische Wirtschafts-geschichte herausgegeben, die auch das Westfälische Wirtschaftsarchiv be-treut.

Kosten den schrumpfenden Preisen anzugleichen. Sie konnten nun schneller und intensiver als zur Zeit der staatlichen Direktion des Bergbaus auf die Arbeitsplätze der in der Konjunktur angeworbenen Bergarbeiter einwirken.

Es ist daher auch mehr als verständlich, daß aus diesem jähen Umbruch der Verhältnisse kontroverse Auffassungen über Leben und Arbeiten der Bergleute bzw. Bergarbeiter entstanden sind[9]. Eine sieht sie mehr in ihrer statischen und ständischen Umwelt mit hohem Selbstwertgefühl wegen ihrer umfangreichen Erfahrung bei der Arbeit am Erz, die andere mehr als ruhelose, für die schwere Arbeit unterbezahlte Abwanderer aus agrarischen Gebieten mit Bevölkerungsüberschuß, die ihre Tätigkeit schnell erlernten, die aber vor allem durch massiertes Auftreten an dem Hineinwachsen in eine differenzierte Industriegesellschaft gehindert wurden. Es verwundert daher auch nicht, daß sozialpatriarchalische Unternehmer und Politiker in einer Atempause des Wachstums um 1885–1890 an eine Wiederbelebung dieser älteren ständischen Vorstellungen dachten[10], die freilich bald vom bereits angelaufenen nächsten Entwicklungsschub beiseitegedrängt wurden. Ihre Vorstellungen hatten sich ohnehin nur auf die Bergarbeiter bezogen, keineswegs aber die Unternehmer in die staatliche Vormundschaft zurückführen sollen.

Dem wachsenden Grad der unternehmerischen Interessenorganisierung im Bergbauverein ab 1858 für politische, später technische Fragen, im Rheinisch-Westfälischen-Kohlen-Syndikat seit 1893 für Preise und Fördermengen und dem Zechenverband seit 1908 für den Arbeitsnachweis standen die Bergarbeiter desorientiert und hilflos gegenüber; desorientiert, weil sie immer noch starke Hoffnungen darauf verwandten, durch Rückkehr in ständische Verhältnisse die immer offener zutage tretende gesellschaftliche Deklassierung zu überwinden, die sie besonders in der arroganten und herausfordernden Anrede und den Schimpfworten durch jüngere Zechenbeamte beklagten; hilflos, weil die Bergarbeiterbewegung mehrfach in konfessionelle Organisationen und den

---

9 Siehe dazu jetzt *K. Tenfelde:* Sozialgeschichte der Bergarbeiterschaft an der Ruhr im 19. Jh. (= Schriftenreihe des Forschungsinstituts der Friedrich-Ebert-Stiftung, Bd. 125), Bonn 1977, bes. S. 573 f.; *A. Gladen:* Der Ruhrbergarbeiterstreik von 1889 – ein sozialer Konflikt aus konservativer Motivation, in: Soziale Innovation und sozialer Konflikt, Hg. *O. Neuloh* (= Studien zum Wandel von Gesellschaft und Bildung im Neunzehnten Jahrhundert, Bd. 15), Göttingen 1977, S. 95–127.

10 Quellensammlung zur Geschichte der sozialen Betriebsverfassung der Ruhrindustrie unter besonderer Berücksichtigung des Handelskammerbezirks Essen, Hg. *G. Adelmann,* 2 Bde. und 1 Reg.-Bd., Bonn 1960, 1965, 1968; *G. Adelmann:* Die soziale Betriebsverfassung des Ruhrbergbaus vom Anfang des 19. Jh.s bis zum Ersten Weltkrieg, Bonn 1962.

der SPD nahestehenden Alten Verband gespalten war[11] und sich nur langsam dazu durchrang, eine vom politischen Alltagsgeschäft abgehobene, auf die betriebliche Situation des Arbeiters bezogene Gewerkschaftspolitik zu betreiben. Unter anderen politischen Verhältnissen in und nach dem Ersten Weltkrieg drängten die Bergarbeiter unter dem Eindruck des Herr-im-Haus-Standpunktes der Unternehmer und der traditionellen Auffassung von der gesamtstaatlichen Bedeutung des Steinkohlenbergbaus zur Lösung der entstandenen Probleme durch die Sozialisierung 1919, die sich aber nicht durchsetzen ließ[12]. Wie dringend neue organisatorische Formen der Steinkohlengewinnung und -verteilung waren, bewiesen auch die Zechenunternehmer selbst, die sich nach Abwehr der Sozialisierung in erheblich größeren Gesellschaften zusammenfanden, so etwa 1926 in den Vereinigten Stahlwerken[13].

Eine breitere, vom konfessionellen Hader unabhängigere bergmännische Brauchtumspflege, die in den Erzbergbaugebieten nie abgerissen war, setzte im Ruhrgebiet unter Rückbesinnung auf ständische Relikte erst gegen Ende der Weimarer Republik ein, als die »handwerkliche« Phase des Bergbaus sich ihrem Ende zuneigte und viele politische Kräfte an einer Einbindung der Belegschaften in eine vermeintlich »gesündere« Sozialordnung interessiert waren.

11 Siehe dazu Bergarbeiter (s. Anm. 2).
12 Siehe die Beiträge von *M. Martiny* und *H. Mommsen,* in: Arbeiterbewegung an Rhein und Ruhr. Beiträge zur Geschichte der Arbeiterbewegung in Rheinland und Westfalen, Hg. *J. Reulecke,* Wuppertal 1974, S. 241 bis 274 und 275–314; *H. Mommsen:* Sozialpolitik im Ruhrbergbau, in: Industrielles System (s. Anm. 2), S. 303–321; *K. Hartmann:* Der Weg zur gewerkschaftlichen Organisation, München 1977.
13 Siehe hierzu die Reihe der nicht im Buchhandel erschienenen Veröffentlichungen über die Entwicklung der zu den Vereinigten Stahlwerken gehörenden Zechen: Die Steinkohlenbergwerke der Vereinigten Stahlwerke (37 Bde. 1929–1939). Da es m. W. bisher an keiner Stelle eine Übersicht der erschienenen Bände gibt, diese aber gerade für die Zeit des beginnenden Umbruchs beim Abbau umfangreiches Quellenmaterial abgeben, sind sie im folgenden aufgeführt, obwohl sie nur sehr indirekt Aufschlüsse zu der hier angesprochenen Themenstellung geben: Erin 1929, Bonifacius 1929, Carolinenglück 1930, Beeckerswerth 1930, Holland 1930, Engelsburg 1930, Alma 1930, Friedrich Thyssen 4/8 1930, Friedrich Thyssen 3/7 1930, Zollern-Germania (2 Bde.) 1931, Bruchstr. 1931, Tremonia 1931, Westende 1932, Pluto 1932, Hansa 1932, Westhausen 1932, Nordstern 1933, Graf Moltke 1933, Adolf von Hansemann 1933, Friedrich Thyssen 2/5 (2 Bde.) 1934, Zollverein (2 Bde.) 1934, Lohberg 1935, Minister Stein (2 Bde.) 1936, Fürst Hardenberg 1936, Dannenbaum (2 Bde.) 1937, Friedlicher Nachbar (3 Bde.) 1939, Prinz Regent (3 Bde.) 1939.

Der Bergmann sucht die Kohle, er richtet den Abbau vor, baut die Kohle ab, fördert sie zutage und bereitet sie je nach Wunsch des Abnehmers auf.

Nach der Eigentumsabgrenzung (Markscheidekunst bzw. Markscheidekunde als Vermessung der räumlichen Besitzungen; Probierkunst, um den Silbergehalt und damit den Wert der Erze festzustellen) ist die Kenntnis der Gesteine und ihrer typischen Vergesellschaftungen sowie der dazugehörigen Oberflächenformen die am frühesten und seit Beginn an den Bergakademien verankerte wissenschaftliche Disziplin gewesen. Sie sind alle schon im Unterrichtsprogramm der Freiberger Bergakademie (Sachsen) 1765 verankert. Trotz dieses langen wissenschaftlichen Vorlaufs ist die Suche nach geeigneten Flözen im Ruhrgebiet sowohl bei Beginn wie auch bei Ausdehnung des Tiefbaus in den 50er Jahren des 19. Jh.s unter wesentlicher Mithilfe einheimischer Kräfte gemacht worden, die einen reichen Erfahrungsschatz über das Flözverhalten in dieser Gegend besaßen. Bald griff man dann jedoch auf Kenntnisse aus Tiefbohrungen zurück, doch erst im Laufe der zweiten Hälfte des 19. Jh.s, ja noch später, hat man ein Profil des Flözgebirges des Rheinisch-Westfälischen Kohlenbeckens herstellen können. Die langsam nach Norden abfallenden Flözgebirge und ihre vielen Störungen haben auch das systematische Aufschließen, d. h. die Schaffung eines Zuganges für Bergleute zu den abbauwürdigen Flözen, außerordentlich erschwert und die Arbeit der Bergleute vor Ort über den gesamten beobachteten Zeitraum hin sehr schwierig gestaltet. In keiner Tätigkeit hat der Bergmann soviel experimentieren müssen wie beim Vorrichten bzw. beim Abbauen der Steinkohle. Immer wieder hat er versucht, vom studierten Assessor über den Steiger bis zum Hauer, bei gegebenen Flözlagerungsverhältnissen den Arbeitsaufwand für den Abbau zu verringern und zugleich ein hohes Maß an Sicherheit für die unter Tage arbeitenden Bergleute zu erreichen. Doch die bis heute lebendige bergmännische Redensart »Hinter der Hacke ist es duster« ist nur der lapidare Ausdruck des Kumpels dafür, daß es lange Zeit nicht gelang, auch nur die wesentlichsten Bestimmungsgründe für die Druckverhältnisse des Gebirges am Abbauort zu ermitteln und damit in die für den Abbau erforderlichen Überlegungen einzubeziehen. So hat die Erkenntnis bis zum Ersten Weltkrieg auf sich warten lassen, daß eine gewisse Abbaugeschwindigkeit notwendig war, um die Kohle mit Hilfe des Gebirgsdrucks abzubauen. Es verwundert nicht, daß während des gesamten Zeitraums von 1830 bis 1930 herabfallende Gesteins- und Kohlenbrocken, der sogenannte Stein- und Kohlenfall, die Hauptursache aller tödlichen (noch 1930 etwa 41 %) wie nicht tödlichen Unfälle (1930 26 %) im Bergbau bildeten. Doch spielten hier auch noch weitere Ursachen eine entscheidende Rolle.

Unter den vielen Abbaumethoden herrschte bis 1890 der sogenannte »streichende Pfeilerbau« vor; man teilte einen Flöz durch im Flöz liegende waagerechte und der Neigung des Flözes (dem Fallen) folgende Strecken so auf, daß rechteckige Abbaufelder, sogenannte Pfeiler, entstanden, die vom Ende des Baufeldes rückwärts in Richtung auf den Schacht abgebaut wurden. Dabei war die jeweilige Angriffsfläche des Pfeilers durch den Hauer »streichend« (s. Abb. 5).

Die Baulänge eines solchen neuangefangenen Pfeilerbaus reichten um 1860 immerhin bis zu 600 m, Entfernungen, in die sich die Bergleute durch Sohlen und Strecken aus dem bisher abgebauten in den nicht abgebauten Teil des Flözes hineinwagen mußten. Später nahm man diese große Entfernung zurück, vor allem bei wachsender Teufe (Tiefe). Für alle zwei- bis dreihundert Meter streichende Länge richteten sie einen »Bremsberg« ein, ein im Flöz im Fallen, also der Neigung

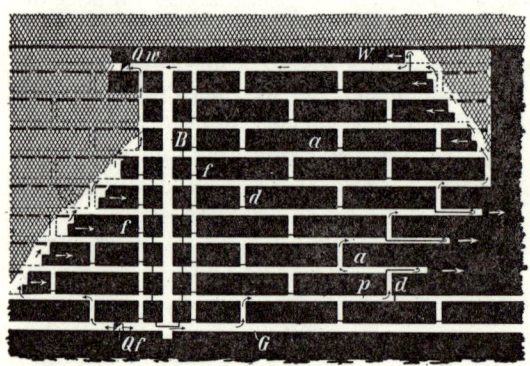

Abb. 5: Schema des Streckenbetriebes und Abbaues beim »streichenden Pfeilerbau« (G Grundstrecke, p Begleitort, Qf Förderquerschlag, Qw Wetterquerschlag, B Bremsberg, f Fahrüberhauen, W Wetterstrecke, a Abbaustrecke, d Durchhieb)

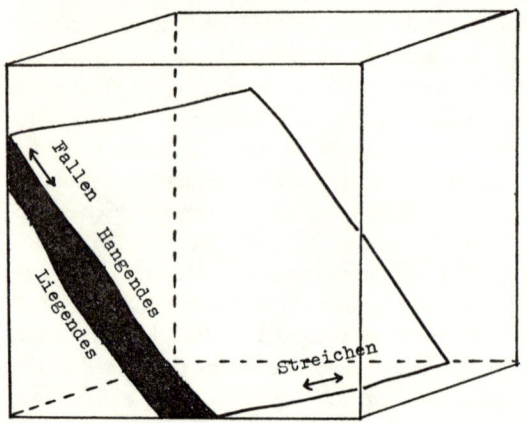

Abb. 6: »Fallen« und »Streichen« des Flözes, »Hangendes« und »Liegendes«

98

des Flözes folgend, abgebauter Streifen, in dem auf Schienen ein Förderwagen auf- und abfahren konnte.

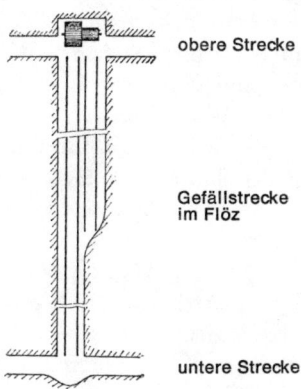

obere Strecke

Gefällstrecke
im Flöz

untere Strecke

Abb. 7: Bremsberg mit verkürztem Gegengewichtsgestänge

Ein Gegengewicht zog ihn in leerem Zustand nach oben, während er mit Ladung den Berg hinunter auf eine Sohle glitt, wo die Bergleute bzw. Pferde ihn dann in horizontaler Richtung weiterzogen. Die Gefäße konnten, weil von Menschenhand zu bewegen, eine gewisse Größe nicht überschreiten. Die Länge eines solchen Bremsberges betrug etwa 100 bis 150 m; alle 8 bis 10 m bei steiler Lagerung und alle 20 bis 40 m bei sehr schwachem Einfallen begann ein Pfeiler. Doch mußten die Bergarbeiter einen erheblichen Teil des Pfeilers stehen lassen, um vor dem Zusammenbruch des abgebauten Leerraumes geschützt zu werden[14]. Doch neben der Einsturzgefahr spielte vor allem eine Rolle, daß auf diese Weise bis zu 30 % der abbauwürdigen Kohle verlorengingen. Auch die zunehmenden Oberflächenschäden veranlaßten staatliche und private Verantwortliche nach 1890, zum Versatzbau überzugehen, d. h. man füllte die entstandenen Hohlräume durch taubes Gestein (Berge) wieder auf, das man entweder gleich unter Tage umlud oder in großen Halden über Tage liegen hatte. Im Jahre 1898 baute man im Ruhrgebiet immerhin schon 40 % mit dieser Methode ab (im Strebbau blieben Strecken für die Ventilation offen; im Stoßbau wurde alles verfüllt), während 58 % noch im versatzlosen Pfeilerbau standen; 1910 hatte man aber bereits den völligen Versatzbau erreicht, der sich auch bis Anfang der 30er Jahre hielt[15].
Es ist leicht einzusehen, daß die Schlepper, die bisher nur die abgebaute

---

14 *K. Selbach:* Illustriertes Handlexikon des Bergwesens, Leipzig 1907, S. 458.
15 Der Ruhrbergbau im Wechsel der Zeiten, Essen 1933, S. 27, 162, 176 und 363.

Kohle zum Verladeort zu bringen hatten, nicht davon angetan waren, nun auf dem Rückweg taubes Gestein in ihren Karren und Wagen mitzunehmen, um damit die Hohlräume auszufüllen. Besonders schwer wurde diese Arbeit, wenn die Flöze mit nordwärts wanderndem Bergbau immer flacher lagen und die Schlepper nun von Hand Mauern setzen und die Räume dahinter mit Hand verfüllen mußten. Maschinelle Hilfen durch Wasser- oder Luftdruck setzten sich nicht allgemein durch. Hier liegt vermutlich auch der Grund dafür, daß die Produktivität der Bergarbeiter sich in den Jahren von 1870 an bis 1924 nicht entschieden verbessert hat (s. Tabelle 4). Sie pendelte zwischen 95 und 114 kg pro Arbeitsstunde und durchbrach erst 1925 unaufhaltsam das bisherige Niveau, ja führte von 1923 bis 1932 sogar zu einer Verdoppelung der Stundenleistung im Durchschnitt. Die Arbeiter im Ruhrgebiet gewannen in diesen Jahren im deutschen Steinkohlenbergbau eine Spitzenstellung in den Abbaumengen pro Zeiteinheit. So stieg diese Menge 1930 im Vergleich zu 1900 im Ruhrgebiet um 58 %, im Aachener Revier um 28 %, im Niederschlesischen um 21 % und an der Saar nur um 10 %[16]. Auf die schnellere Aufgabe des Versatzbaues zugunsten des Bruchbaues, bei dem man unter Beachtung des Gebirgsdrucks die abgebauten Hohlräume planmäßig zu Bruch gehen ließ, dürfte im Ruhrgebiet der schnelle Anstieg der Produktivität ebenso zurückzuführen sein wie auf neue mechanische Abbauinstrumente und Fördermittel. Beim Versatzbau mußte man nun keine Pfeilerreste, sogenannte Schweben, mehr stehen lassen, sondern konnte auch diese Kohle hereingewinnen. Die aus Gründen der Grubensicherheit wie der Produktivität erwünschte höhere Abbaugeschwindigkeit gab Raum für zwei Entscheidungsmöglichkeiten: entweder eine zunehmende Zahl von Abbaubetriebspunkten mit gleicher Kameradschaftstärke (um die Jahrhundertwende 5 bis 10 Mann), die wie bisher an vielen voneinander getrennten Punkten arbeiteten; diese Entwicklung war seit etwa 1890 ohne nennenswerte Erhöhung der Gesamtproduktivität eingeleitet worden; oder eine Verbreiterung des einzelnen Abbaubetriebspunktes für eine größere Zahl von Bergarbeitern, den streichenden Strebbau mit breitem Blick (s. Abb. 8).

Die bisherige Arbeitsweise des Hauers vor Ort war noch stark, ja überwiegend von seinem traditionellen Handwerkszeug bestimmt: von der Hacke, 1,2 oder 2,5 kg schwer (auch Keilhaue genannt), dem Fimmel (einem stählernen Keil von 3 kg Gewicht), dem Treibfäustel (von 3 bis 6 kg Gewicht) und dem Schrämeisen.

Die neue organisatorische Lösung des Abbaus, verbunden mit verbesserten Meißeln und Bohrern und wissenschaftlichen Erkenntnissen über

---

16 Der Ruhrbergbau (s. Anm. 15), S. 353.

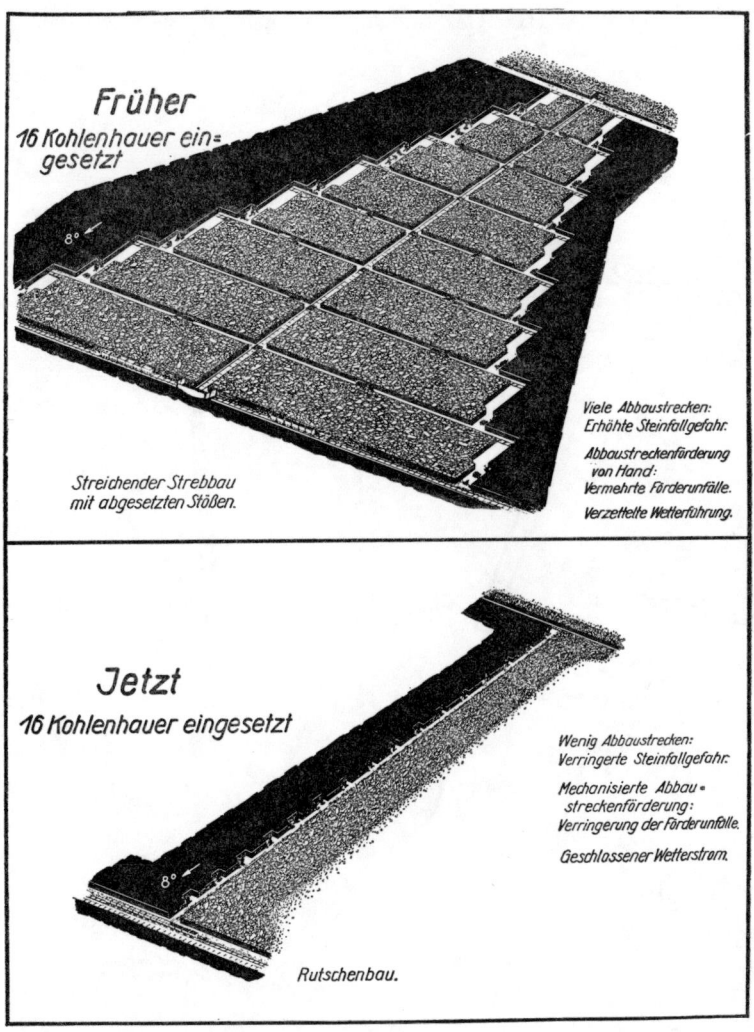

Abb. 8: Strebbau mit abgesetzten Stößen und mit »breitem Blick«
(Gegenüberstellung um 1925)

101

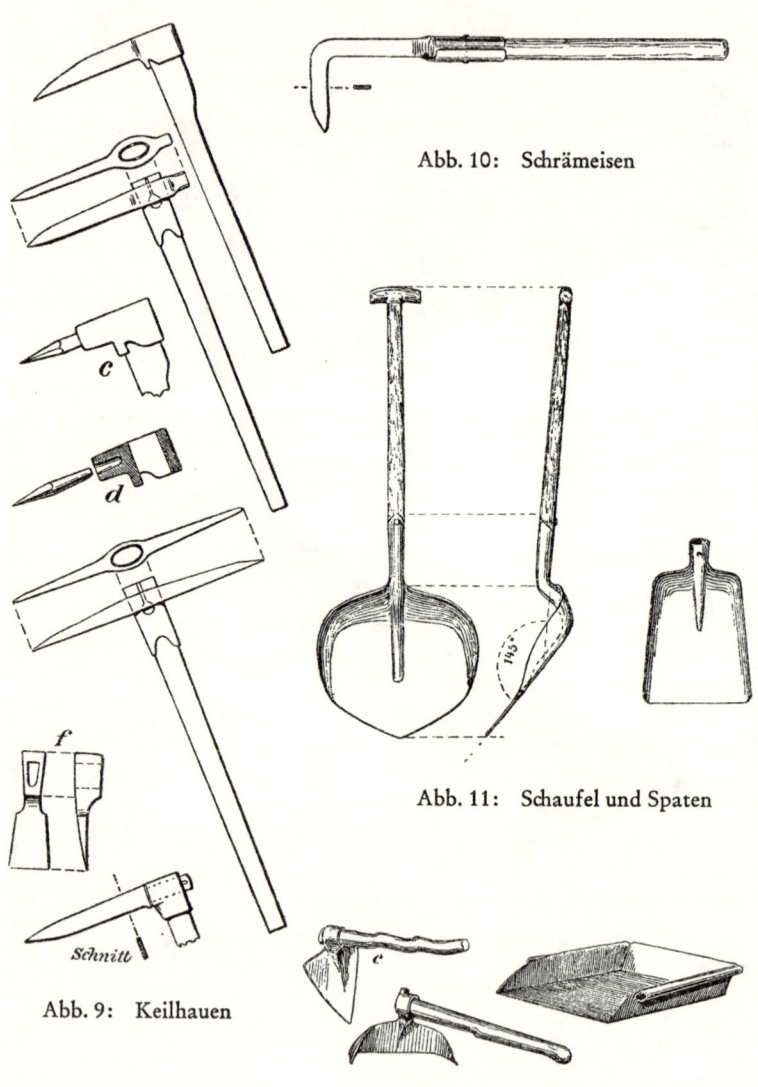

Abb. 10:   Schrämeisen

Abb. 11:   Schaufel und Spaten

Abb. 9:   Keilhauen

Abb. 12:   Kratzen und Trog

den Gebirgsdruck kündigte nach 1924 den Übergang des Bergmanns von Handwerker zum Industriearbeiter an[17]. Die Zahl der Abbaubetriebspunkte im Ruhrbergbau gegenüber 1927 = 16 700 sank auf 4 045 im Jahre 1933 und hätte selbst bei gleichhoher Förderung in diesem Jahr nur etwa 5 200[18] betragen. Die Zahl der durchschnittlichen an einem Abbaubetriebspunkt arbeitenden Bergleute stieg von 23 (1927) auf 48 (1933), die statt 23 nun 73 Tagestonnen abbauten und förderten. Diese schnelle Steigerung wurde aber auch zu einem erheblichen Teil durch Stillegung der älteren Zechen seit 1925 und Entlassung vieler Bergarbeiter – 1933 waren mehr als ein Drittel aller Bergarbeiter arbeitslos – erreicht. Diese durchschnittlichen Zahlenangaben verdecken aber ganz erhebliche Unterschiede. So konnten von den 1933 verbliebenen Abbaubetriebspunkten immerhin 230 pro Fördertag über 300 t abbauen. Auch erwies sich die flache Lagerung, der Hemmschuh beim Versatzbau, als für den maschinellen Abbau besonders geeignet. Kamen die Hauer beim Abbau von Gasflammkohlen in flacher Lagerung pro Punkt auf 118 t, so blieben sie in steiler Lagerung bei nur 27 t.

Auch die Globalzahlen des Mechanisierungsfortschritts unterstrichen diese Entwicklung: so kamen 1914 nur 2 % aus einem mechanisierten Abbau, während es 1929 bereits 93 % waren, allein 88 % baute der Abbauhammer im Jahre 1933 ab. Von einem umfangreichen Einsatz von Abbau*maschinen* am Ende unseres Betrachtungszeitraums kann freilich noch nicht die Rede sein.

Diese ganz unterschiedlichen Abbaumethoden machen deutlich, wie anpassungsfähig der Bergmann bzw. Bergarbeiter sein mußte. Eine Kameradschaft, die aus Hauern mit den Ortsältesten, Lehrhauern (in der Ausbildung befindliche Hauer) und Schleppern (in der Regel die jüngeren und schlechter bezahlten Bergarbeiter: im Ruhrgebiet erhielten sie 1890 etwa 76 % des Hauerlohnes, den gleichen Lohn erhielten die Übertagearbeiter für eine zwölfstündige Schicht[19]) bestand, besorgte nicht nur den unmittelbaren Abbau der Kohle. Sie mußte die abgebaute Kohle bis zum nächsten ständigen Förderbetrieb, d. h. bis zu den Bremsbergen oder den von Pferden gezogenen Förderwagen oder

---

17 *E. Wächtler:* Die Lebens- und Arbeitswelt der Bergarbeiterschaft vor und nach der industriellen Revolution, in: Der Anschnitt, Jg. 29 (1977), S. 102–109. Der Diskussion mit *E. Wächtler* auf verschiedenen internationalen Diskussionen zur Montangeschichte verdankt der Autor wichtige Anregungen, sich mit diesem Thema zu beschäftigen.
18 Der Ruhrbergbau (s. Anm. 15), S. 176.
19 *F. Brüggemeier:* Bedürfnisse, gesellschaftliche Erfahrungen und politisches Verhalten: Das Beispiel der Bergarbeiter im nördlichen Ruhrgebiet gegen Ende des 19. Jh., in: Sozialwissenschaftliche Informationen für Unterricht und Studium, Jg. 6 (1977), S. 152–159.

bis zum Schacht, später (nach 1910) bis zu den Rutschen transportieren und Fahr- und Förderstrecken sorgfältigst mit Holz oder Eisen abstützen: im Holzverbrauch pro geförderte Tonne lag das Ruhrgebiet in Europa an führender Stelle. Das signalisiert einen höheren Arbeitsaufwand als in anderen Revieren. Nur langsam schälte sich auch eine Verzimmerungspraxis heraus, bei der der Türstock in zwei Stufen zu Bruch gehen und damit die Bergarbeiter warnen konnte. Einen weiteren Indikator für gefährdete Strecken oder Sohlen bildeten verbogene Förderungsgleise. Diese aus Puddeleisen hergestellten ausgebrauchten Eisenbahnschienen gab es aber nur bis etwa 1900, als die Eisenbahngesellschaften dann zu den widerstandsfähigeren stählernen Schienen übergingen. Diese brachen, wenn sie längere Zeit der Biegung widerstanden hatten, jedoch plötzlich und fielen damit als Warngeber aus.

Die Kameradschaft beim Abbau

Ähnlich wie in den über Tage vorhandenen anderen Produktionsbetrieben herrschte auch unter Tage im Bergbau eine traditionell hierarchische Struktur. Den Weisungen der jeweiligen Vorgesetzten war unbedingt zu gehorchen. Abweichungen wurden mit strengen, bei der Weitläufigkeit des Betriebes auch oft ganz willkürlichen Strafen belegt. Die gesamten Strafgelder im Ruhrgebiet erreichten 1912 etwa 1 Million Mark[20] oder etwa einen Schichtlohn pro Beschäftigten. Der Umfang der Klagen über diese Strafen stand freilich in keinem Verhältnis zu dieser relativ geringen Summe. Daraus läßt sich schlußfolgern, daß diese Strafen als außerordentlich willkürlich empfunden worden sind. Besonders das Ungültigerklären ganzer gefüllter Wagenladungen, das »Nullen«, war verpönt. Unreine und zu wenige Kohlen im Wagen mit dem Schild oder der Kreideaufschrift einer bestimmten Kameradschaft führten beim Aufseher am Schacht zum Nullen. Während im Saarbergbau die hieraus fließenden Einnahmen am Jahresende anteilig auf alle Bergarbeiter verteilt wurden, flossen sie im Ruhrbergbau in besondere Unterstützungskassen, über die bis 1905 die Bergarbeiter selbst nicht einmal durch einen einzigen Vertreter mitbestimmen konnten. Von daher erklärt sich auch die wiederholte Forderung bei den Bergarbeiterstreiks, eine Anlaufstelle für Beschwerden innerhalb des Betriebes zu haben. Doch die Bergbauunternehmer bekämpften alle Ansätze zu einer Interessenvertretung der Arbeiter innerhalb ihres Betriebes rücksichtslos, so die Einfahrer 1899, die Arbeiterausschüsse 1905, die Sicherheitsmänner 1909 und auch die

---

20 Quellensammlung (s. Anm. 10), Bd. 1, S. 330–334.

Grubenkontrolleure 1926, die sie fast alle wegen der Bestellpraxis über die Gewerkschaften als »politisch« diffamierten[21].

Allerdings hatte der Staat sich seit 1892 durch die Oberbergämter in die Genehmigung der Arbeitsordnungen wieder eingeschaltet, woraus sich aber angesichts der völlig veränderten Situation gegenüber der Zeit vor 1860 kaum schnell wirkende Konsequenzen ergaben.

Die Belegschaften der meisten Schächte waren stark landsmannschaftlich bestimmt, so daß Neuankömmlinge hier einen gewissen Halt und Orientierungspunkt besaßen. Diese landsmannschaftliche Struktur schlug freilich weniger auf die Kameradschaften vor Ort durch. Nach den Vorstellungen des Berggesetzes von 1860 bzw. 1865 sollten Kameradschaft und Steiger bzw. Betriebsführer untereinander das Gedinge für eine bestimmte abzubauende Kohlen- oder Meterlänge untereinander aushandeln. In der Praxis gab es aber nur in Ausnahmefällen einen wirklichen »Handel«. Ohne Rückhalt in überbetrieblichen Organisationen und durch den Steiger oft gegen andere Kameradschaften ausgespielt, blieb dem Ortsältesten, der das Gedinge abschloß, oft nur die Möglichkeit, zu akzeptieren oder die Kündigung entgegenzunehmen.

Das Gleiche galt auch bei der Erzwingung von Überschichten. Sie sollten manchmal auf Anordnung der Steiger nicht einmal im Lohnbuch verzeichnet werden[22]. Überschichtunwillige erhielten nicht die Möglichkeit, aus dem Bergwerk auszufahren[23].

Im Gegensatz zu den Tagesbetrieben, die in Konjunkturzeiten mithelfende Familienangehörige als eine Arbeitsreserve einsetzen konnten, waren die Bergbauunternehmer darauf angewiesen, anfallende Mehrarbeit durch die Bergleute solange erledigen zu lassen, bis neuangeworbene Arbeitskräfte eingetroffen waren. Eine Einschränkung der betrieblichen Produktion aus Rücksicht auf die Gesundheit der Arbeiter ist, von wenigen Ausnahmen abgesehen, nicht erkennbar.

Die wichtigste Abbauarbeit vor Ort lag für die Hauer darin, am Kohlenstoß einen Schram anzubringen. Normalerweise benutzten sie dafür ein Schrämeisen oder eine Hacke, und sie oder die nachfolgende Kameradschaft brachen dann die darüber stehende Kohle nach. In der Konjunkturwelle nach 1900 mußten die Hauer Flöze bis hinunter zu 35 und 40 cm Mächtigkeit abbauen. Nachdem belgische Hauer bei hohen Gedingen die Abbaumöglichkeit demonstriert hatten, mußten diese engen Flöze im folgenden Konjunkturaufschwung zu herabgesetzten Gedingen weiter abgebaut werden. Die Arbeit des Nachbrechens ist vor allem nach 1923–1925 durch die Preßlufthacke, den Abbauhammer, beschleunigt worden. Schon seit den 60er Jahren des 19. Jh.s war Preß-

21 *K. Tenfelde* (s. Anm. 9), S. 229; Der Ruhrbergbau (s. Anm. 15), S. 278.
22 *L. Rothert* (s. Anm. 2), S 45.
23 Quellensammlung (s. Anm. 10), Bd. 1, S. 225.

luft in der Grube vorhanden. Sie wurde zunehmend zur Förderung, zum Heben von Grubenwässern, zur Sonderbewetterung, d. h. Beseitigung von schädlichen Gasansammlungen, für den Werkzeugantrieb und gelegentlich zur Unterstützung der Beleuchtung verwendet[24]. Der Hauer konnte sich seine Arbeit erheblich erleichtern, wenn er die Ablagerungsschichten der Steinkohlen innerhalb des Flözes, die »Schlechten«, beobachtete und für seine Abbaumethode als potentielle Bruchstellen zur Hilfe nahm.

Bis in die Zeit nach dem Ersten Weltkrieg hinein wurde der bedeutendste Anteil der Förderung durch »Schießen« gewonnen. Darunter versteht man das Herstellen und Sprengen von Bohrlöchern. Der Handbohrer brachte es in 10 bis 30 Minuten auf einen Meter Bohrtiefe. Ein Hauer bohrte in einer achtstündigen Schicht 8 bis 9 Bohrlöcher und kam damit in der Auffahrung etwa 1 m weiter[25]. Im Jahre 1900 wurden im Ruhrrevier 13 Millionen Bohrlöcher gesprengt.

In einem mühsamen Aussonderungsprozeß mußte in einer besonderen Versuchsanlage des Bergbauvereins für bestimmte harte Gesteinsarten erst ein schnell explodierendes Pulver gefunden werden, für weiche ein entsprechend langsamer explodierendes. Als besonders gefährlich erwiesen sich solche Pulver, die eine zertrümmernde Wirkung auf das

Abb. 13: Handbohrer (s. auch Bild 7 im Bildteil)

---

24 Die Entwicklung des niederrheinisch-westfälischen Steinkohlenbergbaus in der zweiten Hälfte des 19. Jahrhunderts, 12 Bde., Berlin 1904, hier Bd. 8, S. 295.

25 Zeitschrift für das Berg-, Hütten- und Salinenwesen, Jg. 29, 1881, S. 239 ff. Die Vortriebsgeschwindigkeit hing außerordentlich stark von der Gesteinshärte ab.

umliegende Gestein hatten, weil damit eine hohe Stein- und Kohlen-
fallgefahr gegeben war. Die umfangreiche Schießarbeit ist im Ausland
auch eher aufgegeben worden als an der Ruhr. Die Bohrlöcher sind,
wie bei den Abbildungen in schönem Kontrast von Theorie und Praxis
zu sehen, ebenfalls bis zur Einführung der Bohrmaschine kurz vor dem
Ersten Weltkrieg von Hand gedreht worden, obwohl Ansätze zur
Mechanisierung schon 1890 vorhanden waren (s. Abb. 13 und Bild 7).
Die von der Industrie entwickelten Maschinen, Stoßbohrmaschinen,
drehten den Meißel freilich nicht, sondern bewegten ihn nur schlag-
artig nach vorne. Dies schädigte die Gelenke der Hauer viel zu sehr,
aber auch die Vortriebsleistungen blieben bescheiden, da man nicht über
einen hohen Druck und ausreichend gehärtete Stahlmeißel verfügte.
Erst die Widia-Stähle brachten hier Wandel, wegen des feineren Bohr-
staubs zugleich aber auch erhöhte Staublungegefahren[26]. Obwohl sich
die Handbohrmaschinen außerordentlich langsam durchsetzten, woraus
man schließen darf, daß sie nicht erfolgreich waren, ist den Hauern
das Gedinge um 10 bis 25 % gekürzt worden[27]. Das gleiche zeigte sich
bei der Einführung der – recht erfolglosen – preßluftgetriebenen
Schrämmaschine, mit deren Hilfe man die mühsame Herstellung eines
Schrams beschleunigen wollte. Ein wichtiges Argument für diese mechanischen Abbauhilfen hat die Möglichkeit gespielt, an solchen Maschinen, die jeweils von mehreren Bergarbeitern zu bedienen waren, nur
einen in der Qualifikation eines Hauers, die anderen aber geringer bezahlt anzustellen. Die erhebliche Zahl von schwer zu bedienenden Maschinen – im Grunde großen Handwerkszeugen – führte auch eine
wachsende Lohndifferenzierung herbei, da die Wartung der Maschinen
aus organisatorischen Gründen nicht aus dem Betrieb verlagert oder
einem oder zwei Werksspezialisten übertragen werden konnte. Im Gegensatz etwa zu den Beschäftigten der Baumwollspinnereien, einer typisch mechanisierten Produktionsstätte für Massenfabrikate, wo die
Lohndifferenz zwischen 1887 und 1913 erheblich zurückging, nahm sie
im Bergbau von 1878 bis 1913 stark zu[28].
Der Betriebsführer oder Steiger hatte jedenfalls beim Gedingeabschluß,
so weisen es die Steigerjournale aus, die strikte Aufgabe, die Abbau-
kosten so überschaubar wie möglich zu halten, d. h. alle möglichen ent-

---

26 *R. Stahlschmidt:* Der Weg der Drahtzieherei zur modernen Industrie.
   Technik und Betriebsorganisation eines westdeutschen Industriezweiges
   1900 bis 1942 (= Altenaer Beiträge, Bd. 10), Altena 1975, S. 109 ff.
27 Die Entwicklung (s. Anm. 24), Bd. 4, S. 4, 66.
28 *J. Kuczynski:* Die Geschichte der Lage der Arbeiter unter dem Kapitalismus, Bd. 4: Die Darstellung der Lage der Arbeiter in Deutschland von
   1900 bis 1917/18, (Ost-)Berlin 1967, S. 360 f.; *G. Bry:* Wages in Germany
   1871–1945, Princeton 1960, S. 363.

stehenden Kosten in das Gedinge einzuschließen, auch wenn er dabei so weit ging, das Einholen des über Tage liegenden Grubenholzes in das Ausbaugedinge unter Tage einzuschließen und das bei Versatzförderung und geringer Kapazität der Schachtförderanlagen! Auch die Reparaturkosten für das »Gezähe« wurden dem Bergmann vom Lohn abgezogen. Von diesem Grundsatz wich man erst bei der Einführung des Bohrhammers ab. Hier übernahmen die Zecheneigner Unterhaltung und Reparaturkosten, gingen für die erhöhte Leistung des Hammers aber, wie erwähnt, mit dem Gedinge stark herunter.

Der relativ hohe Gedingelohn, das Ruhrgebiet holte hier auf und schob sich nach 1900 an die Spitze der deutschen Hauerlöhne, kam den Hauern freilich nur bei Erhalt ihrer Gesundheit und ihres Arbeitsplatzes zugute. Weniger leistungsfähige Bergarbeiter fanden nur noch die wesentlich schlechter bezahlten Stellen über Tage. Alle bisher aufgezählten Gefahrenmomente spielten daher bei den Arbeitsniederlegungen der Bergarbeiter von 1889 und 1905 und 1912 bis hin zu den vielen kleinen Erhebungen eine sehr wichtige Rolle[29]. Hinzu kam aber noch eine Reihe von weiteren Faktoren, welche das gesundheitliche Wohlbefinden und damit die Leistungsfähigkeit und die Produktivität der Bergarbeiter unter Tage stark beeinflußten. Die verfügbare Frischluft vor Ort, Hunderte von Metern, wenn nicht gar Kilometer vom Schacht entfernt, gehörte vor allem wegen der oft hohen Temperaturen und großer Luftfeuchtigkeit dazu. Begnügte man sich ursprünglich bei den Stollenzechen noch mit natürlichem Luftzug und Wetteröfen, die ihren Sauerstoffbedarf aus dem Bergwerk bezogen, womit in der Grube ein Sog entfacht wurde, so mußte man bei den Tiefbauzechen schon bald stationäre Dampfmaschinen an den »Luftauszieh«-Schächten anbringen. Im Doppelschachtsystem übernahm dann der Reserveschacht für die Förderung die Absauganlagen. Die elektrisch betriebene Ventilation, die ab Anfang der 90er Jahre des 19. Jh.s die Elektrizität als Kraftantrieb im Bergbau einführte, brachte hier erhebliche Verbesserungen. Die einziehende Frischluft mußte durch Abschließung aller anderen Strecken direkt bis vor die Abbauörter im Berg geführt werden, wo sie von mehrfacher Wichtigkeit war: An erster Stelle stand die Atemluft für die Bergarbeiter: damit war es nicht immer zum besten bestellt: es gab in den 80er Jahren des 19. Jh.s noch Zechen mit einer Luftversorgung von weniger als einem cbm pro Mann und Minute, doch erhöhte sich diese Menge durchschnittlich von 2 auf 4 cbm 1880 bis 1900, zweifellos ein Ergebnis der elektrisch betriebenen Ventilatoren. Aber noch 1904 empfiehlt das Standardwerk des Steinkohlen-

29 *K. Tenfelde:* Gewalt und Konfliktregulierung in den Arbeitskämpfen der Ruhrbergleute bis 1918, in: Gewalt und Gewaltlosigkeit, Probleme des 20. Jh.s, Hg. *F. Engel-Janosi,* Wien 1977, S. 185–236.

bergbaus über das Ruhrgebiet, die Pferde öfter an den Schacht zu führen, weil sie dort frischere Luft hätten[30]! Ebenso wichtig war eine starke Wetterführung aber, um die sich ansammelnden Grubengase aus der Grube zu bringen.

Es berührt den heutigen Leser schon merkwürdig, in dem eben erwähnten Sammelwerk von Bergbauassessor Baum zu lesen:

> »Der mit der wachsende Teufe der Schächte sich stetig vergrößernden Schlagwettergefahr, warf sich eine fortgeschrittene Technik, unterstützt durch die Mitarbeit der Aufsichtsbehörde und den Opfermut der Bergwerksbesitzer entgegen.«[31]

Es folgt eine Aufzählung der Vorkehrungen und dann der Hinweis, die Hauptschuld trügen die unerfahrenen Bergarbeiter, welche durch Hantieren, zum Teil Öffnen der Lampen nachgewiesenermaßen 80 % der Grubenexplosionen auslösten[32]. Solange die Gedinge scharf kalkuliert waren, nutzte die Mahnung an die Bergarbeiter wenig, mit der Sicherheitslampe stets die Örter abzuleuchten. Erst 1900 erließ das Oberbergamt ein Verbot offener Lampen für sämtliche Gruben des Reviers. Auch fällt auf, daß beim Einstieg der Frühschicht in die Gruben die Explosionshäufigkeit besonders hoch war, sicherlich ein Zeichen für eine unzureichende Nachventilation. Solange die Sicherheitslampe aber schnell verrußte und von den Bergarbeitern der schützende Schirm abgenommen werden mußte, um beim Verladen der Kohle überhaupt etwas zu sehen, änderte sich wenig. Erst die Benzinlampe, deren Flamme länger und heller war, nicht so stark rußte und die durch einen Magnetverschluß über Tage verschlossen wurde, ließ die Zahl der Schlagwetterexplosionen langsam, die Einführung der elektrischen Sicherheitslampe dann sehr rasch zurückgehen.

Ende des Jahrhunderts erkannte man auch in Deutschland, später als im europäischen Ausland, daß Grubenexplosionen nicht nur auf »matte Wetter«, also auf Gase, sondern vor allem auch auf Kohlenstaub zurückzuführen waren. Dieser Gefahr wollte man durch die Berieselung der Gruben mit Hilfe von Wasser zu Leibe rücken. Man führte daher Druckwasser in die Grube, das man auch zu vielen anderen Zwecken benutzen konnte, weil Wasser im Gegensatz zu Luft keine Druckverluste aufweist. Wenn man von diesem Vorteil absieht, hatte diese Berieselung überwiegend negative Folgen für die Bergarbeiter unter Tage: sie erhöhte die Luftfeuchtigkeit und verschlechterte damit erheblich die Arbeitsbedingungen der Hauer und Schlepper, die erst bei

---

30 Die Entwicklung (s. Anm. 24), Bd. 5, S. 52.
31 Die Entwicklung (s. Anm. 24), Bd. 6, S. 113.
32 Die Entwicklung (s. Anm. 24), Bd. 6, S. 117 für die Jahre 1885–1890.

29 Grad Celsius vor Ort ein höheres Gedinge erhielten. Das in den Berg eingedrückte Wasser führte hier nicht nur schneller zu Verschiebungen, sondern näßte auch den Untergrund, auf dem die Hauer oft liegend ihre Arbeiten verrichteten. Nachteile brachte es auch für die Gesundheit der Hauer, da vor 1900 keine festinstallierten Toiletten unter Tage vorhanden sein mußten, so daß sich Exkremente durch die großen Zuflüsse schnell im Berg verbreiteten. Die Ausdehnung der Wurmkrankheit um 1904 ist auf das warmfeuchte Klima ebenso zurückzuführen wie auf die in dieser Zeit noch üblichen Wannenbäder für die Reinigung nach der Arbeit, wo sich immer 20 Arbeiter in einem großen Bassin wuschen, aus dem das Wasser nur langsam abfloß. Erst die Einführung von Duschen 1891 bis 1900, die sich sehr rasch vollzog, brachte hier erfolgreichen Wandel[33].

Entschädigungspflichtige	Unfälle	Tödliche
2,07 %	Schlagwetter & Kohlenstaub	9,61 %
2,21 %	Schießarbeit	3,92 %
7,61 %	Maschinenbetrieb	7,85 %
38,95 %	Stein-& Kohlenfall	38,87 %
9,96 %	Absturz	19,22 %
39,2 %	Förderung	20,53

Abb. 14: Unfallgefahr nach ihren verschiedenen Ursachen im Ruhrkohlenbergbau 1896–1908

überhaupt	Unfälle	tödlich
27,72 %	durch Steinfall	44,06 %
1,30 %	durch Gewinnungswerkzeuge und -maschinen	0,60 %
2,80 %	in Hauptschächten	6,96 %
8,90 %	in Blindschächten und Strecken im Einfallen	21,88 %
32,20 %	in söhligen Strecken	11,32 %
0,30 %	durch Sprengstoffe und Zündmittel	2,95 %
0,09 %	durch Gas-u. Kohlenstaubexplosionen	5,02 %
0,05 %	durch Erstickung u. Vergiftung durch Gase	1,75 %
0,04 %	durch Grubenbrand	0,48 %
26,60 %	durch sonstige Ursachen	4,98 %

Abb. 15: Unfallgefahr nach ihren verschiedenen Ursachen im preußischen Steinkohlenbergbau 1924–1929

---

33 *L. Rothert* (s. Anm. 2), S. 81; *M. J. Koch:* Die Bergarbeiterbewegung im Ruhrgebiet zur Zeit Wilhelm II., Düsseldorf 1954, S. 89 ff.

Das Festhalten an der Berieselung macht deutlich, daß die wissenschaftliche Erforschung der Ursachen von Schlagwetterexplosionen in Deutschland nicht so weit entwickelt war wie andere technische Gebiete. Im Ausland hatte man schon früher erkannt, daß lose aufgehängter Gesteinsstaub, der bei Explosionen herabrieselte, die Kohlenstaubexplosionen effektiv an der Ausbreitung hinderte. Erst kurz vor dem Ersten Weltkrieg nahm man diese Maßnahmen auch im Ruhrgebiet auf.

Die Zahl der Invalidisierungsfälle sowie der Krankheiten hing lose mit der Konjunkturbewegung zusammen, sie stieg bzw. fiel mit Konjunkturaufschwung oder -abschwung. Das Invalidisierungsalter von Vollinvaliden sank von etwa 51 Jahren 1861 auf etwa 41 im Jahre 1903, wobei die Halbinvaliden statistisch nur schwer auszumachen sind und durchschnittlich etwa weitere 10 Jahre jünger waren[34]. Dem Ausbau der Untertage*arbeit* entsprechend war die Zahl der durch Kohlen und Steinfall Verunglückten langsam zurückgegangen, während insbesondere die durch den wachsenden Untertage*verkehr* Verunglückten erheblich zugenommen hatte. Auch machte sich bei diesem niedrigen Invaliditätsalter die vor allem durch die Schlagbohrmaschinen hervorgerufene Staublunge noch nicht bemerkbar.

Fördern

Die wesentlichste Produktivitätssteigerungen unter Tage ergaben sich über den gesamten hier behandelten Zeitraum auf dem Gebiet des Förderwesens. Hier erhöhten zunächst die durch Dampfmaschinen getriebenen Schachtförderanlagen die Kapazität. So brachte die maschinelle Einfahrt der Bergarbeiter, seit 1858 auch vom Oberbergamt genehmigt, schon einen Produktivitätsgewinn von fast 9 %[35]. Statt der erforderlichen 30 Minuten für die Einfahrt (d. h. das Herunterklettern der Leitern oder »Fahrten«) und 60 Minuten für die Ausfahrt bei einer Teufe von 250 m brauchte eine aus dem Harz eingeführte »Fahrkunst« 10 Minuten, während die Einfahrt am Seil noch schneller ging. Schon

---

34 Die Entwicklung (s. Anm. 24), Bd. 12, S. 98 f.
35 Die Entwicklung (s. Anm. 24), Bd. 5, S. 355 f. Diese Bemerkung macht deutlich, daß die durch die mechanische Einfahrung eingesparte Zeit in Arbeitszeit umgesetzt worden ist. Dabei stellt die »Fahrkunst« nur einen sehr kurzfristigen Übergangsschritt zur Seilfahrt dar. Die Fahrkunst bestand aus zwei Reihen sich gegenläufig auf- und abbewegender Bühnen, die in ihren Kulminationspunkten eine gleichhohe Plattform bildeten, so daß der Bergarbeiter übertreten konnte, um dann mit dem nächsten Bewegungshub auf- oder abwärts fahren zu können.

in den 50er Jahren holte man Pferde in die Gruben, die auf den Hauptsohlen die Wagen mit einem Eigengewicht von 300 und einem Ladegewicht von 500, später 600 kg zu den Schächten ziehen mußten. Um die Jahrhundertwende zog ein Pferd etwa 8 Förderwagen mit einem Leergewicht von 2,5 t und einem Vollgewicht von knapp 7 t und leistete in einer Schicht (8 Stunden) 30 t/km, wobei es von einem Treiber und einem weiteren Pferdeführer begleitet wurde. Die durchschnittliche tatsächliche Wegelänge lag zwischen einem und zwei km; diese Förderung erreichte mit 8 000 bis 9 000 Pferden um die Jahrhundertwende ihre größte Ausdehnung. Die Pferde waren sämtlich unter Tage untergebracht und wurden von Privatunternehmern an die Zechen vermietet. Die Pferdetreiber stellten aber eine bisher wenig beachtete Arbeitskraftreserve für die vielerlei Arbeiten unter Tage dar, vor allem beim Umladen der Kohle. Bei Einführung der Seilförderung (ein Seil wurde über die Schienen gezogen, an das die Wagen angeklinkt wurden: 1889 bis 1898 waren im Ruhrgebiet 83 km Seilförderung vorgerichtet) oder bei der nach 1910 aufkommenden Elektrolokförderung mußte an jedem Verladepunkt ein fest angestellter Arbeiter stehen, der nicht ständig beschäftigt werden konnte und daher »unproduktiv« war. Erst der Übergang zu kontinuierlichen Fördersystemen, also der Rutsche bei Gefälle und dem Förderband bei horizontaler Förderung, ein Übergang, der wie gezeigt auch konzentrierte Abbaupunkte verlangte, »befreite« die Untertagearbeiter von weitgehend unproduktiver Arbeit. Kontinuierlicher Abbau hat sich aber erst 30 Jahre später durchgesetzt.

Mit der Ablösung der Pferdeförderung durch die Loks und der Abbauförderung durch Bänder konnten die Förderwagen stets auf einer Sohle bleiben und erheblich größer werden. Zum Bedienen und Warten dieser Antriebsaggregate gehörten aber nun Facharbeiter, die entsprechend ausgebildet sein mußten. Mit den größeren Gefäßen stieg auch die Schachtförderkapazität erheblich. Mußte noch um 1900 jeder Zechenwagen etwa pro Tag einen Umlauf in der Zeche machen (bei einer maximalen Schachtförderkapazität von 3 000 t), so reichte 1930 gelegentlich eine Schicht aus, um die gesamte Tagesförderung zu heben (maximale Schachtförderkapazität 12 000 t). Über Tage dehnten sich nach 1890 zunehmend Aufbereitungsanlagen aus, die die Hüttenanlagen versorgten als auch die Vorprodukte für die chemische Industrie lieferten. Je nach Ausdehnung arbeiteten hier 20 % der Belegschaft in – bis 1919 – 12-Stunden-Schichten.

* * *

Die Arbeitsbedingungen der Untertagebeschäftigten hingen also von einer Vielzahl von Entscheidungen ab, die auf den ersten Blick wenig Verbindung zum Arbeitsplatz zu haben schienen. Dabei fällt besonders der zusätzliche Arbeitsaufwand auf, der einmal für den Versatzbau aufgewendet wurde, ohne daß die in ihn gesetzten Hoffnungen sich erfüllten, und andererseits der ungewöhnlich reichhaltige Grubenausbau mit Holz, der in Europa seinesgleichen suchte. Im Untertagebergbau hat sich das Ruhrgebiet – wie auch im Eisenhüttenwesen – durch besonders arbeitssparende technische Neuerungen nicht hervorgetan. Mechanische Streb-, Abbau- und Streckenförderung, Abbauhämmer und Schrämmaschinen wie auch der Gesteinsstaub gegen Kohlenstaubexplosionen kamen später als in anderen europäischen Revieren zum Nutzen der Bergleute zum Einsatz.

Auf anderen ebenso gesundheitswichtigen Gebieten wie dem der Pulver- und Förderseiluntersuchungen sowie der Abteuftechniken für den Schachtbau, die alle viel »spektakulärer«, nicht aber unbedingt kapitalintensiver waren als die erstgenannten Maßnahmen, konnte der Ruhrbergbau durch wissenschaftliche Auftragsforschung und eigene Experimente ebenso große Betriebserfolge erzielen wie auf dem Gebiet der sanitären und hygienischen Einrichtungen, die wir als praktische Entsprechung zur patriarchalischen Einstellung der Grubenbesitzer und -manager erkennen.

Die Ausdehnung der Förderung ist nach 1840 zunächst durch den Aufschluß neuer Flöze im Tiefbau erreicht worden. Daraus resultierte im Zusammenwirken mit der abnehmenden Staatsaufsicht auf die Arbeitsverhältnisse ein starker Anstieg der Arbeitsproduktivität. Bei stagnierender Mannschichtleistung konnte man weitere Abbausteigerungen nach 1870 nur durch prozentuale Steigerung der Beschäftigung erreichen. Nach langen Vorbereitungen auf den Gebieten Förderung und Vorrichtung gelang der Durchbruch zur erhöhten Produktivität nach 1925 aber erst, als die Weltwirtschaftskrise den äußeren Anlaß bot, alte Zechen stillzulegen und etwa ein Drittel der Gesamtbelegschaft zu entlassen. Dieser Prozeß hält, von den besonderen Bedingungen vor und nach dem Zweiten Weltkrieg abgesehen, noch heute an, doch müßte ein Vergleich dieser beiden Entwicklungen die ganz andersartigen Grundlagen und Methoden der damaligen und heutigen Wirtschafts- und Gesellschaftspolitik darlegen und daher Gegenstand einer weiteren Studie sein.

Rainer Stahlschmidt

Arbeitsplatz und Berufsbild im Wandel: Der Drahtzieher

Kaum ein Vorgang hat so tiefgreifend in der Geschichte verändernd gewirkt bis in die alltäglichen Lebensgewohnheiten der Menschen hinein wie die Industrialisierung des späten 18. und des 19. Jahrhunderts. Einer ihrer wichtigsten Bestandteile war zweifellos jener »soziale Wandel«, der in einer völligen Umbildung der Arbeits- und Berufswelt seinen sichtbaren Ausdruck fand. Da wohl nichts so unmittelbar das Schicksal der übergroßen Mehrheit der Bevölkerung über Generationen hinweg bestimmt hat, ist diese Umbildung ein vorrangiges Thema historischer Forschung.

Aber selbst die Sozialgeschichte und eine historisch interessierte Sozialwissenschaft sehen darin wenig mehr als das Absterben alter und das Aufkommen neuer Berufe, wobei die Entstehung der Arbeiterschaft als sozialer Gruppe besondere Beachtung findet. Als Grund dafür nennt man Verschiebungen der Wirtschaftsstruktur und untersucht den arbeitsrechtlichen Status und die wirtschaftliche Situation des Arbeitenden.

Weniger gesehen wird dagegen, daß die meisten Berufe als solche bestehen blieben, die Qualität der beruflichen Anforderungen sich jedoch entscheidend wandelte, vor allem durch die technischen Veränderungen des Arbeitsplatzes. Wie wir an einem Beispiel sehen werden, läßt sich dieser Wandel nicht einfach als Übergang von der Hand- zur Maschinenarbeit und von der Werkstatt und Manufaktur zur Fabrik darstellen, wie es oft zur Kennzeichnung der Industrialisierung getan wird.

Andererseits ist jene zunächst neue und dann sich rasch durchsetzende Form der Betriebsstätte, die wir »Fabrik« nennen, von der historischen Forschung durchaus auch als soziales Gebilde erkannt und untersucht worden, aber doch nur in einer vom Arbeitsprozeß weitgehend losgelösten Betrachtung von Über- und Unterordnungsverhältnissen der Arbeitskräfte. Eine »Geschichte der Arbeitsprozesse« – nicht der vom Stand der Ingenieurwissenschaften her gesehen möglichen, sondern der realisierten Arbeitsprozesse – fehlt dagegen. Es ist schwierig, die konkreten Veränderungen von Arbeitsplätzen und Berufsbildern nachzuvollziehen und zu analysieren, schwierig sowohl wegen der mangelnden Dokumentation solcher Veränderungen in vergangenen Zeiten als auch wegen der kaum übersehbaren Vielzahl von Berufen, was uns zwingt, die uns erhaltenen verstreuten Nachrichten und Bilder einzuordnen und zu verallgemeinern, Nachrichten und Bilder, die selbst jeweils nur örtlich, zeitlich und sachlich eng begrenzte Verhältnisse kennzeichnen können.

Dabei sind Arbeitsplatz und Berufsbild in ihrer Ausgestaltung von Dingen abhängig, die ihrerseits bis in die jüngste Vergangenheit hinein teilweise wenig oder gar keinen schriftlichen Niederschlag gefunden haben: von dem Fortschritt der technologischen Kenntnisse, der nicht unbedingt mit dem an Hochschulen gelehrten und in Büchern veröffentlichten Wissensstand identisch sein muß; von der Ausbildung der Arbeitskräfte, die meist in einem weitgehend ungenormten, individuell gestalteten Anlernprozeß bestand; von der Verteilung der Entscheidungsbefugnisse und Abhängigkeiten im Arbeitsprozeß, die nur in großen Betrieben und auch dort nur in Umrissen schriftlich festgehalten waren; von der Bedeutung, die einerseits empirischer Kenntnis, andererseits ingenieurwissenschaftlicher Durchdringung der Arbeitsvorgänge zukam, was sich nur sehr grob und vordergründig an der Ausbildung der Betriebsleiter ablesen läßt; und schließlich von den Rohstoffen, Maschinen und Hilfsmitteln, die die Zuliefererindustrie zur Verfügung stellte und die durch ihre Eigenart bestimmte Arbeitstechniken und Fertigkeiten der Arbeitskräfte erforderten.

Veränderungen aller dieser Phänomene sind, wie schon angedeutet, schlecht dokumentiert. Die wenigen und verstreuten Quellen in Archiven und Bibliotheken[1] lassen nur selten eine geschlossene Vorstellung von der »Arbeitswelt« früherer Generationen entstehen. Nur dort, wo solche Veränderungen erst so kurz zurückliegen, daß heute noch lebende Zeugen darüber Auskunft geben können, besitzen wir mit der direkten Befragung die Möglichkeit, umfassende Kenntnisse zu erhalten.

Diese letztgenannte Bedingung erfüllt in besonderer Weise das Beispiel der Drahtzieherei, dem wir uns jetzt zuwenden wollen und zwar derart, daß wir zunächst die wirtschaftliche Struktur und die technischen Grundprobleme dieses Industriezweiges umreißen, dann einen Überblick für die um 1900 übliche Art des Ziehens von Eisendraht geben, den Siegeszug der wichtigsten Neuerungen der folgenden vier Jahrzehnte verfolgen und schließlich die Verhältnisse im Drahtzug der Zeit um 1940 als Ergebnis dieser Neuerungen und im Vergleich mit der früheren Zeit betrachten. Danach erörtern wir abschließend, als Ergebnis in methodischer Hinsicht, die Brauchbarkeit und Problematik der direkten Befragung von »Arbeitsveteranen« und der Arbeitsplatzbeschreibung allgemein für die Geschichtswissenschaft.

---

1 Vgl. unten S. 130 f.; Fundstellen und Literatur nennt die Studie des Verfassers: Quellen und Fragestellungen einer deutschen Technikgeschichte des frühen 20. Jahrhunderts bis 1945 (= Studien zu Naturwissenschaft, Technik und Wirtschaft im 19. Jahrhundert, Bd. 8), Göttingen 1977.

Die Drahtzieherei als ein Industriezweig der Eisen- und Metallverarbeitung ist in wirtschaftlicher Hinsicht charakterisiert einmal durch die Angliederung vor allem der Weiterverarbeitung von Draht zu Stiften, Federn, Nadeln und vielen anderen Produkten, zum andern durch das Nebeneinander von Groß- und Kleinbetrieben. Während sich an den traditionellen Standorten, deren wichtigster das nordwestliche Sauerland mit dem Schwerpunkt Altena war, Klein- und Mittelbetriebe erhalten hatten, waren seit der Mitte des 19. Jahrhunderts Großbetriebe vor allem im Rhein-Ruhr-Revier hinzugetreten, die beiden wichtigsten in Hamm, die um 1900 zwischen 1 000 und 2 000 Arbeitern beschäftigten. Aus den Schilderungen der »Arbeitsveteranen« geht klar hervor, daß die großen Werke keine entscheidenden Vorteile technologischer Art besaßen, ihre Überlegenheit war allein organisatorischer, standortmäßiger und wirtschaftlicher Natur. Diese Vorteile glichen die »Kleinen« der Branche oft durch Spezialisierung weitgehend aus.

Die technischen Neuerungen der Folgezeit wurden in den großen Werken zwar nur selten zuerst, im Durchschnitt jedoch schneller und nachhaltiger eingeführt als in den kleinen Betrieben, so daß die Großen vorübergehend auch im technologischen Bereich einen gewissen Vorsprung errangen. Nach einigen Jahren hatten jedoch auch die kleinen Ziehereien des Sauerlandes und anderer Standorte diese Innovationen übernommen, so daß sich das Nebeneinander von Klein- und Großbetrieben bis heute erhalten hat, wenn auch auf die Dauer sicherlich mit einer Gewichtsverlagerung zugunsten der Großen.

Die traditionelle Drahtzieherei

Das Drahtziehen stellt eine besondere Art der Kaltverformung von Metallen dar. Die dazu angewandte Technik ist seit fast 2 000 Jahren im Prinzip gleich geblieben[2]. Man geht bei Eisen und Stahl von einem stangenförmigen Material aus, das früher kalt geschmiedet, seit dem frühen 19. Jahrhundert in glühendem Zustand gewalzt worden ist[3], meist mit 5,5 mm Durchmesser. Bei anderen Metallen kann man der-

---

2 Übergreifende Darstellungen zur Geschichte des Drahtgewerbes sind *O. H. Döhner*: Geschichte der Eisendrahtindustrie, Berlin 1925; *O. Johannsen*: Geschichte des Eisens, 3. Aufl., Düsseldorf 1953; *J. Arens*: Ziehen, Schleifen und Polieren in der Geschichte der Technik, Aachen o. J. (ca. 1960); *R. Even*: Die Entwicklung des Drahtziehens, in: Draht-Welt 43 (1957), S. 219–223.
3 Die Einführung des Drahtwalzens behandelt der Aufsatz von *L. Hatzfeld*: Der Anfang der deutschen Drahtindustrie, in: Tradition 6 (1961), S. 241–251.

artig dünne Stangen auf sehr verschiedene Weise herstellen[4]. Im folgenden steht die Bearbeitung von Eisen- und Stahldraht im Vordergrund, das Ziehen von Metalldraht ist prinzipiell ähnlich, allerdings einfacher.

Um einen Draht von geringerer Stärke zu erhalten, muß man den Walzdraht in kaltem Zustand gewaltsam mehrmals nacheinander, bis der gewünschte Durchmesser erreicht ist, durch eine entsprechende Zahl von Löchern ziehen, die konisch geformt und jeweils im Querschnitt etwas kleiner sind als der zu ziehende Draht; sie liegen in einem feststehenden Werkzeug, dessen Material sehr hart sein muß. Eine solche Querschnittsverminderung ist jeweils nur innerhalb eines Spielraumes möglich, der zwischen 5 und 25 % der Ausgangsstärke liegt.

Der Ziehprozeß selbst ist seit der Spätantike in der Art durchgeführt worden, daß man den Draht stückweise mit einer Zange durch das Loch zog; seit dem Spätmittelalter wurde diese Zange von einem Wasserrad über ein Hebelsystem bewegt[5]. Bei feinen Stärken wurde der Draht jedoch an einer Trommel befestigt und durch das Drehen der Trommel gleichzeitig gezogen und aufgewickelt. Dieses letztere Verfahren, zunächst mit der Hand, seit dem 18. Jahrhundert mit Wasserkraft ausgeführt, hat sich im frühen 19. Jahrhundert für alle Drahtstärken und -sorten allgemein durchgesetzt.

Allerdings kann Draht nur unter bestimmten Voraussetzungen gezogen werden, sein Material muß »weich« und »zäh« sein. Walzdraht besitzt vom Walzen her einen harten oxidischen Überzug, der vor dem Ziehen abgelöst werden muß. Andererseits erfährt der Draht durch wiederholtes Ziehen eine Kalthärtung oder Verfestigung, die einer weiteren Formänderung einen steigenden Widerstand entgegensetzt und den Draht nach Überschreiten einer kritischen Grenze abreißen ließe. Um diese Verfestigung aufzuheben, muß der Draht geglüht werden, wodurch er seine ursprüngliche Gefügestruktur zurückerhält. Beim Glühen und Abkühlen bildet sich wiederum eine harte Zunderschicht, die dem Überzug des Walzdrahtes gleicht.

Sowohl beim Walzdraht wie beim gezogenen und geglühten Draht muß daher die Zunderschicht entfernt werden, was man von der Mitte des 19. Jahrhunderts an fast ausschließlich durch ein Beizen in einer schwachen Säurelösung erreichte. Einige zusätzliche Arbeitsgänge schlossen sich an, teils um den Reinigungsprozeß des Beizens zu vollenden, teils um Säurereste auf der Drahtoberfläche zu neutralisieren

---

4 *C. Schmöle:* Von den Metallen und ihrer Geschichte, Bd. 2: Vom Rohstoff Metall zum Werkstoff Halbzeug, Menden/Sauerland 1969.
5 Diese Technologie beschreibt der Aufsatz von *W. v. Stromer:* Innovation und Wachstum im Spätmittelalter. Die Erfindung der Drahtmühle als Stimulator, in: Technikgeschichte 44 (1977), S. 89–120.

oder einen Überzug auf dem Draht zu erzeugen, der bei den weiteren Zügen als Schmiermittel oder als Schmiermittelträger wirkte.

Schon im 18. und 19. Jahrhundert hat das Drahtziehen sicherlich manche Verbesserung der herkömmlichen Technik, manches neue Hilfsmittel erfahren. Aber die berufliche Tätigkeit eines Drahtziehers des frühen 18. Jahrhunderts entsprach doch der des frühen 20. Jahrhunderts, zumindest in den kleinen Betrieben; und auch in den größeren Werken, wo die Dampfmaschine das Wasserrad ersetzt hatte, übte der einzelne Arbeiter immer noch die gleichen Tätigkeiten aus.

Um 1900 wurde Eisenwalzdraht[6], aufgerollt in Ringen zu 25 bis 50 kg, gewöhnlich zuerst in einer nur schwach konzentrierten und nicht erwärmten Schwefelsäurelösung mehrere Stunden lang gebeizt, wobei das Beizbad nach Erfahrungswerten angesetzt und die Säure mit Eimern von Hand eingefüllt worden war. In den kleineren Werken tauchten die Drahtzieher selbst die Ringe einzeln mit der Hand oder mehrere Ringe in einem Gestell mit Hilfe eines Handdrehkrans in das Bad ein; in den großen Betrieben führten diesen Arbeitsvorgang dazu abgestellte angelernte Arbeiter, die »Beizer«, in abgetrennten Abteilungen mit Hilfe von Dampfkränen durch. Der gebeizte Draht wurde gespült, in eine Kalkmilchlösung eingetaucht und entweder an der Luft oder in einem einfachen kohlebeheizten Kammerofen getrocknet. Damit war er für den eigentlichen Drahtzug vorbereitet.

Die Arbeiter im Drahtzug, insgesamt als »Drahtzieher« bezeichnet, waren eingeteilt, je nach der Stärke des Drahtes, den sie bearbeiteten, in Grob-, Mittel-, Fein- und Kratzenzieher. Diese Trennung war meist schon von der Ausbildung her gegeben, doch glichen sich die Arbeitsgänge so sehr, daß ein Wechsel bei nur wenigen Tagen des Einarbeitens durchaus möglich war.

Entscheidend für die erfolgreiche Arbeit des Drahtziehers waren Qualität und Bearbeitung des Ziehwerkzeugs. Als solches hatte sich im 19. Jahrhundert das »Zieheisen« durchgesetzt, eine mit zahlreichen Löchern oder »Holen« versehene Stahlplatte. Solche Zieheisen produzierten in der älteren Form kleine darauf spezialisierte Hammerwerke des Sauerlandes in einem komplizierten, teilweise geheimgehaltenen Herstellungsverfahren, in einer anderen Art – haltbarer, aber auch teurer – verschiedene Stahlwerke. Zur Bearbeitung benötigte man außerdem eine Reihe von »Durchschlägen«, meißelartigen Stahlstiften

---

6 Der folgenden Darstellung liegt die ausführliche Studie des Verfassers zugrunde, die auch weitere Literatur nennt: Der Weg der Drahtzieherei zur modernen Industrie. Technik und Betriebsorganisation eines westdeutschen Industriezweiges 1900 bis 1940 (= Altenaer Beiträge, Neue Folge, Bd. 10), Altena 1975.

mit konischer Spitze, die ebenfalls von den Zieheisenherstellern geliefert wurden.

Die wichtigste und schwierigste Arbeit des Drahtziehers war das »Stellen« der Hole mit Hammer und Durchschlag. Sowohl bei den neuen als auch bei den abgenutzten Zieheisen mußten die Hole auf das exakte Maß gebracht werden. Hierzu wurde das Loch zunächst etwas verengt, indem der Stahl des Zieheisens an der Austrittsseite des Loches durch Schläge mit einem besonderen Drahtziehhammer zusammengestaucht wurde, und anschließend trieb man das Hol von der Eintrittsseite her mit den Durchschlägen auf die gewünschte Weite auf.

Diese Arbeiten, auch ein bei bestimmten Zieheisensorten notwendiges Schmieden in glühendem Zustand und das Schleifen der Durchschläge, sind überall von dem einzelnen Drahtzieher selbst ausgeführt worden. Erst allmählich seit dem Ersten Weltkrieg begannen die Großbetriebe in einigen wenigen Abteilungen, spezialisierte Arbeiter dafür einzusetzen, »Zieheisensteller«, die als erfahrene Drahtzieher nunmehr für eine größere Zahl jüngerer Kollegen die abgenutzten Zieheisen bearbeiteten. Aber auch hier galt, daß die Gestaltung des Hols allein der Erfahrung und dem Gefühl und Augenmaß des Drahtziehers überlassen blieb, eine Anleitung, eine Normierung der Form, ja selbst eine Messung durch den Werkmeister oder Ingenieur erschien in der Praxis weder möglich noch notwendig. Da ein Hol etwa beim Ziehen von Stahldraht bereits nach – grob gesagt – 50 bis 150 kg gezogenen Drahtes abgenutzt war, bedeutete dieses Stellen der Hole auch eine enorme zeitliche Belastung für den Drahtzieher.

Den Walzdraht, der in der oben beschriebenen Weise vorbereitet war, bearbeitete der Grobzieher auf seinem Einzelzug, indem er den Drahtanfang zunächst durch kaltes Schmieden anspitzte, die Spitze durch ein Hol seines Zieheisens steckte, dann die ersten Meter mit Hilfe einer besonderen Einziehzange zog und an der noch stillstehenden Trommel befestigte. Diese verband er dann über eine primitive Tretkupplung mit der ständig umlaufenden Arbeitswelle für die Dauer des Ziehvorganges. Während des Ziehens mußte der Drahtzieher den Draht unaufhörlich von Hand mit Rüböl vor dem Zieheisen schmieren (s. Bild 5).

Eine Anleitung brauchte der Drahzieher zu dieser Arbeit nicht. Es gab auch niemanden, der ihm andere als empirisch gewonnene Kenntnisse hätte vermitteln können, da eine ingenieurwissenschaftliche Behandlung dieses Bereichs der Kaltverformung von Metallen noch unbekannt war. Theoretisch könnten wenigstens die Maße der optimalen Querschnittsverminderungen und Zugfolgen genau bestimmt werden. In der Praxis hat man dies jedoch vor etwa 1930 nirgends getan, weil die verschiedenen Einflußgrößen noch unbekannt waren oder ihre Berechnung unmöglich erschien. Man verließ sich vielmehr auf die Ausbildung und Erfahrung der Drahtzieher, dementsprechend war auch die Abnahme für den einzelnen Zug bei den Arbeitern je nach Geschick und Tradition etwas unterschiedlich. Der einzelne Drahtzieher wußte, bis zu welcher Feinheit er den Draht ziehen konnte, ohne daß das Material zu hart und zu spröde wurde, und entschied auch selbst darüber, wann genau »sein« Draht geglüht wurde.

Alle Verrichtungen, auch die Fähigkeit, seinen Einzelzug zu beobachten und mögliche Materialfehler zu beurteilen, hatte der Drahtzieher in seiner dreijährigen Lehrzeit bei einem älteren Arbeitskollegen erlernt und durch seine weitere Tätigkeit vervollkommnet. Ebenso kannte er viele einfache Hilfsmittel, die er sich im Bedarfsfall selbst herstellen konnte, und alle möglichen erlaubten – und manchmal auch unerlaubten – Kniffe. Werkzeuge und Schmiermittel wurden ihm nicht vom Werk gestellt, sondern waren sein persönliches Eigentum, ihre Herkunft oder Zusammensetzung oft sein individuelles Geheimnis. Der einzelne Arbeiter war also für die Durchführung seiner Arbeit, für die er im Akkord entlohnt wurde, allein verantwortlich.

Benötigte der Draht eine Zwischenbehandlung, wurde er in einen eisernen Glühtopf gepackt (s. Bild 6 im vorliegenden Band), mit dem Drehkran in einen kohlebeheizten Topfglühofen gesetzt und einige Stunden lang geglüht, anschließend gebeizt, dann auf der »Polterbank«, einem roh gezimmerten Hebelmechanismus, auf recht umständliche und langwierige Weise geschlagen und gewaschen, schließlich gespült, gekält und getrocknet und dann wieder in den Drahtzug gebracht. Diese Arbeiten übernahmen in den kleinen Werken die Drahtzieher selbst, in den großen jeweils angelernte Arbeiter, die »Glüher«, »Beizer« und »Wäscher«.

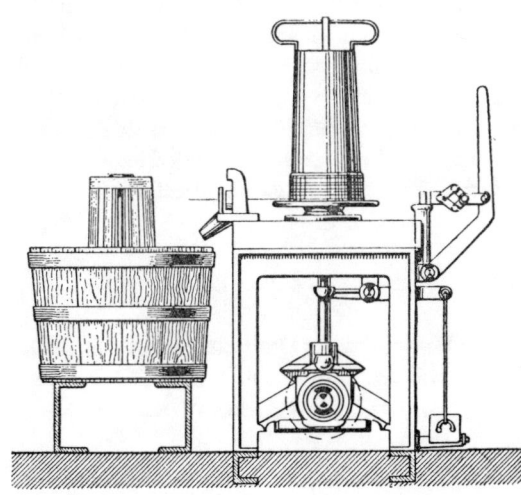

Abb. 16: Feinzug

Anschließend wurde der Draht wieder gezogen, eventuell später erneut geglüht und gebeizt usw., bis er die gewünschte Feinheit erreicht hatte. Dabei wurde er nacheinander vom Grob-, Mittel-, Fein- und Kratzenzieher bearbeitet. Meist zogen ihn die beiden letzteren »naß«, das heißt aus einer Lösung von Kupfervitriol und Fett in Wasser. Diese Lösung setzte der Drahtzieher in eigener Verantwortung nach seiner Erfahrung in seinem »Ziehfaß« an, sie diente als Schmiermittel und zur Glättung und zum Schutz der Drahtoberfläche. Allein die Zahl der in der Praxis verwendeten verschiedenen Rezepte und Beimengungen ist nur schwer festzustellen. Obwohl schon seit den 1890er Jahren kleine Spezialfirmen fertige Ziehfette im Handel anboten, gingen die Betriebsleitungen erst in der Zwischenkriegszeit allmählich dazu über, einheitliche Ziehlösungen vorzuschreiben (s. Abb. 16).

Der fertige Draht erhielt möglicherweise noch eine Oberflächenbehandlung, teilweise durch den Drahtzieher selbst, und wurde dann für den Versand von Hand eingepackt. Beim Transport innerhalb des Werkes wurden die Drahtringe entweder auf der Schulter getragen oder auf Feldbahnloren geschoben.

So zeigt sich insgesamt ein Arbeitsprozeß, der, obwohl er sich in der »Fabrik« abspielte und von »Arbeitern« durchgeführt wurde, überraschend viele Elemente enthielt, die wir normalerweise als »vorindustriell« bezeichnen müßten: eine handwerksähnliche Ausbildung der Arbeitskräfte, ein hohes Maß an Handarbeit, geringe Arbeitsteilung, eigene Verantwortung des Arbeiters für das Produkt, eine nur geringe Kontrolle durch die Werksleitung und Eigentum des Arbeiters an einem Teil der Produktionsmittel.

Dabei wurde die eigentliche Zieharbeit schon seit langer Zeit von der »Maschine« ausgeführt – sei es Wasser- oder Dampfkraft als Antriebsenergie –, doch bestimmte diese Maschine keineswegs den Arbeitsrhythmus oder schaltete eine formende Mitwirkung des Arbeiters aus, vielmehr waren gerade umgekehrt seine von Hand ausgeführten Nebenarbeiten für den Erfolg der Arbeit entscheidend. Insofern ist der traditionelle Einzelzug auch nur sehr bedingt eine »Werkzeugmaschine«, eher entspricht die Mehrfachziehmaschine[7] dieser Vorstellung.

Die moderne Drahtzieherei

Der entscheidende technische Fortschritt der Drahtzieherei in den 1920er Jahren ist durch eine Reihe von Erfindungen und Entwicklungen gekennzeichnet, als deren wichtigste wir hier Hartmetallziehstein, Mehr-

---

7 Siehe S. 126–128 dieses Beitrags.

fachzug und Schweißmaschine herausgreifen wollen. Viele andere Neuerungen und Verbesserungen, die teils den Drahtzug im engeren Sinne, teils die gesamte Eisen- und Metallverarbeitung weiterentwickelten, lassen wir unerwähnt.

Vorläufer des Hartmetallziehsteins war der Diamantziehstein, der bereits Ende des 19. Jahrhunderts in der Herstellung besonders feiner Drahtsorten das Zieheisen abgelöst hatte, allerdings des hohen Preises der Diamanten wegen nur in bestimmten Bereichen, vor allem bei Kupfer- und anderen Metalldrähten. Ein Diamant von $1/2$ bis $1^1/2$ Karat in einer Metallfassung war mit einer einzigen Bohrung versehen, durch sie konnten meist einige Tonnen Kupferdraht gezogen werden, ehe der Stein neu aufgearbeitet werden mußte.

Die Ausformung des Hols war auch hier Erfahrungssache, allerdings meist nicht mehr der Drahtzieher selbst, sondern einzelner entsprechend angelernter Arbeiter; ja oft entschied die Frage, ob ein Werk über einen Diamantziehsteinpolierer verfügte oder nicht, auch darüber, ob es überhaupt solche Ziehsteine benutzte oder weiter bei den herkömmlichen Ziehsteinen blieb.

Der hohe Preis der Diamantziehsteine war in den Jahren vor, während und nach dem Ersten Weltkrieg Anlaß, nach einem billigeren Ersatzwerkstoff zu suchen. Das Ergebnis war ein Material, dessen Verwendung nicht nur das Drahtziehen, sondern darüber hinaus – wirtschaftlich und technologisch weit wichtiger – die gesamte Schneid- und Bohrtechnik revolutionierte, das »Hartmetall«, besser bekannt unter der wichtigsten Handelsmarke dieser Gruppe als »Widia«.

Nachdem in den Jahren bis 1910 der Wolframdraht sich für die Herstellung von Glühlampen durchgesetzt und die alte Kohlenfadenlampe abgelöst hatte, suchte man vor allem für das Ziehen dieses Wolframdrahtes ein Ziehsteinmaterial mit einer Härte ähnlich der des Diamanten. Erste Patente von 1914 nennen gegossene oder gesinterte Wolfram- und Molybdänkarbide; entsprechende Ziehsteine unter den Handelsmarken »Volomit« und »Wallramit« wurden auch hergestellt und benutzt, hatten aber keinen großen Erfolg.

Noch vor Ausbruch des Ersten Weltkrieges begannen auch die Laboratorien der Berliner Elektroindustrie die systematische Suche nach einem Ersatzwerkstoff. Der entscheidende Durchbruch gelang der Osram GmbH 1923, als man reines Wolframmonokarbid mit Kobalt als Hilfsmetall sinterte. Dieses Material, das spätere »Widia G 1«, erwies sich allen anderen Hartmetallen überlegen. Obwohl es auch für spanabhebende Werkzeuge gut geeignet war, nennen die Patentschriften die Ziehsteinherstellung als vorrangigen Zweck.

Für eine industrielle Ausnutzung im großen Rahmen war Osram nicht eingerichtet und verkaufte deshalb Ende 1925 die Lizenz an die Fried.

Krupp AG, die ihrerseits gleichzeitig die Wallramit- und 1929 auch die Volomit-Patente erwarb, damit die wichtigsten Schutzrechte des Hartmetallsektors in ihrer Hand vereinigte und in der Folgezeit auch energisch verteidigte. Nach dem Aufbau einer eigenen Werksabteilung in Essen, der späteren Krupp-Widia-Fabrik, brachte Krupp dieses Hartmetall unter dem Namen »Widia« (= »wie Diamant«) 1926 auf den Markt. Dieser sicherlich geschickt gewählte Name wurde recht bald zum abstrakten Begriff für Hartmetall schlechthin.

Am Beginn stand auch bei Krupp die Ziehsteinfertigung, sehr schnell wurden jedoch die kleinen Schneiden aus Widia für spanabhebende Werkzeuge das Hauptgeschäft. Für Ziehsteine lieferte Krupp, wie auch die späteren Konkurrenten, nur die Rohlinge, die dann von Spezialfirmen gebohrt, gefaßt und an die Drahtziehereien vertrieben wurden, was im Falle Krupp die »Gewerkschaft Wallram« in Essen übernahm.

Die weitere Entwicklung der Hartmetalle ist dadurch gekennzeichnet, daß einerseits ständig neue, verbesserte Sorten für die verschiedenen Werkzeuge auf den Markt kamen, andererseits für den Drahtzug bis heute das ursprüngliche Material – normal gesintertes Wolframkarbid mit etwa 6 % Kobalt und druckgesintertes mit etwa 3 % – mit nur wenigen Ausnahmen beibehalten wurde. Im Ausland hat es vor dem Zweiten Weltkrieg keine vergleichbare Aktivität gegeben, eigene amerikanische Entwicklungen seit 1928–1931 konnten mit einer Produktion in den USA nach der Osram-Lizenz kaum konkurrieren.

Obwohl das Hartmetall als Ersatz für den Diamanten entwickelt worden war, zeigte sich in der Praxis recht bald, daß besonders feine Drähte weiterhin in Diamantziehsteinen gezogen werden mußten, so daß die Ablösung des Diamanten nur in einem Teilbereich oberhalb von 0,2 bis 0,8 mm Durchmesser – je nach Metallsorte – gelang. Viel wichtiger wurde jedoch der Bereich, der bisher dem Zieheisen vorbehalten war. Dessen völlige Ablösung, bis 1932 weitgehend und bis heute vollständig durchgeführt, war der eigentlich entscheidende Fortschritt der Drahtziehtechnik im 20. Jahrhundert, ausgelöst und getragen überwiegend vom Widia der Firma Krupp.

Dementsprechend zielte die Werbung der Ziehsteinhersteller eindeutig auf die Ablösung der Zieheisen. Die »Gewerkschaft Wallram« stellte interessierten Drahtziehereien Ingenieure zur technischen Beratung zur Verfügung, bot Ziehsteine zur Probe an und bildete in Essen einzelne Mitarbeiter aus den Drahtziehereien für einige Tage in der Behandlung, vor allem im Nachpolieren abgenutzter Steine aus.

Der Preis eines Hartmetallziehsteins lag etwa bei einem Zehntel eines vergleichbaren Diamantziehsteins, war aber immer noch so hoch – bei insgesamt fallender Tendenz –, daß das Zieheisen bei den reinen Werk-

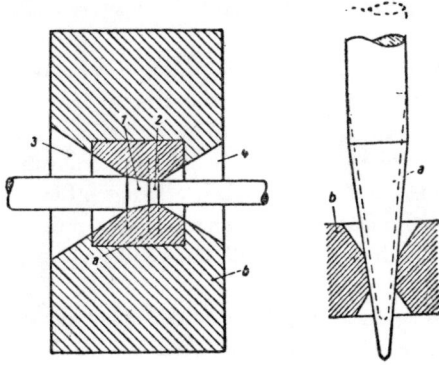

Abb. 17: *links:* Schnitt durch einen Hartmetallziehstein (a Hartmetall, b Fassung, 1 Ziehkegel, 2 zylindr. Führung, 3 Eingangskegel, 4 Ausgangskegel); *rechts:* Schleifnadel im Hartmetallziehstein (a Schleifnadel, b Hartmetall)

zeugkosten durchaus noch gleichwertig war. Für den Ziehstein sprachen allerdings entscheidende Vorteile, vor allem die höhere Maßhaltigkeit, die eine Leistungssteigerung pro Arbeitskraft, aber auch eine größere Genauigkeit ermöglichte.

Ein Ziehstein lieferte meist zwischen 10 und 100 t Draht innerhalb der vorgeschriebenen Toleranz und dadurch das 20- bis 1 000fache eines Hols in einem Zieheisen. Außerdem konnte man in einem Ziehstein schneller ziehen und größere Drahtlängen, also höhere Ringgewichte verarbeiten, man konnte im Gegensatz zum Zieheisen stärkere Abzüge, aber auch ganz geringe durchführen, und insgesamt benötigte man weniger Werkzeuge und sparte Platz für die Zieheisenvorräte ein, oft einen ganzen Lagerraum.

Innerhalb von etwa sechs Jahren, die zudem noch wirtschaftliche Krisenjahre waren, hatten sich die Ziehsteine weitgehend durchgesetzt. Der Zeitpunkt ihrer Einführung ist naturgemäß von Werk zu Werk verschieden, in der Regel heute auch nicht mehr genau festzustellen. Etwa 1928 hatten die meisten Drahtziehereien bereits Ziehsteine erprobt; 1928 bis 1932 setzten sie sich in der Großzahl der Firmen durch, ohne daß wir besondere Unterschiede, etwa einen zeitlichen Vorsprung der Großbetriebe, erkennen könnten.

Die langfristig wichtigste Folge war die Tatsache, daß die Hartmetallziehsteine nicht mehr, wie die Zieheisen, von den Drahtziehern selbst bearbeitet wurden, sondern von Spezialisten. Man konnte nun im Drahtzug auf ausgebildete Drahtzieher verzichten und Hilfsarbeiter einsetzen, ein Vorteil, der auch schon um 1930 in der Werbung für die Ziehsteine genannt wurde. Die Drahtzieher erkannten dies ebenfalls sofort und fürchteten um ihren Arbeitsplatz oder um ihr relativ hohes Lohnniveau. Deshalb widersetzten sich zunächst viele Drahtzieher der Einführung der Ziehsteine sowohl in Deutschland als auch in den USA und England. Erst allmählich wandelte sich dies zu einer positiven Einstellung.

Üblicherweise beschäftigte man einen erfahrenen Drahtzieher oder einen Schlosser nach kurzer Anlernzeit als Ziehsteinpolierer. Die einfachen kleinen Poliermaschinen und alles notwendige Zubehör lieferten die Ziehsteinhersteller. Ein Polierer konnte mit drei Poliermaschinen etwa 400 Ziehsteine betreuen und so eine Arbeit erledigen, für die fünf, sechs oder noch mehr Zieheisensteller hätten tätig sein müssen. Die Drahtzieher führten nur noch ein eventuell notwendiges Nachschmirgeln durch.

Für die moderne Drahtzieherei kennzeichnend, neben dem Hartmetallziehstein, ist die Mehrfachziehmaschine. Auf ihr wird ein Draht in einem Arbeitsgang durch mehrere Hole nacheinander von jeweils dazwischengeschalteten Ziehtrommeln hindurchgezogen. Neben einer geringfügigen Abnahme des gesamten Kraftbedarfs ist diese Methode insgesamt produktiver, weil sie eine Reihe von Arbeitsgängen einspart. Allerdings ist hier das Einziehen umständlicher und zeitraubender als beim Einzelzug.

Um den Mehrfachzug sinnvoll einsetzen zu können, muß der zu bearbeitende Draht eine entsprechend große Länge haben, was entweder durch ein hohes Ringgewicht oder aber dadurch erreicht wird, daß man an das Ende eines fast durchgezogenen Drahtes ein neues Drahtstück anschweißt und so gleich weiterziehen kann. Damit wird als weitere Voraussetzung eine hohe Haltbarkeit des Hols verlangt, wie sie im Zieheisen auch bei bester Vorbereitung und Schmierung kaum zu erreichen war. Daraus folgt, daß sich mehrere Neuerungen – Mehrfachziehmaschine, Hartmetallziehstein, Schweißmaschine – gegenseitig bedingt haben.

Das Prinzip des Mehrfachziehens ist zuerst bei der Herstellung feiner und feinster Metalldrähte um 1880 verwirklicht worden, wobei man sowohl Zieheisen als auch Diamantziehsteine verwendete. Diese frühen Maschinen wurden teils von Maschinenbaufirmen gekauft, teils von Drahtziehern oder zumindest nach deren Angaben in den Werken selbst gebaut. Gearbeitet haben an diesen Mehrfachzügen zunächst gelernte Drahtzieher, aber schon vor dem Ersten Weltkrieg gelegentlich auch schon ungelernte Arbeiter.

Da die Drahtlänge bei jedem Zug zunimmt, muß der jeweils folgende Zug der Mehrfachziehmaschine mit einer höheren Geschwindigkeit durchgeführt werden, weil ein Gleiten und Reiben des Drahtes auf den Ziehtrommeln und Umlenkscheiben vermieden werden muß. Dies erreicht man, indem man den folgenden Ziehtrommeln jeweils entweder größere Durchmesser oder höhere Drehgeschwindigkeiten zumißt. Das besondere Problem im Grobzug ist, daß hier jede Reibung, jeder

Schlupf auf einer Zieh- oder Umlenkrolle den Draht sofort reißen läßt. Eine Grobzug-Mehrfachziehmaschine muß deshalb völlig gleitlos, ohne jede Reibung arbeiten. Wohl wegen der dadurch bedingten Kompliziertheit ist es nie zu Eigenkonstruktionen der Drahtziehereien gekommen.

Die ersten Modelle von Mehrfachgrobzügen verschiedener Maschinenwerke haben keinen Erfolg gehabt, lediglich für Kupferdraht hat man schon vor dem Ersten Weltkrieg schwere Mehrfachzüge einsetzen können. Den eigentlichen Durchbruch erreichte erst die Morgan-Connor-Maschine, eine englische Erfindung, die von der amerikanischen Maschinenbaufirma Morgan Construction Co. verbessert und seit 1921 verkauft wurde.

Ihrer Arbeitsweise nach bestand die Morgan-Connor aus mehreren nebeneinander montierten Grobzugscheiben, auf denen der Draht zunächst wie beim Einzelzug aufgewickelt wurde. Nach einigen Umgängen wurde er jedoch oben wieder abgenommen und über Umlenkrollen zum nächsten Ziehstein vor der nächsten Ziehtrommel geführt, die etwas schneller als die vorige lief. Durch dieses System der Materialansammlung auf den einzelnen Trommeln war keine völlig exakte Abstimmung der Holdurchmesser und der Ziehgeschwindigkeiten mehr erforderlich, gegebenenfalls konnten einzelne Ziehtrommeln abgestellt werden, damit sich eine zu starke Ansammlung an irgendeiner Stelle wieder auflösen konnte.

In Deutschland war die Morgan-Connor zunächst konkurrenzlos. 1930 schloß die Maschinenfabrik Malmedie in Düsseldorf einen Lizenzvertrag mit Morgan ab, nachdem sie vorher schon ein Patent auf eine Verbesserung erworben hatte, und begann, die Maschine in Serie zu bauen. Andere Maschinenhersteller folgten bald mit ähnlichen Konstruktionen.

Um das zeitraubende und umständliche Einziehen bei jedem einzelnen Drahtring und nach jedem Reißen des Drahtes zu vermeiden, muß man mehrere Drahtringe durch Schweißen – oder bei Metalldraht durch Löten – miteinander verbinden. Sinnvoll ist dies natürlich nur bei sehr haltbaren Holen und bei Drahtzügen, die große Drahtlängen in einem Gang rationell verarbeiten können, also bei Mehrfachziehmaschinen mit Hartmetallziehsteinen. So wurde die Schweißmaschine die notwendige Ergänzung des Mehrfachzuges.

Elektrische Schweißmaschinen, zurückgehend auf erste Erfindungen seit etwa 1890, wurden seit den 1920er Jahren von verschiedenen Firmen gebaut und angeboten, die in der Regel mit bestimmten Herstellern von Drahtziehmaschinen zusammenarbeiteten. Meist gehörte ein solches Schweißaggregat zur Ausstattung eines Mehrfachzuges. Diese elektrischen Schweißmaschinen führten den gesamten Schweißvorgang völlig selbsttätig durch. Der Drahtzieher hatte nur die beiden Enden einzuspannen und bestimmte Hebel zu bedienen; in der ersten Zeit gehörte allerdings eine gewisse Geschicklichkeit dazu. Nachträglich mußte ein kleiner Grat entfernt und die Oberfläche etwas geglättet werden. Die Schweißstelle wies dann mindestens 50 % der Bruchfestigkeit des Drahtes auf, was für den normalen Ziehvorgang völlig ausreichte.

Bei vielen Drahtziehern war zunächst ein gewisser Widerstand zu überwinden, jedoch setzte sich die Mehrfachziehmaschine in den 1930er Jahren allgemein durch. In Deutschland hat man in diesen Maschinen von Anfang an nur noch Hartmetallziehsteine verwendet. Als Schmiermittel diente die trockene Seife, meist in Flocken- oder Nadelform fertig gekauft, die sich seit etwa 1930 besonders im Grobzug durchgesetzt hatte. Man konnte auch die Ziehgeschwindigkeit erhöhen, mußte deshalb die Maschine mit elastischen Kupplungen ausstatten und die Ziehsteine kühlen. Insgesamt verdoppelte sich die Leistung des Arbeiters, der nicht mehr besonders ausgebildet, sondern nur noch kurz eingewiesen zu sein brauchte. Die Probleme des Drahtziehens hatten sich von der Beobachtung und Lenkung des einzelnen Zuges zur maschinellen Technik hin verschoben, nicht mehr der Drahtzieher, sondern der Maschinenbauingenieur war nunmehr der in erster Linie Verantwortliche.

Versucht man, als Ergebnis dieser Entwicklungen sowie weiterer Verbesserungen, auf die wir hier nicht eingehen konnten, die Arbeitswelt dieses Industriezweiges in der Zeit um 1940 grob zusammenfassend zu schildern, wird der Gegensatz zu den Verhältnissen 40 Jahre früher deutlich. Der Walzdraht wurde nun vom elektrischen Kran aus in das stärker konzentrierte, erwärmte und durch einen Beizzusatz verbesserte Schwefelsäurebad für einige Minuten eingetaucht, dann abgespült und gekält oder auch schon gebondert, das heißt mit einem Zinkphosphatüberzug versehen, und anschließend bei hoher Temperatur im elektrisch beheizten Ofen rasch getrocknet. Diese Arbeiten führten überall die Beizer durch; Konzentration und Temperatur von Beizbad und Kalklösung waren vorgeschrieben und wurden mehr oder weniger genau kontrolliert.

Gezogen wurde der Draht anschließend auf Mehrfachziehmaschinen, nachdem ihn der Drahtzieher, jetzt nur noch eine angelernte Arbeitskraft, in einer kleinen Walzmaschine anspitzte und in die Hartmetallziehsteine einführte, die ihm der Werkmeister in den genauen Abmessungen und der richten Abfolge übergeben hatte. Zur Schmierung lief der Draht vor dem Ziehstein durch ein Kästchen mit trockener Seife. Die Ziehgeschwindigkeit war etwa auf das Vierfache oder noch mehr gesteigert, die Ziehsteinhalterungen waren deshalb mit einem Kühlsystem ausgestattet. An das Ende eines ablaufenden Ringes schweißte man den Anfang des nächsten an.

Geglüht wurde der Draht in elektrisch beheizten Topfglühöfen, teilweise zunderfrei, so daß er gleich weiter gezogen werden konnte; andernfalls mußte er gebeizt, gespült und eventuell auf der Schnellwäsche wenige Minuten geschlagen werden. Anschließend wurde er gekält und getrocknet und konnte danach wieder gezogen werden. Die verwendeten Schmiermittel waren einheitlich und wurden wie die Werkzeuge von der Firma gestellt. Für den Transport im Werk benutzte man elektrisch betriebene Kräne, Hängebahnen oder Karren.

Das neue Berufsbild

In der Zeit der Jahrhundertwende waren noch die Berufserfahrung und die Leistung des einzelnen Drahtziehers entscheidend gewesen, seine Körperkraft, aber ebenso seine Umsicht und Zuverlässigkeit, seine exakte und kontinuierliche Beobachtung des Arbeitsablaufes, seine Geschicklichkeit in der Anwendung alterprobter Regeln und eigener improvisierter Kunstgriffe, die er oft geheimhielt, seine mehr intuitive als bewußte Materialkenntnis und sein Fingerspitzengefühl. Das Drahtziehen war eine »Kunst«, eine »Wissenschaft für sich«, die nicht jeder Beliebige erlernen konnte, die nur der erfahrene Drahtzieher beherrschte und in der er sich erstaunliche Fähigkeiten aneignete. Wie weit sich der einfache Arbeiter mit technischen Details befaßte, zeigt auch die Fachsprache des Drahtziehers, die Begriffe der Technik, auch Benennungen neuer Verfahren in mundartlich veränderter Form aufnahm und den Arbeitern vertraut machte, ohne daß diese die ursprüngliche Herkunft der Wörter kannten oder sich einprägten.

Erst die geschilderte technische Entwicklung vor allem der 1920er Jahre hat einen grundsätzlichen Wandel herbeigeführt. An die Stelle von Erfahrung und intuitiver Geschicklichkeit war gewissermaßen die Gebrauchsanleitung getreten, an die Stelle der dreijährigen Lehrzeit des Drahtziehers eine Anlernzeit von wenigen Wochen. Zwar mußten die Werke auch nach dieser Wende noch individuelle Lösungen und Improvisationen suchen, doch tat dies nicht mehr der Arbeiter, sondern allenfalls der Werkmeister, in der Regel aber der Ingenieur. Die technische Weiterentwicklung des Drahtziehens wurde mehr und mehr den Drahtwerken entzogen und ging auf die Zulieferindustrie über, vor allem auf den Maschinenbau.

Während also der Drahtzieherberuf in Voraussetzungen und Anforderungen deutlich herabgestuft wurde, sind gleichzeitig einige neue Spezialberufe ausgegliedert worden, vor allem die des Ziehsteinpolierers und der entsprechend spezialisierten Maschinenschlosser und Werkzeugmacher sowie allgemein die Gruppen der Beizer, Glüher und Wäscher, der Drahtrichter und Drahtprüfer, Binder, Packer, Lager- und Platzarbeiter und andere, deren Bezeichnungen von Werk zu Werk wechselten, außerdem die entsprechenden Berufsrichtungen in der Zuliefererindustrie.

So fallen im Wandel der Drahtziehtechnik zwischen den beiden Weltkriegen zwei Entwicklungen zusammen, die normalerweise in weitem zeitlichen Abstand gesehen werden, nämlich der eigentliche Übergang zur Maschinenarbeit mit der Ersetzung der gelernten durch die un- oder angelernte Arbeitskraft – sonst als Kennzeichen der Industrialisierung des 19. Jahrhunderts angesehen – und die »Rationalisierung« der 1920er Jahre, die nach amerikanischem Vorbild bewußt eine Mechanisierung, Normierung und Spezialisierung anstrebte und zu Stilllegungen veralteter Betriebe und Betriebseinrichtungen führte.

Interviews als Quelle

Unsere Darstellung der Entwicklung des Drahtziehens ist unbefriedigend, weil hier – der Kürze wegen – praktisch nur Ergebnisse als Behauptungen aneinandergereiht werden konnten, während die Indizien und Beweise dafür ebenso wie viele weitere Details unerwähnt bleiben mußten. Deshalb soll wenigstens der Weg angedeutet werden, der zu diesen Ergebnissen führte.

Auf die im allgemeinen schlechte schriftliche Überlieferung zu den Fragen der Geschichte von Arbeitsplatz und Berufsbild wurde bereits hingewiesen (oben S. 116). Die zeitgenössische Fachliteratur gibt uns meist, wenn auch nicht immer, den Stand der Ingenieurwissenschaft wieder. Sie bleibt aber weitgehend ohne Berücksichtigung der Praxis, zumindest ist oft unklar, ob die gemachten Angaben repräsentativ sind. Akten in öffentlichen Archiven enthalten nur wenige verstreute Hinweise, da die Behörden sich um solche Fragen kaum gekümmert haben mit Ausnahme vor allem des Patentschutzes und des Unfallschutzes sowie mit Ausnahme jener Wirtschaftszweige, die in staatlicher Regie betrieben worden sind. Firmen bewahren in ihren Archiven, soweit solche überhaupt vorhanden sind, in erster Linie Unterlagen der kaufmännischen und der Rechtsabteilungen auf, die allenfalls indirekt die technische Entwicklung widerspiegeln. Veröffentlichte Erinnerungen von Unternehmern, Ingenieuren und Arbeitern, so wertvoll sie als Quelle auch sind, bieten doch nur einzelne Aussagen aus individueller Sicht und sind auch nicht sehr zahlreich. Ähnliches gilt für Nachrichten in den Fachzeitschriften der einzelnen Branchen oder in der Tagespresse jener

Zeit, für alte Bilder, für erhaltene Maschinen in technischen Museen und für Werkstätten und Fabrikhallen aus früherer Zeit, die noch an ihrem ursprünglichen Platz stehen. Die zeitgenössischen wirtschafts- und sozialwissenschaftlichen Forschungen sind ebenfalls als Quelle wichtig, aber in der Regel nicht ausreichend.

Für Themen zu einer noch nicht sehr weit zurückliegenden Zeit ist die direkte Befragung von »Arbeitsveteranen« möglich, die jene Jahrzehnte selbst miterlebt haben, von Unternehmern, technischen und kaufmännischen Angestellten der verschiedensten Positionen und Arbeitern. Eine große Zahl von Gesprächspartnern – in unserem Beispiel waren es 69 – ist notwendig, um ein einigermaßen repräsentatives Bild zu erhalten und um Betriebe unterschiedlicher Rationalisierungsgrade und verschiedenartiger Fertigungsprogramme miteinander vergleichen zu können. Kontakte lassen sich über die heute bestehenden Verbände, die Redaktionen der Fachzeitschriften, die Werksarchive und die Direktionen technischer Museen knüpfen. Außerdem kann man alte Listen von Firmen der jeweiligen Branche mit dem modernen Telefonbuch vergleichen oder auch mit Zusammenstellungen, die man sich etwa von Industrie- und Handelskammern erbittet; so lassen sich jene heute noch bestehenden traditionellen Unternehmen ermitteln, bei denen eine entsprechende Anfrage Aussicht auf Erfolg haben kann.

Zur Vorbereitung solcher Befragungen kann kein fester Fragenkatalog, kein standardisierter Fragebogen ausgearbeitet werden. Die Industrie- und Betriebssoziologie und die Betriebswirtschaftslehre bieten allgemeine Schemata für Arbeitsplatzbeschreibungen an[8], denen man jedoch kaum mehr als die Problembereiche entnehmen kann, die angesprochen werden müssen; und die ingenieurwissenschaftliche Fachliteratur liefert ein Grundwissen der Arbeitsprozesse. Insgesamt bleibt die Kenntnis des Themas unvollkommen, so daß der Interviewer selbst erst durch das Interview lernt und sich nur einen groben, stichwortartigen Leitfaden im voraus für seine Gespräche zusammenstellen kann. Er muß sich auf jedes Interview einzeln vorbereiten, um den Berufserfahrungen des Gesprächspartners entsprechend Fragen stellen zu können und dadurch optimale Informationen zu erhalten.

---

8 *F. Fürstenberg:* Die Soziallage des Chemiearbeiters (= Soziologische Texte, Bd. 62), Neuwied und Berlin (West) 1969, S. 4 f.; *H. Kern / M. Schumann:* Industriearbeit und Arbeiterbewußtsein. Eine empirische Untersuchung über den Einfluß der aktuellen technischen Entwicklung auf die industrielle Arbeit und das Arbeiterbewußtsein, 3. Aufl., Frankfurt a. M. 1974, Bd. 2, S. 210–229; *H. Nutzhorn:* Leitfaden der Arbeitsanalyse, Frankfurt a. M. 1964; *G. A. Koch / W. Hackenberg:* Technischorganisatorische Umstellungen in der industriellen Produktion. Wirtschaftliche und soziale Aspekte des sozialen Wandels in der Bundesrepublik Deutschland, Bd. 5, Frankfurt a. M. 1971, S. 24–26 und 34–38.

Erfolg werden solche Interviews vor allem dann haben, wenn Berufs-
felder und technische Fragen behandelt werden, die den damit befaß-
ten Menschen sowohl interessant als auch kompliziert erschienen waren, so daß sie die damaligen Arbeitsverhältnisse noch heute deutlich
vor Augen haben und ihre damaligen Leistungen heute noch mit einem
gewissen Stolz betrachten. Dies war in unserem Beispiel in besonders
ausgeprägter Weise der Fall. Eigene Leistungen mögen im Einzelfall
übertrieben dargestellt werden, sie sind aber ja auch nicht das Ziel der
Untersuchung; immerhin wird auch diese Darstellung dem Historiker
manchen bemerkenswerten Hinweis geben können, oft in einer Richtung, die der Gesprächspartner selbst gar nicht gesehen hatte.

Zusätzliche Beachtung verdient dabei, daß sich viele Eindrücke und
Einzelheiten gerade aus jener Zeit besonders fest in das Gedächtnis
eingeprägt haben, in der der Betreffende zum erstenmal in seinem Beruf tätig wurde, bei einem Arbeiter also in der Regel als vierzehn-
jähriger Schulabgänger nach seinem Eintritt in die Fabrik. Es ist deshalb – bei etwas Glück – möglich, durch Interviews die Verhältnisse
über einen Zeitraum von 60 bis 70 Jahren hinweg zu rekonstruieren.
Bei unseren 1973/74 durchgeführten Interviews gelang es unter anderem, die Situation von 1902 aus drei Firmen zu erfragen, und zwar
einem Groß-, einem Mittel- und einem Zwergbetrieb.

Unzweckmäßig ist es allerdings, Fragen zu den sozialen Beziehungen
innerhalb des Betriebes über das rein Organisatorische hinaus zu stellen, also etwa zum »Betriebsklima«, denn gerade in diesem Bereich ist
die Gefahr von Fehleinschätzungen und Verklärungen der Vergangenheit besonders groß. Hier wären subjektive Beurteilungen zu erfragen,
und diese können in der Erinnerung über einige Jahrzehnte hinweg
Veränderungen erlebt haben, die wir heute nicht mehr nachvollziehen
und rückgängig machen können. Gerade hier wird der Mangel besonders deutlich, daß eine Überprüfung der Aussagen durch die Befragung
zahlreicher anderer Mitarbeiter desselben Werkes nicht möglich ist.

Zur praktischen Durchführung der Interviews sei eine Bemerkung erlaubt. Der Einsatz des Tonbandgerätes ist sicher zeitgemäß und im
Augenblick des Gespräches auch arbeitssparend, er ist aber oft nicht
sinnvoll. Alte Menschen werden vor dem Mikrofon oft befangen und
mißtrauisch. Es kommt aber darauf an, den Gesprächspartner zum un-
befangenen Erzählen zu bringen und seine Erzählung durch Zwischenfragen so zu lenken, daß alle jene Bereiche und Details angesprochen
werden, die uns interessieren. Und gerade diese Zwischenfragen zeigen
dem Gesprächspartner, daß sein Gegenüber sich – wenn auch nur theoretisch – ein wenig in der Materie auskennt, sich dafür interessiert, und
ermutigen ihn zu größerer Ausführlichkeit. Nach meiner Erfahrung
zwingt sich der Interviewer durch sein eigenes Mitschreiben stärker als

sonst zur eigenen Konzentration, er vollzieht die Gedankengänge des Gesprächspartners ausnahmslos mit, läßt sich Unklares erläutern und unbekannte Namen und Begriffe buchstabieren. Der Nachteil, daß die Mitschrift weniger authentisch ist als die Tonbandaufnahme, wird mehr als ausgeglichen, wenn sich der Gesprächspartner bereiterklärt, eine anschließende Ausarbeitung der Mitschrift zu lesen und eventuell zu berichtigen und zu ergänzen.

Überhaupt wird man das Interview als historische Quelle nicht deshalb kritisieren dürfen, weil die Aussagen nicht überprüft werden könnten. In diesem Punkt besteht kein grundsätzlicher Unterschied zu anderen Quellen des Geschichtsforschers, zumindest nicht zu den schriftlichen Quellen. Möglich und notwendig ist natürlich eine Überprüfung der Aussagen durch Vergleich der Interviews untereinander und mit dem damals aktuellen Stand der Ingenieurwissenschaft, mit der Fachpresse und der Werbung jener Zeit und anderen Quellen. Auf diese Weise lassen sich falsche oder irreführende Aussagen in der Regel ausmerzen. Auch die eigene Beobachtung gegenständlicher Quellen aus jener Zeit ist eine wichtige Kontrollmöglichkeit.

Im Gegensatz zur Praxis der Sozialwissenschaften sollten die Aussagen bei der Auswertung nicht anonym bleiben, vielmehr ist es sinnvoller, den Informanten jeweils mit seinem Namen und kurzen Angaben zu seiner Berufstätigkeit zu nennen. Danach kann die spätere Forschung solche Aussagen besser einordnen und beurteilen. Andererseits dürfte der Nachteil, einzelne Bemerkungen nicht wiedergeben und auswerten zu können, um dem Informanten nicht zu schaden, doch wohl auf seltene und für die Technikgeschichte unerhebliche Ausnahmen beschränkt sein. Man könnte zwar die einzelnen Informanten durch Zahlen oder Buchstaben kennzeichnen, die Namen selbst unerwähnt lassen und die beruflichen Laufbahnen trotzdem aufführen; dieser Weg ist aber problematisch, weil die biographischen Angaben doch genau sein müßten, so daß Fachleute der entsprechenden Branche die Namen wahrscheinlich leicht ermitteln könnten. Eine wirkliche Geheimhaltung der Personen ist so also kaum denkbar.

* * *

Wenn so insgesamt gute Möglichkeiten bestehen, Arbeitsplätze der jüngeren und jüngsten Vergangenheit zu beschreiben, muß doch auf ein grundsätzliches Problem noch eingegangen werden. Wer so forscht, wird sich mit Details befassen müssen, mit einzelnen Handgriffen und kleinen Hilfsmitteln des Arbeiters oder mit Hinweisen, die man auf den ersten Blick eher als belanglose Anekdoten einordnen möchte denn als historische Information. Die Gefahr, dabei etwas »Kleinkariertes« mit einem großen Aufwand an Zeit und Arbeitskraft zu betreiben, wird oft vorhanden sein.

Das Ergebnis ist die erklärende Beschreibung eines Arbeitsplatzes oder weniger Arbeitsplätze und der entsprechenden Berufsbilder in ihrer historischen Entwicklung. Wegen der Vielfalt der Berufe ist es kaum möglich, etwas anderes als einen winzigen Ausschnitt der Berufswelt zu untersuchen. Unklar wird aber bleiben, ob das Ergebnis nun für einen größeren Bereich oder gar für die gesamte Arbeitswelt typisch ist, ob Abweichungen von der »normalen« Entwicklung auf die Besonderheit der untersuchten Branche oder auf die Ungenauigkeit der bisherigen Forschung zurückgeführt werden müssen. Diese Unklarheiten bestehen auch für unser Beispiel der Drahtzieherei; sie gehören mit zu den Gründen, weshalb eine »Geschichte der Arbeit« bisher keinen festen Platz in der historischen Forschung gefunden hat und weshalb entsprechende Vorhaben kaum auf materielle und institutionelle Forschungsförderung rechnen können.

Andererseits ist aber eine Geschichte von Arbeitsplatz und Berufsbild nur auf diese Weise möglich. Das Ergebnis in unserem Beispiel, also die historische Entwicklung des Drahtzieherberufes, war weder an rechtlichen Kategorien noch an Statistiken ablesbar; nur die detaillierte Arbeitsplatzbeschreibung zeigt das Charakteristische des Berufes. Beachtung verdienen unsere Ergebnisse aber über den engeren Bereich hinaus deshalb, weil sie den üblichen Vorstellungen von der Geschichte der Industrialisierung zu einem erheblichen Teil klar widersprechen und weil sie insgesamt diese Vorstellungen konkreter und genauer werden lassen können. Ob hier ein extremer Einzelfall vorliegt, könnte erst gesagt werden, wenn zumindest das nähere Gebiet der Eisen- und Metallverarbeitung ähnlich untersucht wäre, beispielsweise die Berufe der Gießer, Former und Dreher.

Solche Untersuchungen sind aber nicht nur für die Industrie sinnvoll, sondern auch für Handwerk, Landwirtschaft, Verwaltung und Dienstleistung. Auf diese Weise könnten Sozial-, Wirtschafts- und Technikgeschichte im Kernbereich ihrer Fächer eine Lücke füllen, die bisher von allzu groben statistischen Reihen, von Einzelbeobachtungen und subjektiven, unreflektierten Einschätzungen allenfalls notdürftig eingeengt oder verdeckt werden konnte.

Franz J. Brüggemeier / Lutz Niethammer

Schlafgänger, Schnapskasinos und schwerindustrielle Kolonie

Aspekte der Arbeiterwohnungsfrage im Ruhrgebiet vor dem Ersten Weltkrieg*

»Es zeigt sich hier, wie vollständig irrtümlich und verfehlt die Behauptung ist, das Anwachsen der Industrie sei an unseren schlechten Wohnverhältnissen schuld; das gerade Gegenteil ist der Fall. Die Industriestädte, die sich eine tüchtige kommunale Verwaltung und eine den Anforderungen des Kleinwohnungsbaues entsprechende Bauweise bewahrt haben, weisen eine sich günstig abhebende Gestaltung des Wohnungswesens auf.«

So schrieb 1909 der wohl meistgelesene unter den Autoren der deutschen Wohnungsreformbewegung anläßlich eines Vergleichs der Dichte und Höhe der Bebauung in deutschen Städten[1]. Zu diesen Zeilen läßt sich die vorherrschende Sichtweise der bürgerlichen Wohnungsreformer samt ihrer Scheuklappen zusammenfassen: Der Blick war auf die Skandale städtischer Überverdichtung, namentlich die Berliner Mietskaserne, gerichtet; eine vergleichsweise lockere, niedere Bebauung wie die des Ruhrgebiets erschien demgegenüber als Segen der Industrie und einer tüchtigen Kommunalverwaltung. Der Blick verfing sich in den steinernen Hüllen des Wohnens und seinen statistischen Ablagerungen; er war gebannt von der anonymen Bedrohung durch das Elend und die Massenhaftigkeit des großstädtischen Proletariats. Demgegenüber blieben die Wohnungsverhältnisse der Arbeiter in den Industrierevieren abstrakt: ihre Massen waren verstreut und fern, sie boten dem urbanen Bürgertum der Metropolen kaum Reibungsflächen, dem Reformer kaum Statistiken[2]. Mit anderen Worten: wo sich die Arbeiter in Indu-

---

* Vielen Dank an *I. Caspar* und *C. Liesenfeld.* Ohne sie hätten wir es nicht geschafft.

1 *R. Eberstadt:* Handbuch des Wohnungswesens, 2. Aufl., Jena 1910, S. 133 f.; charakteristischerweise gewann er seine Auffassung bei der Betrachtung von Textil-, Handels- und Verwaltungsstädten im bergischen Bereich, nicht im Ruhrgebiet. Vgl. *ders.:* Rheinische Wohnungsverhältnisse und ihre Bedeutung für das Wohnungswesen in Deutschland, Jena 1903.

2 Die wichtigsten Schriften und Diskussionen über die Arbeiterwohnungsfrage waren an der Massierung von Wohnungsnot und Mobilität in den Großstädten fixiert, z. B. (der Berliner Stadtstatistiker) *Engel:* Die moderne Wohnungsnoth, Leipzig 1873, oder die von *Miquel* eingeleiteten Verhandlungen und Berichte des Vereins für Sozialpolitik: »Die Wohnungsnot der ärmeren Volksklassen in deutschen Großstädten«, Schriften

strieagglomerationen konzentrieren mußten, ohne in physischer Enge auf urbanes Bürgertum zu stoßen, da hörte auch die Arbeiterwohnungsfrage auf, soweit sie sich dem Bürgertum stellte.

Läßt man sich auf diese Perspektive ein, so gewinnen die zitierten Sätze ihr Recht. Im Vergleich mit den städtischen Zentren, und insbesondere denen der östlichen Reichshälfte, waren die Bebauungs- und Belegungsziffern – Indikatoren von Dichte im städtebaulichen Raum und in der einzelnen Wohnung – an der Ruhr geringer, die Grundrenten niedriger, der Bau- und Grundstücksmarkt weniger organisiert. Wo wenig oder gar nicht geplant wurde, vernahm man auch keine Klagen über Fehlplanungen wie in den großen Städten. Und vielerorts mochte der Augenschein dem Durchreisenden noch eine dörfliche Idylle vorspiegeln, war doch der größere Teil der Zechenindustrie unter Tage dem Blick entzogen.

Aber diese Perspektive bliebe dem Wohnen der Arbeiter äußerlich: gewiß, Wohnen findet in Gebäuden mit bestimmten Abmessungen und Ausstattungen statt, doch bestimmen diese nur begrenzt, wie die Wohnungsverhältnisse erfahren werden; wichtig sind etwa das Verhältnis zwischen Einkommen und Miete, Schlafplatz und Arbeitsplatz, Konjunktur und Unterkommen, Verweildauer und Familienstruktur, oder die Verhältnisse, welche an die Wohnung binden, ob sie Erholung und Geselligkeit, ob sie physische und kulturelle Kommunikation ermöglicht, ob der Unternehmer auch noch am Feierabend das Sagen hat, ob Frauen hier Arbeit finden und mit wievielen zusammen die Kinder in einer Schulklasse sitzen. Dabei muß das ambivalente Erfahrungspotential unterschiedlicher Lebensverhältnisse herausgearbeitet werden, das zugleich Elemente solidarischen Zusammenwirkens und privater Anpassung enthält. Erst wenn der Wohnungsbegriff in Beziehung zur Arbeitswirklichkeit gesetzt und um Dimensionen der Demographie, der Infrastruktur und politischen Ökonomie von Familie und Gemeinde erweitert wird und die scharfe bürgerliche Trennung von privat und öffentlich übergreift[3], eröffnet er Einblicke in die Bedeutung des Woh-

---

des Vereins für Sozialpolitik (= SVSP) 30–33, 1886 f., in denen etwa das Ruhrgebiet nur durch Berichte über die damals noch relativ kleinen Stadtkerne von Bochum, Dortmund und Essen (Bd. 31, S. 73 ff., 157 ff.) vertreten war. Aus den Industrierevieren berichtete eher eine von den Unternehmern angeregte oder herausgegebene Literatur über modellhafte Wohlfahrtseinrichtungen einiger herausragender Werke wie Krupp. Die Verfügbarkeit statistischen Materials schob zusätzlich die Probleme zentralörtlicher Großstädte mit einer früh entwickelten Statistik in den Vordergrund. Vgl. zusammenfassend *H. Lindemann:* Wohnungsstatistik, in: SVSP 94 (1901), S. 263–384.

3 Vgl. die Einleitung von *T. Kleinspehn* zu *S. Reck:* Arbeiter nach der Arbeit, Lahn-Giessen 1977; *H. Lefèbvre:* Kritik des Alltagslebens, Mün-

nens für die Arbeiter und verdeutlicht die Besonderheit der Bedingungen im Revier. Darüber hinaus ergibt sich die Möglichkeit, durch die steinernen Hüllen hindurch Bedürfnisse und Interessen, Verhalten und Handeln – wenn auch oft nur schemenhaft – zu erkennen.

Dazu soll hier ein Beitrag geleistet werden. Der dabei zur Verfügung stehende Raum, die dürftige Überlieferung und ihre erst beginnende Erforschung[4] verbieten gleichermaßen eine ins Einzelne gehende Operationalisierung dieses erweiterten Wohnbegriffs und eine differenzierte Beschreibung der örtlichen Verhältnisse. Wir testen hier nur seine Ergiebigkeit, indem wir Beispiele herausgreifen und besonders hervorstechende Trends untersuchen. So konzentrieren wir uns auf die Bergarbeiter als die dem Ruhrgebiet spezifische Arbeitergruppe, betonen besonders die Rückwirkungen enormer beruflicher Mobilität und der infrastrukturellen Defizite von Industriedörfern auf den Wohnbereich, und betrachten in der Folge dieser Faktoren die Ambivalenzen einer in Deutschland nur in den Montandistrikten weitverbreiteten Siedlungsform: der Arbeiterkolonie. Dabei suchen wir allgemeine proletarische Reproduktionsbedingungen in ihrer spezifischen Ausformung für die Ruhr-Bergarbeiter im Kaiserreich zu fassen. Wir tun dies vor dem Hintergrund regionaler Vergleiche, auf die hier nur verwiesen werden kann[5]. Gleichwohl muß vorab auf einige allgemeinste Merkmale zentralörtlicher Urbanisierung aufmerksam gemacht werden, weil diese unseren und auch der Zeitgenossen Begriff von städtischer Lebensweise geprägt hat, denn nur so lassen sich die Konturen der sich entwickelnden industriellen Agglomeration greifen.

chen 1974; *O. Negt / A. Kluge:* Öffentlichkeit und Erfahrung, Frankfurt 1972; *F. Brüggemeier:* Bedürfnisse, gesellschaftliche Erfahrung und politisches Verhalten. Das Beispiel der Ruhrbergarbeiter im nördlichen Ruhrgebiet gegen Ende des 19. Jahrhunderts, in: Sozialwissenschaftliche Informationen für Unterricht und Studium, Jg. 6 (1977), S. 152–160.

4 Für unser Thema am wichtigsten *E. Lucas:* Zwei Formen von Radikalismus in der deutschen Arbeiterbewegung, Frankfurt 1976; *D. Crew:* Industry and Community, Ph. D. Cornell 1974 (über Bochum); *K. Tenfelde:* Sozialgeschichte der Bergarbeiterschaft an der Ruhr im 19. Jh., Bonn 1977. Für den allgemeinen Zusammenhang waren grundlegend *G. Adelmann:* Die soziale Betriebsverfassung des Ruhrbergbaus vom Anfang des 19. Jh.s bis zum Ersten Weltkrieg, Bonn 1962; *W. Köllmann:* Bevölkerung in der industriellen Revolution, Göttingen 1974.

5 *L. Niethammer / F. Brüggemeier:* Wie wohnten Arbeiter im Kaiserreich?, in: Archiv für Sozialgeschichte, Jg. 16 (1976), S. 61–134.

Der vorindustrielle Begriff der Stadt reflektiert ihre Funktion als zentraler Ort zur Ergänzung eines agrarischen Umlandes[6]. Zentralisierende Aufgaben wie Markt, Verwaltung, Kultur und Verarbeitung standen der agrarischen Produktion gegenüber, konstituierten Bürgertum (Händler, Handwerker, Beamte, Intellektuelle) als spezifische Trägerschicht, erforderten sozialräumliche Verdichtung, und diese begünstigte soziopolitische Selbstorganisation. Als Folge trat der ländliche Gegensatz zwischen Herrschaft und Produzenten in der Stadt zugunsten der Vermittlung durch relativ breite und in sich gestufte Mittelschichten zurück. Die kommunale Selbstverwaltung des 19. Jahrhunderts läßt sich insofern als Mobilisierung des Innovations- und Vermittlungspotentials des städtischen Bürgertums verstehen. Das Wachstum dieser alten Städte im Zuge der Bevölkerungsexpansion, der Land-Stadt-Wanderung und der Industrialisierung sicherte dem ökonomisch, administrativ und kulturell führenden Bürgertum die Kontinuität einer zugleich dominierenden und vermittelnden Position, da die strukturellen Rückwirkungen der Zentralfunktion bei den meisten Städten proportional zu ihrem industriellen Wachstum zunahmen und Angestellte den Platz des früheren kleinen Selbständigen in der sozialen Schichtung übernahmen[7]. Sie prägten städtische Lebensform und Infrastruktur: Verdichtung und Verkehrserschließung, Stadtplanung und Hygiene, Wasser- und Energieversorgung, Zeitungen, Schulen, Bildung, Gasthäuser und Cafés[8]. Ein Teil der Arbeiter, vor allem diejenigen aus handwerklicher Tradition, hatten an den urbanen Fortschritten Anteil. Im Wohnbereich waren sie oft in einen dichten, klassenübergreifenden, von breiten besitzenden Mittelschichten errichteten Baubestand eingebunden – wenn ihnen auch nur der Hinterhof, der Keller oder das Dachgeschoß des einzelnen Gebäudes verblieb. Zwar waren viele ihrer Wohnungen extrem überbelegt und in miserablem Zustand[9], aber im Umfeld hatten sie vieles mit dem Kleinbürgertum gemein, namentlich die urbane Infrastruktur. In diesem Milieu bzw. seinen Rand-

---

6 Zur folgenden Unterscheidung vgl. vor allem *H. Bobek:* Über einige funktionelle Stadttypen und ihre Beziehung zum Lande, in: *P. Schöller* (Hg.): Allgemeine Stadtgeographie, Darmstadt 1969, S. 269–288.

7 Vgl. *W. Köllmann* (s. Anm. 4), S. 140 ff.

8 Für eine umfassende Beschreibung der »Urbanität« (Londons) im 19. Jh. vgl. *J. Dyos / M. Wolff* (Hg.): The Victorian City, 2 Bde., London 1973.

9 Exemplarische Beschreibungen bei *O. Rühle:* Illustrierte Kultur- und Sittengeschichte des Proletariats, Bd. 1, 2. Aufl., Frankfurt 1971, S. 361 ff.; *B. Schwan:* Die Wohnungsnot und das Wohnungselend in Deutschland, Berlin 1929.

zonen entstanden die ersten Debattierclubs, Lesezirkel, Gewerkschaften und Parteien der Arbeiter.

Unterschiedlich hierzu entwickelten sich im 19. Jahrhundert – obwohl es auch hierfür im einzelnen ältere Vorformen gibt – die Masse der Industriestädte und -gemeinden in den Revieren der standortgebundenen Schwerindustrie, deren soziale Struktur keine Zentralitätsfunktion erkennen läßt. Es handelte sich um teils verdichtete, teils »verstreute Häuseranhäufungen«, die »selbst Hinterland« waren und denen es an städtischer Lebensform und Infrastruktur fehlte, insofern sie neben den Industriellen selbst nur soviel kleinere Selbständige und Angestellte für Dienstleistungen anzuziehen vermochten, wie der geringe Lebensstandard der ganz überwiegenden Arbeiterbevölkerung mit ihrer wenig kaufkräftigen Nachfrage erlaubte[10]. Anders als in zentralen Orten, wo das Wachstum der Bevölkerung sich in der von urbanen Mittelschichten gesteuerten Erweiterung städtischer Kerne ausdrückte, wurden in den Industrierevieren zunächst nur Produktionsanlagen und Arbeitskräfte zusammengezogen, so daß sich erst sekundär, voraussetzungslos und verkümmert urbane Funktionen und Strukturen ausbilden konnten, wenn eine solche Entwicklung nicht aus politischen Gründen überhaupt unterbunden wurde. Das Ruhrgebiet ist das herausragende Beispiel für diese industrielle Agglomerationsbildung, die größte und am schnellsten gewachsene Verstädterungszone Europas am Anfang des 20. Jahrhunderts und doch viel eher eine Industrieprovinz als eine urbane Region. Wie zäh diese Ursprungsstrukturen sind, ließ sich auch 1950 noch am Verhältnis zwischen den Selbständigen, den Angestellten und den Arbeitern in deutschen Großstädten ersehen, wo die beiden erstgenannten Trägerschichten städtischer Entwicklung in den Zentralorten etwa die Hälfte der Bevölkerung stellten, in den großen Ruhrgebietsstädten aber nur ein Drittel – die Extremwerte für Stuttgart (53,1 %) und Frankfurt (54,5 %) einerseits und für eine typische Bergbaustadt wie Gelsenkirchen (28,3 %) andererseits sind noch anschaulicher[11]. 1907 hatte keine der damals fünf größten Ruhrgebietsstädte auch nur ein Viertel Selbständige und Angestellte (Gelsenkirchen 16,4 %)[12] und in den umliegenden Industriegemeinden, in denen vor den Eingemeindungswellen noch zwei Drittel der Ruhrbevölkerung wohnte, dürfte der Anteil meist zwischen 10 und 15 % gelegen haben.

Vor 120 Jahren waren weite Teile des heutigen Ruhrgebiets noch Bauernland. Abgesehen von einigen Städten entlang des Hellwegs

---

10 Vgl. *H. Bobek* (s. Anm. 6), S. 273 ff.
11 *W. Köllmann* (s. Anm. 4), S. 160.
12 *W. Köllmann* (s. Anm. 4), S. 184.

(Essen, Bochum, Dortmund mit zusammen 30 000 Einwohnern 1852) war die Landschaft geprägt von Dörfern und kleinen Bauernschaften, die sich um ihre Kirchen scharten und deren Einwohnerschaft selten mehrere Tausend umfaßte. In einigen Gebieten hatte sich das Bild jedoch schon geändert: Von Süden kommend breitete sich die Industrie nach Norden aus, vor allem Zechen, dann auch Hütten- und Stahlwerke, verarbeitende Industrien, die alle Arbeiter suchten. Der größte Arbeitermangel herrschte auf den Zechen, deren Belegschaft allein zwischen 1880 und 1913 von 80 000 auf annähernd 400 000 wuchs. Dieses rapide Wachstum war nur möglich, weil die Zuwanderer nicht nur aus der Umgebung kamen, sondern seit den 70er Jahren zunehmend aus den östlichen Provinzen. Der Zustrom ergoß sich vor allem in die nördliche Zone des Reviers und ließ hier die Bevölkerungszahlen explodieren; Hamborn z. B. hatte 1890 nur 4 260 Einwohner und 20 Jahre später bereits 102 000. Die Dörfer aber waren in keiner Weise auf ihre neue Rolle, vor allem nicht auf ihre neuen Einwohner vorbereitet. Hier fehlte es an sozialen Kristallisationskernen, um eine verfassungspolitische und infrastrukturelle Entwicklung zu mehr Urbanität in die Wege zu leiten. Die Verdichtung der Besiedlung bewirkte nur eine Wucherung von Privathäusern, Werken und Schienen, der nur zögernd die dringendsten infrastrukturellen Leistungen folgten. Zwar waren einige Bauern durch den Verkauf von Grundstücken an Zechen zu unverhofftem Reichtum gekommen und hatten diesen in Bauunternehmungen, Wirtschaften und auch Wohnhäusern angelegt, doch waren diese Investitionen völlig unzureichend. Breite bürgerliche Schichten fehlten und damit auch die übliche Grundlage eines leistungsfähigen freien Wohnungsmarktes und sozialer Mischbebauung[13].

Auch in den Hellwegstädten fehlte es an Trägern einer systematischen Stadtentwicklung. Die Kaufkraft der Arbeiterbevölkerung war niedrig, ihre Nachfrage fluktuierte mit ihren Wanderungen in der Konjunktur, und ihre Ansiedelung drohte, Folgekosten für Schulen und andere Gemeinschaftseinrichtungen nach sich zu ziehen, die angesichts der geringen Steuerkraft der Arbeiter überwiegend vom eingesessenen Bürgertum hätten aufgebracht werden müssen. Charakteristisch für die Reaktion sind zwei Berichte, nach denen man entweder alte Häuser in der Innenstadt gewinnträchtig mit den »Gastarbeitern« vollstopfte oder

---

13 Die Industriedörfer sind mangels Überlieferung sehr schwer zu erforschen. Für einen punktuellen Ansatz vgl. *L. Niethammer:* Die Unfähigkeit zur Stadtentwicklung. Erklärung der seelischen Störung eines Communalbaumeisters in Preußens größtem Industriedorf, in: *U. Engelhardt / V. Sellin / H. Stuke* (Hg.): Soziale Bewegung und politische Verfassung, Stuttgart 1976, S. 432–471.

sich einfach für unzuständig erklärte. Aus Dortmund berichtete der zweite Bürgermeister:

>In der inneren Stadt gibt es noch eine ziemliche Anzahl alter notdürftig erhaltener Häuser mit niedrigen Stockwerken, kleinen Zimmern, mangelhaften Aufgängen, kleinen winkeligen Höfen und zum Wohnen nicht besonders geeigneten Neben- und Hinterhäusern, welche den Arbeitern als Wohnstätte dienen.<

In den >flotten Jahren<, dem Gründerboom, war dann zwar außerhalb der Altstadt vermehrt gebaut worden, aber – wie er sagt – >etwas liederlich<, und in der folgenden Depression brach der Baumarkt zusammen: In den zehn Jahren vor 1886 waren in einer Stadt mit 75 000 Einwohnern nur noch ca. 200 Neubauten errichtet worden[14]. Vom Essener Stadtbaumeister hören wir:

>Gegen die Wohnungsnoth, welche bei dem außerordentlichen Wachstum der Stadt Essen in den sechziger Jahren … sich geltend machte, ist weder vom Staate, noch von der Gemeinde, noch von den gemeinnützigen Vereinen etwas geschehen. Es lag für diese auch keine Veranlassung vor, weil die Wohnungsnoth lediglich eine Folge des Emporblühens der Industrie und des damit verbundenen Zuzugs zahlreicher Arbeiter damals eintrat und es daher in erster Linie Sache der Besitzer der sich so glücklich entwickelnden industriellen Werke war, für ein gutes Unterkommen der für sie notwendigen Arbeitermassen Sorge zu tragen.<[15]

Da deren Kapital sich aber erheblich besser rentierte, wenn es in produktive Anlagen investiert wurde, war auch von dieser Seite nur ein sehr zögerndes Engagement zu erwarten, solange sie nur Arbeitskräfte bekamen und diese irgendwie eine Bleibe fanden.

Für die Unterbringung der Arbeiter gab es im Prinzip vier verschiedene Möglichkeiten. Soweit sie, wie im südlichen Revier häufig, schon länger ganz oder teilweise im Bergbau tätig waren oder etwas Geld geerbt hatten, konnten sich die Arbeiter selbst ein kleines Haus (Bergmannskate bzw. -kotten) mit einem Nutzgarten bauen. Diese traditionelle Wohnform ist zwar nie ganz verschwunden, aber mit der Expansion des Bergbaus in der zweiten Jahrhunderthälfte schnell ganz in den Hintergrund gerückt[16]. Wo sich die Industrieansiedlung an bereits bestehende dörfliche oder städtische Siedlungen ansetzte, versuchten

---

14 *Arnecke:* Die Arbeiterwohnungsfrage in Dortmund, in: SVSP (s. Anm. 2), Jg. 31 (1886), S. 172.
15 *Wiebe:* Die Wohnungsverhältnisse der ärmeren Klassen in Essen a. d. R., in: SVSP (s. Anm. 2), Jg. 31 (1886), S. 192 ff.
16 Vgl. die Beiträge von *H. Winkelmann* und *I. Lange-Kothe,* in: Der Anschnitt, Jg. 2 (1950), Nr. 3; *M. J. Koch:* Die Bergarbeiterbewegung im Ruhrgebiet zur Zeit Wilhelms II., Düsseldorf 1954, S. 16, hat allerdings zweifellos zu hoch gegriffene Angaben über diese Tradition – etwa bis 1850 habe jeder Bergmann eine eigene Kate gehabt – in Umlauf gebracht.

meist deren Grundstücksbesitzer, ihren Grund oder den überfälligen Altbaubestand der neuen Nachfrage zu erschließen: Wie auch in anderen Städten entstand ein privater Mietwohnungsmarkt, in dem der größe Teil der Arbeiter meist teuer und/oder schlecht wohnte, d. h. oft ohne sanitäre Ausstattung und bei hoher Überbelegung der Räume[17]. Ein Unterschied zu sonst üblicher großstädtischer Besiedlung bestand jedoch darin, daß es sich überwiegend um eine eher lockere und niedrige Bebauung handelte, die jedoch völlig mit den gewerblichen Anlagen vermischt war. Da die Nachfrage aber fast ausschließlich von fluktuierenden Arbeitern kam, konnte die Bauspekulation weder planen noch unterschiedliche soziale Schichten mischen, wodurch sonst gewöhnlich die Rendite erhöht und der Abnutzungsgrad heruntergesetzt wurde. Diese »handgestrickte« Spekulation, die weitgehend mit dem begrenzten Kapital der Eingesessenen planlos betrieben wurde, hielt jedoch mit der stoßweisen Ausweitung der Belegschaften der Werke nicht Schritt.

Als dritte Möglichkeit ergab sich das Zusammenrücken der Arbeiter: Unterbringung mehrerer Familien in einer Wohnung oder Anmieten eines Bettes in einer fremden Familie. Daraus ergab sich eine ganz besonders mobile Wohnform, die in den 90er Jahren fast für die Hälfte der Zechenbelegschaft charakteristisch war. Wo selbst diese letzten Möglichkeiten erschöpft waren, mußten die Unternehmen selbst Wohnmöglichkeiten schaffen, um überhaupt Arbeiter zu ihren Werken anzulocken: Am billigsten waren große Männerheime mit Schlafsälen (»Menagen«), in denen man aber die Arbeiter nicht längerfristig binden konnte. Wer eine stabilere Arbeiterschaft suchte, mußte Familien-

---

17 Vgl. den Wohnungsindex bei *L. Niethammer / F. Brüggemeier* (s. Anm. 5), S. 96 f. und 101. Unsere dortigen Daten belegen zwar, daß die Wohnungsstruktur in Rheinland/Westfalen günstiger war als in Oberschlesien, in Berlin, ostdeutschen Städten und insbesondere den agrarischen Ostprovinzen; sie war aber schlechter als in den meisten anderen Städten, insbesondere herrschte eine erhebliche Überbelegung der Wohnungen in konjunkturellen Aufschwungphasen. Dies wird insbesondere an den Berichten der Wohnungsinspektion deutlich (vgl. auch ebd., S. 88) oder aus dem bündigen Urteil des Dortmunder Kreisarztes *Wollenweber:* Mängel im Wohnungswesen im westfälischen Industriebezirk und ihre Bedeutung für die Ausbreitung der Infektionskrankheiten, Berlin 1913, S. 14: »Alles in allem muß man sowohl auf Grund der eigenen Beobachtungen wie der Statistik den Schluß ziehen, daß die Wohnungsverhältnisse im Industriebezirk ... schlecht sind.« Davon nimmt er den Werkswohnungsbau allerdings aus. Die von ihm nachgewiesene hohe Infektionskrankheitenanfälligkeit im Revier gegenüber den ländlichen Bezirken Westfalens mit der Bebauungsziffer zu korrelieren, erscheint allerdings kurzschlüssig, da dabei Arbeits- und Lohnverhältnisse der Arbeiter als Krankheitsvoraussetzungen ausgeklammert werden.

unterkünfte (möglichst verbunden mit einem Nutzgarten) zur Verfügung stellen können. Diese Eigenbewirtschaftung der Unternehmen aufgrund eines defizienten »freien« Wohnungsmarkts hat vor allem in den Industriedörfern der Emscherzone die Lücken füllen müssen, die durch Verdichtung ohne Urbanisierung entstanden waren.

Die quantitative Verteilung der vier Grundkonstellationen des Wohnens der Bergleute – Hausbesitz, Werkskolonie, freie Mietwohnung, Schlafgängertum – läßt sich in einer sorgfältigen statistischen Momentaufnahme vom Dezember 1893[18] deutlich erkennen (vgl. Tabelle 5).

Tabelle 5:
*Die Wohnungen der Bergleute auf den Zechen
des Ruhrgebiets (1893) (in %)*

	Südliches* Revier	Nördliches** Revier
Hausbesitzer, die im eigenen Haus wohnen	14,77	8,02
Hausbesitzer, die zur Miete bzw. Untermiete wohnen	1,60	1,97
Bewohner von Dienstwohnungen	2,14	1,93
Hauptmieter in Kolonien	5,28	9,76
(Zum Vergleich dasselbe 1900)	(7,76)	(13,10)
Sonstige Hauptmieter	53,94	49,47
Bewohner von Schlafhäusern	0,79	0,77
Einlieger (Untermieter, Schlafgänger)	21,49	28,06
Alle %	100,00	100,00
absolut	34 226,00	87 774,00

* Südliches Revier: Dortmund-S., Witten, Hattingen, Bochum-S., Essen-S., Werden.
** Nördliches Revier: Recklinghausen, Dortmund-O. und -W., Bochum-N., Herne, Gelsenkirchen, Wattenscheid, Essen-O. und -W., Oberhausen.

In der Aufschlüsselung der einzelnen Bergreviere wird vor allem die idealtypische Korrespondenz zweier Zahlenreihen deutlich: Während in den alten Bergbaugebieten der Anteil der Bergleute in Eigenhäusern verhältnismäßig hoch war, fehlten solche Voraussetzungen in den neuen nördlichen Gebieten, und die Lücke mußte durch verstärkten Werkswohnungsbau ersetzt werden, während die Leistungsfähigkeit des freien Wohnungsmarktes unter den industriedörflichen Verhältnissen gleich-

18 Errechnet aus: O. *Taeglichsbeck:* Die Belegschaft der Bergwerke und Salinen im Oberbergamtsbezirk Dortmund nach der Zählung v. 16. 12. 1893, 2 Bde., Essen/Dortmund 1896, Bd. 2, S. 6–15; *R. Hundt:* Bergarbeiterwohnungen im Ruhrrevier, Dortmund 1902, S. 9.

mäßig begrenzt blieb. Dieser Trend setzte sich nach 1901 verstärkt fort.

Das Kernproblem der städtischen Arbeiterwohnungsfrage war die Überverdichtung[19], sowohl im Sinne zu enger und hoher Bebauung (aufgeschwemmte Altstadtbebauung, Mietskasernen mit Hinterhöfen, Keller- und Dachwohnungen in dichtgedrängten Quartieren) als auch im Sinne einer Überbelegung des einzelnen Raums mit zu vielen Personen, insbesondere die Zusammendrängung großer Familien in sehr kleinen Ein- und Zwei-Zimmer-Wohnungen. Soweit die bruchstückhafte statistische Überlieferung erkennen läßt, gab es zwar solche Problembereiche im Revier auch, aber sie spitzten sich vor allem im Umfeld großer Stahlwerke wie etwa in Essen oder Duisburg zu (s. Bild 19). Im Umfeld des sich über das ganze Revier zerstreuenden Bergbaus aber gab es kaum bauliche Überverdichtung, und auch die einzelne Wohnung scheint häufiger als anderswo im Durchschnitt eine familiengerechte Größe gehabt zu haben; das sagt freilich noch nichts über die Belegung. Aber auch das Mietniveau – nicht zuletzt wegen des hohen Anteils des Werkswohnungsbaus – scheint an der Ruhr niedriger als in vielen Großstädten gelegen zu haben, und damit kristallisierte sich als Hauptproblem die Überbelegung der Wohnungen heraus.

Für die meisten Städte läßt sich am Ende des 19. Jahrhunderts zeigen, daß die Überlegung der Wohnungen nicht auf einen Mangel an Wohnraum an sich zurückzuführen ist, sondern darauf, daß die proletarischen Familien entweder nicht genügend Einkommen hatten, um entsprechend großen Wohnraum zu mieten, oder daß sie von ihrer ländlichen Herkunft her so schlechte Wohnbedingungen gewohnt waren, daß die Befriedigung etwas anspruchsvollerer Wohnbedürfnisse weit hinten in der Prioritätenliste ihrer Haushaltsausgaben rangierten, vor allem deshalb, weil es sich um fixe Kosten handelte, die bei unsteten Einkommen so gering wie möglich gehalten werden mußten. Im Ruhrgebiet jedoch kam ein physischer Mangel an örtlich verfügbarem Wohnraum hinzu, da die Nachfrage der Arbeiter für die Bauspekulation nur von begrenztem Interesse war, vor allem aber auch, weil der Baumarkt nicht schnell genug auf die fast beständige Expansion des Bergbaus reagierte. Das läßt sich z. B. daran ablesen, daß auch in den Werkskolonien die Belegungsziffern in den Jahren mit der größten Zuwanderungsrate sprunghaft anstiegen, d. h. die Überbelegung war nicht primär eine Folge ökonomischer Schwäche der Mieter, sondern folgte aus dem Versuch, trotz Wohnungsmangels die Überschußbevölkerung in dem vorhandenen Baubestand zusammenzustopfen[20].

---

19 Vgl. *L. Niethammer / F. Brüggemeier* (s. Anm. 5), S. 86 ff.
20 Am Beispiel der Siedlung Sophienau in Gelsenkirchen-Schalke nachgewie-

Noch langsamer und ungenügender als der Baumarkt reagierte die örtliche Infrastruktur auf die zuströmende Arbeiterbevölkerung. In den Industriedörfern, aber auch in den schon zu Städten angewachsenen größeren Siedlungen blieben die öffentlichen und privaten Dienstleistungen weit hinter dem Bevölkerungswachstum zurück, teilweise weil die Arbeiterbevölkerung, die in vielen Gemeinden über vier Fünftel der ortsanwesenden Bevölkerung ausmachte, keine attraktive kaufkräftige Nachfrage z. B. für Einzelhandel, Wirtshäuser etc. darstellte, teilweise aus politischen Gründen. In den rheinischen Landgemeinden führten die Besonderheiten eines zugespitzten Drei-Klassen-Wahlrechts[21] z. B. oft dazu, daß vier Fünftel der Bevölkerung (die Arbeiter) noch nicht einmal ein Zehntel der Gemeinderatsmitglieder wählen konnten und auf diese diskriminierenden Bedingungen meist mit Wahlenthaltung antworteten. Die Gemeinderäte in den rheinischen Industriedörfern waren insofern in der Hand der alten grundbesitzenden Klasse der ortsansässigen Bauern, die zwar wie Parasiten von der Industrie und ihrer Arbeiterschaft lebten, aber im Gemeinderat die öffentlichen Ausgaben so kurz wie möglich zu halten versuchten. Hatten die Unternehmen Werkskolonien in die Gemeinde gebracht, so strichen sie zwar einmalige Grundstücksgewinne ein, zögerten jedoch sehr, Folgekosten wie Straßenbau und vor allem schulische Versorgung durch entsprechend höheres Steueraufkommen zu finanzieren. In den westfälischen Gemeinden, in denen das Wahlrecht die Unternehmer besonders privilegierte, gab es eine gesetzliche Vorschrift[22], nach der die Gemeinden von Unternehmen, die Werkskolonien bauten, die Vorfinanzierung der gemeindlichen Folgekosten, insbesondere die Schulkosten, verlangen konnten — ob die vielbeklagte Folge, die Werke seien sehr viel zurückhaltender mit dem Bau eigener Werkswohnungen geworden, zutrifft, sei dahingestellt; statistisch ist dafür schwerlich ein Beleg

---

sen bei *G. Schäfer:* Lebensstandard und Wohnwesen der Arbeiter in der Gemeinde Schalke, Examensarbeit Essen 1975, S. 51 ff.
21 Vgl. *L. Niethammer* (s. Anm. 13), S. 139 f.; *H. Croon:* Die gesellschaftlichen Auswirkungen des Gemeindewahlrechts in den Gemeinden und Kreisen des Rheinlandes und Westfalens im 19. Jh., Köln/Opladen 1960; *ders.:* Bürgertum und Verwaltung in den Städten des Ruhrgebiets im 19. Jh., in: Tradition, Jg. 9 (1964), S. 23 ff.
22 Das sog. Ansiedlungsgesetz vom 25. 8. 1876 (*A. Born:* Das preußische Baupolizeirecht, Berlin 1902, S. 293). Vgl. *G. Schäfer* (s. Anm. 20), S. 39 ff.; *R. Hundt* (s. Anm. 18), S. 40 f., der darauf hinweist, daß die Zechen in Westfalen beim Koloniebau auf die Erweiterung bestehender Anlagen oder deren Errichtung in geschlossenen Ortschaften auswichen, um keinen Beitrag zu den kommunalen Infrastrukturkosten leisten zu müssen; siehe auch das im vorliegenden Band im Beitrag von *J. Reulecke* zitierte Beispiel, S. 257.

zu erbringen. Die Erklärung könnte in der starken Stellung der Unternehmer in den Gemeinderäten liegen, die nicht ohne Einfluß auf die Verhandlungen zwischen Zechen und Gemeinden gewesen sein dürfte.

War das Wahlrecht der Hebel der Besitzenden, öffentliche Leistungen und Planungen kurzzuhalten, so war das Steuerrecht ihr Grund. Die wichtigste Finanzquelle der Gemeinden war die Einkommensteuer, doch die Arbeiterbevölkerung der Industriegemeinden verdiente zu wenig, als daß hierdurch größere Summen einkamen; auf 100 Borbekker entfielen ganze 630 Mark Einkommensteuer im Jahr, während 100 Frankfurter 2 617 und 100 Berliner 1 707 Mark in die Gemeindekasse zahlten. Trotz dieses geringen Ertrages war die prozentuale Belastung für den einzelnen Steuerzahler in Borbeck höher: Hier betrug der Kommunalzuschlag zur Einkommensteuer 220 %, in Berlin waren es nur 100 % und in Frankfurt 105 %. Es verwundert nicht, daß sich der Gemeinderat als Repräsentant der größeren Steuerzahler gegen eine noch höhere Belastung wehrte. Auch andere Steuern verfingen nur unzureichend: Die wichtigste indirekte Gemeindesteuer bildete die beim Kauf bzw. Verkauf von Grundstücken erhobene Umsatzsteuer. In Bergbaugebieten machten sich zwei Faktoren bemerkbar: Wegen der Unterbauung durch Schächte und Stollen waren Bergschäden zu befürchten, der Boden somit nur begrenzt nutzbar und dadurch nicht besonders wertvoll. Während in anderen Orten mit zunehmender Besiedlung der Wert des Bodens zunahm, machte sich hier eher eine umgekehrte Entwicklung zum Schaden der Gemeindekasse bemerkbar. Darüber hinaus kauften die Zechen von Anfang an möglichst viel Land auf, um Schadensersatzansprüchen wegen Bergschäden vorzubeugen, so daß sich ein größerer Grundstücksumsatz gar nicht entwickeln konnte. Beide Faktoren ließen auch diese Einnahmequelle weitgehend versiegen[23]. Entschloß sich eine Gemeinde dennoch zu größeren Investitionen, so hatte sie mit weiteren Schwierigkeiten zu rechnen. Traten in einem mit hohen Kosten erschlossenen Gebiet nach der Erschließung Bergschäden auf, so konnte dafür bei den Zechen kein Schadensersatzanspruch geltend gemacht werden. Wurden Investitionen zur Verbesserung der Infrastruktur durchgeführt (Gas, Wasser, Elektrizität), blieb die Abnahme häufig auf die Privathaushalte beschränkt, denn die Betriebe als potentiell gewinnbringende Großabnehmer waren in

---

23 *H. Lücker:* Die Entwicklung und die Probleme des Gemeindeabgabenwesens in den Städten und großen Landgemeinden der preußischen Industriebezirke, in: SVSP (s. Anm. 2) 127, 3 (1910), S. 33 ff.; *W. Gerloff:* Die Finanz- und Zollpolitik des Deutschen Reiches nebst ihren Beziehungen zu Bund und Gemeindefinanzen, Jena 1913.

diesen Bereichen Selbstversorger, wodurch die Neigung zu solchen Fortschritten natürlich schwand[24].

Daß in den Industriestädten vor allem der Emscherzone der größte Teil der kommunalen Haushalte für Schulen ausgegeben werden mußte, wird an anderer Stelle dieses Bandes ausführlicher behandelt[25]. Vor allem mit Blick auf die vergleichsweise hohen Klassenfrequenzen läßt sich auch hier von einer andauernden Benachteiligung der Arbeiterbevölkerung im Zugang zu Ausbildung und Kultur sprechen[26].

Bei den oben erwähnten Mehrheitsverhältnissen fehlte es den Gemeindeverwaltungen aber nicht nur an Geld, sie hatten auch kaum Möglichkeiten, Einfluß auf die Umweltentwicklung zu nehmen und z. B. so etwas wie Stadtplanung durchzusetzen[27]. So ist das Ruhrgebiet jetzt noch von den ökologischen Ablagerungen eines sozialdarwinistischen Wachstums in einem Neben- und Durcheinander von Wohnungen, Betrieben und Verkehrswegen geprägt. Siedlungen werden von Betrieben, Straßen, Eisenbahnen, Kanälen oder Stromleitungen eingesäumt oder durchschnitten, dazwischen eingestreut finden sich große Industriebrachen und einige kleine Felder, dann wieder Ansammlungen von Häusern, alles durchzogen von großen industriellen Anlagen. Um eine geordnetere Planung und höhere Ausgaben zu erreichen, bemühten sich zahlreiche Bürgermeister, ihre Gemeinde zur Stadt erheben zu lassen; dadurch wäre im wesentlichen das reine Drei-Klassen-Wahlrecht eingeführt worden, was – heute kaum nachvollziehbar – für sie ein fortschrittlicher Traum war. Die kommunalen Verwaltungen in Allianz mit dem durchweg unbedeutenden und zahlenmäßig schwachen Kleinbürgertum hätten dadurch eine größere Unabhängigkeit von den grundbesitzenden Bauern und der Industrie erhalten, diese stärker besteuern, damit Planung und Infrastruktur finanzieren und so weiteres Bürgertum anziehen können; zugleich hätten sie sich dem Zugriff der Landräte entzogen, denen sie bislang unterstanden. Gerade dieser Punkt ließ die meisten Vorhaben scheitern; über die Hintergründe gibt ein Schreiben des Düsseldorfer Regierungspräsidenten aus dem Jahre 1898 anläßlich des Antrages von Altenessen Auskunft, das als Vorreiter für die Stadterhebung aller »rheinisch-westfälischen Industriegemeinden zwischen Oberhausen und Hamm i. W.« galt. Er führte an, es handelte sich hier nur um ein Konglomerat weit über das Land verstreuter Zechen, Arbeiterkolonien, einzelner Häuser etc.; es gäbe kein

---

24 Vgl. *H. Lücken* (s. Anm. 23), S. 6.
25 Siehe dazu den Beitrag von *J. Reulecke* im vorliegenden Band; außerdem: *R. Gräfin von Schmettow:* Schulpolitik und Schulpraxis in Borbeck 1850 bis 1915, Diplomarbeit Essen 1976, bes. S. 47 f.
26 Ebd., S. 100.
27 Dazu im einzelnen *L. Niethammer* (s. Anm. 13).

steuerkräftiges Bürgertum; und insgesamt glichen die »Arbeitergemeinden ... allem anderen eher, als dem, was man mit dem Begriff einer Stadt gemeinhin verbindet«. »Vor allem« aber sprächen »politische Gründe« dagegen: »Zu dem Nachteil ultramontaner Stadtverordneten Mehrheiten ... würden also städtische, und zwar von der Aufsicht des Landrats ganz losgelöste Polizeiverwaltungen treten.« Er müsse insgesamt die Stadterhebung »grundsätzlich« ablehnen, und zwar im Hinblick auf die »Folgen dieses eine straffe Staatsaufsicht ausschließenden Zustand(s) in Zeiten wirtschaftlicher Krisen oder politischer Gärung in dem dichtbevölkertsten Industriegebiet des Preußischen Staates«[28].

Gewiß, einigen dieser Riesendörfer ist in der Folge dennoch der Aufstieg zur Stadt geglückt – nachdem sie z. T. über 100 000 Einwohner hatten und der Skandal zu groß geworden war und nachdem 1906 die Polizeigewalt in stadtübergreifenden staatlichen Polizeidirektionen zusammengezogen worden war. Der Schritt mochte dem Schulbau, einem Park sowie der Planung und Pflasterung von Straßen zugute kommen, aber im Grunde kam er zu spät: Das Entwicklungsmuster stand längst fest, die Betriebe, Verkehrsanlagen und Kolonien waren nicht mehr zu ändern, die ökologische Verwüstung bereits eingetreten. Auch der nach dem Ersten Weltkrieg eingesetzten Regionalplanung blieb vor allem Bestandswahrung und Rationalisierung. Die Masse der Industriedörfer wucherte aber weiter, bis sie in einer der Eingemeindungswellen von einer der Städte, die Land für die Ansiedlung von Betrieben und Menschen suchten, als Vororte aufgesogen wurden. Für die arbeitende Bevölkerung machte dies wenig Unterschied, da die defiziente Urbanisierung ihrer unmittelbaren Umwelt nun in der Stadtteillage weiter stagnierte. Für die größeren Ruhrgebietsstädte bedeutete es jedoch stets einen Schub auf dem Weg von der Industriestadt zur Zentralität. Er führte zu einer bewohnerfernen sekundären City-Bildung, in der öffentliche und private Dienstleistungen zusammengezogen und angesichts der niedrigen Nachfragekapazität der umgebenden Arbeiterbevölkerung rationell und rentierlich entwickelt werden konnten.

Mobilität als Lebensform

»Das Gefühl der Seßhaftigkeit ist im Laufe der letzten Jahre ... gänzlich abhanden gekommen. Kein Bewohner der Vorstädte fühlt sich von einem Quartale zum andern sicher auf seinem ›Grund‹, in seiner Straße,

---

28 Regierungspräsident Düsseldorf an preuß. Innenminister v. 16. 8. 1898 (Landesarchiv Koblenz 403, Nr. 13855).

zwischen seinen vier Mauern. Ebenso wenig weiß der Bewohner der inneren Stadt zu sagen, in welcher Entfernung und in welcher bisher unbekannten Gegend der weitgestreckten Hauptstadt er im nächsten Halbjahre seine müden Glieder zur Ruhe bringen werde. Von einer Wohnung kann daher kaum mehr die Rede sein, höchstens von einem temporären Obdach, von steinernen Zelten, welche beständig ihre Besitzer wechseln. Niemand kann sich eines »zu Hause« rühmen oder erfreuen, niemand kann es wagen, mit Vorbedacht auf künftige Familienereignisse seine Behausung zu wählen oder einzurichten. So geht ein Zug der Unruhe und Verängstigung durch die ganze Bewohnerschaft ...; ein flüchtiges Nomadenleben tritt an die Stelle einer ruhigen angesessenen bürgerlichen Existenz, und die Metropole ... beherbergt in ihren Mauern eine ewig wandernde, sich gewaltsam drängende und stoßende Bevölkerung ...«[29]

Mit dieser Beschreibung war zwar Wien in der Mitte des 19. Jahrhunderts gemeint, aber sie gibt sehr gut die Verhältnisse wieder, wie sie auch in deutschen Städten in der zweiten Hälfte dieses Jahrhunderts herrschten und sie wurde deshalb auch von bürgerlichen Reformern in Deutschland zustimmend zitiert. Ganz besonders aber spiegeln sich in ihr die Ängste des Bürgertums wider, das befürchtete, daß diese sich »gewaltsam drängende und stoßende«, Unheil verkündende Masse »voll Mißmut über die Unsicherheit ihres häuslichen Lebens ... immer mehr das Gefühl der Anhänglichkeit an den heimatlichen Boden ... verlieren und den gesunden Sinn für die Ordnung und Ruhe einbüßen muß«[30].

Auch der Verfasser der Essener Wohnungsstatistik von 1900 sah sich an »Zustände erinnert, die vor aller Seßhaftigkeit und Kultur lagen«[31]. Die von ihm ermittelten Zahlen scheinen die Befürchtungen zu bestätigen. Tabelle 6 zeigt, daß etwa die Hälfte aller Essener Haushalte innerhalb der letzten beiden Jahre vor der Bestandsaufnahme umgezogen war, zwischen 21 % und 45 % innerhalb des letzten Jahres und ein erheblicher Anteil (bis zu 19 %) sogar erst innerhalb der letzten beiden Monate. Ferner macht sie deutlich, daß die Mobilität nicht auf alleinstehende jugendliche Arbeiter beschränkt war, sondern daß auch Familien mit einer z. T. recht großen Kinderzahl sich anscheinend gezwungen sahen, ihre Wohnung häufig zu wechseln; z. B. waren etwa

---

29 *B. Friedmann:* Die Wohnungsnot in Wien, Wien 1857; zit. nach: *Engel* (s. Anm. 2), S. 6; den besten Überblick über die Mobilität gibt: *D. Langewiesche:* Wanderungsbewegungen in der Hochindustrialisierungsperiode, in: VSWG, Jg. 64 (1977), S. 1–40; die im folgenden vorgetragenen Argumente werden ausführlicher begründet in: *L. Niethammer / F. Brüggemeier* (s. Anm. 5), S. 83 ff., 109 ff.

30 *B. Friedmann* (s. Anm. 29), S. 6.

31 *Wiedfeldt:* Das Aftermietwesen in der Stadt Essen nach der Aufnahme vom 1. Dezember 1900; in: Beiträge zur Statistik der Stadt Essen, H. 7, Essen 1902, S. 50.

Tabelle 6:
Haushaltsgröße, Aftermieter und Verweildauer
Am 1. 12. 1900 wohnten von 100 Haushalten ... %
in ihrer Wohnung seit:

Haushalte mit ... Mitgl.		1900 1. 10.	1. 7.	1. 4.	1. 1.	Summe 1–4	1899	1898	1897	1896	Summe 5+6
Spalte		1	2	3	4	5	6	7	8	9	10
2	o*	19,0	10,4	11,6	4,4	45,4	15,8	8,2	4,4	3,1	61,2
	m*	17,4	10,9	7,6	–	–	15,2	10,9	4,4	3,3	–
3	o	14,8	8,3	10,6	4,2	37,9	20,5	10,7	5,5	3,6	58,4
	m	13,4	10,3	11,3	6,5	41,5	16,4	12,0	5,8	4,1	57,9
4	o	12,9	7,1	8,7	3,5	32,2	18,0	12,4	7,9	5,3	40,2
	m	14,0	6,9	13,6	4,3	38,8	17,7	10,8	8,9	3,5	56,5
5	o	11,5	7,4	8,2	3,4	30,5	16,3	11,9	7,1	6,1	46,8
	m	14,0	9,1	13,0	4,8	40,9	15,9	12,2	6,2	3,8	56,8
6	o	10,0	7,3	7,2	2,9	27,4	16,8	10,8	7,9	5,2	44,2
	m	12,0	8,1	10,6	4,8	35,5	17,1	12,7	9,4	6,7	52,6
7	o	10,6	6,8	6,6	2,8	26,8	15,5	10,6	7,9	5,9	32,7
	m	9,6	8,7	10,2	4,9	33,4	19,8	10,4	6,4	6,2	53,2
8	o	11,8	7,4	7,0	3,0	29,2	14,2	8,9	7,5	5,7	43,4
	m	10,7	9,6	9,0	4,0	33,3	20,3	11,5	8,1	3,8	53,6
9	o	9,5	4,1	5,1	2,4	21,1	12,8	9,2	6,1	7,0	33,9
	m	10,0	6,2	9,4	5,6	31,2	15,6	14,3	8,7	5,0	46,8
10	o	11,3	5,0	6,3	3,6	26,2	10,9	9,1	7,1	6,3	37,1
	m	12,8	7,2	5,1	3,8	28,9	20,4	10,6	7,7	7,2	49,3

o* = ohne Aftermieter.
m* = mit Aftermieter
Quelle: *Wiedfeldt:* Das Aftermietwesen in der Stadt Essen nach der Aufnahme vom 1. Dezember 1900 in: Beiträge zur Statistik der Stadt Essen, H. 7, S. 52.

30 % der Haushalte mit 8 Mitgliedern innerhalb des Jahres 1900 umgezogen.
Der wichtigste Grund für diese hohe Mobilität geht aus der Tabelle 7 hervor. Sie zeigt, daß in den genannten Betrieben im Durchschnitt mehr als die Hälfte der Arbeiter innerhalb eines Jahres neu angefangen oder aber den Betrieb verlassen hatte, wobei die Zahlen für Krupp etwas niedriger liegen, aber für heutige Begriffe immer noch sehr hoch sind; ähnliche Zahlen liegen auch für andere Gebiete und Städte des Kaiserreichs vor. Da es nun zur damaligen Zeit entweder gar keine Nahverkehrsmittel gab, oder ihre Benutzung für Arbeiter unerschwinglich war, zog ein Wechsel des Arbeitsplatzes in vielen Fällen eine Aufgabe der alten Wohnung nach sich, es sei denn, diese lag in inmittelbarer Nähe des neuen Arbeitsplatzes. Das Anmieten einer

Tabelle 7:
Arbeitskräftewechsel in der Montanindustrie 1896–1908

Jahre	Krupp* Zugang %	Abgang %	Bochumer Verein Zugang %	Abgang %	Zechen im Ruhrgebiet Zugang %	Abgang %	Bergrevier Duisburg* Zugang %	Abgang %
1896	36	25	60	40	49	50	–	–
1897	47	32	58	52	59	45	87	52
1898	49	39	62	51	59	49	83	60
1899	52	44	63	59	63	51	–	–
1900	45	45	58	65	68	52	96	74
1901	24	33	23	40	54	47	–	–
1902	14	21	18	26	48	44	98	73
1903	31	23	47	40	58	48	86	69
1904	54	35	45	40	54	48	78	62
1905	59	40	66	56	38	34	61	48
1906	48	45	79	64	57	49	82	68
1907	34	44	82	69	71	56	86	70
1908	36	33	41	60	63	58	72	67

* Krupp ist hier als Unternehmen mit »geringem« Arbeitskräftewechsel, das Bergrevier Duisburg mit zahlreichen jungen Zechen als ein stark fluktuierender Bereich ausgewählt.
Quelle: *R. Ehrenberg:* Schwäche und Stärke neuzeitlicher Arbeitsgemeinschaften, in: Archiv für exakte Wirtschaftsforschung (Thünen Archiv), Jg. 3, 1911, S. 450.

Wohnung hatte deshalb immer einen temporären Charakter, und diese Kurzfristigkeit wiederum beeinflußte in hohem Ausmaß die Wohnweise. Wer immer wieder umzog, sich in einer immer neuen Umgebung befand, stets neue Kontakte und Beziehungen herstellen mußte, wohnte notgedrungen offener; er konnte sich nicht auf seine Wohnung zurückziehen und sie zu einem Hort der Gemütlichkeit und des Rückzuges von der Außenwelt machen. Für ihn war die jeweilige Wohnung etwas Vorübergehendes, d. h. er konnte sich nicht in ihr niederlassen und sich nicht für den Rest seines Lebens in ihr einrichten.
Diese besonders lose – heute kaum nachvollziehbare – Beziehung zur jeweiligen Wohnstätte wurde in vielen Familien durch die Aufnahme von Zimmermietern bzw. Schlafgängern verstärkt, mit denen die Wohnung und oft sogar das Bett geteilt wurde[32]. Bei den Aftermietern – so

32 Schlafgänger hatten nur ein Bett bzw. einen Teil eines Bettes gemietet, während Zimmermieter auf einen separaten Raum Anspruch hatten; die Unterscheidung war jedoch eher fiktiv und entsprang der Angst vor der Wohnungspolizei, der man durch solche Maßnahmen entgehen wollte; s. Bild 23 im vorliegenden Band.

der zeitgenössische Ausdruck – handelte es sich fast ausschließlich um ledige junge Männer, die auf der Suche nach Arbeitsmöglichkeiten ihr Elternhaus verlassen hatten, sich jedoch keine eigene Wohnung oder auch nur ein eigenes Zimmer erlauben konnten und deshalb zur Untermiete wohnen mußten. Alleinstehende Mädchen, die ihr Elternhaus verließen und in eine Stadt zogen, arbeiteten ganz überwiegend als Dienstmädchen und wohnten im Hause ihrer Herrschaft. Eine Ausnahme bildeten Gebiete mit einem hohen Anteil an Frauenarbeit wie die Zentren der Textilindustrie (z. B. Mönchengladbach); hier gab es auch weibliche Schlafgänger.

Nicht bei seiner eigenen Familie, sondern in einem »fremden« Haushalt zu wohnen, dürfte für viele Zuwanderer nicht etwas völlig Ungewohntes gewesen sein, vor allem dann nicht, wenn sie auf dem Lande groß geworden waren. Dort war es die Regel, daß Kinder von Tagelöhnern, Landarbeitern und verarmten Bauern sehr früh das Elternhaus verließen, bei einem Bauern Arbeit suchten und in dessen Gesindehaus – oft genug eine abgetrennte Ecke in den Stallungen – mit den anderen Knechten bzw. Mägden schliefen. Möglich war auch, daß sie selbst in einem Haushalt aufgewachsen waren, in dem ebenfalls Schlafgänger gewohnt hatten. Der Anteil der Haushalte mit Schlafgängern betrug im Kaiserreich zwischen 10 % und 20 % aller Haushalte und dürfte in Arbeiterfamilien höher gewesen sein; nach der Jahrhundertwende war eine abnehmende Tendenz zu verzeichnen. Über die wirkliche Verbreitung des Aftermieterwesens geben diese Zahlen jedoch nur ungenügend Auskunft; der Prozentsatz der Familien, die überhaupt jemals Schlafgänger zu ihren Haushalten zählten, lag höher, da diese in erster Linie in Krisensituationen aufgenommen wurden. Auf das zusätzliche Einkommen durch Aftermieter waren Familien vor allem dann angewiesen, wenn das Einkommen des Vaters ausfiel oder reduziert war – sei es durch Krankheit, Unfall oder lang anhaltende Arbeitslosigkeit – bzw. dann, wenn die Ausgaben anstiegen, vor allem wenn Kinder aufzuziehen waren. Diese nämlich bedeuteten zusätzliche Kosten und geringere Einnahmen, weil die Frau nicht länger mitarbeiten konnte. Z. B. hatten 1900 etwa 70 % der Essener Haushalte mit Aftermietern Kinder, was etwa den Verhältnissen in anderen Städten entsprach[33].

Wurden die Kinder älter und begannen, selbst Geld zu verdienen, oder wurde der Vater wieder gesund, entfiel die Notwendigkeit eines Zusatzverdienstes, d. h. es war nicht länger erforderlich, Schlafgänger zu beherbergen. Innerhalb des Lebenszyklus einer Familie gab es somit Krisensituationen, die durch Untervermietung überbrückt wurden, so

---

33 *Wiedfeldt* (s. Anm. 31), S. 33.

daß zu einem gegebenen Zeitpunkt zwar nur 10 %–20 % der Haushalte Schlafgänger hatten, über einen längeren Zeitraum hinweg jedoch der Prozentsatz größer war. Diese – zumindest vorübergehende – Öffnung der Familie läßt sich am besten als »halb-offene Familienstruktur« bezeichnen, eine Struktur, die nicht nur die Aufnahme von Fremden, sondern auch die Mobilität der Familien selbst erleichterte.

Auch für die Schlafgänger waren in erster Linie ökonomische Gründe dafür maßgebend, daß sie zu einer Familie zogen; ebenso wichtig aber war, daß sie auf diese Weise nicht isoliert wohnten, sondern immer wieder Kontakt hatten, sich schnell eingewöhnen und sogar »zu Hause« fühlen konnten. Außerdem erledigten die Frauen das Wäschewaschen, Stopfen, Nähen, machten Besorgungen etc. – sei es gegen einen Aufpreis oder ohne Bezahlung.

Es läßt sich nicht mit Gewißheit sagen, wie das Verhältnis zwischen Schlafgängern und Familien im einzelnen war. Auseinandersetzungen, Streit und Reibereien dürften immer wieder vorgekommen sein, lebten doch Personen zusammen, die einander kaum kannten und sich möglicherweise nicht aufeinander einstellen konnten. Glaubt man den Schriften bürgerlicher Reformer, handelte es sich um ein einziges Sündenbabel und den Verlust jeder Kultur. In der Regel jedoch – soweit es sich Autobiographien, Berichten und Befragungen entnehmen läßt – scheint diese Art des Zusammenlebens ohne allzu große Probleme möglich gewesen zu sein[34].

Die Kombination von häufigem Umzug und Aufnahme von Fremden war jedoch kein spezifisches Phänomen des Ruhrgebiets, sondern läßt sich auch in anderen Gebieten des Reiches feststellen[35]. In dem Raum zwischen Emscher und Lippe aber – und hier vor allem bei den Bergleuten – gab es besondere Ausprägungen, die in drei Faktoren begründet lagen – a) der Berufsstruktur b) der sozialen Struktur der Nachbarschaft und c) der Art der Zuwanderung –, die zu größerer Homogenität führten und zu einem reibungslosen Miteinander beitrugen.

In der Eisen- und Stahlindustrie gab es ein großes Spektrum unterschiedlich qualifizierter Berufe, deren Ausübung häufig eine handwerkliche Ausbildung erforderte[36]. Arbeiter, die über eine solche Ausbildung

---

34 Vgl. *L. Niethammer / F. Brüggemeier* (s. Anm. 5), S. 109 ff.

35 Es gab auch historische Vorläufer des Schlafgängerwesens bzw. offener Familienstrukturen wie z. B. im Handwerk, wo Gesellen zum Haushalt des Meisters zählten. Neu jedoch war, daß Familien für Angehörige der eigenen Klasse geöffnet waren und daß dies einen so großen Umfang hatte.

36 Es gibt nur sehr wenige Studien, die detailliert Arbeitsabläufe und im Zusammenhang damit die Betriebsstruktur untersuchen. Hinweise finden sich bei: *R. Ehrenberg:* Krupp Studien III. Die Frühzeit der Krupp'schen

verfügten, waren in der stürmischen Expansionsphase vor dem Ersten Weltkrieg knapp, und in dieser für sie günstigen Marktsituation wechselten sie häufig ihren Arbeitsplatz, um höhere Löhne, aber auch bessere Arbeitsbedingungen zu erreichen. Daneben gab es die große Zahl der ungelernten Zuwanderer, die bestenfalls erhoffen konnten, spezielle Fertigkeiten zu erlernen, ohne sich wirklich qualifizieren zu können, so daß ihr Lohnniveau niedrig blieb. Sie sahen in häufigem Arbeitsplatzwechsel eine Chance, ihre Situation zu verbessern und die materielle Sicherheit zu erreichen, die sie mangels Ausbildung nicht hatten. Ihre Mobilität war gekennzeichnet durch ökonomische Zwänge und große Unsicherheit.

Die Arbeitsbedingungen im Bergbau waren andersgeartet; hier gab es im wesentlichen nur zwei Berufsgruppen: Schlepper und Hauer, die 20 % bzw. 50 % der Gesamtbelegschaft und einen entsprechend größeren Anteil der Untertagearbeiter stellten. Innerhalb dieser beiden Kategorien können Differenzierungen in unterschiedliche Tätigkeiten vorgenommen werden, die jedoch deshalb nicht besonders ins Gewicht fallen, weil die Zechen im Ruhrbergbau davon ausgingen, daß ein Bergmann in der Lage sein müsse, jede anfallende Arbeit zu erledigen. Auch gab es bis nach dem Ersten Weltkrieg keine formelle Ausbildung; Zuwanderer arbeiteten zuerst als Schlepper, dann als Lehrhauer und wurden schließlich selbst Hauer. Spätestens als Lehrhauer waren sie einem Gedinge, d. h. einer etwa 4-6 Mann umfassenden Arbeitsgruppe zugeordnet, die ihnen die erforderlichen Kenntnisse vermittelte. Wie der hohe Anteil dieser Gruppen an der Gesamtbelegschaft zeigt, sind die meisten Zuwanderer auch Hauer, d. h. qualifizierte Arbeiter, geworden, wobei der Prozeß unterschiedlich lange, in der Regel jedoch etwa 4–5 Jahre dauerte. Eine solche, allen Zuwanderern offenstehende Qualifizierungsmöglichkeit gab es nur im Bergbau.

Ein zweites charakteristisches Merkmal bergmännischer Arbeit war die Organisationsform unter Tage: das Gedinge. Dabei handelte es sich um eine weitgehend autonom arbeitende und den Arbeitsablauf selbständig bestimmende Gruppe von etwa 4–6 Bergleuten, die gemeinsam entlohnt und gerade im Ruhrbergbau kaum beaufsichtigt wurden[37].

Arbeiterschaft; in: Thünen Archiv III 1911; *D. Crew* (s. Anm. 4), S. 205 ff.; *K. Tenfelde* (s. Anm. 4), S. 219 ff.; zum Zusammenhang zwischen Qualifikation und Mobilität: *D. Langewiesche* (s. Anm. 29), S. 29 ff.

37 In der Literatur wird überwiegend betont, wie hierarchisch die Betriebsverhältnisse im Bergbau gewesen seien; dabei wird implizit angenommen, es habe eine sehr weitreichende und tiefgreifende Kontrolle gegeben. Diese Einschätzungen gründen sich jedoch auf Beschwerden etc. ohne den Arbeitsablauf zu analysieren; dazu vgl. u. a. Die Verhandlungen und Untersuchungen der Preußischen Stein- und Kohlenfallkommission, Berlin

Das aus dieser Organisations- und Entlohnungsform entstehende Gefühl des Aufeinanderangewiesenseins wurde durch die Gefährlichkeit ihrer Arbeit noch verstärkt.

Die Homogenität und auch die Integrationsmechanismen, die im Produktionsbereich bestanden, fanden sich auch in der Reproduktionssphäre, und hier vor allem im Wohnbereich. Bergleute wohnten häufiger als andere Arbeiter unter ihresgleichen. Das galt naturgemäß besonders in den mono-industriellen Gebieten wie z. B. in Bottrop, wurde aber auch für eine Stadt wie z. B. Bochum nachgewiesen[38]. Die Homogenität im Wohnbereich als wesentliches Merkmal bergmännischen Lebens wurde durch den Bau von Kolonien zusätzlich gefördert. Wohnten 1901 schon ca. 21 % aller Bergleute in Zechenwohnungen, so war diese Zahl 1914 bereits aus 35 % und 1919 sogar auf 40 % angestiegen. Ein weiterer Faktor war die Aufnahme von Schlafgängern, die von den Zechen gebilligt wurde, konnte doch der Wohnungsbau mit dem Zuzug kaum Schritt halten. In Aufrufen zur Anwerbung von Arbeitern wurde beispielsweise ausdrücklich darauf hingewiesen, daß die Beherbung von Schlafgängern eine zusätzliche Einnahmequelle erschlösse:

»Da in einem Zimmer vier Kostgänger gehalten werden können, wird die Miete also in jedem Monat um 4 Mark geringer; ganz abgesehen davon, was die Familie an den Kostgängern selbst verdient. Wenn also eine Familie vier Zimmer hat, würde sie monatlich 4 mal 4 = 16 Mark zu bezahlen haben. Hält sie nun 4 Kostgänger, so würde die Miete nur 12 Mark betragen.«[39]

1901 hatte – zumindest im statistischen Durchschnitt – in Zechenwohnungen jeder zweite Haushalt einen Schlafgänger, und der Anteil an Schlafgängern unter den Bergleuten betrug 21 % (1893); dieser Prozentsatz dürfte bis zum Ersten Weltkrieg stabil geblieben sein, so daß es 1914 allein im Bergbau etwa 80 000 Schlafgänger gegeben haben mag[40].

1906; *F. Brüggemeier* (s. Anm. 3), S. 156/157; siehe dazu auch den Beitrag von *W. Weber* in diesem Band.

38 Vgl.: *D. Crew* (s. Anm. 4), S. 332; *O. Stoltenberg:* Herkunftsgebiet und Zuwanderung Bottroper Zechenbelegschaften am Ende des 19. Jh.s, Staatsexamensarbeit Bochum 1970.

39 Aus dem Aufruf eines Agenten, abgedruckt in: *L. Fischer-Eckert:* Die wirtschaftliche und soziale Lage der Frauen im modernen Industrieort Hamborn im Rheinland, Diss. jur. Tübingen 1913, S. 60.

40 Vgl. *H. Münz:* Die Lage der Bergarbeiter im Ruhrrevier, Essen 1909, S. 136; zum Vergleich die Zahlen für einige Städte des Ruhrgebiets (% Wohnungen mit Schlafgängern): Recklinghausen 18,0; Castrop 10,0; Bochum 9,8; Wattenscheid 15,1; Herne 15,3; nach: Ergebnisse der Wohnungsaufnahme in den westfälischen Städten vom 1. Dezember 1905, 2 Teile, Münster 1907/09, Teil 1, passim.

Auch die Art der Zuwanderung spielte eine große Rolle. Die ersten Zuwanderer rekrutierten sich aus der näheren und weiteren Umgebung, doch bereits in den 70er Jahren setzte der Zustrom aus den östlichen Provinzen ein, der z. T. auf die Tätigkeit ausgesandter Werber zurückging. Häufig kamen geschlossene Gruppen aus nur einem oder mehreren benachbarten Orten ins Revier und blieben, d. h. wohnten auch hier zusammen. Einmal angekommen, holten sie Verwandte und Bekannte nach; andere kamen aus eigenem Antrieb und zogen zuerst zu demjenigen, den sie kannten. Durch diesen Nachholmechanismus bildeten sich Schwerpunkte heraus: Gelsenkirchen z. B. war eine Sammelstelle für Masuren; fast die Hälfte der Zuwanderer auf den Prosper-Zechen in Bottrop kamen aus nur zwei schlesischen Kreisen: Rybnik und Ratibor. Die Zechen warben Arbeitskräfte mit dem ausdrücklichen Hinweis, sie würden gar nicht bemerken, daß sie ihre Heimat verließen:

»Masuren! Es kommt der Zeche hauptsächlich darauf an, brave, ordentliche Familien in diese ganz neue Kolonie hineinzubekommen. Ja, wenn es möglich ist, soll diese Kolonie nur mit masurischen Familien besetzt werden. So bleiben die Masuren ganz unter sich und haben mit Polen, Ostpreußen usw. nichts zu tun. Jeder kann denken, daß er in seiner masurischen Heimat wäre.«[41]

Die landsmannschaftlichen und familiären Zentren bzw. Anlaufstellen, die sich herausbildeten, erleichterten zum einen den Zuzug ins Ruhrgebiet und darüber hinaus die Mobilität im Revier selbst. Eine zusätzliche Hilfe bedeutete dabei die halb-offene Familienstruktur mit ihren über den Produktions- und Reproduktionsbereich vermittelten Bedingungen und Mechanismen. Wenn auch eine ins einzelne gehende Bewertung dieser Faktoren und der daraus resultierenden Lebens- und Wohnweise nicht möglich ist, so läßt sich doch feststellen, daß es ohne deren Existenz kaum möglich gewesen wäre, die aus Einwanderung und Mobilität, niedrigen Löhnen und Wohnungsmangel sich ergebenden Schwierigkeiten aufzufangen. Die in den Familien und Wohnungen auftretenden Probleme ergaben sich erst sekundär aus der halb-offenen Familienstruktur und dem Schlafgängerwesen; sie waren ein Reflex der materiellen Verhältnisse, die sich sonst noch stärker bemerkbar gemacht hätten[42].
Solche Überlegungen jedoch waren den staatlichen Instanzen und auch

41 Nach *L. Fischer-Eckert* (s. Anm. 39), S. 61, und *O. Stoltenberg* (s. Anm. 38), S. 45; s. auch S. 250 im vorliegenden Band!
42 Eine vergleichbare Argumentation findet sich bei *J. K. Modell / T. K. Hareven*: Urbanization and the Malleable Household. An Examination of Boarding and Lodging in American Families; in: Journal of Marriage and Family, Jg. 35 (1973), S. 467–479.

den bürgerlichen Reformern fremd; sie waren hinter den Scheuklappen ihrer Moralvorstellungen befangen. Selbst ein Bericht des als liberal und fortschrittlich geltenden Regierungspräsidenten von Düsseldorf und späteren preußischen Handelsministers Freiherrn von Berlepsch zeugt von der Unkenntnis der Verwaltungen. Er geht davon aus, daß das »Wohnungsbedürfnis ... biegsamer und elastischer« sei als »das Nahrungsbedürfnis«. Die schlechten Wohnverhältnisse seien dem Arbeiter zuzuschreiben, der sich »zuerst und zumeist« in der Wohnung einschränke. Er wohne »lieber schlecht und ungesund, als daß er am Essen, oder gar am Trinken etwas abziehe«[43].

Für die Arbeiter stellte sich die Lage etwas anders dar, wie Unterlagen über deren Einkommen zeigen. Dieses war so gering, daß es kaum zur Sicherstellung des Existenzminimums reichte. An den Nahrungsmitteln konnte nicht gespart werden, allenfalls bestand die Möglichkeit, in eine noch kleinere Wohnung zu ziehen und/oder Schlafgänger aufzunehmen.

Das Unverständnis der Behörden spiegelt sich vor allem in deren Lösungsvorschlägen wider, die in erster Linie aus Verboten und Vorschriften bestanden. So sollten Schlafgänger nur dann aufgenommen werden dürfen, wenn ein getrennter Raum für sie vorhanden sei, was völlig unrealistisch war und deshalb auch nicht angewandt werden konnte. Vor allem aber wurde beklagt, die Polizei unternähme zu wenig, sah man doch in deren Eingreifen das wirksamste Instument, vor allem dann, wenn es um die moralischen Zustände ging, die besondere Ängste bereiteten, und die der eigentliche Grund zur Besorgnis waren. Die Ziegelarbeiter aus Lippe-Detmold z. B., die den Sommer über im Düsseldorfer Bezirk arbeiteten, hatten als Schlafstelle oft nur ein Bund Stroh; ihre Hütten waren nur notdürftig gegen Wind und Wetter geschützt; sie bestanden häufig nur aus einem Raum, in dem die ganze Familie schlafen mußte. Das jedoch schien nicht so schlimm zu sein, denn die Verwaltung ging davon aus, daß

»die Ziegelarbeiter nur die kurzen Sommernächte in den Ziegelhütten zubringen, den Tag aber im Freien arbeiten und gegen Wind und Wetter abgehärtet sind; so haben sich aus der mangelhaften Beschaffenheit der Ziegelhütten bisher keine erheblichen Gesundheitsschädigungen ergeben. Bedenklicher sind diese Wohnungsverhältnisse vom Sittlichkeitsstand-

43 Vgl.: Geben die Wohnungsverhältnisse der arbeitenden Bevölkerung des Bezirks zu Bedenken Veranlassung und wie können dieselben evtl. durch polizeiliche Vorschriften und Maßnahmen verbessert werden? Denkschrift des Regierungspräsidenten vom 8. 6. 1887; Hauptstaatsarchiv Düsseldorf, Regierung Düsseldorf 24781. Unter den Maßnahmen der Polizei hatten vor allem Witwen zu leiden, die Schlafgänger aufnahmen, da darin bei völlig unzureichenden Renten und fehlenden bzw. karg bezahlten Arbeitsplätzen für Frauen häufig die einzige Überlebenschance lag.

punkte, da keine genügende Trennung der Schlafräume nach Geschlechtern stattfindet.«[44]

In diesen Zwangsvorstellungen verhaftet, griffen die staatlichen Instanzen fast ausschließlich zu repressiven, mit weitgehenden Eingriffen in den privaten Bereich verbundenen Maßnahmen, die ihnen möglicherweise zu größerer Selbstzufriedenheit und den Bürgern zu einem gerechteren Schlaf verhalfen, an den schlechten Wohnungsverhältnissen aber nichts änderten; der letzte Punkt zumindest blieb auch den Behörden des Landkreises Essen nicht verborgen, deren Bericht an den Freiherrn von Berlepsch zu dem Schluß kam, daß »vor Eintritt einer größeren Bautätigkeit ... eine polizeiliche Bekämpfung der Mißstände nicht möglich (ist)«.

Selbsthilfe und Abhilfe

Vor allem im Wohnbereich hatten sich also Strukturen und Mechanismen herausgebildet, deren wichtigste die halb-offene Familienstruktur war. Hierdurch wurden bestehende Eingliederungs- und Anpassungsschwierigkeiten aufgefangen und abgemildert sowie wirtschaftliche Krisensituationen überbrückt. So wichtig diese familiale Anpassungsleistung auch war, als Mittel zur Behebung der strukturellen Defizite blieb sie nur begrenzt wirksam. Eine Lösung der damit verbundenen Probleme hätte eine kollektive Leistung erfordert, die vom Staat nicht erbracht wurde und sich auch über den kapitalistischen Markt nicht einstellte, da die Arbeiter nicht über die Mittel verfügten, die gleichzeitig den Unternehmern ihren Profit und ihnen die Befriedigung ihrer Bedürfnisse gesichert hätten. So blieb die Unterversorgung im kulturellen und sozialen Bereich (Kindergärten, Schulen, Krankenhäuser etc.) bestehen und ist z. T. heute noch nicht beseitigt. In einem engen Teilbereich jedoch gab es die Möglichkeit, durch eine Sonderform kollektiver Leistungen, d. h. durch Genossenschaften, bestehende Mängel in Selbsthilfe zu beseitigen, sei es in Form von Lesezirkeln, Konsum- oder Baugenossenschaften etc.[45] Darüber hinaus gab es im Ruhrgebiet eine Sonderform genossenschaftlicher Organisation, die Schnapskasinos, deren Ziel es war, ein besonderes Defizit, den Mangel an Wirtschaften, zu beheben.

Das Ruhrgebiet und hier vor allem die Industriegemeinden zählten zu den Gebieten des Kaiserreiches mit der geringsten Kneipendichte (vgl. Tabelle 8). Das am schlechtesten mit Wirtschaften versorgte Viertel der

---

44 Hierzu und zum folgenden: Denkschrift vom 8. 6. 1887 (s. Anm. 43).
45 Siehe dazu den Beitrag von *G. Huck* im vorliegenden Band.

Tabelle 8:
*Verhältnis Wirtschaft/Einwohner in ausgesuchten deutschen Städten
(1898)*

Gemeinde	Berlin	Münster	Bochum	Reckling-hausen	Dort-mund
Einwohner pro Wirtschaft (1898)	135	160	275	317	329

Gemeinde	Borbeck	Gelsen-kirchen	Essen	Alten-essen	Schalke	Ücken-dorf
Einwohner pro Wirtschaft (1898)	329	367	457	495	511	594

Quelle: G. *Tenius:* Die Gast- und Schankwirtschaften in den deutschen Gemeinden mit mehr als 15 000 Einwohnern nach dem Stande vom November 1898, in: Mitteilungen des Statistischen Amtes der Stadt Dortmund, H. 3, Dortmund 1901.

deutschen Gemeinden lag zu zwei Dritteln in den industriellen Provinzen Schlesien, Westfalen und Rheinland. Von allen erfaßten Orten an der Ruhr gehörten 18 (= 78 %) dieser Kategorie an. In den folgenden Jahren verschlechterte sich die Relation noch, da zwar der Zuzug anhielt, aber von den Verwaltungen keine oder nur sehr wenige neue Konzessionen erteilt wurden; so kamen in Hamborn 1900 auf eine Kneipe 545 Einwohner, 1910 jedoch 764. Allein mit solchen Zahlen läßt sich das Problem jedoch nicht hinreichend erfassen: Zusätzlich muß die aufgelockerte Bebauungsweise berücksichtigt werden. Vor allem die Industriegemeinden zogen sich über eine große Fläche hin, auf der einzelne Kolonien, Häuserzeilen und selbst alleinstehende Häuser planlos verteilt waren, so daß die Entfernung zur nächsten Kneipe hier größer war als in den dichtbesiedelten Stadtzentren.
Die Zugangsmöglichkeit zu Kneipen andererseits aber war sehr wichtig: Sie boten eine Möglichkeit, der Enge der Wohnung zu entkommen, sich nach der Arbeit zu treffen, Informationen auszutauschen und sich zu besprechen; häufig fanden in ihren Räumen Versammlungen der Gewerkschaften und der SPD, aber auch die Feiern der verschiedenen Vereine statt, kurzum, sie waren ein unentbehrlicher Bestandteil des sozialen Lebens der Arbeiter, dessen Nutzung ihnen im Ruhrgebiet erschwert und vor allem in den Kolonien systematisch verweigert wurde[46]. Das Problem bestand aber nicht nur darin, eine Kneipe zu finden,

---

46 Zur Bedeutung von Wirtschaften: *S. Reck* (s. Anm. 3), der allerdings etwas vereinfacht Arbeiter nach der Häufigkeit des (vermuteten) Kneipen-

viele konnten gar nicht in Wirtschaften gehen. Wer Mittagsschicht hatte, kam erst gegen 23 Uhr von der Arbeit zurück, wenn die Wirtshäuser bereits geschlossen hatten. Ähnliches galt für diejenigen, die in der Nachtschicht arbeiteten, auch sie waren von einem elementaren Bestandteil des Gemeinschaftslebens ausgeschlossen.

Eine Verbesserung der Situation schien sich mit der Gründung der Schnapskasinos aufzuzeigen. Hierbei handelt es such um geschlossene Gesellschaften, die zu dem Zweck gegründet wurden, Bier und Schnaps billig einzukaufen und preiswert an die Mitglieder abzugeben. Zu diesem Zweck mieteten sie einige Zimmer an, die häufig in der Nähe der Zechen lagen. Sie entstanden gegen Ende der 80er Jahre und gewannen sehr schnell an Mitgliedern; in Castrop z. B. wurden innerhalb von zwei Jahren (1890/92) fünf gegründet, die insgesamt 550 Mitglieder zählten. Nach einer Denkschrift des Oberbergamtes Dortmund gab es 1894 im Ruhrgebiet 110 Schnapskasinos mit 16 640 Mitgliedern, die sich im nördlichen Ruhrgebiet um Dortmund, Recklinghausen und Oberhausen konzentrierten und deren Mitglieder überwiegend Bergleute waren[47].

Ihre Statuten, die z. T. voneinander abgeschrieben waren, wiesen als Ziel den Ankauf von Bier und Branntwein, deren Verkauf an die Mitglieder und die Pflege der Geselligkeit aus. Es waren keine eingetragenen Vereine, sondern der Rechtsform nach Genossenschaften, da erst diese Organisationsform eine legale Grundlage für den Handel mit Alkohol gab. Als Genossenschaften bildeten sie geschlossene Gesellschaften, d. h., sie mußten die Polizeistunden nicht einhalten und konnten auch nicht kontrolliert werden, da die Polizei keinen Zugang hatte. Trotz – vielleicht gerade wegen – der fehlenden Kontrollmöglichkeiten waren die staatlichen Organe davon überzeugt, daß die Schnapskasinos »Brutstätten der sozialdemokratischen und aufständischen Be-

---

besuches in drei Gruppen einteilt: a) der familienorientierte Arbeiter, b) Dauergast im Wirtshaus, c) Arbeiter zwischen Familien und Wirtshaus. Die Ausführungen zu den Schnapskasinos basieren weitgehend auf den Akten im Staatsarchiv Münster OBA Dortmund 1834.

47 Vgl.: Denkschrift des OBA Dortmund vom Nov. 1894, Staatsarchiv Münster OBA Dortmund 1834; Stadtarchiv Castrop, Amt Castrop 17; zwar gehörten einige Mitglieder mehreren Kasinos an, andererseits waren zum Zeitpunkt der Erhebung andere bereits verboten, so daß die Zahl eher zu niedrig als zu hoch gegriffen ist. Ein treibendes Element waren z. T. die Kastellane, vor allem wenn es sich – was in einigen Fällen vorkam – um verhinderte Gastwirte handelte, die keine Konzession erhielten. Die Schnapskasinos waren nicht auf das Ruhrgebiet beschränkt, es gab sie auch im Saarland und in Oberschlesien, wo vergleichbare Bedingungen herrschten, sowie in Sachsen und Hessen-Nassau; im Ruhrgebiet allerdings hatten sie die größte Verbreitung.

wegungen« bildeten, in denen die »Mitglieder, hauptsächlich Sozialdemokraten ... ungestört bis tief in die Nacht (sitzen) .. dem Schnapse, der hier billiger (halber Preis) als in öffentlichen Wirtschaften verkauft wird, tüchtig zu(setzen) und ... nach Belieben Politik« treiben[48]. Gerade der letzte Punkt muß den Behörden Alpträume bereitet haben, die z. T. berechtigt waren, denn die Schnapskasinos waren auch eine Reaktion auf den behördlichen Kontrollapparat. So beklagte sich die SPD, daß sie nur mit Mühe Räume für Versammlungen bekäme und daß »die Wirte, die den Sozialdemokraten ihre Säle zu Versammlungen hergeben, über Nachteile durch die Behörden klagen«[49], was dazu führte, daß Schnapskasinos ihre Räume der SPD zur Verfügung stellten. Hinzu kam, daß es vor allem im Dortmunder Raum Kasinos gab, die als Kastellane (d. h. Wirte) Bergleute einstellten, die wegen ihrer Haltung beim Streik von 1889 von den Zechen entlassen worden waren; auch dies eher eine Reaktion der Arbeiter als eine parteipolitische Strategie. Die SPD setzte sich kaum für die Schnapskasinos ein, wohl um die »ehrbaren« auf Erwerb von Lebensmitteln gerichteten Konsumgenossenschaften nicht zu gefährden[50]. So beklagte die Rheinisch-Westfälische Arbeiterzeitung vom 20. Dezember 1894 nicht so sehr die Schließung der Kasinos überhaupt als vielmehr deren Zeitpunkt und fragte: »... mußte dieser Akt, der einer Anzahl von Familienvätern die Existenz raubt, gerade vor dem Weihnachtsfest stattfinden?«

Zumindest in der Anfangsphase jedoch war die Gründung von Kasinos keine politische Veranstaltung, sondern entsprang vielmehr Zweckmäßigkeitsüberlegungen, die in einem Schreiben der Gesellschaft »Zur Guten Hoffnung« zu Castrop vom 11. Juli 1891 genannt werden:

»In der Grube der Zeche Graf Schwerin ist es bekanntlich, und wenn erforderlich kann es ebenfalls leicht festgestellt werden, sehr heiß, so daß die in derselben arbeitenden Bergleute zu jeder Jahreszeit im Schweiße gebadet werden. Die Mittagsschicht beginnt Nachmittags 2 Uhr und endet mit Ein- und Ausfahrt zirka 11 Nachts. Viele Bergleute wohnen ziemlich weit von der Zeche entfernt und zwar bis zu 1 Stunde Entfernung. Wenn dieselben in sehr erhitztem Zustande, besonders bei nassen und kaltem Wetter, zumal zur Winterszeit bei Frost und Schnee aus der Grube kommen und in solchem Zustande den Weg in ihre Wohnungen zurücklegen müssen, so ist ihre Gesundheit selbstverständlich im höchsten Grade gefährdet, wenn sie nicht zuvor irgendeine passende Erfrischung erhalten und ihre Kleider trocknen können.
Das Haus der Ww. Senft liegt in fast unmittelbarer Nähe der Zeche und

48 Bericht Bergrevier Dortmund-W., Staatsarchiv Münster OBA Dortmund 1834.
49 Rheinisch Westfälische Arbeiterzeitung vom 20. 12. 1894.
50 Vgl. Sten. Berichte über die Verhandl. des Reichstags, IX. Leg.Periode, IV. Sess., 1895/97, Bd. II, S. 1273 ff.; Bd. IV, S. 2505 ff.

zwar in dem Kreuzungspunkte der Straßen, mithin das entsprechendste Lokal dieses Bezirkes.

Die Wirtschaften sind zur genannten Zeit geschlossen um sich zu wärmen, und wenn das auch nicht so wäre, so würde der Herr Wirt es doch nicht gerne sehen, wenn Leute welche so durchnäßt sind die Gegenstände schmutzig zu machen vielmehr die Kleider zu trocknen.

Dagegen soll das Gesellschaftslokal bei Tag und Nacht zur Winterzeit warm gehalten werden und den Mitgliedern der Zutritt gestattet sein trotzdem sie sich in nassen oder schwarzen schmutzigen Kleidern befinden, um ihre Erfrischungen gemeinschaftlich verzehren und ihre Kleider trocknen zu können. Dieser Zweck der Gesellschaft ist in keiner Weise darauf gerichtet, den menschlichen Leidenschaften irgendwie zu fröhnen, sondern die Gesundheit ihrer Mitglieder möglichst vor Nachteilen zu schützen.«[51]

Auf solche Argumente ließen die Behörden sich nicht ein. Nach den Mitteilungen an das Oberbergamt Dortmund waren die Schnapskasinos »die eigentlichen Brutstätten der Trinksucht, der Arbeitsscheu, der Verrohung, der häuslichen Zerrüttung und des Familienelendes und schädigen im höchsten Grade das öffentliche Wohl«[52]. Sie kannten nur das eine Ziel, diese Horte allen Unglücks zu verbieten, und sie scheuten keine Anstrengung und keinen Winkelzug.

Der Landrat von Hörde z. B. erließ eine Verfügung, wonach pro Mitglied 1/2 qm Grundfläche vorhanden sein müsse, wohl wissend, daß das das Ende der mitgliederstarken Arbeitergesellschaften gewesen wäre, die derart große Räume nicht finanzieren konnten, daß aber bürgerliche Gesellschaften davon nicht betroffen wurden. Die Kasinos jedoch gaben sich so einfach nicht geschlagen. Gegen die Hörder Verfügung riefen sie das Gericht an, das in der ersten Instanz dem Landrat recht gab. Der Prozeß wurde jedoch weitergeführt, und vor dem Kammergericht in Berlin errangen sie schließlich einen Erfolg. Insgesamt hat es eine Vielzahl von Prozessen gegeben mit unterschiedlichem Ausgang. In anderen Prozessen wurde gegen die Kasinos argumentiert, auch Nicht-Mitglieder hätten in ihnen Alkohol erhalten, und in solchen Fällen wurden drastische Strafen verhängt, die zwischen 20 und 50 Mark lagen, – zum Vergleich: Die Gesellschaft Einigkeit zu Hukkarde zahlte für ihre Räume nur 170 Mark Jahresmiete. Angesichts dieser hohen Strafen stellten mehrere Kasinos ihren Betrieb ein, andere jedoch machten weiter. Sie hatten einen sehr geringen Aufnahmebeitrag von 20 Pfg., ließen das Mitgliederbuch in ihren Räumen liegen, so daß sich beim Nahen der Polizei jeder noch schnell nachtragen konnte oder aber ernannten – wo die plötzliche Neuaufnahme nicht

---

51 Stadtarchiv Castrop, Amt Castrop 17.
52 Bericht Bergrevier Oberhausen vom 3. 5. 1894, Staatsarchiv Münster OBA Dortmund 1834.

mehr möglich war – Anwesende zu Ehrenmitgliedern, so daß einige Vereine mehr Ehrenmitglieder als reguläre Mitglieder hatten.

Auf administrativem und gerichtlichem Wege war den Kasinos somit nicht beizukommen, zumal der Ausgang der Prozesse nicht immer im Sinne der Behörden war. Darüber hinaus bewirkten ihre repressiven Maßnahmen in vielen Fällen ein höchst unerwünschtes Resultat, wie der Bericht des Oberbergamtes feststellte:

> »Ihre Organisation war anfänglich nur sehr locker und hat erst im Kampfe mit den Landespolizeibehörden eine festere, auf dem Boden der Gesetze stehende Form angenommen.«[53]

Ein wirksames Vorgehen war erst nach einer Gesetzesänderung im Reichstag möglich, der zufolge fortan auch Genossenschaften eine Konzession benötigten, wenn sie Alkohol ausschenken wollten. Diese Konzessionen wurden natürlich nicht erteilt, so daß in kurzer Zeit alle Kasinos geschlossen wurden[54].

Auch diesem Versuch, die infrastrukturellen Defizite genossenschaftlich zu beheben, wurde also von seiten der Behörden abgeholfen. Die Idee der Selbsthilfe durch Vereinsgründungen blieb jedoch auf verwandten Gebieten weiter wirksam. Vereine nämlich konnten relativ leicht die Erlaubnis bekommen, ein Fest zu organisieren, so daß viele Vereine eigens zu dem Zweck gegründet wurden, eine Feier zu organisieren, um sich nach deren Abhaltung z. T. wieder aufzulösen. Dies war den Behörden bekannt; zumindest die Bürgermeisterkonferenz der Gemeinden des Landkreises Essen gab sich in dieser Frage geschlagen und sah keine Möglichkeit, generell dagegen vorzugehen, wie ihr Beschluß vom 18. Oktober 1910 zeigt:

> »Die Genehmigung von Tanzlustbarkeiten erscheint für einzelne Ausflugsorte unbedenklich und mit Rücksicht auf die leichte Möglichkeit, das Tanzverbot durch Veranstaltung von angeblichen Vereinsfesten zu umgehen, sogar wünschenswert.«[55]

Das schloß jedoch nicht aus, daß einzelne Gruppen – wie vor allem die Polen und die Sozialdemokraten – immer wieder unter den Eingriffen und Verboten der Polizei zu leiden hatten.

Auch Familienfeste wie Kindtaufe, Hochzeit etc. boten eine Chance zu steuerfreiem und unbeaufsichtigtem Feiern, ohne daß man jedoch der Kontrolle entkommen konnte: Die Polizei hatte ein Auge darauf, ob an solchen Feiern – für die die Polizeistunde verlängert

---

53 Denkschrift des OBA Dortmund (s. Anm. 47).
54 Das Gesetz, es handelt sich um eine Änderung der Gewerbeordnung, wurde am 10. 6. 1896 in 3. Beratung verabschiedet; vgl. Reichtagsprotokolle, Bd. IV, S. 2505 C.
55 Stadtarchiv Essen, Landkreis Essen 114, 12.

werden konnte – auch wirklich nur Familienangehörige bzw. eingeladene Gäste teilnahmen. War das nicht der Fall oder wurde eine Umlage zur Deckung der Kosten erhoben, mußte Lustbarkeitssteuer entrichtet werden.

Jedoch, auch diese Versuche, die strikten Regulierungen zu umgehen, stießen auf Grenzen. Fast im ganzen Revier war es untersagt, nach einem Lohntag oder dem Tage der Abschlagszahlung ein öffentliches Fest zu feiern, d. h. an jedem 1. und 3. Wochenende eines jeden Monats. In der Aufstellung und Durchsetzung dieser Vorschrift waren die Behörden sich mit den Unternehmern einig: Beide beklagten, die Arbeiter würden an diesen Tagen ihr ganzes Geld ausgeben und – schlimmer noch – am nächsten Tag nicht zur Arbeit kommen. Letzteres wiederum kann nicht verwundern, denn bis zum Ersten Weltkrieg gab es keinen bezahlten Urlaub, und eine Möglichkeit, einen freien Tag zu haben, bestand darin, zu fehlen[56]. Vor allem eine Feier war den Unternehmen und der Verwaltung ein besonderer Dorn im Auge: die jährliche Frühjahrs- und Herbstkirmes, die bäuerlichen Ursprung hatte, jedoch beibehalten wurde und das große Fest in jeder Gemeinde war. Immer wieder bemühten sie sich – von den Regierungspräsidenten unterstützt – diese Kirmessen abzuschaffen und nur eine entschärfte Version zu gestatten. In Hamborn war diese Allianz siegreich und vermochte die Kirmestage durch ein allgemeines Volksfest zu ersetzen, das den einzelnen Vereinen und insbesondere der Jugend die Möglichkeit bot, »ihr Können auf den verschiedensten Gebieten wie Gesang, Spiel und Sport sowie in einer prächtigen Parade öffentlich zu zeigen«[57]. Die Arbeiter waren nicht begeistert: selbst die Möglichkeit, ein Hoch auf den Kaiser auszubringen, trug nicht zur Hebung der Stimmung bei. Anderswo machte sich die bäuerliche Mehrheit in Gemeinderäten bei dieser Frage zum Vorteil der Arbeiter bemerkbar. Die Bürgermeister setzten sich immer wieder vehement für die Abschaffung ein, konnten jedoch die Gemeinderäte nicht überzeugen, die zum einen dieses Fest selbst gerne feierten und darüber hinaus ein wirtschaftliches Interesse hatten: mit den Kirmessen waren Märkte verbunden, die sich aus der alten Tradition dieser Feste erklären, und man befürchtete, eine Abschaffung der Kirmesse würde auch ein Ende der Märkte bedeuten. Da half es nichts, daß die Bürgermeister – wie in Bottrop – von den Zechen Unterlagen anforderten, wieviele Tage anläßlich jeder Kirmes gefeiert wurden. Der Bottroper Gemeindevorsteher ging sogar

---

56 Vgl. *J. Reulecke:* Vom blauen Montag zum Arbeiterurlaub, in: Archiv für Sozialgeschichte, Jg. 16 (1976), S. 205–248.

57 Verwaltungsbericht Hamborn 1910, S. 5, 70; vgl. *E. Lucas* (s. Anm. 4) S. 103 ff.

so weit, die Polizei beobachten zu lassen, welche Kinder mehr als 50 Pfg. ausgäben, legte dem Gemeinderat eine entsprechende Liste vor und argumentierte, dieses Geld könnten sie nur unrechtmäßig erworben haben. Selbst die »bestürzende« Beobachtung, ein älterer Junge habe einem kleineren den Ball weggenommen, konnte den bockigen Gemeinderat nicht von der Verwerflichkeit der Kirmessen überzeugen. Der arme Junge allerdings wurde dem Lehrer gemeldet, der »disziplinarische Maßnahmen einleitete«[58].

Funktionswandel der Zechenkolonie

»Genießet, was Euch beschieden ist. Nach gethaner Arbeit verbleibt im Kreise der Eurigen, bei den Eltern, bei der Frau und den Kindern und sinnt über Haushalt und Familie. Das sei Eure Politik, dabei werdet Ihr frohe Stunden erleben.«

Das sagte 1877 der Apostel des Werkswohnungsbaus in Deutschland, Alfred Krupp, zu »seinen« Arbeitern und entwarf damit in der Tat ein unternehmerisches Kontrastprogramm zu den proletarischen Lebensbedingungen[59]. Er hatte die Vision eines Industrieimperiums, insofern seinem Werk eine kolonieartig angelegte »große Arbeiterstadt« als »ein belebter Theil der Fabrik«[60] vorlagert, d. h. in dem auch der private Bereich der Arbeiter vom Werk gestaltet und der industriellen Disziplin unterworfen sein sollte. Derartige Wünsche spielten in den unternehmerischen Beiträgen zur Diskussion um die Arbeiterwohnungsfrage in den kommunalen Jahrzehnten eine große Rolle, wenn auch meist in einer gemäßigteren Variante, die bereits 1865 von einem Fabrikanten auf die Formel gebracht wurde: »Die Arbeiter, denen man eine gute Wohnung anbieten kann, sind meistens solche, auf die

58 Stadtarchiv Bottrop, BOT AV 7, 3.
59 *W. Berdrow* (Hg.): Alfred Krupps Briefe 1826–1887, Berlin 1928, S. 93.
60 Alfred Krupp an die Firma vom 25. 11. 1872 (Hist. Archiv Friedr. Krupp, Essen). Die Anfänge des Kruppschen Wohnungsbaus gehen indessen nicht auf Visionen, sondern auf die Notwendigkeit zur Ansiedlung seiner Arbeiter zurück, da man in Essen keine Anstalten zu ihrer Unterbringung machte: entsprechend wurden zunächst baracken- und kasernenartige Gebäude errichtet. Erst seit den 80er Jahren wurden dann am englischen Vorbild orientierte Modellsiedlungen errichtet. Zu den Krupp-Siedlungen siehe zuletzt *R. Günter:* Krupp und Essen, in: *M. Warnke* (Hg.): Das Kunstwerk zwischen Wissenschaft und Weltanschauung, Gütersloh 1970, S. 128 ff.; *J. Schlandt:* Die Krupp-Siedlungen – Wohnungsbau im Interesse eines Industriekonzerns, in: *H. G. Helms / J. Janssen:* Kapitalistischer Städtebau, 2. Aufl. Neuwied und Berlin 1971, S. 95 ff.; *H. Sturm:* Fabrikarchitektur, Villa, Arbeitersiedlung, München 1977, S. 133 ff.

man sich auch besser verlassen kann.«[61] Quantitativ hat der Werkswohnungsbau in ganz Deutschland bis zum Ersten Weltkrieg aber nur
eine ganz unbedeutende Rolle gespielt, weil sich das dort angelegte
Kapital niedriger verzinste als dasjenige, das unmittelbar in die Produktion investiert wurde. Außerdem war im wilhelminischen Staat
die polizeiliche Peitsche wohlfeil, so daß die meisten Unternehmer
glaubten, kaum etwas in Zuckerbrot investieren zu müssen. Für die
Masse der Arbeiter blieb die betriebliche Sozialpolitik im Kaiserreich
Geistesgeschichte.

Es ist deshalb von vornherein unwahrscheinlich, daß es diese Argumente der sozialpolitischen Debatten waren, die den Unternehmern
an der Ruhr und insbesondere den Zechen das Kapital für den Bau von
Werkswohnungen und Kolonien aus der Tasche lockten, denn nur in
den Bergbau-Bereichen wohnten schon um 1890 über ein Zehntel der
Arbeiter mit ihren Familien in Werkswohnungen, und von da an knickt
die Kurve steil nach oben: pro Jahrzehnt kommt rund ein weiteres
Zehntel hinzu, um nach dem Ersten Weltkrieg etwa 40 % der Bergleute zu umfassen. Da gleichzeitig die Gesamtzahl der Bergleute sprunghaft zunahm, sind die absoluten Zahlen des Wohnungsbestandes im
Zechenbesitz noch eindrucksvoller: 1873 sind es 5 500; 1893 erst 10 525,
1901 schon 26 547, 1914 82 816 und 1920 124 859 Wohnungen mit
173 854 Belegschaftsmitgliedern, was einer Wohnbevölkerung zwischen
einer halben und einer Dreiviertel Million entsprechen dürfte[62]. Schon
vor dem Krieg verzeichneten nördliche Bergreviere, deren Zechen in
infrastrukturell besonders rückständigen Gebieten errichtet worden
waren, die Hälfte bis zwei Drittel der Belegschaften als Mieter in werks-
eigenen Kolonien: Hamm 68,2 %, Duisburg 66,6 %, Recklinghausen-
Ost 53,8 %, Essen-West 52,6 % (und der westfälische Teil mit Bot-

61 Zit. in: *L. Puppke:* Sozialpolitik und soziale Anschauungen frühindu-
    strieller Unternehmer in Westfalen, Köln 1966, S. 183. (Hier auch weite-
    res Material zu den Motiven für Werkswohnungsbau vor allem in der
    Textil- und Metallindustrie.)
62 Die Angaben für 1873 nach *J. Hiltrop:* Beiträge zur Statistik des Ober-
    bergamtsbezirks Dortmund mit besonderer Berücksichtigung der Ansied-
    lungsbestrebungen der Grubenbesitzer für die Belegschaft ihrer Werke, in:
    Zeitschrift d. kgl. preuß. stat. Bureaus 1875, S. 245 ff.; für 1893 nach
    O. *Taeglichsbeck* (s. Anm. 18), Bd. 2, S. 6 ff.; für 1901 nach *R. Hundt*
    (s. Anm. 18), S. 16 ff. Für 1914 und 1920 nach: Staatsarchiv Münster,
    OBA Dortmund 1837. Im folgenden Jahrzehnt, für das man ursprünglich
    den Bedarf auf noch einmal 120 000 Wohnungen geschätzt hatte, wurden
    tatsächlich weitere 28 000 Wohnungen gebaut. Vgl. 10 Jahre Treuhand-
    stelle für Bergmannswohnstätten im rhein.-westf. Steinkohlenbezirk,
    Essen 1930, S. 22 f. Einen knappen Überblick gibt *I. Lange-Kothe:*
    100 Jahre Bergarbeiterwohnungsbau, in: Der Anschnitt, Jg. 2 (1950),
    Nr. 3, S. 7 ff.

trop 51,2 %); Recklinghausen-West 44,6 %. Andererseits wohnten in südlichen Traditionsrevieren wie Witten, Hattingen oder Wattenscheid noch kaum 10 % in Kolonien[63] – schon· dieser Kontrast macht es wenig wahrscheinlich, daß nur die Bergassessoren an der Emscher ein Ohr für sozialpolitische Bedürfnisse oder ein Auge für Disziplinierungsstrategien gehabt hätten.

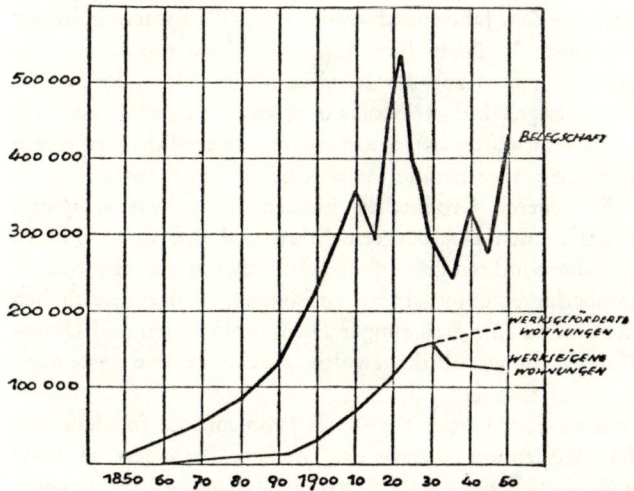

Abb. 18: Zechenbelegschaft und Werkswohnungen 1850–1950

Wir müssen vielmehr zwei Motivebenen unterscheiden: a) wodurch wurden Zechen zum Bau von Werkswohnungen gezwungen und b) welche zusätzlichen Absichten verfolgten sie (mehr oder minder intensiv) darüber hinaus, wenn sie schon einmal bauen mußten. Über die tatsächlichen Folgewirkungen wäre auch damit noch nichts gesagt; diese müssen gesondert diskutiert werden. Der ökonomische Zwang bestand darin, unter den Bedingungen standortgebundener Produktion und defizienter Urbanisierung eine betriebsnah verfügbare, qualifizierte Stammbelegschaft rekrutieren und darüber hinaus überhaupt Arbeitskräfte für die Zechen gewinnen zu müssen. Das mochte im Süden des Reviers während der Bismarckzeit und auf der Ebene kleinerer und mittlerer Betriebe auch im Norden zum Bau von Dienstwohnungen für Steiger vor dem Tor der Zeche, einer Zeile Katen und einer Menage für jüngere Immigranten führen – vergleichweise traditionelle Maßnahmen vor dem Hintergrund, daß die

---

63 Angaben für 1914 wie Anm. 62.

älteren fiskalischen Bergwerke schon seit langem einen Teil der Bergleute mit Dienstwohnungen versahen[64].

Angesichts des explosionsartigen Wachstums des Bergbaus nach 1890 und insbesondere nach der Jahrhundertwende gewann das Problem aber neue Dimensionen, besonders wenn man nicht so sehr auf die Steigerungsraten als auf die absoluten Zahlen sieht: In den Spitzenjahren der Expansion wuchs die Belegschaft der Ruhrzechen um 20–30 000 Mann, und im Jahresdurchschnitt 1890–1913 waren es immer noch fast 15 000 neue Bergleute. Nimmt man Familien und notwendige Dienstleistungen hinzu, so zog der Bergbau allein jedes Jahr die Bevölkerung eines riesigen Industriedorfs oder einer mittleren Stadt ins Revier. Das Problem wurde damit aus einem nur baulichen zu einem städtebaulichen, dem aber gerade im nördlichen Emscherstreifen, wo es sich um die neueren Großzechen konzentrierte, kein adäquates Lösungspotential in den Dorfbürgermeistern und den überständigen ländlichen Zwischenschichten gegenüberstand. Schon um die benötigten Arbeitskräfte überhaupt unterbringen zu können, mußten die Zechen ihre früheren Ansätze zum Bau einiger Dienstwohnungen und Unterkünfte zu einer Siedlungspolitik gewaltig ausdehnen und systematisieren.

Hinzu kam ein zweites, bereits erwähntes Problem: die fortdauernde Mobilität der Bergleute zwischen den Zechen, besonders in Aufschwungphasen, die offenbar dem Bestreben entsprang, den Arbeitskräftebedarf in eine Art individuelle Tarifpolitik umzumünzen. Die Mobilität führte bei den Unternehmen zu höherem Verwaltungsaufwand, schwierigerer Kalkulation und Planung, Konkurrenz um Arbeitskräfte, ständigen Anlernperioden, geringerer Leistung und vermehrten Arbeitsunfällen. Nach einer Analyse der Mobilitätsraten der Gesamtbelegschaften und deren Vergleich mit den in den Kolonien wohnenden Arbeitern kam eine Studie des »Vereins für die bergbaulichen Interessen« zu dem Schluß:

> »Die Anlage guter Arbeiterwohnungen ist für den Ruhrkohlenbezirk das beste und einzige Mittel, den Arbeiter seßhaft zu machen, den äußerst starken Belegschaftswechsel mit seinen wirtschaftlichen und sozialen Schäden einzuschränken. Die niedrige Verzinsung des Anlagekapitals ist nur

---

64 Vgl. *K. Tenfelde,* S. 321 ff., und für die anderen Reviere O. *Taeglichsbeck:* Die Wohnungsverhältnisse der Berg- und Salinenarbeiter im Oberbergamtsbezirk Halle, in: Zeitschrift für das Berg-, Hütten- und Salinenwesen in dem Preußischen Staate, Jg. 40 (1892), S. 1 ff.; *ders.:* Die Beförderung der Ansiedlung von Arbeitern der Staatsberg-, Hütten- und Salzwerke ..., in: Schriften der Zentralstelle für Arbeiterwohlfahrtseinrichtungen 1 (1892), S. 98 ff.; *K. Seidl:* Das Arbeiterwohnungswesen in der Oberschlesischen Montanindustrie, Kattowitz 1913.

eine scheinbare; in Wirklichkeit wird die höhere Arbeitsleistung einer seßhaften, mit den Flözverhältnissen vertrauten Belegschaft den Ausfall an Kapitalzinsen bald mehr als aufwiegen, der Bau von guten Arbeiterwohnungen daher den Arbeitgebern nicht minder wie den Arbeitern zum wirtschaftlichen Vorteile gereichen.«[65]

Tabelle 9:
Werkswohnungen und Belegschaftswechsel 1900

Zeche	Zahl der Wohnungen	Anlagekosten pro Wohnung M	Preis einer fremden Wohnung ist höher %	Belegschaftswechsel Gesamt-Belegschaft %	Kolonie Bewohner %
Neu-Essen	509	1 842	20	49,9	3,0
Kölner Bergwerks-Verein	385	5 000*	100	58,2	12,0
Prosper	643	2 651	20	101,9	10,5
Concordia	222	3 515	30	72,3	5,0
GHH-Bergbau:					
Hugo	32	9 000	10		kein
Osterfeld	230	3 653	60	78,2	1,57
Oberhausen Schacht I, II und III	77	3 298	40–50		kein
Deutscher Kaiser	1 507	4 476	100	77,9	5,0

Quelle: *G. Adelmann:* Quellensammlung zur Geschichte der sozialen Betriebsverfassung, Bd. 2, Bonn 1965, S. 66.

Die Gründe für den einsetzenden Abfall der Mobilitätsraten der Koloniebewohner sind auf zwei Ebenen zu suchen. Auf der einen Seite bedeutete eine Koloniewohnung wirtschaftlichen Gewinn: sie kostete weniger Miete als eine ähnlich große Wohnung auf dem »freien« Wohnungsmarkt (so dort eine zu finden war); sie war gewöhnlich von einem Garten umgeben und ermöglichte dadurch Gemüseanbau; sie lag meist in unmittelbarer Nähe des Arbeitsplatzes, so daß der Wegfall langer Arbeitswege eine praktische Arbeitszeitverkürzung bedeu-

---

65 *R. Hundt* (s. Anm. 18), S. 39; Analyse der Gründe, Motive und Folgen des Werkswohnungsbaus bei *A. F. Heinrich:* Die Wohnungsnot und die Wohnungsfürsorge privater Arbeitgeber in Deutschland, phil. Diss. Marburg 1970, S. 134 ff., und spezieller für die Kolonien an der Ruhr: *M. Weisser:* Arbeiterkolonien – über die Motive zum Bau von Arbeiterwohnungen durch industrielle Unternehmen im 19. und frühen 20. Jh. in Deutschland, in: *J. Petsch* (Hg.): Architektur und Städtebau im 20. Jh., Bd. 2, Berlin (West) 1975, S. 7 ff.

tete; das machte sie auch für Schlaf- und Kostgänger attraktiv, was einen Nebenerwerb der Frau ermöglichte. Auf der anderen Seite waren diese Privilegien aber auch eine Fessel: da der Mietvertrag an den Arbeitsvertrag gebunden war, wirkten die Frauen und Familien auf den Arbeiter ein, auf die Ausnutzung der Konkurrenz der Zechen um Arbeitskräfte durch Firmenwechsel und auf Streikrisiken zu verzichten. Die Kolonie, gelegentlich einschließlich einer Kneipe, wurden von den Unternehmern überwacht; politisches und sonstiges Wohlverhalten schien ratsam. Die Bedeutung dieser Fesseln lag wohl eher in einer latenten Bedrohung, weniger in aktueller Gefährdung, denn den Unternehmern blieb angesichts der Arbeitskräfteknappheit und der großen Solidarität auch nach Streiks oft gar nichts anderes übrig, als auch die Streikenden wieder einzustellen, wollten sie nicht ganz ohne Arbeiter dastehen.

Suchten die Zechengesellschaften beide Ziele zu erreichen – Arbeits-

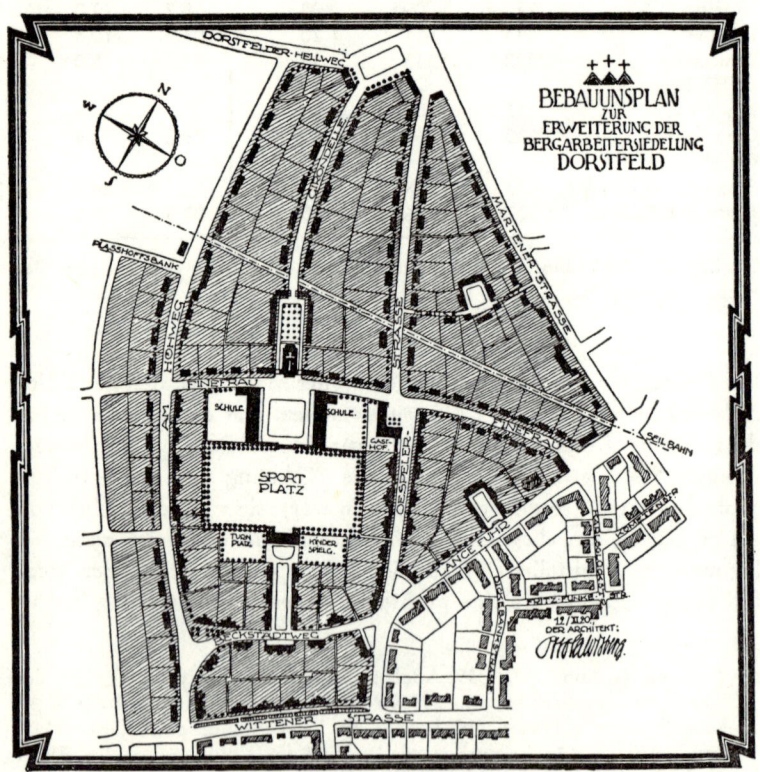

Abb. 19: Dorstfeld ist ein Beispiel für eine Modellsiedlung mit geordneter Straßenführung sowie Häusern, die wie in einer Perlenkette aneinandergereiht sind und sich um einen »Dorf«mittelpunkt scharen.

kräfte zu gewinnen und zu binden – so wurden sie durch ihr kollektives Wachstum förmlich in die betriebliche Siedlungspolitik hineingezwungen. Mit Menagen war nichts mehr auszurichten; es mußten Siedlungen entstehen, die mehr Vorteile boten, sowohl ökonomisch als auch ökologisch. Verschiedene Faktoren wirkten zusammen, daß dies möglich wurde, d. h., daß der größere Teil der Anlagen als planvoll ausgelegte Quartiere mit kleinen und mittleren Häusern mit 2–8 Wohnungen und Gärten bei relativ billigen Mieten gebaut werden konnte. Grundlegend war der große Landbesitz der Zechen, der wegen der Gefahr von Bergschäden nicht veräußert und auch nur extensiv bebaut werden konnte. Dazu kam, daß der Bau bei einer größeren Anzahl von Häusern rationalisiert und verbilligt werden konnte, wobei meist auf die in der Wohnungsreformbewegung entwickelten architektonischen Typen zurückgegriffen, damit Irrwege vermieden und erneut gespart werden konnte. Solche Vorarbeit machte sich auch in einer – wenn auch geringen – Anzahl von Kolonien in ihrer städtebaulichen Anlage bemerkbar, die sich an Modelle der Gartenstadtbewegung oder philantropischer Pionierwerkssiedlungen anlehnten[66] (s. Abb. 19).

Daß aus der Geistesgeschichte der Reform zunehmend wirtschaftliche Realpolitik wurde, dürfte nicht zuletzt an neuen Möglichkeiten bei der Realkreditbeschaffung zu niedrigen Zinssätzen gelegen haben, vor allem für die sonst teuren zweistelligen Hypotheken. Seit den 90er Jahren liehen die Landesversicherungsanstalten der neuen Rentenversicherung die angesparten Beiträge zu Niedrigzinssätzen von 2 bis 4,75 % für gemeinnützigen Arbeiterwohnungsbau vor allem an Baugenossenschaften, aber auch an Unternehmen aus, wobei die Bauträger an bestimmte Wohnungsstandards gebunden waren. Teilweise gingen die Werke auch dazu über, ihren Wohnungsbau über Genossenschaften zu betreiben, denen sie Grundstücke zur Verfügung stellten, womit sie die letzte Verfügung in der Hand behielten; da in solchen Fällen die Arbeiter oft in Eigenarbeit sich am Hausbau beteiligten und die Genossenschaften mit den billigen Krediten der Landesversicherungsanstalten bauen konnten, senkte sich der Kapitalaufwand noch weiter. Mangels genauer Untersuchungen ist die Einzelwirkung dieser von den Arbeitern selbst aufgebrachten Kredite speziell für den Zechenwoh-

---

66 Vgl. *H. Sturm*, S. 126 ff. Eine wertvolle morphologisch-historische Aufnahme für eine Stadt (Dortmund) existiert jetzt in dem Katalog *F. Bollerey / K. Hartmann:* Wohnen im Revier, 99 Beispiele aus Dortmund, München 1975. Zur Analyse *dies.:* Wohnen im Revier, in: Stadtbauwelt, Nr. 46 (1975), S. 85 ff. Vgl. auch die exemplarischen Aufnahmen des Landeskonservators Rheinland (Hg.): Arbeitersiedlungen 1, 2. Aufl. Köln 1975; *W. Hansmann / J. Kirschbaum:* Arbeitersiedlungen 2, 2. Aufl. Köln 1975.

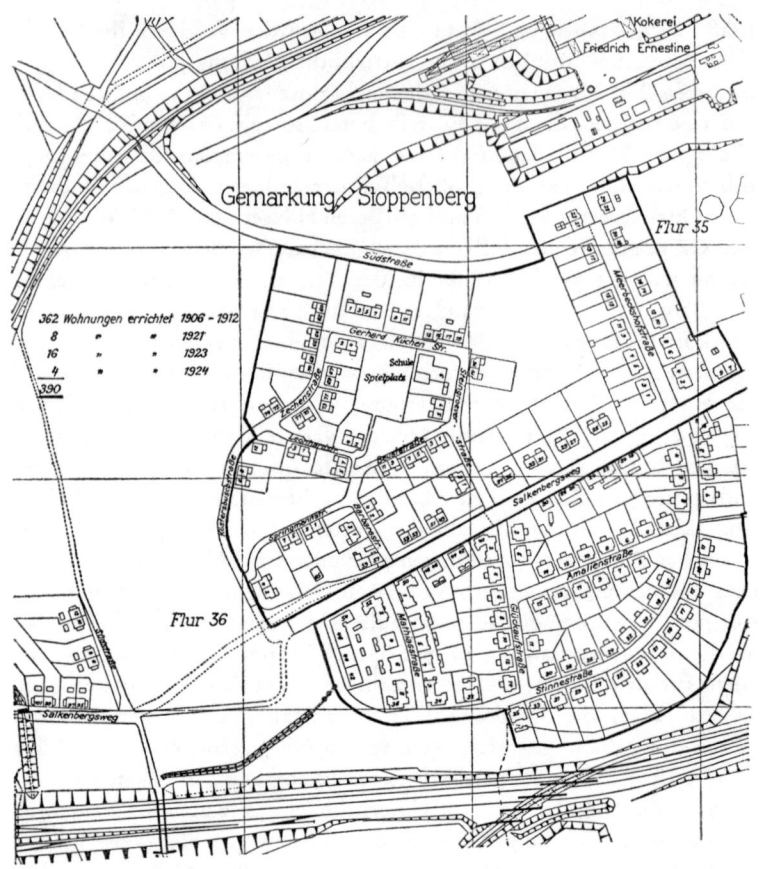

Abb. 20: Siedlungen der Stinneszechen in Essen. Die Abbildung zeigt ebenfalls eine planvoll angelegte Kolonie, die sich jedoch dem bestimmenden
Einfluß der sie umgebenden Straßen, Schienenanlage und Zeche nicht entziehen kann und sie zu einer ›Planungsinsel‹ in einer unstrukturierten, von
den Erfordernissen der Industrie geprägten Umgebung werden läßt.

nungsbau schwer einzuschätzen. Es handelte sich aber insgesamt um
erhebliche Mittel – bis 1916 etwa 530 Mill. Mark im Reich, von denen
etwa ein Drittel allein in den Provinzen Rheinland und Westfalen
überwiegend an Baugenossenschaften und Stiftungen (über 90 Mill.
Mark) ausgeliehen wurden, während die Produktionskosten einer
Wohnungseinheit unter 4 000 Mark lagen und nur teilweise kredi-
tiert wurden. Da aber nur ein relativ kleiner Teil dieser Summen direkt
dem Werkswohnungsbau zugänglich gemacht wurde – als sicher darf
dies für 21 Mill. Mark des Knappschaftsvereins Bochum gelten – und
der Anteil der über Baugenossenschaften errichteten Zechenwohnungen

derzeit nicht bekannt ist, wird man nur soviel sagen können: Der buchmäßige Kapitalaufwand für den Zechenwohnungsbau von 1890 bis 1914 in Höhe von etwa 280 Mill. Mark dürfte zwar in seiner Masse von den Firmen selbst aufgebracht worden sein, real war der Aufwand durch den Einsatz ohnehin vorhandener Grundstücke und Arbeitskräfte aber wesentlich niedriger und die Verwendung von Hypotheken der Versicherungsanstalten, deren Zinsen meist unter den Erträgen der Wohnungen lagen, dürfte die Spitzenfinanzierung wesentlich erleichtert haben[67].

Die Kolonien, die seit der Jahrhundertwende aus einzelnen früheren Modellen und zahlreichen Kümmerformen weiterentwickelt und zur beherrschenden Siedlungsform der meisten Bergbaugemeinden des nördlichen Reviers wurden, durchwirkten die öffentliche Planlosigkeit der aus Industriedörfern zusammengewucherten Agglomeration mit einem Element privater Planung: hier sind die Häuser regelmäßig, typisiert, an Fluchtlinien ausgerichtete, meist zeilenmäßig aufgereiht, seit der Jahrhundertwende aber auch unter dem Einfluß der Gartenstadtbewegung zunehmend in künstliche Hofburgen oder Dorfrundlinge gruppiert[68]. Obwohl besonders während der großen Immigrationsschübe durchaus auch mehrgeschossige Mietanlagen errichtet wurden, überwiegt der Versuch, architektonisch ländliche Einzelhäuser nachzuahmen, in die zwar mehrere Wohnungen hineingezwängt sind, die aber durch eigene Hauseingänge dennoch den Anschein der Eigenständigkeit bewahren. Sicher war es das Bestreben, die Familien einer vergrößerten Stammarbeiterschaft in ihrer Struktur abzuschließen und sie anzubinden, sie von urbanen Verlockungen und Politik abzusondern und sie auf diesen Inseln geplanter Agrarromantik einer Umweltwahrnehmung auszusetzen, die proletarischer Klassenbildung entgegenwirken sollte.

---

67 Diese Erwägungen basieren auf Angaben in den Beiträgen von *Schmohl:* Die Arbeitgeber, und *Rusch:* Die Förderung der Kleinwohnungsproduktion durch Reich, Staat und Gemeinden, in: *C. J. Fuchs* (Hg.): Die Wohnungs- und Siedlungsfrage nach dem Kriege, Stuttgart 1918, S. 263 ff., 312 ff. sowie von *Rusch:* Die Leistungen der Landesversicherungsanstalten auf dem Gebiet des Arbeiterwohnungsbaus, in: Sonderbeilage zum Reichs-Arbeitsblatt, Nr. 6 vom Juni 1916, S. 21 ff., bes. S. 24 f. Vgl. auch *C. Schmidt:* Die Aufgaben und die Tätigkeit der deutschen Invalidenversicherungsanstalten in der Arbeiterwohnungsfrage, Köln 1905; *A. Bosse:* Die Förderung des Arbeiterwohnungswesens durch die Landesversicherungsanstalten, Jena 1907, und den Überblick über die Entwicklung in Westfalen bei *E. Dösseler:* Die Entwicklung des sozialen Wohnungsbaus, in: Tradition, Jg. 13 (1968), S. 133 ff.

68 Vgl. die Karten und architekturgeschichtliche Phaseneinteilung bei *F. Bollerey / K. Hartmann* (s. Anm. 66), S. XI ff.; s. auch Bild 20 im vorliegenden Band!

Aber in gewisser Weise läßt sich sagen, daß hier der Wirt die Rechnung ohne den Gast gemacht hat. Mochten die Kolonien sich auch zu ganzen Dörfern und Stadtteilen ausdehnen, so konnten sie doch nicht die Wirklichkeit ganz aus dem Blick verdrängen. Der Förderturm und nicht der Kirchturm beherrschte die Kolonien. In der Aufschwungphase vor dem Ersten Weltkrieg senkte sich zwar die Mobilitätsrate der Hauptmieter in den Kolonien, aber der Rest der Belegschaften fluktuierte nur noch schneller (vgl. Tabelle 9), und die mobilsten, die jüngeren Alleinstehenden, fanden zu einem beträchtlichen Teil als Schlafgänger in eben diesen Kolonien Unterkommen; die halb-offene Familienstruktur als klassenmäßige Sozialisations- und Kommunikationsinstanz dauerte an und nahm nur langsam an Bedeutung ab.

Gerade die Kolonien aber boten auch die Möglichkeit zur Entwicklung eines Ersatzes für ältere Solidarstrukturen; denn sie versteinerten, was die deutsche Urbanisierung weit seltener hervorgebracht hatte als etwa die englische: klassen- und sogar berufsgruppenhomogene Wohngebiete, vereint in der Erfahrungsgemeinschaft der Abhängigkeit von einem Werk[69]. Und die bauliche Anlage trug das ihre zu einer kommunikations- und gemeinschaftsoffenen Familienstruktur bei: gemeinsame Gartenarbeit, der halb-öffentliche, halb-private Weg zwischen Haus und Stall bzw. Abort, der Schutz eines Eigenbereichs im Rahmen einer dichten Nachbarschaft. Auf lange Sicht bewirkten diese Kolonien das Gegenteil industriepatriarchalischer Absichten[70]: ihre Bewohner haben sie sich angeeignet, anstatt sich ihr Bewußtsein enteignen zu lassen. Sie nutzten die Möglichkeiten zur klassenmäßigen Gemeinschaftsbildung,

---

69 Diese Tendenz nahm vor allem in den 30er Jahren noch erheblich zu und wurde zu einer fast allgemeinen Gemeinschaftserfahrung der Bergleute, die in einzigartiger Weise ihren Alltag in Produktion und Reproduktion vereinheitlichte. In diesem Jahrzehnt war der Zechenwohnungsbestand nämlich auf über 150 000 Einheiten angewachsen, während die Gesamtbelegschaft der Zechen (z. T. weit) unter die Marge von 300 000 fiel, was – Söhne und Schlafgänger eingerechnet – darauf hinweist, daß z. T. erheblich über zwei Drittel der Belegschaftsmitglieder in Zechenwohnungen gewohnt haben und von diesen wieder über 80 % in Kolonien.

70 Das gilt auch in politischer Hinsicht. Viele Anzeichen deuten darauf hin, daß die Kolonien zu Zentren der Aktivität bzw. Resistenz der Arbeiterbewegung in Streiks, in der Phase der Rätebewegung und des Ruhrkampfs, bei der Stimmabgabe für die KPD in der Weimarer Republik und bei der Aufrechterhaltung eines Zusammenhalts im Faschismus wurden. Für Hamborn vgl. *F. Lucas* (s. Anm. 4), S. 155 ff.; für Bottrop: *H. Th. Breuer / R. Lindner:* Sind doch nicht alles Beckenbauers, in: Aesthetik und Kommunikation, Jg. 24 (1976), S. 9 ff.; für den stark von Zechenkolonien geprägten Essener Nordosten die Wahlanalyse bei *H. Kühr:* Parteien und Wahlen im Stadt- und Landkreis Essen in der Zeit der Weimarer Republik, Düsseldorf 1973.

sie profitierten von billiger Miete, kurzen Arbeitswegen und Garten-
anbau, sie schufen in hoher Innenkommunikation und Vereinsbildung
Gegengewichte zu den Defiziten kultureller Infrastruktur in der Agglomeration[71]. Wie weit die Aneignung der Kolonien durch ihre Bewohner über das Ziel ihrer Erbauer hinausschoß, zeigt sich heute an
der Selbständigkeit und Standhaftigkeit, mit der diese Inseln billigen
und gemeinschaftsfreundlichen Wohnens gegen den Bagger und die
Zechenerben verteidigt werden. Aus dieser Abwehr ist die erste große
Bewegung von »Bürger«-Initiativen, die deutsche Arbeiter im Wohnbereich zustande gebracht haben, hervorgegangen[72].

---

71 Am Beispiel der ältesten Kolonie in Oberhausen demonstriert bei Projekt-
   gruppe Eisenheim mit *J. Boström / R. Günter:* Rettet Eisenheim, 2. Aufl.
   Berlin (West) 1973.
72 Vgl. *J. Boström / R. Günter* (Hg.): Arbeiterinitiativen im Ruhrgebiet,
   Berlin (West) 1976.

Hans Jürgen Teuteberg / Annegret Bernhard

Wandel der Kindernahrung in der Zeit der Industrialisierung

Unter den Denkanstößen von Soziologie, Demographie, Anthropologie und Volkskunde ist die Familie, eines der ältesten und stabilsten Sozialgebilde, nach langer Pause wieder zu einem bevorzugten Objekt historischer Bemühungen geworden[1]. Leider hat die Sozialgeschichte des Kindes, dessen Lebenssphäre und Sozialisation spezifische Analysen erfordern, bis heute insgesamt nur geringe Beachtung gefunden, so daß man immer noch auf die nur noch wenig befriedigende ältere Kulturgeschichte des 19. Jahrhunderts, eng begrenzte Monographien bzw. Forschungsresultate von Nachbardisziplinen zurückgreifen muß. Insbesondere fehlt es an Studien, die die Kindheit in allen ihren historischen Erscheinungsformen und sachlichen Teilbereichen problematisieren und sowohl zum familiären wie allgemeinen sozialen Wandel mit ihren privaten und öffentlichen, wirtschaftlichen wie arbeitsorganisatorischen Ausformungen systematisch in Beziehung setzen. Historisch bearbeitet wurden bisher vor allem die Aspekte der Kindererziehung, besonders die schulischen, die Geschichte der Kinderarbeit und die Entwicklung der damit zusammenhängenden staatlichen Sozialpolitik und Jugendfürsorge, daneben die rechtliche Stellung des Kindes in der Vergangenheit sowie volkskundlich-kulturgeschichtliche Sonderprobleme wie z. B. die Geschichte des Kinderbuches usw.[2].

Charakteristischerweise wurden häufig nur einseitige Einflüsse auf das Kind unter Weglassung der Primärinstanz Familie geschildert, was besonders bei der Geschichte der Kinderarbeit auffällt, oder aber der familiale Bereich ohne Beachtung der von außen wirkenden Geschichtsdeterminanten betrachtet, wie es ein neuerer Aufsatz über die Mutter-Kind-Beziehungen tut[3]. Eine interessante Ausnahme bildet das 1911

---

1 Vgl. *W. Conze:* Sozialgeschichte der Familie in der Neuzeit Europas, Stuttgart 1976. – *K. Hausen:* Familie als Gegenstand Historischer Sozialwissenschaft, in: Geschichte und Gesellschaft, Jg. 1 (1975), S. 171–209. – *J. Weber-Kellermann:* Die Familie. Geschichte, Geschichten und Bilder, 2. Aufl. Frankfurt/M. 1977.

2 *H. Ploß:* Das Kind in Sitte und Brauch der Völker, Bd. 1, Leipzig 1911. – *A. H. G. Meyer:* Schule und Kinderarbeit. Das Verhältnis von Schul- und Sozialpolitik in der Entwicklung der preußischen Volksschule zu Beginn des 19. Jahrhunderts, Phil. Diss. Hamburg 1971.

3 *E. Shorter:* Der Wandel der Mutter-Kind-Beziehung zu Beginn der Moderne, in: Geschichte und Gesellschaft, Bd. 1 (1975), H. 2–3, S. 256–287.

erschienene Buch von O. Rühle über das proletarische Kind. Obwohl es nur über großstädtische Arbeiterkinder um 1900 in oftmals unwissenschaftlich-tendenziöser Weise berichtet, wird doch erstmals in zeitlich-schichtenmäßiger Eingrenzung versucht, eine Gesamtdarstellung von Tatbeständen, Verhältnissen und Bedingungen zu geben, die sich auf die Entwicklung des Kindes beziehen[4]. Prägende Gesellschaftsveränderungen, wie z. B. der umstürzende Wandel der sozialen Arbeitsverhältnisse durch die Industrialisierung, werden unter strikter Einbeziehung der Familienverhältnisse auf die Kindheitsentwicklung reprojiziert. Natürlich spiegeln die hier geschilderten großstädtischen Lohnarbeiterfamilien keineswegs die gesamten gesellschaftlichen Verhältnisse wider, denen sie in der Realität des späten 19. und beginnenden 20. Jahrhunderts ausgesetzt waren. Ganz im Gegenteil konservierte gerade der innerfamiliäre Kernbereich durch das tägliche Zusammensein der Generationen ein typisches Fortleben vorindustrieller Verhaltensmuster. Das Hinterherhinken dieser familiären Wertnormen hinter den sich stets schneller wandelnden industriellen Daseinsverhältnissen schuf fortgesetzt Konflikte und Frustrationen, die zum Bereich jener Anpassungsschwierigkeiten gehören, die wir bis heute terminologisch unscharf mit dem Begriff »Soziale Frage« beschreiben.

Besondere Erwähnung verdient das Buch von Philippe Ariès, der die Kindheit zwischen Spätmittelalter und ausgehendem 18. Jahrhundert unter Benutzung mannigfacher neuer Quellen, vor allem von Bildwerken, erstmals zusammenfassend sozialgeschichtlich interpretiert hat[5]. Zwar ist auch er noch mehr ideen- als realgeschichtlich vorgegangen, doch wird hier erstmals deutlich herausgearbeitet, welche Vorstellungen von der Kindheit in den Gesellschaften verschiedener Epochen jeweils vorherrschend waren. Die moderne Auffassung von der Kindheit wird hierdurch ganz entscheidend relativiert. Die Kindheit erscheint hier nicht mehr wie in der ganzen älteren Literatur als durchgehende historische Konstante, sondern wird raumzeitlich differenziert. Damit wird zugleich deutlich, wie sehr gesamtgesellschaftliche und familiäre Wandlungsprozesse die Haltung gegenüber dem Kind beeinflußt haben. So hing die Aussonderung der Kinder aus der Erwachsenenwelt und die Zubilligung einer eigenen kindlichen Lebenssphäre einerseits mit der Aufklärung und ihrer neuen Betonung des Individualrechts, andererseits aber auch mit dem auffälligen Rückzug der bürgerlichen Familie aus der »Öffentlichkeit« und der romantischen Verinnerlichung zusammen. Solche veränderten normativen Sinngebungen hatten dann wie immer in der Geschichte ihrerseits Rückwirkungen auf die familiä-

---

4 O. *Rühle:* Das proletarische Kind, München 1911.
5 *Ph. Ariès:* Geschichte der Kindheit, München-Wien 1975.

ren und gesamtgesellschaftlichen Strukturen, wie an der Ausbreitung aufklärerischer Erziehungsideen, der Einführung der Schulpflicht sowie der Kinderschutzgesetzgebung abgelesen werden kann. Alle solche Maßnahmen können zugleich als eine gesellschaftlich gewollte Verlängerung und Aufwertung der Kindheit an sich gewertet werden.

Für das 19. Jahrhundert ergibt sich ein heterogenes Bild: Vereinfachend gesagt wurde besonders den Kindern der bürgerlichen Familie allmählich ein immer größeres Eigenrecht zuerkannt, das sich in zunehmender spielerischer und pädagogischer Betätigung äußerte, aber auch in größerer Sorgfalt bei körperlicher Pflege und Ernährung der Kinder. In Familien mit einigem materiellen Wohlstand und wachsender Privatisierung der familiären Sphäre, der nun auch im Unterschied zu früher bewußt die Kleinkinder und Säuglinge zugerechnet wurden, konnten sich am ehesten neue emotionale Beziehungen zwischen Kindern und Eltern entwickeln. In den unteren, materiell schlechter ausgestatteten Bevölkerungsschichten war diese Verstärkung der Gefühlsbindungen erst im beginnenden 20. Jahrhundert zu beobachten, als sich der Lebensstandard merklich verbesserte. Die Kindheit der Kinder aus sozialen Unterschichten blieb im 19. Jahrhundert, wie die überlieferten Quellen deutlich belegen, meistens noch so kurz und gefühlsleer, wie es in früheren Jahrhunderten anscheinend die Regel war. Kinder mußten früh, sobald sie aus dem Kleinkindalter heraus waren, zum Unterhalt der Familie beitragen, was für den agrarischen wie gewerblichen Bereich galt. Nichts ist falscher als die frühere These, die Fabriken hätten erstmals die Kinderarbeit eingeführt. Diese waren lediglich der Anlaß, auf ein jahrtausendealtes Problem aufmerksam zu machen und erstmals entsprechende gesetzliche Maßnahmen einzuleiten.

Hypothetisch läßt sich formulieren, daß es eine Kindheit im engeren Sinne bei den sozialen Unterschichten früher nicht in dem Maße gab, wie auch ein Freiraum für spezifische innerfamiliäre Kommunikationen nicht existierte. Eine von der Arbeitszeit im Bewußtsein wie in der Wirklichkeit getrennte Freizeit ist, wie eine neuere Dissertation lehrt, erst durch den neuen Freiheitsbegriff der Aufklärung, den Zerfall des »ganzen Hauses« (O. Brunner), die Trennung von Wohn- und Werkraum, die steigende Mechanisierung der Arbeitswelt mit ihren wachsenden Arbeitszeiten und monotonen Arbeitsvollzügen allmählich entstanden[6]. Für die Arbeiterkinder auf dem Lande wie in der Stadt blieb noch lange der Umstand bestimmend, daß sie so früh wie möglich am Erwerbsleben teilnehmen mußten. Da ihnen aber andererseits die neuen pädagogischen Errungenschaften in Form der staatlichen

---

6 Vgl. W. *Nahrstedt:* Die Entstehung der Freizeit. Dargestellt am Beispiel Hamburgs, Göttingen 1972.

Schulpflicht zugute kommen sollten, ergab sich gegenüber früher nicht selten für sie nun eine schwer zu tragende Doppelbelastung[7].

Die im ganzen 19. Jahrhundert auch in Deutschland z. T. noch vorzufindende fehlende emotionale Beziehung zwischen Eltern und Kindern ist von der Forschung mit der im Vergleich zu heute unglaublich hohen Kindersterblichkeit begründet worden[8]. Das ist sicherlich richtig, doch zeigt dies nur eine Wirkungsrichtung an. Ebenso wichtig war aber wohl, daß man unter dem Druck härterer Existenzbedingungen in Unterschichtenfamilien Kinder prinzipiell bereits als Arbeitskräfte und Miternährer ansah, wenn sie die ersten Kindheitsstufen überwunden hatten. Die traditionelle Vorstellung, die in Kindern kleine Erwachsene sah, war auch der Grund, weshalb man zur ersten Pflege und Ernährung keine übermäßige Anstrengungen machte. Die Mißachtung der Kindheit, bei der traditionelle Auffassungen über die Rolle des Kindes in der Gesellschaft und wirtschaftliche Zwänge zusammentrafen, ist allerdings im 19. Jahrhundert bereits auch in den sozialen Unterschichten hier und da schon revidiert worden. Es gibt Beispiele berufstätiger Fabrikarbeiterinnen, die ihre kleinen Kinder heimlich auf den Arbeitsplatz mitnahmen, um sie besser beaufsichtigen zu können und sich intensiver in der restlichen Zeit um das körperliche und geistige Wohl ihrer Kinder bekümmerten[9]. Das Vorbild der besser gestellten Bürgerfamilien wirkte anscheinend hier wie auch in anderen Fällen bereits ansteckend. Repräsentative Untersuchungen über diesen Wandel der Mutter-Kind-Beziehungen wie überhaupt eine Sozialgeschichte des Kindes im Zeitalter der Industrialisierung stehen aber noch aus.

Der nachfolgende Beitrag will auf diese Forschungslücke aufmerksam machen und aus diesem umfänglichen Problemkomplex einen nur eng begrenzten, aber insgesamt doch wichtigen Ausschnitt untersuchen: Die Entwicklung der kindlichen Ernährung vornehmlich in den letzten zweihundert Jahren. Das Thema gehört ganz sicher zum ureigensten Tätigkeitsbereich der Frau und nach traditioneller Auffassung gleichsam zu den niedersten Alltagsgeschäften. Kein Wunder, wenn die kindliche Ernährung nur in ganz seltenen Fällen und von Außenseitern der historischen Zunft, nämlich von Medizinhistorikern, zum Gegenstand einer geschichtlichen Analyse erkoren wurde[10]. Der histori-

---

7 *W. Emmerich* (Hg.): Proletarische Lebensläufe, Bd. 1: Anfänge bis 1914, Hamburg 1974, S. 106.

8 *E. Shorter:* Mutter-Kind-Beziehung, S. 274 ff.

9 *W. Emmerich:* Proletarische Lebensläufe, S. 306.

10 *A. Peiper:* Chronik der Kinderheilkunde, Leipzig 1951. – *E. Seidler:* Die Ernährung der Kinder im 19. Jahrhundert, in: *E. Heischkel-Artelt* (Hg.): Ernährung und Ernährungslehre im 19. Jahrhundert, Göttingen 1976, S. 288–302; *L. Kunze:* Die physische Erziehung der Kinder. Populäre

Abb. 21: Zimmermannsfamilie um die Mitte des 19. Jahrhunderts beim Tischgebet

schen Fachwissenschaft erschien ein solches durch und durch alltägliches Thema offenbar für eine ernsthafte wissenschaftliche Beschäftigung viel zu trivial. Eine gewisse Rolle dürfte allerdings auch gespielt haben,

Schriften zur Gesundheitserziehung in der Medizin der Aufklärung, Med. Diss. Marburg 1971.

daß die Ernährung des Kindes wie alle übrigen Formen des menschlichen Verzehrs vergleichsweise wenig Spuren in der Vergangenheit zurückgelassen hat. Zwar gibt es wohl besonders in den Museen Kücheneinrichtungen, Eßgeräte und Trinkgefäße sowie »Tischzuchten«, Kochbücher, Hausväterliteratur und Ratschläge für stillende Mütter, aber doch wenig Quellen, die über die eigentlichen Mahlzeiten sowie die Zusammensetzung und Quantität der Nahrung berichten. Dennoch lassen sich die soziokulturellen wie ökonomisch-technischen Aspekte der Kinderernährung in Hauptzügen durchaus rekonstruieren. Schon die erste flüchtige Durchsicht der Quellen wie der Literatur zeigt typische Wandlungen, die auch allgemeinhistorische Einsichten erbringen. Damit wird ein Grenzgebiet berührt, das gleichsam zwischen der Geschichte der Familie, Erziehung und Kinderaufzucht einerseits, aber auch der Geschichte der Ernährung, des Wohnens und der Medizin andererseits angesiedelt ist. Um die Problemstellung, die mit allen Zeiten, Regionen, Völkern und insbesondere allen Lebensbereichen irgendwie komplementär zusammenhängt, einigermaßen abzugrenzen, soll nur die Zeit zwischen dem ausgehenden 18. und beginnenden 20. Jahrhundert sowie allein die Säuglings- und Kleinkindernahrung bis zum 5. Lebensjahr bei sozialen Unterschichten vornehmlich bei städtischen Lohnarbeiterfamilien betrachtet werden. Diese zuletzt genannte Einschränkung wurde vor allem deshalb getroffen, weil sich diese Art von Kost noch am ehesten von der der Erwachsenen historisch unterscheiden läßt. Als Sonderprobleme sollen außerdem die Kindermahlzeiten in Anstalten, vor allem in Waisenhäusern und Schulen, exemplarisch betrachtet werden, weil sich hier die jeweilige Haltung der Gesellschaft zur Ernährung des Kindes am deutlichsten widerspiegelt.

Da es an zureichenden historischen Vorarbeiten bis auf die erwähnten Versuche der Medizingeschichte fehlt, mußte weitgehend auf primäre Quellen zurückgegriffen werden: Medizinische Literatur, Berichte von Ärzten, Monographien über Waisenhäuser, Haushaltsrechnungen, Mitteilungen von öffentlichen Fürsorgeanstalten wie Volksküchen und Schulspeisungen usw. Viele dieser Zeugnisse haben den Nachteil, daß sie die Kinderernährung nur am Rande erwähnen. Die »medizinischen Topographien« der Ärzte decken nur relativ wenig deutsche Gebiete und Städte zu recht verschiedenen Zeitpunkten ab, was die Vergleichbarkeit erschwert. Der inhaltliche Wert wird auch noch dadurch verringert, daß die Ärzte, die aufgrund eigener Betrachtungen schreiben, nicht zwischen der Kindernahrung der Ober-, Mittel- und Unterschichten genügend unterscheiden. Da die sozialen Unterschichten zunächst noch wenig ärztliche Hilfe in Anspruch nahmen, beziehen sich die Aussagen zunächst auf eine Kindernahrung, die nicht überall bei den Unterschichten repräsentativ angesehen werden kann. Aussagen über die

Waisenhauskost müssen hier als notwendige Ergänzung dienen. Wichtige Einblicke im späten 19. Jahrhundert vermittelt aber C. A. Meinerts Schrift »Die Kost in staatlichen und kommunalen Anstalten, die Volksküchenkost und die Kost der arbeitenden Klassen« aus dem Jahr 1880 sowie die Publikationen der Zentralstelle für Volkswohlfahrt über die Schulspeisungen aus dem Jahre 1909. Der in Frage kommende Quellenbestand dürfte in Wirklichkeit aber noch viel größer sein. Beim ersten Zugriff konnte hier erst ein Teil erfaßt werden.

Die Ernährung des Säuglings und Kleinkindes in der Familie

Das in Latein abgefaßte medizinische Schrifttum, das sich mit der Pflege und Ernährung von Kindern beschäftigte, läßt sich bis zum 12. Jahrhundert, in deutscher Sprache bis zum Jahr 1473 zurückverfolgen[11]. Alle diese Autoren empfahlen, sich auf Hippokrates, Galenos und andere antike Schriftsteller stützend, übereinstimmend die Muttermilch als Haupt- oder einzige Nahrung im ersten Lebensjahr. Dies dürfte weitgehend die geübte Praxis widerspiegeln. Nur in Ausnahmen wurde, wie z. B. in der Schrift »Infantis nutritio ad vitam longam«, die Brustnahrung wegen der Krankheitskeime abgelehnt und statt dessen Brot, Dünnbier sowie Honig bzw. Zucker empfohlen[12]. Die Wirkung solcher Schriften vor und kurz nach der Einführung des Buchdrucks kann nur äußerst begrenzt gewesen sein. In allen Jahrhunderten wurde, wie man aus den von der Medizingeschichte reichlich beigebrachten zeitgenössischen Quellen erkennen kann, an der Muttermilch als optimaler Säuglingsernährung festgehalten, wobei allerdings die Meinungen über Häufigkeit und Dauer der Brustmahlzeiten stark auseinandergingen. Wurden im frühen 19. Jahrhundert für die ersten sechs Monate mindestens sechs bis zehn Mahlzeiten in 24 Stunden für notwendig erachtet, so empfahlen Ärzte 1893 nur noch fünf. Schrieb man 1765 noch zwölf Monate für die Dauer der natürlichen Kinderer-

---

11 Die ältesten lateinischen Schriften in Deutschland, die sich mit Kinderernährung und Kinderkrankheiten beschäftigen, tragen den Titel »Passiones puerum adhuc in cunabulis iacentium« (12. Jh.) und »Regimen sanitatis« (15. Jh.). In der zuletzt genannten Schrift, die von dem Klosterbruder *H. Louffenberg* stammt, wird Muttermilchnahrung bis zum Durchbruch der ersten Zähne zusammen mit etwas Wein empfohlen. Jede andere Nahrung würde im ersten Lebensjahr unweigerlich zum Tod des Kindes führen. Das erste in deutscher Sprache gedruckte Werk stammt von *B. Mettlinger* 1473 mit dem Titel »Ein Regiment der jungen Kinder«. Zitiert nach *A. Peiper*, Kinderheilkunde (s. Anm. 10), S. 31–32.

12 Ebd., S. 37 u. S. 182.

nährung vor und fand ein Entwöhnen vor dem sechsten Monat völlig unverantwortlich, weil es »armen Kindern den Weg zu einem unvermeidlichen Tod« bereite, so forderte der große Berliner Arzt Christoph Wilhelm Hufeland in seiner bekannten Schrift »Guter Rath an Mütter über die wichtigsten Punkte der physischen Erziehung der Kinder in den ersten Jahren« (1799) nur noch eine neunmonatige Stillzeit bis etwa zum Durchbruch der ersten Zähne. An dieser Regel wurde dann anscheinend fortan festgehalten. Das erste deutschsprachige Handbuch für Kinderkrankheiten von Carl Gerhardt aus dem Jahr 1877 legte die Stillzeit auf acht bis zehn Monate fest, doch sollte von sechsten Monat an täglich mindestens einmal schon andere Kost gegeben werden[13]. Allerdings wurde noch nicht genau gesagt, woraus diese Nebenkost bestehen sollte. Wahrscheinlich war damit Kuhmilch oder Milchbrei gemeint. Ein Hinweis auf Obst, Gemüse oder Fleisch als Zusatznahrung für Kinder findet sich in diesem Handbuch wie in den meisten derartigen Schriften des ausgehenden 19. Jahrhunderts noch nicht. Abraham Jacobi, der als einer der ersten speziellen Pädiater in Deutschland in diesem Handbuch für das Ernährungskapitel verantwortlich zeichnete, beschäftigte sich vor allem mit der Verträglichkeit der Speisen auf der Basis chemisch-physiologischer Theorien. Unter dem Eindruck der hohen Säuglingssterblichkeit suchte er die Ursachen vor allem in der Ernährung zu finden, doch kam er über Vorschläge für das Abkochen der Milch und ihre Verdünnung sowie Zusätze von Hafermehl, Graupen und Salz noch nicht hinaus.

Wenn im 18. Jahrhundert noch jede andere Nahrung in den ersten zwölf Monaten außer Muttermilch als todbringend angesehen wurde, so hatte das mit der enorm hohen Säuglingssterblichkeit zu tun. Nichtsdestoweniger hatte es aber schon immer die Notwendigkeit gegeben, bei Tod oder Krankheit der Mutter bzw. wenn die Muttermilch nicht ausreichte oder eine Amme nicht verfügbar war, auf eine gleichwertige Zusatznahrung zurückzugreifen. Aber dabei verließ man sich bis zur Mitte des 19. Jahrhunderts nur auf die rohe Empirie. Chemische Vergleichsanalysen der Frauenmilch mit der Milch von Kühen, Schafen, Eseln oder Pferden wurden noch nicht unternommen. Erst der Liebig-Schüler Philipp Biedert eröffnete 1869 mit seiner Dissertation »Untersuchungen über die chemische Unterscheidung der Menschen- und Kuhmilch« hier die wissenschaftliche Diskussion. Das Fehlen fundierter wissenschaftlicher Erkenntnisse auf diesem Gebiet hat die Optimierung der Kinderernährung somit lange behindert.

Schon frühzeitig war man darauf verfallen, Tiermilch als Ersatz für

---

13 *A. Jacobi:* Die Pflege und Ernährung des Kindes, in: *C. Gerhardt* (Hg.): Handbuch der Kinderkrankheiten, Bd. 1 Tübingen 1877, S. 343 ff.

die fehlende Muttermilch anzubieten. Aus antiken wie germanischen Sagen und Schilderungen sind zahlreiche Fälle bekannt, wo Säuglinge direkt an eine Ziege, Kuh oder Eselin angelegt wurden, was besonders auf dem Land bis in die frühe Neuzeit hinein weiter geschah. Zum besseren Säugen wurden dabei verschiedene Geräte benutzt, so ein an der Spitze durchlöchertes Kuhhorn, das z. B. in der Schweiz bis in das 19. Jahrhundert hinein Verwendung fand. Daneben waren bis zum Aufkommen der Glasflaschen im 18. Jahrhundert Holz- und Zinnflaschen üblich, in deren Öffnung ein Stück Schwamm gesteckt und darüber ein Leinentuch gebunden wurde[14]. Gebräuchlichste Zusatznahrungen zu Beginn des 18. Jahrhunderts waren, wie eine Schrift über Säuglingsnahrung vom Jahr 1722 lehrt, in Milch gekochtes Weizenmehl bzw. zweimal gekochtes Brot mit Milch[15]. Auch Wein und Bier wurden wie schon im Spätmittelalter als gebräuchliche Zusätze nicht verschmäht. Im späten 18. und frühen 19. Jahrhundert kämpften die Ärzte dann fast übereinstimmend gegen den Mehlbrei bei Säuglingen, weil er angeblich die Eingeweide verklebe und Würmer erzeuge. Hufeland faßte die damals gängigen medizinischen Ansichten über die Kindheit und Kinderernährung mit den Worten zusammen[16]:

>»Der Charakter der Kindheit ist Zartheit, Schlaffheit der Fasern, große Reizbarkeit, leichte Erschöpfung der Lebenskraft, schnelleres Leben, beständige innere Thätigkeit der Natur zur Ausbildung und Entwicklung des Körpers, Disproportionen der verschiedenen Theile und Kräfte, große Neigungen zur Anhäufung der Säfte im Kopf und in der Brust, zur Verschleimung, Säure und Würmern.«

Eine Flut von populärpädiatrischer Literatur hat solche Meinungen dann im 19. Jahrhundert weitergetragen[17]. Ganz offenbar hatte man gesehen, daß Säuglinge, die nur mit Mehlbrei ernährt worden waren, gegenüber den Kindern, die Muttermilch genossen hatten, sehr viel leichter zur Sterblichkeit neigten. Erst am Ende des Jahrhunderts baute Adalbert Czerny, der bedeutendste deutsche Ernährungsphysiologe für das Kindesalter, dieses medizinische Fehlurteil ab, indem er feststellte,

---

14 *A. B. Marfan:* Handbuch der Säuglingsernährung, Leipzig-Wien 1904, S. 379. – *A. Peiper:* Kinderheilkunde, S. 162 f.

15 *A. Peiper:* Kinderheilkunde, S. 164.

16 *Ch. W. Hufeland:* Guter Rath an Mütter über die wichtigsten Punkte der physischen Erziehung der Kinder in den ersten Jahren, 10. Aufl. Leipzig 1865, S. 20.

17 Vgl. *Fr. L. Meissner:* Grundlage der Literatur der Pädiatrik, Leipzig 1850. *A. Bednar:* Kinder-Diätetik oder naturgemäße Pflege des Kindes in den ersten Lebensjahren, mit besonderer Berücksichtigung der noch dabei herrschenden Irrtümer und Vorurtheile, Wien 1857.

daß nicht das Mehl an sich schädlich sei, sondern die einseitige Mehlkost, der es an lebensnotwendigen anderen Nährstoffen fehle[18].

Bis zum 19. Jahrhundert wurden im wesentlichen dicke Milchsuppen bzw. Milchbrei, verdünnte Milch und schließlich als Ausnahme eine milchlose Säuglingsnahrung empfohlen. Die Milchsuppen bestanden aus Hafergrütze, Graupen, Reis (oft mit Zucker und Wasser versetzt), oder es wurden Brotkrumen, geriebenes Brot oder Zwieback, altbackene Semmeln oder Gries mit Milch und Wasser gekocht. Die verdünnte Milchnahrung bestand zumeist aus einem Drittel oder Viertel Milch mit Wasser oder deutschem Tee, Reis oder Gerstenwasser, gelegentlich mit Honig, Zucker oder Salz vermischt. Die milchlose Säuglingsnahrung, zu der nur wie gesagt ein kleiner Teil der Ärzte riet, hatte als Grundbestandteil Wasser oder Fleischbrühe, in die dann Eidotter, Zwieback, Reis, Semmelrinde, Gerste und ähnliche Zutaten eingerührt wurden. Unverdünnte Kuhmilch wurde zunehmend als zu schwer verträglich angesehen und nur noch ausnahmsweise empfohlen[19]. Im ersten Drittel des 19. Jahrhunderts scheint sich aus den verschiedenen Vorschriften allmählich die Form der Säuglingsnahrung herauskristallisiert zu haben, wie sie sich dann bis ins 20. Jahrhundert in der medizinischen Wertschätzung erhalten hat – ein Drittel oder die Hälfte Milch vermischt mit Schleim und Zucker. Die Variationsmöglichkeiten stiegen allerdings steil an, so daß 1853 bereits 68 verschiedene Vorschriften aufgezählt werden konnten[20].

Einen gewissen Durchbruch zur modernen künstlichen Säuglingsnahrung bedeutete Justus Liebigs Schrift »Suppe für Säuglinge« 1865[21]. Er empfahl aufgrund seiner chemischen Analysen darin eine Mischung aus Kuhmilch, Weizenmehl, Malz und Kali als verträglichste und nahrhafteste Zusammensetzung. Die verschiedenen Kindermehle und Stärkungsmittel, insbesondere dextrinierte (gezuckerte) Weizen- und Reismehlsorten, von denen 1912 etwa hundert Erzeugnisse auf dem Markt waren, sowie der von Franz Soxhlet 1901 in den Handel gebrachte »Nährzucker« für Kinder, ein wenig gärendes, Durchfälle bei Säuglingen hemmendes Dextrin-Malz-Zucker-Gemisch als Ersatz für den normalen Zucker, haben hiervon ihren Ausgang genommen.

Es fällt auf, daß die ärztlichen Vorschriften über die Nahrung des Kleinkindes nach der Entwöhnung bzw. mit dem Beginn des zweiten

---

18 *A. Czerny / A. Keller:* Des Kindes Ernährung, Ernährungsstörungen und Ernährungstherapie. Ein Handbuch der Ärzte, Theil 1: Ernährung des gesunden Kindes, Leipzig-Wien 1906. – Vgl. *Peiper:* Kinderheilkunde, S. 166.
19 *A. Peiper:* Kinderheilkunde, S. 165–166.
20 Ebd., S. 163.
21 *J. v. Liebig:* Suppe für Säuglinge, Braunschweig 1865, 2. Aufl. 1866.

Lebensjahres sehr verschiedene Ansichten enthalten. Da man bis zum Auftreten Liebigs, Voits und Pettenkofers, d. h. vor dem Beginn der wissenschaftlichen Ernährungsphysiologie noch wenig über Nährwerte wußte, mußte man sich auf reine äußerliche Beobachtungen stützen. Brot und Kartoffeln wurden meist als grundsätzlich schädlich für Kleinkinder abgelehnt, weil man entsprechende Gesundheitsmängel beobachtet hatte. Ähnlich wie beim Mehl erkannte man noch nicht die wahren Zusammenhänge. Darüber hinaus verboten Ärzte im 18. Jahrhundert jeden Obst-, Gemüse- und Fleischgenuß im ersten und zweiten Lebensjahr. In seinem Werk »Von der diätetischen Erziehung der entwöhnten und erwachsenen Kinder bis in ihr mannhaftes Alter« schrieb der Arzt J. F. Zückert 1765[22]:

>»Ein Kind muß also schlechterdings keine Erbsen, Bohnen, Linsen Schoten, keinen Reiß, keine Hirse und Grüze, keine Knollen und Erdäpfel und keinen Pasternak zu essen bekommen, wenn sie auch noch weich gekocht sind. Ferner kommt in die Classe derer den Kindern schädliche Speisen alle Gemüse, rohe und gekochte Kräuterwerk.«

Ebenso schädlich wurden Käse, Eier und Fleisch vor dem Beginn des dritten Lebensjahrs gehalten. Die Ernährung der Kinder sollte in dieser Zeit allein aus Brot, Milch, Milchspeisen und Wasser – »das beste Getränck für Kinder« – bestehen. Erst zu Beginn des 19. Jahrhunderts rückte man von solchen rigorosen Vorschriften ab und erlaubte einige verträgliche Gemüsesorten vom Ende des ersten Lebensjahres ab und Fleisch für das einjährige bzw. zweijährige Kind. Solche Vorschriften werden verständlicher, wenn man daran erinnert, daß Fleisch und Gemüse damals fast das ganze Jahr über meist in getrockneter oder sonstwie konservierter Form genossen wurden und darum sehr schwer verträglich waren. Das Zeitalter des massenhaften Verzehrs von frischem Gemüse brach erst im späten 19. Jahrhundert an[23]. Ein Speiseplan von Hufeland aus dem Jahre 1803 zeigt, wie man sich eine gute Kindererernährung vorstellte[24]:

>»Früh Morgens nach dem Aufstehen eine mäßige Portion laue Milch mit gut ausgebackenem, nicht frischem Weißbrod, um 9 Uhr Brod mit Obst, oder, in Ermangelung dessen, mit etwas Butter; um 12 Uhr das volle Mittagessen, und um 4 oder 5 Uhr Brod mit Obst oder im Winter mit Zwetschenmus oder Möhrensaft (einer für Kinder sehr gesunden und die Würmer tödtenden Zukost), wobey man die Kinder sich hinlänglich sättigen lassen kann, damit sie nicht Abends zu viel essen, welches den Schlaf

22 *J. F. Zückert:* Von der diätetischen Erziehung der entwöhnten und erwachsenen Kinder bis in ihr mannbares Alter, Berlin 1765, S. 20.
23 *H. J. Teuteberg:* Die Nahrung der sozialen Unterschichten im späten 19. Jahrhundert, in: *E. Heischkel-Artelt* (Hg.): Ernährung und Ernährungslehre im 19. Jahrhundert, Göttingen 1976, S. 255 f.
24 *Ch. W. Hufeland:* Guter Rath, 2. Aufl. 1803, S. 80 f.

stört ...; um 7 Uhr eine leichte Abendmahlzeit von Milch, Suppe, Obst, Gemüse, Brod u. dgl., wobey darauf zu sehen ist, daß sie kein Fleisch, keine schweren Mehlspeisen ...; daß sie überhaupt nicht zu viel essen.«

Zusammenfassend läßt sich erkennen, daß die Diskussion über die rechte »physische Erziehung« der Kinder im späten 18. Jahrhundert deutlich zunahm, um sich dann im frühen 19. Jahrhundert dem gesamten physischen Wohl des Kindes zuzuwenden, was sich in einer Fülle von Nahrungsratschlägen und medizinischen Verordnungen niederschlug. Erwähnenswert ist das erste konsequente Wiegen der Säuglinge zur Kontrolle der Nahrungsmenge durch Natalis Guillot 1852, das getrennte Auffangen von Harn und Stuhl zur chemischen Analyse sowie erste Messungen des Energieumsatzes. Der Tübinger Kliniker Karl von Vierordt versuchte nach dem Vorbild des Franzosen Émile Allix in den sechziger Jahren »Stoffwechselgleichungen über die verschiedenen Jahresklassen des Kindesalters« aufzustellen, um über die Vorgänge der Verdauung und »Aufsaugung von Nährstoffen« eine Übersicht zu erhalten. Schon 1830 war an der Berliner Universität eine erste klinische Kinderabteilung eingerichtet und damit ein entscheidender Grundstein für die wissenschaftliche Pädiatrie in Deutschland gelegt worden, aber erst Carl Gerhardts Kinderheilkunde aus dem Jahr 1877 faßte erstmals alle Erkenntnisse des gesunden wie kranken Kindes zusammen und ermöglichte den Ausbau einer wissenschaftlichen Kinderernährung.

So erscheint es nicht übertrieben, bis zum Beginn des Bismarckreiches von einer vorwissenschaftlichen Phase der Kinderernährung zu sprechen, in der empirische Beobachtungen vermischt mit moralisch-pädagogischen Einsichten anstelle wissenschaftlicher Erkenntnisse dominierten. Aber auch danach wurde der Erziehungsaspekt keineswegs unterdrückt. So sah der große Ernährungsphysiologe des Kindes, Czerny, ganz ähnlich wie Hufeland den Arzt hier in erster Linie als Erzieher des Kindes, der für das physische und geistige Wohl seiner Schützlinge zu sorgen habe. Das pünktliche Einhalten der Mahlzeiten, der Hinweis auf das »gesunde« Wasser im Gegensatz zum »verderblichen« Alkohol, das Propagieren möglichst einfacher Speisen für Kinder ist ohne diese moralisch-pädagogischen Nebenabsichten und den Hintergrund der damals ausbrechenden Lebensreformbewegung gar nicht denkbar[25]. Das Kind und die Kindheit rückten durch solche Schriften und wissenschaftlichen Diskussionen immer mehr in den Mittelpunkt des öffentlichen Interesses. Physische und geistige Ausbildung wurden wieder als Ganzes gesehen.

---

25 *H. H. Raspe:* Kinderärzte als Erzieher. Ein spezieller Beitrag zur allgemeinen Geschichte der deutschen Pädiatrie (1800–1908), Med. Diss. Freiburg i. Br. 1973. – *H. Kindt:* Vorstufen der Entwicklung der Kinderpsychiatrie im 19. Jahrhundert, Freiburg 1971.

Dieser Fortschritt der wissenschaftlichen Erkenntnisse über die Kindernahrung im 19. Jahrhundert darf freilich nicht darüber hinwegtäuschen, daß die sozialen Unterschichten zunächst gar nicht und dann auch später nur zum geringsten Teil davon erfaßt wurden. Zwischen den »aufgeklärten« Ärzten und dem »niederen Volk« wuchs eine Kluft heran, die es früher in dieser Form nicht gegeben hatte. Im 18. Jahrhundert teilten die meisten Ärzte noch die allgemeine Volksmeinung, daß eine Mutter nach Möglichkeit ihr Kind selbst stillen sollte. Der berühmte Arzt Johann Peter Frank hing sogar dem alten Volksglauben an, daß mit der Milch auch die Charaktereigenschaften der Stillenden auf das Kind übergingen[26]. Aus diesem Grund warnte er vor boshaften und lasterhaften Ammen. Andere zeitgenössische Ärzte wollten wegen dieser negativen Eigenschaften das Selbststillen sogar gänzlich abschaffen. Ganz allgemein wurde der Muttermilch eine geheimnisvolle »Lebenskraft« zugeschrieben, wie überhaupt der Stillvorgang ein mystifiziertes und religiös verbrämtes Nahrungsprinzip darstellte. Die Geburt wurde nicht als totaler Einschnitt verstanden. Das Kind blieb vielmehr in der ersten Zeit noch unmittelbar abhängig von der »Lebenskraft« der Mutter. Bei dieser mystischen Überhöhung durch Volksmedizin und Volksglauben waren entsprechende Verhexungen und Diabolisierungen als Gegenstück nicht weit. Noch in der Mitte des 19. Jahrhunderts hielt sich in Teilen Schwabens der Volksglauben lebendig, das Stillen erzeuge Schwindsucht[27]. Die Trennlinien zwischen nur zeitlich oder regional verbreiteten Irrlehren und alten Volksüberlieferungen, die sich aus teilweise kultisch-magischen Handlungen aus germanischer Zeit bis in die späte Neuzeit fortschleppten und dann als »Aberglauben« wieder auftauchten, sind für Volkskundler wie Historiker im Einzelfall schwer zu finden, da sie sich einer genauen quellenmäßigen Lokalisierung entziehen. In diesem Rahmen gehört auch die erste Nahrungsaufnahme des Kindes, was mit der Aufnahme in die Haus-, Dorf- und Kulturgemeinschaft identisch war. Solche »Kindsäftlein« oder »Kindtränkli«, die aus Milch und Honig bzw. Honigwasser, manchmal mit Syrup und Eigelb vermischt, bestanden, blieben von Geheimnissen umwittert. Vielfach war vor der Taufe jede Nahrungsaufnahme überhaupt verboten aus Angst, das Kind könne später ein »Nimmersatt« werden. In anderen Gegenden sollte die Mutter die erste Nahrung singend zubereiten, damit das Kind später selbst

---

26 *Johann Peter Frank* (1745–1821) war einer der entscheidenden Mitbegründer der modernen Hygiene, was in der Folge für die Kinderpflege von großer Bedeutung wurde. Vgl. *J. P. Frank:* System der vollständigen medizinischen Policey, 6 Bde., 1779–1819. Das Zitat nach *A. Peiper:* Kinderheilkunde, S. 157 f.

27 *H. Ploß:* Kind in Sitte und Brauch, S. 465.

singen werde und eine Frohnatur werde. Der erste Kindsbrei sollte nach Zwickauer Volksglauben nicht kaltgeblasen werden, da sich sonst das Kind später immer den Mund verbrenne. Vor der Breinahrung gab man dem Kind rote Äpfel zu essen, damit es rote Backen bekäme. Aus der Schweiz stammt der Brauch, in den ersten Kinderbrei ein aus der Bibel gerissenes Blatt, in kleine Schnitzel gerissen, mitzukochen, damit das Kind später fromm werde. Nach altem Brauch durfte ein Kind seine Flasche nie ganz austrinken, dem älteren Kind nie eine Speise vorkauen, da es sonst Mundgeruch bekäme. Dagegen galt es im Volksglauben für richtig, möglichst früh hartes Brot zu essen, damit das Kind kein »Leckermaul« werde. Auch kleingeschnittene Brotrinde hatte den Zweck, die Kinder groß und stark zu machen. Etwas Wein an Feiertagen sollte ebenso wie ein in Wein getauchter »Schnuller« dafür sorgen, sich im späteren Leben vor einem Rausch zu bewahren. Nahrung diente also dazu, bestimmte Wunschvorstellungen zu übertragen[28].

Nach der Schilderung der ärztlichen Empfehlungen und des Volksglaubens ist nach mehr realitätsbezogenen Schilderungen zu fragen. Die entsprechenden Angaben in medizinischen Ortsbeschreibungen sind wie schon erwähnt allerdings lückenhaft. Eine solche Auswertung ergibt folgende Übersicht[29]:

28 *H. Bächthold-Stäubli* (Hg.): Handwörterbuch des Aberglaubens, Bd. 4, Berlin-Leipzig 1931–1932, S. 1319.
29 Die Tabellen wurden u. a. aus folgenden Quellen zusammengestellt: *G. W. Ch. Consbruch:* Medicinische Ephemeriden nebst einer medicinischen Topographie der Grafschaft Ravensberg, Chemnitz 1793, S. 37. – *J. J. Rambach:* Versuch einer physisch-medicinischen Beschreibung von Hamburg, Hamburg 1801, S. 264 f. – *J. Horsch:* Versuch einer Topographie der Stadt Würzburg, Arnstadt-Rudolstadt 1805, S. 41 f. – *J. Steiner:* Versuch einer medicinischen Topographie vom Landgerichtsbezirke Parckstein und Weyden in der oberen Pfalz, Sulzbach 1808, S. 102 f. – *J. Ch. Roller:* Erster Versuch einer Beschreibung der Stadt Pforzheim, Pforzheim 1811, S. 78 ff. – *G. Cless / G. Schübler:* Versuch einer medicinischen Topographie der Königl. Haupt- und Residenzstadt Stuttgart, Stuttgart 1815, S. 39 f. – *Ph. Heineken:* Die freie Hansestadt Bremen und ihr Gebiet in topographischer, medicinischer und naturhistorischer Hinsicht, Bd. 1, Bremen 1836, S. 70. – *E. J. J. Meyer:* Versuch *einer* medicinischen Topographie und Statistik der Haupt- und Residenzstadt Dresden, Stolberg-Leipzig 1840, S. 188 f. – Medicinische Topographie des herzoglich Nassauischen Amtes und der Stadt Weilburg, Weilburg 1841, S. 33. – *W. Horn:* Zur Charakterisierung der Stadt Erfurt, Erfurt 1843, S. 288. – *L. Formey:* Versuch einer medicinischen Topographie von Berlin, Berlin 1796, S. 123. – *H. Wollheim:* Versuch einer medicinischen Topographie und Statistik von Berlin, Berlin 1844, S. 117. – *A. Müller:* Medicinische Topographie der Stadt Wiesbaden, Wiesbaden 1846, S. 94 und S. 96.

Tabelle 10:
Natürliche und künstliche Säuglingsernährung im 19. Jahrhundert

Ort/ Region	Jahr	Art und Weise der natürlichen Säuglings- ernährung	Zusammensetzung der künstlichen Säuglings- ernährung
Grafschaft Ravensberg	1793	Selbststillen: auf dem Lande so lange wie mög- lich und Zusatznahrung	Mehlbrei
Hamburg	1801	Ammen (Oberschichten), Weggeben auf das Land zu Bauernfamilien (Mittel- schichten), Selbststillen bis ins 3. Jahr (Unterschichten)	Kaffee, Brot, Kartoffeln noch vor der Entwöhnung (Unterschichten), spezielle Kinderdiät (Oberschichten)
Würzburg	1805	Selbststillen 1½–2 Jahre, Ammennahrung kaum, eher Zusatznahrung	Kuhmilch mit Wasser vermischt, Reis- und Gerstenwasser, später Mehlbrei, Brot- bzw. Buttersuppe
Oberpfalz	1808	Selbststillen: in Stadt und Land 1½ Jahre und länger, dazu Zusatzkost	
Pforzheim	1811	Selbststillen als Regel 1½ bis 2 Jahre, keine Ammen, Zusatzkost nur bei Tod oder Krankheit der Mutter, häufiges und willkürliches Stillen	Mehlbrei
Stuttgart	1815	Ammen (Oberschicht), Selbststillen (Unter- schicht), über 1 Jahr	Mehlbrei, Kuhmilch, ab 1 Jahr Zichorienkaffee und Wein
Bremen	1836	Selbststillen, aber stei- gende Tendenz zur Ammen- u. Zusatznah- rung bei Oberschichten	Mehlbrei, Kartoffeln, Schwarzbrot (Unterschich- ten), Kuhmilch mit Wasser, Milchbrei mit Wasser und Zwieback, später Fleischbrühe mit Gemüse (Oberschichten)
Dresden	1840	Selbststillen mit Zusatz- kost (Unterschichten), steigende Tendenz zur Ammennahrung	Mehlbrei, Kuhmilch mit Wasser, Grützebrei, Kaffee, Kamillentee, geriebene Semmeln, später Kartoffeln und Schwarzbrot
Herzogtum Nassau	1841	Selbststillen: 1½–2 Jahre auf dem Lande, in der Stadt kürzer	

Ort/ Region	Jahr	Art und Weise der natürlichen Säuglingsernährung	Zusammensetzung der künstlichen Säuglingsernährung
Erfurt	1843	Überwiegendes Selbststillen aller Schichten, Ammen und Zusatzkost als Ausnahmen	
Berlin	1844	Ende des 18. Jh.s Selbststillen als Regel, Ammen als Ausnahme, Unterbringung der Kinder auf dem Lande unbekannt, um 1840 steigende Tendenz zur Ammennahrung, 2 000 Kinder, meist uneheliche, bei ländlichen Zieheltern	Mehlbreie verschiedener Art, später verdünnte Kuhmilch, Brot Semmeln und Kartoffeln dazugekommen
Wiesbaden	1846	Überwiegende Ammennahrung und frühzeitige Zusatzkost, Selbststillen nur bei ärmsten Bevölkerungsschichten	

Es zeigt sich also ein durchgehender Trend zur Ammennahrung, künstlichen Ernährung und Verkürzung der Stillzeiten im 19. Jahrhundert, wobei die wohlhabenden Oberschichten in den größeren Städten offenbar den Anfang machten. Die in Frankreich und speziell in Paris übliche Sitte, Säuglinge gleich nach der Geburt auf das Land zu geben, hat sich in Deutschland bis auf wenige Großstädte aber nicht durchgesetzt. Der Wohnsitz mit seinen landsmannschaftlichen und kirchlichen Bräuchen scheint eine ausschlaggebende Rolle gespielt zu haben. Die Ammennahrung konnten sich die meisten Mütter wohl für ihre Kinder nicht leisten. Die sozialen Unter- und Mittelschichten gingen im ganzen mehr und mehr zur Zusatznahrung über. In Württemberg wurden in der 2. Hälfte des 19. Jahrhunderts bereits 59 v. H. aller Kinder überwiegend »künstlich« ernährt, in Oberbayern wuchsen später sogar 90 v. H. fast ohne Muttermilch auf[30]. Im Zürcher Oberland

---

30 *H. Ploß:* Kind in Sitte und Brauch, S. 466. – *G. v. Ehrhardt:* Physischmedizinische Topographie der königl. baier. Stadt Memmingen im Illerkreis, Memmingen 1813, S. 409. – *L. A. Hug:* Medicinische Topographie des königl. Stadt- und Landgerichtsbezirks Freysing, Erlangen 1870, S. 46 f. – *R. Braun:* Sozialer und kultureller Wandel in einem ländlichen Industriegebiet (Zürcher Oberland) unter Einwirkung des Maschinen- und Fabrikwesens im 19. und 20. Jahrhundert, Erlenbach-Zürich u. Stuttgart 1965, S. 203 f.

wie auch in Oberschlesien soll schon im ganzen 19. Jahrhundert die Zusatznahrung im ganzen überwogen haben. Im Gegensatz zu romanischen Ländern wurden deutsche Ammen vielfach mit Mißtrauen betrachtet. Die Quellen berichten von »traurigen Erfahrungen« mit den Ammen, ihr »liederlicher Lebenswandel« und ihre »verdorbenen Sitten« werden beklagt. In Hamburg war um 1800 die Errichtung eines »Ammen-Contors« geplant, um die medizinische Überwachung und Vermittlung zu erleichtern, was aber nicht realisiert wurde. Statt dessen verpflichtete man die in die städtische Entbindungsanstalt aufgenommenen Schwangeren zum Ammendienst. In Berlin bestand um 1840 ein »Ammen-Besorgungs-Bureau« von Ärzten, dessen Bedeutung aber auch gering blieb. Vorbilder für solche Einrichtungen gab es unter anderem in Paris und Stockholm. Von großer Bedeutung war das Ammenwesen in Deutschland dagegen für die zahlreichen Findel- und Waisenhäuser.

Kennzeichnend scheint überall gewesen zu sein, daß im 19. Jahrhundert die Frauen der untersten Sozialschichten ihre Kinder anfangs noch so lange wie möglich selbst stillten und daher auch gegebenenfalls Ammendienste leisten konnten. Dies gilt aber wohl mehr für die wenig industrialisierten Regionen. In den frühindustriellen Gewerbelandschaften scheint dagegen eher der Übergang zur »künstlichen« Nahrung vonstatten gegangen zu sein. Schließlich gab es Gegenden, wo auch bei Landarbeitern ausschließlich bzw. sehr früh künstliche Säuglingsernährung die Regel war. Wo die Armut auf dem Lande zu groß war, mußte sämtliche Tiermilch als Butter und Käse verkauft werden, so daß nicht einmal genug für den Säugling blieb.

Trotz des Widerstandes prominenter Ärzte bildete der Mehlbrei im ganzen 19. Jahrhundert die wichtigste Zusatznahrung für die Kinder und Säuglinge der sozialen Unterschichten. Offenbar herrschte es aber mehr in Süd- als in Norddeutschland vor; Bayern, Württemberg, Baden, die Pfalz und die Schweiz dominierten hier. Das Mehl war, wie eine Untersuchung lakonisch feststellt, nicht selten feucht, staubig oder modrig. Der Brei wurde auf Vorrat gekocht und so oft wieder aufgewärmt, daß er dann manchmal dick und sauer war. Ein Arzt kennzeichnete diese Kinderkost wie folgt[31]:

> »Sie besteht am häufigsten aus Mehlbrei, der oft mehr einem Kleister als einer Speise ähnlich ist. Er wird aus Milch und Mehl bereitet und könnte bei gehöriger Beschaffenheit noch eine ziemlich gute Nahrung geben. Er ist aber gewöhnlich so dick, daß er den Kindern eingestrichen werden

---

31 S. Anm. 30. Zum Dominieren der Mehlspeisen in Süddeutschland im 19. Jahrhundert vgl. *H. J. Teuteberg / G. Wiegelmann:* Der Wandel der Nahrungsgewohnheiten unter dem Einfluß der Industrialisierung, Göttingen 1972, S. 255 ff.

muß und eigentlich erst durch Speichel und Magensaft verdünnt verdaulicher gemacht wird. Am schädlichsten ist er geronnen und sauer. Man glaubt nicht früh genug, diese Pappe den Kindern geben zu können ...«

Diese Beschreibung verrät, warum manchmal von »unverdaulichen Breien« berichtet wird. In Norddeutschland herrschte die Mehlbreinahrung nicht vor. Man suchte daher hier die Kleinkinder so früh wie möglich an Erwachsenenkost zu gewöhnen, die schwer verdaulich war, nämlich an Kartoffeln und Schwarzbrot. Beim Mangel an Frischmilch war die Verabreichung von Ersatzkaffee, Kamillentee, Wein oder Bier bei ärmeren Familien durchaus die Regel. In der Münchner Gegend bekamen Neugeborene aus wohlhabenden Bürgerfamilien abgekochte Milch mit Anis- oder Kandiswasser verdünnt, die aus ärmeren Familien noch vor dem Ende des ersten Lebensjahres Eichelkaffee, Bier oder einfach kaltes Wasser[32].

Aber auch andere Auswirkungen der Industrialisierung können für die Mängel der Kindernahrung verantwortlich gemacht werden. Die am leichtesten nachzuweisende Ursache ist ohne Zweifel die zunehmende außerhäusliche Berufstätigkeit der Frau gewesen. Dies gilt aber nicht nur für städtische Industrieregionen, sondern ebenso sehr für ländliche Gebiete. Im Kanton Zürich erfolgte der Übergang von der vorwiegend natürlichen zur vorwiegend künstlichen Kindernahrung, als die Heimarbeiterinnen vorwiegend in den Fabriken zu arbeiten begannen[33]. In Deutschland setzte diese Verschlechterung der Kindernahrung etwa zwischen 1840 und 1860 ein. Der Anteil der verheirateten Frauen bei den weiblichen Arbeitskräften betrug 1875 im Deutschen Reich 23,9 v. H., in Preußen, Sachsen, Württemberg und Baden etwas über 20 v. H., in dem am wenigsten industrialisierten Bayern aber 31,1 v. H.[34]. Die Zahl der Fabrikarbeiterinnen unter den verheirateten Frauen war aber äußerst gering und belief sich im Reichsdurchschnitt 1890 auf 1,5 v. H. Nur in Bremen, Sachsen-Altenburg und Baden wurden 3 v. H. und in Sachsen 4 v. H. erreicht. Einige wenige Städte erreichten natürlich höhere Werte. Bei langen Arbeitszeiten von 11–13 Stunden, die sich auch auf den Sonntag und in die Nacht erstreckten,

---

32 *L. A. Hug:* Freysing, S. 47. – Kaffee, Wein und Bier als Säuglingsgetränke werden auch aus der Maingegend und dem Kanton Zürich mitgeteilt. Vgl. *J. H. Kopp:* Topographie der Stadt Hanau in Beziehung auf Gesundheits- und Krankheitszustand der Einwohner, Frankfurt/M. 1807, S. 91.

33 *R. Braun:* Zürcher Oberland, S. 203 f. In den deutschen Gebieten setzte dieser Prozeß erst um 1840, meistens sogar erst nach 1860 ein. Vgl. *G. Schmoller:* Zur Geschichte der deutschen Kleingewerbe im 19. Jahrhundert, Halle 1870, S. 665.

34 *R. Otto:* Über die Fabrikarbeit verheirateter Frauen, Stuttgart-Berlin 1910, S. 83.

war für diese Gruppe von Müttern das Stillen der Kinder schwierig. Kenntnisse über die Zubereitung einer zweckmäßigen gesunden Babykost waren noch nicht vorhanden. In einigen Fabriken Preußens und Württembergs, besonders in den Zigarrenfabriken Bremens und Badens, wurde den dort beschäftigten verheirateten Müttern schon am Ausgang des 19. Jahrhunderts einige Erleichterungen wie verlängerte Pausen und größere Freiheiten beim Kommen und Gehen zur Arbeit als Vorläufer des heutigen Mutterschutzes gewährt, in Bayern und Sachsen war dagegen dies wiederum ganz selten.

Die statistisch einwandfrei nachweisbare, gegenüber heute relativ hohe Kindersterblichkeit im 19. Jahrhundert muß zum großen Teil mit der schlechten Ernährungssituation der Säuglinge in Verbindung gebracht werden. Die Sterblichkeitsrate von 1 000 Lebendgeborenen im ersten Lebensjahr stellt sich wie folgt dar[35]:

Tabelle 11:
Die Säuglingssterblichkeit in Preußen in v. H.

| 1811–1820 | 16,9 | 1901–1905 | 19,0 |
| 1871–1880 | 21,4 | 1926–1928 | 9,6 |

Tabelle 12:
Säuglingssterblichkeit in anderen deutschen Bundesstaaten und einzelnen deutschen Städten in v. H.

Bayern	1827–1869	30,7	Holstein	1855–1859	12,4
Sachsen	1859–1865	26,3	Breslau	1859–1861	26,9
Baden	1864–1869	29,2	Magdeburg	1827–1856	25,0
Württem-berg	1858–1866	34,4			

Das Bild ist sehr uneinheitlich: Während z. B. in einigen sächsischen Orten mit Textilindustrie die Säuglingssterblichkeit über dem Landesdurchschnitt lag, sank sie in wenig industrialisierten Nachbarorten demgegenüber auf die Hälfte herab. In Erfurt betrug die Säuglingssterblichkeit bei Arbeiterfamilien 1848–1869 30,5 v. H. und damit das Vierfache der Oberschichten und das Doppelte der Mittelschichten. Im zweiten Lebensjahr erhöhte sich der Abstand sogar auf das Sechs- bzw. Dreifache zuungunsten der Arbeiterkinder. In der Textilstadt Augsburg starben 1871–1873 von Kindern der Fabrikbevölkerung sogar 65 v. H. im ersten Lebensjahr, bei den übrigen Bevölkerungsgruppen

---

35 *A. Peiper*: Kinderheilkunde, S. 142. – *Pfeiffer*, Kindersterblichkeit, in: *C. Gerhardt* (Hg.): Handbuch der Kinderkrankheiten, Bd. 1, Tübingen 1877, S. 542–546. – *Otto*: Fabrikarbeit verheirateter Frauen, S. 108.

nur 43 v. H. Aber dieser extrem hohen Kindersterblichkeit in einigen Orten standen auch ganz andere Zahlen gegenüber. So betrug die Sterblichkeitsrate der Säuglinge 1877 in dem Industrieort Oberhausen nur 15 v. H. Daraus ist zu schließen, das nicht etwa die Industrialisierung an sich, der niedrige Lebensstandard, Bildungsgrad oder Zartheit der Kinder, sondern vor allem spezifische Arbeitsbedingungen der außerhäuslich erwerbstätigen Mütter die Hauptrolle für den schlechten Gesundheits- und Ernährungszustand spielten. Eine Untersuchung hierzu stellt fest:

> »Vorzugsweise scheint hier eine schlechte Auffütterung der Kinder, überhaupt mangelhafte Pflege, vor allem das Unterlassen des Selbstnährens der Mütter sich geltend zu machen.«[36]

Wie die Reichsstatistik zeigt, starben weitaus die meisten Kinder bereits in den ersten zwölf Monaten, wobei die Todesfälle nach dem ersten und dann noch einmal nach dem 3. und 4. Monat bereits ganz rapide abnahmen[37]. Die Sterblichkeitsrate der ein- bis fünfjährigen Kinder war demgegenüber wesentlich geringer, so daß sich das Abgehen von der natürlichen Brustnahrung ohne Zufuhr einer gleichwertigen künstlichen Babykost im ersten Lebensjahr bei den sozialen Unterschichten als der eigentliche Kern des Übels herausschält. Dafür lassen sich zahlreiche Einzelbelege noch anführen: So starben im hochindustrialisierten Mühlhausen 1825–1834 noch rd. 50 v. H. der Kinder von Fabrikarbeiterinnen innerhalb der ersten 15 Monate. Nach 1862 sank diese Rate aber auf 25 v. H., als Fabrikbesitzer die Einrichtung getroffen hatten, daß die Mütter nach der Geburt sechs Wochen zur Pflege ihres Kindes bei Lohnfortzahlung zu Hause bleiben durften[38]. Wie die ab 1876 für Preußen und seit 1901 für das Reich vorliegenden fortlaufenden Statistiken deutlich ausweisen, war die Säuglingssterblichkeit nicht nur zwischen Stadt und Land, industrialisierten und nichtindustrialisierten Gegenden sowie zwischen den einzelnen Sozialschichten, sondern auch nach der Legitimität völlig unterschiedlich: Die Todesrate war bei den unehelich geborenen Säuglingen stets um ein

---

36 *C. A. Meinert:* Die Kost in staatlichen und kommunalen Anstalten, die Volksküchenkost und die Kost der arbeitenden Klassen, Berlin 1880, S. 109.

37 Die genauen Langzeitstatistiken siehe in *Statistisches Bundesamt* (Hg.): Bevölkerung und Wirtschaft 1872–1972, Stuttgart 1972, S. 112 und S. 107, und Statistisches Jahrbuch für den Preussischen Staat, Jg. 1903, S. 30, Jg. 1906, S. 23 und Jg. 1915, S. 34. Eine Zusammenstellung der Säuglingssterblichkeit im Deutschen Reich nach Lebensmonaten zwischen 1881/90 bis 1932/34 und nach der Legitimität in Preußen 1876/80–1914 findet sich bei *G. Hohorst* u. a.: Sozialgeschichtliches Arbeitsbuch. Materialien zur Statistik des Kaiserreichs 1870–1914, München 1975, S. 36–37.

38 *Pfeiffer:* Kindersterblichkeit, S. 569.

1. Die »Alte Fuhr«
in Elberfeld
um 1860, Schauplatz
des Epos »Mina
Knallenfalls«
(s. dazu S. 25).

Die Industrie fand ihre frühen Standorte entweder in älteren Gewerbezentren (Beispiel Elberfeld) oder – rohstoffbedingt – auf der »grünen Wiese« (Beispiel nördliches Ruhrgebiet).

2. Zeche Bergmannsglück bei Gelsenkirchen-Buer.

3. Tiegelguß um 1880 bei Krupp in Essen; gleichmäßiges und damit erfolgreiches Gießen setzte äußerste Disziplin im Arbeitsablauf voraus.

4. Kanonenbau bei Krupp um 1900; drangvolle Enge und eine Fülle von Transmissionen bildeten erhebliche Gefahrenpunkte am Arbeitsplatz (s. dazu S. 85).

5. Grobzug bei der Gutehoffnungshütte, Abt. Gelsenkirchen, um 1927.

Hölzerne Ziehbänke und individuelle Behandlung der Drahtringe kennzeichnen noch die Nähe zur handwerklichen Fertigung.

6. Einpacken der Drahtringe in die Glühtöpfe (s. dazu S. 121).

7. Handbohren vor Ort um 1934 (s. dazu S. 106 f.).

8. »Brechen« der Kohle mit der Preßlufthacke 1933.

9. Streckenförderung mit Pferden (s. dazu S. 112).

10. Einsatz des Abbauhammers im Flöz.

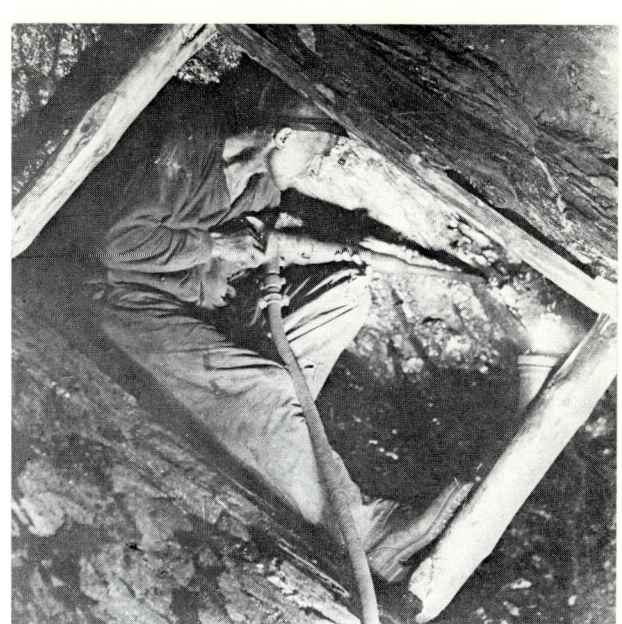

11. Der Schlepper auf dem Weg vom Abbauort zur »Strecke«.

12. Katholische Volksschule Neustraße in Herne, erbaut 1878 mit Erweiterungen in den 80er Jahren (s. dazu S. 254).

13. Volksschulklasse im Ruhrgebiet 1897.

14. Inneres einer »normalen« Volksschulklasse um 1900.

15. Gemischte Volksschulklasse in einer Berliner »Musterschule« 1915.

16. Prunkvolle Prozession im Ruhrgebiet um 1910 (s. dazu S. 284).

17. Masurische Gebetsgemeinschaft (s. dazu S. 286).

18. Fronleichnams»reklame« in einer Ruhrgebietsstadt (s. dazu S. 283 f.).

Vielfaches höher. Dieser signifikante Unterschied blieb auch bestehen, als die Säuglingssterblichkeit nach 1900 infolge steigenden Lebensstandards, verbesserter medizinischer Betreuung und Rückgang der Arbeitszeit stark zu sinken begann. Die höhere Todeserwartung bei den unehelichen Kindern hatte natürlich damit zu tun, daß die ledigen Mütter prozentual am wenigsten selbst stillten. Aber dies war ein altes gesellschaftliches Problem, das mit der Industrialisierung an sich nur wenig zu tun hatte. Zahlen über die Kindersterblichkeit, Kindermißhandlung oder Kindestötung in vorindustriellen Jahrhunderten sind nicht vorhanden. Wir dürfen aber annehmen, daß diese Probleme zumindest nicht kleiner als im 19. Jahrhundert waren. Erste Forschungen deuten darauf hin, daß die Zahl der unehelichen Geburten jedenfalls eine ziemliche Konstanz in früheren Jahrhunderten aufweist.

Die Ernährung der Waisen- und Findelkinder

Leider gibt es bis heute keine Geschichte der Waisen- und Findelhäuser in Deutschland, obwohl dafür reichlich Quellen zur Verfügung stehen. Aber aus den vorliegenden Monographien läßt sich bereits erkennen, daß die Ernährungssituation in diesen Anstalten in früheren Jahrhunderten nicht besonders gut gewesen sein kann. Soweit sich erkennen läßt, wurden die ersten derartigen Häuser im 14. Jahrhundert in oberdeutschen Reichsstädten gegründet wie z. B. Freiburg, Ulm und Nürnberg. Bis zum Beginn des 17. Jahrhunderts betrug die Zahl der Findlinge im Verhältnis zu allen Anstaltskindern etwa ein Drittel bis ein Viertel, um sich dann allmählich zu verringern. Das »Findel- und Waisenhaus«, wie die offizielle Bezeichnung bis zum 19. Jahrhundert hieß, blieb lange Zeit mit Armen-, Arbeits- und Zuchthäusern verbunden. Vielfach war den letztgenannten Institutionen auch die Funktion eines Findel- oder Waisenhauses zugewiesen worden, ohne daß dies im Namen äußerlich erkennbar wurde. Die enge Verbindung und Nachbarschaft solcher Anstalten beruhte auf der Tatsache, daß man elternlose Kinder so früh wie möglich zum eigenen Unterhalt beitragen lassen wollte. So befand sich zu Beginn des 18. Jahrhunderts im Leipziger Waisenhaus eine Strumpfmanufaktur, in der die Kinder Wolle verarbeiteten und Strümpfe weben mußten. Im Frankfurter Waisenhaus standen zwei Zeugmacherstühle, wo »die kleinsten Kinder Wolle zopfen, dieselbe kartätschen, die dritte spuhlen, wieder andere Strümpfe stricken mußten«[39]. In Nürnberg, Coburg und Jena verrichteten Kinder dieselbe Arbeit wie die Zuchthäusler, nämlich »schwe-

---

39 E. *Lempp:* Geschichte des Stuttgarter Waisenhauses, Stuttgart 1910, S. 7.

re Glasur mahlen oder Gelbholz raspeln«. Lediglich Halle bildete eine erste Ausnahme, wo der berühmte Pädagoge August Hermann Francke aus christlich-pietistischen Motiven sein 1695 erbautes Waisenhaus erstmals vom Zuchthaus trennte und statt dessen mit einer Armenschule und später mit einem besonderen »Pädagogium« für die besseren Schüler verband. Wenngleich nach seinem Beispiel die gewerbliche Kinderarbeit zugunsten eines erweiterten Schulunterrichts allmählich zurückgedrängt wurde, blieb die Vermischung von Findel- und Waisenkindern mit Armen, Arbeitsscheuen und Zuchthäuslern vielfach weiterhin bestehen. Es galt als selbstverständlich, daß die Erziehung der Waisen wesentlich strenger sein müsse als bei anderen Kindern und sich alles auf die Erziehungsprinzipien Gehorsam, Arbeitsamkeit, Bescheidenheit und Religiosität auszurichten habe. Die frühzeitige Ausnutzung der kindlichen Arbeitskraft wurde ethisch damit legitimiert, daß man die Kinder vom »Müßiggang« abhalten wolle. Dahinter stand freilich auch die Tatsache, daß gerade Waisenhäuser aus öffentlichen Mitteln oftmals nicht existieren konnten und auf Stiftungen und sonstige Nebeneinkünfte angewiesen waren. In dem Bericht über das Waisenhaus in Frankfurt am Main finden sich 1842 die charakteristischen Sätze[40]:

> »Je allgemeiner gerade in unserer Zeit die traurige Erscheinung sich einstellt, daß namentlich auch in den niederen Ständen einem verderblichen Sinnengenuße gar sehr gefröhnt wird, um so mehr muß in den Armenerziehungsanstalten dahin gewirkt werden, dieser oft so frühe genährten Lüsternheit zu begegnen: sie Genügsamkeit zu lehren, damit sie von Jugend auf das apostolische Wort: ›Lasset euch begnügen an dem, was da ist‹ üben lernen.«

In den meisten Waisenhäusern wurden die Säuglinge zunächst von Ammen genährt. Da diese aber nicht in so großer Zahl zu finden waren, wurden einer Amme nicht selten zwei oder sogar mehr Kinder anvertraut, wie es z. B. in Wien und Kassel im 18. und in Prag in der Mitte des 19. Jahrhunderts noch geschah. In solchen Fällen fütterten die Ammen dann die Kinder zusätzlich mit Brot, Kartoffeln und Gemüse, wobei sie den Kindern die Nahrung zur besseren Verdauung gelegentlich vorkauten[41]. Daneben war man zusätzlich überhaupt auf künstliche Ernährung der Säuglinge angewiesen, die dann von der schlechtesten Qualität war. Entsprechend hoch war die Kindersterblichkeit in den Findel- und Waisenhäusern. In Paris betrug diese 1780 60 v. H., 1797 92 v. H. und 1817 67 v. H. In einer einzigen Pariser

---

40 *F. Schäffer:* Geschichte des Frankfurter Waisenhauses, Frankfurt/M. 1842, S. 182.
41 *A. Peiper:* Kinderheilkunde, S. 78–83.

Findelanstalt starben 1772 von 7 778 Säuglingen schon in den ersten Tagen 2 650, als sie allein mit Ziegenmilch ernährt wurden. Die Zahlen in anderen europäischen Städten sahen ähnlich aus: In Wien starben 1811 72 v. H., in Brüssel im gleichen Jahr 79 v. H. und 1817 noch 56 v. H., in Dublin zwischen 1701 und 1797 rd. jeweils 98 v. H., in St. Petersburg zwischen 1772 und 1784 85 v. H. und 1830–1833 50,5 v. H., in ganz Frankreich 1838–1875 noch 50 v. H. der Säuglinge[42]. Die Kindermortalität in deutschen Waisenhäusern ist noch nicht zusammengefaßt worden. Im Stuttgarter Waisenhaus betrug die Sterblichkeitsrate zwischen 1710 und 1760 nur 34,4 v. H., 1760–1810 19 v. H. und 1810–1860 4,1 v. H., um dann zwischen 1860 und 1910 sogar auf 1,34 v. H. abzusinken. Diese Anstalt nahm aber keine Säuglinge auf, die, wie gesagt, stets bei weitem das Hauptkontingent der Toten stellten. Die Sterblichkeitsrate bei den Findel- und Waisenhäusern war auch deshalb so hoch, weil viele der bedauernswerten Geschöpfe schon krank, halb verhungert oder erfroren eingeliefert wurden. Die durchweg schlechte Kost tat dann ein übriges, die Sterblichkeitsrate hochzutreiben.

Der Zusammenhang zwischen Ernährung und Kindersterblichkeit ist immer wieder von den Zeitgenossen hervorgehoben worden[43]. Erst am Ende des 19. Jahrhunderts mehrten sich Versuche, Säuglinge getrennt von den übrigen Waisenkindern zu halten. So entstand 1882 ein spezielles Kinderheim in Breslau, das nur für Neugeborene und Säuglinge bis zu drei Monaten bestimmt war. Bei dieser Einzelpflege konnte die Sterblichkeit gleich auf 18 v. H. heruntergedrückt werden, was unter dem Reichsdurchschnitt von 22,5 v. H. lag. Das erste spezielle Säuglingsheim dieser Art wurde 1897 in Dresden eröffnet[44].

Wie die Speisezettel der Findel- und Waisenhäuser in den ersten Jahrhunderten nach ihrer Gründung ausgesehen haben, ist bis heute noch wenig zusammenhängend erforscht. Aus den bisherigen Monographien läßt sich annehmen, daß die Kost im allgemeinen morgens und abends aus einer Milch-Wassersuppe oder einem Mehlbrei bestand. Auch mittags wurde bis zu zweimal wöchentlich irgendein Brei auf den Tisch gebracht, der aus Gerste, Hafer, Buchweizen oder verschiedenen Gemüsen (Sauer- oder Weißkraut, Rüben und Erbsen) mit Milch und Wasser vermischt bestehen konnte; Suppen- oder Pökelfleisch bzw. Wurst war selten. Im Kölner Waisenhaus bestand bis zum Ende des 18. Jahrhunderts sogar eine völlig fleischlose Kost, statt dessen erhielten die Kinder morgens und abend zusätzlich Brot. In Nürnberg wurde

---

42 Ebd.
43 *A. Peiper:* Kinderheilkunde, S. 81.
44 Ebd., S. 85.

nach 1685 zum Mittagsgemüse zweimal wöchentlich Fleisch und einmal Siedwürste serviert, aber nur in kleinsten Mengen. Etwa zur gleichen Zeit war eine zweimalige Fleischzugabe auch in Kassel die Regel, wobei Hammelfleisch dominierte. Dazu gab es Hering und Stockfisch. Im übrigen bestand das Essen dort aus Erbsen-, Linsen- und Gerstensuppe, Hafer- und Roggenbrei. Einmal wöchentlich gab es Kohl und einmal Rüben, dreimal etwas Butter. Das Abendessen bestand zweimal aus Kraut und kalten Erbsen sowie Bohnen und Wecksuppe und einmal Dörrobst und Haferbrei. Auch Brot- und Hirsesuppe tauchten neben Käse und Bier regelmäßig auf. Jeweils zwölf Kinder mußten sich ein halbes Pfund Butter, ein halbes Pfund Käse sowie ein Pfund Fisch teilen[45]. Solche Mengenangaben sind freilich selten. Aus dem Speiseplan des Frankfurter Waisenhauses, der ab 1697 hundert Jahre lang galt, läßt sich folgendes entnehmen[46]:

Tabelle 13:
Speiseplan des Frankfurter Waisenhauses im 18. Jahrhundert

Wochentag	Mittagsmahlzeit	Abendmahlzeit
Sonntag	Suppe, Gemüse, Fleisch	Hirsebrei, Lungenmus
Montag	Gerstensuppe, Gemüse	Suppe mit Käse und Butter
Dienstag	Sauerkraut, Schweinefleisch	Suppe, Gemüse und Käse
Mittwoch	Linsen und Mehlklöße	Suppe und Zwetschen
Donnerstag	Suppe und Rindfleisch	Haferbrei und Gemüse
Freitag	Erbsen und Fisch	Gerste und Rindsfuß
Samstag	Suppe und Gemüse	Suppe mit Käse und Butter

Wie sich sofort erkennen läßt, dominierte die Suppen- und Breikost, die zwei bis dreimal wöchentlich durch geringe Fleisch- oder Fischmengen in konservierter Form sowie durch verschiedenes Gemüse und kleine Mengen von Butter und Käse ergänzt wurde. Obst wurde, wie überhaupt damals üblich, nur in getrockneter Form gereicht. Auffällig erscheint, daß das gebackene Brot, abgesehen von Brotsuppen, offenbar gar nicht auf dem Speiseplan erschien. Aus den Abrechnungen des Nürnberger Waisenhauses läßt sich erkennen, daß die wenigen Gemüsesorten im Laufe des 18. Jahrhunderts durch Kohlrabi, Linsen und Lattich ergänzt wurden. Auch die Breie wurden mehr variiert,

---

45 *E. Schlieper:* Nahrungsmittel und Ernährung in der Landgrafschaft Hessen-Kassel 1650–1730, in: Zeitschrift des Vereins für Hessische Geschichte und Landeskunde, Bd. 81 (1970), S. 86. – *E. Mummenhoff:* Das Findel- und Waisenhaus zu Nürnberg, Nürnberg 1917, S. 416. Vgl. *J. Dicks:* Das stadtkölnische Waisenhaus von 1520–1825, Köln 1925, S. 29.
46 *F. Schäffer:* Frankfurter Waisenhaus, S. 18.

so daß auch Grieß, Hirse, Gerste und Buchweizen als Bestandteile verwandt wurden. Zum Mittagessen gab es manchmal Knödel mit grünen Zwetschen, Birnen sowie anderem gedünsteten oder gedörrten Obst und zu allen Mahlzeiten Brot nach Belieben. Erst ganz am Ende des 18. Jahrhunderts tauchten in den Bezugslisten dieses Waisenhauses erstmals Kartoffeln auf. Die Mengen waren so gering, daß man vermuten kann, daß sie in erster Linie dem Aufsichtspersonal vorbehalten blieben. Gebratenes Fleisch, besonders Geflügel, war für Waisenkinder nur etwas für ganz hohe Festtage. Neben Wasser war das selbstgebraute Bier das einzige Getränk[47].

Im Jahre 1722 bestimmte der Speiseplan für das Kölner Waisenhaus, der auch noch im 19. Jahrhundert galt[48]:

> »Des Morgens frühstück in einer zugeschlagenen Schnitte brods, fästtags mit Butter, und die übrigen Täg mit fett geschmieret, für das mittagsmahl haben die Kinder täglich nebst nothdürftigem bier-Tranck eine warm Speis nemlich suppe oder Gemüs, und so lang es die Umstände und die einkünfte des Hauses erlauben, dreymal die Woche, nehmlich sonntag, dienstag und donnerstag eine Portion gesaltzen, geräuchert oder frisch Fleisch oder dergl. als Abfall des geschlachteten Viehe, und die übrige täg, wie auch alle abend zwey schnitten brodt, des morgens geschmieret, und werden aus einem $7^{1}/_{2}$pfündigen brodt durcheinander für gross und klein gemacht geschnitten.«

Wie bei den Armen-, Werk- und Zuchthäusern gab es in der täglichen Nahrungszufuhr deutliche Abstufungen. So ist der Speisezettel des Waisenhauses in Frankfurt am Main 1774 in vier Spalten aufgeteilt, worin die täglichen Mahlzeiten des Hausmeisters, der übrigen Meister, der Gesellen und schließlich der Kinder aufgeführt sind. Die Nahrung der Kinder war mit Abstand die kümmerlichste und einfachste. Der Leiter der Anstalt konnte z. B. jeden Tag Fleisch verschiedener Art im Wechsel genießen und sogar viermal wöchentlich am Abend, während die Gesellen dieses Privileg nur mittags genossen. Erst in der Mitte des 19. Jahrhunderts wurde die Kost der Waisenhauskinder verbessert. Die Auswahl an Gemüsen blieb aber weiterhin beschränkt, Fleisch gab es nur in zwei bis drei kleinen Portionen pro Woche, Suppe und Brei beherrschten weiterhin die Mahlzeiten. Neu aufgenommen wurde die berüchtigte Rumfordsuppe, die als spezielle Armenkost galt (eine Fleisch- oder Knochensuppe) sowie Kartoffeln. Der Waisenhausbericht bezeichnete dies ausdrücklich als »wesentliche Neuerungen«.

Auch in anderen Waisenhäusern tauchten seit dem frühen 19. Jahrhundert zunehmend mehr Rumfordsuppe und Kartoffeln auf. Die Altonaer Waisenkinder erhielten zu Beginn des 19. Jahrhunderts zweimal

---

47 *Mummenhoff:* Findel- und Waisenhaus zu Nürnberg, S. 107 und S. 416.
48 *Dicks:* Das stadtkölnische Waisenhaus, S. 29.

wöchentlich eine solche Rumfordsuppe und einmal Kartoffeln mit Hering und Brot. Am Sonntag wurde Suppe, Brot und je ein halbes Pfund Fleisch (im Sommer frisch und im Winter gepökelt) gereicht, montags grünes Gemüse mit gesalzenem Hering, im Winter graue Erbsen, Buchweizengrütze oder Kartoffeln, mittwochs je ein drittel Pfund Schweinefleisch mit Mehlklößen und samstags Buchweizengrütze mit Butterbrot. Das Frühstück bestand aus Wasser mit Milch und drei Kringeln, das Abendessen aus Butterbrot mit Bier oder zwei Kringeln mit Warmbier. In der Mitte des Jahrhunderts hatte sich wenig an der Zusammensetzung geändert[49].

Überblickt man die Speisezettel, dann bestanden die bedeutendsten Neuerungen gegenüber dem 18. Jahrhundert in der Einführung des gebackenen Brots, das häufiger nun mit Butter oder Fett bestrichen wurde. Die Suppen waren offenbar etwas nahrhafter und zum Teil durch Kartoffeln ergänzt worden. Die Kost erscheint etwas abwechslungsreicher, aber qualitativ kaum verbessert. Fleisch, Fisch, Gemüse und Obst in frischem Zustand waren offenbar immer noch ganz selten in dieser Kinderkost enthalten. Wegen fehlender Mengenangaben läßt sich der ernährungsphysiologische Wert allerdings nicht exakt bestimmen. Ein Waisenhausarzt faßte seine Erfahrungen um 1850 in die folgenden Sätze zusammen[50]:

>Leider sorgt man nicht in allen Waisenhäusern für eine gesunde und zulängliche Nahrung, noch weniger für etwas Mannigfaltigkeit der wöchentlich darzureichenden Speisen. Hier und da müßten die armen Kinder im eigentlichen Sinne des Wortes nach Brod schreien, oder dreimal in der Woche Rumfordsche Suppe, dreimal Grütze und Bohnen, einmal Fleisch und Morgens und Abends nichts als Wasser und Brod genießen. Diese unvernünftige Einrichtung hat ihren Grund zum Theil in einer übel angebrachten Sparsamkeit, bei der die Kinder unmöglich kräftig heranwachsen, gesund und stark werden können; zum Theil in dem gutgemeinten Vorurtheile, daß die Kinder dadurch zur Genügsamkeit gewöhnt werden ... Gewiss liegt in dieser übermäßigen Gleichförmigkeit der täglichen Nahrung der Grund, daß die Zöglinge der Waisenhäuser für naschhaft gehalten werden.<

Seit dem späten 18. Jahrhundert wurde wiederholt die Frage erörtert, ob die Unterbringung der Waisenkinder in Anstalten oder bei privaten Familien vorteilhafter sei. Zugunsten der Waisenhäuser wurde geltend gemacht, daß hier zweckmäßig gewirtschaftet und die Kinder sorgfältiger beaufsichtigt werden könnten. Private Zieheltern würden Waisenkinder nur wegen des Geldes annehmen, für eigene Zwecke

---

49 *N. Funk:* Geschichte und Beschreibung des Waisen-, Schul- und Arbeitshauses in Altona, Altona 1803, S. 128.
50 Zitiert nach *F. Schäffer:* Frankfurter Waisenhaus, S. 115 f.

mißbrauchen und darben lassen. Umgekehrt wurde argumentiert, daß eine Ziehfamilie am besten das verlorene Elternhaus ersetze, die Aufzucht billiger sei und die praktischen Tätigkeiten in einem Haushalt besser eingeübt werden könnten. Die unnatürlichen Regelungen eines Anstaltslebens mit der Gefahr ansteckender Krankheiten würden so vermieden. Beide Richtungen suchten anhand der Kindersterblichkeit den Nutzen ihrer Unterbringung zu demonstrieren. Die überlieferten Zahlen sind aber widerspruchsvoll. Im Großherzogtum Sachsen-Weimar, wo 1785 die Privatpflege von Waisenkindern durch Verordnung eingeführt worden war, hatte man 40 Jahre nur gute Erfahrungen gemacht. In Prag starben dagegen 1865 19,6 v. H. der Anstaltskinder, von Kindern in Privatpflege aber 34,56 v. H. Wiener Ärzte berichteten zwischen 1825 und 1863 von katastrophalen Zuständen der Privatpflege bei Findelkindern. Ein Arzt kannte eine Frau, die zum 13. Mal einen verstorbenen Findling gegen einen lebenden eintauschte[51]. In einem Berliner Kinderasyl starben zwischen 1896 und 1899 von 1 000 eingelieferten Waisenhaussäuglingen 876. Von 1 000 in Kostpflege gegebenen Säuglingen kamen 761 in der gleichen Zeit um. Demgegenüber starben in der gleichen Zeit von tausend in Familien geborenen Kindern nur 248[52]. In der Berliner städtischen Waisenanstalt verstarben zwischen September 1901 und Februar 1902 59,7 v. H. der Kinder im ersten Lebensjahr, in der privaten Kostpflege aber 48,9 v. H. Bei diesen Zahlen muß berücksichtigt werden, daß die Anstalt stets prozentual mehr Säuglinge als die privaten Zieheltern aufwies. In Wirklichkeit dürften die Unterschiede in der Verpflegung wie in der Sterblichkeit nicht groß gewesen sein. Die Waisenkinder in Privatfamilien, für die im Monat anderthalb und maximal 3¹/₂ Taler gezahlt wurden, wuchsen meist bei den ärmsten Familien auf, die auf dieses Kostgeld besonders erpicht waren. Waisenhaussäuglinge wurden wenig oder gar nicht gestillt bzw. mußten sich darin mit anderen teilen[53]. Später erhielten sie meist schlechtere Nahrung als die übrigen Familienmitglieder. Waisenhauskinder berichten selbst später in ihren Lebenserinnerungen über schlechte Behandlung, übermäßige Arbeit, Kälte, Schmutz, harte Strafen und Streitigkeiten im »Elternhaus«.

51 *A. Peiper:* Kinderheilkunde, S. 81. Vgl. dagegen die guten Erfahrungen bei *W. Ch. Günther:* Die Waisen des Großherzogtums Sachsen-Weimar, Weimar 1825, S. IX.
52 *H. Finkelstein / L. Ballin:* Die Waisensäuglinge Berlins, Berlin-Wien 1904, S. 6.
53 *Wollheim:* Medicinische Topographie und Statistik von Berlin, S. 119. Vgl. *A. Peiper:* Kinderheilkunde, S. 81. – *Ch. J. Klumker:* Kinderfürsorge, in: Handwörterbuch der Staatswissenschaften, 4. Aufl., Bd. 5, Jena 1923, S. 672.

Vor allem aber wird das Essen beklagt: Mehlbrei, Klöße, viel Kartoffeln, verdorbene Eier, unreifes Obst, Zichorienkaffee[54]. Ein solches Ziehkind bekam mittags selten etwas anderes als nur trockene Kartoffeln, nur manchmal Grütze und Kaffee, abends ab und zu Schwarzbrot. Diese Familie war sehr arm und schickte das Kind oft zum Betteln nach Milch, Brot und Butter. Die Nahrung eines anderen Kostkindes bestand für gewöhnlich aus verschimmeltem Brot und Wasser, ein weiteres erhielt jeden Mittag nur Buchweizenbrei: »Wenn ich ihn nun nicht aufessen konnte, so bekam ich tüchtige Schläge.«[55] Abends wurde es hungrig zu Bett geschickt. Nur wenn etwas übrig blieb, wurde es geweckt und durfte den Rest aufessen. Ein kurzes Zuspätkommen frühmorgens um 6 Uhr wurde damit bestraft, daß man gar nichts zu essen bekam. Ein Pflegekind berichtet, es habe höchstens zweimal in der Woche warmes Essen bekommen, dies war dann »ein Topf mit warmen Wasser und Milch und eine Rinde Brot darin«[56]. Aus diesen wenigen Aussagen läßt sich sicher noch kein repräsentatives Gesamtbild gewinnen, zumal sie nur aus Norddeutschland und dort hauptsächlich aus Hamburg stammen. Die mit der Kost zufriedenen Waisenhauskinder sahen sicher wenig Anlaß, dies später zu Papier zu bringen. Dennoch kann wohl vermutet werden, daß die Ernährungsverhältnisse der Waisenkinder in Privatfamilien sich ebenfalls erst durchgreifend im 20. Jahrhundert verbesserten.

Fürsorgemaßnahmen für Kinder und deren Ernährung

Im Jahr 1780 schrieb Johann Peter Frank, einer der größten Ärzte des 18. Jahrhunderts, im zweiten Band seines achtbändigen »Systems der medizinischen Polizey« den bemerkenswerten Satz nieder[57]:

> »Die Ernährung der Neugeborenen ist für den Staat keine gleichgültige Sache; denn sie hat auf den Tod und auf das Leben der Kinder den offenbarsten Einfluß. Wenn man sieht, daß wegen täglichen Fehlern in dieser Sache über ein Drittel von Menschen zugrunde geht, so fällt ... die Frage weithinweg: ›Ob sich auch wohl die Vorsteher des gemeinen Wesens so weit herablassen mögen, um sich mit dergleichen Gegenständen abzugeben?‹«

Obwohl hier der Zusammenhang zwischen Ernährungsmängeln und Kindersterblichkeit bereits klar betont wurde, dauerte es mehr als

---

54 *J. C. Kröger:* Die Waisenhausfragen, Altona 1852, S. 35.
55 Ebd., S. 132.
56 Ebd., S. 134. Vgl. *Ch. J. Klumker:* Kinderfürsorge, S. 669–672.
57 Zitiert nach *A. Peiper:* Kinderheilkunde, S. 108 (vgl. Anm. 26).

hundert Jahre, bis sich die öffentliche Hand bereitfand, mehr Interesse für das physische Wohl der Kinder auf diesem Gebiet aufzubringen. Die negativen Folgeerscheinungen einer unzureichenden Kinderernährung waren dem Staat infolge des Mangels an Statistiken zunächst lange verborgen geblieben. Erst im späten 19. Jahrhundert gewann man die sichere Erkenntnis, daß die mittlere Lebenserwartung bei den unteren Sozialschichten, besonders den Industriearbeitern, nur bei etwa 30 Lebensjahren lag, während die ernährungsmäßig bessergestellten Oberschichten zur gleichen Zeit schon durchschnittlich 50 Jahre erreichten[58]. Nun war nicht mehr wie früher der Hunger das Problem, wohl aber die schlechte und einseitige Ernährung. Die Folgen unzureichender Ernährung in der Jugend hatten sich schon frühzeitig bei der Rekrutierung für den Militärdienst gezeigt. In Preußen waren zwischen 1831 und 1854 nur 28,4 v. H. der Untersuchten wehrdiensttauglich, in Sachsen zwischen 1845–1854 sogar nur 25,9 v. H. Bei der Untersuchung einzelner Orte stellte sich heraus, daß die Wehrdiensttauglichkeit im direkten Verhältnis zur Qualität der Nahrung stand: In einem Ort mit überwiegend bäuerlicher Bevölkerung betrug der Prozentsatz der Wehrfähigen 23 v. H., in einem anderen, wo sich die Bewohner nur von Kartoffeln, Brot und Zichorienkaffee nährten, dagegen nur 12 v. H.[59]. Während manche Unternehmer frühzeitig merkten, daß man mit unzureichend ernährten Fabrikarbeitern nur schlechte Produktionsergebnisse erzielte und daher freiwillig »Fabrikmenagen« und »Arbeiterkosthäuser« einrichteten, wurden staatlicherseits solche volkswirtschaftlichen Auswirkungen einer schlechten Ernährung noch wenig beachtet[60]. Die Hauptlast der Kinderfürsorge und Verbesserung der Kinderernährung wurden daher wie früher im wesentlichen von kirchlichen und privaten Stiftungen, Vereinen für Volkswohlfahrt, Gesundheits- und Armenkinderpflege getragen, wobei die Waisenhauskinderfürsorge im Mittelpunkt stand. Erst um 1900 begann sich das Bewußtsein für eine verstärkte, planmäßige Verbindung von privater und öffentlicher Fürsorge auf diesem Gebiet heranzubilden. So führte ein Dr. Kaup in einem Vortrag der Zentralstelle für Volkswohlfahrt 1909 aus[61]:

> »Diese in ihrer Jugend unzureichend und unzweckmäßig ernährten Kinder sind es hauptsächlich, die ... viel häufiger als normal ernährte Kinder an Rachitis, Skoliose und Lungenleiden, tuberkulöser und nichttuberkulöser

---

58 Diese Zahlen nach *Meinert:* Kost in staatlichen und kommunalen Anstalten, S. 327.
59 Ebd., S. 346 f.
60 *J. Post:* Musterstätten persönlicher Fürsorge von Arbeitgebern für ihre Geschäftsangehörigen, Bd. 1, Berlin 1889.
61 Die Ernährungsverhältnisse der Volksschulkinder, in: Schriften der Zentralstelle für Volkswohlfahrt, H. 4, N.F., Berlin 1909, S. 124.

Natur, leiden ... die Wehrkraft und auch die wirtschaftliche Leistungsfähigkeit der Nation verringern ... Hier rechtzeitig einzugreifen ...
sollte nicht bloß als soziale Pflicht, sondern als Interesse der ökonomischen
und körperlichen Leistungsfähigkeit des gesamten Volkes liegend aufgefaßt werden.«

Während private Kinderhorte, Kinderkrippen, Kindergärten und Kinderbewahranstalten, die meist auch Mahlzeiten vorsahen, zuerst entstanden, entwickelten sich staatliche Kinderkrankenhäuser und Kinder-
heilstätten erst nach 1861, als man zur energischen Bekämpfung der
typischen Kinderkrankheiten wie Rachitis, Skrofulose und Tuberkulose
schritt. Spezielle Hilfsmaßnahmen für Säuglinge und deren Mütter
in Form der Mütterberatungs- und Säuglingsfürsorgestellen entstanden erst nach 1880 in einigen deutschen Städten. Vorausschauende
Ärzte hielten häufig aus privater Initiative wöchentlich Sprechstunden
ab mit dem Ziel, die richtige Pflege und Ernährung der Säuglinge zu
fördern und besonders auf den Wert der Muttermilch aufmerksam zu
machen. Das 1897 eröffnete erste Säuglingsheim in Dresden war zugleich mit einer Ausbildungsstätte für Säuglings- und Kinderschwestern
verbunden, der nun bald ähnliche Einrichtungen folgten. Staatlich anerkannt wurde der Beruf der Kinderschwester aber erst 1917, als
infolge der Kriegsernährungskrise die Säuglingssterblichkeit wieder
erschreckend anschwoll. Im Jahr 1909 wurde eine »Vereinigung für
Säuglingsschutz« gegründet. die eine eigene Zeitschrift herauszugeben
begann. Ein internationaler Kongreß für Säuglingsschutz tagte erstmals 1905 in Paris.

Einen wichtigen Einschnitt brachte die Novelle zur Reichsgewerbe-
ordnung 1878, die eine Beschäftigung von Frauen 21 Tage nach der
Geburt verbot, eine Fortzahlung des Lohnes kam allerdings erst 1883.
In den Jahren 1891, 1908 und 1918 wurde dieses erste Mutterschutz-
gesetz mehr und mehr erweitert, indem Nachtarbeit für Frauen verboten, ein Höchstarbeitstag mit Mittagspausen zur Besorgung des Haus-
wesens festgesetzt und das Arbeitsverbot für Wöchnerinnen nach der
Geburt verlängert wurde[62]. Die seit der Mitte des 19. Jahrhunderts
entstandenen Kinderkrippen nahmen Säuglinge und Kleinkinder von
erwerbstätigen Müttern bis zum 3. Lebensjahr auf, meist für den ganzen Tag. Fürstin Pauline von Lippe-Detmold hatte 1802 schon eine
erste solche Einrichtung ins Leben gerufen, war aber noch ohne Nach-
ahmung geblieben. Das Kinderkrippenwesen breitete sich seit den
vierziger Jahren dann von Frankreich nach Deutschland aus, wo es
zuerst in den Großstädten Fuß faßte. In Hamburg wurde z. B. 1852
eine erste, 1886 eine zweite Kinderkrippe und 1900 drei weitere solche
Einrichtungen gegründet. Über die Ernährung in diesen Anstalten wird

---

62 *M. Rehm:* Das Kind in der Gesellschaft, München 1925, S. 407 f.

nichts mitgeteilt, doch heißt es, daß die noch nicht entwöhnten Säuglinge zweimal täglich von ihren Müttern besucht wurden. Um das Stillen zu erleichtern, wurden solche Krippen manchmal auch direkt einer Fabrik angeschlossen, so daß Fabrikarbeiterinnen in der Pause die Kinder nähren konnten. Einen großen Einfluß auf die Kinderernährung darf den Kinderkrippen in den ersten Jahrzehnten ihres Bestehens wegen der geringen Zahl aber noch nicht zugemessen werden. Wenn sie nicht fachmännisch geführt wurden, konnten sie sogar zu einem zusätzlich gesundheitlichen Gefahrenherd werden. Die stark konfessionelle Prägung der Kinderkrippen führte außerdem oft dazu, daß Pfarrer und christliche Vereine anstelle ausgebildeter Fachkräfte hier wirkten. Die fromme Unterweisung ging dann hier elementarer Körperpflege und Ernährung voraus.

Die Kinderbewahranstalten, auch Warteschulen genannt, sowie die Kindergärten für die 3- bis 6jährigen Kinder waren gegen Ende des 18. Jahrhunderts als Spielschulen für die Kinder wohlhabender Eltern bzw. Not- und Hilfskinderschulen für die Kinder, denen tagsüber die elterliche Beaufsichtigung fehlte, im Sinne Pestalozzis gegründet worden. Als ihr eigentlicher Begründer gilt der protestantische Pfarrer Johann Friedrich Oberlin, der in dem Vogesendorf Waldersbach 1779 für die dortige Arbeiterbevölkerung des Steintals einen »Salle d'asile« einführte[63]. Diese Kleinkinderbewahranstalten begannen sich aber erst nach 1830 in Deutschland zu verbreiten, wozu ab 1840 die von Julius Fröbel konzipierten Kindergärten kamen. Obwohl 1851 noch vom preußischen Kultusministerium verboten, konnten sie sich schnell in der zweiten Hälfte des 19. Jahrhunderts ohne staatliche Aufsicht und streng getrennt von der Schule ausbreiten. Leider wird aus den hierfür überlieferten Quellen wenig über die dort ausgegebene Ernährung mitgeteilt. In einer 1830 gegründeten Hamburger Kinderbewahranstalt, wo pro Woche 40–60 Pfg. pro Kind an Unkosten erhoben wurden, wurde morgens und abends das selbst mitgebrachte Brot mit Milch verzehrt, das Mittagessen als »nahrhafte Suppe« bezeichnet. 1899 konnten bereits 1 089 Kinder auf diese Weise beköstigt werden.

Schließlich gab es für die ärmere Bevölkerung aller Altersstufen seit dem 19. Jahrhundert »Volksküchen« und »Suppenanstalten«, an denen natürlich auch Kinder teilnahmen, wie die zahlreichen Abbildungen am besten beweisen (s. Bild 22 des vorliegenden Bandes). Auf die Entwicklung dieser Anstaltskost, die eine eigene interessante Geschichte

---

63 Vgl. *Parifot:* Un éducateur mystique, Jean Frédéric Oberlin, Paris 1905. – *Stein:* Johann Friedrich Oberlin, 1899. – *Rehm:* Das Kind in der Gesellschaft, S. 403. – *H. Joachim:* Handbuch für Wohlthätigkeit in Hamburg, Hamburg 1901, S. 66 f.

aufweist, kann hier aber nicht eingegangen werden. Bemerkt sei lediglich, daß sich hieraus eigene Kindervolksküchen entwickelten, die als Vorläufer der späteren Schulspeisungen anzusehen sind. Öffentlich eingerichtete Schulspeisungen sind in Deutschland seit dem Jahr 1870 nachweisbar, die nun zu einem immer wichtiger werdenden Faktor in der Kinderernährung wurden. Wie die ersten Erhebungen über die Schulspeisungen 1896 und 1907/08, die auf der 3. Konferenz der Zentralstelle für Volkswohlfahrt 1909 vorgetragen wurden, zeigen, wurden zugleich auch erstmals systematisch die Ernährungsverhältnisse von Volksschulkindern durchleuchtet[64]. Die Ergebnisse aus 52 von 73 deutschen Städten zeigen, daß 80,5 v. H. der Kinder in diesen Städten am Morgen Kaffee (meist wohl Zichorien- oder Malzkaffee) erhielten und nur 10,1 v. H. Milch, 5,4 v. H. Tee oder Kakao sowie 3,4 v. H. ein sonstiges Getränk einschließlich Suppen. 0,6 v. H. nahm überhaupt kein Frühstück ein. Die einzelnen Orte wichen in den Prozentzahlen nur wenig voneinander ab. Beim Mittagessen erhielten 92,8 v. H. eine warme und 4,9 v. H. eine kalte Mahlzeit zu Hause, nur 2 v. H. durch private oder öffentliche Fürsorge. Über den Nährwert läßt sich kein Bild gewinnen. Interessanterweise stieg der Prozentsatz derer, die sich mit einer kalten Küche (Brot, Wurst, Käse, Kaffee) mittags begnügen mußten, an manchen Industrieorten bis zu 20 v. H. der Befragten an. Abends erhielten die Kinder durchschnittlich zu 48,1 v. H. warmes und 46,7 v. H. kaltes Essen, 4,8 v. H. holten hier die warme Mittagsmahlzeit nach. Die Zahl der Kinder, die ganz ohne warme Mahlzeit auskommen mußten, belief sich z. B. in Hamburg-Wandsbek immerhin auf 9 v. H., in ganz Hamburg noch 3,2 v. H., 0,4 v. H. der Kinder gab an, überhaupt nichts abends zu bekommen. Der Ausfall des Frühstücks wurde mit Hast und Nervosität (35 v. H.), Nachlässigkeit der Mutter (23 v. H.), außerhäusliche Arbeit der Mutter (18 v. H.), Armut, Arbeitslosigkeit und Krankheit der Eltern (21 v. H.) oder gewerblicher Tätigkeit der Kinder (3 v. H.) begründet. Faßt man die Ursachen zusammen, die mit der Erwerbstätigkeit der Mutter bzw. der Armut der Familie zusammenhängen, zusammen, so ergibt das 39 v. H.[65]. Diese Zahlen können freilich nur einige Anhaltspunkte und kein zuverlässiges Gesamtbild liefern, zumal die Zusammensetzung der Hauptmahlzeiten nicht genannt wird. Es läßt sich jedoch feststellen, daß beim Frühstück der Kinder um 1900 die jahrhundertelang vorherrschenden Suppen und Breie fast völlig verschwunden und durch Brot und Kaffee ersetzt worden sind.

Zur gleichen Zeit wurden in 64 anderen Städten ähnliche Untersuchun-

---

64 Ernährungsverhältnisse der Volksschulkinder (s. Anm. 61).
65 Ebd., S. 93. Vgl. *Rühle:* Das proletarische Kind, S. 88.

gen meist von Lehrern über den Ernährungszustand der Kinder durchgeführt. Dieser wurde etwas ungenau zu 62,7 v. H. als »gut«, zu 32,2 v. H. als »leidlich« und nur bei 5,1 v. H. als »schlecht« bezeichnet. Die Ergebnisse müssen aber als fragwürdig angesehen werden, weil schulärztliche Untersuchungen in einzelnen Städten über 50 v. H. der Kinder nur in die mittlere und über 8 v. H. in die schlechte Kategorie einstuften[66]. Natürlich bezogen sich diese Erhebungen nur auf Kinder, die an den Schulspeisungen teilnahmen, also etwa 5–10 v. H. der Schulkinder aus 52–73 deutschen Städten mit mehr als 10 000 Einwohnern, was nicht als repräsentativ für alle Schulkinder gelten kann. Da die Schulspeisungen in erster Linie für Kinder aus ärmsten Familien bestimmt waren, ergibt sich nur ein ungefährer Querschnitt durch städtische soziale Unterschichten.

Die Schulspeisungen waren wie erwähnt am Anfang rein private Einrichtungen, an denen sich dann zunehmend die kommunalen Schulträger beteiligten. Noch 1907 waren die Schulspeisungen in 77 Städten privat, in 68 Städten privat und öffentlich; in 43 Städten war die Gemeinde der alleinige Träger[67]. Im Jahre 1896 hatten von 179 Städten mit mehr als 20 000 Einwohnern bereits 79 Städte solche Schülerspeisungsanstalten, dazu gehörten 20 der 28 Großstädte mit mehr als 100 000 Einwohnern. Die Zahl der beköstigten Kinder schwankte zwischen 3,7 v. H. und 25 v. H. aller Schulkinder. Die Großstädte hatten relativ einen geringeren Anteil als mittlere und kleinere Orte. Art und Anzahl der Mahlzeiten waren sehr verschieden: In 48 Städten bekamen die Schüler nur ein Frühstück, in 17 ein Mittagessen und in sieben beides. Andere gaben nur manchmal Mahlzeiten oder machten keine genauen Angaben. Städte mit hohem Anteil von gespeisten Schülern gaben meist nur ein Schulfrühstück. Zwischen 1896 und 1908 erhöhte sich die Zahl der gespeisten Schulkinder von 34 407 auf 85 498, die Zahl der Städte mit Schulspeisungen von 79 auf 201, wobei allerdings nun auch die Städte mit mehr als 10 000 Einwohnern erfaßt wurden. Gleichzeitig wuchs überall in den Städten die Zahl der wochentags gespeisten Schulkinder, doch ging die Zahl an einigen Orten auch wieder zurück. Die meisten Städte mit Schulspeisungen im Verhältnis zur Gesamtzahl der Orte wies 1908 Hessen mit 80 v. H. auf. Es folgte Bayern (55,5 v. H.), Elsaß-Lothringen (53,8 v. H.), Württemberg (47,1 v. H.), Preußen (36,1 v. H.), Baden (35,7 v. H.) und Sachsen (34,9 v. H.). Der Prozentsatz der gespeisten Schulkinder im Verhältnis zur Gesamtzahl der Schulkinder ergab dagegen ein anderes Bild[68]:

---

66 Ebd., S. 96 ff.
67 Ebd., S. 10–33.
68 Ebd., S. 36 ff.

Tabelle 14:
Prozentsatz der gespeisten Schulkinder zur Gesamtzahl der
Schulkinder in deutschen Bundesstaaten 1908 in v. H.

Baden	16,5	Preußen	5,8
Hessen	13,6	Bayern	4,3
Württemberg	11,7	Sachsen	1,9
Elsaß-Lothringen	11,5	Deutsches Reich	5,5

Dabei fällt auf, daß Bayern und Sachsen mit der höchsten Kindersterblichkeitsquote auch am Ende dieser Skala rangierten. Bei diesen Zahlen ist allerdings daran zu erinnern, daß gerade die Länder mit den höchsten Schulspeisungsziffern, wie z. B. Baden und Hessen, nur ein Frühstück verabreichten. In Bayern gab es dagegen oft auch ein zweites Frühstück, in manchen Städten sogar ein warmes Mittagessen. Die reichhaltigsten Schulspeisungen wurden anscheinend in Preußen durchgeführt. Soweit sich erkennen läßt, bestand das Frühstück meistens aus einem Viertelliter Milch und Brot, manchmal auch als Suppe bzw. Kaffee und Brot oder Brötchen. Auch das zweite Frühstück in der Unterrichtspause trug ähnlichen Charakter. Als Ausnahmen wurden in einer Stadt Kakao und in einer anderen ein Butterbrot mit Wurst und Käse gereicht. Das Mittagessen bestand in 26 Städten, die darüber Angaben machten, aus Suppe, Fleisch und Gemüse, in 40 Städten aber nur aus Suppe. 12 Städte gaben etwas Fleisch hinein, 6 Gemüse, und 18 Städte beschränkten sich auf die reine Suppe. Andere Städte gaben nur Gemüse, manchmal mit etwas Fleisch.

13 Städte machten sogar Angaben über den Nährwertgehalt, wobei bei einem Durchschnittsalter von 10 Jahren ein Normalbedarf von 40 g Eiweiß, 26 g Fett und 100 g Kohlenhydrate pro Tag angesetzt wurde. Danach erreichte die höchsten Werte in der Schulspeisung die Stadt Colmar mit 87 v. H. der angesetzten Norm. Dahinter folgten Düsseldorf und Berlin mit 77 bzw. 76 v. H. Die schlechtesten Ergebnisse erzielte Essen mit 30 v. H. und Freising (25 v. H.). Insgesamt wurde in 13 untersuchten Städten nur etwas mehr als die Hälfte der angesetzten Normalkalorienmenge (816 Cal.) erreicht[69]. Die Schulspeisungen waren vom heutigen ernährungsphysiologischen Standpunkt sicherlich noch unzureichend.

* * *

---

69 Ebd., S. 69. Vgl. zur Einführung der Kalorienberechnung und die Aufstellung von ersten Normsätzen sowie empirischen Messungen *H. J. Teuteberg / G. Wiegelmann: Nahrungsgewohnheiten*, S. 139 ff.

Die Resultate dieser Abhandlung lassen sich kurz wie folgt zusammenfassen: Die Kinderernährung glich in der ersten Hälfte des 19. Jahrhunderts in Mahlzeitform, Mahlzeithäufigkeit und Mahlzeitzusammensetzung offenbar noch weitgehend der Kost der davorliegenden Jahrhunderte. Eine signifikante Verschlechterung trat um die Jahrhundertmitte mit dem Beginn der Industrialisierung ein, als die traditionelle natürliche Brustnahrung teilweise oder ganz durch eine künstliche Säuglingsernährung ersetzt wurde, die sich speziell bei sozialen Unterschichten nun nährwertmäßig als sehr viel schlechter darstellte. An die Stelle der Breie und Suppen, die auch früher schon gelegentlich als Zusatznahrung gedient hatten, traten im Rahmen einer generellen Abwendung vom vorindustriellen Breistandard tendenziell immer mehr Bestandteile einer typischen Arbeiterkost wie Schwarzbrot, Kartoffeln und Zichorienkaffee. Demgegenüber waren frisches Ost und frisches Gemüse je nach Einkommen selten oder meistens gar nicht vorhanden. Die gegenüber heute katastrophal hohe Kindersterblichkeit von etwa 30 v. H. der Lebendgeborenen, die in einigen Industriegegenden gelegentlich bis zu 40 v. H. oder sogar 50 v. H. hinaufschnellen konnte, kann als Indiz für diese zeitweise Verschlechterung der Säuglingsernährung bei Arbeiterfamilien, die sich auf bestimmte Regionen, Berufsgruppen sowie vor allem auf die unehelich Geborenen und Waisenkinder in den ersten Lebensjahren konzentrierte, angesehen werden. Differenzierte Vergleiche mit dem 18. Jahrhundert oder gar noch früheren Zeiten sind aus Mangel an Daten noch nicht möglich.

Eine Ursache für die auffällige Verschlechterung der Nahrung und Pflege der Säuglinge und Kleinkinder dürfte in der parallel zunehmenden außerhäuslichen Erwerbstätigkeit der Frauen zu suchen sein. Da aber der Anteil der verheirateten Frauen bei den weiblichen Arbeitskräften im Deutschen Reich 1875 nur bei rd. 24 v. H. lag und die verheirateten Frauen unter Fabrikarbeiterinnen 1890 nur 1,5 v. H. ausmachten, fällt der Blick vor allem auf die ledigen Mütter unterer Sozialschichten auf dem Land wie in der Stadt, deren Kinder auch die höchste Sterblichkeitsquote aufweisen. Sie waren am meisten zum Einschränken des Selbststillens oder zur Weggabe der Säuglinge infolge der langen Arbeitszeiten gezwungen. Auf die Verschlechterung der Kindernahrung wirkte aber auch die nach 1860 einsetzende industrielle Urbanisierung ein: Ungeheizte und überfüllte Wohnungen, schlechte hygienische Verhältnisse sowie mangelhafte Bekleidung trugen zu dem schlechten Gesundheitszustand und damit zur hohen Kindermortalität bei. Die Nahrung war nur ein, wenngleich wichtiges Glied in dieser Kette von Daseinsumständen. Auch darf nicht übersehen werden, daß Kleinkinder prinzipiell nicht nur weniger, sondern auch minderwertigeres Essen als die übrigen Familienmitglieder zugeteilt bekamen. Die besonders nahrhaften Bestandteile einer Mahlzeit, zum Beispiel Fleisch, bekamen in erster Linie diejenigen, die schwere körperliche Arbeit leisteten. Eine ethische Haltung, die den Eltern besondere Opfer zugunsten ihrer Kinder abverlangte, lag den sozialen Unterschichten im 19. Jahrhundert noch relativ fern. Das Familienleben wurde wie in den Jahrhunderten zuvor noch von einer gewissen Gefühlsleere bestimmt, wobei Kinder bereits in der künftigen Rolle des Miternährers gesehen wurden. Nicht arbeitsfähige Kleinkinder galten als »unnütze Esser«[70]. Bei Familien in großer Existenznot wurde nicht übermäßig beim Tod eines Kindes getrauert. Im ganzen war die Kindernahrung im 19. Jahrhundert bei ärmeren Bevölkerungsschichten nährwertmäßig im Grunde nicht sehr verschieden von der Erwachsenenkost. Es gab vielmehr dieselben strukturellen Defizite. Die Ernährung der Waisen in Anstalten wie bei privaten Zieheltern rangierte allerdings mit Sicherheit auf der untersten Stufe.

Es wäre völlig falsch, von dieser zeitlich, räumlich und sozialschichtenmäßig begrenzten Verschlechterung der Kindernahrung auf eine generelle Entwicklungstendenz der Arbeiterernährung zu schließen. Ganz im Gegenteil zeigen erste quantitative Durchleuchtungen von Haushaltsrechnungen eine geradezu revolutionäre Verbesserung der Unterschichtenernährung im späten 19. und frühen 20. Jahrhundert[71]. Wie später der Rückgang der Kindersterblichkeit beweist, muß sich die Kindernahrung von einem bestimmten Zeitpunkt an ebenfalls wieder tendenziell gebessert haben. Überhaupt starben Kleinkinder nicht mehr wie früher einen akuten Hungertod aus mangelnder Kalorienzufuhr, sondern litten mehr unter falscher Ernährungsweise. Die chronische Fehlernährung war das Hauptübel, bis die sich ausbreitende moderne Ernährungswissenschaft darauf pointiert aufmerksam machte.

Die sich seit der Mitte des 19. Jahrhunderts intensivierenden privaten und dann kommunalen Bemühungen um die Institutionalisierung einer spezifischen Kinderfürsorge, die etwa seit 1880 einsetzende erste Mutterschutzgesetzgebung sowie die steigenden Reallöhne müssen die Kindernahrung nach 1900 merklich verbessert haben, wobei die Schulspeisungen eine gewisse verhaltensändernde Antriebsrolle spielten.

Wenngleich die erste industrielle Nahrungsmittelproduktion in Form von Suppenextrakten, Eiweißzwieback, Fleischsaft oder Fleischpulver-

---

70 *Weber-Kellermann:* Die deutsche Familie, Versuch einer Sozialgeschichte, 3. Aufl. Frankfurt 1977, S. 94. Vgl. zum Problem der familiären Gefühlsleere das erschütternde Zeitdokument *U. Bräker:* Lebensgeschichte und Abenteuer des Armen Mannes im Tockenburg (1789), Neudruck Berlin o. J., S. 202, und *E. Shorter:* Wandel der Mutter-Kind-Beziehung (s. Anm. 3).

71 *H. J. Teuteberg:* Nahrung der sozialen Unterschichten, insbes. S. 266 ff.

präparaten bzw. in Form von Gemüse- und Obstkonserven wegen des hohen Preises für die unteren Sozialschichten so gut wie unerschwinglich waren, so wurde in der Weiterentwicklung die industrielle Verarbeitung von Milchprodukten doch auf die Dauer generell bedeutsam. Etwa um die Mitte des 19. Jahrhunderts kam ein Verfahren zur Gewinnung von Dauermilch auf, das sich auch zur Herstellung von Schokolade eignete. Als dann aus den USA ein verbessertes Verfahren zur Herstellung von Trockenmilch übernommen wurde, konnte 1874 die erste deutsche Fabrik für Kondensmilch gegründet werden. Nun wurde auch die Produktion spezieller Kindermehle aufgenommen, die bereits im ersten Jahrzehnt nach 1900 größeren Umfang annahm. Die Herstellung dieser Kindermehle basierte auf chemischen Analysen, die Justus von Liebig in der Suche nach einem Ersatz für die Muttermilch durchgeführt hatte. Vollständige Kinderfertignahrung, die sich z. B. aus Weizenmehl, Malz, Vollmilch und Zucker zusammensetzte, konnte nun auf den Markt gebracht werden. Die rasche Vermehrung der Zahl wie der Variationsbreite dieser Produkte für die Säuglings- und Kleinkindernahrung deuten darauf hin, daß sie auch Einlaß bei breiteren Bevölkerungsschichten fanden. Der gleichzeitige Durchbruch zum modernen Milchzeitalter mit einem raschen Anstieg des Milchkonsums pro Kopf in den Dezennien um 1900 zeigt ebenfalls, daß sich die zeitweise Verschlechterung der Kindernahrung ihrem Ende genähert haben muß. Ernährungswissenschaft, Lebensmittelindustrie und zunehmende private wie öffentliche Kinderfürsorge sowie die einsetzende behördliche Lebensmittelüberwachung haben zusammen die Ernährung der Säuglinge und Kleinkinder durchgreifend verbessert. Allerdings wurden, wie bei allen solchen strukturellen Veränderungen, lange Zeit noch viele traditionelle Verhaltensmuster aus der vor- und frühindustriellen Periode beibehalten, die dann mit den veränderten Lebensbedingungen immer wieder in Widerspruch gerieten.

Gerhard Huck

Arbeiterkonsumverein und Verbraucherorganisation

Die Entwicklung der Konsumgenossenschaften im Ruhrgebiet
1860–1914

Die zeitgenössische bürgerliche Literatur zur »Sozialen Frage« im 19. Jahrhundert ist reich an Äußerungen des Befremdens über das scheinbar ungezügelte und unverständige Verbrauchsverhalten der »Proletarier«, die – weit davon entfernt, die bürgerlichen Ideale der Mäßigkeit und Sparsamkeit anzunehmen – ihren Lohntagen stets um die von Händlern und Wirten kreditierten ein, zwei Wochen vorauslebten, die ihr verdientes Geld nicht einzuteilen wußten und es oft auf einmal, oft für Genüsse außerhalb des Lebensnotwendigsten ausgaben, die, in den Worten des konservativen Gesellschaftstheoretikers Wilhelm Heinrich Riehl (1848), »vom gemeinen Manne die Roheit behalten und vom feinen Mann die bloßen Ansprüche an allerlei Lebensgenuß dazu gewonnen« hatten[1].

An dieser Kritik interessiert zunächst nicht so sehr, daß sie in merkwürdigem Gleichklang 1798 wie 1848 oder 1888 die Begehrlichkeit der arbeitenden Klassen als Wurzel der gesellschaftlichen Mißstände zu entdecken glaubte, sondern daß sich das Vorurteil über alle Schwankungen des Auskommens und über alle tiefgreifenden Wandlungen der Produktions- und Reproduktionsbedingungen in diesem Jahrhundert der Industrialisierung hinweg überhaupt so beharrlich an bestimmten proletarischen Verhaltensweisen festmachen ließ. Zu einem guten Teil ist diese beständige »Verkehrtheit« der proletarischen Lebenshaltung, die sich nicht nur im Konsum, sondern auch etwa in den Erscheinungen des »Blaumachens« oder der hohen Arbeitsplatzfluktuation niederschlug, als Unangepaßtheit an die Anforderungen der bürgerlich-industriellen Disziplin zu verstehen, als vitaler Protest, in dem sich die privaten Bedürfnisse gegen eine Überformung des Bereichs der Nicht-Arbeit durch den der Arbeit zur Wehr setzten. Ebenso oft war sie jedoch Folge eines Unvermögens zu rationeller Haushaltsführung, das in den Elendsbedingungen des industriellen Daseins selbst wurzelte, wie es Alfons Thun im linksrheinischen Textilgebiet beobachtete:

---

1 *W. H. Riehl:* Die Arbeiter. Eine Volksrede aus dem Jahre 1848, in: *C. Jantke / D. Hilger* (Hg.): Die Eigentumslosen. Der deutsche Pauperismus und die Emanzipationskrise in Darstellungen und Deutungen der zeitgenössischen Literatur, Freiburg/München 1965, S. 404.

»Das proletarische Ehepaar versteht in der Regel von der Haushaltung nichts und führt die liederlichste Wirtschaft. Hat doch die Frau ihre Kinder- und Mädchenjahre an der Spul- und Spinnmaschine zugebracht, so daß die Künste des Nähens und Waschens ihr völlig fremd geblieben sind. Selbst wenn größere Geldmittel zur Verfügung stehen, ist sie außerstande, dem Manne mehr zu bieten als Kaffeewasser, Brot und gekochte Kartoffeln, und stellt sie sich einmal an den Kessel, so wird sie zur Hekate, die Unheilvolles zusammenbraut.«[2]

Die Situation in den Arbeiterhaushalten des Ruhrgebietes, das sich seit den 1850er Jahren zu einem Kernland industrieller Entwicklung umbildete, wich davon nicht grundsätzlich ab, obwohl der Ausfall hauswirtschaftlicher Lehrjahre durch industrielle Frauen- und Mädchenarbeit hier keine Rolle spielte. Schwerwiegender dürften ohnehin die Auswirkungen chronischer Mangelsituationen das Hauswirtschaftsgebaren beeinflußt haben. Der weitgehend unelastische Bedarf des Arbeiterhaushalts schränkte die Chancen überlegterer Verbrauchsplanungen auch dann ein, wenn – wie im Ruhrgebiet häufig – ein großer Teil des Familienbedarfs durch Eigenwirtschaft (Schweinemast, Ziegen- und Hühnerhaltung; Gemüse- und Kartoffelanbau) gedeckt wurde.

Übereinstimmende Zeugnisse, mit der Übergangskrise des Pauperismus vor 1850 beginnend bis zur Schilderung der Lebensverhältnisse von Fabrikarbeitern in der zweiten Jahrhunderthälfte, berichten von der relativen Überteuerung des Lebens der Unterschichten durch den beständigen Mangel an Barmitteln, der zur Aufnahme von Borgschulden oder zum Kauf von kleinen und kleinsten Gütermengen zwang:

»Das ist der Fluch der auf der Armut ruht, daß sie sogar gegen Geld schlechtere Qualität, Maß und Gewicht empfängt als der Reiche. Die Wohnung des Armen ist kälter, seine Kleider sind dünner und schlechter, und dennoch muß er das Brennmaterial ungleich teurer bezahlen als der Wohlhabende!«[3]

War das »Leben von der Hand in den Mund« – Kennzeichen der Existenzweise des vor- und frühindustriellen »Proletariers«[4] – ärmlich und kostspielig in einem, so galt dies tendenziell auch für die auskömmlichere, aber keineswegs gesicherte Lebenshaltung der späteren Industriearbeiterschaft.

Um die Doppelproblematik von »Entsittlichung« und materieller Not,

2 *A. Thun:* Die Industrie am Niederrhein und ihre Arbeiter, Bd. 1, Leipzig 1879, S. 111.
3 *F. Harkort:* Bemerkungen über die Hindernisse der Civilisation und Emancipation der unteren Klassen, Elberfeld 1844, S. 55.
4 Siehe dazu den inzwischen schon klassisch zu nennenden Aufsatz von *W. Conze:* Vom »Pöbel« zum »Proletariat«. Sozialgeschichtliche Voraussetzungen für den Sozialismus in Deutschland, Wiederabdruck in: *H.-U. Wehler* (Hg.): Moderne deutsche Sozialgeschichte, 3. Aufl. Köln 1971, S. 111 ff.

die aus der Liberalisierung der Wirtschafts- und Lebensformen zu Beginn des 19. Jahrhunderts hervorgegangen war, zu beheben, mobilisierte das reformbewußte Bürgertum schon früh die Idee der »Assoziation«[5] und suchte damit in einem Prinzip, das seit dem 18. Jahrhundert auch schon die Emanzipation des Bürgertums aus den korporativen und obrigkeitlichen Bindungen der Ständegesellschaft gefördert und darin seine Probe bestanden hatte, die Lösung der im Schoß der neuen bürgerlichen Ordnung entstandenen sozialen Fragen. Dieses Programm strebte nicht nach Wiederbelebung der alten Korporationen oder nach Rückkehr zu den alten sozialen Regulativen, doch sollte es der aus allen Fugen geratenden, durch Massenelend und Übervölkerung bedrohten Gesellschaft quasi-korporative Stützen einziehen: In freier Vereinigung untereinander sollten die Individuen die Kraft der Selbstbehauptung in einer liberalen Gesamtordnung wiederfinden.

Bereits im Vormärz entstanden konkretere Pläne versorgungswirtschaftlicher Assoziationen für die unteren Klassen, die den Rahmen der bloßen Wohltätigkeit zu sprengen bestimmt waren. Nach dem in Westfalen von Friedrich Harkort bereits 1844 entwickelten Entwurf, der – wie fast alle diese Konzeptionen – weitreichende gesellschaftspolitische Absichten mit handfesten Maßregeln zur Behebung alltäglicher Not verband, sollten Fabrikanten ihre Arbeiter »zu einem Verein sammeln, welcher die notwendigsten Bedürfnisse in größeren Massen anschaffte und unter sich verteilte«[6]. Vorausgesetzt und gefordert war hier noch ein stärkeres Eingreifen des Staates, dem die Aufgabe zufiel, den Arbeitern durch eine bessere Volkserziehung den Sinn für Sparsamkeit und voraussehende Planung nahezubringen. Erste Ansätze zur Verwirklichung solcher Assoziationen zeigten sich im Chemnitzer Verein »Ermunterung« (1845) und in den Sparvereinen des Generalstaatskassenbuchhalters Liedke (1845), die von Berlin aus weite Verbreitung fanden. Daneben stand das seiner Zeit weit vorausgreifende Programm der ersten deutschen Arbeiterbewegung, beschlossen auf dem Leipziger Kongreß der »Arbeiterverbrüderung« (1850), mit dem Plan einer Verbindung von Produktivassoziationen mit

> »Ankaufgesellschaften, welche sich zur Aufgabe machen, durch gemeinsame Beschaffung von Lebensbedürfnissen diese ihren Mitgliedern im

---

5 Vgl. *H. Stein:* Pauperismus und Assoziation. Soziale Tatsachen und soziale Ideen auf dem westeuropäischen Kontinent vom Ende des 18. bis zur Mitte des 19. Jahrhunderts, unter besonderer Berücksichtigung des Rheingebiets, in: International Review for Social History 1 (1936), S. 1 ff. – *Th. Nipperdey:* Verein als soziale Struktur in Deutschland im späten 18. und frühen 19. Jahrhundert. Eine Fallstudie zur Modernisierung, in: *ders.:* Gesellschaft, Kultur, Theorie, Göttingen 1976, S. 174 ff.

6 *F. Harkort:* Hindernisse (s. Anm. 3), S. 48.

Großkauf und wo möglich aus erster Hand besser und vorteilhafter zu beschaffen«[7].

Der Vergleich der bürgerlich-liberalen Konzeptionen zur Errichtung von Einkaufsvereinigungen mit den von der »Arbeiterverbrüderung« entwickelten, die manche Verbindungslinie zu den vorsozialistischen Assoziationsideen in England (Robert Owen) und Frankreich (Charles Fourier) aufweisen, läßt charakteristische Unterschiede erkennen, welche auch für die Beurteilung der in Deutschland erst am Ende der Reaktionszeit, um 1860, in stärkerem Maße einsetzenden Konsumvereinsbewegung von Belang sind.

Im Vorsozialismus erschien das Assoziationskonzept als zentraler Bestandteil utopischer Entwürfe der Gesellschaftsveränderung, mit dem kennzeichnenden Merkmal vollkommener Ausbildung von Inseln idealer Wirtschafts- und Gesellschaftsordnung innerhalb des bestehenden sozialen Systems, wobei die langfristige Durchsetzung der in ihnen schon verwirklichten letztlich revolutionären Idee durch die Kraft der Aufklärung und durch die Ausstrahlung des überzeugend vorgelebten Exempels erfolgen sollte. Diese Konzeption spiegelte einerseits den noch relativ unentwickelten Stand industriekapitalistischer Entwicklung und ökonomischen Austauschs, der überhaupt solche isolierten sozialen und wirtschaftlichen Mikrokosmen als überlebensfähig denkbar machte; sie war andererseits gerade darin zukunftweisend, daß sie die gesellschaftsverändernde Kraft des einzelnen mobilisierte, die Möglichkeit der partiellen Umgestaltung der Gesellschaft in direktem Zugriff durch solidarisch handelnde Kleinkollektive als möglich erscheinen ließ und damit die erdrückende Perspektive ausklammerte, es müsse einer Veränderung der individuellen Lebensumstände erst die Umwälzung des komplexen Gesellschaftsganzen vorausgehen. Ihre bleibende Bedeutung lag darin, daß sie nicht bloß politisch-kritisches Denken anregte, sondern praktisches Handeln im unmittelbaren Umfeld der Konsumtion und der (allerdings noch weitgehend ganzheitlich gedachten) Produktion aktivierte. Sie fand beispielhaften Ausdruck in der Satzung der am Beginn der modernen Konsumgenossenschaftsbewegung stehenden Rochdaler Pioniere, die ihrer Genossenschaft das Ziel vorgaben,

> »sobald wie möglich ... Produktion, Verteilung, Erziehung und Selbstregierung in die Hand zu nehmen, mit anderen Worten: die Genossenschaft soll eine sich selbst erhaltende Gemeinschaftssiedlung gründen oder anderen Genossenschaften helfen, solche Siedlungen zu gründen«[8].

7 Zit. nach *F. Balser:* Sozial-Demokratie 1848/49–1863. Die erste deutsche Arbeiterorganisation »Allgemeine deutsche Arbeiterverbrüderung« nach der Revolution, 2. Aufl. Stuttgart 1965, S. 513.
8 Modifiziertes Zitat nach *W. Hasselmann:* Geschichte der deutschen Konsumgenossenschaften, Frankfurt/M. 1971, S. 19.

Als Leitkonzept einer Reihe von bürgerlichen Versuchen zur Bewältigung der »Sozialen Frage« repräsentierte der Assoziationsgedanke dagegen sowohl in seiner auf den handwerklich-bäuerlichen Mittelstand gemünzten Form (als Kreditgenossenschaft, Erwerbsgenossenschaft, Einkaufsgenossenschaft, Warenmagazingemeinschaft usw.) wie auch in seiner Anwendung auf Probleme der proletarischen Unterschichten (als Bildungsverein, Konsumgenossenschaft) nicht die Idee eines autonomen, gesellschaftsverändernden, letztlich emanzipatorischen Zusammenschlusses, sondern hatte die deutlich kompensatorische Funktion, die Kraft der Selbsthilfe zu wecken und über sie die Selbstheilung der Gesellschaft und die Wiederherstellung sozialer Harmonie zu bewirken.

Die Wandelbarkeit des Konzepts der Assoziation machte es tauglich, in ein breites, von sozialkonservativen bis sozialrevolutionären Positionen reichendes Spektrum gesellschaftspolitischer Änderungsvorstellungen einzugehen. In der Reichweite der gesellschaftlichen Zielsetzungen und in der alltäglichen Praxis der nach 1860 entstehenden Konsumgenossenschaften trat solche Vielfalt zutage; sie wurde im Prozeß der Herausbildung der industriellen Klassengesellschaft und der Emanzipation der Arbeiterbewegung durch zusätzliche Modifikationen überlagert. Im regional begrenzten Feld ist sie im einzelnen zu untersuchen.

Anfänge der Konsumvereine in Rheinland-Westfalen

Konsumvereine waren in den von der Industrialisierung am ehesten erfaßten Gebieten des Rheinlandes und Westfalens schon früh entstanden, wenige Jahre später nur als in Sachsen, Hamburg und Berlin: im bergisch-märkischen Raum, am linken Niederrhein, in einigen großen Handels- und Verwaltungsstädten wie Köln und Düsseldorf, vereinzelt auch im Ruhrgebiet. Kaum zwei Gründungen verliefen nach demselben Muster; durchaus nicht einheitlich waren die Quellen, aus denen die Anregungen zur Vereinsgründung geschöpft wurden, ebenso verschiedenartig, und im weiteren Verlauf veränderbar, die rechtlichen Formen und kaufmännischen Praktiken, in denen die Vereine existierten. Bei prinzipieller Offenheit (mit einer Ausnahme, auf die noch einzugehen sein wird) zählten sie indessen alle auf ein Arbeiter- und Handwerkerpublikum; lediglich in Düsseldorf schob sich ein größerer Prozentsatz von Angehörigen der »gehobenen Stände«, zumeist Beamten, unter die Mitgliederschaft.

Charakteristische Unterschiede treten zutage, sobald die Initiatoren und Träger dieser ersten Konsumvereine und die sie leitenden Zielvorstellungen näher ins Auge gefaßt werden. Daß Arbeiter eigenständig

219

die Errichtung eines Konsumvereins betrieben, war nicht unmöglich, aber doch die Ausnahme. Sie setzte eine Mobilisierung in gemeinsamer Aktion schon voraus. So war die Gründung des Elberfelder »Konsum- und Sparvereins« eine Spätfolge des kollektiven Handelns von 81 Posamentierarbeitern des Kreises Elberfeld, die sich im Herbst 1860 in einer Petition ans preußische Abgeordnetenhaus gegen die Konkurrenz billiger Zuchthausarbeit zur Wehr gesetzt hatten. Für einige der Beteiligten war der Mißerfolg der Aktion ein Anlaß, sich auf die Möglichkeiten der Selbsthilfe zu besinnen und nach den »herrlichen Beispielen der Engländer« eine Assoziation zur gemeinsamen Beschaffung von Lebensmitteln und zur allmählichen Aufbringung eines größeren Kapitals ins Leben zu rufen[9]. Mobilisierend wirkte aber auch die Agitation Ferdinand Lassalles im Frühjahr 1863, die gerade im Bergischen Land, auch wo sie nicht zu überzeugen vermochte, ein Klima sozialer und politischer Bewußtheit schuf, das anfänglich ganz gegen Lassalles Absichten der Entstehung von Konsumvereinen günstig war[10].

Nach der selbstgesetzten Zielvorgabe blieben die reinen Arbeiterkonsumvereine, wie sie nach dem Elberfelder Vorbild 1863 von den Tuchmachern in Keilbeck bei Radevormwald und in Wilhelmsthal bei Lennep, 1865 von Bergleuten der Zeche Blankenburg in Herbede an der Ruhr gegründet wurden[11], meist auf die Verwirklichung individualökonomischer Vorteile beschränkt. Glühte in manchem auch ein Funke Utopie, so erschöpfte sich ihr unmittelbarer Zweck gemeinhin doch in der gemeinschaftlichen Warenbeschaffung zur Deckung elementarer Bedürfnisse. Sie standen so noch ganz im Kontext vorindustrieller Notwirtschaft.

Gegenüber der Möglichkeit selbständigen Zusammenschlusses von Arbeitern dominierte in den frühen 1860er Jahren eindeutig jener Typ der Assoziation, in dem Arbeiter unter bürgerlicher Führung und Anleitung sich miteinander verbanden. Selbst die Elberfelder Posamentierer unterbreiteten ihre in monatelanger Arbeit ausgefeilten Statuten der Kritik von Hermann Schulze-Delitzsch und holten »die Meinung einiger, sich für die Sache interessierender Männer aus den höheren Ständen«[12] ein, ehe sie an die formelle Konstituierung ihres Vereins

<hr/>

9 Vgl. den Bericht des Posamentierarbeiters und späteren Leiters des »Konsum- und Sparvereins« *C. G. Börner* bei *E. Richter:* Die Konsumvereine am Niederrhein und in Westfalen, in: Der Arbeiterfreund, Jg. 1864, S. 390 f

10 *E. Richter:* Die Consumvereine. Ein Noth- und Hilfsbuch für deren Gründung und Einrichtung, Berlin 1867, S. 20.

11 *W. Tigges:* Konsumvereine in Westfalen 1844–1867, Diss. Köln 1929, S. 53.

12 Bericht *C. G. Börners* (s. Anm. 9), S. 392.

dachten. Die Gattung der Arbeiterkonsumvereine unter bürgerlicher Führung, in deren Aufbau die soziale Stufung der entstehenden Industriegesellschaft oder die betriebliche Hierarchie reproduziert wurde, trat am klarsten in den Werkskonsumvereinen zum Vorschein: 1863 gründeten Arbeiter der Kruppschen Gußstahlfabrik mit Billigung des Unternehmens den »Essener Konsumverein«, dessen Geschäftsführung Werksbeamte wahrnahmen und der 1868, durch finanzielle Schwierigkeiten gefährdet, als Konsumanstalt an das Werk angegliedert wurde[13]; in Hilden (bei Düsseldorf) trat die Firma Gressard & Comp. mit Darlehen für den 1863 gegründeten Konsumverein ein; Arbeiter der Hüttenwerke in Hochfeld (Duisburg) taten sich im September 1863 auf Anregung der Unternehmensleitung zu einem Werkskonsumverein zusammen, der durch Firmenzuschüsse unterstützt wurde[14]; in Lüdenscheid entstand 1863 der »Spar- und Konsumverein« der Fabrik von P. C. Turck Wwe.[15]; und 1864 etablierte die Direktion des »Hörder Bergwerks- und Hüttenvereins«, um den »sich mehrenden Arrestschlägen der Krämer auf die Löhne der Arbeiter« entgegenzuwirken[16], einen Werkskonsum, der sich zwar formell die Struktur einer Genossenschaft gab, tatsächlich aber – durch Besetzung des Vorstands mit den leitenden Angestellten des Werkes – als Instrument der Unternehmensleitung gelten konnte.

Die Zwecke und Absichten derartiger Vereine waren von relativ geringer Reichweite, sofern sie die Aufgabe hatten, Versorgungsengpässe, wie sie bei der Ansiedlung von Werken oder der Niederbringung von Kohlenschächten in ländlich abgelegenen Teilen des Ruhrgebietes auftraten, überwinden zu helfen. Ihre sozialintegrative Funktion war dagegen betont, wo sie vom patriarchalischen Standpunkt eines »Vater-Unternehmers« her als Einrichtungen der Fabrikwohlfahrtspflege eine weitergehende beschützende und stützende Rolle zugesprochen bekamen; so in der Zielbestimmung des Turckschen Vereins, er solle »durch die Ersparnisse im Ankauf des Lebensbedarfs auf die Möglichkeit des Vermögenserwerbes und die hiermit zu gewinnende bürgerliche Ehre und Selbständigkeit erleichternd (einwirken)«[17]. In jedem Fall waren die erwarteten innerbetrieblich-beschäftigungspolitischen Folgewirkungen, aber auch die allgemein-disziplinierenden Konsequenzen einer Er-

13 W. *Adickes:* Werkskonsumanstalt und Konsumgenossenschaft in Essen an der Ruhr, Diss. Tübingen 1931, S. 7.
14 E. *Richter:* Die Konsumvereine am Niederrhein und in Westfalen, (s. Anm. 9), S. 398, 402, 414.
15 W. *Tigges:* Konsumvereine in Westfalen (s. Anm. 11), S. 72 ff.
16 E. *Richter:* Die Konsumvereine am Niederrhein und in Westfalen (s. Anm. 9), S. 403 f.
17 Zit. nach W. *Tigges:* Konsumvereine in Westfalen (s. Anm. 11), S. 77.

ziehung zu geplantem Konsum und zur Sparsamkeit entscheidende Motive für die Gründung und Förderung der Vereine.

Eine sozialreformerische und politische Überhöhung des Konsumvereinsgedankens zeigte sich in den von Vertretern der bürgerlichen Intelligenz geführten Vereinen. Von zwei Zentren aus – Duisburg mit dem westlichen Ruhrgebiet und Düsseldorf – begegneten sich konträre Auffassungen von Aufgaben und Möglichkeiten der Konsumvereine in einer für Deutschland einmaligen politischen Konstellation. Das linksliberale, der Fortschrittspartei zuzurechnende Bürgertum und sein Konzept der Heranbildung der arbeitenden Klassen zu den Standards der bürgerlichen Gesellschaft wurde von Eugen Richter vertreten, auf dessen Initiative sich im Jahre 1863 ein Konsumverein vom Düsseldorfer Handwerker- und Arbeiterbildungsverein abgehoben hatte; streng sich abgrenzend gegen die kraftlosen liberalen »Bourgeoiskonsumkerls« (Marx) unternahm in Duisburg Friedrich Albert Lange den Versuch, auf der Grundlage des konsumgenossenschaftlichen Wirtschaftsinteresses der Arbeiter, die ihn mit der Leitung ihres Vereins betraut hatten, die Anfänge einer Arbeiterorganisation im Westen zu schaffen. Für die Konstituierung des politischen Selbstbewußtseins der Arbeiter im Ruhrgebiet hatte die Duisburger Genossenschaft, deren Einzugsgebiet Ruhrort, Oberhausen, Mülheim, Kettwig, Essen umgriff, eine heute noch nicht voll erfaßte wichtige Funktion[18]. Während der geringe Arbeiteranteil im Düsseldorfer Verein die Überzeugungskraft der Richterschen Linie bedeutend schwächte, rückte der Duisburger »Arbeiterkonsumverein«[19] – dessen sozial-politisch klares Profil in der Beschränkung auf die Mitgliedschaft von Arbeitern (mit Ausnahme Langes und des kaufmännischen Leiters) schon zum Ausdruck kam – binnen kürzester Zeit zu einem der größten deutschen Konsumvereine auf.

Ungeachtet der politischen und strukturell-organisatorischen Differenzen zwischen den Konsumgenossenschaften gab es einen gemeinsamen Kern versorgungswirtschaftlich-praktischer Absichten. Diese verbanden sich einerseits mit der nach innen gerichteten wirtschaftspädagogischen Zielsetzung der Assoziationen, »vernünftige« Kauf- und Wirtschaftsweisen bei ihren Mitgliedern einzuüben und abzustützen, gründeten sich andererseits auf eine scharfe Kritik am Kleinhandel, die bis zum Ende des Jahrhunderts – da weder die Bedarfslage der breiten Bevöl-

---

18 Vgl. die anregende Studie von *Sh. Na'aman:* F. A. Lange in der deutschen Arbeiterbewegung, in: *J. H. Knoll / J. H. Schoeps* (Hg.): Friedrich Albert Lange, Leben und Werk, Duisburg 1975, S. 27 ff.

19 Den Begriff finde ich erstmals bei *F. A. Lange:* Die Arbeiterfrage, Duisburg 1865, S. 196.

kerungsschichten noch die Struktur der Versorgung sich tiefgreifend
veränderten – gerade von industriebürgerlicher Seite vielfach polemisch
formuliert und in empirischen Untersuchungen als berechtigt ausgewiesen wurde. Im Mittelpunkt dieser Kritik stand die Übersetzung des
Detailhandels[20] durch den ständigen Zustrom zweifelhafter, in anderen
Berufen gescheiterter Existenzen, die glaubten, im Handel »durch eine
niedrige Art von Pfiffigkeit ohne sonderliche Anstrengung ihren Unterhalt gewinnen zu können«[21] und oft durch den Druck der Konkurrenz
dazu gezwungen waren, zu unreellen Maßnahmen zu greifen, um entweder zusätzliche Kunden anzuwerben oder aus ihren wenigen Kunden genügenden Verdienst zu ziehen.

Käufer- und Verkäuferverhalten ergänzten sich so zu einem Verhältnis
gegenseitiger Abhängigkeit, dessen Kosten letztlich von den kaufenden
Arbeiterfamilien getragen werden mußten. Gegen die Unsitte des Feilschens um zuvor überhöhte Preise lief die Kritik vergebens Sturm. Wo
der Wunsch des Krämers nach Barzahlung als kränkender Mangel an
Vertrauen aufgefaßt worden wäre, wo umgekehrt die Existenz eines
Händlers von wenigen Dutzend Haushalten abhängig war, gehörte die
Vergabe von »Lotterkrediten« zu den notwendigen Bedingungen, unter denen sich der Einkauf vollzog[22]. Der Ausgleich des Verlustrisikos
und die Kosten, die eine Vorfinanzierung des Warenbestands durch den
Händler oder die Kreditierung der Waren durch den Großhändler
verursachten, führten zwangsläufig zur Erhöhung der Abgabepreise,
nicht gerechnet die Wucherzinsen, die vom Krämer manchmal zusätzlich erhoben wurden. Auch der Warenbezug in kleinen Mengen – vielfach bei einem »Großhändler« der zweiten oder dritten Stufe, dem
»Fünf-Pfund-Grossisten« – wirkte verteuernd. Die relativ hohen Kosten waren mit dem Verlangen der Kunden nach niedrigen Preisen nur
durch die recht gängigen Mittel der Qualitätsminderung, der Färbung
oder Verfälschung zu versöhnen: Butter mit Kartoffeln, Margarine
oder Wasser, Gries mit Knochenmehl oder Kalk zu versetzen, Mehl
durch die Beimengung von Kreide oder minderwertigen Sorten zu
strecken und billige Kaffeesorten zu färben, wurmstichige Muskatnüsse
zu verkitten und gemahlene Gewürze mit fremden Zusatzstoffen zu
verlängern, gehörte zu den Geschäftsgebräuchen gerade des von Arbei-

---

20 So nahm beispielsweise in Essen innerhalb der zwei Jahrzehnte von 1855
  bis 1875 die Zahl der »Kaufleute mit kaufmännischen Rechten« von 53
  auf 464, die der »Kaufleute ohne kaufmännische Rechte« oder Winkeliers
  sogar von 167 auf 803 zu. Siehe W. *Adickes:* Werkskonsumanstalt und
  Konsumgenossenschaft (s. Anm. 13), S. 5.
21 *E. Richter:* Die Consumvereine (s. Anm. 10), S. 28.
22 *E. Richter,* ebd.; *Schmoller:* Zur Geschichte der deutschen Kleingewerbe,
  Halle 1870, S. 441.

tern frequentierten Handels[23]. Geläufig war auch die Manipulation von Maßen und Gewichten.

Den Konsumvereinen gelang es zweifellos, ihre Mitglieder und Kunden reeller zu bedienen, obschon auch sie den Qualitätsschwankungen der vom Großhandel oder vom Direktlieferanten bezogenen Waren ausgeliefert waren. Wenn dennoch in den 1860er Jahren keine durchgreifenden Erfolge gegenüber dem Handel zu verzeichnen waren und Mitgliederzahlen zwischen zehn und 400 die Regel bildeten (mit Ausnahmen bei den größeren Werkskonsumvereinen), so waren dafür – neben der nur geringen Bindekraft der in den Vereinen jeweils vorwaltenden Leitideologien – die folgenden Faktoren verantwortlich: Das Warenangebot der Konsumläden beschränkte sich wenigstens anfänglich auf ein knappes Angebot »risikoloser«, d. h. täglich gebrauchter und leicht zu lagernder Waren wie Kaffee, Reis, Kandiszucker, Meliszucker, Erbsen, Bohnen, Zichorien, Sirup, Mehl, Tabak, Seife[24], dazu gelegentlich Fisch (Stockfisch, Heringe), Brot, aber auch Verbrauchsgegenstände wie Bürsten, Hemden usw., in Werkskonsumen vor allem auch Arbeitskleidung und Arbeitsmittel, soweit sie die Arbeiter auf eigene Rechnung zu kaufen hatten. Eine Vollversorgung im Umfang eines gut sortierten Kramladens konnten die kleineren Konsumvereine nicht bieten. Erschwerend kam hinzu, daß nur wenige ihre Verkaufslokale durchgängig geöffnet halten konnten. Das entscheidende Hemmnis lag aber darin, daß das Prinzip der Barzahlung bei den Arbeitermitgliedern nur schwer durchzusetzen war. In Lüdenscheid zogen sich viele Arbeiter aus der praktischen Aktivität im Verein zurück, als sie begriffen, »daß der alte Schlendrian des Borgens bei den Händlern, Bäckern usw., wenn sie offenkundig dem Verein beiträten, ein Ende nehmen müsse«[25]. Das Statut des Werkskonsumvereins in Hörde sah die Möglichkeit vor, Warenkredit bis zu einer bestimmten Grenze gegen 1 % Zinsen einzuräumen, da man schon bei der Vereinsgründung »die Unsitte des Warenkreditierens unter den Hörder Arbeitern für so tief eingewurzelt (erachtete), daß man daran verzweifelte, dieselbe auf einmal ausrotten zu können«[26]. Ein anfänglicher Versuch, obligatorische Barzahlung einzuführen, mußte wegen der außerordentlich

23 Vgl. Das häusliche Glück. Vollständiger Haushaltungsunterricht nebst Anleitung zum Kochen für Arbeiterfrauen. 11., verb. Aufl. Mönchengladbach/Leipzig 1882. Neudruck München 1975, S. 52 ff.
24 So die erste Bestelliste des Spar- und Konsumvereins von P. C. Turck Wwe., 1863, in: *W. Tigges:* Konsumvereine in Westfalen (s. Anm. 11), S. 75 f.
25 Vereinsbericht, zit. nach *E. Richter:* Die Konsumvereine am Niederrhein und in Westfalen (s. Anm. 9), S. 414.
26 Ebd., S. 404.

schwachen Umsätze (monatlich nur etwa 1 Taler je Mitglied) rasch wieder aufgegeben werden.

Beim Wittener Konsumverein hatten Motive der Mitgliederwerbung zum Verzicht auf das Prinzip des Barverkaufs geführt, doch kam es darüber im Vorstand und auch in der täglichen Verkaufspraxis zu erheblichen Auseinandersetzungen, weil das Verfahren, jedem Mitglied bis zu einer vom Vereinsausschuß individuell festgelegten Grenze Kredit zu gewähren, sich als undurchführbar erwies und die Außenstände bei den Mitgliedern, aber auch die eigenen Warenschulden des Vereins zu immer höheren Summen aufliefen. Von den insgesamt 5 750 Talern, die alle 38 zur Statistik des Allgemeinen Verbands berichtenden Konsumvereine Ende 1864 verborgt hatten, entfielen 2 400 Taler allein auf den Wittener Verein. Der Verfall der ursprünglich gesetzten genossenschaftlichen Ziele war so weit gegangen, daß der in die Defensive gedrängte Vereinsgründer Spiethoff 1865 versuchen mußte, von außen her – über einen Beschluß des Vereinstags der deutschen Genossenschaften – Einfluß auf die Reorganisation seiner eigenen Genossenschaft zu nehmen. So treffend Spiethoffs Beschlußantrag die Folgen des Kreditgebens darin sah, »daß in geschäftlicher Hinsicht die Prosperität und in genossenschaftlicher die Freudigkeit der Gemüter und der Schwung der Geister in Verwaltung und Mitgliedschaft abhanden kommt«[27], so weitblickend war auch die in ihm ausgesprochene Warnung vor existenzbedrohenden Verlusten: Wohl schon 1866 mußte der Wittener Verein aufgelöst werden[28]. Die hier nur ausschnitthaft aufgezeigte, im Kern bis zum Ersten Weltkrieg kaum veränderte Problematik entzog den Konsumvereinen die potentiell vorhandene Massenträgerschaft der Arbeiter. Dazu hemmte die Zersplitterung der Genossenschaften in politischer Hinsicht das Zustandekommen einer einheitlichen Konsumvereins*bewegung*.

Zerfall und Stagnation

Die organisatorischen und ideologischen Differenzen unter den rheinisch-westfälischen Vereinen und die geringe Dynamik, die das Kennzeichen vor allem der bloßen Verteilungsgenossenschaften war, sind beispielhaft abzulesen an den langwierigen und in ihren praktischen Auswirkungen letztlich ergebnislosen Debatten um einen übergreifenden regionalen Zusammenschluß. Die Werkskonsumvereine und -anstalten zeigten am Zustandekommen einer solchen Vereinigung kein

---

27 Zit. nach: W. *Tigges*, Konsumvereine in Westfalen (s. Anm. 11), S. 40.
28 E. *Richter:* Die Consumvereine (s. Anm. 10), S. 53.

Interesse, während sich in der Haltung der übrigen Vereine deren tiefgehenden sozialpolitischen Interessenunterschiede spiegelten. Zwar hatten die Elberfelder Vereine schon im Herbst 1863, »zu einer Zeit, als die Konsumvereine in der Rheinprovinz denen im übrigen Deutschland sowohl an Zahl als ihrer inneren Entwicklung nach weit voraus waren«[29], zu einem Vereinstag nach Barmen eingeladen, an dem zehn Genossenschaften teilnahmen, doch scheiterten in der Folgezeit zwei liberale Versuche, eine Verbandsgründung durchzusetzen, an ihren politischen Implikationen, die den energischen Widerstand der Arbeiterkonsumvereine herausforderten: Auf den beiden Vereinstagen zu Düsseldorf (April 1864) und Duisburg (November 1864) wurde zunächst der Plan eines umstandslosen Anschlusses der Vereine an den bestehenden rheinisch-westfälischen Unterverband des Schulzeschen »Allgemeinen Verbands« mittelständischer Genossenschaften vertagt, dann die von Eugen Richter und den Konsumvereinen zu Düsseldorf und Köln vorgetragene Idee zurückgewiesen, einen eigenständigen »Provinzialverband für die rheinisch-westfälischen Konsumvereine«, der zweifellos unter dem Vorzeichen des Fortschrittsliberalismus rheinischer Prägung gestanden hätte, ins Leben zu rufen. In beiden Fällen traten vor allem die Vertreter des Duisburger Konsumvereins und des Elberfelder »Consum- und Sparvereins« gegen die Gefahr der Bevormundung auf; der Duisburger Delegierte Piepenbrink argumentierte bei aller Rücksichtnahme, die gegenüber den liberalen »Arbeiterfreunden« geboten schien, offen damit, daß seine Assoziation als Arbeiterverein »sich nicht in solche Verbindung mit andern Vereinen setzen wolle, durch die er Gefahr laufe, ins Schlepptau genommen zu werden«[30].

Die Verbandsfrage kam erneut in Fluß, als die politische Anziehungskraft, die die Konsumvereine beider Richtungen auf die Arbeiter ausübten, vor den Erfolgen des lassalleanischen Allgemeinen Deutschen Arbeitervereins (ADAV) zu schwinden begannen und rechtliche und wirtschaftliche Vorteile eines Zusammenschlusses wie schon auf dem ersten Vereinstag von 1863 in den Vordergrund rückten. Nach weiteren Zusammenkünften in Witten und Elberfeld konstituierte sich 1868 in Mülheim am Rhein, in Anwesenheit von Schulze-Delitzsch, der »Verband der rheinisch-westfälischen Konsumvereine«, der freilich über die Gründung hinaus nur geringe Bedeutung erlangte, zumal seine Eingliederung in das organisatorische Gefüge des »Allgemeinen Ver-

29 Blätter für Genossenschaftswesen, Jg. 1868, zit. nach K. Barth: Aus der Entstehungszeit der deutschen Konsumvereine (IX), in: Konsumgenossenschaftliche Rundschau (KR) 7 (1910), S. 22.
30 F. A. Lange: Vom jüngsten Vereinstage der Rheinisch-Westfälischen Consumvereine, Anhang II, 3c zu: Die Arbeiterfrage (s. Anm. 19), S. 195.

bandes« noch unterblieben war. Diese vollzog sich erst im Mai 1872 auf dem Verbandstag zu Elberfeld, der auf Initiative des »Elberfelder Konsum- und Sparvereins« eine entsprechende Statutenänderung beschloß. Vom XIII. Allgemeinen Vereinstag zu Breslau (18.–21. August 1872) wurde der »Verband der Konsum-, Produktiv- und Baugenossenschaften von Rheinland und Westfalen«, wie er sich nunmehr nannte, als achter Konsumvereins-Unterverband in den Allgemeinen Verband aufgenommen[31].

Zu diesem Zeitpunkt waren die rheinisch-westfälischen Genossenschaften aus ihrer quantitativ großen Bedeutung um die Mitte der 1860er Jahre schon weit hinter andere Regionen zurückgefallen. Die kräftigeren Vereine hielten ihre Position, ohne noch ein starkes Wachstum zu verzeichnen; Neugründungen fanden nicht mehr statt. Nach dem raschen Aufstieg der Jahre 1862 bis 1865 mündete die Konsumvereinsbewegung im Westen früh in die Phase der Stagnation, die allgemein erst nach 1870–1873 einsetzte und sich über die folgenden zwei Jahrzehnte erstreckte. Diese Entwicklung stand in offensichtlichem Zusammenhang mit der formelhaft, wenn auch nicht ganz hinreichend, als »Trennung der proletarischen von der bürgerlichen Demokratie«[32] zu umschreibenden Loslösung der sich selbst organisierenden Arbeiterschaft aus dem Bannkreis bürgerlicher Sozialreform und mit der Bewegung zur eigenständigen, klassenbewußten politischen und gewerkschaftlichen Interessenartikulation. Fragen des Konsums wie der gesamten reproduktiven, auf Wiederherstellung der Arbeitskraft bezogenen Sphäre, von denen objektive Lebenslage und Selbsteinschätzung der Arbeiterschaft zentral bestimmt wurden, traten in dieser Phase zwar keineswegs aus dem Blickfeld, wie die vielfältigen Ansätze kollektiver Daseinsvorsorge (z. B. in Unterstützungs- und Krankenkassen) und die unterhalb der institutionellen Ebene bleibenden Versuche gemeinschaftlicher Einkaufsorganisation (z. B. in Kohlen- und Kartoffelklubs[33]) zeigen, doch wurde der riskante Versuch konsumgenossenschaftlicher Organisation ausgeklammert, für den im Ruhrgebiet mit der Verschlechterung der Lebenssituation seit 1874 die materiellen Voraussetzungen auch nicht mehr gegeben waren.

Davon unbeeinflußt blieb die Existenz der Zechenkonsumvereine und Werkskonsumanstalten, die nicht nur in der Stillstandsphase der Kon-

---

31 *K. Barth:* Aus der Entstehungszeit der deutschen Konsumvereine (V) (VI), in: KR 6 (1909), S. 803 f., 867 f. – (IX) (X), in: KR 7 (1910), S. 21 f., 62. – *E. Richter:* Die Konsumvereine am Niederrhein und in Westfalen (s. Anm. 9), S. 417 f.

32 So der Titel der klassischen Arbeit von *G. Mayer,* 1912.

33 *W. Adickes:* Werkskonsumanstalt und Konsumgenossenschaft (s. Anm. 13), S. 136.

sumgenossenschaftsbewegung bis 1890 zum vorherrschenden Typus rationeller, großmaßstäblicher Verbrauchsgüterversorgung an der Ruhr wurden, sondern überhaupt in der Montanindustrie des Ruhrgebietes eine gegenüber den anderen Industrieregionen Deutschlands einzigartige Position gewannen, derzufolge ihre Zahl bis zum Ende des hier behandelten Zeitraums (1916) auf etwa 100 anstieg[34]. Schon in der Statistik der zehn größten deutschen Konsumvereine für das Jahr 1868 nahm die Kruppsche Anstalt in ihrem ersten Betriebsjahr am Umsatz gemessen einen vorderen Rang ein[35]. Von den übrigen Konsumanstalten des Reviers erreichte der Konsumverein des Hörder Bergwerks- und Hüttenvereins eine annähernd vergleichbare Größenordnung[36]. 1874 zählte das Oberbergamt Dortmund in seinem Einzugsbereich an der Ruhr acht Zechenläden und 13 Zechenkonsumvereine, 1878 insgesamt 18 Konsumvereine in unterschiedlich intensiver Bindung an das jeweilige Bergwerksunternehmen[37].

Daß die Arbeiter in solchen Vereinen nur nachgeordnete Mitspracherechte und keine Verwaltungsbefugnisse besaßen, daß an werksfremde Händler verpachtete Zechenkonsume entgegen dem ursprünglichen Zweck preisgünstiger Versorgung gelegentlich ihre Monopolstellung in Preisaufschläge ummünzten, hatte schon während der 1870er Jahre zu Mißstimmung unter den Bergleuten geführt. Viele Bergarbeiter hielten sich den Konsumeinrichtungen der Zechen fern, weil sie die zusätzliche Bindung ans Unternehmen, die in Krisenzeiten zum Druckmittel werden konnte, und die Behinderung ihrer Mobilität fürchteten. Wie begründet solche Bedenken waren, zeigte sich zu Beginn der 1880er Jahre, als aufgrund von Beschwerden der Belegschaft behördliche Untersuchungen wegen einer Verletzung der Truckvorschriften auf den Zechen Helene Amalie, Wolfsbank und Neuwesel angestellt werden mußten[38], und wieder im Jahre 1894, als im östlichen Ruhrgebiet über das auf der Zeche Courl bei Dortmund herrschende Trucksystem erhebliche öffentliche Unruhe aufkam, die das Oberbergamt zu einer Bestandsaufnahme der Zechenkonsumanstalten und der von ihnen ge-

34 *J. Hirsch:* Der moderne Handel, seine Organisation und Formen und die staatliche Binnenhandelspolitik, 2., völlig neu bearb. Aufl. Tübingen 1925, S. 261. Zum gesamten Komplex vgl. *M. Becker:* Werkskonsumanstalten im rheinisch-westfälischen Industriegebiet, in: Zeitschrift für Handelswissenschaftliche Forschung 11 (1916/1917), S. 133–180.
35 *W. Hasselmann:* Geschichte der deutschen Konsumgenossenschaften (s. Anm. 8), S. 174. – *W. Adickes:* Werkskonsumanstalt und Konsumgenossenschaft (s. Anm. 13), S. 10.
36 *K. Tenfelde:* Sozialgeschichte der Bergarbeiterschaft an der Ruhr im 19. Jahrhundert, Bonn-Bad Godesberg 1977, S. 360.
37 Ebd., S. 361 f.
38 Ebd.

19. Mietskasernen im Ruhrgebiet vor der Jahrhundertwende; hier wohnte ein Großteil der Bergarbeiterfamilien und Schlafgänger vor dem Ersten Weltkrieg (s. dazu S. 144).

20. Bergarbeiterkolonie in Gelsenkirchen; bemerkenswert sind die zunächst als Nutzgärten verwendeten Freiflächen mit den dazugehörenden Stallungen für Kleinvieh (s. dazu S. 173).

21. Bergarbeiterfamilie in ihrer »guten Stube«; bemerkenswert ist die große Kinderzahl (s. dazu z. B. S. 258).

22. Volksküche in der Mitte des 19. Jahrhunderts in Berlin (s. dazu S. 207).

23. Schlafstelle in einer Souterrainwohnung.

Auch der letzte verfügbare Platz konnte angesichts der Wohnungsnot in den Industriestädten noch an Schlafgänger vermietet werden.

24. Typische Ruhrgebietsinnenstadt um 1900 (Schalker Markt); in dem klassizistischen Gebäude befand sich die Wirtschaft »Kaiserhalle«, Vereinslokal des 1. F.C. Schalke 04 ab 1928.

Allgemeiner Konsumverein für Dortmund und Umgegend

25. Erster Konsumladen in Dortmund im Jahre 1902: statt der üblichen Einzelhandelswerbung ein bescheidener Hinweis im Hinterhof (s. dazu auch S. 238).

26. Inneres eines typischen Gemischtwarenladens um 1900.

27. Anziehungs- und Kommunikationsort nach der Arbeit:
die »Destille«.

28. »Schnapstreff« im Einzelhandelsladen – im Konsum auch zu Konsumpreisen
(s. dazu S. 231).

29. Fußballbegeisterung in der Schalker Glückauf-Kampfbahn: Schalker Fans belagern das Tor ihrer Mannschaft bei einem Spiel gegen Fortuna Düsseldorf am 1. Juni 1931.

30. Schalker Spieler und Funktionäre mit »Papa« Unkel (Mitte) im Jahre 1937 (s. dazu S. 384).

31. Sportlerpyramide im Ruhrgebiet um 1910: Kraft und »Kunst« in wilhelminischer Zeit.

32. »Reproduktion der Arbeitskraft« und Männlichkeitsideal verbanden sich im Berliner Arbeitersportverein um die Jahrhundertwende.

33. Der Freie Turn- und Spielverein Hagen, gegr. 1896, im Jahre 1926; weibliche und jugendliche Mitglieder, Mannschaftssport und Spielmannszüge erweiterten den Turnverein zum allgemeinen Sport- und Spielverein (s. dazu S. 367).

34. Fahnenkommando des St. Georg-Knappenvereins Gelsenkirchen 1919.

übten Verkaufspraktiken veranlaßte. Die Nachprüfungen der Revierbeamten erbrachten eine Bestätigung dafür, daß zahlreiche Zechenkonsume Waren auf Kredit abgaben und die Borgschuld mit der nächsten Lohnzahlung verrechneten, daß manche Zechen einen Lohnabschlag nur in Form von Warenbons auszahlten und sich gelegentlich auch ein symbiotisches Verhältnis zwischen Zechenverwaltung und privaten Händlern herausgebildet hatte, das in gleicher Weise funktionierte, so daß einzelne Bergleute fast keinen Lohn mehr ausbezahlt bekamen. Von den erfaßten 17 Zechenkonsumanstalten und -vereinen verkauften fünf nur gegen bar (Oberhausen; Deutscher Kaiser; Hannover; Zollverein; Ver. Maria, Anna und Steinbank mit Ver. Engelsburg), zwölf gaben Warenkredit auf den zu zahlenden Lohn (auf Prosper; Hannibal; Neu-Diepenbrock III; Schlägel und Eisen; Ewald; Königsborn; Margaretha; Holland; Helene und Amalie; Altstaden; Deimelsberg und Mont-Cenis)[39].

Konsumgenossenschaftlicher Neubeginn im Ruhrgebiet

Die Fesseln der Selbstgenügsamkeit, in denen sich die bürgerlichen Konsumvereine gefangen hatten, wurden nach bald zwei Jahrzehnten der Stagnation durch eine neue konsumgenossenschaftliche Bewegung gesprengt, die ihre entscheidenden Impulse aus der politischen und gewerkschaftlichen Arbeiterbewegung empfing. Ausgangspunkt des neuen, von der Bedarfslage und den Organisationsinteressen der Arbeiter bestimmten Verständnisses der Konsumgenossenschaften war Sachsen, wo die Behinderung der Sozialdemokratischen Partei unter dem Sozialistengesetz schon in den 1880er Jahren eine verstärkte Hinwendung politisch organisierter Arbeiter zu den Konsumvereinen bewirkte und die Gründung eines proletarischen neben dem bestehenden bürgerlichen Konsumvereinsverband nach sich zog[40]. Im Ruhrgebiet gab der im Streik von 1889 laut gewordene Wunsch der Bergarbeiter, sich aus der Abhängigkeit von den Zechenläden zu befreien, den Anstoß zu einem genossenschaftlichen Neubeginn.

Am 11. Mai 1890 beschloß die Generalversammlung der aus dem Streik hervorgegangenen Bergarbeitergewerkschaft, des »Verbandes zur Wahrung und Förderung der bergmännischen Interessen im Rheinland und Westfalen« (sog. »Alter Verband«), getragen vom Aufschwung und

39 Staatsarchiv Münster, Bestand Oberbergamt Dortmund 1800, Bl. 455 bis 458.
40 Die Geschichte der sächsischen Konsumvereinsbewegung ist breit und anschaulich dargestellt worden durch P. Göhre: Die deutschen Arbeiter-Konsumvereine, Berlin 1910.

vom starken Selbstbewußtsein der noch jungen Gewerkschaftsbewegung, die Gründung und Unterstützung von Konsumgenossenschaften überall dort, wo »250 bis 300 Unterschriften gesammelt« seien[41]. Die Anregungen zum weiteren Auf- und Ausbau wurden bezeichnenderweise nicht in den bestehenden älteren Vereinen des Rheinlands und Westfalens gefunden, sondern in der politisch und wirtschaftlich äußerst aktiven und eng mit der Sozialistischen Partei verbundenen belgischen Genossenschaftsbewegung, über deren Erfolge sich im Mai 1890 die deutschen Delegierten des ersten internationalen Bergarbeiterkongresses in Jolimont unmittelbar informieren konnten.

Schon am 4. Juni 1890 konstituierte sich der »Konsumverein rheinisch-westfälischer Bergleute Glückauf, e.G.m.b.H.« mit Sitz in Gelsenkirchen, dessen enge Verflechtung mit dem »Alten Verband« sowohl in der personellen Besetzung des Vorstandes, dem anfänglich mit Ludwig Schröder einer der drei Kaiserdeputierten des Streikjahres 1889 angehörte, wie auch in der Aufnahme eines gewerkschaftlichen Darlehens von 16 000 Mark Ausdruck fand.

Der neuen Genossenschaft lag kein theoretisch ausgearbeitetes sozialpolitisches Konzept zugrunde, doch war in der statutenmäßig verankerten Koppelung der Konsumvereinsmitgliedschaft an die Zugehörigkeit zum »Alten Verband« eine erstmalige Verbindung von Produktions- und Konsumtionssphäre als Feldern reformorientierten Kampfes der Arbeiterschaft hergestellt worden. Utopische Züge, wenn auch in zeittypisch fortschrittsoptimistischer Färbung, sind aus den weitttragenden Erwartungen eines ungehemmten quantitativen Wachstums herauszulesen, die schon in der konstituierenden Sitzung der Genossenschaft laut wurden; indessen lag nicht in dem nachmals als frivol empfundenen Versprechen, »schon nach einigen Jahren mit eigenen Schiffen auf der See (zu) fahren und überseeische Waren in ihren Produktionsländern selbst ein(zu)kaufen«[42], das umstürzend Neue, sondern im beispiellosen Vorhaben, den Konsum mehrerer zehntausend Arbeiterfamilien in einem so weit ausgedehnten Gebiet, wie es das Ruhrrevier darstellte, zentral zu organisieren.

Daß die Möglichkeiten eines Arbeiterkonsumvereins um 1890 in jeder Hinsicht begrenzter waren, demonstrierte drastisch und lehrreich die kurze Geschichte des »Glückauf«, zu deren Ende innere und äußere Faktoren in unglücklicher Verschränkung beitrugen. Als gravierendste Schwäche machte sich bemerkbar, daß durch die Verbindung von Ge-

---

41 O. *Hue:* Die Bergarbeiter, Bd. 2, Stuttgart 1913, S. 394; W. *Hänsgen:* Über Konsumvereinigungen der Bergarbeiter früherer Zeit, in: KR 11 (1914), S. 577.

42 O. *Vollmar:* Zur Verschmelzung der Konsumvereine Bochum und Weitmar, in: KR 9 (1912), S. 406.

nossenschafts- und Gewerkschaftsmitgliedschaft jede Beeinträchtigung der gewerkschaftlichen Position, namentlich der dramatische Rückgang der Mitgliederzahlen des »Alten Verbandes« von 58 000 (1890) auf 11 000 (1893), auf die Genossenschaft durchschlug, daß umgekehrt der Druck auf die Bergleute, aus dem Konsumverein auszutreten, vor allem nach dem Streik von 1893 von vielen Zechenverwaltungen als anti-gewerkschaftliches Kampfmittel eingesetzt wurde. In ihren negativen Folgen gleichbedeutend war, auf betriebswirtschaftlicher Seite, die geringe Eigenkapitalausstattung, die die Anfänge jedes Arbeiterkonsumvereins belastete. Wohl war der Mitgliederzustrom zu Beginn beachtlich, wohl zahlten die Beitrittswilligen ihren 30-Mark-Geschäftsanteil mit drei Mark, immerhin drei Viertel eines Untertage-Schichtlohns, an und brachten danach – solange die Anfangsbegeisterung trug – allmonatlich eine weitere Mark auf, doch reichten die Einzahlungen bei weitem nicht aus, um den Wünschen der vor allem im östlichen Ruhrgebiet weitverstreuten Mitgliederschaft nach Eröffnung von Verkaufsstellen in ihrer Nähe auf solider Basis gerecht werden zu können. So war die planlose und überstürzte Ausweitung der Genossenschaft organisationspolitisch verständlich, aber wirtschaftlich mehr als problematisch. Auf dem Höhepunkt seiner Entwicklung (1893) unterhielt der Konsumverein für seine 3 000 Mitglieder 13 Verkaufsstellen (in Gelsenkirchen, Wattenscheid, Eppendorf, Bochum, Linden, Laer, Herne, Aplerbeck, Kirchhörde, Eving, Brakel, Bommern und Herdecke-Auf dem Schnee), zwei Bäckereien in Eppendorf und Eving und eine Kaffeerösterei in Gelsenkirchen, die mit eigenem Fuhrwerk versorgt wurden[43].

Die hohen Kosten eines so weitmaschigen Versorgungsnetzes, auf dessen Ausbau die Genossenschaft aber schon durch den Gründungsbeschluß festgelegt war, die Auszahlung überhöhter Dividenden und die beträchtlichen Warenfehlbestände in einzelnen Verkaufsstellen belasteten das Unternehmen schwer, zumal die kaufmännische und organisatorische Unerfahrenheit der zum größten Teil mit Bergleuten besetzten Genossenschaftsleitung keine tiefgreifenden Gegenmaßnahmen erwarten ließ. Als geradezu selbstzerstörerisch erwies sich schließlich der vordergründig gewinnträchtige Entschluß, in den Verkaufsstellen Branntwein auszuschenken: Oft mußten die Männer, die bereitwillig Familieneinkäufe übernommen hatten, von ihren Frauen betrunken nach Hause geholt werden, und die Frauen und Kinder mieden ihrerseits die Konsumläden aus Furcht, belästigt zu werden (s. Bild 28 im vorliegenden Band).

---

43 O. *Vollmar*: ebd. – Der Widerspruch zu den höheren Verkaufsstellen- und Mitgliederzahlen bei O. *Hue*: Die Bergarbeiter, Bd. 2, S. 450 f., konnte nicht aufgelöst werden.

Die kumulativen Wirkungen der genannten Faktoren führten 1894 zu Verlusten, die von einer kompetenteren Genossenschaftsleistung, als der »Glückauf« sie besaß, hätten aufgefangen werden können. Unter den gegebenen Bedingungen jedoch trieb der erste Großkonsumverein im Ruhrgebiet unaufhaltsam in den Konkurs. Die noch verbliebenen Mitglieder wurden bis zur Summe von 50 Mark für die Verluste haftbar gemacht; der »Alte Verband« verlor neben seinem Darlehen beträchtliches Vertrauenskapital unter den Bergarbeitern[44].

Der Aufschwung der Genossenschaftsbewegung seit 1901

Ein Blick auf die Genossenschaftsstatistik zeigt, daß unter den festen Rahmenbedingungen, die das Genossenschaftsgesetz von 1889 geschaffen hatte, in den 1890er Jahren zahlreiche andere Konsumvereinsgründungen, häufig von Beamten, gewagt wurden und wieder scheiterten: Die Zahl der Vereine in Westfalen wuchs von 68 (1890) auf 117 (1895) und ging wieder auf 51 (1898) zurück; im Rheinland stieg sie von 46 (1890) auf den Höhepunkt von 248 (1893) und fiel auf 134 im Jahre 1898[45]. Eine zweite Aufwärtsbewegung, die im Ruhrgebiet in der Mehrzahl von Mitgliedern der Freien Gewerkschaften und der Sozialdemokratischen Partei, wenn auch nur in Ausnahmefällen von den lokalen Gewerkschafts- und Parteigliederungen als ganzen, initiiert wurde, setzte 1901 ein und führte in steilem Schwung nach oben, bis sich 1913 erste Verlangsamungstendenzen bemerkbar machten. Im Verlauf des stürmischen Wachstumsprozesses, der auf das »Gründungsfieber« im Revier folgte, verschob sich das Schwergewicht der rheinisch-westfälischen Konsumvereinsbewegung von den Zentren älterer gewerblicher und industrieller Entwicklung hin zu den Großstädten an der Ruhr. Erwies sich nach dem Genossenschaftskataster von 1903 noch der 1867 gegründete Iserlohner Konsumverein mit 4 754 Mitgliedern als der bei weitem größte im rheinisch-westfälischen Industriegebiet[46], so war zehn Jahre danach die unangefochtene Führungsrolle an den Bürger- und Arbeiterkonsumverein Eintracht in Essen mit 45 500 Mitgliedern übergegangen.

---

44 O. *Vollmar* (s. Anm. 42), S. 407.
45 A. *Petersilie:* Die Entwicklung der eingetragenen Genossenschaften in Preußen während des letzten Jahrzehnts, Berlin 1906, S. 22.
46 Vgl. Genossenschaftskataster für das Deutsche Reich. Die eingetragenen Erwerbs- und Wirtschaftsgenossenschaften am 1. Januar 1903, Berlin 1904. Die Werkskonsumanstalten sind als unselbständige Einrichtungen in der Statistik allerdings nicht erfaßt.

Regional wirksame Faktoren, die diesen Aufstieg bestimmten, sind von den allgemeinen Entwicklungslinien der Arbeiterbewegung in der Zeit von 1890 bis 1914 kaum zu trennen. Das Ausgreifen der (bis zum Ende des Sozialistengesetzes ins Gehäuse der Sozialdemokratischen Partei eingeschlossenen) sozialistischen Arbeiterbewegung auf den Bereich gewerkschaftlicher und soziokultureller Organisationen und die Ausprägung der revisionistischen Parteilinie, die reformpolitische Konzeptionen, wie sie im Konsumgenossenschaftswesen gegeben waren, mit Nachdruck förderte[47], waren von genereller Bedeutung, doch erklären sie nur einen Teil der zu beobachtenden Bewegung.

Für die Beurteilung der Lage im Ruhrgebiet ist von Wichtigkeit, daß die Konsumvereinsgründungen der Jahre 1901 bis 1904 offener gewerkschaftlicher und parteilicher Rückendeckung, sei es in ideologischer, sei es in praktischer Hinsicht, zumeist entraten mußten, und daß sie vielfach geradezu als Akt der Auflehnung einer unmittelbar handlungswilligen und nicht auf die Vermittlungswege politischer Aktion festzulegenden Partei- und Gewerkschaftsbasis zu verstehen sind.

Die Gliederungen der Sozialdemokratischen Partei standen dem Verlangen von Arbeitern nach der Gründung von Konsumvereinen oft ratlos, meist distanziert gegenüber, doch waren es selten grundsätzliche Bedenken, die gegen den Versuch einer verbesserten Versorgung mit Alltagsgütern vorgebracht worden wären. Das schwache ideologische Profil der SPD im rheinisch-westfälischen Industriegebiet bewies sich darin, daß vornehmlich organisatorisch-taktische Einwände gegen die Konsumvereinsbewegung erhoben wurden. Eine (aus Zeitmangel nicht verabschiedete) Resolution, die dem Niederrheinischen Parteitag in Gerresheim (1902) vorgelegen hatte, gab diesen Argumentationsrahmen bereits vor: Sie verlangte als Vorbedingung für eine Genossenschaftsgründung nicht nur das Vorhandensein kaufmännischen Sachverstands und finanzieller Standfestigkeit, sondern vor allem, »daß durch die Gründung von Konsumvereinen der Partei- und Gewerkschaftsbewegung nicht die besten agitatorischen Kräfte entzogen« würden[48]. Die Vielfalt der mit dem zunehmenden Ausbau der Partei- und Gewerkschaftsarbeit zu erfüllenden Aufgaben – »Reichstagswahlen, Landtagswahlen, Gemeindewahlen, Gewerbegerichtswahlen, Krankenkassen- und sonstige Vertreterwahlen für die Arbeiter-

---

47 Siehe *A. Gerhard:* Konsumgenossenschaft und Sozialdemokratie, Nürnberg 1895, und die Würdigung der Konsumvereine durch *E. Bernstein:* Die Voraussetzungen des Sozialismus und die deutsche Sozialdemokratie, Stuttgart 1899.

48 Zit. nach *W. Voßmeyer:* Erinnerungen aus der Entstehungszeit des Allgemeinen Konsumvereins ..., in: KR 7 (1910), S. 877. Vgl. auch: Sozialdemokratische Parteitage für die Rheinprovinz und den Niederrhein von 1889 bis 1909, Elberfeld 1910, S. 37.

Tabelle 15:
Die Mitglieder der Konsumvereine des Zentralverbandes Deutscher Konsumvereine im Ruhrgebiet 1902–1913

Ort[a]	Name des Konsumvereins	Gründungs-jahr[b]	1902	1903	1904	1905	1906	1908	1910	1912	1913
Dortmund	Allgemeiner Konsumverein für Dortmund und Umgegend	1901	349	828	1 177	1 646	3 004	5 064	9 483	12 913	14 180
Hagen	Allgemeiner Konsumverein für Hagen i. W. und Umgegend	1902	...	1 201	1 596	1 631	1 672	2 305	3 568	X	
Duisburg	Allgemeiner Konsumverein für Duisburg und Umgegend	1902	...	...	488	672	...	X			
Essen	Konsumverein der Bergeborbecker Beamten- und Arbeitervereinigung	1897	183	192	202	...	⊕				
Essen	Konsumverein Eintracht, Frintrop	1901	86	86	+						
Mülheim	Allgemeiner Konsumverein für Mülheim a. d. Ruhr und Umgegend	1902	...	279	X						
Essen	Bürger- und Arbeiterkonsumverein Eintracht, Essen	1902		398	1 724	3 481	5 117	12 933	22 188	39 663	45 542
Dortmund	Konsumverein für Marten und Umgegend	1903		213	270	379	516	602	644	X	
Bochum	Konsumverein Wohlfahrt für Weitmar, Stiepel und Umgegend	1902		91	269	569	1 641	2 098	3 043	X	
Gelsenkirchen	Allgemeiner Konsumverein für Gelsenkirchen-Schalke	1901		261	358	782	1 362	2 897	X		
Oberhausen	Allgemeiner Konsumverein für Oberhausen und Umgegend	1903		575	557	430	+				
Castrop-Rauxel	Konsumverein Einigkeit, Rauxel	1900			...	239	315	478	922	1 744	X

Ort	Konsumverein	Jahr						
Dortmund	Konsumverein Germania für Barop und Umgegend	1892	645	671	707	728	804	×
Duisburg	Konsumverein für Ruhrort und Umgegend	1904	250	421	503	720	×	
Bochum	Konsumverein Einigkeit für Langendreer und Umgegend	1903	252	394				
Bochum	Konsumverein für Bochum und Umgegend	1904	884	1 350	2 101	3 202	9 309	11 921
Essen	Konsumverein für Werden und Umgegend	1903		1 279	⊕			
Castrop-Rauxel	Castroper Konsumvereinigung	1902		…	466 ⊕		497	497
Moers	Grafschafter Konsumverein, Moers	1900			196	237	×	
Dortmund	Konsumverein Glückauf, Eichlinghofen	1890						
Dortmund	Konsumverein Gut Glück zu Asseln und Umgegend	1893					288[c]	415

Quelle: Jahrbuch des Zentralverbandes Deutscher Konsumvereine, Jg. 1–12, 1903–1914.

Anmerkungen:
a) heutiges Stadtgebiet,
b) als Gründungsjahr ist das Jahr der gerichtlichen Eintragung angegegeben,
c) Beitritt zum Zentralverband: 1911.

Die Eintragungen beginnen im Jahr des Beitritts zum Zentralverband.
»…« bedeutet: Der Verein hat dem Zentralverband angehört, aber nicht zur Statistik berichtet.
Die Zeichen in der Spalte nach der letzten Eintragung bedeuten:
+ Der Verein hat sich aufgelöst.
⊕ Der Verein ist aus dem Zentralverband ausgetreten.
× Der Verein hat sich mit einer benachbarten Genossenschaft vereinigt

versicherung, überhaupt die Tätigkeit auf kommunal- und sozialpolitischem Gebiete, dann die mannigfachen Streiks!«[49] – weckte Angstvisionen eines kaum auszugleichenden Fehlbestandes an Funktionsträgern, der nicht durch Konsumvereinsgründungen noch zusätzlich ausgeweitet werden sollte. Ebenso stark war die nach den Erfahrungen von 1894 nicht unberechtigte Furcht, das Ansehen der Partei könne durch zweifelhafte wirtschaftliche Experimente der Genossenschaften in Mitleidenschaft gezogen werden. Dagegen fielen die Einwände der »orthodoxen« Minderheit, die es – nach dem ironischen Kommentar der Konsumvereinsanhänger – vorzog, »ihre ›Prinzipien‹ leuchten zu lassen«[50], kaum ins Gewicht.

Die Gesamtpartei fand erst über den Stufenweg mehrerer Parteitagsresolutionen schließlich in Magdeburg 1910 zu einer positiven Haltung gegenüber den immer bedeutsamer werdenden Konsumgenossenschaften. So ist das Verhältnis der Konsumvereinsbewegung zur SPD auf ihren verschiedenen Ebenen durchaus widersprüchlich gewesen, eine Gleichsetzung in keinem Fall erlaubt. Uneingeschränkt kann aber von den Konsumvereinen als *Klassen*organisationen – sowohl objektiv wie nach dem subjektiven Urteil ihrer Mitglieder – gesprochen werden. Die These sei gewagt, daß die Konsumgenossenschaften im Ruhrgebiet, weniger aus ursprünglichem eigenen Verständnis als vielmehr durch gegnerische Einwirkungen von außen her, in zunehmendem Maße das Profil des »roten Konsums« aufgeprägt erhielten und im Prozeß ständiger Abstoßung und Abgrenzung gegenüber anderen gesellschaftlichen Kräften selbst quasi-politische Konturen gewannen; daß aus diesem Prozeß der Profilierung starke integrative Kräfte erwuchsen, denen sich der beispiellose Aufstieg der Großkonsumvereine an der Ruhr verdankt.

In der Phase des noch ungesicherten Beginns wurden die Vereine noch durch andere Faktoren in ihrer inneren Organisation und ihrem wirtschaftlichen Bestand abgestützt: Unzweifelhaft gehörte die von Schulze-Delitzsch geprägte demokratische Genossenschaftsverfassung in der veränderten Form, die ihr das Genossenschaftsgesetz von 1889 gegeben hatte, zu den wichtigsten Vorgaben auch der nach 1900 entstehenden Arbeiterkonsume, die in ihr neben einer festen und bewährten organisatorischen Konzeption die Chance erhielten, über handgreifliche materielle Interessen auf der Basis gleichberechtigten und solidarischen Gruppenhandelns zu entscheiden. Mit großem Ernst, lebhafter Anteilnahme und einem verbissenen Engagement selbst in nebensächlichen

---

49 Leitartikel der Elberfelder »Freien Presse«, 27. 2. 1902. Zit. nach *W. Voß-meyer*, ebd.
50 *W. Voßmeyer*, ebd.

Fragen ist die Lernchance der Genossenschaftsdemokratie von den Mitgliedern der jungen Konsumvereine im Revier wahrgenommen worden. Turbulent verlaufende Generalversammlungen, in denen oft bis in die frühen Morgenstunden erbittert um Tagesprobleme der Genossenschaft gestritten wurde, zeigten die Schwierigkeiten der Verwirklichung von Entscheidungsprinzipien, die in der Struktur des politischen Systems im Wilhelminischen Deutschland sonst keine Entsprechung fanden. Darüber hinaus spiegelten sich in der Kritikbereitschaft, mit der die Mitglieder – wie das Beispiel des Bochum-Weitmarer Konsumvereins zeigt – ihrer eigenen Genossenschaft begegneten, die Integrationsschwierigkeiten einer großenteils nicht mehr eingesessenen und in stabile Nachbarschaftszusammenhänge eingebundenen, einer durch Fluktuationsbewegungen beständig umgetriebenen und durch negative Erfahrungen mit ihrer Umwelt mißtrauisch gewordenen Arbeiterbevölkerung[51].

Neben dem normativen Rahmen der Genossenschaftsdemokratie, der die Gründung und Weiterentwicklung der Arbeiterkonsumvereine in einem basisgetragenen Prozeß ermöglichte und der auch die Autonomie der regionalen Revisionsverbände gegenüber dem Gesamtverband absicherte, ist das gegenläufige Prinzip zentralverbandlicher Einwirkung für die Stabilisierung des Erfolgs gerade der traditionsarmen Konsumvereine im Ruhrgebiet von entscheidendem Gewicht gewesen. Die seit 1893 existierende »Großeinkaufsgesellschaft Deutscher Konsumvereine« und der »Zentralverband Deutscher Konsumvereine«, der – nach dem Ausschluß von 99 »sozialdemokratischen« Konsumvereinen durch die bürgerlich-mittelständische Mehrheit des Allgemeinen Verbandstags der Erwerbs- und Wirtschaftsgenossenschaften in Bad Kreuznach (1902)[52] – im Jahre 1903 in Dresden gegründet worden war, beide mit Sitz in Hamburg, boten den ratsuchenden Genossenschaften Hilfe auf vielen Gebieten. Als leistungsfähiger Lieferant entlastete die GEG die Vereine von der langwierigen und riskanten Suche nach günstigen Bezugsquellen, zumal sie seit 1902 mit einem Warenlager in Düsseldorf und einem ständigen Vertreter für den Westen den Gründungsboom im rheinisch-westfälischen Industriegebiet von Anbeginn begleitete und zu einem guten Teil in sichere Bahnen lenkte. Auch sehr junge Vereine erreichten mit Hilfe der GEG eine breite Angebotsvielfalt, die innerhalb des gegebenen Rahmens alltäglichen Bedarfs doch auch schon differenziertere Wünsche befriedigen konnte und damit

---

51 Vgl. O. *Vollmar:* Zur Verschmelzung der Konsumvereine Bochum und Weitmar, in: KR 9 (1912), S. 407 f.
52 *H. Kaufmann:* Kurzer Abriß der Geschichte des Zentralverbandes Deutscher Konsumvereine, Hamburg 1928, S. 46 ff.

Waren- und Preis-Verzeichnis

des

Allgemeinen Konsum-Vereins zu Dortmund und Umgegend

(e. G. m. b. H.)

(Durch diese Liste sind die alten Preise außer Gültigkeit gesetzt.)

A.		Pf.
Apfelkraut, garantiert rein	Pfd.	30
Apfelgelee, lose	"	24
" in rund. Blechdosen	2 "	58
" in Tönnchen	2 "	65
" in Körbchen	2 "	68
" in Karaffen	2 "	68
" in Emailletöpfen	3 "	100
" in "	5 "	160
" in "	10 "	255
Apfelringe		
Aepfel (Koch=)		
" (Tafel=)	billigster Tagespreis	
Apfelsinen		
Anissamen	Pfd.	60
Aufnehmer	Stück 28, 34, 38, 40, 46	

B.		
Backpulver, Reeses	Paket	5
Bohnen, weiße lange	Pfd.	20
Buchweizenmehl, feinstes	"	18
Butter, Süßrahm=Molkerei		
(billigster Tagespreis)		
Birnen, getrocknete	Pfd. 52 u.	70
Borax in Paketen	5 u.	10
Bläue in Beuteln	5 u.	10
Bläue in Dosen		10
Bleichsoda in Paketen		10
Bouillon=Kapseln	10 u.	15
Bindfaden=Knäuel	5 u.	10
Briefpapier	Mappe	9
Bleistifte	Stück	5
Besenstiele	Stück 10, 15 u.	30
Bettfedern	Pfd. 275, 340 u.	400
" (Daunen)	Pfd. 550 u.	600

Bisquits.		Pf.
Volks=Cakes	Pfd.	40
Eis=Waffeln	Paket	10
Eis=Waffelbruch	¼ Pfd.	20
Feldmarschallstäbe	Stab	10
Tannenbaum=Cakes	Pfd.	50

Brot und Backwaren		
Kastenstuten	Stück	45
Bauernstuten	" 45 u.	90
Graubrote	" 70 u.	90
Dehnhauser	" 50 u.	100
Paderborner	"	100
Schwarzbrot	"	45
Burger=Bretzel	5 Stück	10
Guß=Zwieback	5 "	10
Cocos=Zwieback	4 "	10
Makronen=Zwieback	4 "	10
Anisplätzchen	6 "	10
Haferzwieback	5 "	10
Emmerlings Nährzwieback, Paket 10 u.		30
Spekulatius	Pfd.	60

Bonbons ꝛc.		
Malzzucker	¼ Pfd. 12 u.	15
Quodlibets	" "	15
Stettiner Melange	" "	15
Pommersche "	" "	15
Liliput= "	" "	15
Austria=Rocks	" "	15
Englische Rocks	" "	15
Chokolade=Kaffeebohnen "	" "	15
Runde Chokoladeplätzchen	¼ Pfd.	25
Pfefferminzkügelchen	" "	18
Pfefferminztabletten	Rolle	5
Himbeer=Drops	Stück	1

3

Abb. 22: Die erste Seite der Preisliste des Dortmunder Konsumvereins aus dem Jahre 1907 gibt einen Eindruck von der Angebotsvielfalt, um die sich die Konsumvereine im Bereich der Massenbedarfs-
artikel bemühten. Preislisten waren das wichtigste Werbemittel der
Konsumgenossenschaften, die auf Schaufensterwerbung ganz ver-
zichteten.

die raschere Bindung der Mitglieder an den Genossenschaftsladen ermöglichte. Der Zentralverband – wesentlich durch die Dynamik seines ersten Sekretärs Heinrich Kaufmann (1864–1928) geprägt – entfaltete eine intensive Beratungs-, Aufklärungs- und Organisationstätigkeit. Die Agitation der Einzelgenossenschaften wurde durch den Hamburger Referentennachweis erheblich erleichtert. Durch die Funktionärszeitung »Konsumgenossenschaftliche Rundschau« und das für die Mitglieder bestimmte »Frauengenossenschaftsblatt« (seit 1908: »Konsumgenossenschaftliches Volksblatt«) wurden betriebswirtschaftliche und juristische Informationen und konsumgenossenschaftliche Leitsätze, wurden Beiträge zur Verbraucheraufklärung und zur »Genossenschaftserziehung« an die Basis vermittelt. Das »Jahrbuch« druckte die Protokolle aller Regional- und Zentralverbandstage und sorgte durch eine immer weiter ausgebaute Genossenschaftsstatistik für wichtige Querinformationen zwischen den Vereinen. Der zunächst informelle Gedankenaustausch, den die Vertreter der einzelnen Genossenschaften während der mehrmals jährlich in Düsseldorf stattfindenden Einkaufstage pflegten, wurde im Rahmen von Vorstands- und Aufsichtsratsschulungen fortschreitend institutionalisiert.

Formung von außen

Das Eigenbewußtsein der jungen Arbeiterkonsumvereine formte sich in der Behauptung gegen eine als feindlich erfahrene Umwelt. Der Handel und das Handwerk, soweit es durch die Eigenproduktion der Konsumgenossenschaften seine Interessen geschädigt sah, vor allem also das Bäcker- und Fleischerhandwerk, entfalteten breite und intensive Abwehraktivitäten gegen die Konsumvereine. Kaum abzuwägen, wenn auch in zahlreichen Beispielen belegt, ist der Druck, der von einzelnen Kaufleuten auf die bei ihnen verschuldete Arbeiterkundschaft, auf Hausbesitzer, die an Konsumvereine Ladenlokale vermieteten, auf die annoncenabhängige Presse, auf Unternehmer am Ort und auf lokale Behörden ausgeübt wurde, klarer faßbar das verbandlich organisierte Handeln.

Kleinhandel und -handwerk hatten schon seit den 1880er Jahren von der Wendung der Reichswirtschaftspolitik zum »inneren Protektionismus« profitiert, der die wirtschaftliche und soziale Lage des von großkapitalistischen Erzeugungs- und Verteilungsformen bedrohten Mittelstandes stabilisieren sollte. Den zahlreichen branchengebundenen oder übergreifenden Interessenorganisationen, die in den beiden letzten Jahrzehnten des 19. Jahrhunderts entstanden, wie dem »Zentralverband für Handel und Gewerbe«, gelang es in zunehmendem Maße, die Notwendigkeit staatlichen Mittelstandsschutzes auch in der Öffentlichkeit zu propagieren und sie unter Hinweis auf die staatserhaltende Funktion des von Plutokratie und Proletariat, »goldener« und »roter Internationale« gleichermaßen bedrängten Mittelstandes politisch zu motivieren[53].

Die Erfolge der mittelständischen Pressure Groups und die staatliche Reaktion auf den sich wandelnden Charakter der Konsumvereine lassen sich an der wechselvollen und widersprüchlichen Besteuerungspolitik gegenüber den Konsumvereinen beispielhaft ablesen. Während in der steuerrechtlichen Theorie bis ins 20. Jahrhundert hinein der Grundsatz feststand und durch Entscheidungen der obersten Gerichte Preußens und des Reiches mehrfach bestätigt wurde, daß Konsumgenossenschaften als nicht gewinnorientierte Selbsthilfeeinrichtungen der Gewerbe- und Einkommensteuer nicht unterlägen, verfolgte die steuerbehördliche und die gesetzgeberische Praxis seit 1885 regelmäßig einen entgegengesetzten Kurs. Obwohl das Genossenschaftsgesetz von 1889 den Verkauf von Waren an Nichtmitglieder verbot und die auf Betreiben des Handels erlassene sogenannte Konsumvereinsnovelle von 1896 ihn sogar unter Strafe stellte, fanden die preußischen Steuergesetze von 1891 in der Unterstellung, daß ein Verkauf an Nichtmitglieder in Konsumvereinen mit offenen Läden dennoch stattfinde, die Grundlage für die Besteuerung dieser Vereine[54]. Gelegentlich, wie durch die Konsumgenossenschaft »Befreiung« in Elberfeld, ist versucht worden, durch Umwandlung der offenen in geschlossene Läden der Besteuerung zu entgehen[55], doch hätte die steuerpolitische Absicht einer Sonderbelastung der Konsumvereine wohl kaum auf solche Weise generell unterlaufen werden können.

Nicht weniger erbittert als um die »offenen Läden« ist um den steuerrechtlichen Charakter der Rückvergütung gefochten worden. Da die Konsumvereine ihre Waren zu ortsüblichen Tagespreisen verkauften, durch günstigeren Einkauf und geringeren Verteilungsaufwand aber niedrigere Kosten hatten als der Privathandel, erzielten sie am Jahresende einen Überschuß, der teils den Rücklagen zufloß, teils als Rückvergütung an die Mitglieder ausgeschüttet wurde. Das preußische Einkommensteuergesetz von 1906 behandelte den Überschuß als steuerpflichtigen Gewinn und zwang die Konsumgenossenschaften zu be-

53 *H. A. Winkler:* Mittelstand, Demokratie und Nationalsozialismus, Köln 1972, S. 44 ff.
54 *R. Riehn:* Die Besteuerung der Konsumvereine, in: Jahrbuch des Zentralverbandes deutscher Konsumvereine 2 (1904), S. 93 ff.
55 *W. Schmidt:* Die Besteuerung der Konsumvereine, in: Jahrbuch 2 (1904), S. 363 f.

triebswirtschaftlich ungünstigeren und auch in ihrer propagandistischen Wirkung glanzloseren Hilfskonstruktionen, durch die sie der Besteuerung wenigstens teilweise entgingen. Weitaus einschneidender waren die Bestimmungen des preußischen Warenhaussteuergesetzes, das die Konsumvereine, bei Strafe eines zweiprozentigen Steueraufschlags, zur Beschränkung ihres Angebots auf bestimmte Waren (Lebensmittel) verpflichtete und dadurch die Attraktivität der Genossenschaftsläden gegenüber dem besser sortierten privaten Gemischtwarenhandel erheblich schwächte.

Die rheinisch-westfälischen Handelskammern, insbesondere die Kammern zu Duisburg, Essen, Bochum und Dortmund, drängten seit 1910 verstärkt auf weitere handelsrechtliche und steuerliche Maßnahmen, die von den Konsumvereinen als Ausnahmeregelungen zurückgewiesen wurden[56]. Im Gegenzug und in einer ungewohnten Schärfung der Politik des Zentralverbands formierten sich im Herbst 1911 in den Reichstagswahlkreisen konsumgenossenschaftliche »Abwehrkommissionen«, deren Aufgabe es war, mittelständischen Angriffen entgegenzutreten und im Blick auf die Reichstagswahlen von 1912 Empfehlungen für jene Kandidaten auszusprechen, die eine positive Haltung gegenüber den Konsumvereinen einnahmen, mit wenigen Ausnahmen also für Kandidaten der Sozialdemokratischen Partei[57].

Die politisch-ideologischen Umrisse der Konsumvereine des »Zentralverbands« klärten sich weiterhin in der Abgrenzung gegenüber konkurrierenden konsumgenossenschaftlichen Ansätzen. Der Konflikt mit den bestehenden Werkskonsumanstalten war den »roten« Vereinen – wie insbesondere das Essener Beispiel zeigt – von Beginn an mitgegeben. Mit wachsendem Unwillen sahen sie das Ausscheren subkulturell-landsmannschaftlicher Konsumvereine wie der Ostpreußischen Vereine in Gelsenkirchen und Werne (Bochum) und der ansteigenden Zahl polnischer Konsumvereine, wie sie beispielsweise in Wanne, Oberhausen, Langendreer, Ueckendorf und Eving gegründet wurden oder aus dem Überwuchern bestehender Vereine (z. B. des Beamtenkonsumvereins Langendreer) entstanden[58].

Gravierender war das Aufkommen einer konsumgenossenschaftlichen Parallele: In Gegenbewegung zu den Konsumvereinen, die im Einflußbereich der Freien Gewerkschaften entstanden, gründeten Ortskartelle der christlichen Gewerkschaften 1901 ebenfalls in verstärktem Maß

---

56 Vgl. Jahrbuch 10 (1912), S. 136 ff.; Jahrbuch 12 (1914), S. 61 ff.
57 *H. Kaufmann:* Kurzer Abriß der Geschichte des Zentralverbandes, S. 124 f.
58 *H. Petzoldt:* Die Polen im Ruhrkohlengebiet als Konsumenten und die Anfänge ihrer Konsumentenorganisation, in: KR 5 (1908), S. 782 f.; *J. V. Bredt:* Die Polenfrage im Ruhrkohlengebiete, Leipzig 1909.

Versorgungseinrichtungen: Einkaufskassen, die für ihre Mitglieder Sammellieferungen vorbestellter Waren organisierten; Konsumvereine im Lieferantengeschäft, die mit Bäckern und Metzgern Verträge über die Gewährung von Sonderrabatten für Vereinsmitglieder abschlossen; schließlich auch Konsumvereine mit eigenem Ladengeschäft. Zentren dieser Konsumvereinsbewegung waren die linksrheinischen Industriegebiete um Aachen, Mönchengladbach und Krefeld, doch erreichte sie auch den westlichen, überwiegend katholischen Teil des Ruhrgebiets. Die in zahllose kleine und kleinste Vereine zersplitterte Bewegung[59] erlebte früh einen Rückschlag im Konkurs der nach dem Muster der GEG in Mönchengladbach eingerichteten »Zentraleinkaufsgenossenschaft der christlichen Gewerkschaftskonsumvereine« (1904) und tat sich schwer mit der Gründung eines eigenen Verbandes, der nach mehreren gescheiterten Ansätzen erst im Dezember 1908 – als »Verband Westdeutscher Konsumvereine« – eine dauerhafte Gestalt erhielt. Für die Genossenschaften des Zentralverbands stellten die christlichen Konsumvereine dennoch eine lästige und gelegentlich schädliche Konkurrenz dar; sie zogen außerdem durch ihre ausdrückliche Beschränkung auf »christlich-national« gesinnte Konsumenten[60] indirekt auch den politisch neutralen Status, den der Zentralverband für sich immer wieder beanspruchte, in Zweifel und forderten in einigen Orten die von der Hamburger Verbandsleitung gefürchtete richtungspolitische Einkapselung der konkurrierenden Konsumvereine heraus[61].

Wenn der Vorgang der Außenprofilierung zur inneren Integration und Stabilisierung der stürmisch wachsenden und in ihrem ökonomischen Bestand keineswegs unerschütterlichen Ruhrgebietsgenossenschaften beigetragen hat, so doch nicht weniger das Bewußtsein der Mitglieder von der strukturellen Homogenität ihrer »Arbeiterkonsumvereine«. Bei aller proklamierten Offenheit für Angehörige sämtlicher Bevölkerungsschichten blieben kleinbürgerliche und bürgerliche Mitglieder, je länger je mehr, den Vereinen fern.

Die einseitige Struktur der Mitgliedschaft war in solchem Maße nicht von Anfang an gegeben, sondern selbst schon Folge der sozialen und politischen Ächtung der Konsumvereine, wie sie von Mittelstandskreisen, von seiten der Unternehmer und der wirtschaftsfriedlichen »Gelben Gewerkschaften« und besonders auch den lokalen und unteren

---

59 Vgl. O. *Dorth:* Geschichte der Konsumvereinsentwicklung in Rheinland und Westfalen, Diss. Münster, Bonn 1913, S. 10: Die kleinsten Vereine hatten um 20, kaum einer über 100 Mitglieder.
60 So die Entschließung des christlichen Konsumvereins-Delegiertentags in Neuß, 16. 7. 1905, in: KR 2 (1905), S. 183.
61 Vgl. H. *Röder:* Zersplitterung der Konsumgenossenschaftsbewegung in Rheinland-Westfalen, in: KR 1 (1904), S. 1144 f.

Tabelle 16:
Berufsstruktur der Mitgliederschaft des Bürger- und
Arbeiterkonsumvereins Eintracht in Essen 1914

Bergarbeiter	19 492	44,7 %	
Metallarbeiter	5 032	11,5 %	
Fabrikarbeiter	4 021	9,2 %	
Bauarbeiter	2 851	6,5 %	
Hilfsarbeiter	2 802	6,4 %	
Handels- und Transportarbeiter	1 348	3,1 %	
Holzarbeiter	1 259	2,9 %	
Maschinisten, Heizer	1 024	2,3 %	
Sonstige	2 074	4,8 %	
Arbeiter insgesamt	39 903		91,4 %
Angestellte in gewerbl. Betrieben	2 182		5,0 %
Selbständige Gewerbetreibende, Händler	1 543		3,5 %
	43 628		99,9 %

Quelle: Ausschuß zur Untersuchung der Erzeugungs- und Absatzbedingungen der deutschen Wirtschaft. Verhandlungen und Berichte des Unterausschusses für Gewerbe: Industrie, Handel und Handwerk, Bd. 8: Konsumvereine, Berlin 1931, S. 225.

staatlichen Behörden ausging. In Essen durfte vor 1914 »keine Putzfrau, keine Waschfrau, kein Nachtwächter, kein Schuldiener mehr der Genossenschaft als Mitglied angehören«[62], die als »sozialdemokratische Bestrebungen unterstützende Vereinigung«[63] klassifiziert worden war. Selbst die Mitgliedschaft der Ehefrauen von Staats- und Kommunalbediensteten blieb nur für kurze Zeit als Ausweg offen.
Solche Erfahrungen prägten das gesellschaftliche Bewußtsein der Arbeiterschaft im wilhelminischen Deutschland im allgemeinen. Sie festigten auch den Zusammenhalt der Arbeiterkonsumgenossenschaften, die Teil der von der sozialistischen Arbeiterbewegung seit 1890 in immer weitere Bereiche des sozio-kulturellen Lebens vorgeschobenen Nebenwelt der proletarischen Vereine und Organisationen wurden. Daß sie gleichwohl nicht zum Kernbereich sozialdemokratischer Subkultur gehörten, lag an starken Gegenkräften innerhalb der Konsumvereinsbewegung selbst.

* * *

62 Ausschuß zur Untersuchung der Erzeugungs- und Absatzbedingungen der deutschen Wirtschaft: Konsumvereine, Berlin 1931, S. 224.
63 Jahrbuch 9 (1911), S. 421 ff., hier: S. 422.

Neben Aspekten, die es erlauben, von den Konsumgenossenschaften als Teilen einer Klassenbewegung zu sprechen, gab es in ihnen von Anfang an deutliche Tendenzen zur Neutralisierung ihres politischen und sozialen Gehalts, die mit dem Größenwachstum der Bewegung zunehmend Gewicht bekamen. In diesem gegenläufigen Prozeß spielte die historisch verkürzende Übernahme und Ausdeutung der von den »Rochdaler Pionieren« aufgestellten Grundsätze und Ziele und ihre Ausgestaltung zur konsumgenossenschaftlichen Leitideologie eine zentrale Rolle. Im genossenschaftlichen Prinzipienkatalog – der im übrigen auf keiner gesicherten Überlieferung beruhte und daher vielfältigen Umgestaltungen unterlag[64] – stand das Postulat religiöser und politischer Neutralität an entscheidender Stelle. Seine Erfüllung wurde von Heinrich Kaufmann, der eine »zielbewußte und klare Vertretung des reinen Konsuminteresses«[65] zur obersten Maxime des Zentralverbands der Konsumvereine erhob, geradewegs als Signum der »hohen kulturellen Reife der breiten Massen des Volkes«[66] verstanden.

Die Absage an eine politisch oder sozial definierte Konsumgenossenschaftsbewegung fand etwa Ausdruck in den verbreiteten Versen:

»Genossenschaft! Nicht Sekte, nicht Partei
man fragt nicht, welchen Glaubens jemand sei
noch welchen Landes, welcher Richtung, nein,
Ein Friedenswerk, hoch über den Partei'n.«[67]

Praktisch vollzog sich der Prozeß der Entideologisierung der Genossenschaften, auch wenn er zunächst nur die Genossenschaftspolitik erfaßte, im Gleichtakt mit der Vergrößerung und räumlichen Ausdehnung der Konsumvereine, in der das Ruhrgebiet Beispiele setzte. Schon seit 1908 suchten die Verbandsleitungen in Düsseldorf und Hamburg, spontane Neugründungen von Konsumvereinen zu verhindern und statt dessen die ausdrücklich an großindustriellen Vorbildern orientierte Erweiterung bestehender Vereine zu betreiben. Unmittelbar vor dem Ersten Weltkrieg existierten infolge der forcierten Verschmelzungsstrategie im Ruhrgebiet nur noch drei Zentralverbandsgenossenschaften von

---

64 Die erste internationale Kodifikation der »Rochdaler Grundsätze« erfolgte 1937 durch den Internationalen Genossenschaftskongreß. Sie unterschied vier Kernprinzipien (offene Mitgliedschaft, demokratische Verwaltung, Rückvergütung nach der Umsatzbeteiligung der Mitglieder, beschränkte Verzinsung der Kapitaleinlagen) und drei Prinzipien geringeren Gewichts (politische und religiöse Neutralität, Barzahlung, Förderung des Erziehungswesens). Der Kongreß in Wien 1966 strich aus diesem Katalog die Grundsätze der Neutralität und der Barzahlung. Vgl. W. *Hasselmann:* Geschichte der deutschen Konsumgenossenschaften (s. Anm. 8), S. 22 ff.
65 Jahrbuch 1 (1903), S. 97.
66 Ebd., S. 96.
67 KR 5 (1908), S. 783.

Rang: die Bezirkskonsumvereine Essen, Bochum und Dortmund. Die fortschreitende Versachlichung und Ökonomisierung der Konsumgenossenschaftsbewegung, die Unmöglichkeit, anfänglich erprobte Formen direkter Konsumentendemokratie aufrechtzuerhalten, das überzogene Organisationsdenken, das zu Lasten einer kleingenossenschaftlichen Entscheidungsstruktur Platz griff, ebnete schon vor dem Ersten Weltkrieg den Weg vom Arbeiterkonsumverein zur neutralen Verbraucherorganisation.

Jürgen Reulecke

Von der Dorfschule zum Schulsystem

Schulprobleme und Schulalltag in einer »jungen« Industriestadt
vor dem Ersten Weltkrieg

> *»Ich werde mir im Wissenschaftliegen ausbielden
> durch lesen von Bücher und werde agetieren bei
> meinen Kammeraden dasselbe zu thun. – Ich wür-
> de mir eine Biebliotheck anschaffen und die Bü-
> cher ausleihen damit der Arbeiter begreife warum
> er in der Welt lebt.«[1]*

So kraftvoll und säbelrasselnd das deutsche Kaiserreich vor dem Ersten
Weltkrieg auch nach außen hin auftrat – in seinem Innern gab es eine
solche Fülle von Gegensätzen, Spannungen und ungelösten Problemen,
daß das Urteil berechtigt erscheint, nicht der Weltkrieg, sondern die
vielen Widersprüchlichkeiten und eine schon lange währende unheil-
bare innere Zerrissenheit seien der Grund für das Zerbrechen 1918/19
gewesen. Wenn auch vor dem Hintergrund der Kriegs-, Revolutions-
und Inflationserfahrungen rückblickend die Vorkriegszeit von den
Zeitgenossen oft durch eine rosarote Brille als harmonische »gute, alte
Zeit« gesehen wurde, so kann der Historiker selbst noch aus Quellen
scheinbar nebensächlicher Bereiche der wilhelminischen Gesellschaft die
genannten Gegensätzlichkeiten und Brüche herauslesen. Zwei Zitate
sollen diese Behauptung auch für den bisher von der Sozialgeschichte
wenig beachteten Bereich des Volksschulalltags belegen:
Die Volksschule, so schrieb 1911 ein höherer Beamter[2], habe inzwischen
ihr Ziel, als »wahre Volksbildungsanstalt« die »Emporbildung aller
Menschenkinder zu freien, geistig und sittlich selbständigen Persönlichkeiten« zu gewährleisten, erreicht. Die »allseitig anerkannte Tüch-
tigkeit« der Volksschullehrer und das zielbewußte Handeln des Staates
hätten »diesen erfreulichen Aufschwung« in die Wege geleitet. Im selben Jahr warf dagegen ein sozialdemokratischer Autor[3], gleichzeitig

---

1 Antwort eines 29jährigen Ruhrgebietsbergmanns im Jahre 1910 auf die
  bei einer Fragebogenaktion gestellte Frage: »Was würden Sie tun, wenn
  Sie täglich genügend Zeit für sich hätten?« Vgl. *A. Levenstein:* Die Arbeiterfrage, München 1912, S. 178; s. dazu unten S. 270.
2 *E. Fuchs:* Geschichte und Aufgabe des Schulwesens, in: Städte-Zeitung,
  9. Jg. (1911/1912), S. 957.
3 *O. Rühle:* Das proletarische Kind, München 1911, S. 168 f.

Reichstagsabgeordneter, der Volksschule vor, sie betreibe »die Vernichtung der geistigen und sittlichen Selbständigkeit des Kindes«. Er bezeichnete sie als »eine Art Zuchthaus der Gegenwart«, in dem »die Erziehung zur Abrichtung, der Lehrer zum Stockmeister« werde. Für beide Beurteilungsweisen ließen sich beliebig viele weitere Belege aus den letzten Jahren vor dem Ersten Weltkrieg anführen: Lob und Stolz auf der einen und scharfe Kritik und harte Vorwürfe auf der anderen Seite! In der Gegensätzlichkeit der Urteile spiegeln sich aber nicht nur parteipolitische Stellungnahmen wider – wie man annehmen könnte –, sondern es drückt sich ein tieferliegendes Dilemma aus, das viele Züge der deutschen Gesellschaft im wilhelminischen Reich bis in ihre Alltagsstrukturen hinein geprägt hat, das Dilemma nämlich zwischen einer teilweisen Modernisierung und zukunftsweisenden Mobilisierung einerseits und einer autoritären Verteidigung der bestehenden Machtverhältnisse durch den Staat und die ihn bestimmenden Kreise andererseits.

Auf die Volksschule in dem trotz seiner großen Agrargebiete inzwischen hochentwickelten Industriestaat Preußen/Deutsches Reich übertragen bedeutete das folgendes: Die Volksschulentwicklung in der 2. Hälfte des 19. Jahrhunderts läßt sich insofern als ein Aspekt einer umfassenderen Modernisierung verstehen, als hier der Masse der Bevölkerung die für einen allgemeinen industriellen Aufschwung unbedingt notwendige Elementarbildung vermittelt wurde. Lese-, Schreib- und einfachere Rechenfähigkeiten gerade auch bei den unteren Volksklassen sind wichtige Voraussetzungen zum Funktionieren eines sich zunehmend spezialisierenden und differenzierter werdenden industriellen Systems. Erst dadurch, daß die große Zahl der Arbeiter diese Fähigkeiten mitbrachte, war es zudem einer Reihe unter ihnen möglich, die Chance zusätzlicher Ausbildung in den Betrieben zu nutzen und in besser bezahlte Vorarbeiter-, Techniker- und Werksmeisterpositionen aufzurücken. Hier endeten dann allerdings die Aufstiegsmöglichkeiten für Volksschüler. Als grober Maßstab für die Ausbreitung der Elementarbildung kann z. B. die Analphabetenziffer angesehen werden: 1871 waren in Preußen 9,5 % der männlichen und 14,7 % der weiblichen Einwohner Analphabeten; 1882 konnten dann nur noch etwa 4 % der Männer und 6 % der Frauen ihren Namen bei der Eheschließung nicht selbst unter die Trauurkunde schreiben, und bis 1911 sank diese Ziffer auf 0,2 bzw. 0,3 %. Zwar lag sie in den landwirtschaftlich geprägten »Rückstandsgebieten« Preußens (Ost- und Westpreußen, Posen) deutlich höher als im Durchschnitt; in den Industriegebieten gab es dagegen praktisch keine Erwachsenen mehr, die nicht wenigstens etwas lesen und schreiben konnten.

Den Ansprüchen der Industrie genügte die Volksschule also! Der preußische Staat hatte dieses Ergebnis durch die schon lange bestehende Schulpflicht (1763 unter Friedrich d. Großen eingeführt), durch verschiedene Schulgesetze und durch die seit 1888 eingeführte Schulgeldfreiheit für die Volksschule gezielt angesteuert. Die Antwort auf die Frage, ob der Volksschulunterricht auch gleichzeitig das bewirkt hatte, was liberale Bildungsplaner wie Friedrich Harkort schon in den 40er Jahren des 19. Jahrhunderts von ihm gefordert hatten, daß er nämlich die »Hindernisse der Civilisation und Emancipation der unteren Klassen«[4] mit aus dem Wege räumen sollte, ist nicht so schnell zu beantworten. Sie hängt eng mit der Frage zusammen, welche Rolle der Obrigkeitsstaat und seine Verteidiger der Volksschule Ende des 19. Jahrhunderts zugedacht hatten und wie der Volksschulalltag in der Realität und nicht vom Schreibtisch höherer Beamter her aussah. Wie groß waren die Chancen für den einzelnen, vor dem Hintergrund der sich z. T. sprunghaft wandelnden Lebensbedingungen durch die Industrialisierung tatsächlich in und durch die Volksschule zu einer »freien, geistig und sittlich selbständigen Persönlichkeit« emporgebildet zu werden und mehr als nur ein bißchen lesen, schreiben und rechnen zu lernen? Was lernte er über die Elementarbildung hinaus?

Oft lassen sich allgemeine sozialgeschichtliche Zusammenhänge und Prozesse an herausragenden Einzelbeispielen besonders gut zeigen, wobei dann das jeweils Besondere oder auch Typische im Vergleich mit anderen Beispielen oder mit dem Gesamtdurchschnitt zutage tritt. Deshalb soll im folgenden bei der Frage nach den Problemen des Schulalltags im Kaiserreich von einer für die Industriestadtentwicklung der Hochindustrialisierung (ca. 1875 bis 1914) typischen Stadt ausgegangen werden. Warum gerade *Herne* ausgewählt wurde, wird im letzten Teil dieses Beitrags noch deutlich werden.

Herne und seine Volksschulen bis zum Ende des 19. Jahrhunderts

Bis etwa 1860 war die Stadt Herne, die in der sogenannten Emscherzone des Ruhrgebietes liegt, ein weitläufiges, von der Landwirtschaft bestimmtes Kirchdorf, in dem kaum mehr als 2 000 weit überwiegend evangelische Einwohner lebten. Das Datum für den Beginn eines totalen Wandels war das Jahr 1856, als im Zuge der Bergbauausbreitung nach Norden der aus Irland stammende Unternehmer Thomas Mulvany im Gebiet von Herne den ersten Schacht abteufen ließ. Das »freundliche Dörfchen inmitten seiner schönen Waldungen«[5] entwickel-

---

4 Titel einer Schrift von *F. Harkort*, erschienen Elberfeld 1844.
5 Zitiert nach *K. Bloemers*: William Thomas Mulvany, Essen 1922, S. 59.

te sich in der Folgezeit wie die Nachbarorte Wanne, Eickel, Recklinghausen, Gelsenkirchen, Schalke, Castrop und Rauxel zu einer der typischen häßlichen und zerfaserten Zechenstädte[6], begünstigt u. a. auch
durch die gute Verkehrslage an der seit 1847 bestehenden Köln-Minde-
ner-Eisenbahnstrecke. 1897 erhielt Herne mit knapp 40 000 Einwohnern Stadtrechte und wurde 1906 als selbständiger Stadtkreis aus dem
Landkreis Bochum ausgegliedert. In den rund 40 Jahren von 1871
bis 1910 wuchs seine Einwohnerzahl um rund das Zehnfache, d. h.
von 5 765 auf 57 147 Menschen[7]. Diese Zunahme wurde im gesamten
Deutschen Reich nur noch von den Nachbarstädten Wanne-Eickel
(13facher Zuwachs) und Gelsenkirchen (11facher Zuwachs) übertrof-
fen. Die sich in den Angaben widerspiegelnde Bevölkerungsexplosion
war die Folge einer zunächst vor allem aus dem nahen westfälischen
Raum z. B. dem Münsterland, dann aber ab Ende der 80er Jahre aufgrund gezielter Werbung aus den preußischen Provinzen Ost- und
Westpreußen und Posen in Gang gekommenen Zuwanderung in die
arbeitsplatzbietenden neuen Bergbaugebiete. Bezeichnend für diese
Werbung ist der in Ostpreußen verteilte Aufruf eines Anwerbeagenten
aus dem Jahre 1908, durch den dieser im Auftrage einer Zeche in Rauxel (östlich von Herne) eine Übersiedlung ins Ruhrgebiet schmackhaft
machen wollte[8]. Er preist darin vor allem die Vorzüge einer neugebau-
ten Zechenkolonie an: Zur Wohnung gehöre ein Garten, es gäbe Was-
serleitung und Kanalisation, die Straßen seien elektrisch beleuchtet,
ein Lebensmittelkonsumladen mit billigen Waren werde von der Zeche
eingerichtet, der Weg zur Zeche sei nicht weit, man könne vom Lohn
Geld auf eine Kasse bringen und sparen, freier Umzug werde garan-
tiert: »Es kommt der Zeche vor allem darauf an, ordentliche Familien
in diese ganz neue Kolonie hineinzubekommen.« Auch von den Schulverhältnissen ist die Rede: »Für die Kinder sind dort Schulen erbaut
worden, so daß sie nicht zu weit zu laufen brauchen«, heißt es in dem
Aufruf. Hier konnte sich der Werber allerdings nicht auf eine von den
Zechen und Fabriken erbrachte oder mitgetragene Leistung berufen:
Schulen waren nämlich ein mehr oder minder erzwungener »Service«,
den die Einwohner der Gemeinden für die sprunghaft wachsende Industrie meist selbst zu erbringen hatten. Zwar schossen rings um die Zechen – praktisch auf der grünen Wiese – die Bergarbeiterkolonien wie
Pilze aus dem Boden; um den Bau und die Ausstattung von Volksschu-

---

6 S. zu dieser Entwicklung bes. *H. O. Sieburg:* Der Aufstieg Hernes vom
  Dorf zur Stadt 1847–1914, in: Der Märker, 3. Jg. (1954), S. 149–153,
  bes. S. 152.
7 Die Zahlen beziehen sich auf den Gebietsstand von 1910.
8 Abgedruckt bei *St. Wachowiak:* Die Polen in Rheinland-Westfalen, Diss.
  München 1916, S. 11 ff.

len für die ständig wachsende Zahl der Arbeiterkinder kümmerten sich
die Zechenleitungen aber fast nie, denn die Schulunterhaltung war lt.
Allgemeinem Preußischen Landrecht Sache der sogenannten »Schul-
societäten«. Damit waren die »Hausväter« des Ortes gemeint, d. h.
alle wirtschaftlich selbständigen Personen. Sie trugen die Schullasten
gemeinschaftlich, sofern nicht die Gemeinde von sich aus der Vereinfachung wegen die Unterhaltung der Schulen übernommen hatte und
die notwendigen Gelder durch die Gemeindesteuern hereinholte. Im
Jahre 1906 bestritten von den rund 2 300 großen und kleinen preußischen Städten immerhin schon drei Viertel die Schullasten aus dem
öffentlichen Haushalt, ehe vom 1. April 1908 an die Volksschulunterhaltung per Gesetz grundsätzlich den Gemeinden zugewiesen wurde[9].
In dem restlichen Viertel – meist kleinere Städte oder aus Landgemeinden herausgewachsene Industriestädte – brachten bis 1906 »Schulsocie-
täten« die notwendigen Gelder für Schulbauten, Schulausstattung und
Lehrerbesoldung auf, wenn auch seit 1897 mit einer geringen Staats-
beihilfe. Herne gehörte in diese zweite Gruppe.
Die Volksschulgeschichte Hernes bis zum Beginn unseres Jahrhunderts
wirkt auf den Betrachter wie ein Flickenteppich[10]: Immer wieder wurde seit ca. 1870 unter dem Zwang der Verhältnisse hier etwas ange-
stückelt, dort etwas ausgebessert; es wurde improvisiert und auch geplant, doch alle Planung wurde bald wieder durch die Realität über-
holt, so daß man erneut anbauen, erweitern oder neu bauen mußte.
Dabei ist noch zwischen den *evangelischen* und *katholischen* Volksschulen zu unterscheiden.
Die um 1870 ca. 550 evangelischen Volksschulkinder Hernes waren
zunächst in 6 Klassenräumen einer auf zwei Gebäude verteilten Dorf-
schule untergebracht, von denen eines mit dem Armenhaus des Ortes
verbunden war. Seine Ausstattung war schon 1848 von dem zuständigen staatlichen Schulinspektor als »denkbar schlecht« bemängelt worden. Als bis 1873 die Schülerzahl in den 6 Klassen auf 660 anstieg,
wollte der Schulvorstand diese Schule aufstocken, was aber vom zuständigen Schulinspektor abgelehnt wurde. In seinem Bericht an die
Regierung in Arnsberg schrieb er, »umgeben von mehreren Düngergru-
ben ... verbreite(t) sich in den Klassenräumen ein pestilenzartiger

---

9 Ausführlich zur rechtlichen Situation der Volksschule: *E. Loening:* Die
   Unterhaltung der öffentlichen Volksschulen und die Schulverbände in
   Preußen, in: Jahrbuch des öffentlichen Rechts der Gegenwart, Bd. III
   (1909), S. 68–138, bes. S. 84.
10 Die Zitate und Angaben auf den folgenden Seiten zum Herner Schul-
   wesen stammen aus der Broschüre von *H. Stache:* Die Entwicklungsgeschichte der Herner Volksschulen. 1. Teil: Von der Pfarrschule zur
   Elementarschule (bis 1908), Herne 1964.

Geruch. Der Boden (ist) versumpft, die Wände (sind) stets feucht und mit pilzartigen Auswüchsen behaftet.« In zwei Klassenräumen werde es nie richtig hell, weil umliegende Häuser den Lichteinfall behinderten, und der Schulhof sei viel zu klein. Der Streit wurde schließlich durch die Regierung beendet, die den Neubau einer vierklassigen Schule anordnete, wobei die Baukosten – wie bei den folgenden Schulen auch – auf die evangelischen Einwohner nach einem speziellen Aufteilungsschlüssel umgelegt wurden, während die Grundstücke meist aus dem Besitz der evangelischen Kirchengemeinde stammten. In diese neue Schule (Mont-Cenis-Straße, benannt nach einer 1871 gegründeten Zeche) zogen die Jungen aus den schlechtesten Räumen der alten Schule 1875 um – erste Anfänge der Geschlechtertrennung in den Herner Schulen. Doch schon wenige Jahre später war die Schülerzahl durch den Zuzug im Zusammenhang mit dem durch die »Gründerjahre« beschleunigten Zechenausbau wieder so gestiegen, daß das gerade geräumte Schulgebäude trotz des schlechten Zustandes wieder mitbenutzt werden mußte. 880 Schüler waren nun in neun Klassen untergebracht. Diesmal konnte sogar der Bau eines zweiten Stockwerks in der alten Schule durchgesetzt werden (1881). Der weitere Schüleranstieg machte dann 1883 und 1886 Neubauten nötig, so daß die Zahl der Schüler pro Klasse von 1876 knapp 100 auf 1886 rund 84 gesenkt werden konnte. Immer wieder mußten dabei Streitigkeiten zwischen dem evangelischen Schulvorstand und den Nachbarorten einerseits und der Regierung in Arnsberg andererseits über Zuständigkeiten und Kostenanteile geschlichtet werden, was schnelle Abhilfen oder Verbesserungen oft verzögerte oder gar verhinderte, so daß der Kreisphysikus auch weiterhin Grund hatte, energisch darauf hinzuweisen, daß in den noch immer benutzten älteren Dorfschulgebäuden der Putz von den Wänden falle, die Geruchsbelästigung durch die Jauchegruben zunehme und die Fußböden verfaulten. Aber an eine völlige Räumung der älteren Schulen war zunächst nicht zu denken; es fehlte an Geld, um weitblickend und großzügiger Neubauten planen und bauen zu können. Immerhin gelang es 1893, durch Anbauten an die neueren Schulen eines der alten Gebäude endgültig zu schließen. Inzwischen war aber die 1875 gebaute Schule in der Mont-Cenis-Straße durch Bergschäden und ringsum gebaute höhere Häuser, die ihr das Licht wegnahmen, für den Unterricht unzumutbar geworden. 1897 wurde sie aufgegeben, mußte aber aus Raummangel seit 1912 dennoch wieder benutzt werden. Weitere Neubauten, vor allem im Bereich der neuentstandenen großen Zechensiedlungen, waren 1901, 1902 und 1904 fällig, während die bestehenden Schulen, so gut es eben ging, durch Umbauten den Verhältnissen angepaßt wurden. Z. Zt. des Inkrafttretens des oben schon erwähnten preußischen Volksschulunterhaltungsgesetzes am 1. April

1908 gab es auf dem Gebiet Althernes, d. h. ohne die 1908 eingemeindeten Vororte Baukau und Horsthausen, 8 evangelische Volksschulgebäude mit 64 Klassen, in denen etwas mehr als 3 600 Volksschulkinder unterrichtet wurden, d. h. ca. 57 Schüler pro Klasse. Die Schülerzahl hatte sich also in den knapp 40 Jahren seit 1869/70 mehr als versechsfacht.

Noch problemreicher und in einigen Punkten typischer verlief die Geschichte der *katholischen Volksschulen*, weil sie weder auf einer traditionsreichen Kirchengemeinde mit eigenem Grundbesitz aufbauen noch mit breiter Unterstützung der alteingesessenen und tonangebenden evangelischen Kreise rechnen konnten. Statt einer Zunahme um das gut 6fache wie in den evangelischen Schulen wuchs die Zahl der Schüler in den katholischen Volksschulen zudem von 1869 = 151 auf 1908 = 5 062, d. h. um das 33,5fache (siehe dazu Abbildung 23). Diese gewaltige Zunahme erklärt sich dadurch, daß die Zuwanderer sowohl aus dem Nahbereich (z. B. dem Münsterland) als auch – ab Ende der 80er Jahre – aus dem ostelbischen Fernbereich (Provinzen Ostpreußen und Posen) vorwiegend katholisch waren. Evangelische Masuren aus Ostpreußen waren dagegen in Herne kaum vertreten.

Nachdem 1858 erstmalig nach 300 Jahren wieder ein katholischer Gottesdienst auf Herner Gebiet stattgefunden hatte, begannen sich die ständig an Zahl zunehmenden katholischen Einwohner auch um eine

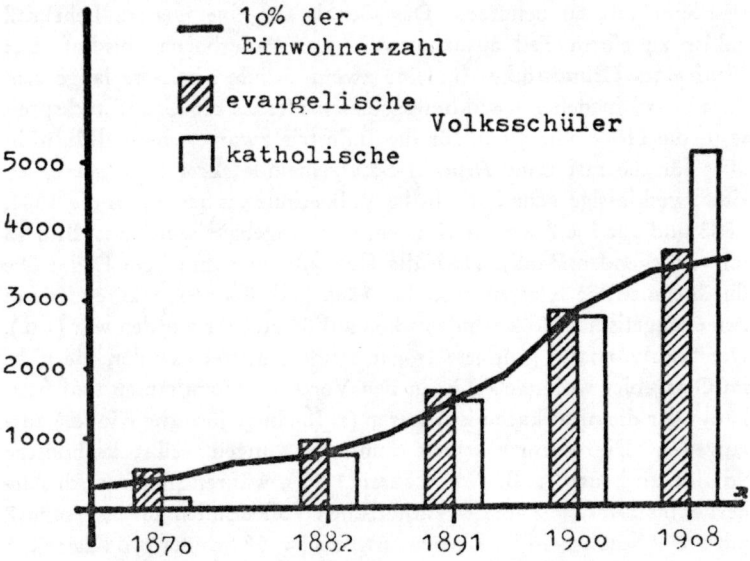

Abb. 23: Entwicklung der Schülerzahlen der ev. und kath. Volksschulen in Altherne von 1870 bis 1908 (abs. Zahlen).

eigene Schule zu bemühen, denn die nächstgelegene katholische Volksschule in Eickel, westlich von Herne, war wegen der Wegeverhältnisse nur bei gutem Wetter nach einem über einstündigen Fußweg zu erreichen. Ab 1859 erhielten die zunächst 40 katholischen Kinder in einem Wohnhaus, dann in einer an die katholische Notkirche angebauten Baracke Privatunterricht durch einen Missionsvikar. Da von den katholischen Familien Hernes aber nur zwei alteingesessen und alle übrigen zugewandert waren, die Zuwanderer wiederum in der überwiegenden Zahl als Bergarbeiter und Tagelöhner ihr Brot verdienten, war es auf die Dauer unmöglich, die Kosten für die Schule und den Lehrer durch die Schulumlage und das Schulgeld aufzubringen. Als zudem die Schülerzahl ununterbrochen zunahm, entschloß sich der Schulvorstand, der nach der Genehmigung der Überleitung von der Privatschule zur öffentlichen Schule im Jahre 1862 gewählt worden war, zu einem ungewöhnlichen Schritt: Er veranstaltete in den Regierungsbezirken Münster und Arnsberg 1863 eine Hauskollekte, die fast 3 500 Taler einbrachte (siehe den auf S. 255 abgedruckten Aufruf). Ein Grundstück konnte jetzt gekauft werden, und ein Bauauftrag für eine einklassige Schule mit Lehrerwohnung wurde vergeben. 1866 konnte die erste katholische Volksschule für inzwischen 114 Kinder eingeweiht werden. Die nächsten Jahre waren durch vielerlei Improvisationen gekennzeichnet. Die unvorhersehbare Schülerschwemme zwang dazu, sowohl die Lehrerwohnung wie den Saal einer Gastwirtschaft als Klassenräume mit zu benutzen. Das Gehalt für eine weitere Lehrkraft zahlte zu einem Teil ausnahmsweise der Paderborner Bischof. Der Kauf eines Grundstückes für eine zweite Schule scheiterte lange Zeit daran, daß in den Entwicklungsgebieten Hernes die Grundstückspreise in die Höhe schnellten, für die Industrie zwar erschwinglich, nicht aber für die fast reine Arbeiter-Schulgemeinde! Erst 1878 gelang es, eine zweiklassige neue katholische Volksschule zu bauen, an die 1881, 1883 und 1884 je 2 weitere Klassenräume angebaut wurden (s. Bild 12 im vorliegenden Band). Doch die Überfüllung nahm kein Ende: Die durchschnittliche Klassenstärke lag 1886 noch über 92, während sie in den evangelischen Volksschulen schon auf 84 gesenkt worden war (s. o.). Der Schulvorstand griff jetzt sogar zu dem Mittel, Kinder, die nicht im Ortsgebiet wohnten (z. B. in den Vororten Horsthausen und Baukau) oder die nicht katholisch waren (z. B. einige jüdische Kinder) auszuweisen. Die Vororte waren damit gezwungen, selbst katholische Schulen zu bauen (z. B. Horsthausen 1893), während im Bereich Althernes bis 1908 die Zahl der katholischen Volksschulen auf insgesamt 7 mit 5 062 Schülern in 87 Klassen anwuchs (= 58 Schüler pro Klasse). Neben der Finanzierung hatte sich dabei die Grundstücksbeschaffung und -qualität als das schwierigste Problem erwiesen. Entweder mußte

Bitte
um Unterstützung zum Bau einer katholischen Schule
in **Herne**.

Nachdem in der Gemeinde Herne und Umgegend durch die in Betrieb gekommenen Bergwerke die Zahl der Katholiken sich binnen 10 Jahren auffällig rasch vermehrt hatte und jetzt auf 400 gestiegen ist, stellte sich bald das Bedürfniß sowohl eines eigenen Geistlichen als auch eines Lehrers heraus, da dieselben von ihrem Pfarrorte und der Schule in Eickel eine starke Stunde entfernt waren, Kirche und Schule in Eickel aber, wo sich gleichfalls die Katholiken bedeutend gemehrt hatten, kaum den dortigen Bedürfnissen genügten.

Es wurde drum in Herne eine Schule für die katholischen Kinder zunächst eröffnet in einem gemietheten Lokale, und als dies nicht mehr genügte, ein anderes passendes nicht zu haben war, eine Nothschule errichtet.

Allein auch diese genügt nicht mehr für die gegenwärtigen 75 Schulkinder, um so weniger, als die Gemeinde, in welcher im Jahre 1862 30 Geburten vorgekommen sind, in gar raschem Zunehmen begriffen ist. Die Noth drängt, auf Errichtung eines geräumigen und dauerhaften Schulhauses bedacht zu sein. Es ist ein solches projektirt, dessen Kostenanschlag sich auf 3200 Thlr. beläuft, in welcher Summe noch nicht das zum Ankauf eines Platzes Nöthige mitbegriffen ist.

Diese Summe aufzubringen ist den Katholiken in Herne bei ihrer offenbaren Armuth und Mittellosigkeit ganz unmöglich. Denn außer 5 Insassen, welche zusammen bloß 15 Thlr. Grundsteuer zahlen, und außer einigen Handwerkern und Eisenbahnbeamten sind sie durchgängig Bergarbeiter und Tagelöhner, welche zusammen bloß 256 Thlr. Klassen- und 48 Thlr. Gewerbesteuer zahlen. Und da sie außer 147 Thlr. Kommunalsteuern noch für Unterhalt und Wohnung des Geistlichen, welcher sich wegen Mangel eines eigenen Hauses einmiethen muß, zur Bestreitung der kirchlichen Bedürfnisse, zum Unterhalt des Lehrers noch gegen 500 Thlr. aufbringen müssen, so ist gar nicht abzusehen, wie sie auch nur Etwas aufbringen können zum Schulhausbau.

Bei dieser unserer großen Noth hat auf Antrag der Königl. Regierung der Ober-Präsident von Westfalen uns die Abhaltung einer Hauskollekte in den Regierungsbezirken Arnsberg und Münster bewilligt. Da auf dem reichlichen Ertrage derselben unsere Hoffnung beruht, so richten wir dringenst die Bitte an Alle, unsere Noth nicht ganz zu übersehn, sondern sie durch Etwas, wenn auch Weniges, lindern zu helfen. Freilich in Anbetracht der vielen Kollekten müssen wir fürchten, bei Manchem kein Gehör zu finden; indeß unsre Noth zwingt uns, selbst auf die Gefahr hin, Unwillen zu erregen, unsre Stimme bittend zu erheben. Doch da wir schon bei manchen Gutgesinnten in der Nähe, welcher unsre dürftige Lage mit Augen sah, Gehör gefunden, hoffen wir auch in der Ferne, Gehör zu finden, hoffen, nicht Wenig, sondern Viel zu erhalten.

Herne, den 13. Januar 1863.

Der Schulvorstand.

von Forell, Ehren-Amtmann. Schwartz, Missionar. Jansen. Florenz Wiegelmann.

Druck von J. W. Fasbender in Bochum.

man mit überhöhten Spekulationspreisen rechnen, oder die Grundstücke waren für einen Schulbau nicht geeignet. So versagte die Regierung in Arnsberg die Ausbaugenehmigung auf einem schon in Besitz befindlichen Gelände, weil die Dämpfe einer nahen Ammoniakfabrik der Zeche Julia und eine brennende Abraumhalde den Unterricht fast unmöglich machen würden. Schon vorher war es an einer anderen katholischen Volksschule vorgekommen, daß sich Lehrer wegmeldeten, weil die Ausdünstungen naher chemischer Zechenanlagen ihre Gesundheit ruinierten. Während sich die im Bereich des alten Ortskerns gelegenen evangelischen Schulen über den Jauchegestank beklagten – der Schulhof der Schule an der Mont-Cenis-Straße wurde noch um 1890 als Durchfahrtstrecke für mit Jauchefässern und Mist beladene Karren benutzt, was nach den mehrmaligen Beschwerden eines Lehrers auch während der Turnstunden geschah, »als die Schüler gerade das richtige Ein- und Ausatmen übten« –, hatten also die katholischen Schulen, die vorwiegend in den außerhalb des Ortskerns gebauten Zechenkolonien lagen, unter chemischem Gestank zu leiden. Die – wenn man es hochtrabend sagen will – Polarität, die sich in diesem Punkte zeigt, war für das zunächst von einer evangelischen Landbevölkerung geprägte, dann aber besonders in den Außenbezirken durch eine sehr starke katholische Zuwanderung geprägte »Industriedorf« Herne charakteristisch.

Eine weitere Polarität, die sich bis in den Schulalltag auswirkte, zeigte sich gerade auch in dem Verhältnis zwischen dem einheimischen Landvolk und gewerbetreibenden Kleinbürgertum auf der einen und den andersgläubigen fremdartigen Zuwanderern, die in den den Ortskern zunehmend einkreisenden häßlichen Kolonien lebten, auf der anderen Seite. Ressentiments besonders gegen die »Pollaken«, die angeblich den Bauern nachts die Kartoffeln und Hühner stahlen[11], verschmolzen mit dem Ressentiment und Argwohn gegenüber der Industrie überhaupt, die in brutaler rücksichtsloser Weise die Heimat zerstörte. In die Zukunft weisende »Modernisierung« und »Mobilisierung« und bewahren wollende »Reaktion« prallten also auch hier aufeinander. Der große Herner Streik von 1899, der von über 4 000 vorwiegend unorganisierten polnischen Bergarbeitern geführt und blutig durch Militär unterdrückt wurde – es gab einige Tote –, war eindeutig nicht nur aus Lohnforderungen allein entstanden, sondern aus dieser Gegensätzlichkeit, bei der die sozial noch nicht integrierten und entwurzelten Zuwanderer gewissermaßen »zwischen allen Stühlen saßen«. Vor allem die Kommunalwahlen Ende des 19. Jahrhunderts standen unter der Parole »hier Dorf, hier Zeche«, wobei die Alteingesessenen gegen den mächti-

11 S. *H. O. Sieburg* (s. Anm. 6), S. 153.

gen und finanzstarken Eindringling »Industrie«, der den Gemeindemitgliedern erheblich höhere Steuern z. B. durch die gestiegenen Wege-
baukosten, Armenlasten, Feuerlöschaufwendungen, Schulbaukosten
usw. beschert hatte, ohne sich als »Verursacher« in angemessener Weise
daran zu beteiligen, letztlich unterliegen mußten. Bezeichnend dafür
war der Ausgang eines Rechtsstreits zwischen dem Ort Baukau, 1908
nach Herne eingemeindet, und einer belgischen Zechengesellschaft im
Jahre 1883. Als für die Belegschaft der neuen Zeche Barrillon eine größere Arbeiterkolonie gebaut werden sollte, forderte die Gemeinde –
durch ähnliche Entwicklungen in der Nachbarschaft gewitzt – von der
Gesellschaft als Gegengabe für ihre Zustimmung zu dem Projekt eine
finanzielle Beteiligung an den zu erwartenden Wegebauten, Feuer-
löscheinrichtungen und Kanalisationen sowie das Gehalt für einen neu
einzustellenden Polizeisergeanten, vor allem aber die Errichtung eines
Schulgebäudes mit Lehrerwohnung und die Zahlung des Lehrergehalts.
Da die Gesellschaft dazu nicht bereit war und der Gemeinde nur geringfügig entgegenkam, strengte diese einen Prozeß an, der aber gegen
die Gemeinde ausfiel. Begründet wurde diese Entscheidung mit der
ausgesprochen industriefreundlichen Feststellung, »daß bei Gründung
derartiger Anlagen den Antragstellern (hier also der belgischen Gesellschaft, d. Verf.) Lasten zu Gunsten der Gemeinden vorweg nicht
auferlegt werden dürfen«[12].

Die Zuspitzung der Volksschulprobleme seit 1900

Wie sich schon aus Abbildung 23 vermuten läßt, verschärften sich seit
ca. 1900 die Volksschulprobleme in Herne in besonderer Weise. In
trockenen Zahlen und Relationen ausgedrückt sah das folgendermaßen aus: Von 1871 bis 1900 waren die Entwicklungen der Bevölkerungszahl und der Zahl der Volksschulkinder nahezu parallel verlaufen; pro Jahr wuchs die Bevölkerung im Durchschnitt um 6,8 %,
die Volksschülerzahl um 6,9 %. Zwischen 1900 und 1908 änderte sich
das: Die Bevölkerung nahm jetzt vor allem wegen einer Absatzkrise
der Industrie nur noch um durchschnittlich 2,8 % pro Jahr zu, dagegen stieg die Volksschülerzahl immer noch um 5,2 % (siehe Abbildung 25).
Die Folge war, daß der Anteil der Volksschulkinder an der Gesamtbe-
völkerung Althernes von 18,2 % im Jahre 1896 über 19,6 % im Jahre 1900 auf 23,4 % im Jahre 1908 anwuchs. Fast jeder 4. Einwohner
Hernes war in diesem Jahr also ein volksschulpflichtiges Kind. Der

---

12 Zitiert bei *H. O. Sieburg*, S. 153.

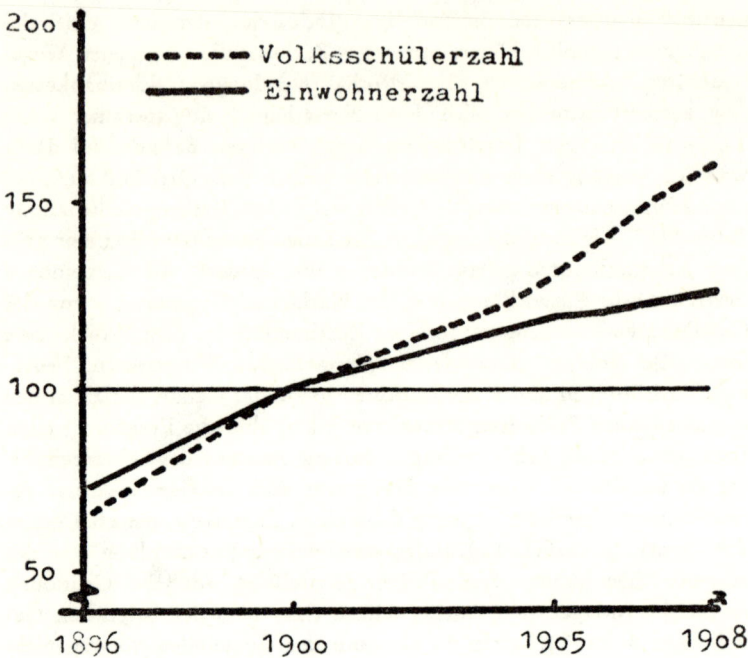

Abb. 25: Entwicklung der Schülerzahl und Einwohnerzahl in Altherne von 1896 bis 1908 (1900 = 100).

Grund für diese Verschiebung liegt darin, daß die Zuwanderer, vor allem die seit Ende der 80er Jahre in großer Zahl einströmenden vorwiegend katholischen Fernwanderer aus den preußischen Ostprovinzen, sobald sie in Herne Fuß gefaßt hatten, ihre Frauen oder Bräute nachholten und eine Familie gründeten. Sie bedeutete in der noch fremden Umgebung »zugleich Verbindung zur alten Heimat und eine erste Stufe der Beheimatung in der neuen Welt«[13]. Herne hatte deshalb zwischen 1890 und 1900 die weitaus höchste Heiratsziffer von allen größeren preußischen Städten. Diese Ehen waren – gemäß der vorindustriellen Bevölkerungsweise der aus ländlichen Gebieten stammenden Zuwanderer – besonders fruchtbar. Die Kinder aus diesen Ehen und auch aus den ab 1900 in größerer Zahl angeworbenen polnischen Familien gingen aber in den folgenden Jahren vor allem in die katholischen Volksschulen. Für diesen Zusammenhang spricht auch

13 S. hierzu und zum folgenden W. Köllmann: Die Bevölkerung Rheinland-Westfalens in der Hochindustrialisierungsperiode, in: ders.: Bevölkerung in der industriellen Revolution, Göttingen 1974, S. 229–249, Zitat S. 241.

noch eine weitere Ziffer: Waren um 1890 in Herne auf 100 männliche Einwohner nur 81 weibliche gekommen, so änderte sich diese Proportion z. T. durch die nachgeholten Frauen, z. T. auch durch einige aus dem Nahbereich zuziehende weibliche Dienstboten bis 1905 auf 100 : 89 und 1910 auf 100 : 91 und erreichte damit fast die Durchschnittsproportion des ganzen Regierungsbezirks Arnsberg, die bei 100 : 93 lag.

Mit dem Jahre 1908 ergab sich in Herne in zweifacher Hinsicht eine neue Situation: Zum einen wurden die beiden Vororte Baukau und Horsthausen mit insgesamt knapp 19 000 Einwohnern eingemeindet; das Stadtgebiet Hernes vergrößerte sich dadurch um mehr als das Doppelte. Zum anderen trat – wie schon erwähnt – das preußische Volksschulunterhaltungsgesetz in Kraft. Finanzieller Schulträger war ab jetzt die Gemeinde und nicht mehr die jeweilige »Schulsocietät«. Zwar hatte die Gemeinde auch bisher schon die nicht einbringbaren Defizite der verschiedenen Schulen getragen; jetzt aber, als 1908/09 erstmalig die gesamten Volksschulkosten aus dem städtischen Topf bestritten werden mußten, wurde erst richtig deutlich, welch großer Brocken nun jedes Jahr neu zu schlucken war! Zudem begann die Schülerzahl pro Volksschulklasse, die inzwischen mit viel Mühen und Aufwand von durchschnittlich 88 im Jahre 1886 – eine der höchsten im Vergleich zu allen größeren preußischen Städten – auf 58 im Jahre 1906 gesenkt worden war, erneut zu steigen und lag 1910 schon wieder bei über 60. Offenbar hinkte der Schulausbau hinter dem starken Schülerzuwachs her.

All das führte bei den Verantwortlichen in Herne – wie auch in vergleichbaren anderen Städten – zu einem gründlicheren Nachdenken über die Zusammenhänge und möglichen Folgen, und zwar vorwiegend in zweierlei Richtung: Erstens im Hinblick auf die Finanzkraft und die Steuerbelastung der Stadt und zweitens unter dem Gesichtspunkt der »auf Dauer bedenklichen Nachteile für die Heranbildung unserer Jugend«[14]. Letzteres hing eng – wie argumentiert wurde – mit dem »Wohl des Staates« zusammen, nicht nur in dem allgemeinen Sinn, wie er in dem eingangs zitierten Satz von Ernst Fuchs zum Ausdruck kommt. Vielmehr sollte der Volksschulunterricht besonders in den Industriegebieten sehr viel handgreiflicher auf eine Abwehr der Sozialdemokratie schon bei den Volksschülern und außerdem auf eine »Germanisierung« der fremdsprachigen Kinder hinwirken, was er bei einer deutlichen Verschlechterung der Schulsituation natürlich nicht

---

14 So z. B. Stadtrat *Perker* (Hagen) in seinem Beitrag: Steuerbelastung und Volksschulwesen in den Industriestädten, in: Preußisches Verwaltungs-Blatt, 33. Jg. (1912), S. 835.

mehr leisten konnte. Die Volksschullehrer, selbst in kasernenähnlichen Seminaren mit strenger Hausordnung und straffem Reglement ausgebildet[15], hatten dabei die Aufgabe, durch die sogenannte »Schulzucht«, d. h. die Disziplinierung, und die »Erziehung der Jugend zu gottesfürchtigen und moralisch gesinnten Staatsbürgern« die genannten Ziele anzusteuern. Dabei war es den oberen Schulbehörden schon seit längerem bekannt, daß sich in überfüllten Klassen die Lehrer »vorzeitig abnutzten«, was auch »vom fiskalischen Standpunkt aus nicht wünschenswert« war; immerhin hatte vor allem der Staat die Lehrerausbildung bezahlt und erwartete eine Amortisation dieser Investition in seinem Sinne. Deshalb war die Senkung der Klassenfrequenzen »von oben« ausdrücklich gewünscht worden. Außerdem konnte in den zu großen Klassen von einem erzieherischen Wirken mit dem genannten Effekt nicht die Rede sein; allenfalls gelang die Disziplinierung, bei der die Lehrer durchaus zum Stock greifen durften: So bestätigte 1898 ein Königliches Landgericht in schönstem Amtsdeutsch[16], daß »leichte Anschwellungen des Gesäßes« und ein »gelinder Kopfschmerz« Erscheinungen seien, »welche bei körperlichen Züchtigungen, die ihren Zweck, Erregung körperlichen Mißbehagens und Schmerzes, einigermaßen erreichen, wohl vorkommen können, auch ohne daß das Maß berechtigter Züchtigung überschritten wäre«. Genaue Richtlinien gab es sogar für das Züchtigungsinstrument: Es sollte »ein biegsames glattes Stöckchen angewendet werden, welches im Durchmesser nicht mehr als 1 cm stark sein« durfte.

Gottesfurcht und monarchische Gesinnung sollte vor allem der Unterricht in den Fächern Religion, Deutsch und Geschichte wecken und stärken. Alle Unterrichtsstoffe und die Texte in den Schul- und für Kinder geschriebenen Erbauungsbüchern waren auf diese Ziele hin ausgerichtet. Kurz nach seinem Regierungsantritt hatte Kaiser Wilhelm II. die Parole ausgegeben[17], er wolle »die Schule in ihren einzelnen Abstufungen nutzbar machen, um der Ausbreitung sozialistischer und kommunistischer Ideen entgegenzuwirken«. Die daraufhin vom preußischen Kultusminister erlassene Verfügung vom 18. Oktober 1890 stellte im Hinblick vor allem auf den Geschichtsunterricht fest:

---

15 Vgl. hierzu *F. Meyer:* Schule der Untertanen. Lehrer und Politik in Preußen 1848–1900, Hamburg 1976, bes. S. 74 ff.

16 Die beiden folgenden Zitate sind bei *F. Meyer* (s. Anm. 15), S. 85 und S. 86 abgedruckt. Zum Problem der »Schulzucht« und ihrer Hintergründe s. vor allem auch *F. Wenzel:* Sicherung der Massenloyalität und Qualifikation der Arbeiterschaft als Aufgabe der Volksschule, in: *F. Nyssen* u. a. (Hg.): Schule und Staat im 18. und 19. Jahrhundert, Frankfurt/M. 1974, S. 323–385, bes. S. 377 ff.

17 Dies und das nächste Zitat sind bei *L. Arons:* Die preußische Volksschule und die Sozialdemokratie, Berlin 1905, S. 19 und S. 20, abgedruckt.

»Eine Fülle lebensvoller Anschauungen und sittlich tief und nachhaltig anregender Momente tritt uns aus der Erzählung von der fast ein halbes Jahrtausend erfüllenden ununterbrochenen Arbeit der Hohenzollern für ihr Land und Volk entgegen ... Deshalb sollen sämtliche preußische Könige in dem Unterrichte der preußischen Jugend eine hervorragende Stelle erhalten.«

Ein Sechstel des gesamten Unterrichts (5 Stunden pro Woche) nahm die Religionslehre ein. Als »Normalstoff« galt hier das Auswendiglernen von 170 Bibelsprüchen und 20 namentlich aufgeführten Kirchenliedern. Da aber diese Stundenzahl als noch nicht ausreichend erachtet wurde, war verfügt worden, daß weiterhin eine Stunde Deutsch für Bibellesen verwendet werden sollte. Zusätzlich zum normalen Unterricht wurden, vor allem nach 1900 und besonders ab 1908, geeignete Persönlichkeiten zu Vorträgen über die deutsche Flotte und über Erlebnisse in den deutschen Kolonien in die Schulen geschickt, um die Kinder für die Flotten- und Kolonialpolitik zu begeistern.

In Herne kam zu diesen – unter den räumlichen Bedingungen allerdings schwer zu erfüllenden – Aufgaben der Volksschule, was gerade auch nach dem oben erwähnten Polenstreik von 1899 als besonders wichtig erschien, speziell die »Eindeutschung« und »Germanisierung« der großen Zahl polnischer Kinder hinzu. Exakte Angaben über die Zahl polnischer Volksschüler in Herne sind nicht zu erhalten. Immerhin waren in Herne im Jahre 1900 12,4 % polnisch sprechende Einwohner gezählt worden; ihr Anteil erhöhte sich bis 1910, was wohl z. T. auch auf die Eingemeindung zurückzuführen ist, auf 21,6 % – hinter Recklinghausen mit 23,1 % der höchste Anteil von Polen im ganzen Ruhrgebiet[18]! Wie die Unterrichtsaufgaben in dieser Richtung aussehen sollten, geht aus einem Artikel in der Zeitschrift des westfälischen katholischen Lehrerverbandes aus dem Jahre 1901 hervor: Die Volksschule solle die »sichere Grundlage« dafür schaffen, »daß die heranwachsende Jugend, insbesondere die fremdsprachige, deutsches Wesen, deutsches Fühlen, Denken und Sprechen als unverlierbares Eigentum mit ins spätere Leben« nehmen kann[19]. Zu diesem Zweck wurden gerade auch in Herne in einigen Schulen eigene »Polenklassen« eingerichtet, die von besonders ausgesuchten erfahrenen Lehrern unterrichtet wurden. Hier gab es sogar vom Staat einen finanziellen Zuschuß. Der Unterricht in einer »Polenklasse« galt unter den Lehrern als Auszeichnung und als ein Zeichen besonderen Vertrauens. Parallel

---

18 Vgl. *M. Heinemann:* Die Assimilation fremdsprachiger Schulkinder durch die Volksschule in Preußen seit 1880, in: Bildung und Erziehung, 28. Jg. (1975), S. 53–69, bes. Tabelle 3 auf S. 58.

19 Zitiert nach *M. Heinemann,* S. 64.

zu diesen Maßnahmen waren polnische Privatschulen, polnische Schulbücher und polnischer Sprachunterricht verboten; z. T. wurde sogar versucht, die Kinder aus den polnischsprachigen Gottesdiensten herauszuhalten. Auf jeden Fall mußte der Vorbereitungsunterricht zur Erstkommunion in deutscher Sprache stattfinden.

Hernes Initiative in den Jahren 1910–1912

Die Aufzählung all dieser Aspekte, die mit den qualitativen Möglichkeiten oder Begrenzungen des Volksschulunterrichts zusammenhingen, machen es wohl einleuchtend, daß die deutlichen Anzeichen einer Verschlechterung der Unterrichtssituation durch den starken Volksschulkinderzuwachs in Herne von der Stadtführung benutzt werden konnten, um auch die finanziellen Probleme der Stadt, die aus ihrer Volksschulunterhaltungspflicht hervorgingen, nach außen hin gebührend hervorzuheben und auf Abhilfe zu drängen. Vor allem begann man sich umzusehen und die eigene Situation mit der anderer Städte zu vergleichen. Dabei kam Erstaunliches zutage, wie sich noch zeigen wird. Der äußere Anlaß zu einem massiveren Auftreten Hernes nach außen war aber ein Artikel des Düsseldorfer Regierungsrates Hoffmann im August 1910 im Preußischen Verwaltungsblatt[20].

Hoffmann, Referent des Regierungspräsidenten in Düsseldorf für Kommunalangelegenheiten, erhob harte Vorwürfe gegen die Städte: Sie hätten aus Konkurrenz untereinander und wegen eines z. T. übertriebenen Aufwandes, u. a. bei den Bauten und den Besoldungen, ihre Finanzkraft oft überschritten und seien deshalb in den letzten Jahren gezwungen gewesen, ihre Gemeindesteuersätze ständig zu erhöhen. In einer Reihe von Städten betrage der Anstieg seit 1900 über 60 %-Punkte. »Wer den Wunsch hat, daß unseren Gemeinden auch künftig ihre etatsrechtliche Bewegungsfreiheit gewahrt bleibt«, stellt er mit leicht drohendem Unterton fest, der müsse in der Selbstverwaltung für mehr Sparsamkeit sorgen: »Dies umsomehr, als mit einem steigenden Steuerbedarf des Reiches notwendigerweise zu rechnen ist.« Erläuternd ist hier zu sagen, daß die Höhe der drei wichtigsten Gemeindesteuerarten, der Einkommen-, Gewerbe- und Grund- bzw. Gebäudesteuer, durch jährlich von den Magistraten beschlossene prozentuale Zuschläge zur staatlichen Einkommen-, Gewerbe- und Grundsteuer festgesetzt wurde.

Der Artikel Hoffmanns wirkte wie ein Tritt ins Wespennest. Schon

---

20 *E. Hoffmann:* Das Anwachsen der Kommunalsteuern, in: Preußisches Verwaltungs-Blatt, 31. Jg. (1910), S. 793 f.

14 Tage später meldete sich der Herner Beigeordnete Rühl zu Wort[21]. Aus seiner Entgegnung, ebenfalls im Preußischen Verwaltungsblatt abgedruckt, klingt die Verärgerung, ja Empörung über die undifferenzierten Äußerungen Hoffmanns und über die oberflächliche und pauschale Beurteilungsweise der finanziellen Lage der Städte durch die oberen Behörden: Die Begründungen für die steigenden Steuersätze lägen nicht in der Konkurrenz der Städte untereinander – das träfe allenfalls auf das Verhältnis zwischen Düsseldorf und Köln zu – und auch nicht in einer zu geringen Sparsamkeit der Stadtverwaltungen, sondern in den Belastungen vor allem der sprunghaft wachsenden Industriestädte durch die Schulen, das Armenwesen, den Straßenbau und die Polizei. Der Bevölkerungszuwachs dieser Städte bestehe in erster Linie aus steuerschwachen Bevölkerungsklassen, »deren Gemeindesteuern nicht entfernt den durch sie bedingten Aufwendungen entsprechen«. Besonders der Hinweis Hoffmanns auf die zukünftigen erhöhten Finanzbedürfnisse des Reiches hatte den Herner Beigeordneten erregt: »Ich kann mir keine kurzsichtigere Steuerpolitik denken, wie die, um den leeren eigenen Steuertopf zu füllen, kraft des Rechts des Stärkeren aus dem nur halbvollen des nachgeordneten Verbandes zu schöpfen und damit dessen Verlegenheiten zu steigern.« Er verwahrte sich gegen Ermahnungen von oben und forderte statt dessen neue Einnahmequellen und staatliche Hilfe.

Der Herner Magistrat wollte es nicht bei diesem Protest seines Beigeordneten belassen. Er veranstaltete zunächst eine Umfrage unter allen Gemeinden und Städten des rheinisch-westfälischen Industriegebietes, die mehr als 25 Schulstellen zu unterhalten hatten. Gefragt wurde nach der Höhe der Volksschulkosten im Verhältnis zur Einwohnerzahl, zur Zahl der Volksschüler, zum städtischen Gesamtetat usw. 63 Orte zwischen Hamm und Duisburg beteiligten sich und unterschrieben auch eine Petition, die – unter Führung Hernes – am 20. Februar 1912 an den Finanzminister und den Minister für die geistlichen und Unterrichtsangelegenheiten erging[22]. Das eingegangene statistische Material war als Anlage beigefügt. Die unterzeichnenden Gemeinden baten darin die Minister, die durch die Volksschulprobleme hervorgerufene Steuernot u. a. durch eine Verzehnfachung (!) des jährlichen Staatszuschusses für das Volksschulwesen, der z. B. in Herne 1911 nur ganze 4,1 %, in Gelsenkirchen sogar nur 1,9 % der gesamten Volksschulkosten (ohne

---

21 *Rühl:* Nochmals die Ursachen des Anwachsens der Kommunalsteuern in Industriebezirken, in: Preußisches Verwaltungs-Blatt, 31. Jg. (1910), S. 829 ff.
22 S. dazu das Kommunale Jahrbuch, 5. Jg. (1912/1913), S. 342, und 6. Jg. (1913/1914), S. 723.

Baukosten) betragen hatte, mildern zu helfen und auf diese Weise zu einem gewissen Ausgleich zwischen reichen und armen Gemeinden beizutragen. Ein Rückschlag des ansonsten glänzenden Aufschwunges im Volksschulwesen sei anderenfalls nicht zu verhindern, was ein »Gegenstand ernster Sorge« im Hinblick auf die Heranbildung der Jugend für Gemeinde wie Staat bilden müsse.

Mit dieser Initiative war der Startschuß für weitere Petitionen und Forderungen gefallen: Andere Städtegruppen wiesen ebenfalls auf ihre hohen Volksschulkosten hin, durch die wichtige sonstige Aufgaben eingeschränkt würden; so 1912 9 schleswig-holsteinische Städte. Auch die Industrie meldete sich zu Wort, aber nicht als »Verursacherin« der Probleme, sondern als finanzielle Betroffene! Angeregt durch die Bergwerksgesellschaft Hibernia in Gelsenkirchen beschäftigten sich Anfang 1913 die großen westdeutschen Unternehmerverbände mit der durch die drückenden Volksschulkosten von den Gemeinden ständig erhöhten Gewerbesteuerbelastung, die sich zwischen 1903 und 1912 verdoppelt habe und die Konkurrenzsituation der Betriebe erheblich beeinträchtige. Sie forderten – ebenso wie der Haus- und Grundbesitzerverband Rheinland-Westfalens wegen der gestiegenen Grundsteuern – eine »anderweitige Regelung der Volksschullasten«. Allerdings hatte ein solcher Abhilfevorschlag, wie der des Gelsenkirchener Beigeordneten Heinroth aus dem Lager der Stadtvertretungen, der eine Besteuerung der Dividenden durch die Gemeinde, in welcher der Gewerbebetrieb lag, d. h. wo der Gewinn erwirtschaftet worden war[23], wegen seiner weitreichenden Konsequenzen keine Aussicht auf Erfolg, obwohl man mit dem Vorschlag Heinroths unter dem Gesichtspunkt des »Verursacherprinzips« einer reelleren Lösung wohl nähergekommen wäre.

Ab April 1913 begann sich endlich die Unterrichtskommission des preußischen Abgeordnetenhauses mit dem Problem des Volksschullastenausgleichs zu beschäftigen. Es kam auch zu einem Vorentwurf zu einer Novelle des derzeit gültigen Kommunalabgabengesetzes von 1893, der aber wegen seiner Schwammigkeit den erneuten Unwillen der betroffenen Städte hervorrief. So verlangte der Westfälische Städtetag Mitte 1913 die eindeutige Feststellung, daß die Volksschulunterhaltung eine Staatsaufgabe sei und im Staatsinteresse liege – mit allen finanziellen Konsequenzen! Allerdings gab es auch schon Gegenstimmen aus den Reihen der Städte, die lieber statt dessen einen Zweckverband aller Gemeinden mit einem internen Finanzausgleich haben wollten – ausgehend von der Befürchtung, daß sonst eine Entwicklung zur Staatsschule beginne, die die Gemeindeautonomie auf diesem Ge-

23 Erwähnt bei *Perker* (s. Anm. 14), S. 835.

biete erheblich einschränken würde. Der Ausbruch des Ersten Weltkriegs 1914 beendete dann jedoch alle Diskussionen, ohne daß es zu
einer befriedigenden Lösung gekommen wäre.

Die von Herne ausgehenden Initiativen 1910–1912 haben aber trotz
ihrer letztendlichen Erfolglosigkeit ein Licht auf eine erhebliche Un-
gleichgewichtigkeit im Kaiserreich mit einer Fülle von sozialen Konsequenzen geworfen, die bisher kaum beachtet worden sind: die Un-
gleichgewichtigkeit zwischen »armen« und »reichen« Städten bzw. –
mit dem Blick auf die Extrempositionen – zwischen den »jungen« Industriestädten auf der einen und den sogenannten »Rentnerstädten«[24]
auf der anderen Seite, zwischen denen das breite Spektrum der gesamten übrigen Städte lag.

Im Grunde – so kann man wohl sagen – hing die Qualität der Volks-
schulbildung eines Bürgers im Kaiserreich u. a. entscheidend auch davon
ab, wo er, d. h. in welcher Art von Stadt er zur Schule gegangen war.
Die sowieso schon in vieler Hinsicht benachteiligten Bewohner der
»jungen« Industriestädte genossen offenbar eine erheblich schlechtere
und unter dürftigeren Bedingungen stehende Ausbildung als die anderer Städte, wodurch sich bestehende soziale Unterschiede noch verstärkt haben dürften. Konnten in manchen Städten die Volksschulen
großzügig mit vielerlei Unterrichtshilfen, mit Turnhallen, Sportplätzen, eigenen Physik- und Chemieräumen, Lehrerbibliotheken u. ä.
ausgestattet werden, so war in den Volksschulen der »jungen« Industriestädte mit ihren tristen und zu engen Räumen allenfalls der gesetzlich vorgeschriebene Grundbestand zu finden, der pro Schule aus
insgesamt 13 Gegenständen zu bestehen hatte: ein Exemplar des ein-
geführten Lehr- und Lernbuches, je eine Wandkarte der Provinz,
Preußens, Deutschlands, Europas und Palästinas, ein Globus, ein auf
Pappe- oder Holztäfelchen gemaltes Alphabet, ein Lineal mit Zirkel,
eine Geige, ein Rechengerät (mit verschiebbaren Kugeln), eine Bibel
und ein Gesangbuch[25]. Wenn eine Stadt wie Herne ihren Klassen-
durchschnitt, d. h. die durchschnittliche Schülerzahl pro Klasse auf den
Stand hätte bringen wollen, wie er gleichzeitig 1911 in der »alten«
Industriestadt Elberfeld anzutreffen war, hätte sie insgesamt 42 neue
Klassen einrichten müssen. Zusätzlich wären, um mit Elberfeld gleich-
ziehen zu können, 66 neue Lehrer nötig gewesen. Weitere Vergleichs-
zahlen und Korrelationen zur Volksschulproblematik lassen sich in
großer Fülle aus Tabelle 17 herauslesen.
Eine genauere Interpretation der Tabelle würde hier zu weit führen;
die meisten Angaben sprechen ohnehin für sich! Daß Industriestadt

---

24 »Rentnerstädte«: Sammelbegriff für Städte, die von reichen »Rentiers«
   und Pensionären als Alterssitz bevorzugt wurden.
25 Zitiert nach *H. Schulz:* Sozialdemokratie und Schule, Berlin 1907, S. 31.

Tabelle 17:
Städtischer Haushalt, Einwohnerzahl und Volksschule 1911 in ausgewählten preußischen Städten

a) Einwohnerzahl und Volksschule 1911

	Einwohner am 1. Dez. 1910 absolut	auf 100 männliche kamen... weibliche Personen	Schüleranteil an der Einwohnerzahl in % ges.	davon VS	von 100 Schülern besuchten eine VS m	w	Zahl der Volksschüler pro Lehrer	durchschnittliche Klassenstärke	Zahl der Geborenen auf 1 000 Einwohner
	1	2	3	4	5	6	7	8	9
»junge« Industriestädte:									
Gelsenkirchen	169 513	92	20,3	19,5	95,1	97,2	58	58	42,5
Herne	57 147	91	20,9	19,8	94,0	96,4	59	60	43,6
Königshütte[a]	72 641	100	21,6	20,2	92,9	94,3	54	61	41,4
ältere Industriestädte:									
Barmen	169 214	110	17,4	15,3	85,3	90,6	51	55	22,0
Elberfeld	170 195	112	17,3	14,0	78,7	83,5	44	49	24,9
Krefeld	129 406	112	15,7	13,3	83,0	86,8	50	52	22,5
»Rentnerstädte«:									
Wiesbaden	109 002	128	13,4	8,1	55,5	65,5	43	47	18,7
Wilmersdorf[b]	109 716	144	10,9	6,2	51,9	63,8	37	41	16,0

b) Städtischer Haushalt und Volksschule 1911

	Gemeinde-steuerauf-kommen in 1 000 M	Gemeinde-steuer pro Einwohner in M	Gemeinde-schulden pro Ein-wohner in M	Gemeindezuschläge zur staatl. Einkom-mensteuer in % bei einem Jahres-einkommen von			Anteil der VS-Kosten am Gemeindesteuer-aufkommen in %[c]	VS-Kosten im Vergleich zur Höhe der Staatsein-kommensteuer in %	VS-Kosten pro Einw. M	VS-Kosten pro Volks-schüler M
				420/ 660 M	660/ 900 M	über 900 M				
	10	11	12	13	14	15	16	17	18	19
»junge« Industriestädte:										
Gelsenkirchen	5 699,6	33,33	152,48	125	180	225	37,12	184,5	13,14	67,31
Herne	1 575,9	27,33	128,48	210	210	210	41,05	183,4	13,82	69,43
Königshütte	1 825,0	24,97	74,06	260	260	260	45,10	283,2	13,46	67,50
ältere Industriestädte:										
Barmen	7 581,5	44,79	392,06	–	200	230	21,50	78,3	13,24	90,58
Elberfeld	8 785,6	51,64	352,28	125	150	215	18,71	66,9	14,82	107,58
Krefeld	5 194,7	40,08	363,50	190	190	190	19,82	72,8	10,34	77,87
»Rentnerstädte«:										
Wiesbaden	5 398,1	49,71	538,44	–	–	100	14,65	25,1	9,15	114,02
Wilmersdorf	6 774,0	60,64	438,80	–	100	100	14,50	18,7	8,12	138,13

Quelle: Statistisches Jahrbuch deutscher Städte, hrsg. von *M. Neefe*, 19. Jg. (1913) und 20. Jg. (1914), passim (VS = Volksschule).

a *Königshütte*, poln. *Chorzow*: Industriestadt (Bergbau, Eisen- und Stahlindustrie) im oberschlesischen Industriegebiet zwischen Beuthen und Kattowitz.

b *Wilmersdorf*: Vorort von Berlin, 1906 kreisfreie Stadt, seit 1920 Stadtteil von Groß-Berlin.

c Ordentliche und außerordentliche Ausgaben, ohne Baukosten.

267

nicht gleich Industriestadt war, zeigt dabei ein Vergleich zwischen den Beispielen für ältere und für »junge« Industriestädte, wobei Königshütte ein Beleg dafür ist, daß die geschilderten Volksschulprobleme keineswegs nur auf das Ruhrgebiet beschränkt waren. Wie extrem aber die verschiedenen Werte auseinanderklaffen konnten, macht erst ein Blick auf die Angaben für die »Rentnerstädte« deutlich. Obwohl das Gemeindesteueraufkommen z. B. in Herne zu zwei Fünftel für die Volksschulunterhaltung (ohne Baukosten) ausgegeben wurde (Spalte 17) und selbst die Einwohner mit niedrigen Jahreseinkommen noch mit einem 210%igen Zuschlag zu der Gemeindeeinkommensteuer herangezogen wurden (Spalte 13), konnte pro Schüler in Herne doch nur etwa der halbe Betrag der Summe ausgegeben werden, die z. B. in Wilmersdorf durchschnittlich für einen Schüler aufgewendet wurde (Spalte 19). Anläßlich des Kommunalabgabengesetzes von 1893 war der Grundsatz aufgestellt worden, daß die Volksschulkosten höchstens 100 % der Staatseinkommensteuer betragen sollten. Nach diesem Maßstab waren, wie Spalte 17 zeigt, die »jungen« Industriestädte eindeutig überlastet. Auch der Vergleich der Angaben in Spalte 12 ist interessant: Der Ausbau größerer städtischer Gebäude wie z. B. Rathäuser und Theater, der städtischen Werke und sonstiger größerer Anlagen wurden nicht über den ordentlichen Haushalt, sondern über Anleihen, d. h. durch Verschuldung finanziert. Auch hier konnten die »jungen« Industriestädte nicht Schritt halten, denn die Aufsichtsbehörden legten bei der Bewilligung von Anleihen strenge Maßstäbe an, so daß Städte mit geringen Garantien auf diesem Wege nur wenig Geld erhalten konnten. Die Anleiheverschuldung der »jungen« Industriestädte pro Einwohner war deshalb vergleichsweise sehr niedrig. Am Beispiel der Stadt Herne läßt sich zudem zeigen, daß von den aufgenommenen geringen Anleihen nur 23 % für den Ausbau der städtischen Versorgungsbetriebe (z. B. für das Gas- und Elektrizitätswerk sowie für die Straßenbahn) verwandt wurden. Die gesamten übrigen 77 % wurden für dringende und nicht mehr aus dem ordentlichen Haushalt finanzierbare sonstige Aufgaben der Stadt wie z. B. den Schulbau benötigt. Dagegen verwandte Barmen über zwei Drittel der Anleihen für den Ausbau der auf Dauer gewinnbringenden städtischen Betriebe. Wie sich die ordentlichen Haushalte einer »jungen« Industriestadt und einer »Rentnerstadt« unterschieden, geht auch aus Abbildung 26 hervor: Volksschul- und Tiefbauausgaben verzehrten in Herne fast die Hälfte des Gemeindesteueraufkommens (45,3 %), in Wiesbaden dagegen nur knapp 16 %, wobei gerade auch der hohe Tiefbaukostenanteil für »junge« Industriestädte typisch war: Die außerhalb der alten Ortskerne liegenden neuen Arbeitersiedlungen erforderten hohe Aufwendungen für den Straßenbau und die Kanalisation.

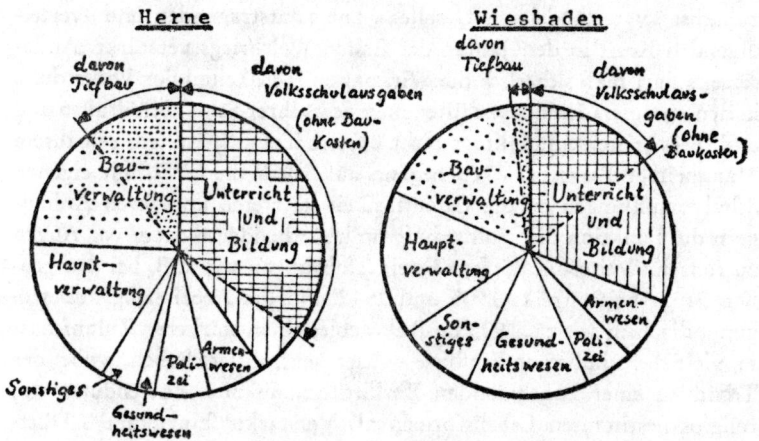

Abb. 26: Ausgaben pro 10 000 M Gemeindesteueraufkommen 1911 (ordentlicher Haushalt) in Herne und Wiesbaden.

* * *

Die Aufgaben, die der Volksschule im Kaiserreich »von oben« zugewiesen worden waren, bestanden – wie schon erwähnt – in der Vermittlung der wichtigsten Grundkenntnisse, die für das Funktionieren einer industriellen Gesellschaft notwendig waren, zudem in der Erziehung der Schüler zu kaisertreuen, rechtschaffenen und gehorsamen Staatsbürgern, wobei dieses Ziel zunehmend auch eine gegen die Sozialdemokratie gerichtete Spitze erhielt und darüber hinaus die bewußte »Germanisierung« nichtdeutscher Volksgruppen einschloß. Daß Bildung grundsätzlich eine Sprengkraft besitzen konnte, hatten die führenden Kreise schon bei der 1848er Revolution feststellen zu können geglaubt. Damals hatte sich der preußische König Friedrich Wilhelm IV. bitter bei den Volksschullehrern beklagt, sie hätten durch eine »irreligiöse Massenweisheit« und eine »pfauenhaft aufgestutzte Scheinbildung« den »Glauben und die Treue in dem Gemüte meiner Untertanen ausgerottet und deren Herzen von mir abgewandt«[26]. Konsequent war deshalb in der Folgezeit Bildung für die Unterschicht genau dosiert und alles, was den genannten Zielen nicht eindeutig zu entsprechen schien, aus der Schule verbannt worden. Die Frage, ob nun die Volksschule tatsächlich das auch erreicht hat, was sie erreichen sollte, ist allerdings schwer zu beantworten. Möglicherweise hat sie die Entwicklung innerhalb der engagierten Arbeiterschaft insgesamt von den

---

26 Zitiert nach *T. Nipperdey:* Volksschule und Revolution im Vormärz, in: *ders.:* Gesellschaft, Kultur, Theorie, Göttingen 1976, S. 206.

zunächst »vaterlandslosen Gesellen« zur staatstragenden und -verteidigenden Kraft in den Jahren des Ersten Weltkriegs verstärkt. Andererseits darf man sicherlich die Wirkungsmöglichkeiten der Volksschule in den »jungen« Industriestädten angesichts ihrer Schulverhältnisse und und ihres tristen Schulalltags nicht überschätzen. Spätestens seit ihrem Mannheimer Parteitag 1906 begann außerdem die SPD, mit eigenen Schulvorstellungen an die Öffentlichkeit zu treten und ihren Anhängern die Funktion der Volksschule im herrschenden System vor Augen zu führen. Weiterhin dürften Streikerfahrungen wie z. B. bei den großen Bergarbeiterstreiks 1905 und 1912 und die Arbeiterjugendbewegung, die auch seit ca. 1905 im Ruhrgebiet einen stärkeren Zulauf hatte, viele der schulischen Einflüsse wieder neutralisiert haben, wobei der Trend zu einer zunehmenden Entkirchlichung und Abwendung von religiös bestimmten Lebensformen als Verstärker hinzukam[28]. Dürftigkeit, Beschränktheit und Einseitigkeit ihrer Schulbildung wurden vielen Arbeitern dadurch um so klarer. Die eingangs zitierte Antwort eines Ruhrbergarbeiters auf die Frage: »Was würden Sie tun, wenn Sie täglich genügend Zeit für sich hätten?« ist typisch für viele weitere und verweist auf den verbreiteten Wunsch und Versuch vieler Arbeiter, sich durch Lektüre selbständig weiterzubilden und das nachzuholen, was in der Schule zu kurz gekommen war. Über 27 % der befragten Ruhrbergarbeiter hatten bei der Umfrage 1910 eine ähnliche Antwort gegeben[29]. Arbeiterbibliotheken erhielten so eine wichtige Vermittlungsfunktion[30] zwischen dem in den bürgerlichen Mittel- und Oberschichten verbreiteten Wissensstand über kulturelle und auch wissenschaftliche Gegenstände und der in den Volksschulen nur dürftig ausgebildeten, umfassender allenfalls mit religiösen Stoffen traktierten Arbeiterschaft. Den Linkstrend innerhalb der Arbeiterschaft hat die Volksschule jedenfalls in den »jungen« Industriestädten des Ruhrgebiets nicht bremsen können. Die Volksschüler der Jahre vor dem Ersten Weltkrieg waren die Wähler in der Weimarer Republik, und diese Wähler entschieden sich z. B. in Herne, ähnlich wie in den Nachbarstädten, zu einem großen Teil für die KPD, die dann in der Stadtverordnetenversammlung Hernes wie auch Dortmunds, Gelsenkirchens, Duisburgs und Mülheims seit 1924 die stärkste Fraktion stell-

---

27 Vgl. *T. Nipperdey:* Jugend und Politik um 1900, ebd., bes. S. 342.
28 S. dazu den Beitrag von *A. Kraus* im vorliegenden Band, bes. S. 294 f.
29 S. Anm. 1 dieses Aufsatzes!
30 Vgl. dazu *D. Langewiesche / K. Schönhoven:* Arbeiterbibliotheken und Arbeiterlektüre im Wilhelminischen Deutschland, in: AfS, 16. Jg. (1976), S. 135–204, bes. S. 199. Allgemein zum »Bildungshunger« in der Arbeiterschaft: *S. Hirschberg:* Das Bildungsschicksal des gewerblichen Proletariats im Lichte der Arbeiterbiographie, Diss. Köln 1928, bes. S. 29 f.

te[31]. Es zeigt sich daran, daß zur Erzeugung einer tiefersitzenden politischen Mentalität erheblich mehr nötig war, als sich die kaiserlichen Lehrplanstrategen und Kultusbürokraten vorstellen konnten. Sie gingen von einer in sich geschlossenen und harmonischen Gesellschaft des Kaiserreiches aus, deren gelegentliche Störungen durch Autorität und Disziplinierung bewältigt werden könnten. Sie übersahen dabei die grundlegenden inneren Widersprüchlichkeiten des Systems, die sich aus einer beschleunigten Industrialisierung sowie Modernisierung einerseits und der Aufrechterhaltung eines totalitären Obrigkeitsstaates andererseits ergaben. Die Betrachtung der Volksschulprobleme der »jungen« Industriestadt Herne sollte in einem exemplarischen Punkt diese Kluft zwischen Anspruch und Realität deutlich machen.

---

31 Vgl. die Angaben bei *B. Herlemann:* Kommunalpolitik der KPD im Ruhrgebiet 1924–1933, Wuppertal 1977, bes. S. 29 und Tabelle auf S. 322 ff.

Antje Kraus

Gemeindeleben und Industrialisierung

Das Beispiel des evangelischen Kirchenkreises Bochum

Der enorme Arbeitskräftebedarf der sich entwickelnden Industrie löste seit der Mitte des 19. Jahrhunderts in Deutschland eine Wanderungswelle aus, die insbesondere auf die Region zwischen Emscher und Ruhr ausgerichtet war. Allein in dem Gebiet zwischen diesen beiden Flüssen sowie Essen im Westen und Dortmund im Osten nahm die Einwohnerzahl innerhalb eines halben Jahrhunderts um mehr als das Dreißigfache zu. 1852 lebten in diesem Raum ca. 22 000 Menschen, 1905 waren es etwa 666 000. Ein so großer Bevölkerungszuwachs in einer so kurzen Zeitspanne, verbunden mit der Umgestaltung einer vorwiegend agrarisch ausgerichteten zur industriell bestimmten Wirtschaft, blieb nicht ohne Auswirkungen auf die soziale Struktur des Zuwanderungsgebietes. Der Umbruch von der Agrar- zur Industriegesellschaft erfaßte alle Lebensbereiche, in die der Mensch eingebunden ist: sein Familienleben, seine Wohn- und Arbeitsweise wie auch die Kommunikationsstrukturen seiner Umwelt.

Anzunehmen ist, daß sich mit der Veränderung der Lebensbedingungen zugleich Einstellungen und Verhaltensweisen der Menschen gewandelt haben. Daß davon auch das kirchliche Leben betroffen war, wird in der These von der im 19. Jahrhundert zunehmenden Distanz zwischen einem großen Teil der evangelischen Bevölkerung und ihrer Landeskirche deutlich. Ob und in welchem Maße diese Behauptung zutrifft, läßt sich nur beurteilen auf der Grundlage möglichst detaillierter Informationen über Einstellungen und Verhaltensweisen evangelischer Gemeindemitglieder während des Industrialisierungsprozesses unter Berücksichtigung der Reaktionen der Pastoren auf vermeintliche oder tatsächliche Herausforderungen »dieser Welt«.

Einen aufschlußreichen Einblick in diesen Problemzusammenhang bieten die Verhandlungsprotokolle der Kreissynode Bochum. Zu einem Kirchenkreis sind sämtliche dazugehörenden Ortsgemeinden zusammengeschlossen. Ihr gemeinsames Presbyterium bestand aus den Gemeindepfarrern und in der Regel je einem Kirchenältesten (Presbyter). So umfaßte der Kirchenkreis Bochum bis zu seiner Teilung im Jahre 1892 die in Tabelle 18 aufgeführten Gemeinden.

Die Synode versammelte sich einmal jährlich zur Beratung und Entscheidung ihrer Angelegenheiten und führte darüber Protokoll, das

von den Mitgliedern des Synodalvorstandes unterschrieben, dann ver-
vielfältigt, versandt und auch im Archiv niedergelegt wurde[1]. Sollte
die These von einer wachsenden Lösung evangelischer Gemeindemitglieder aus kirchlichen Bindungen der Wirklichkeit entsprechen, dann
müssen sich gerade in den Synodalprotokollen Aussagen über diesen
Distanzierungsprozeß finden lassen, die es erlauben, in diesem Zusammenhang den Begriff der Entfremdung zu konturieren und Gründe für
diesen Prozeß aufzudecken. Denn die Synode war der geeignete Ort,
eine auch für das Selbstverständnis der Kirche so bedeutsame Frage zu
diskutieren. Und in der Tat wurde 1867 geklagt über die »materiali-
stische Richtung des Zeitgeistes, die Entfremdung von der Kirche und
ihren Gnadenmitteln, die oft grauenhafte Unwissenheit in religiösen
Dingen«. Zwanzig Jahre später äußerten sich die Presbyter erneut
über den »Mangel an klarer religiöser Erkenntnis ... und wahrer
christlicher Heilsbegier, welche die Güter, der sichtbaren Welt gering
achtet gegenüber den unvergänglichen Schätzen des Reichs Gottes«.
Religiöse Gleichgültigkeit sei besonders in den »sogenannten gebildeten Kreisen« verbreitet. Offenkundig werde dieses Verhalten in der
geringen Teilnahme am Abendmahl und einem fehlenden Engagement
an den »Bestrebungen der Inneren und Äußeren Mission«. Diese
Äußerungen geben gewiß zutreffend den Eindruck der Presbyter wieder, daß die Glaubenspraxis zahlreicher Gemeindemitglieder nicht den
Erwartungen entsprach. Doch sie sind wohl nicht konkret genug, um
die Behauptung von der wachsenden Distanz zwischen evangelischen
Christen und ihrer Landeskirche zu bestätigen.

Das Leben in der Gemeinde

Deutlicher wird die genannte Tendenz in der Feststellung, daß das
häusliche gemeinsame *Gebet* seltener geworden sei. Dies wurde nicht
nur auf den »zerstreuenden, glaubenslosen« Zeitgeist zurückgeführt.
Ursache sei zumindest bei den Bergleuten und Fabrikarbeitern, daß die
Familienväter mittags »ausnahmslos« und bei Nachtarbeit am späten
Abend und frühen Morgen abwesend seien. Daß einstmals eingeschlif-
fene religiöse Verhaltensweisen durch veränderte Arbeitsverhältnisse
aufgebrochen werden können und dieser Prozeß durch eine fehlende
innere Beziehung zu religiösen Vorstellungen und zur Glaubenspraxis

---

1 Für den vorliegenden Beitrag wurden die Protokolle der »Verhandlungen der Kreissynode Bochum« zwischen 1850 und 1915 herangezogen; die
  wörtlichen Zitate des vorliegenden Beitrags sind dieser Quelle entnommen.

beschleunigt werden kann, wird auch in der Begründung deutlich, warum das Grubengebet spätestens seit 1870 aufgehört habe: »Die große Zahl der Belegschaft, die veränderte Art der Beförderung und der Kontrolle der Einfahrenden«, aber auch »die Abneigung mancher Beamter« sowie die wiederholten Störungen »durch andachtslose Haltung und rohe spöttische Bemerkungen« hätten die Sitte abbrechen lassen. Eine Wiedereinführung des Grubengebetes hielt man für unwahrscheinlich, da eine einmal aufgehobene Sitte nur schwer wiederzubeleben sei. Auch käme erschwerend hinzu, »daß sich unter den großen Belegschaften eine erhebliche Anzahl von mehr vagabundierenden, aller Zucht spottenden Arbeitern im Alter von 17 bis 25 Jahren befinde«.

Während die Synodalen bei ihren Gemeindemitgliedern ausdrücklich ein verändertes Verhalten gegenüber dem Gebet feststellten, entsprach die Einstellung der Bevölkerung zur *Taufe* offenbar ihren Erwartungen. Erst nachdem die Provinzialsynode beschlossen hatte, über mögliche Hindernisse einer »würdigen Tauffeier« nachzudenken, bemerkten sie eine Bedeutungsentleerung des Taufaktes. Zwar ließen die Eltern ihre Kinder taufen, jedoch gelange die »fundamentale Bedeutung der Taufe für das Christenleben in dem Bewußtsein der Gemeinden viel zu wenig zu ihrem Recht«. Bezeichnend dafür sei, daß die Väter es in der Regel »verschmähten«, bei der Taufe ihrer Kinder in der Kirche anwesend zu sein. Mitunter fehle auch die Mutter. Der Hebamme, die den Täufling zu tragen habe, fehle vielfach die »ernste Haltung«. Auch seien die Paten nicht sorgfältig, sondern aus »äußeren Rücksichten« gewählt. Haustaufen fänden meist am Sonnabend statt, so daß der Pfarrer keine Gelegenheit habe »zu längerem Verweilen im Kreise der Familie und Festgenossen«. Offensichtlich wurde die Taufe von der Bevölkerung nicht als überflüssig angesehen, denn innerhalb von fünf Jahren gelang es den meisten Pfarrern mit wiederholten Hinweisen auf die Bestimmungen der Kirchenordnung und unter Androhung der Taufverweigerung, die Anwesenheit der Väter beim Taufakt in der Kirche herbeizuführen und damit wenigstens formal die offenkundige Beziehungslosigkeit zur Kirche aufzuheben.

Zu Beginn der achtziger Jahre rügten die Presbyter die Einstellung vieler Gemeindemitglieder gegenüber der *Trauung*. Die Zahl »unkeuscher« Brautleute nehme zu. Den Angaben der Pfarrämter zufolge seien 40 % der Erstgeburten »vorzeitig«. Der Prozentsatz schwanke allerdings in den einzelnen Gemeinden zwischen 25 % und 52 %. Ende der achtziger Jahre beriet die Synode über den »Übelstand«, daß »häufig die Eltern der Brautleute« zur Trauung nicht in die Kirche kämen. Ihrer Teilnahme ständen »nicht unerhebliche Hindernisse« entgegen. Der Grund der Verhinderung wurde nicht genannt. Jedoch ist zu vermuten, daß die Brauteltern keinen Urlaub erbitten konnten oder wollten. Dieser Deutung steht auch nicht der Hinweis entgegen, daß der Grund des »immer mehr sich einbürgernden Fernbleibens von der Trauung« weniger in den »großen Schwierigkeiten ... als in einer nun einmal angenommenen Sitte« zu suchen sei. Als Gegenmaßnahmen wurden entsprechende Kanzelabkündigungen empfohlen; auch sei den Brautpaaren bei der Anmeldung »einzuschärfen, ihre Eltern zur Kirche mitzubringen.« Da weder für den Taufakt noch zur Trauung die Anwesenheit der Eltern unbedingt erforderlich ist, war offenbar das entscheidende Motiv der Pastoren, ihre Teilnahme gleichwohl zu bewirken, das Bestreben, zumindest anläßlich dieser Amtshandlungen Einfluß auf die Familienmitglieder nehmen zu können.

Das Verhalten bei *Beerdigungen* entsprach ebenfalls nicht immer den Erwartungen der Pfarrer. So wurde zu Beginn der neunziger Jahre die Unsitte verurteilt, daß »vor dem Leichenhause auf offener Straße, gleichsam als Zeichen der Dankbarkeit für die Beteiligung Schnaps verabreicht wird«, was nicht immer ohne entsprechende Folgen blieb. Als ungebührlich wurde auch das Verhalten von Parteimitgliedern gewertet, die dem Trauerzug voraus bis zum Grab »sozialdemokratische Abzeichen« getragen haben. Der Pfarrer war so überrascht, daß er trotzdem die Beerdigung vollzog. Auf Beschluß des Presbyteriums sollte im Wiederholungsfall die Beerdigung verweigert werden.

Nicht nur die Taufe, sondern auch kirchliche Trauung und Beerdigung blieben also die Regel. Allerdings läßt sich nicht entscheiden, ob und in welchem Ausmaß aufgrund tatsächlicher Glaubensentscheidungen der Betroffenen, oder ob die kirchlichen Amtshandlungen nur zur feierlichen Ausgestaltung bedeutsamer Ereignisse im Leben des einzelnen in Anspruch genommen wurden. Vielleicht wurde überkommener Brauch auch nur unreflektiert unter dem Druck sozialer Kontrolle fortgeführt, die sich u. a. im »Gerede der Nachbarn« äußern kann.

Als bedeutsamer Indikator für kirchliches Verhalten gilt der sonntägliche *Gottesdienstbesuch*. In den Kirchen des Synodalbezirks wurden Anfang der siebziger Jahre in der Regel je ein Morgen- und ein Nachmittagsgottesdienst sowie nachmittags ein Kindergottesdienst abgehalten. In einigen Gemeinden gab es auch Abendgottesdienste. Die Angaben über die Zahl der Gottesdienstbesucher waren meist recht vage. Nur selten beruhten sie auf Zählungen oder präzisen Schätzungen. So waren die Pastoren 1873 mit dem Besuch der Morgengottesdienste »zufrieden«, bemerkten jedoch einschränkend, daß angesichts der Seelenzahl von Zufriedenheit eigentlich nicht gesprochen werden könne, zumal der Besuch der Nachmittagsgottesdienste recht dürftig sei. 1882 mußte man sogar feststellen, daß der Besuch der Hauptgottesdienste zwar gut, aber die Teilnahme an den Nebengottesdiensten sich allenfalls auf drei bis vier Besucher beschränke und die Gottesdienste schon mehrfach ausfallen mußten. Die Abendgottesdienste seien allerdings wieder recht gut besucht. Wenn 1879 nicht nur der fleißige Gottesdienstbesuch in den nördlich gelegenen Gemeinden – Eickel, Gelsenkirchen, Wattenscheid und Castrop – gerühmt wurde, der schon an gewöhnlichen Sonntagen so gut sei, daß die alten Kirchen nicht mehr ausreichten, so ist das wohl eher auf äußere Gründe (ursprünglich relativ kleine Gemeinden mit starker Zuwanderung) als auf zunehmende kirchliche Bindungen zurückzuführen. Allerdings ist bemerkenswert, daß ein Jahr später berichtet wurde, daß in den genannten Gemeinden sowie in Braubauerschaft und Bladenhorst immerhin 17 bis 20 % der Gemeindemitglieder den Gottesdienst besuchten. In Annen ergaben regelmäßige Zählungen, daß durchschnittlich knapp 11 % der 5 000 Gemeindemitglieder sonntägliche Kirchenbesucher waren. In weiteren acht Gemeinden kamen etwa 10 % und nur in zwei Gemeinden weniger, in einer sogar nur 5 % sonntags in die Kirche. Insgesamt gingen in mehr als der Hälfte der 17 Gemeinden etwa 10 % in den Gottesdienst, in einem Drittel der Gemeinden sogar 17 bis 20 %.

Die Meinung des Presbyteriums in Annen, daß insbesondere »die besser situierten und einflußreichen Familien« regelmäßige Kirchgänger seien, wurde durch einen Bericht aus einer anderen Gemeinde bestätigt. Danach komme »mangelhafter Kirchenbesuch oder Unkirchlichkeit . . . nur bei den ganz Gesunkenen, den Sozialdemokraten und einigen höheren Zechenbeamten . . ., deren Frauen jedoch kirchlich sind«, vor. Insgesamt zeige sich jedoch, daß es besonders in den größeren und städtischen Gemeinden ganzen »Ständen zur Gewohnheit« geworden sei, nicht mehr in die Kirche zu gehen. »Von den leitenden Kreisen, sowohl von den Inhabern öffentlicher Stellungen und höherer Schulämter, als auch von den hervorragenden Besitzenden (werde) vielfach ein weithin verderbliches Beispiel der Verachtung der Kirche gegeben.« Die Arbeiter beriefen sich durchaus zutreffend auf das Verhalten ihrer Vorgesetzten und Arbeitgeber, heißt es 1886. Auch in den folgenden 20 Jahren haben sich die Urteile nicht geändert. So wurde von einer Gemeinde darauf hingewiesen, daß vor allem nur wenige Verwaltungs- und Zechenbeamte in die Kirche gingen und daß die Arbeiter, entsprechend dem Vorbild der »Gebildeten und Besitzenden«, sich äußerlich gegenüber der Kirche gleichgültig verhielten, jedoch durchaus nicht »kirchenfeindlich oder religionslos« seien. Selbstkritisch wurde übrigens von den Pastoren festgestellt, daß nicht nur der Besuch der Gottesdienste in den einzelnen Gemeinden unterschiedlich sei, sondern »auch dieser selbst«.

In den Schilderungen wird deutlich, daß höchstens 10 % der Gemeindemitglieder sonntags regelmäßig in die Kirche gingen. Nicht belegen läßt sich mit diesem Ergebnis die These von der zunehmenden Entfremdung, die ja einen Prozeß meint. Nimmt man den sonntäglichen Gottesdienstbesuch als Indikator für kirchliches Verhalten, dann kann man allenfalls sagen, daß die im Zuge der Industrialisierung sich verändernde Arbeits- und Lebensweise Einfluß auf die Zahl der regelmäßigen Gottesdienstbesucher gehabt hat. Diese Vermutung wird u. a. bestätigt durch die Gründe, die seit Beginn der achtziger Jahre in den Synodalverhandlungen für den unzureichenden Gottesdienstbesuch angegeben wurden, nämlich die Einführung der Schichtarbeit im Zuge der Industrialisierung, der Ausbau spezifischer Dienstleistungen und ein verändertes Sozialverhalten außerhalb der Arbeitswelt: Ein regelmäßiger Gottesdienstbesuch werde z. B. durch Nachtarbeit am Wochenende wenn nicht ausgeschlossen, so doch zumindest erschwert. Die Arbeitsüberlastung der Eisenbahn- und Postbeamten sei erheblich. Bereits 1882 wurde darauf hingewiesen, daß Briefträger und Paketzusteller keinen freien Sonntagmorgen hätten und deswegen den Hauptgottesdienst niemals besuchen könnten. 1895 wurde von einer vertraulichen Umfrage in zwanzig »industriellen Orten« der Rheinprovinz und Westfalens berichtet, hier hätten in neun Gemeinden die unteren Postbeamten niemals und in sechs Orten höchstens alle vier bis acht Wochen einen freien Sonntag. Dies ließe sich durch Einschränkung der Schalterstunden an Sonn- und Festtagen sicher vermeiden. Bei den Eisenbahnern gelte eigentlich der Montag als Eisenbahnsonntag, da die am Sonnabend von den Zechen abgehenden Kohlenzüge am Sonntag rangiert würden und sonntags keine Zechenzüge einführen, so daß am Montag wenig zu tun sei. Zwar könnten die Eisenbahnbeamten für den Gottesdienstbesuch Urlaub erbitten, der auch von wohlwollenden Beamten in außerordentlichen Fällen gewährt werde. Da sie jedoch »Benachteiligung« befürchteten, bäten sie nur ungern um Erlaubnis. Während Beamte der Polizei und auf technischen Zechenbureaus in der Regel sonntags frei hätten, müßten Lehrlinge, Gehilfen und die bei »privaten industriellen, kaufmännischen oder technischen Bureaus Angestellten« sich am Sonntagmorgen auf ihren Arbeitsstellen einfinden. Bergleute seien vor allem bei guter Konjunktur durch Überschichten belastet. Die Samtstagsabendschicht sei zwar freiwillig, werde aber gerne wahrgenommen. Auch die von »besonders schwerer Arbeit bedrückten« Koksarbeiter kennten keinen freien Sonntag. Die Schüler der Handwerkerfortbildungsschulen und der Bergvorschule in Bochum seien ebenfalls am Gottesdienstbesuch gehindert, da sie zu dieser Zeit Unterricht hätten. So mußten z. B. um 1908 die Lehrlinge aller Bochumer Handwerker den Sonntagsfortbildungsunterricht besuchen. In die Baufachschule der Baugewerksinnung, in der Sonntag morgens in vier Klassen 150 Schüler unterrichtet würden, gingen allerdings nur wenig evangelische Schüler, da das Baugewerbe in Bochum sich »meist in katholischen Händen« befände und daher vorwiegend auswärtige katholische Lehrlinge »beziehe«.

In welchem Ausmaß die spezifischen Anforderungen der industriellen Arbeitswelt zu einer allmählichen Entwöhnung von einem vielleicht einstmals üblichen regelmäßigen Kirchgang beigetragen haben, läßt sich kaum entscheiden. Der von den Synodalen vermutete Zusammenhang ist jedenfalls nicht ohne weiteres von der Hand zu weisen. Nach ihrer Ansicht wurde der Prozeß fortschreitender Entwöhnung vom sonntäglichen Gottesdienstbesuch durch die starke Zuwanderung und hohe Mobilität der Bevölkerung mitverursacht. »Manche Familien wechseln jährlich« ihren Wohnort. So standen z. B. 1892 in Braubauerschaft 3 000 Zuzügen 2 000 Wegzüge gegenüber. Dadurch könne sich kein Zugehörigkeitsgefühl zur Gemeinde entwickeln, und Sanktionen verlören ihre Wirksamkeit: »Für die ansässigen Familien hat das gute Gerücht noch einen wesentlichen Einfluß, den immer wechselnden fehlt der Segen auch dieser erziehlichen Einwirkung.« Der von den Synodalen beobachtete Rückgang der sozialen Kontrolle unterstützte oder beschleunigte sogar vermutlich die Lösung von tradierten Werten und Normen. So wandelte sich nach ihrer Meinung auch die Einstellung zum Gebot der Sonntagsheiligung.

Ein Anlaß immer wiederkehrender Klage in dieser Richtung waren die »zahllosen Festlichkeiten« am Wochenende, wodurch nicht nur der Gottesdienstbesuch beeinträchtigt, sondern auch die *Feiertagsheiligung* in Frage gestellt werde. Insbesondere die »besser situierte Gesellschaft« wähle für ihre Festlichkeiten bevorzugt den Sonnabend und die darauffolgende Nacht, um den Sonntagvormittag »zum Ausschlafen« anstatt für den Kirchgang zu nutzen. Sonntags fänden fast überall öffentliche Konzerte, Tanzereien und andere Festlichkeiten statt. Eine insbesondere für die »unteren Stände« ruinöse Ausbreitung habe das Vereinsleben erfahren. Fast jeden Sonntag feiere irgendein Verein sein Fest, häufig fänden mehrere zur gleichen Zeit statt. Der Vereinswirt sorge jeweils für entsprechende Volksbelustigungen wie Schaubuden, Karussels etc. (s. Abb. 27 im vorliegenden Band); »das Schlagen der großen Pauken und das Gedröhn der Drehorgeln« durchhalle bis tief in die Nacht die Gemeinde, von Sonntagsruhe könne keine Rede sein, und die Lehrer klagten mit Recht darüber, »daß am Montagmorgen viele Kinder ganz zerstreut und unfähig sind, am Unterricht teilzunehmen«. Oft seien die erwachsenen Teilnehmer am ersten Werktag der Woche »nicht zur Arbeit imstande«, so daß »Not und Elend« das einzig sichere Gefolge für die Festteilnehmer seien. Ohnehin sei die Teilnahme an Vereinsfesten manchen Leuten wegen Geldmangels nur durch Schuldenmachen möglich. Seien Vereinsmitglieder nicht zum Festefeiern geneigt, »so geben die Wirte den Vorstandsmitgliedern irgendwelche Bonifikationen, um sie nur geneigt zu machen, bei den Vereinsmitgliedern das Feiern von Festen herbeizuführen«. Auch sei es keine Seltenheit, daß »junge Leute fünf, sechs und mehr Vereinen angehören, die alle ihre Abende haben, Beiträge fordern, Stiftungsfeierlichkeiten anstellen und solche befreundeter Vereine an anderen Orten besuchen, so daß es ihnen mit Aufgebot aller Kräfte kaum möglich wird, ihren Verbindlichkeiten nach allen Seiten gerecht zu werden«. Gesangs-, Turn-, Fußball- und Sportvereine nähmen grundsätzlich den Sonntagmorgen in Anspruch. Im Verhandlungsprotokoll von 1890 heißt es:

> »Eine Beschränkung der Turnvereinsfeste erscheint dringend wünschenswert. Seit drei Wochen haben teils in hiesiger Gemeinde, teils in unmittelbarer Nähe drei Turnfeste, und zwar am ersten Sonntag in Crange, am zweiten in Eickel, am dritten in Wanne stattgefunden. Es sind fast jedesmal dieselben Personen, die sich beteiligen. So haben an dem Cranger Turnfest nicht weniger als 26 Vereine teilgenommen, zu denen zum Teil blutjunge Leute gehören, auf welche die so häufige Teilnahme an den damit verbundenen Gelagen und Tanzfeierlichkeiten gewiß nur sehr verderblich wirken kann.«

Zu den ärgsten Auswüchsen gehörten nach Meinung der Synodalen die mit großen Unkosten verbundenen Maskenbälle. 1887 wurde festgestellt, daß vor allem in den »vorwiegend evangelischen Gemeinden mehr als in den katholischen Anlaß zu Fastnachtsvergnügungen in Arbeiterkreisen genommen« werde. Ein Wirt habe auf Befragen eingestanden, daß »er wohl wisse, wie dieselben Leute, welche am Sonntag an den Verkleidungen, Tanz und dergleichen teilnähmen, am Montag zum Teil nicht das trockene Brot im Hause hätten«.

Die besondere Herausforderung der Karnevalveranstaltungen bestand für die Presbyter in der Tatsache, daß diese Feste in der Passionszeit, offenbar sogar auch am Ostersonnabend, stattfanden.

Festzuhalten ist, daß sowohl Nacht- und Sonntagsarbeit als auch ein reges Vereinsleben, das wegen der Länge der Arbeitszeit an Wochentagen sich kaum entfalten konnte, Einfluß auf die Häufigkeit des sonntäglichen Gottesdienstbesuches gehabt hat. Waren es zunächst nur »Zeitgründe«, so in der Folgezeit die Tatsache der Entwöhnung von einstmals eingeschliffenen Verhaltensweisen gegenüber dem Gebot der Sonntagsheiligung und damit die Gewöhnung an einen Sonntag ohne Kirchgang. Die durch starke Zuwanderung und hohe Mobilität beschleunigte Lockerung gesellschaftlicher Sanktionen wirkte in die gleiche Richtung.

Eine in ihrer Bedeutung heute kaum nachzuvollziehende Konsequenz hatte die Zuwanderung für die Einheimischen, nämlich die Verschiebung in der konfessionellen Zusammensetzung der Bevölkerung. In ursprünglich konfessionell relativ homogenen Gebieten bildeten sich nicht nur konfessionelle Minderheiten oder verstärkten schon vorhandene. Teilweise entwickelten sich diese sehr schnell zur Mehrheit und schoben die einheimische Bevölkerung vermeintlich oder tatsächlich in die Rolle der Minderheit. Damit rückten Einzelfragen des Kulturkampfes, der Auseinandersetzung zwischen weltlicher und geistlicher Gewalt, zwischen Staat und katholischer Kirche, in die »Niederungen« einzelner Kirchengemeinden. Die Spannungen, die zwischen den Angehörigen der einzelnen Konfessionen auftraten und insbesondere von den Pfarrern gebündelt wurden, verstärkten vielfach vorhandene Stereotypen über die Besonderheiten der jeweiligen Konfessionsangehörigen und bereiteten dadurch den Boden für ihre Bereitschaft zu militanten Verhaltensweisen gegenüber einzelnen oder der gesamten Gruppe. Dies wird nicht nur in der mitunter aggressiven Sprache in den Protokollen deutlich, sondern auch in der Art und Weise der Auseinandersetzung über die Folgen der Konfessionsmischung.

In dem Maße, in dem Katholiken und Evangelische räumlich aneinanderrückten und die inneren Beziehungen zu zentralen Glaubensvorstellungen sich bei den jeweiligen Konfessionsangehörigen gelockert hatten, wuchs die Bereitschaft zur Mischehe. Das zentrale Konfliktpotential der Mischehe lag in der Frage der Kindererziehung, für den katholischen Elternteil darüber hinaus in der Empfehlung seiner Kirche sowie den intensiven Bemühungen der Geistlichen oder auch nur der katholischen Verwandtschaft, den evangelischen Partner zur Konversion zu bewegen. Während die Mischehenproblematik vorwiegend den persönlichen Bereich der Eheleute, aber auch die Kinder betraf, traten latente Vorurteile der Evangelischen vor allem anläßlich bestimmter Äußerungen katholischer Frömmigkeit an die Öffentlichkeit. Insbesondere die räumliche Ausdehnung der Fronleichnamsprozessionen und spezifische Verhaltensweisen bei Firmungsreisen der Bischöfe boten Anlaß, latente Abwehrhaltungen aufbrechen zu lassen.

Über die *Mischehenfrage* ist seit 1867 auf der Synode regelmäßig verhandelt worden. Es wurde argwöhnisch darauf geachtet, wie die katholische Kirche in der Praxis das Problem handhabe, ob Aufgebot und Losschein auch den Gesetzen entsprechend erteilt wurden. Um konfessionsverschiedene Ehen nach Möglichkeit zu vermeiden, empfahlen die Synodalen, insbesondere im Konfirmandenunterricht stärkeres Gewicht auf die Unterscheidungslehren zu legen. Mit Besorgnis wurde nämlich beobachtet, daß vor allem Zuwanderer aus rein evangelischen Gebieten wenig darin unterrichtet seien. Auch war es für die Pfarrer seit Einführung der Zivilehe schwierig, rechtzeitig von beabsichtigten oder bereits geschlossenen Zivilehen zu erfahren, um zumindest auf evangelische Kindererziehung dringen zu können. Entsprechende Informationen konnten die Pfarrämter nur durch Einsichtnahme in die von den Kommunen geführten Personenstands- und örtlichen Melderegister erlangen. Dafür waren die Pfarrer jedoch auf die Mitarbeit der Kommunalbeamten angewiesen. Deren Bereitschaft dazu hing aber offenbar von ihrer Konfessionszugehörigkeit ab.

Hatte der in einer Mischehe lebende evangelische Ehepartner gegenüber der katholischen Kirche versprochen, die Kinder katholisch zu erziehen, dann konnte er in Kirchenzucht genommen werden durch Ausschluß von den kirchlichen Ehrenrechten (Wahlrecht und Patenrecht) und vom Abendmahl. Mitte der achtziger Jahre stellten die Synodalen fest, daß die Androhung und Anwendung der Kirchenzucht Erfolg gehabt habe, allerdings auch die katholische Kirche zur Verstärkung ihrer Bemühungen, eine Konversion herbeizuführen, herausforderte:

»Die Bearbeitung der Mischehen scheint einzelnen römischen Priestern als ausschließliches Arbeitsfeld überwiesen« worden zu sein. Ende der achtziger Jahre registrierten die Synodalen mit Besorgnis, daß vor allem in Gebieten, in denen die Evangelischen sich in der Minderheit befanden (wie z. B. in Castrop), der Kampf um Trauung und Kindererziehung von der katholischen Kirche gewonnen wurde. in der konfessionellen Auseinandersetzung spielte nach Ansicht der Presbyter das Bekenntnis der leitenden Zechenbeamten eine erhebliche Rolle. Sie übten auf Koloniebewohner Druck aus. Während in der Gesamtgemeinde das Verhältnis der Mischehen mit evangelischer Kindererziehung sich zu denen mit katholischer Kindererziehung wie 51 zu 66 verhielte, gäbe es in der Kolonie einer Zeche, deren Direktor, Betriebsführer und meisten Beamten katholisch seien, unter achtzehn Mischehen nur eine mit evangelischer Kindererziehung. Um 1907 scheint sich die Auseinandersetzung über die Mischehenfrage etwas beruhigt zu haben, vor allem wohl dank einer gefestigteren Position der evangelischen Kirche. Gleichwohl wird auf der Synode zur Wachsamkeit gemahnt. Wie empfindlich das Selbstgefühl der Evangelischen war, und wie sehr sie sich durch die Katholiken bedrängt fühlten, wird in der Behauptung deutlich, daß »in letzter Zeit mehr und mehr katholische Bewerber sowohl bei staatlichen Einrichtungen als bei Privatunternehmungen in Beamtenstellungen einrücken und zur Arbeit angenommen werden zur bitteren Empfindung evangelischer Männer«. Immer wieder wird die »Geschäftigkeit katholischer Kreise, Werkleiter, Unterbeamten, ihre Konfessionsgenossen in Stellung und Arbeit zu bringen, und die Zugänglichkeit evangelischer Werkbesitzer« beklagt.

In diesen Äußerungen zeigt sich, daß die durch die Konfessionsmischung entstandenen Probleme sich nicht auf die Mischehenfrage beschränkten, sondern umgreifender das Leben der Einheimischen berührten. So ist es auch nicht erstaunlich, daß *Firmungsreisen* des katholischen Bischofs in ehemals evangelische Gebiete als Provokation empfunden wurden, so z. B. 1892 in Eickel. Hier waren die Evangelischen vor allem ungehalten über das Ansinnen der Katholiken, sich am Ausschmücken der Straßen zum würdigen Empfang des Bischofs beteiligen zu sollen. Als das nicht im erwarteten Umfang geschah, hätten sich die Katholiken verletzt gefühlt und ihren Unmut u. a. in »anonymen Schreiben voll Rohheit und Gemeinheit und in Abbruch von Geschäftsverbindungen« geäußert. Verhielten sich die Evangelischen hingegen entsprechend den Erwartungen der Katholiken, gerieten sie mit ihren eigenen Glaubensgenossen in Konflikt. So ein Jahr zuvor, als in Gelsenkirchen zahlreiche Evangelische am »Ausschmücken ihrer Häuser und Straßen« anläßlich einer Firmungsreise des Bischofs sich beteiligten. Einige Gemeindemitglieder hätten allerdings »über ihr schwächliches Nachgeben römischen Zumutungen gegenüber« nachträglich Gewissensbisse bekommen, auch sei ein »Erstarken evangelischen Bewußtseins« in der Gemeinde deutlich geworden.

Während zunächst vor allem die Beteiligung Evangelischer am Straßenschmuck zu Ehren katholischer Würdenträger Anstoß erregte, verursachte 1892 der Versuch einer großen *Fronleichnamsprozession* in Gelsenkirchen (s. die Bilder 16 und 18 im vorliegenden Band) beträchtlichen Wirbel:

> »Bisher war eine solche in Gelsenkirchen nicht üblich. Man begnügte sich damit, einen Umzug um die Kirche zu halten und nahm, als sich die mächtig angewachsene Gemeinde auf so engem Raume nicht bewegen konnte, ohne irgendwelchen Widerspruch zu erfahren, nur die allernächsten Straßenteile mit in Anspruch. Nunmehr sollte die verhaßte Schranke durchbrochen und die ganze Stadt zum Zeugen des pomphaften Aufzugs werden.«

Allerdings sollten die Hauptstraßen nicht in den Prozessionszug einbezogen werden. Nachdem die Ausdehnung der Prozession auf Antrag des Presbyteriums vom Landrat abschlägig beschieden worden war, »brach nun im andern Lager ein Sturm der Entrüstung los, namentlich über die verfolgungswütigen evangelischen Repräsentanten, die sich angeblich um Dinge kümmerten, die sie nichts angingen«. Zwar äußerten sich die Presbyter befriedigt über den Erfolg ihres Protestes »gegen römische Übergriffe«, doch mußten sie feststellen, daß einige von ihnen in der Folge »geschäftlichen Nachteil« erlitten hätten. Aus

»kläglichen Geschäftsrücksichten« seien vier Kaufleute aus der Abwehrfront ausgebrochen. In der Zeitung inserierten sie, daß sie den Protest evangelischer Gemeindemitglieder nicht unterschrieben hätten. Die Anzeige habe ihnen jedoch nichts genützt. Die Empfindlichkeit evangelischer Gemeindemitglieder wird in der Äußerung deutlich, daß die Behauptung der Katholiken, die Prozession sei »nur ein öffentliches Bekenntnis des Glaubens«, nicht zuträfe. Sie wollten nur, »wo sie können, ihre Macht und ihren Glanz zeigen, und die Spitze dieser Kundgebungen richtet sich gegen die Protestanten«. Die gleiche Auffassung wird drei Jahre später wieder deutlich, nachdem der Regierungspräsident in Weitmar eine »gegen die evangelische Kirche zielende Fronleichnamsprozession« über die Grenzen des Kirchplatzes und des Friedhofs hinaus genehmigt hatte, was bis dahin nicht erlaubt war. Nach Meinung der Presbyter werde die Fronleichnamsprozession veranstaltet, »um die Nichtkatholiken durch die Machtentfaltung der römischen Kirche zu überwinden«, und bilde damit »einen direkten Angriff auf die evangelische Kirche«. Dies bedeute »eine Beeinträchtigung der Rechte der evangelischen Ortsbewohner und ... eine Bedrohung des konfessionellen Friedens«. In diesen Äußerungen wird deutlich, daß der auf dem Konzil in Trient formulierte antireformatorische Charakter der Fronleichnamsprozession[2] zumindest im Bewußtsein der evangelischen Pastoren noch fest verankert war.

1900 wurde in Börnig-Sodingen eine Fronleichnamsprozession durch die Hauptstraßen genehmigt. Hier waren die Evangelischen offensichtlich verärgert, daß sie zu spät davon erfuhren und nicht rechtzeitig protestieren konnten. 1909 wurde auch in Holthausen eine Fronleichnamsprozession genehmigt. Nach Ansicht der Polizeibehörde sei die öffentliche Ordnung nicht gestört gewesen. Das Castroper Presbyterium stellte jedoch fest, »daß der Unterricht einer evangelischen Schule Störungen ausgesetzt worden, und die evangelischen Schulkinder auf dem Wege von einer Schule zur anderen an der freien Benutzung des öffentlichen Weges behindert und auf den Chausseegraben angewiesen waren«. Aufgrund der Vorgänge innerhalb des Gebietes der Kreissynode Bochum wandte sich die Provinzialsynode an die Generalsynode um Schutz vor den »Störungen des konfessionellen Friedens und

---

2 »So mußte denn die siegreiche Wahrheit über Lüge und Häresie triumphieren, damit ihre Widersacher beim Anblick eines so großen Glanzes und in solchem Jubel der ganzen Kirche niedergestreckt, entweder gelähmt und gebrochen vergehen oder mit Scham erfüllt und verwirrt endlich zu Besinnung gelangen« (Sess. 13, 5). Zitiert nach *F. Heiler*: Art. »Fronleichnamsfest«, in: Die Religion in Geschichte und Gegenwart, 3. Aufl., Bd. 2, 1959, Sp. 1665 f.

Verletzung der religiösen Empfindungen der evangelischen Bevölkerung durch Einführung von Prozessionen am Fronleichnamstage«.

Die Probleme der evangelischen Gemeinden innerhalb der Kreissynode beschränkten sich nicht nur auf die Auseinandersetzung mit der katholischen Kirche. Besorgt wurde die zunehmende Zahl *neben- und außerkirchlicher Gemeinschaftsbildungen* beobachtet. Nur wenig Aufmerksamkeit zogen die Altlutheraner in Annen und Witten auf sich. Verwundert stellten die Presbyter nur fest, daß sich ihnen Hessen »aus früher methodistisch gesinnten oder auch reformierten Landesteilen« zugesellt hätten. Sorgfältig verfolgt wurde hingegen seit 1881 die Entwicklung der »Albrechtsbrüder«, wie die Anhänger der »Evangelischen Gemeinschaft« bezeichnet wurden. Das westliche Zentrum dieser Glaubensgemeinschaft lag in Witten. Von hier aus wurden die Anhänger in Langendreer, Ümmingen und Annen betreut. Der westliche und nördliche Teil des Synodalbezirks wurde von Gelsenkirchen aus versorgt. Hier bestand bereits eine Gemeinde »mit eigenem gottesdienstlichen Lokal und Prediger«. Vier Jahre später begannen die »Albrechtsbrüder« von Dortmund aus in Lütgendortmund mit »Versammlungen im Haus eines Bergmanns«. Aus Bochum wurde im selben Jahr von Gottesdiensten und einer Sonntagsschule berichtet. 1881 begann die »Apostolische Kirche« (Irvingianer) in Witten Fuß zu fassen. Zehn Jahre später tauchten hier die ersten Darbysten auf. Kurz danach wurde auch aus anderen Gemeinden über sie und den »Brüderverein« berichtet. Methodisten fanden sich vereinzelt fast in allen Gemeinden. Die größte Gruppe innerhalb des Synodalbezirks bildeten die Baptisten, deren Zentrum seit 1879 offenbar in Bochum lag. Spätestens seit 1855 hielten sie hier regelmäßig Gottesdienst, den sie durch einen »allgemeinen Kirchenzettel« öffentlich ankündigten. Besonderen Erfolg hatten die Baptisten zur gleichen Zeit in Eickel in der Kolonie Königsgrube. In Witten erhielten die Baptisten durch Zuwanderer Verstärkung. Zu Beginn der neunziger Jahre gab es fast überall Baptistengemeinden, die teilweise über eigene Versammlungsräume verfügten. Besonders verärgert wird 1895 über eine baptistische Krankenpflegestation in Bochum berichtet. Die Schwestern trügen eine den Bielefelder Diakonissen ähnliche Tracht und fänden dadurch »in den Häusern leichter Eingang«. Dort verteilten sie dann Traktate und lüden zu ihren Versammlungen ein.

Außer den genannten Dissidenten arbeiteten im Synodalbezirk noch verschiedene Volksmissionsgruppen und Wanderprediger, deren Zugehörigkeit nicht immer eindeutig zu bestimmen war. Bereits 1895 meinten die Bochumer Presbyter angesichts der Vielzahl verschiedener Dissidentengruppen, daß die bei der letzten Personenstandsaufnahme ermittelten Dissidenten nicht über die tatsächliche Gefahr der separatistischen Bewegung hinwegtäuschen dürfe, sondern daß man sich bewußt sein müsse, »daß sich dem Kern der wirklich aus der Landeskirche Ausgetretenen in allen Denominationen eine breite Zone von abwartenden Teilnehmern in allen Schattierungen, von der inneren Zustimmung bis zur bloßen Neugierde, vorgelagert« habe. Auch in der Folgezeit hielt die separatistische und sektiererische Bewegung an. In den folgenden Jahren entstanden noch Adventistengruppen, eine »Christengemeinde« und eine »Gemeinde der Kinder Gottes«. Das Ergebnis der Personenstandsaufnahme von 1910, nach der es allein in der Bochumer Altstadt und in Grumme »nur 198 Baptisten, 32 Altlutheraner, 199 Dissidenten und 247 ›Sonstige‹« gegeben habe, wird als unzutreffend bezeichnet. Nach einer Schätzung seien etwa 600 Methodisten, 500 Baptisten, 300 Neu- und Altapostolische, 150–200 Adventisten, 80–100 Angehörige der freien evangelischen Gemeinschaft (»Albrechtsbrüder«), 40–60 christliche Dissidenten, 10–15 Angehörige der »Gemeinde der Kinder Gottes« und 40–50 Mitglieder der Heilsarmee vorhanden. Zwar seien dabei vermutlich einige auswärts wohnende Mitglieder eingerechnet, andererseits hätten sich jedoch auch so manche als »evangelisch« eintragen lassen. Ob diese Angaben genauer sind, läßt sich nicht überprüfen.

Eine Ursache der religiösen Gruppenbildung könnte in der durch die Wanderungsbewegung hervorgerufene Loslösung vieler Menschen aus vertrauten sozialen Bindungen zu suchen sein. Besonders unter Zugewanderten, denen der Ritus der westfälischen Landeskirche fremd war, bestand offenbar ein Bedürfnis, vertrautes religiöses Brauchtum in der neuen Heimat fortzusetzen, um jedenfalls auf diese Weise einen festen Orientierungspunkt in der ungewohnten Umgebung zu behalten oder zu gewinnen. Als Beispiel dafür können die ostpreußischen evangelischen Gebetsvereine, in denen sich zugewanderte Masuren sammelten, dienen (s. Bild 17 im vorliegenden Band). Die Sitte, sich in besonderen Gebetsvereinen zusammenzufinden, brachten sie offenbar bereits aus ihrer Heimat mit. War auch schon hier durch die Absonderung in besonderen Gebetsvereinen grundsätzlich die Gefahr der Abspaltung von der Landeskirche gegeben, so wurde sie nun noch verstärkt durch in die neue Heimat mitgebrachten religiösen Verhaltensweisen, die auf die Eingesessenen befremdlich wirkten und den Eindruck von der »gefühligen Eigenart« der Masuren hinterließen. Damit verbunden war der Verdacht, daß sie »religiösem Volksaberglauben« anhingen. Anlaß dafür bot unter anderem ihre besondere Auffassung vom Gottesdienst, der – nach einem Bericht des mit der Masurenseelsorge beauftragten Synodalvikars – durch »häufiges Neigen des Hauptes, Beugen der Knie, Sichbekreuzigen« gekennzeichnet war. Dem Masuren sei »eine lebhafte äußere Darstellung seiner religiösen Empfindungen wie eine äußere

Bezeugung seiner Ehrfurcht vor Gott ein starkes Bedürfnis«. Die »große Liebe zum Gesange« ließe diese Menschen den Gottesdienstbeginn gar nicht erst abwarten. Auch sei festzustellen, daß »Gelübde und Opfer bei ihnen in hoher Schätzung stehen, weil sie vielfach glauben, durch dieselben sich vor Unglück zu schützen und von allerlei Übel befreien zu können«. Obgleich besondere Synodalvikare zur Seelsorge der Masuren in ihrer Muttersprache eingesetzt worden waren mit dem Ziel, »eine auf geordnetem Wege durchzuführende organische Eingliederung der ... sprachlich fremden, neuen Gemeindeglieder in das Gemeinschaftsleben unserer kirchlichen und sozialen Ordnungen« zu erreichen, konnte die Ausformung einiger Gebetsvereine zu Sekten nicht verhindert werden. Offenbar fanden einige Masuren auch bei anderen Glaubensgemeinschaften Anschluß.

Die Überlegungen der Presbyter darüber, wie dem Sektenwesen am besten entgegenzutreten sei, waren angesichts der tatsächlichen Situation vieler Zuwanderer sicher nicht realitätsfern:

> »Eine gesunde und reichliche Befriedigung des Gemeinschaftsbedürfnisses, wie sie in der Intimität geschlossener Vereine, in den Bezirks- und Vereinsbibelstunden dargeboten wird, wird am besten geeignet sein, falschen Absonderungsgelüsten entgegenzutreten.«

Das Rekrutierungspotential der Sekten bestand demnach vor allem aus Zuwanderern, die durch die neue Umgebung verunsichert waren. Isoliert von dem Kommunikationsgefüge der Einheimischen, irritiert durch die sicherlich ungewohnte Arbeitsweise und oft auch befremdet durch den ungewohnten Ritus der Landeskirche, wurde eine mitunter vorhandene Bereitschaft zur Abkapselung verstärkt, um Geborgenheit in der Solidarität zu finden.

Im Zusammenhang mit der Sektenbildung beobachteten die Presbyter regelmäßig die *Kirchenaustrittsbewegung*. An ihr waren zwei Gruppen beteiligt: in andere Glaubensgemeinschaften übertretende (Konvertiten) und sich von den Kirchen und religiösen Gemeinden Abwendende. Nach Ansicht der Synode traten vor allem Zuwanderer aus der Landeskirche aus und zu einer anderen Glaubensgemeinschaft über, die »über die bestehenden kirchlichen Verhältnisse unrichtig belehrt« worden seien, oder Familienangehörige von Dissidenten. Zwar wurden die Zahlen der »Verleiteten« besorgt registriert und auf Mittel zur Abhilfe gesonnen. Die eigentliche Gefahr schien jedoch seit 1878 von der Sozialdemokratie zu kommen, die »ihren Unglauben hauptsächlich durch die Presse« verbreite. Schon allein »durch die sozialen Lehren«, die in einem »Proletarierliederbuch« enthalten seien, müsse »der christliche Glaube verkümmern«, zumindest könne er sich nicht mehr halten und ausbreiten. Die Sozialdemokraten und die Arbeiterbewegung wurden 1890 verantwortlich gemacht für den »Geist der Pietäts- und Autoritätslosigkeit, der ungezügelten Freiheitslust, der Glaubens- und Gottlosigkeit«. Sechzehn Jahre später mußte die Synode feststellen, daß »die Agitation der sozialdemokratischen Parteiführer, die Genossen zum Austritt aus der Kirche« zu veranlassen, nicht ohne Erfolg geblieben sei. Entscheidend für den Kirchenaustritt sei bei einigen »die längst vorhandene Lösung von jedem Gottesglauben« gewesen, bei anderen »das Abhängigkeitsverhältnis von der sozialdemokratischen Partei, in deren Dienst als Parteisekretär, Vereinsleiter, Bureaugehilfen, Expedienten, Buchdrucker, Hausdiener, Redakteure« sie ständen. Die Mehrheit verließe jedoch die Kirche ohne Überlegung. Nur »blinde Folgsamkeit gegenüber den Verhetzungen der sozialdemokratischen Presse und die Angst vor dem Terror der sozialdemokratischen Genossen« veranlasse sie zu diesem Schritt. Als erfolgversprechende Maßnahme gegen diese Art von Kirchenaustrittsbewegung wurde verstärktes seelsorgerliches Bemühen empfohlen. Am ehesten ließen sich Frauen »von dem tatsächlichen Zerschneiden des Bandes mit der Kirche zurückhalten«. Ihr Zögern beruhte offenbar in dem Wunsch, auf Taufe und Konfirmation der Kinder nicht verzichten zu müssen. Auch gelte es zu beachten, daß »trotz der großen Gleichgültigkeit, welche die Arbeiter nach dem Vorbild der Gebildeten und Besitzenden gegen die evangelische Kirche äußerlich an den Tag legten, ... sie noch keinesfalls als kirchenfeindlich oder religionslos anzusehen« seien. Gleichwohl war sich die Synode der Gefahr der Kirchenaustrittsbewegung bewußt. Sie lag nach ihrer Meinung vor allem darin,

> »daß innerhalb unserer Gemeinden sich nach und nach eine Bevölkerungsschicht bildet, welche von jeder Gemeinschaft mit der Kirche los aus ihrem Heidentum kein Hehl macht und durch die leidenschaftliche Werbekraft der Apostaten eine beständige Versuchung für Schwache und Unzufriedene bildet«.

Reaktionen von Pfarrern und Gemeinden auf den sozialen Wandel

Die Situation der Gemeinden des Kirchenkreises Bochum war – wie oben dargelegt – im ausgehenden 19. Jahrhundert vor allem durch eine offenbar nachlassende Integrationskraft der Kirche gekennzeichnet. Diese äußerte sich in unzureichender Resonanz zahlreicher Gemeindemitglieder, Sektenbildung und Kirchenaustrittsbewegung. Zugleich sah die Kirche sich neuen Herausforderungen gegenübergestellt: dem Konflikt zwischen den Konfessionen und der »sozialen Frage«. Teilweise verursacht und im wesentlichen verstärkt wurde die Gesamtproblematik durch die Massenzuwanderung. Das schnelle Anwachsen der Gemeinden erschwerte eine situationsgerechte Seelsorge. Der Begriff, mit

dem der Zustand schlaglichtartig bezeichnet wurde, lautete »Parochial-
not«. Damit war sowohl der quantitative Arbeitszuwachs durch Ver-
vielfachung der Einwohnerzahl und die damit verbundene Vermehrung der Amtshandlungen als auch das Hinzukommen neuer Aufgaben
gemeint. Wurden 1850 in der evangelischen Gemeinde Gelsenkirchen
23 Kinder getauft, so waren es zwanzig Jahre später schon zehnmal
so viele und 1882 (incl. der 1879 abgepfarrten Gemeinde Schalke) bereits 691 Kinder. In Wattenscheid stieg die Zahl der evangelischen
Taufen zwischen 1850 und 1882 um das Sechzehnfache (eingerechnet
die 1874 abgepfarrte Gemeinde Braubauerschaft). In vielen Gemeinden
war die Entwicklung ähnlich verlaufen, wenn auch nicht immer so
extrem. Obwohl im selben Zeitraum zwei neue Gemeinden durch Abpfarrung gegründet und die Pfarrstellen im Synodalbezirk von 18 auf
29 vermehrt worden waren, hatten 1882 neun Pfarrer mehr als 5 000
bis 6 000 Seelen zu versorgen und elf Pfarrer je mindestens 4 000–5 000
Seelen. Damit waren allein schon der Überblick über die Gemeinde und
die seelsorgerliche Betreuung gefährdet, und die folgende Klage der
Pfarrer über ihre Situation scheint gerechtfertigt:

»Wie soll der Geistliche es denn nur beim besten Willen ermöglichen,
neben den vielen Amtsgeschäften Privatseelsorge zu üben, Kranke zu besuchen, der Jugend nachzugehen, der Waisen sich anzunehmen, Roms An-
maßungen entgegenzutreten, dem Sektenwesen zu wehren, das Vereinsleben zu pflegen ... Es ist ein großer Notstand in unserer Synode vorhanden, bei welchem das sittliche und religiöse Leben je länger desto mehr
Schaden nehmen muß. Von einer sorgfältigen Vorbereitung und wissenschaftlichen Weiterbildung der Geistlichen kann keine Rede sein.«

Der durch das schnelle Anwachsen der Einwohnerzahlen auf die Gemeinden ausgeübte Druck traf nicht nur die Pastoren direkt durch Zunahme der Amtshandlungen. Sehr bald erwiesen sich die vorhandenen
Kirchen als zu klein. Ihr Fassungsvermögen konnte nur teilweise – und
das nur für den Übergang – durch Umstuhlung und später durch den
Einbau von Emporen erweitert werden. In der Zwischenzeit wurde der
notwendige Raum durch den Bau von Kapellen und Notkirchen oder
die Einrichtung zusätzlicher Gottesdiensträume in kirchlichen Neben-
gebäuden, Schulen oder gar Wirtshäusern gewonnen. In der 1893 von
Lütgendortmund abgepfarrten Gemeinde Werne versorgte 1891 ein
Hilfsgeistlicher die 5 000 Gemeindemitglieder. Weder eine Wohnung
noch eine Kirche waren vorhanden, lediglich »ein niedriges mit Schul-
bänken versehenes Schulzimmer«. In dem 1910 neugebildeten Gemein-
debezirk Bövinghausen-Merklinde wurde zunächst der Gottesdienst in
einem Wirtshaussaal mit 200 Sitzplätzen gehalten. Während des Bergarbeiterstreiks 1912 mußte der Pfarrer erst mit dem Kompaniechef der
im Nachbarraum einquartierten Infanteriesoldaten über die »Aufrecht-

Tabelle 18:

Einwohnerzahl und Konfessionsstruktur im Kirchenkreis Bochum 1867 bis 1905

Jahr der Neugründung	KIRCHEN- Gemeinden a)	1867 evangelisch abs.	%	katholisch abs.	%	Sonstige	Insgesamt	1885 evangelisch abs.	%	katholisch abs.	%	Sonstige	Insgsamt
	BOCHUM	5.527	36,8	9.2oo	61,3	273	15.000	16.166	39,6	23.836	58,5	765	40.
	Grumme	86	15,3	476	84,7	-	562	613	31,6	1.323	68,3	1	1.9
1895	Hamme	783	42,5	1.o61	57,5	-	1.844	2.616	48,o	2.823	51,7	5	5.4
19oo	Wiemelhausen	1.oo4	54,1	853	45,9	-	1.857	2.6o9	47,3	2.899	52,6	8	5.5
1895	Hofstede	5o7	42,8	677	57,2	-	1.184	1.883	46,7	2.149	53,3	-	4.o
	Riemke	178	27,9	46o	72,1	-	638	756	41,4	1.o64	58,3	5	1.8
1897	Altenbochum	579	47,8	631	52,2	-	1.21o	2.oo6	51,5	1.885	48,4	6	3.1
		8.664	38,9	13.358	59,9	273	22.295	26.649	42,o	35.979	56,7	790	63.
	HARPEN	1.194	93,8	68	5,3	11	1.273	2.o4o	93,9	125	5,8	7	2.
	Gerthe	41o	91,5	38	8,5	-	448	662	82,7	12o	15,o	18	
		1.6o4	93,2	1o6	6,2	11	1.721	2.7o2	9o,9	245	8,2	25	2.9
	WEITMAR	1.7o6	54,1	1.449	45,9	-	3.155	3.536	53,4	3.o5o	46,1	31	6.4
	Eppendorf	857	65,1	46o	34,9	-	1.317	1.72o	62,7	979	35,7	44	2.7
	Munscheid	144	51,4	136	48,6	-	28o	198	62,3	12o	37,7	-	
19o6	Weitmar-Nord												
		2.7o7	57,o	2.o45	43,o	-	4.752	5.454	56,4	4.149	42,9	75	9.
	ÜMMINGEN												
	Laer	1.o2o	83,8	197	16,2	-	1.217	2.748	78,8	739	21,2	-	3.4
	Querenburg	691	87,6	98	12,4	-	789	1.167	83,7	227	16,3	-	1.3
		1.711	85,3	295	14,7	-	2.oo6	3.915	8o,2	966	19,8	-	4.1
	LANGENDREER	3.537	87,1	515	12,7	8	4.o6o	8.532	84,o	1.6o3	15,8	16	1o.
	ANNEN	2.843	83,5	545	16,o	18	2.4o6	5.787	78,3	1.559	21,1	47	7.
	WITTEN	8.656	7o,3	3.4o8	28,3	174	12.313	16.782	7o,3	6.63o	27,8	467	23.
	LÜTGENDORTMUND	911	7o,5	375	29,o	7	1.293	3.o99	63,4	1.767	36,1	25	4.
	Dellwig-Holte	58	41,7	81	58,3	-	139	156	55,9	123	44,1	-	
	Kirchlinde	134	19,1	569	8o,9	-	7o3	597	3o,1	1.37o	69,2	13	1.
	Rahm	176	77,5	46	2o,3	5	227	239	72,o	93	28,o	-	
	Westrich	181	81,5	41	18,5	-	222	28o	71,2	113	28,8	-	
	Somborn	225	85,2	39	14,8	-	264	5o5	63,9	285	36,1	-	
	Düren	162	92,6	13	7,4	-	175	225	84,9	4o	15,1	-	
1893	Werne	1.376	84,5	252	15,5	-	1.628	4.214	73,3	1.515	26,4	2o	5.
19o3	Stockum	889	92,8	69	7,2	-	958	1.713	88,o	229	11,8	4	1.
1894	Marten	1.222	75,1	386	23,7	19	1.617	2.53o	75,2	835	24,8	1	3.
	Oespel	982	88,5	127	11,4	-	1.1o9	1.o42	8o,5	495	19,5	-	2.
19o6	Kley	311	77,9	88	22,1	-	399	595	76,9	179	23,1	-	
	Bövinghausen b.L.	137	62,3	83	37,7	-	22o	171	64,o	96	36,o	-	
		6.764	75,5	2.169	24,2	31	8.964	16.366	64,4	7.14o	3o,3	63	23.
	CASTROP	347	22,4	1.o8o	69,7	123	1.55o	987	26,5	2.621	7o,4	116	3.
	Behringhausen	8	6,o	125	94,o	-	133	41	2o,1	163	79,9	-	
	Obercastrop	158	23,6	511	76,4	-	669	626	3o,8	1.4o5	69,1	3	2.
	Frohlinde	56	17,7	26o	82,3	-	316	168	29,5	4o2	7o,5	-	
	Holthausen	81	29,9	19o	7o,1	-	271	411	42,5	557	57,5	-	
	Habinghorst	69	26,6	19o	73,4	-	259	182	31,8	391	68,2	-	
	Börnig	84	18,4	363	81,2	-	447	228	26,4	637	73,6	-	
	Pöppinghausen	141	47,6	155	52,4	-	296	22o	56,4	17o	43,6	-	
	Rauxel	157	3o,8	352	69,2	-	5o9	481	39,7	73o	6o,3	-	1.
19o9	Sodingen	36	15,9	191	84,1	-	227	2o2	34,1	39o	65,9	-	
191o	Bövinghausen b. C.	39	19,3	163	8o,7	-	2o2	114	34,5	216	65,5	-	
191o	Merklinde	59	2o,6	228	79,4	-	287	121	24,1	381	75,9	-	
	BLADENHORST	38	26,2	1o7	73,8	-	145	53	24,9	16o	75,1	-	
		1.273	24,o	3.915	73,7	123	5.311	3.834	31,5	8.223	67,5	119	12.
ab 1892	Kreissynode Gelsenkirchen												
	HERNE	2.5o5	73,7	849	25,o	44	3.398	5.54o	55,9	4.213	42,5	153	9.
	Horsthausen	136	58,6	96	41,4	-	232	529	51,4	497	48,3	4	1.
	Bergen	5o	8o,6	12	19,4	-	62	67	72,o	26	28,o	-	
	Hiltrop	4o7	76,2	127	23,8	-	534	667	76,9	195	22,5	5	
1896	Baukau	426	78,6	116	21,4	-	542	1.485	53,4	1.282	46,1	13	2.
19o4	Holsterhausen	681	6o,4	447	39,6	-	1.128	1.635	58,6	1.15o	41,3	3	2.
		4.2o5	71,3	1.647	27,9	44	5.896	9.923	56,8	7.363	42,2	178	17.
	CRANGE	177	78,3	49	21,7	-	226	184	6o,3	121	39,7	-	
1884	EICKEL	1.o88	56,3	825	42,7	18	1.931	3.757	52,7	3.314	46,5	54	7.
	Bickern (Wanne)	741	74,1	259	25,9	-	1.ooo	2.877	49,5	2.891	49,7	43	5.
	Hordel	313	67,9	148	32,1	-	461	1.242	46,2	1.431	53,2	15	2.
	Röhlinghausen	5o9	61,9	313	38,1	-	822	1.395	48,9	1.425	5o,o	32	1.
		2.828	63,7	1.594	35,9	18	4.44o	9.455	5o,3	9.182	48,9	144	18.
	WATTENSCHEID	925	26,3	2.467	7o,1	126	3.518	3.961	34,o	7.548	64,7	154	11.
	Günnigfeld	96	3o,4	22o	69,6	-	316	764	38,o	1.244	62,o	-	2.
	Höntrop	474	39,3	732	6o,7	-	1.2o6	1.193	41,1	1.7o8	58,8	3	2.
	Leithe	-	-	88	1oo,o	-	88	72	34,6	136	65,4	-	
	Sevinghausen	44	14,5	26o	85,5	-	3o4	188	24,8	571	75,2	-	
	Westenfeld	225	31,8	482	68,2	-	7o7	471	32,9	96o	67,1	-	1.
		1.764	28,7	4.249	69,2	126	6.139	6.649	35,o	12.167	64,1	157	18.
1874	Braubauerschaft	36o	42,2	493	57,8	-	853	2.956	43,4	3.794	55,7	63	6.
1894	Hüllen-Bulmke	55	32,2	116	67,8	-	171	455	48,4	483	51,4	2	
19o7	Bulmke	72	34,9	134	65,1	-	2o6	1.8o4	46,5	2.o1o	51,8	66	3.
1893	Uckendorf	481	37,5	8o2	62,5	-	1.284	4.o9o	46,1	4.781	53,8	7	8.
		968	38,5	1.545	61,5	1	2.514	9.3o5	45,4	11.o68	54,o	138	2o.
	GELSENKIRCHEN	1.641	32,6	3.328	66,2	61	5.o3o	7.o66	34,8	12.8o2	63,1	421	2o.
	Heßler	342	64,5	188	35,5	-	53o	1.2oo	58,8	839	41,2	-	2.
1879	Schalke	774	37,6	1.284	62,4	-	2.o58	5.213	44,o	6.572	55,4	72	11.
		2.757	36,2	4.8oo	63,o	61	7.618	13.479	39,4	2o.213	59,1	493	34.

Quelle: Zusammengestellt und berechnet nach Liebrecht; Topographisch-statistische Beschreibung nebst Ortschafts-Verzeichnis des Regierungs-Bezirks Arnsberg, Arnsberg 1868. Gemeindelexikon für die Provinz Westfalen (= Gemeindelexikon für das Königreich Preußen Bd. X), Berlin 1887 und Berlin 19o8. Carl Klemann; Ortschafts-Verzeichnis nebst Entfernungstabelle des Regierungsbezirks Arnsberg, Arnsberg 1898. Verhandlungen der Kreissynode Bochum.

	1 8 9 5						1 9 0 5				
evangelisch abs.	%	katholisch abs.	%	Son-stige	Insge-samt	evangelisch abs.	%	katholisch abs.	%	Son-stige	Insge-samt
23.549	43,7	29.27o	54,4	1.o23	53.842	56.842	47,6	6o.277	5o,9	1.818	118.464
821	31,8	1.759	68,2	-	2.58o	•	•	•	•	•	•
3.92o	48,7	4.o86	5o,8	42	8.o48	•	•	•	•	•	•
4.o84	46,8	4.558	52,2	89	8.731	•	•	•	•	•	•
3.198	51,9	2.933	47,6	27	6.158	•	•	•	•	•	•
946	35,3	1.729	64,6	2	2.677	2.o93	4o,3	3.o87	59,5	9	5.189
2.66o	49,7	2.671	49,9	18	5.349	3.887	47,3	4.223	51,4	1o1	8.211
39.178	44,8	47.oo6	53,8	1.2o1	87.385	62.349	47,3	67.587	51,3	1.928	131.864
3.o25	93,2	213	6,6	7	3.245	4.211	93,2	293	6,5	15	4.519
1.o86	76,4	3o3	21,3	32	1.421	3.319	6o,3	2.168	39,4	2o	5.5o7
4.111	88,1	516	11,o	39	4.666	7.53o	75,1	2.461	24,5	35	1o.o26
5.546	53,9	4.681	45,5	57	1o.284	9.793	54,2	8.o18	44,4	26o	18.o71
2.o67	65,8	1.o25	32,6	48	3.14o	2.458	68,6	1.113	31,1	12	3.583
192	57,5	142	42,5	-	334	231	65,8	12o	34,2	-	351
• -	-	-	-	-	-	-	-	-	-	-	-
7.8o5	56,7	5.848	42,5	1o5	13.758	12.482	56,7	9.251	42,o	272	22.oo5
3.972	77,2	1.165	22,7	7	5.144	5.118	73,9	1.694	24,5	111	6.923
1.552	85,9	256	14,1	-	1.813	1.966	83,6	386	16,4	-	2.352
5.529	79,5	1.421	2o,4	7	6.957	7.o84	76,4	2.o8o	22,4	111	9.275
12.oo1	67,4	3.oo8	2o,o	47	15.o56	16.582	71,9	6.199	26,9	266	23.o47
6.781	73,9	2.339	25,5	51	9.171	8.69o	71,3	3.422	28,1	74	12.186
2o.339	7o,7	7.949	27,6	481	28.769	24.126	67,3	1o.989	3o,7	526	35.641
5.994	67,8	2.779	31,4	64	8.837	9.482	67,9	4.337	31,1	136	13.955
5o3	62,6	3oo	37,4	-	8o3	-	-	-	-	-	-
887	29,5	2.1o8	7o,2	8	3.oo3	1.784	34,o	3.444	65,6	22	5.25o
369	71,4	148	28,6	:-	517	577	68,1	27o	31,9	-	847
473	82,1	1o3	17,9	-	576	625	65,6	32o	33,6	7	952
963	6o,6	625	39,4	-	1.588	1.749	63,3	1.o15	36,7	-	2.764
237	82,9	49	17,1	-	286	43o	75,6	138	24,3	1	569
6.346	75,3	2.o69	24,5	15	8.43o	9.371	69,4	3.98o	29,5	143	13.494
2.381	87,o	353	12,9	4	2.738	2.661	84,o	5oo	15,8	5	3.166
3.585	71,o	1.458	28,9	5	5.o48	6.569	63,o	3.791	36,4	67	1o.427
2.516	8o,9	592	19,o	.	3.1o8	2.913	76,8	857	22,6	22	3.792
64o	65,8	332	34,2	.	972	814	65,9	421	34,1	-	1.235
351	66,1	176	33,1	4	531	1.219	56,2	936	43,2	13	2.168
25.245	69,3	11.o92	3o,4	1oo·	36.437	38.194	65,2	2o.oo9	34,1	416	58.619
1.9o6	28,6	4.611	69,3	139	6.656	4.672	28,4	11.546	7o,3	2o4	16.422
1o1	21,2	375	79,8	-	476	•	•	•	•	•	•
1,11o	35,2	2,o18	64,1	22	3,15o	•	•	•	•	•	•
244	33,2	49o	66,8	~	734	371	37,1	628	62,9	-	999
672	42,o	926	58,o	-	1.598	1.846	36,7	3.147	62,6	35	5.o28
4o9	21,6	1.485	78,4	-	1.894	1.214	21,9	4.313	77,9	8	5.535
337	29,4	811	7o,6	-	1.148	545	22,8	1.84o	77,2	-	2.385
237	53,6	2o5	46,4	-	442	175	24,4	537	74,8	6	718
885	41,2	1.261	58,7	1	2.147	1.867	33,1	3.721	66,o	47	5.635
643	31,3	1.385	67,4	27	2.o55	1.27o	28,1	3.2o1	7o,9	42	4.513
268	42,2	367	57,8	-	635	469	42,2	614	58,3	27	1.11o
2o4	27,1	548	72,9	-	752	288	3o,1	~668	69,9	-	956
7o	27,1	188	72,9	-	258	444	39,6	751	67,1	15	1.12o
7.o86	32,3	14.67o	66,8	189	21.945	13.161	29,6	3o.966	69,6	384	44.511
9.933	51,5	9.1o4	42,2	267	19.3o4	15.638	46,2	17.o74	51,3	554	33.366
1.o21	42,4	1.363	56,7	22	2.4o6	1.525	32,7	3.1o9	66,7	31	4.665
1o8	8o,o	27	2o,o	-	135	216	53,2	182	44,8	8	4o6
1.o22	75,8	324	24,o	2	1.348	1.549	69,4	682	3o,6	-	2.231
2.116	43,o	2.781	56,5	25	4.922	3.598	34,3	6.813	65,o	63	1o.474
2.455	59,4	1.662	4o,2	13	4.13o	3.885	46,1	4.52o	53,7	19	8.424
16.655	51,7	15.261	47,3	329	32.245	26.411	44,4	32.38o	54,5	675	59.466
3o9	58,5	219	41,5	-	528	•	•	•	•	•	•
5.765	48,8	5.965	5o,5	91	11.821	1o.o61	49,4	1o.152	49,8	155	2o.368
6.679	46,4	7.634	53,1	71	14.384	13.991	44,5	17.166	54,6	274	31.431
3.198	51,9	2.933	47,6	27	6.158	2.223	48,7	2.335	51,2	4	4.562
2.157	5o,2	2.o94	48,8	43	4.294	5.413	47,9	5.846	51,8	37	11.296
18.1o8	48,7	11.845	5o,7	232	37.185	31.688	46,8	35.499	52,5	47o	67.657
6.o91	39,7	9.o47	58,9	215	15.353	1o.o46	42,4	13.353	56,3	297	23.696
1.6o9	42,7	2.142	56,9	16	3.767	3.315	43,6	4.175	54,9	115	7.6o5
1.756	42,2	2.4o4	57,7	5	4.165	2.193	4o,9	3.165	59,1	-	5.358
2o9	37,2	353	62,8	-	562	7o9	42,3	951	56,7	16	1.676
324	29,3	782	7o,7	-	1.1o6	488	35,2	897	64,8	-	1.385
1.294	42,4	1.756	57,5	3	3.o53	2.354	48,2	2.522	51,5	13	4.879
11.283	4o,3	16.484	58,9	239	28.oo6	19.1o5	42,8	25.o53	56,2	441	44.599
7.242	49,7	7.149	49,2	135	14.526	•	•	•	•	•	•
1.739	58,6	1.2o8	4o,7	22	2.969	•	•	•	•	•	•
3.95o	51,8	3.534	46,3	145	7.629	•	•	•	•	•	•
7.888	49,o	8.2o8	51,o	12	16.1o8	•	•	•	•	•	•
2o.819	5o,5	2o.o99	48,7	314	41.232	•	•	•	•	•	•
12.833	4o,6	17.9o4	56,7	845	31.582	•	•	•	•	•	•
1.944	55,4	1.555	44,3	9	3.5o8	•	•	•	•	•	•
8.7o3	47,5	9.415	51,4	2o9	18.327	•	•	•	•	•	•
23.48o	44,o	28.874	54,o	1.o63	53.417	71.239	48,5	72.849	49,6	2.917	147.oo5

a) Durchgehend groß geschriebene Ortsbezeichnungen geben den Standort der Kirche bzw. den Namen der Kirchengemeinde, zu denen die darunter aufgeführten Ortsgemeinden gehören, an.
b) Die Einwohnerzahlen der eingemeindeten Stadtteile waren nicht gesondert zu ermitteln.

erhaltung der Ruhe während des Gottesdienstes« verhandeln. Ein Jahr
später schließlich mußte der Pastor »infolge der skandalösen Entwei-
hung des ... Betsaals bei einem polnischen Gewerkschaftsfest die Gottesdienste in einem im vierten Stockwerk einer Schule 93 Stufen hoch-
gelegenen Zeichensaal halten«, der nur für 800 Personen Platz bot,
während die Gemeinde 4 000 Mitglieder hatte. Der letzte Schritt, der
drückenden Enge zu entfliehen, war die Abpfarrung von Gemeinden
und die Errichtung neuer Kirchen. In der Übergangszeit versuchten die
Pfarrer vielfach durch Einrichtung zusätzlicher Gottesdienste den Notstand zu überbrücken.

Das entscheidende Hindernis für eine der Situation angemessene zügige
Reaktion der Kirche auf den »Druck der großen Zahl« war die Finan-
zierungsfrage. Der Unterhalt der Kirchengebäude, die Errichtung neuer Friedhöfe, die Besoldung des Pfarrers und die Finanzierung der Gemeindearbeit lagen vorrangig bei den Kirchengemeinden, hingen also
von dem vorhandenen Vermögen (Grundstücke, Pfründen, Stolgebüh-
ren u. a. Einkünfte) und der Leistungsfähigkeit der Eingepfarrten entscheidend ab. Ein Kirchenneubau war grundsätzlich nur mit staatlicher
Genehmigung möglich. Dafür mußte die Notwendigkeit nachgewiesen
und die Finanzierung des Baus sowie des ständigen Unterhalts gesichert
sein[3]. Zuschüsse konnten die Gemeinden oft nur nach langwierigen
Verhandlungen erhalten. So haben auch finanzielle Erwägungen in den
seit Mitte der achtziger Jahre angestellten Überlegungen zu der 1892
erfolgten Teilung des Synodalbezirks eine Rolle gespielt. Ein gewichti-
ges Argument war, auf der Provinzialsynode stärker vertreten zu sein,
um mehr Einfluß auf für das Industriegebiet notwendige Entscheidungen nehmen zu können.

Die Zuwanderung, die dadurch bewirkte schnelle Zunahme der Einwohnerzahlen und die Verschiebungen in der konfessionellen Zusammensetzung der Bevölkerung (s. dazu die Angaben in Tabelle 18) sowie
der strukturelle Wandel in den Lebens- und Arbeitsverhältnissen der
Gemeindemitglieder konfrontierten die Gemeinden nicht nur mit dem
Problem der Quantität, sondern erforderten zugleich eine qualitative
Ausweitung kirchlicher Arbeit. Erst nachdem die Kreissynoden zu regelmäßigen Verhandlungen über die »sozialen Aufgaben« verpflichtet
worden waren, wurden diese auf der Bochumer Synode 1891 ausdrücklich formuliert. Die »Aufgabe der Kirche« habe »durch die veränderte
Lebensgestaltung neue Ziele erhalten« und sei damit auch auf »neue
Mittel und Wege angewiesen«. Angesichts der weitreichenden »Abwendung von dem kirchlichen Leben« lägen die unmittelbaren sozialen

---

3 Ähnlich problematisch war der Bau der konfessionellen Volksschulen;
s. dazu den Beitrag von *J. Reulecke* im vorliegenden Band, bes. S. 252.

Aufgaben auf dem Gebiet der inneren Mission im weitesten Sinne. Kranken- und Waisenhäuser, Kindergärten und Vereinshäuser müßten gebaut und unterhalten, die Gemeindediakonie verstärkt und die »Pflege des christlichen Vereinslebens« intensiviert werden. Damit ist zusammenfassend die karitative Arbeit, die bereits im Zusammenwirken mit der Inneren Mission geleistet wurde, umrissen. Nicht gemeint und auch nicht verdeckt angesprochen wurde ein bewußtes Engagement im sozialen Konflikt der Zeit[4]. Unter »sozialen Aufgaben« wurde lediglich ein verstärktes seelsorgerliches Bemühen verstanden, das besonders auf die Menschen auszurichten war, deren Abwendung von der Kirche drohte oder schon vollzogen war.

Die Initiativen der Gemeinden und der Inneren Mission im einzelnen zu verfolgen, würde hier zu weit führen. Hingewiesen werden soll nur auf den starken Anreiz, der von einer Art Wettlauf mit entsprechenden Maßnahmen der katholischen Kirche aber auch nichtkonfessionellen Einrichtungen ausging und sicherlich die zügige Realisierung mancher Projekte beflügelt, wenn nicht sogar in Gang gesetzt hat. So wurde z. B. anläßlich des evangelischen Krankenhausbaus in Herne 1885 auf den »durch die Errichtung von Marienhospitälern in unserer Grafschaft Mark« bewirkten Missionseffekt hingewiesen. Es sei

> »tief zu beklagen ..., wenn Gemeinden, in denen ... großer Besitz bei der evangelischen Bevölkerung beruht, den Bau eines katholischen Krankenhauses unter sich ansehen und unterstützen helfen aus Scheu vor den im anderen Falle größeren Opfern. So lange solche Fälle vorkommen, dürfen wir über zunehmendes Ansehen der römischen Leistungsfähigkeit in den Augen unserer evangelischen Gemeindeglieder nicht staunen.«

Die evangelischen Gemeinden müßten »ihre Kranken evangelischen Händen übergeben« können. Drei Jahre später heißt es erläuternd, dies sei nicht nur ein Gebot christlicher Barmherzigkeit, sondern auch der »Selbstbehauptung evangelischen Lebensgeistes«:

> Man könne die »leiblich kranken Gemeindeglieder nicht mehr der Opferwilligkeit römischer Frauenhände in Marienhospitälern überlassen, wo sie von evangelischem Troste abgeschlossen den Einwirkungen des römischen Geistes ausgesetzt mindestens in Gefahr geraten, gleichgültig zu werden gegen die evangelische Kirche und dagegen eintauschen die Vorstellung von der großen sozialen Kraft und Bedeutung der römischen Kirche ...«.

Wie sehr sich die Presbyterien durch antikatholische Affekte immer wieder in Zugzwang drängen ließen, wird auch an der Gründungsgeschichte einer Nähschule deutlich. 1908 wies das Bochumer Presby-

---

4 Vgl. allerdings die unterschiedlichen Stellungnahmen evangelischer Pastoren zum Bergarbeiterstreik von 1905, auf die G. *Brakelmann* im nächsten Beitrag dieses Bandes ausführlich eingeht.

terium hin auf »die alle Aufmerksamkeit verdienende Tatkraft und Opferwilligkeit der katholischen Gemeinden, durch Errichtung von festen Mittelpunkten Propaganda zu treiben«. Ein Beispiel dafür seien auch die Nähschulen, die »zum großen Teil von evangelischen Kindern besucht werden, welche die gemeinsamen Gebetsübungen mitmachen«. Es sei dringend erforderlich, evangelische Handarbeitsschulen einzurichten. Dadurch könne der Gefahr vorgebeugt werden, daß »evangelische Mädchen durch die zuvorkommende Freundlichkeit der katholischen Schwestern, durch unentgeltliche Gewährung von Handarbeitsunterricht und durch den Zauber mystischer katholischer Frömmigkeitsübung ihrer evangelischen Kirche untreu« werden. Ein Jahr später berichtete dann das Bochumer Presbyterium, daß man eine »aufblühende Handarbeitsschule unter Leitung von Bielefelder Schwestern« eingerichtet habe, die neben »guter hauswirtschaftlicher Ausbildung die Pflege evangelischer Gesinnung« vermittle.

Anstoß für die Gründung von evangelischen Gesellenvereinen brachte die Erfahrung, daß in Witten und Bochum »viele evangelische junge Leute« sich den katholischen Gesellenvereinen angeschlossen hatten. Unter dem Druck der Konkurrenz stand auch der Bau von Vereins- und Gemeindehäusern. Eine erfolgversprechende Vereinsarbeit und eine wesentliche Erleichterung der Gemeindearbeit insgesamt erforderten eigene Versammlungshäuser. So war z. B. 1912 die »von der Sozialdemokratie stark durchsetzte Gemeinde« Stockum für Feste, Familien-, Gemeinde- und Gruppenabende auf die Räume eines Wirtshauses angewiesen, die »zugleich Vereinslokale von Sozialdemokraten« waren, so daß die Gemeindemitglieder »oft genug geradezu Spießruten durch die spottenden Sozialdemokraten laufen« müßten.

* * *

Die Ausgangsfrage der vorliegenden Untersuchung war, ob im ausgehenden 19. und beginnenden 20. Jahrhundert von einer wachsenden Distanz zwischen weiten Teilen der evangelischen Bevölkerung und ihrer Landeskirche gesprochen werden könne. Die Auswertung der Protokolle über die »Verhandlungen der Kreissynode Bochum« zwischen 1850 und 1915 ergab, daß die Teilnahme am Abendmahl ebensowenig wie der sonntägliche Gottesdienstbesuch den Erwartungen der Pastoren entsprach. Auch hatten sie offensichtlich andere Vorstellungen von einer christlichen Lebensführung als zahlreiche Gemeindemitglieder. Die Kirchenaustrittsbewegung dieser Zeit, das Hinüberwechseln zur katholischen Kirche oder anderen Glaubensgemeinschaften bedeutete zwar Abkehr von der Landeskirche, aber nicht unbedingt Aufgabe religiöser Bindungen. Dies dürfte nur bei einem Teil der aus der Kirche

Ausgetretenen der Fall gewesen sein. Die genannten Faktoren scheinen auf eine Lockerung kirchlicher Bindungen hinzuweisen. Zumindest für die Geistlichen mußte sich das beobachtete Verhalten so darstellen, stand ihnen doch offensichtlich als Kriterium zur Beurteilung von Kirchennähe und Kirchenferne nur der eigene Erwartungshorizont zur Verfügung. Eingefangen von pastoralen Problemen sahen sie auf die Hindernisse, die sich ihren Bestrebungen entgegenstellten: Der durch die Zuwanderung »aufgezwungene« Konfessionskonflikt bringe die Evangelischen vom rechten Glauben ab, Schicht- und Sonntagsarbeit entwöhne vom regelmäßigen Gottesdienstbesuch, Feste feiern und Ausschlafen am Sonntagmorgen entspreche nicht einer christlichen Lebensführung. Nicht oder nur am Rande gerieten die Alltagsprobleme der Gemeindemitglieder in das Blickfeld der Pastoren. Die von ihnen beobachtete, offenbar weit verbreitete Bereitschaft zur Teilnahme an Vereinsveranstaltungen, Festen und anderen Vergnügen sowie Ausschlafen am Sonntagmorgen wurde als Zeichen wachsender Entfremdung von der Kirche gedeutet. Unberücksichtigt blieb dabei die Ausgleichs- und Entlastungsfunktion dieser Verhaltensweisen, die zumindest für die Industriearbeiter und Bergleute eine Möglichkeit zur Erholung von den Strapazen des Arbeitstages bedeuteten. So stellt sich der als Entfremdung gedeutete Vorgang vor allem als Kluft dar zwischen den Zielen der Pastoren und ihrem rigiden Festhalten an dem überkommenen Leitbild christlicher Lebensführung einerseits und den Einstellungen und Verhaltensweisen der in der industriellen Arbeitswelt lebenden Gemeindemitglieder andererseits.

Günter Brakelmann

Evangelische Pfarrer im Konfliktfeld des Ruhrbergarbeiterstreiks von 1905

Ein sehr kontrovers verhandeltes Thema ist bis heute das Verhalten der Kirchen zur sozialen Frage. Ein häufig gehörtes Urteil heißt: die Kirchen haben hier völlig versagt. Oder man kontert: die Kirchen haben einen großen Anteil an der Entwicklung des modernen Sozialstaates. Wie fast immer ist mit solchen globalen Aussagen nicht viel anzufangen[1].

Wir wollen am Beispiel des großen Ruhrbergarbeiterstreiks von 1905 vorführen, wie sich einzelne Organe, Repräsentanten und Gruppen des Protestantismus zu diesem herausragenden Ereignis der deutschen Sozialgeschichte verhalten haben, um zu einem differenzierteren Urteil – in diesem Fall über die Rolle der evangelischen Kirche – kommen zu können. Wir konzentrieren uns bewußt auf Stellungnahmen aus dem Ruhrgebiet selbst.

Der Verlauf des Streiks

Am 30. November 1904 wurde der Belegschaft der Zeche Bruchstraße in Langendreer durch einen Anschlag des Zechenbesitzers Hugo Stinnes mitgeteilt, daß vom 1. Dezember an die Seilfahrt und damit die Schichtzeit verlängert werde. Der Protest einer Belegschaftskommission wurde von der Zechenleitung abgelehnt. Daraufhin trat die Belegschaft am 5./6. Dezember in den Ausstand. Das zuständige Oberbergamt in Dortmund erklärte die Maßnahme der Zechenleitung für einen Kontraktbruch, da man den Arbeitern entgegen dem Preußischen Berggesetz nicht die Gelegenheit zur Äußerung über die Veränderung der Arbeitsordnung gegeben habe. Die Zechenleitung zog daraufhin ihren Anschlag zurück. Die Belegschaft fuhr wieder an.

Am 22. Dezember kam jedoch ein neuer Anschlag heraus, der eine Verlängerung der Seilfahrt für die Zeit nach dem 1. Februar 1905 ankündigte und begründete. Den Arbeitern wurde bis zum 28. Dezember eine Frist zur Äußerung gegeben. Von den 1 250 Bergleuten erklärten sich über 1 100 gegen die geplante Seilfahrverlängerung.

---

1 Einen Gesamtüberblick über das Verhalten der Kirche zur sozialen Frage bringt *G. Brakelmann:* Die soziale Frage des 19. Jahrhunderts, 5. Aufl. Bielefeld 1975.

Am 27. Dezember fanden zwei öffentliche Belegschaftsversammlungen statt, die beschlossen, »unter keinen Umständen in die Verlängerung der Schichtzeit einwilligen zu können«[2].

Eine Protestliste mit den Namen der Bergleute wurde am 28. Dezember durch eine Kommission der Zechenleitung überreicht; gleichzeitig bat diese um eine Antwort bis zum 3. Januar 1905. Diese Antwort erfolgte am genannten Tage per Anschlag. In diesem hieß es:

> »Eine Zurücknahme der dauernd unbedingt notwendigen Betriebsmaßregel wird trotz des Einspruchs eines großen Teils der Belegschaft nicht erfolgen. Wir sprechen die Hoffnung aus, daß diejenigen Belegschaften, die sich mit der abgeänderten Seilfahrtszeit nicht abfinden wollen, den ordnungsmäßigen Weg der Kündigung beschreiten und nicht in den Ausstand treten.«[3]

Eine Verschärfung des Konfliktes erfolgte durch die Ablehnung des Wunsches der Belegschaft nach erhöhter und zügigerer Abgabe der Deputatkohlen. Am 6. Januar 1905 fanden zwei weitere Versammlungen der Belegschaft statt. Die Morgenversammlung faßte folgende Resolution:

> »Die am 6. Januar, vormittags, tagende Belegschaft der Mittagschicht der Zeche Bruchstraße protestiert nochmals nicht nur gegen das Festhalten der Zechenverwaltung an der veränderten Seilfahrt, sondern auch gegen das Verhalten des Bergverwalters Knepper, der das Komitee geradezu durch Wiederbestellen und Hinziehen verhöhnt. – Die Versammlung protestiert auch gegen das Vorenthalten der Kohlen den Belegschaftsmitgliedern gegenüber. Sie betrachtet das als eine Provokation. Die Versammlung erwartet von der Verhandlung, die heute Nachmittag im Oberbergamte stattfindet, die Zurücknahme des Anschlags. Denn die Belegschaft wird die geplante Seilfahrt nicht anerkennen, mag es biegen oder brechen. Wir wollen den Frieden, aber unter keinen Umständen Schichtverlängerung.«[4]

Inzwischen hatte das Obergergamt in Dortmund die erbetene Vermittlung abgelehnt und die Belegschaftskommission an das zuständige Gewerbegericht in Witten verwiesen. Nach erregter Diskussion in der Nachmittagsversammlung des 6. Januar, an der sich auch die Führer der Bergarbeiterverbände H. Sachse (Bergarbeiterverband), J. Effert (Christlicher Gewerkverein) und Brzeskot (Polnische Berufsvereinigung) beteiligt hatten, beschloß man, den Weg zum Einigungsamt zu gehen. In der Frage der Deputatkohle verständigte man sich darauf, durch die Kommission am nächsten Morgen den Betriebsführer zu bitten, schriftlich zuzusichern, die geforderten Wagen Kohlen bis zum

---

2 Zitiert nach *L. Pieper:* Der Bergarbeiterstreik im Ruhrrevier, Mönchengladbach 1905, S. 219.
3 Ebd., S. 219.
4 Ebd., S. 220.

10. Januar an die Bergleute zu liefern. In Begleitung der beiden Berg-
arbeiterführer Sachse und Husemann unterbreitete die Kommission
diese Forderung dem Betriebsführer, der die Lieferung zusagte, sich
aber weigerte, eine schriftliche Zusicherung zu geben. Daraufhin fuhr
die Morgenschicht nicht ein.

Damit begann der Streik auf der Zeche Bruchstraße. In einer Resolution vom 7. Januar 1905 formulierte die Belegschaft ihre Forderungen
und Ziele:

> »Festhalten an der alten Schichtzeit, Festsetzung von Minimallöhnen,
> Wahl eines Arbeiterausschusses, humane Behandlung, Beseitigung des
> Wagennullens und Unterlassung von Maßregelungen gegen Streikende.«

Und weiter hieß es:

> »Die Versammlung ersucht alle Kameraden der Nachbarzechen und des
> ganzen Ruhrreviers nicht in einen allgemeinen Streik einzutreten, weil
> dadurch der Sieg unserer gerechten Sache sehr in Frage gestellt wird.«[5]

Man wollte ganz in Übereinstimmung mit den Bergarbeiterführern
eine Ausdehnung des Streiks verhindern.

Während dieser Tage versuchte der Vorsitzende des Berggewerbege-
richts, den Zechenbesitzer Stinnes vergeblich zur Benennung von Ver-
handlungspartnern für einen Schlichtungsversuch zu bewegen. Nach
einem Telegrammwechsel schrieb Stinnes schließlich unter anderem:

> »Ich lasse dahingestellt, ob das Berggewerbegericht überhaupt noch nach
> den gesetzlichen Bestimmungen als Einigungsamt in Wirksamkeit treten
> kann, nachdem die Belegschaft und insbesondere deren von dem Oberberg-
> amte oder dem Berggewerbegericht anerkannte Vertretung in Ausstand
> getreten und nach Feiern von drei aufeinanderfolgenden Schichten in der
> Arbeitsliste gestrichen sind . . .«[6]

Damit bestritt Stinnes die Zuständigkeit des Einigungsamtes und lehnte es ab, mit einer »kontraktbrüchigen« Arbeiterdelegation zu verhandeln. Die Ereignisse der kommenden Tage aber machten diesen gescheiterten Einigungsversuch zwischen Stinnes und der Belegschaft
Bruchstraße zu einer Episode am Beginn des größten Streiks, den die
deutsche Wirtschaftsgeschichte bis dahin gekannt hatte. Denn inzwischen hatte der Streik immer größere Ausmaße angenommen. Aus der
lokalen Konfrontation zwischen einem Zechenbesitzer und einer Zechenbelegschaft war ein globaler Konflikt zwischen dem Kohlensyndikat des Bergbaulichen Vereins (= Unternehmerverband) und der
Ruhrbergarbeiterschaft geworden.

Die Vorsitzenden der Bergarbeiterorganisationen versuchten, durch einen gemeinsamen Appell vom 9. Januar 1905 ein spontanes Übergreifen

---

5 Ebd., S. 221 f.
6 Ebd., S. 222.

des Streiks zu verhindern, waren aber nicht mehr in der Lage, den jahrzehntelang angestauten Unwillen der Bergarbeiter in eine ihnen genehme Kampfstrategie umzuleiten. Am Morgen des 12. Januar befanden sich schon 30 000 Bergleute im Streik. Für die Führer der Organisationen war nun die Zeit gekommen, sich vor die Massenbewegung zu stellen. Man beschloß, eine gemeinsame Delegiertenkonferenz aller Verbände abzuhalten. Diese Revierkonferenz fand am 12. Januar in Essen statt. Die Delegierten vertraten insgesamt ca. 110 000 organisierte Bergleute. Das waren etwa 40 % der Gesamtzahl von rund 270 000 Ruhrbergleuten.

Als zentrale Streikleitung wurde ein ständiger Siebener-Ausschuß gebildet, der noch am Abend des Tages ein »14-Punkte-Programm« formulierte. Er verlangte: achtstündige Schichtzeit (einschließlich Ein- und Ausfahrt), Beschränkung der Sonntags- und Überschichten, Verbot des Wagennullens, Festsetzung von Minimallöhnen, Errichtung eines Arbeitsausschusses, Einführung von Grubenkontrolleuren, Reform des Knappschaftswesens, gute Deputatkohlen, Beseitigung der zu vielen und zu harten Strafen, monatliche Kündigung der Zechenwohnungen, Bestrafung und eventuell Entlassung aller die Arbeiter mißhandelnden und beschimpfenden Beamten, keine Maßregelung gegen Streikende und Anerkennung der Arbeiterorganisationen.

Zusammen mit einem Begleitschreiben schickte man diese Forderungen an den Bergbaulichen Verein. Dieser lehnte in seiner Antwort jede Verhandlung mit der Kommission der Bergarbeiter ab. Daraufhin fand am 16. Januar eine weitere Delegiertenkonferenz der Verbände wiederum in Essen statt. Nach dem Verlesen des Antwortbriefes des Bergbaulichen Vereins beschloß die Versammlung einmütig den Generalstreik für den 17. Januar. Er sollte drei Wochen andauern.

Die Regierung versuchte zunächst, zwischen den Kontrahenten zu vermitteln. Aber ihre Versuche scheiterten an der Unnachgiebigkeit der bergbaulichen Unternehmer, mit den Vertretern »kontraktbrüchiger Arbeiter« zu verhandeln. Aus innen- und außenpolitischen Gründen (Revolution in Rußland!) sah sich die Regierung daher veranlaßt, Ende Januar eine Novellierung des Berggesetzes im Sinne der berechtigten Forderungen der Bergleute anzukündigen. Im Reichstag wie im Preußischen Abgeordnetenhaus beschäftigten sich mehrere Sitzungen mit dem Streik im Ruhrgebiet.

Die Siebener-Kommission sah in den Ankündigungen der Regierung und in den Initiativen einzelner parlamentarischer Gruppen die politische Chance, den immer ungleicher werdenden Kampf ehrenvoll zu beenden. Sie schickte unter dem 5. Februar ein Verhandlungsangebot mit fünf Punkten an den Bergbaulichen Verein:

»Eine fünfzehnprozentige Lohnerhöhung (anstelle des geforderten Minimallohnes).

Kommt ein Gedinge nicht zustande, so soll der Durchschnittslohn gleichartiger Arbeiter gezahlt werden und nicht wie bisher der ortsübliche Tagelohn.

Nach Aufnahme der Arbeit sollen keine Maßregelungen der Streikenden vorgenommen werden.

Gute Deputatkohle auch für bedürftige Invaliden und Bergmannswitwen.

Humane Behandlung.«[7]

Doch auch über dieses reduzierte Programm ließ der Bergbauliche Verein nicht mit sich verhandeln. Gleichzeitig schickte die Kommission ein Telegramm an den Reichskanzler mit der Mitteilung über ihre gegenüber dem Bergbaulichen Verein zum Ausdruck gebrachte Verhandlungsbereitschaft und mit der Ankündigung, die Auffassung der Bergleute über eine Novellierung des Berggesetzes mitzuteilen. Der Reichskanzler antwortete:

»Im allgemeinen Interesse halte ich es für dringend geboten, daß die Arbeit jetzt, wie Sie am Schluß in Aussicht stellen, sogleich wieder aufgenommen wird. Für diesen Fall bin ich auch gern bereit, Vertreter der Arbeiter und der Unternehmer zur weiteren Verhandlung zu empfangen.«[8]

In dieser politischen Gesamtlage und ohne ausreichende Gelder für ein längeres Durchstehen des Streiks und vor allem ohne Aussicht, Verhandlungspartner der Arbeitgeber zu werden, beschloß eine weitere Delegiertenkonferenz am 9. Februar in Essen mit großer Mehrheit den Abbruch des Streiks. Gegen den Widerstand einer kleinen radikaleren Gruppe faßte man folgenden Beschluß:

»In Erwägung, daß der Herrenstandpunkt des Vereins für die Bergbaulichen Interessen durch diesen Kampf in nächster Zeit noch nicht gebrochen werden kann, und die Werksbesitzer nach wie vor Verhandlungen mit der Siebenerkommission ablehnten, in fernerer Erwägung, daß durch die Weiterführung des Kampfes das gesamte Wirtschaftsleben einer unermeßlichen Erschütterung ausgesetzt wäre, glauben wir, an die Opferwilligkeit der Bergarbeiter wie der Gesamtarbeiterschaft keine höheren Anforderungen stellen zu dürfen. Im Hinblick darauf, daß nahezu die gesamte öffentliche Meinung auf Seiten der ausständigen Arbeiter steht und die Regierung, gedrängt durch die imposante Kundgebung der Bergarbeiter, im Reichstag bereits Gesetzesentwürfe betreffend Arbeitskammern und die Rechtsfähigkeit der Berufsvereine angekündigt, sowie die seit mehr als einem Jahrzehnt versprochene Reform der Berggesetzgebung auf das bestimmteste zugesagt hat, in welcher 1. die Schichtzeit gesetzlich geregelt, 2. das Überschichtenwesen verboten bzw. eingeschränkt, 3. die Knappschaftskasse verbessert, 4. das Wagennullen verboten, 5. die vielen und hohen Strafen beseitigt, 6. die Arbeiterausschüsse allgemein eingeführt

7 Ebd., S. 234.
8 Ebd., S. 234.

werden, beschließt die Konferenz der Delegierten der vier Verbände, die Arbeit morgen wiederaufzunehmen. Sollten die Versprechungen, die man den Bergarbeitern während des Kampfes seitens der Staatsregierung gegeben hat, nicht erfüllt, die Beschwerden unbeachtet, die Mißstände im Bergwerksbetriebe in alter Weise fortbestehen bleiben, dann behält sich die Bergarbeiterschaft vor, so einmütig, wie sie diesen Kampf geführt, aufs neue wieder den Kampfplatz zu betreten, um die Erfüllung ihrer berechtigten Forderungen zu erzwingen. Die Bergarbeiter verpflichten sich, die Stärkung ihrer Organisation energisch zu betreiben, um jederzeit für einen neuen Kampf gerüstet zu sein.«[9]

Am 10. Februar nahm die Mehrheit der Bergleute die Arbeit wieder auf. Auf vielen Zechen streikten einzelne Gruppen noch einige Tage weiter. Am 15. Februar allerdings konnte der Bergbauliche Verein vermelden, daß in den Gruben des Ruhrreviers wieder normal gearbeitet werde. Der Siebenerkonferenz blieb nichts anderes übrig, als in einem Telegramm vom 13. Februar den Reichskanzler an seine Versprechen zu erinnern.

Evangelisch-kirchliche Stimmen aus dem Ruhrgebiet zum Streik

a) Die Dortmunder Erklärung

Ein großer Teil der damaligen Kirchengemeinden des Ruhrgebiets bestand aus Bergarbeitern und ihren Familien. Die Pfarrer hatten täglichen Kontakt mit ihnen. Es war deshalb fast selbstverständlich, daß die Pfarrerkonferenzen der Ruhrgebietssynoden zum Streikproblem, das tief in das Leben der Kirchengemeinden eingriff, Stellung nehmen mußten. Ihre Worte zur Lage fielen im einzelnen sehr verschieden aus, lassen aber bestimmte Tendenzen in der Argumentation erkennen. Inhaltlich ähnlich sind die Erklärungen der Pfarrer aus den Bergbaustädten Dortmund, Bochum und Essen. Die Dortmunder Erklärung heißt:

»Die auf heute ordnungsmäßig ins Bürgerhaus berufene Pfarrkonferenz der Synode Dortmund hält es für ihre Pflicht, nach eingehender Beratung ihren Gemeindemitgliedern gegenüber in Sachen des Bergarbeiterstreiks folgendes zu erklären:
1. Wir erkennen die ruhige Haltung der streikenden Bergarbeiter, welche sie nach Ausbruch des Streiks im allgemeinen bewährt haben, mit aufrichtiger Genugtuung an und bitten sie, ferner sachlich und besonnen auf dem Boden des Gesetzes zu handeln.
2. Wir bedauern, daß die Einigungsversuche der Regierung bisher noch nicht zum Ziele geführt haben. Wir bitten deshalb, darin fortzufahren und erwarten nunmehr von beiden Parteien williges Entgegenkommen unter grundsätzlicher Anerkennung der Arbeiterorganisationen.

---

9 Ebd., S. 235.

3. Wir begrüßen die Erklärung des Ministers über bevorstehende berggesetzliche und sozialpolitische Reformen, wie sie von verschiedenen Seiten
seit Jahren gewünscht worden sind und erwarten ihre schleunige und
kräftige Durchführung im Interesse dauernden sozialen Friedens.
4. Wir bitten beide Parteien sich in dieser ernsten Zeit im Bewußtsein
ihrer Verantwortlichkeit vor Gott vom Geiste christlicher Versöhnlichkeit
unter Rücksichtnahme auf die Volkswohlfahrt leiten zu lassen.«[10]

Der Punkt 1 steht für viele Äußerungen nicht unmittelbar Beteiligter.
Überwiegend wird auch in der bürgerlichen Presse die durchgängige
Disziplin der Streikenden hervorgehoben. Man sieht darin einen Erfolg der gewerkschaftlichen Massenorganisationen. In Punkt 2 ist entscheidend, daß man eine Beilegung des Konflikts in erster Linie von
staatlicher Tätigkeit erwartet. Man hofft, daß es dem Staat als Vermitt-
ler gelingen möge, die beiden Parteien zu Verhandlungen zusammen-
zubringen. Man weiß allerdings um die Grundvoraussetzung: die Anerkennung der Arbeiterorganisationen als Vertragspartner durch die
Unternehmer.
Die Pfarrer wußten um die hartnäckige Verweigerung dieser Anerkennung seitens der Unternehmer. Deshalb folgt in Punkt 3 die Aufforderung an den Staat, durch Novellierung der geltenden Berggesetze von
1865/92 die berechtigten Forderungen der Bergleute durchzusetzen, um
auf diese Weise den Widerstand der Zechenherren durch staatliche
Macht zu unterlaufen. Der Staat wird auf sein sozialpolitisches Man-
dat hin angesprochen und an seine pazifizierende Funktion bei Grup-
penkonflikten erinnert.
Punkt 4 ist der gerade im kirchlichen Schrifttum häufig zu findende
Appell an die allgemeine und spezielle Verantwortlichkeit der Kontrahenten.
Wie ein längerer sozialethischer Kommentar zu dieser Dortmunder Erklärung vom 25. Januar 1905 liest sich ein in der Wochenzeitschrift
»Christliche Welt« veröffentlichter Brief des Dortmunder Pfarrers
Gottfried Traub an einen Freund[11]. Die Frage, wer die »Schuld« an
diesem Streik habe, die Arbeiter oder die Unternehmer, ist nach ihm
nicht einfach zu beantworten. Es geht im ganzen um ein »Widerspiel
von Interessen«. Tatsache sei, daß nach geltendem Arbeitsrecht der
Streik unter Kontraktbruch der Arbeiter begonnen habe. »Oberfläch-
liches soziales Denken begnügt sich mit dieser Tatsache, um den Streik
in Bausch und Bogen zu verdammen.« Traub will nicht die Verletzung
eines formalen Rechts bestreiten, aber die Verletzung »ungeschriebener
Gesetze« ist ihm »weit unrechter«. Hinzu kommt, daß der erste Versuch der Seilfahrtsverlängerung auf Zeche Bruchstraße auch eine »glei-

---

10 In: Chronik der Christlichen Welt 1905, Spalte 49.
11 In: Christliche Welt 1905, Spalte 108 ff.

che formelle Ungesetzlichkeit« gewesen sei. Ferner existiere jene Abmachung vom Mai 1889, nach der die Schichtdauer auf acht Stunden vom Schluß der Einfahrt bis zum Beginn der Ausfahrt festgelegt worden war. »Diese Bestimmung war in der letzten Zeit vollständig mißachtet worden.« Es hat also nach Traub keinen Sinn, sich dauernd hinter dem dann erfolgten Kontraktbruch der Arbeiter zu verstecken, um mit dem Hinweis auf ihn jede Verhandlung mit den Arbeitervertretern abzulehnen. Hinzu komme, daß die Regierung als »die Hüterin der Gesetze« ihrerseits längst mit den Arbeitervertretern gesprochen und verhandelt habe. »Sie verstand diesen Massenstreik besser.«

Das Vorgehen der Bergleute hat nach Traub tiefere Gründe als nur die Beseitigung etlicher Mißstände im Bergbau. »Sie verdichteten wohl die Angst. Aber das eigentliche Motiv war die bange Sorge, gegenüber dem Anschwellen des Grubenkapitals den Zeitpunkt zu verpassen, in welchem die Gleichberechtigung des Arbeiterstandes als verhandlungsfähiger Vertragsmacht noch erkämpft werden könnte.« Von diesem Kernproblem her sind nach Traub die Einzelforderungen der Bergleute zu beurteilen. »Sie sind grundsätzlich berechtigt.« Eine berggesetzliche Regulierung durch den Staat müsse die Forderungen anerkennen. Für ihn sind es besonders zwei Punkte, die auf entscheidende Maßnahmen drängen: die hohe Unfallquote und die Frühinvalidität (das durchschnittliche Eintrittsalter der Bergleute in die Invalidität lag bei ca. 47 Jahren; s. dazu S. 111 im vorliegenden Band).

Der Streik selbst hat nach Traub eine »eigentümliche Physiognomie«. Sie besteht in der Einmütigkeit der Bergarbeiterverbände. »Diese Tatsache genügt, um das Urteil zurückzuweisen, daß man es nur mit sozialdemokratischer Verhetzung der Massen zu tun habe.« Und es ist seine Überzeugung, daß aus diesem wirtschaftlichen Kampf die Arbeiterorganisationen gestärkt hervorgehen würden.

Über die Haltung der offiziellen evangelischen Kirchenorgane zu diesem Streik zeigt sich Traub sehr besorgt. Er weiß um die vielen Zeichen der Solidarität mit den Bergleuten seitens einzelner Pfarrer und kirchlicher Organe vor Ort, aber im ganzen muß er konstatieren:

> »Hat die evangelische Kirche nichts zu sagen, so wird sie auch als eine
> solche behandelt, die in weltbewegenden Fragen nichts zu sagen weiß.
> Würde die Kirche jetzt im Sinn der Kaiserlichen Botschaft von 1890 das
> Streben der Arbeiterorganisationen nach Gleichberechtigung im Arbeits-
> vertrag rundweg anerkennen, so würde sie sich nichts vergeben, würde
> nicht nach Volksgunst haschen, sondern ihre Pflicht im Interesse des sozi-
> alen Friedens tun.«

Der Schluß dieses Briefes ist als Einblick in das Denken eines progressiven sozialliberalen Protestanten so bedeutsam, daß wir ihn voll wiedergeben möchten:

»Die ganze Grundstimmung gegenüber der Arbeiterfrage ist eine durchaus rückständige. Wo es sich um Aktienbesitz und Bankkapital handelt, gibt es kein patriarchalisches System. Der Bergbauliche Verein hat stets mit Schärfe abgelehnt, Organisationen anzuerkennen, ja er lehnt den Titelnamen ›Ruhrbergleute‹ ab. Die große Tarifbewegung, welche durch ganz Deutschland geht, soll an den größten Betrieben spurlos vorbeigehen. Man hält die Fiktion aufrecht, als ob man nur mit dem einzelnen Arbeiter verkehren wollte. Der Grund hierfür liegt darin, daß man die unbedingte Herrschaft über den Arbeitsvertrag sichern will. Arbeitsdisziplin will der Arbeiter so gut wie der Unternehmer. Aber er will seine Ware Arbeitskraft ebenso kollektiv verhandeln wie der Arbeitgeber seine Ware, und er versteht nicht, warum sich der Arbeitgeber auf Verhandlungen einläßt, wenn es sich um Verträge über 1 000 t Kohlen handelt, nicht aber, wenn es sich um Lohnfestsetzung für 1 000 arbeitende Menschen handelt. Den einzelnen Arbeiter auf den freien Arbeitsvertrag verweisen heißt ihn höhnen, wo es sich um Hunderte und Tausende von Händen im Riesenwerk handelt. Der Arbeitsvertrag wird zum Arbeitsbefehl. Der freie Arbeitsvertrag, die Voraussetzung kapitalistischer Produktionsweise, wird zur Illusion, wo koalierte Unternehmer Verhandlungen mit koalierten Arbeitern ablehnen. Damit hängt auch die unwürdige Behandlung der Arbeiter zusammen. Stets werden die Arbeiter dort ›schlechter‹ behandelt, wo man ihnen das Recht der Mitbestimmung versagt. Dann gelten sie als lebendige Maschinenteile, nicht als Glieder einer Arbeitsgemeinschaft. Daß die Arbeiter gerade um sich bessere Behandlung zu sichern, Anerkennung ihrer Organisation verlangen, ist durchaus verständlich. Eins bedingt das andere. Mit dem Ersatz des absoluten Fabriksystems durch das konstitutionelle tritt die Wendung in der Schätzung des Arbeiters sofort ein. So handelt es sich auch in diesem Streik um die große Frage der Organisation und ihrer Anerkennung. Der Staat wird alles Gewicht darauf zu legen haben, daß er die von ihm bereits anerkannten Organisationen auch von seinen Staatsangehörigen, den Unternehmerverbänden, anerkannt wissen will. Über den Bergbau, als die Quelle nationalen Reichtums, übt er die Oberhoheit in besonderem Maße. Hier darf und kann der einzelne mit seinem Eigentum nie einfach machen, was er will. Auch wenn wir die gewaltige Initiative und technische Energie des privaten Unternehmertums gerne anerkennen und wissen, daß die staatlichen Gruben im Saargebiet geringere Löhne aufweisen wie die privaten im Ruhrgebiet, so hat das Recht der Privatbesitzer seine Grenze an der Staatsgewalt und dem Volkswohl. Verhandlungen vor dem Gewerbegericht als Einigungsamt erschweren, ist kein Zeichen gesetzlichen Sinns, und noch abbaufähigen Zechen stillegen, widerspricht jeder Rücksicht auf die Volkswohlfahrt. Werden behördliche Einigungsversuche schroff abgelehnt, so wird die Staatsautorität geschädigt. Deshalb handelt es sich um bewußte und energische Stärkung des Staatswillens. Die Achtung vor dem Staat als Letztverantwortlichem für den wissenschaftlichen, sittlichen und geistigen Fortschritt muß Gemeingut des deutschen Denkens werden.«

Für uns wichtig in der Analyse und Bewertung der beiden Dortmunder Äußerungen ist das politische und gesellschaftspolitische Denkmuster, das durch die einzelnen Argumentationsreihen hindurchscheint: gesellschaftliche Konflikte auf dem Hintergrund ökonomischer und sozialer

Interessengegensätze lösen sich nicht von selbst oder durch ein Arrangement der Kontrahenten. Auf die Verständigungsbereitschaft im wirtschaftlichen Klassenkampf zu warten, wäre verantwortungslos. Der Staat als aller Einzelwirklichkeit übergeordneter Garant der Sicherung des Allgemeinwohls hat als Inhaber der gesetzgebenden Macht und als Garant ihrer Befolgung die Pflicht, den verletzten Frieden wiederherzustellen. Das aber kann er im vorliegenden Fall nur, wenn er die berechtigten Forderungen einer so großen und wichtigen Klasse wie die der Arbeiterschaft in eine für alle verbindliche Sozialgesetzgebung umgießt.

Die Erklärung der Dortmunder Pfarrer mit dem Traubschen Kommentar kann als Typus protestantischer Argumentation angesehen werden: der kontinuierliche Ausbau des Staates zum Sozialstaat ist heute der beste Weg einer aktiven längerfristigen Überwindung der Klassenkampfsituation einer kapitalistischen Wirtschaftspraxis und damit der beste Weg zur sozialen und psychologischen Integration des »vierten Standes« in die preußisch-deutsche Gesellschaft. Es ist der Weg zwischen Reaktion und Revolution im Sinne einer allmählichen Verwirklichung auch der sozialen Rechte der arbeitenden Menschen und im Sinne einer evolutionären, schrittweisen Veränderung der politischen und gesellschaftlichen Machtverhältnisse. Letzteres aber hat einen Abbau der herrschenden Priorität der Kapitalinteressen im Wirtschaftsgefüge zur Folge. Die sozialethische Argumentation zielt auf die Verwirklichung einer partnerschaftlich strukturierten Wirtschaftsgesellschaft hin. In der Anerkennung der Gewerkschaften als legalisierter Interessenvertretungen der Lohnabhängigen sieht man den möglichen Beginn einer kooperativen Wirtschafts- und Gesellschaftsordnung. Ohne selbst schon ein konkreteres Bild der Formenwelt einer solchen Arbeitsgemeinschaft von Kapital und Arbeit entwerfen zu können, signalisiert sich hier die Suche nach einem dritten Weg zwischen manchesterlichem Privatkapitalismus und sozialistischem Staatskapitalismus.

b) Die Bochumer Erklärung
Ähnlich wie die Dortmunder und doch an einigen Stellen über sie hinausgehend argumentiert die Bochumer Erklärung. Sie heißt:

> »An unsere Gemeindeglieder glauben wir unterzeichneten Geistlichen der Synode Bochum bei der gegenwärtigen Streikbewegung ein Wort der Verständigung und der Bitte richten zu sollen. Wir wissen, wie schwer und gefahrvoll der Beruf des Bergmanns ist und würdigen das Verlangen nach gesicherten Arbeits- und Lohnverhältnissen wie nach gerechter und würdiger Behandlung. Wir erblicken darin das Berechtigte in der gegenwärtigen Bewegung. Die Umstände, welche zum Streik unter Kontraktbruch geführt haben, bedauern wir und müssen die hier und da vorgekommene Beschimpfung Arbeitswilliger nur als einen traurigen Mißbrauch

der für das eigene Verhalten in Anspruch genommenen freien Selbstbestimmung beklagen. Die bisherige Ablehnung eines Verständigungsversuches seitens der Arbeitgeber bedauern wir nicht weniger.
Wir begrüßen es dankbar, daß die Königl. Staatsregierung eine Reform der Berggesetzgebung in die Wege leitet, welche die Arbeiterschaft gegen Willkürlichkeiten schützt und sie als einen mitbestimmenden Faktor für die Feststellung der Arbeitsbedingungen anerkennt. Wir können die Arbeiterschaft nur dringend bitten, den Beistand der Regierung mit Vertrauen aufzunehmen und die Frage zu erwägen, ob es demgegenüber noch nützlich ist, den Streik fortzusetzen. Die Arbeitgeber werden willig sein müssen, in eine wesentliche Beschränkung der bisherigen Alleinbestimmung der Arbeitsverhältnisse einzugehen; die Arbeiter jedoch werden keine Forderungen durchsetzen wollen, welche mit der Konkurrenzfähigkeit der deutschen Industrie gegenüber dem Auslande und mit der Rücksicht auf die Lebenshaltung anderer Volksklassen unvereinbar sind. Die gegenwärtige Sympathie der Bürgerschaft mit den Bergarbeitern würde sich in ihr Gegenteil verkehren, wenn sie sich die Parole des Klassenkampfes und des Kampfes gegen das Königtum und die Regierung aufnötigen ließen. Alle christlich und königstreu denkenden Männer bitten wir, um ihrer selbst und um des Volkes willen, dagegen mit kraftvoller Entschiedenheit aufzutreten.
Dringend empfehlen wir, nur solchen Organisationen beitreten zu wollen, welche die Liebe zu König und Vaterland wie die Treue gegen den christlichen Glauben nicht bekämpfen und verlästern, sondern achten und ehren.«[12]

Auch in diesem Dokument finden wir die klare Anerkennung der konkreten Forderungen der Bergleute »nach gesicherten Arbeits- und Lohnverhältnissen wie nach gerechter und würdiger Behandlung«. Der Kontraktbruch wird ebenso bedauert wie die Ablehnung der Verständigungsbemühungen durch die Zechenbesitzer. Und auch hier wird ganz zentral der Ruf nach der staatlichen Initiative in der Sozialgesetzgebung miteinbeschlossen – und das geht über die Dortmunder Erklärung hinaus – die gesetzliche Anerkennung der Arbeiterschaft »als eines mitbestimmenden Faktors für die Feststellung der Arbeitsbedingungen«. Jedenfalls meinen die Bochumer Pfarrer, daß die Zeit der Monokratie der Unternehmer vorbei sei. Der Gedanke der Vertretung der Arbeiterinteressen durch Betriebsräte wird von ihnen positiv aufgenommen, Legalisierung der Gewerkschaften und Legalisierung betrieblicher Interessenvertretungen sind für sie zwei notwendige Weiterentwicklungen im deutschen Arbeitsrecht. Zu beachten ist, daß sie mit diesen Forderungen eindeutig gegen die politischen und rechtlichen Interessen der Zechenbesitzer stehen.
Der letzte Teil der Bochumer Erklärung greift ein politisches Problem auf, das in kirchlichen Kreisen immer wieder zur Debatte gestanden

---

12 In: Verhandlungen der Kreissynode Bochum, Bochum 1905.

hat. So sehr man sich mehr oder weniger mit den praktischen Forderungen der Bergleute solidarisieren konnte, so sehr hatte man andererseits die Sorge, daß aus einem wirtschaftlichen Interessenkampf der Bergleute ein allgemein politischer Kampf gegen Monarchie und Regierung gemacht werden könne. Man hatte gerade angesichts der russischen Vorgänge eine elementare Angst vor dem Überschritt vom Generalstreik zur allgemeinen Arbeiterrevolution. Man achtete deshalb sehr genau darauf, daß nicht aus einem ökonomischen Verteilungskampf im System ein revolutionärer Kampf gegen das System wurde. Man drängte immer wieder auf die klare Unterscheidung zwischen einer sozialreformerischen Tätigkeit des Staates unter monarchischer Führung und einer gesellschaftsreformerischen Aktivität, die sich als Vorstufe einer Überwindung der politisch-gesellschaftlichen Ordnung im ganzen verstand.

Auf dem Hintergrund dieser Problematik ist der Aufruf der Bochumer zu verstehen, nur patriotischen, königstreuen und christlichen Organisationen beizutreten. Auch im solidarischen ökonomisch-sozialen Kampf sollte die politische und weltanschauliche Abgrenzung gegenüber den anderen Verbänden klar bleiben.

c) Die Essener Erklärung

Die Essener Pfarrer solidarisieren sich nach einem eigenen Vorwort mit der Erklärung des Rheinisch-Westfälischen Verbandes Evangelischer Arbeitervereine vom 15. Januar 1905. Vorwort und Erklärung lauten:

»In Erkenntnis, daß die gegenwärtige, für das innere und äußere Leben unserer Gemeinden überaus schmerzliche Sachlage nicht nur auf Einzelübelstände, sondern auf die Gesamtlage des Arbeiterstandes, der in dem Gefühl großer Unsicherheit um die gesetzmäßige Festlegung seiner Rechte ringt, zurückgeht, erachten wir es für eine sittliche Pflicht sowohl der Arbeitgeber als auch des Staates, die von den christlichen Arbeiterkreisen seit langem energisch erhobenen Forderungen aufs neue ernsthaft zu prüfen und empfehlen wir nachfolgende Kundgebung unserer evangelischen Arbeitervereine gerade in der gegenwärtigen Lage nachdrückliche Beachtung:
Der heute in Essen versammelte Ausschuß des Rheinisch-westfälischen Verbandes evangelischer Arbeitervereine fordert, ohne auf die Einzelheiten des gegenwärtigen Streikes einzugehen, zur dauernden Besserung der Arbeiterverhältnisse im Bergbau sowie der gesamten Verhältnisse des Bergbaus:
1. Die Veranstaltung einer durchaus unparteiischen, auf kontradiktorischem Verfahren beruhenden amtlichen Untersuchung.
2. Die Beschleunigung der Berggesetzreform, insbesondere die gesetzliche Regelung der Schichtdauer und der Ein- und Ausfahrt.
3. Die gesetzliche Anerkennung der Arbeiter-Berufsorganisationen und die Sicherung der Vereins- und Versammlungsfreiheit.

4. Die obligatorische Einführung von Arbeiter-Ausschüssen in den einzelnen Betrieben.
5. Die baldige Schaffung von Arbeitskammern.«[13]

Diese Resolution verzichtet auf die Entfaltung der sog. Schuldfrage, sondern fordert als konstruktive Alternative die Einsetzung eines Untersuchungsausschusses. Ihr vorrangiges Interesse ist in Übereinstimmung mit allen bisherigen Verlautbarungen die Novellierung der Berggesetze und die gesetzliche Entscheidung in der Arbeitszeitfrage. Auch in der Frage der legalen Anerkennung der Gewerkschaften als legitimer Vertretung der ökonomischen und sozialen Interessen der Arbeiter im gleichberechtigten Gegenüber zu den Arbeitgebern und ihren Verbänden ist man identisch mit dem Kern der allgemeinen Streikforderungen.

Fast in jeder Nummer des »Evangelischen Arbeiterboten«, des in Hattingen herausgegebenen Verbandsorgans der Evangelischen Arbeitervereine, wird diese Forderung nach rechtlicher Gleichberechtigung im ökonomischen Verteilungskampf erhoben. Der Gedanke der Tarifparteien im Sinne einer durchaus kämpferisch-kritischen Partnerschaft von »Kapital« und »Arbeit« wird hier artikuliert. Die Kritik an der Politik des Bergbaulichen Vereins ist mindestens so scharf und bitter wie in dem Schrifttum der Bergarbeiterorganisationen selbst. Die Vorstellung einer sog. wirtschaftsfriedlichen Position der evangelischen Arbeitervereine hält dem Quellenbefund, wenigstens für das Jahr 1905, nicht stand. Besonders engagiert ist man in der Frage der sog. konstitutionellen Fabrik. Das Recht der Arbeiter auf betriebliche Mitbestimmung soll durch Reichsgesetz verankert werden. Damit unterstützen diese Vereine die allgemeine Betriebsrätebewegung, d. h. den Gedanken der konkreten Mitbestimmung in allen Fragen der technischen und sozialen Betriebsordnung, soweit die Interessen der Arbeiter unmittelbar berührt werden.

Es ist Zeit für ein erstes Resümee: die vorgeführten Quellen, die noch durch viele andere ähnlichen Inhalts erweitert werden könnten, machen deutlich, daß das häufig kolportierte Urteil, die evangelische Kirche habe immer auf der Seite des Kapitals und des Unternehmertums gestanden, zumindest im Hinblick auf den großen Ruhrbergarbeiterstreik von 1905 nicht zutrifft. Einzelne Pfarrer vor Ort, große Pfarrerkonferenzen und Kreissynoden des Ruhrgebiets haben sich eindeutig mit den Hauptforderungen der Streikenden solidarisiert. Gleichzeitig haben sie sich entgegen den Arbeitgeberintentionen für die Gewerkschaften als gleichberechtigte Tarifpartner zu den Unternehmer-

---

13 Vorwort in: Allgemeine Evangelische Lutherische Kirchenzeitung 1905, Spalte 149; Erklärung in: Christliche Welt 1905, Spalte 138.

verbänden eingesetzt. Die Lösung des ökonomisch-sozialen Konfliktes aber sahen sie vorrangig in zunehmender Staatstätigkeit auch auf diesem Gebiet. Den Klassenkampf, dessen tatsächliche Existenz niemand bestritt, zu entschärfen und allmählich in die Bahnen einer geordneten sozialen Partnerschaft zu lenken, ist für sie die Aufgabe eines gezielten Staatsinterventionismus zum Schutz der bisher Schwächeren. Behaftet in der Tradition eines protestantischen obrigkeitlichen Staatsverständnisses ist es für sie eine sittliche Verpflichtung des Staates, für sozialen Frieden durch soziale Gerechtigkeit zu sorgen. Der Staat ist in diesem Denken der Repräsentant des Allgemeinwohls. Wenn es gilt, dieses durchzusetzen, so muß er auch bereit sein, es gegen die partiellen Interessen der besitzenden Klassen mit den Mitteln einer für alle verbindlichen Sozialgesetzgebung durchzusetzen. Es ist dieses Sozialstaatsideal, das diesen Teil des Protestantismus befähigt hat, in einem gesellschaftlichen Klassenkonflikt deutlich Flagge zu zeigen.

d) Andere Stimmen

Wenn auch nach den zeitgenössischen Verlautbarungen aus dem Raum des Ruhrgebiets kein Zweifel daran bestehen kann, daß die Argumentationslinie der Pfarrerkonferenzen von Dortmund, Bochum und Essen die vorherrschende gewesen ist, so hat es doch auch ganz andere Äußerungen zum Streik gegeben, die das Bild erst vervollständigen. So kann man zum Beispiel dem Jahresbericht der Synode Hattingen einen anderen Typus kirchlicher Argumentation und Praxis entnehmen. Dort heißt es:

»Das ganze soziale Leben in unseren Gemeinden stand im Berichtsjahr unter dem Zeichen des Riesenstreiks der Bergleute. Da war es besonders für die Pfarrer in unseren Gemeinden, die überwiegend aus Bergarbeitern bestehen, schwer, die richtige Stellung einzunehmen. Auf der einen Seite galt es, der Schwachen sich anzunehmen, denn das ist Christenpflicht. Auf der andern Seite galt es, den maßlosen Hetzereien der Sozialdemokraten entgegenzutreten, denn das ist nicht minder Christenpflicht. Wir haben in jenen aufregenden Wochen wiederholt auf der Konferenz darüber beraten, ob wir auch mit einem öffentlichen Appell an unsere Gemeindeglieder hervortreten sollten, wie es in anderen Nachbarsynoden geschehen ist, aber wir konnten die Freudigkeit dazu nicht gewinnen. Wir haben es absichtlich vermieden, im Kampfe Stellung zu einer der beiden Parteien zu nehmen, weil es sich da größtenteils um solche technische und soziale Fragen handelte, bei denen es uns an der rechten Erfahrung mangelt. Dagegen haben wir Pfarrer der Synode es uns ernstlich angelegen sein lassen, durch Predigt, Seelsorge und Liebestätigkeit nach Möglichkeit versöhnend zu wirken. Diese unsere Tätigkeit hat auch die gebührende Anerkennung gefunden und wesentlich dazu beigetragen, unter den Streikenden Ruhe und Ordnung zu erhalten und nachhaltige Schädigungen für das kirchliche Gemeindeleben zu verhüten. Gott gebe, daß es gelingen möge, solche Gesetze zu schaffen, die einen dauernden sozialen Frieden, als die Voraussetzung gesegneten geistigen Lebens, in unseren Gemeinden gewährleisten und befestigen.«[14]

Zu den Sachproblemen des Streiks will man nicht Stellung nehmen, da man Sorge hat, seine Kompetenzen als Geistliche zu überschreiten. Nicht in der Parteinahme, sondern in der versöhnenden Tätigkeit durch Predigt, Seelsorge und Caritas sieht man seine Hauptaufgabe, um gerade dadurch »Ruhe und Ordnung« unter den Streikenden zu erhalten und um Schaden für das kirchliche Gemeindeleben zu verhüten.

Hier findet sich nicht die Spur einer Bemühung, den Streik in seinen tieferen Ursachen zu verstehen. Die allgemein politische Aufgabe allerdings steht fest: gegen die Hetzereien der Sozialdemokraten zu kämpfen. Die kirchliche Aufgabe steht auch fest: die Predigt und Praxis von Versöhnung im Streit zu betreiben.

In dieser Position begegnet uns eine fast klassische Argumentationsfigur des sozialquietistischen Protestantismus: die Kirche hat keinen spezifischen Auftrag gegenüber den sozialen Problemen, aber sie hat im Streit der Welt allen Kombattanten Versöhnung zu predigen und sie alle zur unmittelbar geübten Nächstenliebe anzuhalten. Gesellschaftliche Konflikte werden so zu Fragen der persönlichen zwischenmenschlichen Verhältnisse gemacht. Die strukturellen Bedingungen, in denen Menschen leben, werden nicht thematisiert. Die vorgegebene gesellschaftliche Ordnungswelt wird nicht zum Thema der Kritik gemacht. Die Fragen nach sozialer Gerechtigkeit und nach menschenwürdigeren Verhältnissen können angesichts des Übergewichts des Ordnungsinteresses nur bedingt zur Sprache gebracht werden.

In der konkreten Situation der Streikwochen bedeutete diese Position in der Endkonsequenz faktisch die Aufkündigung der Solidarität mit den existentiellen Problemen der streikenden Gemeindeglieder. Man zog sich auf seine sog. zentralen Aufgaben zurück und merkte gar nicht, wie man sich gerade dabei von den konkreten Menschen mit ihren Nöten entfernte.

In der Tat ist es diese Form der Hattinger Argumentation gewesen, die bei vielen Arbeitern das Gefühl verstärkt hat, auf den Beistand dieser Kirche mit solchen Dienern bei der Bewältigung der Probleme ihrer lohnabhängigen Existenz nicht rechnen zu können. Diese Form der kirchlichen Introvertiertheit hat den inneren Exodus der Arbeiterklasse aus der Kirche nur beschleunigen können[15]. Man meinte in Hattingen, es »theologisch« bestimmt sehr richtig und gut zu machen, übersah aber die ganz realen Konsequenzen seines vermeintlichen

---

14 In: Verhandlungen der Kreissynode Hattingen, Hattingen 1905.
15 Vgl. dazu den Beitrag von *A. Kraus* im vorliegenden Band, bes. S. 293.

Rückzuges auf das »Eigentliche«. Man mag seine »Theologie« gerettet haben, aber eben zu dem Preis, daß die Ausgebeuteten und Rechtlosen das Haus in Scharen verließen. Kann man dieses »Hattinger Konzept« noch aus einer bestimmten Tradition des deutschen Protestantismus verstehen – wobei die kritische Anfrage sich ja nicht gegen eine verstärkte pastorale und diakonische Aktivität richtet, sondern allein gegen den Mangel an Mut zur klaren Entscheidung für die Schwächeren in einer dramatischen sozialgeschichtlichen Situation –, so ist der Passus des Jahresberichtes der Synode Gelsenkirchen, der sich auf den Streik bezeiht, von einmaliger Struktur. Er lautet:

> »Zu dem Streik im Laufe des Winters lag im allgemeinen wenig oder kein Anlaß vor. Er trat ganz unvermutet ein. Die Annahme, daß er künstlich gepflegt worden sei, hat sich bisher mehr und mehr bestätigt. Daß die Löhne gute waren, ergibt sich schon daraus, daß lange nicht so viele Ansprüche auf Unterstützung gemacht sind, als man anfänglich erwartete. An die kirchlichen Armenkassen sind solche nur in geringem Maße gestellt. Die Pfarrer haben vielfach Privat-Unterstützungskassen gebildet, jedoch auch zu diesen nicht häufig ihre Zuflucht zu nehmen brauchen. Verschiedene Familien haben in besonderen Notfällen ausgeholfen. Auch haben die evangelischen Arbeitervereine bei den Bürgern gesammelt und der Not gewehrt. Die Geschäftsleute haben vorzugsweise unter den Folgen des Streiks zu leiden gehabt, sofern sie Kredit haben gewähren müssen. Daß die Bergleute ausreichend Verdienst hatten, ergibt sich auch daraus, daß in verschiedenen Gemeinden keine Steuer gestundet zu werden brauchten, daß die Schulsparkassen im allgemeinen keine Veränderungen, zumal in den Einlagen erlitten haben, auch Konfirmandenbekleidungen nicht mehr als in früheren Jahren zu beschaffen waren. Es gereichte zu allgemeinem Frommen, daß die Wirtschaften bei Zeiten polizeilich geschlossen wurden, auch dem Streikpostenunwesen nach Kräften gewehrt wurde. Der Kampf gegen den Alkoholismus wird nach wie vor weitergeführt ...«[16]

Dieser Bericht eines Gelsenkirchener Superintendenten dürfte im Kreise aller zeitgenössischen Äußerungen zum Streik singulär sein. Daß zum Streik kein Anlaß gewesen, daß er unvermutet gekommen sei, daß die Löhne gut gewesen seien – dieses behauptet sonst niemand unter den übrigen Zeitgenossen, abgesehen natürlich von der Tendenzpresse der bergbaulichen Unternehmer. Die pastorale Existenz dieses Amtsträgers muß sich sehr weit weg von den Realitäten eines damaligen Bergarbeiterschicksals vollzogen haben. Aber eben dieses gab es auch. Wieweit dieser Typos pastoraler Harmlosigkeit und sozialer Blindheit verbreitet gewesen ist, läßt sich nur sehr schwer abschätzen. Auf ihn mag vielleicht zutreffen, was ein anderer Amtsbruder in einem beachtlichen Aufsatz zum Thema »Kirche und Streik« geschrieben hat:

---

16 In: Verhandlungen der Kreissynode Gelsenkirchen, Gelsenkirchen 1905.

»Manche Geistliche sind gesellschaftlich zu eng verbunden mit den Kreisen der Arbeitgeber und lassen sich von deren Urteil in den sozialen Kämpfen oft ungewollt und unbewußt beeinflussen. Andere hören die Klagen meist älterer Arbeiter oder von Witwen über die schädlichen Folgen des Streiks, aber selten einmal kommen ihnen die Gedanken junger kräftiger, strebsamer Arbeiter zu Gehör. Die wollen freilich von einer Kirche, die nur Leidenswilligkeit und demütige Ergebung auch in der elendesten Lage predigt, nichts wissen. So hat mancher Geistliche unliebsame Erfahrungen mit Arbeitern gemacht, die selbständig denken und dem ›Herrn Pfarrer‹ nicht die althergebrachte Ehrerbietung erweisen, und er stimmt nun ein in das Verdammungsurteil über die Begehrlichkeit, Unbotmäßigkeit und den Unglauben der Massen. Es fehlt ihm das tiefere Verständnis für die inneren, zwingenden Triebkräfte der Arbeiterbewegung.«[17]

Genau die letztere Beobachtung dürfte für weite Teile des bürgerlichen Protestantismus zutreffen. Auch die zum Teil großartigen Bemühungen des Evangelisch-sozialen Kongresses unter seinem Vorsitzenden Adolf von Harnack oder der Gesellschaft für Soziale Reform unter Hans Freiherr von Berlepsch oder auch der sozialliberalen Kreise um Friedrich Naumann oder der sozialkonservativen um Adolf Stoecker, sie alle haben mit ihrer Arbeit, Brücken zwischen Kirche und Proletariat zu schlagen, nur geringen Erfolg gehabt, sowohl innerhalb der Arbeiterschaft wie auch innerhalb der Kirche. Auch die Stellungnahmen dieser Gruppen zum Streik, die wir hier nicht zur Sprache bringen können, haben es nicht vermocht, den seit Jahrzehnten existierenden Entfremdungsprozeß zwischen Kirche und Proletariat entscheidend aufzuhalten. Zu sehr wurde von den arbeitenden Massen aus längerer Erfahrung heraus die offizielle Repräsentation der evangelischen »Staatskirchen« mit den gesellschaftlichen, politischen und auch ökonomischen Eliten des Reiches in Verbindung gebracht, so daß auch die andere Sprache und Praxis der evangelisch-sozialen Männer und Frauen das Mißtrauen der Mehrheit der Arbeiter gegen eine »Kirche der Mächtigen« nicht aufsprengen konnten[18]. So ist es verständlich, wenn einige Wochen nach dem Streik in der Zeit der parlamentarischen Debatten über die Gesetze zum Bergarbeiterschutz der evangelische Arbeitersekretär Tischendörfer in der Zeitschrift des Evangelisch-sozialen Kongresses »Evangelisch-sozial« folgendes schreiben konnte:

»Es muß daher einmal offen gesagt werden: Was sich heutzutage mit besonderem Nachdruck evangelisch nennt, ist in der Hauptsache unsozial, wenigstens, soweit es sich um die sogenannten höheren Stände handelt. Im Landtag herrschen durch ›das elendeste aller Wahlrechte‹ die ›homogenen‹ Elemente. Und das Herrenhaus? Darüber schweigt man sich aus. Die oberste Vertretung der evangelischen Kirche hat eine ähnliche Zu-

---

17 Pfarrer *Sammler* in: Neues Sächsisches Kirchenblatt 1905.
18 Zur Haltung der offiziellen Kirche zur sozialen Frage vgl. *G. Brakelmann:* Kirche, soziale Frage und Sozialismus 1871–1914, Gütersloh 1977.

sammensetzung. Weit, weit weg vom kleinen Mann, insbesondere vom Arbeiter. Das ist die Praxis der durch ›Bildung und Besitz maßgebenden Kreise‹ innerhalb der evangelischen Glaubensgenossen.

Man wird als evangelisch-sozialer Mann mit einem Gefühl tiefster Beschämung erfüllt, wenn man konstatieren muß, daß es vielfach evangelische Männer, ja vermeintliche Generalpächter des ›einzig richtigen‹ Evangeliums sind, die sich so ablehnend gegen alle Arbeiterforderungen verhalten ... Die evangelische Arbeitermasse hat sich von ihren ›hochstehenden‹ Glaubensgenossen abgewendet. Sie wurde von ihnen geradezu in die Sozialdemokratie hineingedrängt. Was jetzt vorgegangen ist, wird dazu beitragen, daß sich der Abmarsch weiter fortsetzt ...«[19]

* * *

Wir müssen am Ende ein Doppeltes feststellen: es hat auf der einen Seite im großen Ruhrbergarbeiterstreik von 1905 eine große Solidarität mit den konkreten Forderungen der Bergleute seitens eines nicht geringen Teils des Protestantismus gegeben. Praktische und auch politische Hilfe wurden in gleicher Weise geleistet. Novellierung der Berggesetze und Anerkennung der Gewerkschaften als Tarifpartner sowie Mitbestimmung der Arbeiter durch Betriebsausschüsse standen im Zentrum der sozial- und gesellschaftspolitischen Parteinahme. Den Staat auf seine besondere sittliche Verpflichtung für den sozialen Frieden durch seinen Ausbau zum modernen Sozialstaat hingewiesen zu haben, ist die längerfristige Intention dieses gemeinprotestantischen Bemühens gewesen. Auf der anderen Seite hat es jenen traditionellen kirchlichen Protestantismus gegeben, der auch angesichts äußerster materieller und politischer Not dabei blieb, nicht unmittelbar etwas mit dem »Wohl« der Menschen zu tun zu haben. Die faktische Konsequenz dieser Haltung war, daß man mit innerer Notwendigkeit zum politisch-moralischen Hüter und Sachwalter der herrschenden Verhältnisse und ihrer Eliten wurde. So jedenfalls sah es die Mehrheit der Arbeiter des Ruhrgebiets. Gerade in den Jahren nach 1905 setzte verstärkt eine Abwendung von Kirche und Religion ein, dem eine entsprechende politische und auch weltanschauliche Hinwendung zur Sozialdemokratie entsprach. Die durchaus beachtlichen Resolutionen und Aktionen des sozialen Protestantismus haben diesen Emigrationsprozeß der Arbeiterschaft aus der Kirche nicht aufhalten können. Aber: entscheidende politische und sozialethische Impulse haben die staatliche Sozialgesetzgebung der Zukunft stimuliert. Hier allerdings dürfte der sozial engagierte Protestantismus seinen historisch greifbaren Beitrag zum Ausbau unseres modernen Sozialstaates geleistet haben.

---

19 In: Evangelisch-sozial 1905, S. 116.

Klaus Tenfelde

Bergmännisches Vereinswesen im Ruhrgebiet während der Industrialisierung

In der heutigen Zeit, deren arbeitsfreie Stunden sich zwanglos durch unzählige Beschäftigungs- und Unterhaltungsangebote – man denke nur an die Massenmedien, an Gaststätten, Wochenendfahrten im eigenen Auto oder ausgedehnte jährliche Urlaubsreisen – ausfüllen läßt, leuchtet der Sinn eines Engagements in gewerblichen oder kommunalen Vereinen jedenfalls nicht mehr unmittelbar ein. Wer nach wie vor einen Teil seiner Freizeit den Versammlungen seines Hobbyvereins widmet, begegnet oft geringschätzigem Unverständnis. Nur den Sportvereinen mag man sinnvolle Aufgaben zuerkennen; Taubenvereine und Schrebergartengesellschaften, Hunde- oder Kaninchenzuchtvereine rufen oft nichts als mitleidiges Lächeln hervor.

Solche Einschätzung birgt voreilige Fehlurteile. Sie verrät nicht nur die Engstirnigkeit jener, die es besser zu wissen glauben; sie übersieht auch die große Bedeutung, die das Vereinsleben als Orientierungshilfe in der freizügigen Alltagsgestaltung zahlloser Menschen auf sich zieht. Sie verkennt schließlich, wie gründlich und nachhaltig der Verein als Organisationsprinzip mit seinen Ausstrahlungen auf die Gesellschaftsorganisation das öffentliche Leben bis heute gestaltet hat. So liegen die Ursprünge der großen Versicherungsgesellschaften oder der gemeinnützigen Wohlfahrtsverbände, der mächtigen wirtschaftlichen Interessengruppen und selbst der politischen Parteien im Vereinswesen des 19. Jahrhunderts. Diese und zahlreiche andere, längst durch eigene Rechtsformen differenzierte Verbände und Institutionen entstanden nicht anders als durch freien Zusammenschluß Gleichgesinnter zu einem satzungsbestimmten Zweck, zu dessen Verfolgung grundsätzlich jeder beitreten und Beiträge entrichten kann, Versammlungen abgehalten, Vorstände gewählt werden und öffentliche Wirksamkeit angestrebt wird.

Industrialisierung und Vereinswesen

Die Geschichte des frühen 19. Jahrhunderts zeigt, in welchem Maße der Verein an der Wiege der modernen Gesellschaftsorganisation gestanden hat[1]. Lesegesellschaften und Unterhaltungsvereine, deren Vor-

---

1 Zur Frühgeschichte des Vereinswesens in Deutschland siehe vor allem T. *Nipperdey:* Verein als soziale Struktur in Deutschland im späten 18.

geschichte – der Verein als Rechtsform ist freilich noch viel älter – bis weit in das 18. Jahrhundert zurückreicht, waren die Vorboten jenes neuen, gegen die verkrusteten ständisch-feudalen Gesellschaftssysteme des Spätabsolutismus gerichteten Selbstbewußtseins im aufstrebenden Bürgertum. Entgegen den Reglementierungen einer allmächtigen Obrigkeit war man hier auf freiheitliche Bildung und freizügige Berufsausübung bedacht. Liberales Denken, der Wunsch nach einem einigen deutschen Nationalstaat unter gleichberechtigter demokratischer Mitwirkung der Bürger erfüllte diese bürgerlichen Gesellschaften, die Studentenverbindungen und Handwerkervereine, die trotz der vormärzlichen Zensur und Vereinigungsverbote in den Städten entstanden. Handwerker waren es auch, die den Bildungsgedanken in andere Gegenden trugen, zu Vereinsgründungen anregten und bald auch politische Zwecke mit den Vereinen verbanden. Während in den Grenzen des Deutschen Bundes freiheitliche Bestrebungen bald der rigiden Verfolgung des Obrigkeitsstaats erlagen und deshalb vielfach nur insgeheim verfolgt werden konnten, errichteten diese wandernden Handwerker im westlichen Ausland, in der Schweiz, in Frankreich, Belgien und England eigene Vereine, in denen Ideen der Französischen Revolution, des französischen und englischen Frühsozialismus Eingang fanden und versuchten, durch Verbindungen untereinander auf die Zustände im Vaterland einzuwirken.

Als dann in den ersten Tagen der Revolution 1848/49 die verhaßten Versammlungs- und Vereinigungsverbote mit einem Schlage fielen, zeigte sich, wie tief der Vereinsgedanke Wurzeln geschlagen hatte. Wie selbstverständlich formierten sich die wesentlichen politischen Richtungen der Revolution in Vereinen, um ihre Ziele durch Versammlungen, in der Presse und in den Revolutionsparlamenten zu verfolgen. Mit den bürgerlichen Schichten wurden Handwerker und Arbeiter von der Bewegung, meist auf ihrer demokratisch-republikanischen Seite, ergriffen; erst in einer späteren Phase gründeten sie eigene Vereine und schufen in der »Arbeiterverbrüderung« des Schriftsetzers Stephan Born bereits eine überregionale Organisation, die die spätere gewerkschaftliche und politische Arbeiterbewegung hierin vorwegnahm[2].

Mit dem Scheitern der Revolution erstickten alle freiheitlichen Regungen. Die wiedererstarkten Staatsregierungen verfolgten alle Bestrebungen, die den Verdacht fortgesetzter oppositioneller »Wühlerei« auf

---

und frühen 19. Jahrhundert, in: *ders.*: Gesellschaft, Kultur, Theorie, Göttingen 1976, S. 174–205; O. *Dann:* Die Anfänge politischer Vereinsbildung in Deutschland, in: *U. Engelhardt* u. a. (Hg.): Soziale Bewegung und politische Verfassung, Stuttgart 1976, S. 197–232.

2 Über die Arbeitervereine in der Revolution s. u. a. *F. Balser:* Sozial-Demokratie 1848/49–1863, 2 Bde., 2. Aufl. Stuttgart 1965.

sich zogen, mit den Mitteln des Polizeistaats: durch argwöhnische Überwachung, Spitzelei, Zensur und gesetzliche Maßnahmen, unter anderem seit 1850 durch eigene Vereinsgesetze, mit denen die Bildung politischer Vereine scharf reglementiert und die Aufnahme überregionaler Verbindungen untersagt wurde – Gesetze, die bis zum Beginn des 20. Jahrhunderts in Rechtskraft blieben und weitgehende Handhabe gegen alle unerwünschten Regungen boten.

Es war der gleichzeitige immense wirtschaftliche Aufschwung der industriellen Gewerbe, der zusammen mit der erneuerten politischen Reaktion eine zweite Phase der Vereinsgeschichte einläutete. Wir haben das Vereinswesen in unserem kurzen historischen Überblick im wesentlichen als Instrument zur Emanzipation des aufstrebenden, nach nationaler Einheit, liberaler Wirtschafts- und Gesellschaftsverfassung und demokratischer Partizipation drängenden Bürgertums vom Staat kennengelernt. Vereine waren die Zentren einer eigenen, vom obrigkeitlichen Einfluß freien, zweckverbundenen Geselligkeit und Willensbildung gewesen; sie hatten, verkürzt gesagt, Möglichkeiten alternativer gesellschaftlicher Organisierung von freien Staatsbürgern gegenüber einer nach wie vor in ständisch-monarchischen Vorstellungen befangenen Staatsgewalt aufgezeigt. Aber die Revolution hatte den Trägern dieser Bewegung zugleich deutlich gemacht, daß neben, gleichsam links von ihnen eine neue, womöglich gegen sie selbst gerichtete politische Kraft zu entstehen drohte: die Arbeiterschaft, die sich gleichermaßen der Vereine zur Organisation ihrer Interessen bediente.

Dieser erste konjunkturelle Aufschwung zu Beginn der Industrialisierung in Deutschland ließ keinen Zweifel daran, daß sich die Zahl der abhängig beschäftigten, ausschließlich von gewerblicher Tätigkeit ernährten Tagelöhner, Arbeiter und Handwerker künftig unaufhörlich vermehren würde. In den aufblühenden Industrieregionen entstanden nun die großen »gewerblichen Etablissements«: Fabriken der Textilindustrie, Zechen, Verhüttungsanlagen und Maschinenbauwerkstätten – Betriebe, die ihre großen Belegschaften von nah und fern heranzogen, in unmittelbarer Nähe ansiedelten und so neue Bevölkerungsmittelpunkte, neue Wohnstätten, Gemeinden und Städte schufen oder doch das jahrhundertelang kaum veränderte Gesicht ihrer Ansiedlungsorte nachhaltig wandelten. Gerade auch in dem alten Bergbaugebiet beidseits der Ruhr setzte diese Entwicklung während der 1850er Jahre ein; hier waren es die frühen Tiefbauzechen und Großbetriebe der Hüttenindustrie, die mit der Verkehrserschließung zu den nördlichen Standorten entlang der Hellweglinie drängten und fortan im konjunkturellen Rhythmus Scharen von Zuwanderern nach sich zogen[3].

3 Vgl. ausführlich *K. Tenfelde*: Arbeiterschaft, Arbeitsmarkt und Kommu-

Die angesessenen Arbeiter wie auch diese Neuankömmlinge im Revier sind nicht etwa gleich über gewerkschaftliche oder gar politische Ziele zu Vereinsgründungen veranlaßt worden. Man hatte zunächst andere Sorgen: solche der Anpassung an die neuartigen Arbeitsverrichtungen und deren betriebliche Organisation, der Eingewöhnung in die fremde Umwelt, des Auskommens mit den marktdiktierten Einkommens- und Lebensverhältnissen. Im Sog der industriellen Expansion wandelten sich die Daseinsgrundlagen zutiefst, und es waren zuerst die Bedürfnisse des Alltags, der Erwerbssicherung und Existenzerhaltung angesichts unentrinnbarer Auslieferung an die neuen Verhältnisse, die das Denken und Verhalten der Bergleute, Tagelöhner und Hüttenarbeiter bestimmten. Zu diesen Bedürfnissen zählte etwa die Absicherung gegen Notfälle durch Krankheit, Unfall oder Tod des Ernährers. Unterstützungskassen, die zu diesem Zweck oft schon im Vormärz entstanden waren, wurden nun innerhalb der Belegschaften oder von nachbarlichen und gewerblichen Gemeinschaften gebildet, um nach dem Gegenseitigkeitsprinzip Gelder anzusammeln und bei bestimmten Notfällen auszuschütten[4]. Solange solche Aufgaben der Daseinssicherung nicht durch gesetzliche Maßnahmen aufgefangen wurden, kamen diese Kassenvereine dringendsten Erfordernissen nach; weil von ihnen oft umfassendere Zusammenschlüsse ausgingen und spätere Vereine sich immer wieder Kassen angliederten, ging von ihnen ein wesentlicher Impuls zur Entstehung des späterhin so ausgedehnten Arbeitervereinswesens aus.

Die ersten bergmännischen Vereine knüpften gleichwohl an eigene, berufsspezifische Traditionen an. Anstöße zur Vereinigung gingen bereits von den Belegschaften der frühen Tiefbauzechen in Stadtnähe und ihren Gewerken aus, die damit die Bergleute auch außerhalb und neben der Grubenarbeit anzuleiten, die alten bergbaulichen Traditionen zu beleben und ihnen durch Feste Farbe zu verleihen versuchten. Ein solcher Gesangverein, für den die Gewerken ein eigenes Liederbuch drucken ließen, bestand schon in den 1830er Jahren auf der Mülheimer Zeche Wiesche, und dieses Beispiel wurde später etwa auf Hannover-Hannibal nachgeahmt[5]. Ein wichtiger Umstand, zu dessen Erläuterung kurz ausgeholt werden muß, kam dieser betriebsnahen Formenpflege

---

nikationsstrukturen im Ruhrgebiet in den 50er Jahren des 19. Jahrhunderts, in: Archiv für Sozialgeschichte, Jg. 16 (1976), S. 1–59.

4 Quellen hierzu finden sich in: Die Einrichtungen zum Besten der Arbeiter auf den Bergwerken Preußens, Berlin 1875/1876, S. 12–18 (Anhang).

5 Der Titel des Buches lautete: Grubenklänge, eine Liedersammlung für Bergleute, bergmännische Sänger, Chöre und Freunde des bergmännischen Gesanges, 2. Aufl. Mülheim a. d. R. 1840. Zum Gesangverein auf Zeche Hannibal s. den Bestand 20 B 14 im Bergbau-Archiv Bochum, ausgewertet bei *L. Rothert*: Umwelt und Arbeitsverhältnisse von Ruhrbergleuten in

entgegen und trägt zugleich zur Klärung der Ursachen für die Entstehung der bergmännischen Knappenvereine seit der Mitte der 1850er Jahre bei.

Bis zur Jahrhundertmitte stand der Ruhrbergbau, wie dies der jahrhundertealten Bergwerksverfassung mitteleuropäischer Montanreviere entsprach, unter der allmächtigen Leitung der Bergbehörden, die das Bergregal der Monarchen, der obersten Bergherren, sowohl hinsichtlich der technischen und organisatorischen Betriebsplanung als auch der kaufmännischen Belange der Zechen verwalteten[6]. Den Gewerken als den Kapitaleignern verblieb unter der Direktion des Staats wenig mehr als das Risiko des Kapitaleinsatzes bei durchaus zweifelhaften Gewinnchancen. Vor allem den sozialen Bereich: Löhne und Arbeitszeit, Anstellung und Entlassung, regelten die Bergämter in Bochum und Essen in eigener Machtvollkommenheit; ihr Anliegen war, die Gesamtheit der Bergbauinteressierten, also Bergleute, Steiger und Gewerken, zu einer besonderen Gemeinschaft, einem der monarchischen Autorität zugeordneten, von anderen Gewerben abgehobenen, privilegierten »Bergmannsstand« unter der Leitung der Königlichen Bergbeamten zusammenzuschmieden. Hauptinstrument solcher Standespflege waren die Knappschaften, die seit langem zur Unterstützung der Bergleute bei Krankheit und Invalidität unter Beihilfe der Unternehmer bestanden, unter dem preußischen Bergfiskus jedoch, in sich nach Maßstäben der Qualifikation und Anciennität gegliedert, zu ständischen Organisationen ausgestaltet wurden. Der Eintritt in die Knappschaft erforderte bestimmte Voraussetzungen, darunter den Aufnahmeeid bei der Knappschaftsfahne; die Mitgliedschaft umschloß einige althergebrachte Rechte wie jenes auf Mindestlohn und sozialen Schutz, sogar ein prinzipielles Recht auf Arbeit, aber auch Pflichten wie die unbedingte, durch das Verbot freien Arbeitsplatzwechsels bekräftigte Betriebstreue und Untertanenloyalität gegenüber den Vertretern des Staats.

In den 1850er Jahren erwies sich nun, daß diese ständische Bergbauverfassung den Erfordernissen freier Märkte, starken Wachstums und großbetrieblicher Produktion nicht länger gewachsen war. Sie wurde in einem von 1851 bis 1865 währenden Prozeß legislativer Reformen

---

der 2. Hälfte des 19. Jahrhunderts. Dargestellt an den Zechen Hannover und Hannibal in Bochum, Münster 1976, S. 19 f.

6 Genauere Informationen bei *H. D. Krampe:* Der Staatseinfluß auf den Ruhrkohlenbergbau in der Zeit von 1800 bis 1865, Köln 1961; *G. Adelmann:* Die soziale Betriebsverfassung des Ruhrbergbaus vom Anfang des 19. Jahrhunderts bis zum Ersten Weltkrieg unter bes. Berücksichtigung des Industrie- und Handelskammerbezirks Essen, Bonn 1962; *K. Tenfelde:* Sozialgeschichte der Bergarbeiterschaft an der Ruhr im 19. Jahrhundert, Bonn-Bad Godesberg 1977, S. 63–160.

unter dem Druck der auf ihre Eigentumsrechte pochenden Unternehmerschaft zugunsten einer freizügigen liberalkapitalistischen Arbeits- und Produktionsverfassung, wie sie in den nichtbergbaulichen Gewerben längst bestand, abgeschafft. Das Arbeitsverhältnis bestimmte sich fortan nach der Marktentwicklung und dem Diktat des sogenannten freien Arbeitsvertrags zwischen Arbeitgeber und Arbeitnehmer; das Recht auf Arbeit wurde durch die freie Arbeitsplatzwahl, die Mindestlohngarantie durch Lohnbestimmung nach Angebot und Nachfrage ersetzt, und der weitgehende Schutz, den die Bergämter den Bergleuten unter der ständischen Bergbauverfassung gewährt hatten, entfiel künftig. Der Stand der Bergleute löste sich auf.

Zu den bedeutsamsten Resultaten dieser Auflösung gehörte die Reduktion der Knappschaft von einem Instrument der Standespflege auf ihre ursprünglichen Funktionen der Daseinsfürsorge durch Versicherung gegen Krankheit, Unfall und Invalidität mit dem Knappschaftsgesetz von 1854. In dieselbe Zeit fallen die ersten Gründungen von bergmännischen Knappenvereinen. Darin deutet sich ein Zusammenhang an, der ähnlich bereits in den vormärzlichen Bildungs- und Geselligkeitsvereinen bürgerlicher Schichten begegnete: An die Stelle ständischer Gliederungsprinzipien der spätabsolutistischen Wirtschaftsverfassung trat, im Bergbau freilich verspätet und für die Bergleute in einem eigenen Bedeutungszusammenhang, der freie Zusammenschluß Gleichgesinnter zu einem satzungsmäßigen Zweck. Dies war nicht etwa eine vereinzelte, bergbautypische Erscheinung: Die Quellen überliefern eine Fülle von Nachrichten, wonach man überall des »alten Sauerteigs« ledig zu werden strebte[7]. Der gewerbliche Mittelstand: Bauern, Ärzte, Rechtsanwälte, Handwerksmeister und Kaufleute fanden sich in Gewerbevereinen, Genossenschaften oder Verbänden zum Teil bereits auf überregionaler Ebene zusammen; Vereine für die verschiedensten Zwecke schossen, so hieß es oft, »wie Pilze aus der Erde hervor«[8], und das Wort von der »Association« war in jedermanns Ohr. Dies galt auch für die industrielle Wirtschaftsorganisation, in der schon seit längerem Handelskammern die Wünsche der Gewerbetreibenden verfolgten und wo sich nunmehr der Assoziationsgedanke in Gestalt der Aktiengesellschaften als vorherrschender Form des Kapitalbesitzes an Industrieanlagen durchsetzte; im Bergbau fanden sich die Unternehmer auch bereits zur Gründung eines schlagkräftigen Verbandes, des »Vereins für die bergbaulichen Interessen im Oberbergamtsbezirk Dortmund« vom Jahre 1858, zusammen.

---

7 Der Berggeist. Zeitung für Berg-, Hüttenwesen und Industrie 5 (1860), S. 677, 707 f.
8 Rhein- und Ruhrzeitung, Nr. 81/1853 (Stadtarchiv Duisburg).

In diesem Prozeß der Differenzierung der Vereine nach Aufgaben und Trägerschichten blieben die Standesvereine der Bergleute einer gezielt bergbaulichen Geselligkeitspflege und Bildung zugeordnet. Die Knappenvereine, von denen die ersten in Altenessen (1855), Steele (1856), Rellinghausen (1857), Essen-Stadt (1860), Borbeck (1861), Überruhr (1861), Altendorf (1863), Bottrop (1863) und Stoppenberg (1865), also allein im katholischen Westen des Reviers entstanden, blieben in ihrer Mitgliedschaft stets, sieht man von der gelegentlichen Aufnahme zahlender Ehrenmitglieder ab, auf Bergarbeiter im eigentlichen Sinn beschränkt. Sie haben sich, dies ist ihr zweites wesentliches Merkmal, eng mit der pfarrgemeindlichen Seelsorge in den katholischen Regionen verbunden. Beide Merkmale bedürfen der Erklärung.

Die ständische Exklusivität früherer Jahrzehnte lebte noch lange im Bewußtsein der Bergleute fort; man behauptete eine gesonderte, von anderen Gewerben abgehobene Stellung und bestand deshalb bis weit in das 20. Jahrhundert hinein auf berufseigenen Organisationen von Bergleuten, nicht etwa von Arbeitern schlechthin. Es entsprach zugleich der zunehmenden Auffächerung der gesellschaftlichen Schichten in unterschiedliche Interessenlagen, wenn Vorgesetzte, Bergbeamte und Unternehmer den Vereinen der Bergleute mehr und mehr fernblieben.

Die enge kirchliche Affiliation der Vereinsgründungen hatte mehrere Gründe. Zunächst lag es ja nahe, mit den Vereinigungsbestrebungen an solchen Autoritäten anzuknüpfen, deren Legitimation und fürsorgliche Wirksamkeit noch außer jeden Zweifels stand; das dichte Seelsorgenetz der Pfarrgemeinden bot sich als Anknüpfungspunkt an. Die traditionell enge Verschwisterung von Bergbau und Kirche wirkte auch im Ruhrgebiet nach. Schließlich mochte sich, anders als in protestantischen Gemeinden, die katholische Kirche in den Augen der Bergleute auch durch größere Unabhängigkeit vom Staat, durch eine durchaus sozialkritische Disposition auszeichnen, die sie aus den Lehren einer jahrhundertealten, im 19. Jahrhundert mit Namen wie Franz von Baader und dem Mainzer Bischof Ketteler verbundenen Sozialtheorie, aber auch aus ihrer latenten Opposition gegenüber dem evangelischen Staatskirchentum in Preußen bezog.

Diese Bindung an die Pfarrgemeinden hat die bergmännischen Vereine in den 1850er und 1860er Jahren von der Gründung durch Kanzelaufruf, der Zweckbestimmung in den Satzungen und der Vereinsorganisation bis hin zu den Vereinsaktivitäten begleitet. So heißt es über die Gründung des Stoppenberger Knappenvereins »Glückauf« von 1865 in dessen Protokollbuch[9]:

9 Pfarrarchiv St. Nikolaus, Essen-Stoppenberg, Nr. 255, 256.

»Da mehrere Bergleute aus der Pfarre Stoppenberg die Bildung eines katholischen Knappenvereins schon längst gewünscht hatten, um das religiöse und gesellige Leben zu fördern und zu heben, so traten am 27. August 1865, nachdem eine hierauf sich beziehende Proklamation von der Kanzel an demselben Tage stattgefunden hatte, beim Wirte Schönscheidt in Stoppenberg 5 Uhr nachm[ittags] sehr viele Bergleute zusammen. Die Versammlung eröffnete der Herr Vikar, indem er mit klugen Worten den Zweck und Nutzen der Vereine überhaupt, besonders aber der katholischen Knappenvereine schilderte und die katholischen Bergleute zu reger Teilnahme an dem zu bildenden Verein aufforderte.«

Die Statuten dieser frühen Knappenvereine, bei denen man sich häufig des Vorbilds benachbarter Vereine bediente, verleugnen gelegentlich ihre Verwandtschaft mit den Aufgaben kirchlicher Bruderschaften nicht; vielfach haben die Geistlichen offenbar in den Vereinen nichts als Instrumente zusätzlicher gemeindlicher Seelsorge erblickt. Die Mitglieder des 1863 gegründeten Knappenvereins von Niederwenigern gelobten in ihren Statuten (1868)[10], sie wollten sich der Fürbitte des heiligen Antonius von Padua, des Vereinspatrons, anempfehlen

»und deshalb täglich beten: ein Vater unser und ein Ave Maria mit dem Zusatze: heiliger Antonius bitte für uns! Nicht minder werden sie sich bemühen, den Tugenden dieses Heiligen, der Verachtung der Welt, der Liebe zu Gott, dem höchsten Gute und gegen den Nächsten nach Kräften nachzuahmen und daher alle die gute Sitte verletzenden Reden, alle Fluchworte, Streitigkeiten und das Laster der Unmäßigkeit im Genusse geistiger Getränke aufs Gewissenhafteste vermeiden.«

Hierzu sollten an bestimmten Tagen gemeinschaftliche Kommunionen der Bergleute und eigene Vereinsmessen gehalten werden; Beteiligung am Hochamt und an den nachmittäglichen Gottesdiensten wurde gefordert, damit die Bergleute, die »täglich in großer Todesgefahr schweben, mit Gott geeinigt ihre Arbeiten beginnen und nicht unvorbereitet von einem schnellen Tode überrascht werden«.

Die Leitung der Vereine oblag stets einem Geistlichen, dem Präses, dem durch Wahl ein Vorstand aus Mitgliedern möglichst aller im Einzugsbereich liegenden Ortschaften beigegeben wurde. Wenn auch neben diesen Knappenvereinen schon seit den 1850er Jahren teils betriebliche, teils örtliche Gesangvereine, Unterstützungskassen, Konsumvereine und, seit den Einigungskriegen zunehmend, Kriegervereine bestanden, so stellten die Knappenvereine doch das Vorbild für das spätere bergmännische Vereinswesen bereit. In ihnen lebte die ständische Welt durch die Pflege ihrer Zeichen und Symbole fort: durch Fahnen, bergmännische Abzeichen und Uniformen, durch Bergmusik und Festbrauchtum.

---

10 Handschr. Exemplar: Staatsarchiv Münster, Regierung Arnsberg Nr. I 101 Bl. 219 f. (Abschr.).

Mit der Zuspitzung der betrieblichen und gesellschaftlichen Konflikte gegen Ende der 1860er Jahre trat das bergmännische Vereinswesen in eine neue Phase. Während einerseits auf Katholikentagen und in Kreisen des jüngeren Klerus die Kritik an den Erscheinungen der liberalen Wirtschaftsordnung wuchs und in die Vereine hineinwirkte, schlug sich auf der anderen Seite das Bedürfnis der Bergleute nach Geselligkeit und abgehobener Formenpflege in neuen Vereinsgründungen, nun auch in evangelischen Regionen, nieder. Vor allem im Dortmunder Raum entstanden mehr und mehr nichtkirchliche, sogenannte »freie« Knappenvereine, in denen die frühe Sozialdemokratie gelegentlich an Einfluß gewann. Die Versammlungsabende dieser Vereine, aus denen leider kaum Nachrichten überliefert sind[11], dürften vor allem dem gemütlichen Beisammensein und Umtrunk, gemeinsamem Gesang, gelegentlichen Vorträgen, der Ordnung der Vereinsangelegenheiten und der Vorbereitung größerer Festveranstaltungen gegolten haben. Ihren Unterstützungskassen kam neben der Ergänzung knappschaftlicher Leistungen in Notfällen auch die wichtige Funktion zu, die Mitglieder an den Verein zu binden, weil ein jeder aus seinen eingezahlten Beiträgen irgendwann Nutzen zu ziehen hoffte.

Im Essener Raum, wo die Knappenvereine auch bereits Verbindungen

---

11 Viele Hinweise und Faksimiles von Festprogrammen u. ä. finden sich bei *A. Mämpel*: Bergbau in Dortmund, 3 Bde., Dortmund 1963–1969. – Anders als bei den katholischen Knappenvereinen, durch deren enge Bindung an die Pfarrgemeinden häufiger Materialien in den Pfarrarchiven überliefert sind, stützt sich die Kenntnis der freien Knappenvereine und anderer bergmännischer Vereinigungen allein auf das Material der staatlichen und kommunalen Archive, wo Anträge auf Versammlungs- und Festgenehmigungen, vor allem aber Gesuche an die hierfür zuständigen Regierungen wegen Einrichtung von Unterstützungskassen aufbewahrt werden. Aus den Staatsarchiven können diese Quellen nach den Archivberichten von *H. Lepper* (Düsseldorf) und *H. Richtering* (Münster) sowie *K. Becker* (Koblenz) erschlossen werden: Internationale wissenschaftliche Korrespondenz zur Geschichte der deutschen Arbeiterbewegung, H. 7 (1968), S. 1–32; H. 14 (1971), S. 46–59; H. 6 (1968), S. 7–30. Hinweise finden sich auch in den älteren Hauptwerken zur Geschichte der Ruhrbergleute: *H. Imbusch*: Arbeitsverhältnis und Arbeiterorganisation im deutschen Bergbau, Essen [1908]; *O. Hue*: Die Bergarbeiter, 2 Bde., Stuttgart 1910–1913. Aus dem neueren Schrifttum s. *K. Tenfelde* (s. Anm. 6), S. 345–396, und *A. Kalis*: Die Geschichte der Arbeiter- und Knappenbewegung im Ruhrgebiet, Essen 1968. Wer eigene Nachforschungen zur Geschichte einzelner Vereine oder des kommunalen Vereinswesens anstellen will, findet gewöhnlich freundliche Unterstützung in den Stadtarchiven, von denen viele (z. B. Duisburg, Bochum, Recklinghausen, Dortmund) neben archivalischem auch gedrucktes Material (Festschriften zu Vereinsjubiläen mit historischen Einleitungen, Festprogramme, Lokalpresse und städtische Verwaltungsberichte) aufbewahren.

untereinander eingegangen waren, wuchs um die Wende zu den 1870er Jahren der Einfluß der jüngeren, engagiert sozialkritischen Geistlichkeit auf die Arbeiterschaft. Ausgehend vom linken Niederrhein, entstanden mehrere christlich-soziale Arbeitervereine, in denen sich Arbeiter aller Berufe und, wenn auch stark unter katholischem Einfluß, prinzipiell beider Konfessionen vereinigten. Zu den bestehenden Knappenvereinen bestanden gelegentlich enge Beziehungen[12]. Wachsamkeit, auch kritische Anschauungen über die Situation der Arbeiter in Betrieb und Gesellschaft, gegenüber Unternehmertum und Staat, erfüllten diese Vereine. Eine der Ursachen dieser Politisierung lag in den frühen Erfolgen der Lassalleaner im westlichen Ruhrgebiet, wo für den Duisburger Wahlkreis bereits ein sozialdemokratischer Abgeordneter in den Norddeutschen Reichstag gewählt worden war. Man meinte, dem lassalleanischen Einfluß wirksam nur durch Besinnung auf christlich-katholische Werte unter vermehrtem sozialen Engagement entgegentreten zu können; hierin lösten die christlich-sozialen Vereine in den kommenden beiden Jahrzehnten große Resonanz unter den Bergleuten aus. Die spätere unselige Spaltung der gewerkschaftlichen Bergarbeiterbewegung in einen sozialdemokratischen Verband und einen christlichen Gewerkverein wurzelt hier.

Die Polarität des bergmännischen Vereinswesens zwischen konfessionellen und freien Vereinen, die in ihren Anfängen deutlich regionalen Ursprungs war, hat sich über den Ersten Weltkrieg hinaus erhalten. Aufrufe zur Vereinsgründung ergingen mehr und mehr aus dem Kreis der Belegschaftsmitglieder der Zechen oder von den Knappschaftsältesten; man bediente sich hierzu der Lokalpresse oder brachte Anschläge auf den Zechen und in den Gaststätten der Umgebung an[13]. Die seit den 1870er Jahren gegründeten Vereine hießen oft einfach »Bergmanns-« oder »Bergmanns-Unterstützungs-Vereine« zusammen mit dem Ortsnamen, während die katholischen Knappenvereine zumeist den Vereinspatron (Barbara, Antonius, Paulus, Josef, Franziskus u. a.), häufig mit »Glückauf« verbunden, im Namen führten. In protestantischen Gegenden trat zum »Glückauf« im Vereinsnamen oft ein »Ger-

---

12 Zur christlich-sozialen Bewegung im Ruhrgebiet s. vor allem *P. Möllers:* Die politischen Strömungen im Reichstagswahlkreis Essen zur Zeit der Reichsgründung und des Kulturkampfes, Diss. (Ms.) Bonn 1955, s. a. seinen Aufsatz in: Rheinische Vierteljahresblätter, Jg. 25 (1960), S. 42 bis 65. Allgemein über die christlich-soziale Bewegung informieren u. a. *E. Naujoks:* Die katholische Arbeiterbewegung und der Sozialismus in den ersten Jahren des Bismarckschen Reiches, Berlin 1939; *H. Budde:* Handbuch der christlich-sozialen Bewegung, Recklinghausen 1967.
13 Beispiele u. a. in: Stadtarchiv Dortmund 17 Lü n 35 (Fürst Hardenberg, Lindenhorst).

mania«, »Augusta«, »Borussia« o. ä.; in freien Knappenvereinen fanden auch Bezeichnungen wie »Schlägel und Eisen«, »Kobold« u. a. Verwendung. Die Statuten verbanden nun in wiederkehrend gleichförmigen Formulierungen den Unterstützungs- mit dem Bildungs- und dem Unterhaltungszweck des Vereins, etwa im Verein »Glück-Auf!« zu Berghofer Mark[14]. Dieser Verein hatte

> »a. seinen Kameraden, die im Verein eingeschrieben [sind], im Fall einer Erkrankung resp[ektive] Beschädigung ein Unterstützungsgeld zu gewähren,
> b. durch deklamatorische Vorträge und Belehrungen in den Versammlungen den Mitgliedern eine Erholungsstunde zu verschaffen.«

Ähnlich dem Konjunkturaufschwung der 1850er Jahre, brachten die »Gründerjahre« bis 1873, in denen die Ruhrindustrie erneut einen immensen Aufschwung erlebte, eine Welle solcher Vereinsgründungen. Dies hing einmal mit dem wachsenden Gemeinschaftsbewußtsein unter den Bergleuten zusammen; daneben erlaubten die gestiegenen Löhne, manchen Haushaltspfennig für Vereinszwecke zu entbehren – umgekehrt stagnierten daher die Mitgliederzahlen in Krisenzeiten, und Vereinsgründungen wurden seltener. Schließlich weckte der Aufschwung neue Erholungs- und Freizeitbedürfnisse, zu deren Erfüllung sich in erster Linie die Vereine anboten. Ihre weitere Entwicklung wurde nun allerdings durch Einflüsse gehemmt, die nur sehr bedingt mit der wirtschaftlich-sozialen Entwicklung zusammenhingen.

Wachsendes Gemeinschaftsbewußtsein, das in dieser Zeit gewöhnlich noch an ständische Erinnerungen anknüpfte, und der Protest gegen Hungerlöhne, gegen Unzuträglichkeiten im Arbeitsverhältnis, nachteilige Folgen der Bergrechtsreformen und entwürdigende Wohnverhältnisse hatten die Bergleute schon in den beiden Jahrzehnten nach der Jahrhundertmitte wiederholt zu Beschwerden, Petitionen und anderen gemeinsamen Kampfmaßnahmen bis hin zu Arbeitseinstellungen veranlaßt. Diese Entwicklung erreichte im Jahre 1872 mit einem ersten Massenstreik vorwiegend Essener Bergleute einen beeindruckenden Höhepunkt. Diese mächtige, obgleich erfolglose Aktion ließ Unternehmer und Behörden zu Gegenmaßnahmen greifen; letztere vermuteten in den Knappenvereinen, jedoch nur ausnahmsweise zu Recht, Brutstätten oppositionellen Geistes, und die Unterstützungskassen dieser Vereine würden, so meinte man, für Streikzwecke verwendet. Nach Ermittlungen »über die Wirksamkeit dieser Vereine und deren

---

14 Statuten in: Staatsarchiv Münster, Regierung Arnsberg I 1 Bl. 90 ff.; vgl. hiermit andere Vereinsstatuten, z. B. ebd., Oberpräsidium 2642 I Bl. 49 ff. (Stockum-Düren), Landratsamt Bochum 112 (»Glückauf« Witten) und weitere in diesen Beständen überlieferte Exemplare.

sozialistische und kirchenpolitische Tendenzen« wurde daher für den Bereich des Regierungsbezirks Arnsberg 1873 durch einen Erlaß des Münsteraner Oberpräsidenten angeordnet, »bis auf weiteres die von Seiten solcher Vereine eingehenden Anträge auf Erteilung einer Genehmigung (für Kasseneinrichtungen) überhaupt abzulehnen«[15].

Dieses Verbot erwies sich in den folgenden Jahren der freilich kaum aufzuhaltenden Ausbreitung[16] des bergmännischen Vereinswesens recht hinderlich. Es ordnet sich jenen umfassenden Maßnahmen innenpolitischer Befriedung ein, derer sich das neue Deutsche Reich zur Stabilisierung seiner Herrschafts- und Gesellschaftsverhältnisse bediente: dem Kulturkampf und der Sozialistenhetze. So erfuhr das katholische Vereinswesen, in dem man einen Hort des Ultramontanismus vermutete, durch legislative und administrative Eingriffe bis in die 1880er Jahre erhebliche Beeinträchtigungen bis hin zu zeitweiligen Vereinsverboten; für die Sozialdemokraten steigerte sich der polizeistaatliche Argwohn über Vereins- und Versammlungsüberwachungen, Zeitungsverbote und Vereinsauflösungen bis hin zum Sozialistengesetz 1878 bis 1890, das gewerkschaftliche und sozialdemokratische Regungen rigoros unterband.

In diesen Jahrzehnten hatten die Vereine deshalb wiederholt Eingriffe der Ortspolizeien und sonstigen Aufsichtsbehörden zu befürchten, und auch nach 1890, als der große Ruhrbergarbeiterstreik vom Mai 1889 erneut den Verdacht der Staatsanwälte auf die Knappenvereine gelenkt hatte[17], ist die Überwachung stets dann wieder aufgelebt, wenn

---

15 Oberpräsidium Münster an Regierung Arnsberg 30. 6. 1873, in: Staatsarchiv Münster, Regierung Arnsberg B 59 Bl. 231; s. auch Christlich-Soziale Blätter, Jg. 5 (1873), S. 103 f., *Hue* (s. Anm. 11), Bd. 2, S. 283.

16 Wegen der Kompliziertheit von Berechnungen, die eine Kritik der sehr verstreuten statistischen Quellen erfordert, soll hier darauf verzichtet werden, die Ausbreitung im Gesamtzeitraum (vgl. Anm. 31 f.) quantitativ zu bestimmen. *Alle* Vereine der Bergleute werden sich zu keinem Zeitpunkt exakt nach Mitgliederzahlen erfassen lassen. Kulturkampf und Sozialistengesetz haben viel detailliertes Material der Vereinsüberwachung überliefert; zu diesen Quellen und der sonstigen Vereinsstatistik bis 1890 s. *K. Tenfelde* (s. Anm. 6), S. 380–383. Nach 1890 lassen sich die konfessionellen Arbeitervereine recht genau durch die Schematismen der Bistümer (Münster, Paderborn, Köln) und durch die gedruckten Jahresberichte der Diözesanverbände, auf evangelischer Seite durch entsprechende Veröffentlichungen ermitteln; vgl. etwa *Francke* (Hg.): Geschichte der dem Gesamtverbande Evangelischer Arbeitervereine angeschlossenen Provinzial- und Landesverbände, o. O. o. J. [1915], S. 241–287. Freie Gesang-, Unterstützungs-, Knappen u. a. Vereine können nur auf kommunaler Ebene (in den Akten der Stadtarchive) lückenhaft erfaßt werden.

17 Vgl. Erster Staatsanwalt an Oberbürgermeister Dortmund 4. 9. 1889 (Abschr.), in: Staatsarchiv Münster, Oberpräsidium 2830 I.

auch nur entfernt sozialdemokratische Tendenzen in den Vereinen vermutet wurden. Dieser administrative Gegendruck bezeugt, in welchem Umfang das Vereinswesen inzwischen zu einem Kristallisationskern und – solange gewerkschaftliche Verbandsgründungen verboten blieben – organisatorischen Rahmen bergmännischer Meinungsbildung gediehen war. Hier lag eine bedeutsame Wurzel und das, neben den fortan wiederkehrenden Streiks, wesentlichste Stimulans zur gewerkschaftlichen Interessenvertretung. Wenn auch die statuarischen Vereinszwekke unspezifisch blieben, vielmehr äußerlich »unpolitisch« schienen, so boten sich doch schon in der Gelegenheit zum – bei aller Polizeiaufsicht und gegebenenfalls trotz klerikaler Leitung – relativ unbehelligten Meinungsaustausch während unterhaltsamer Abende, in geschlossenen Versammlungen oder anläßlich der regelmäßigen Veranstaltungen zahllose Anregungen und Hilfen, um der eigenen gesellschaftlichen Situation inne zu werden. Dieser informelle Meinungsaustausch schuf, neben den betrieblichen und arbeitsprozessualen, stets stark reglementierten Gruppenbildungen und neben der Begrenztheit familiärer oder auch nachbarlicher Kontakte, neue kommunikative Zentren, weckte neue Bedürfnisse, erzwang Stellungnahmen jedes einzelnen und trug darin nachhaltig zur Förderung des individuellen und kollektiven Selbstbewußtseins, und sei es auch in Gestalt ständischer Formenpflege, bei.

Während des Sozialistengesetzes haben Sozialdemokraten vielfach aus Gründen der Tarnung in den bestehenden oder in neugegründeten Gesangvereinen, Theaterklubs und Unterstützungskassen Unterschlupf gefunden. Zugleich blühten die christlich-sozialen Vereine, vor allem im Bochumer Raum, erneut auf, weil viele Arbeiter auf diesem Weg eine wirkungsvolle Vertretung ihrer Interessen gegenüber Unternehmern und im Reichstag erhofften. Von katholischer Seite erfuhren die Arbeiter- und Knappenvereine tatkräftige Förderung durch den Verband »Arbeiterwohl«, dessen Sekretär Franz Hitze nicht müde wurde, in Aufrufen und Aufsätzen Neugründungen anzuregen und dem Vereinswesen Inhalt zu geben. Immer wieder versuchte man, zu regionalen Zusammenschlüssen der Knappenvereine zu gelangen; 1888 gelang dies in Essen mit einem vornehmlich durch Kontakte der geistlichen Präsides getragenen »Knappenbund« von 36 katholischen Knappenvereinen, der allerdings ausschließlich Kassenangelegenheiten beim Wohnungswechsel von Mitgliedern in andere Vereinsgebiete regeln sollte[18]. In welchem Umfang nicht nur in den christlich-sozialen Vereinen, sondern auch in den Knappenvereinen aller Schattierungen gewerkschaft-

18 Die Statuten des »Knappenbundes« finden sich bei *Kalis* (s. Anm. 11), Anhang S. 228–230.

liches Denken noch eine Rolle spielte, zeigte sich in der Mitte der 1880er Jahre, als der Rechtsschutzverein der Bergleute aus Konferenzen von Vereinsdelegierten entstand, um seinen Mitgliedern Rechtsberatung und -hilfe vor allem in knappschaftlichen Angelegenheiten zu gewähren. Auch der Streik im Jahre 1889 wurde, neben den aus den einzelnen Grubenbelegschaften gleichsam »direkt« gewählten Delegierten, zugleich von »repräsentativ« bestimmten Knappenvereinsvertretern getragen[19].

Weitere Auffächerung erfuhr das bergmännische Vereinswesen in den 1880er Jahren in doppelter Hinsicht. Dies hing zunächst mit der anhaltend starken Expansion der Ruhrwirtschaft zusammen, deren Arbeitskräftebedarf längst nicht mehr aus den naheliegenden ländlichen Gegenden gedeckt werden konnte: Vermehrt zogen nun Arbeitskräfte aus Schlesien, West- und Ostpreußen heran, und mit den großen, nach der Jahrhundertwende ihrem Höhepunkt zustrebenden Zuwanderungswellen strömten Zehntausende von Polen preußischer Staatsangehörigkeit in das Revier. Diese Neuankömmlinge suchten landsmannschaftlichen Kontakt zunächst entlang ihren religiösen Bedürfnissen miteinander; Schlesiervereine, Ost- und Westpreußenbünde und andere Gruppierungen entstanden. Vor allem die Polen, die bald das Gros der Zuwanderer bildeten, fanden wegen ihrer nationalen Eigenschaften und sprachlichen Isolation kaum Kontakt zum bestehenden Vereinswesen; einzig zu katholischen Vereinen entwickelten sich auf der Grundlage der gemeinsamen Konfession Beziehungen, die etwa im Dortmunder Raum, wo aus der Begegnung von katholischer Bevölkerungsminderheit und protestantischer Mehrheit manche Ressentiments resultierten, zu gemeinschaftlichen jährlichen Festen führten. Die polnischen Arbeiter schufen ein besonders breites und tiefgegliedertes Netz von Vereinen, in dem sie ihre religiösen und nationalen Vorstellungen pflegten. Gesang, Vorträge und eigene, den nationalpolnischen Festtagen gewidmete Feiern gehörten hierzu ebenso wie Vereinsgruppierungen für bestimmte Freizeitzwecke, darunter nach der Jahrhundertwende vor allem der Sport. Ohne auf diese in der polnischen Arbeiterbevölkerung besonders fest verwurzelte Vereinskultur im einzelnen einzugehen[20], sei doch darauf hingewiesen, daß diese Organisationen, weil man unter dem Gewand nationalpolnischer Formenpflege umstürzle-

---

19 Quellen hierzu s. bei *W. Köllmann / A. Gladen* (Hg.): Der Bergarbeiterstreik von 1889 und die Gründung des »Alten Verbandes« in ausgew. Dokumenten der Zeit, Bochum 1969.

20 Vgl. aus der neueren Literatur bes. *H.-U. Wehler:* Die Polen im Ruhrgebiet bis 1918, in: *ders.* (Hg.): Moderne deutsche Sozialgeschichte, 3. Aufl. Köln/Berlin 1970, S. 437–455; eine detaillierte Untersuchung ist in Kürze von *Chr. Kleßmann* zu erwarten.

rische Neigungen vermutete, in einem geradezu grotesken Ausmaß der behördlichen Überwachung unterzogen wurden. Den Vereinsabzeichen, Schärpen, Mützen, Fahnen und schriftlichen Unterlagen dieser Vereine galten wegen der Befürchtung deutschfeindlicher Symbole hochpeinliche Untersuchungen[21]; man verordnete eigens, »daß keine Bestimmung, die zur Einengung der polnischen Bestrebungen erlassen ist, unangewendet bleibt«[22], und noch 1912 mußten Feste solcher Vereine nicht nur bei den Ortspolizeibehörden angemeldet werden; diese hatten sich vielmehr vor der Genehmigung der Erlaubnis des für die Polenüberwachung im Revier zuständigen Bochumer Polizeipräsidenten zu vergewissern, und bei »besonders große[n] oder durch die Art ihrer Feier auffallende[n] Lustbarkeiten« behielt sich sogar der Regierungspräsident in Münster seine Zustimmung vor[23]. In welchen harmlosen Bahnen das Festtreiben und Vereinsleben der Polen dagegen verblieb, zeigt der stets im Äußerlichen verhaftete Versuch, Bestandteile des bergbaulichen Formenkreises ohne Verständnis ihrer Tradition auch in polnischen Vereinen heimisch zu machen.

Der zweite wegweisende Markstein in der Entwicklung des bergmännischen Vereinswesens wurde in den 1880er Jahren durch die Gründung eines evangelischen Arbeitervereins in Gelsenkirchen 1882 gesetzt[24]. Der Impuls hierzu ging von den ständigen interkonfessionellen Querelen in den christlich-sozialen, katholisch dominierten Vereinen aus; man meinte, sich nicht länger dem Einfluß des katholischen Klerus aussetzen zu dürfen. Die neue Richtung breitete sich schnell über das ganze Industriegebiet aus. Schon 1885 entstand ein rheinisch-westfälischer Provinzialverband; überhaupt blieb das Ruhrgebiet, übrigens ganz parallel der weiteren Entwicklung der katholischen Vereine, bis in die Weimarer Republik das bedeutendste Zentrum des evangeli-

---

21 So für den polnischen St.-Aloisius-Verein im Amtsgebäude zu Weitmar, vgl. Stadtarchiv Bochum, Landratsamt VIII 485 (Protokoll vom 22. 3. 1900).
22 Zirkularverfügung des Düsseldorfer Regierungspräsidenten vom 8. 8. 1908, in: Staatsarchiv Münster, Regierung Münster VII 23, 1. Besondere Aufmerksamkeit der Polizei galt der Einschränkung des Polnischen als Umgangssprache in den Vereinen, bei Versammlungen und Gottesdiensten.
23 Vgl. ebd.: Erlaß des Münsteraner Regierungspräsidenten vom 18. 10. 1912.
24 Eine heroisierende Darstellung der Gründungsgeschichte findet sich bei H. Schack: Festschrift zur Feier des 25jährigen Bestehens der ersten evangelischen Arbeitervereine Gelsenkirchen und Schalke, Gelsenkirchen o. J. [1907], S. 14–21; vgl. ferner *Francke* (s. Anm. 16), S. 134 ff., sowie, mit weiterer Literatur, die Zusammenfassung von *D. Fricke:* Gesamtverband evangelischer Arbeitervereine Deutschlands 1890–1933, in: *ders.* (Hg.): Die bürgerlichen Parteien in Deutschland, Bd. 2, Leipzig 1970, S. 150 bis 161.

schen Arbeitervereinswesens. Man bemühte sich anfangs noch stark um eine schichtübergreifende Mitgliederstruktur, so daß in vielen Vereinen unter dem Namen »Arbeiter- und Bürgerverein« städtische evangelische Honoratioren: Fabrikanten, Lehrer und Geistliche, eine maßgebliche Rolle spielten. Der antikatholische Impetus der Gründungsphase begleitete diese Vereine auch weiterhin; gegen Ende des Sozialistengesetzes trat das Bedürfnis in den Vordergrund, der »roten Gefahr« durch die Erfassung der kaisertreuen, evangelischen, auf friedlichen Ausgleich im Wirtschaftsleben bedachten Arbeiterschaft einen wirksamen Damm entgegen zu setzen. So beabsichtigte der Evangelische Arbeiterverein zu Meiderich 1888[25], »treu zu Kaiser und Reich« zu stehen und

> »1. unter den Glaubensgenossen das evangelische Bewußtsein zu pflegen und zu beleben;
> 2. die sittliche Hebung und allgemeine Bildung seiner Mitglieder nach Kräften zu fördern;
> 3. das friedliche Verhältnis zwischen Arbeitern und Arbeitgebern zu pflegen und zu wahren;
> 4. die Mitglieder in ganz außergewöhnlichen und unverschuldeten Notfällen nach Kräften zu unterstützen.«

Die wirtschaftsfriedliche Absicht machte diese Vereine zu einem Vorläufer und natürlichen Bundesgenossen der nach der Jahrhundertwende von Werksseite eifrig gepflegten »gelben«, wirtschaftsfriedlichen Organisationen[26], von denen man sich gleichwohl wiederholt abzugrenzen versuchte. Ihre »reichstreue« Haltung führte den evangelischen Vereinen viele Bergleute zu. Ihr berufsübergreifender Charakter bei weniger enger Bindung an die pfarrgemeindliche Seelsorge, als dies auf katholischer Seite der Fall war, erwies sich vor allem für die überregionale Organisierung und für die kommunale Wirksamkeit von Vorteil. So verschönten nun auch evangelische Organisationen der Arbeiter die nationalen Feste, darunter vor allem den jährlichen Sedanstag, durch ihre fahnengeschmückte Beteiligung in den Festzügen und mit nationalen Gesängen, die sich im Vereinsleben großer Beliebtheit erfreuten.

Seit 1890 verfügten die evangelischen Arbeitervereine mit einem Gesamtverband über eine reichseinheitliche Dachorganisation. In ihm mußten, da man sich fortgesetzt in Konkurrenz nicht nur zu den katholischen Vereinen, sondern nunmehr auch zur organisierten Gewerkschaftsbewegung sah, über kurz oder lang Konflikte über eine wirk-

---

25 Statuten in: Stadtarchiv Duisburg 307/22.
26 Vgl. bes. *K. Mattheier:* Die Gelben. Nationale Arbeiter zwischen Wirtschaftsfrieden und Streik, Düsseldorf 1973, hier S. 32 f.

same Vertretung der Arbeiterinteressen und damit über die Aufgaben des evangelischen Vereinswesens überhaupt aufbrechen. Zudem fand die wirtschaftsfriedliche Konzeption auf Unternehmerseite wenig Gegenliebe. Seit 1897 brach der Streit im Gesamtverband unter dem gewerkschaftsfreundlichen Einfluß des führenden Nationalsozialen Friedrich Naumann offen aus und führte, nachdem Naumann Ende 1900 eine Agitationsreise im Ruhrgebiet unternommen hatte[27], zur Abspaltung einer kleinen Vereinsgruppe, der »Bochumer« Richtung mit einer Reihe von Arbeitervereinen im Revier, die eine Organisation ihrer Mitglieder zugleich in den christlichen Gewerkschaften ablehnten und 1901 den Evangelischen Arbeiterbund als eigene Dachorganisation bildeten. Die süddeutsche Richtung um Naumann behielt indessen auch im Ruhrgebiet die Oberhand; allerdings blieb der Anteil der Vereinsmitglieder, die zugleich in den christlichen oder Hirsch-Dunckerschen Gewerkschaften organisiert waren, sehr gering.

Die Tendenz zu überregionalen Organisationsformen wie auch der Konflikt um den gewerkschaftlichen Charakter der Vereine findet sich ganz analog in der weiteren Entwicklung der katholischen Vereinsbewegung. Sie signalisiert den bedeutsamen Einfluß, den die Freien Gewerkschaften, seit ihnen in den 1890er Jahren die Bildung dauerhafter, schlagkräftiger Berufs- und Industrieverbände zur Vertretung der materiellen Interessen der Arbeiterschaft gelungen war[28], ganz allgemein auf das Vereinswesen ausübten. Jene wichtige Funktion der Knappenvereine und Unterstützungskassen, eine Ebene latenter Diskussion auch der materiellen Interessen der Bergleute darzubieten, wurde nach 1889, als der »Alte Verband« der Bergarbeiter gegründet worden war, trotz dessen anfänglichen Dahinsiechens nach und nach von der Gewerkschaft monopolisiert. Dies war sowohl bei den freien Knappenvereinen der Fall, die gleichwohl noch in den 1890er Jahren wegen der sozialdemokratischen Tendenzen des Alten Verbands zeitweise die Gründung eines eigenen Knappenbundes berieten[29], als auch, freilich in anderer Form, bei den katholischen Knappenvereinen. Deren Zentralisierung machte – hier wirkte sich die enge kirchliche

---

27 Über Naumanns Reise sind einige Berichte überliefert: Hauptstaatsarchiv Düsseldorf, Regierung Düsseldorf 15921 Bl. 4 ff., Bl. 30 ff.; zum Evangelischen Arbeiterbund s. ebd.: Regierung Düsseldorf 15935.
28 Hierzu detailliert: *G. A. Ritter / K. Tenfelde:* Der Durchbruch der Freien Gewerkschaften Deutschlands zur Massenbewegung im letzten Viertel des 19. Jahrhunderts, in: *G. A. Ritter:* Arbeiterbewegung, Parteien und Parlamentarismus, Göttingen 1976, S. 55–101.
29 Vgl. den Bericht über eine Konferenz von 95 Delegierten aus 48 überwiegend freien Knappenvereinen in Witten am 29. Juli 1894, in: Westfälischer Merkur 207/31. 7. 1894 (Ausschnitt: Staatsarchiv Münster, Oberpräsidium 2847 IV).

Bindung nachteilig aus – im Vergleich mit den evangelischen Vereinen nur langsame Fortschritte. Wie wach gesellschaftskritisches, christlich-soziales Denken und das Bedürfnis materieller Verbesserungen auch unter diesen Bergleuten geblieben war, zeigte sich ebenfalls 1889, als sich vorwiegend diese Vereine zu einer gegen die sozialdemokratischen Tendenzen des Alten Verbands gerichteten Verbandsgründung »Glück-auf« zusammenfanden. Wenn dieser Verband auch bald zusammen-brach, so blieb der Gedanke lebendig, und die unter den Bergleuten erstmals entstehende christliche Gewerkschaftsbewegung, deren Berg-arbeiterverband 1894 gegründet wurde, stützte sich wiederum auf die Mitgliedschaften dieser Vereine. Auch hier fand also eine Funktions-differenzierung der Vereinsaufgaben statt.

Die enge Bindung zwischen katholischen Arbeitervereinen und christ-licher Gewerkschaftsbewegung wurde bald Gegenstand einer insbeson-dere in Kreisen des katholischen Klerus erbittert ausgefochtenen Kon-troverse zwischen Gegnern und Befürwortern des Gewerkschaftsgedan-kens, deren Parallele in der evangelischen Vereinsbewegung bereits vorgestellt wurde. Mit ihrem Zentralisationsprozeß über die Bildung von Diözesanverbänden und regionalen Zusammenschlüssen bis zu einem 1911 gebildeten, föderativen Kartellverband einhergehend, zer-stritt sich die Bewegung in zwei große Lager. Der »Berliner« Richtung, die Arbeitskämpfe unter allen Umständen vermeiden, die Arbeiter-schaft vielmehr in Demut und Bescheidenheit der Kirche zuführen wollte und hierin deutlich päpstliche Sympathie fand, stand die »Mün-chen-Gladbacher« Richtung gegenüber, die weiterhin enge Kontakte zum Gesamtverband christlicher Gewerkschaften unterhielt, also auch interkonfessionelle Organisationen der Arbeiterschaft unterstützte und starken Rückhalt sowohl im Volksverein für das katholische Deutsch-land als auch im Zentrum fand[30]. Die weitaus bedeutenderen »Mün-chen-Gladbacher« konnten nach der Jahrhundertwende zeitweise gro-ße Erfolge durch eigene Arbeitersekretäre, den Ausbau des Vereins-netzes, die Errichtung von Vereinshäusern mit regelmäßigen Bildungs-veranstaltungen, Bibliotheken und geselligen Feiern erzielen. Dennoch hat die Präsides-Verfassung der Knappen- und Arbeitervereine, die dem Ortsgeistlichen als dem Vereinspräses ex officio und den Bezirks-präsides als den Vertretern der bischöflichen Gewalt uneingeschränkte Befugnisse erteilte, das freie Gespräch im Verein immer wieder nach kirchlich-katholischen Vorbehalten beeinflußt. Selbstverständlich galt die Sozialdemokratie als Hauptgegner auch in den katholischen Ar-beitervereinen.

---

30 Vgl. statt vieler Zitate den Überblick von *D. Fricke / H. Gottwald:* Katholische Arbeitervereine 1881–1945, in: *Fricke* (s. Anm. 24), S. 255 bis 277.

Es waren die beiden gewichtigen konfessionellen Pole, um die sich das Vereinswesen der Arbeiterschaft mit seinem eindeutigen Schwerpunkt im westdeutschen Industriegebiet nach der Jahrhundertwende scharte. Einige Zahlen verdeutlichen dies: Der 1904 gegründete Verband katholischer westdeutscher Arbeiter, der sich jedoch nicht nur auf das Ruhrgebiet beschränkte, vereinigte 1913 in 1 219 Vereinen 220 290 Mitglieder. Die »Westdeutsche Arbeiterzeitung« galt als Verbandsblatt. In den drei Bezirksverbänden Recklinghausen, Gladbeck und Ruhr- und Rheingau des Diözesanverbandes Münster, der nur einen kleinen Teil des Ruhrgebiets erfaßte, waren am 1. Januar 1914 26 331 Arbeiter in 120 katholischen Vereinen organisiert; unter ihnen waren 12 061 Bergleute. Aus dieser Berufsgruppe hatten sich 8 537 Arbeiter in 32 Knappen- und 15 Arbeiter- und Knappenvereinen verbunden; die übrigen Bergleute gehörten bereits zu den berufsübergreifenden Arbeitervereinen, die also auch unter den Bergleuten mehr und mehr an Boden gewannen. 383 Vereinsmitglieder aus den genannten drei Bezirksverbänden waren in den örtlichen Parteileitungen des Zentrums engagiert, und der Grad der gleichzeitigen Organisation in den christlichen Gewerkschaften lag in Recklinghausen und Gladbeck zum Teil weit über 40 %. Die rege Teilnahme am kommunalpolitischen Leben wird durch insgesamt 78 Vereinsmitglieder bezeugt, die im örtlichen Gemeinderat vertreten waren[31]. – Der Rheinisch-Westfälische Verband Evangelischer Arbeitervereine umfaßte demgegenüber zum selben Zeitpunkt in den Ruhrgebietskreisen Essen, Witten, Duisburg, Hamm, Dortmund, Hattingen, Oberhausen und Recklinghausen 34 750 Mitglieder in 155 Vereinen; der Evangelische Arbeiterbund hatte etwa 14 000 Mitglieder in 71 Vereinen vorwiegend des Ruhrgebiets[32].

Man muß berücksichtigen, daß in diesen Zahlen weder die polnischen und sonstigen landsmannschaftlichen Vereine, noch die unzähligen kommunalen Gesangvereine, Kriegervereine, Unterstützungskassen und sonstigen Gruppierungen enthalten sind, um den Umfang der Vereinsorganisation einigermaßen ermessen zu können. Auch die Zahlstellen der Gewerkschaften, die rechtlich wegen des Verbindungsverbots nicht als Vereine geführt wurden, vielmehr als Beitragssammelstellen für Mitglieder eines zentralen Vereins galten, entfalteten zumeist ein vielgestaltiges Vereinsleben bis hin zu regelmäßigen Stiftungsfesten.

---

31 Nach der detaillierten Statistik in: Jahresberichte des Verbandes der katholischen Arbeiter- und Knappenvereine der Diözese Münster für das Jahr 1913, o. O. o. J. [1914], S. 10–15. Diese Statistik gibt einen genauen Überblick der Berufsstruktur von Mitgliedern katholischer Vereine und informiert in groben Kategorien über das Alter der Vereinsmitglieder.
32 Nach *Francke* (s. Anm. 16), S. 272–283.

Schließlich ist, um die ganze Breite des Vereinswesens unter Arbeitern zu erfassen, an die zahllosen Sport- und Freizeitvereine zu denken, die sich überwiegend nach der Jahrhundertwende unter dem Einfluß der organisierten Arbeiterbewegung, aber auch aus betrieblichen oder nachbarlichen Gruppen entwickelten und die sich einer auch nur annähernden quantitativen Einschätzung, nicht zuletzt wegen ihrer Vernachlässigung in der Forschung, bisher völlig entziehen. Da entstanden Arbeiter-Turn- und Sportvereine, Radfahrerorganisationen, Arbeitersamariter-Vereinigungen, Freidenkerbünde und andere Vereinsgruppen, die der Arbeiterbewegung nahestanden; da wuchsen Fußballvereine zu neuen Mittelpunkten kommunalen Engagements heran; Frauen schlossen sich zu Vereinen zusammen, und sowohl die Arbeitervereine und christlichen Gewerkschaften als auch der Alte Verband richteten Jugendabteilungen ein. Das Vereinswesen trat um die Jahrhundertwende in eine neue Phase funktioneller Differenzierung: Eng verknüpft mit der langsamen Verkürzung der Arbeitszeit entstanden Freizeitorganisationen mit Massencharakter für jeweils bestimmte Zwecke, denen Unterhaltung und Geselligkeit zugeordnet wurden. Irgendwo war jeder organisiert, viele in zwei, drei oder mehr Vereinen. Ein dichtes Netz sozialer Kommunikation zog sich über das Ruhrgebiet hin, und die Berufsgruppe der Bergleute markierte darin einen durch ihre berufliche Eigenart bestimmten, prägenden Mittelpunkt.

Das Leben im Verein

Was ging nun in den Vereinen vor? Welchen Verlauf nahmen Versammlungsabende, Veranstaltungen und Feste, und welche Funktion nahmen die Vereine im kirchlichen und kommunalen Leben wahr? Gab es Konflikte im Vereinsleben? Was lernten die Arbeiter in den Vereinen, und worin bestand deren konkrete Bedeutung für die Herausbildung einer Arbeiterschaft, die selbstbewußt ihrer gesellschaftlichen Situation inne wurde und zunehmend Einfluß auf das soziale und politische Geschehen beanspruchte?
Erschöpfende Antworten lassen sich auf diese und andere Fragen nicht gewinnen, solange der Überlieferungsstand nicht genauer durch detaillierte lokalhistorische Untersuchungen geklärt ist und soweit das bisher verfügbare Material grobe Lücken aufweist. Einige Informationen sollen im folgenden anhand der noch am besten belegten katholischen Knappenvereine[33] mit wenigen Seitenblicken auf die übrigen Vereins-

33 Vgl. Anm. 11. Neben dem Stoppenberger Protokollbuch (s. Anm. 9) wurde im folgenden das im Stadtarchiv Essen in einer Kopie vorhandene

gruppen gegeben werden. Wenn das Ergebnis daher auch nicht repräsentativ sein kann, so bleibt doch außer Zweifel, daß diese früheste Vereinsgruppe die nachfolgenden Gründungen vorbildhaft beeinflußt hat und bis in die jüngste Zeit der stabilste Pol im bergmännischen Vereinswesen geblieben ist.

Feste Versammlungsabende waren wohl in jedem Verein einmal monatlich, zumeist am ersten Sonntag im Monat, bestimmt. Generalversammlungen fanden entweder am üblichen Versammlungstag vierteljährlich zur Rechnungslegung oder auch jährlich zu Wahlzwecken statt. Für ihre Versammlungen schlossen die Vereine stets Verträge mit Gastwirten über einen bestimmten Versammlungsraum ab, in dem dann auch die Ausstattung des Vereins aufbewahrt wurde. Aus Gründen der Umsatzsteigerung war das Interesse der Gastwirte an der dauernden Beherbergung von Vereinen so groß, daß Fälle überliefert sind, in denen Vereinsgründungen von Gastwirten ausgingen.

Der Präses oder, in dessen Vertretung, der erste Vorsitzende als »Vize-Präses« eröffneten die Versammlungen gewöhnlich mit der Verlesung des Protokolls. Großen Raum nahm stets die innere Verwaltung des Vereins ein: Kassenangelegenheiten waren, weil die meisten Vereine eigene Sterbe- und häufig auch Krankenkassen gemeinsam mit der Vereinskasse führten, wohl in jeder Versammlung zu besprechen; nach der Jahrhundertwende traten dann viele Vereine der katholischen Sterbekasse »Leo« bei, so daß die Vereinsarbeit in dieser Hinsicht Entlastung erfuhr. Die Auszahlung berechtigter Ansprüche aus der Vereinskasse erfolgte ebenfalls während der Versammlungen. Solche Ansprüche wurden in Krankheitsfällen stets durch gewählte Krankenbesucher des Vereins geprüft; überhaupt ließ man sich die Krankenpflege von Mitgliedern u. a. durch bezahlte Nachtwachen angelegen sein. Die gezahlten Sterbe- und Krankengelder sind immer recht geringfügig geblieben, mochten aber doch eine wirksame Ergänzung der knappschaftlichen Leistungen bringen.

Zweiter regelmäßiger Verhandlungspunkt war die Aufnahme neuer Mitglieder, zu der die Zustimmung der Versammlung erbeten wurde. Zugleich wurden Mitglieder, die ihre Beiträge über einen bestimmten Zeitraum schuldig geblieben waren, aus dem Verein ausgeschlossen, oder ihre Mitgliedschaft wurde vorübergehend »gestundet«. Zum regelmäßigen Versammlungsbesuch mußte immer wieder aufgefordert werden; vor allem in den ersten Jahren ihres Bestehens legten viele Vereine statuarisch ein Strafgeld für Nichterscheinen fest, das später

---

Protokollbuch des 1861 gegründeten Bergmannsvereins Überruhr zugrundegelegt.

bei nachlassendem Besuch wieder eingeführt werden konnte. Der Versammlungsbesuch hob sich merklich, wenn es an die Vorbereitung großer Feste ging oder strittige Fragen zur Debatte standen. Große Vereine – die Mitgliederzahl der frühen Knappenvereine hat selten 200 überschritten; nach der Jahrhundertwende waren jedoch Mitgliederzahlen von 500 und mehr recht häufig – dürften wiederholt vor Problemen bei der Beschaffung geeigneter Säle und der Organisation der Versammlungen gestanden haben.

Nicht selten war der »offizielle« Teil einer Versammlung mit diesen Vereinsangelegenheiten erledigt; man verhandelte noch »Allgemeines«, entrichtete seinen monatlichen Beitrag und verblieb nach gemeinschaftlichem Gesang von religiösen und bergmännischen Liedern gesellig einige Zeit beisammen. Branntwein-Ausschank war in katholischen Vereinen verpönt; Bier war das übliche Getränk. Wenn in den Vereinen eigene Gesangsabteilungen bestanden, trugen diese häufiger kleine Stücke vor; auch Vorstellungen von Theaterabteilungen, die auf Vereinskosten oder neben dem Verein Bühneneinrichtungen besaßen, konnten stattfinden. In solchen Fällen wurden in jedem Jahr ein oder zwei kleinere, meist wohl einaktige Stücke religiösen Inhalts – Texte sind leider nirgends überliefert – oder Darstellungen biblischer und kirchengeschichtlicher Szenen in »Lebenden Bildern« eingeübt.

Ihre Bildungsaufgaben nahmen die Vereine in erster Linie durch häufige Vorträge ihrer Präsides, seltener von örtlichen Lehrern, in späterer Zeit gelegentlich auch von Führern der Arbeitervereinsbewegung, Arbeitersekretären und christlichen Gewerkschaftsführern wahr. Der Akzent solcher Vorträge lag auf religiösen Themen; mit weitem Abstand gelangten auch naturgeschichtliche oder -wissenschaftliche Gegenstände zum Vortrag. Nach der Jahrhundertwende wurden sozialpolitische Vortragsthemen häufiger. So wurde im Bergmannsverein Überruhr über die Sklaverei in Afrika, über das Schnapstrinken, die Vereinsstatuten und deren Einhaltung, über den christlichen Gewerkverein, die sozialpolitische Gesetzgebung, den Bergbau früher und jetzt und das Postwesen, über Bethlehem und Jerusalem, den Atheismus, die Konfessionsschule und die katholische Publizistik referiert; einen regelmäßigen Platz nahmen Appelle gegen das Fluchen bei der Grubenarbeit, für regelmäßigen Kirchenbesuch und geregeltes Familienleben ein. Die Bildungsarbeit wurde nach der Jahrhundertwende mit dem Ausbau des Vereinsnetzes intensiviert; unter maßgeblicher Mitwirkung des Essener Arbeitersekretärs Kloft veranstalteten die Bezirksverbände nun soziale Kurse, in denen »das Wissenswerte aus den Parlamenten, von den Vereinsversammlungen und deren Leitung, über das Debattieren und Stellen von Anträgen«, über »Sozialpolitik, Apologetik und Religion« vermittelt wurde und die Mitglieder »geschult werden [sollten], Rede und Antwort zu geben jeglichem Gegner«[34]. Deutlich wurde das Bildungsanliegen in dieser Zeit auch durch gezielte Bibliotheksanschaffungen gefördert, während bisher die kleineren Bücherbestände der Vereine wohl meist religiöse Literatur enthielten.

Förderung von Anstand und Sitte, moralische Festigung, Ehrbewußtsein und Glaubenssicherheit erhoffte man sich vor allem durch die feste Einbindung in das Gemeindeleben. Bei allen gemeindlichen Veranstaltungen im Kirchenjahr, so besonders zur Fronleichnamsprozession, traten die Knappenvereine möglichst geschlossen in Erscheinung; sie beteiligten sich durch Spenden für Altarbilder oder einen eigenen Barbaraaltar, für Kirchenfenster oder sonstige Einrichtungen an der Kirchenverschönerung und wirkten auch an außergewöhnlichen Ereignissen wie Bischofsbesuchen und Einführungen neuer Ortsgeistlicher mit. Auch an Wallfahrten beteiligte man sich, und zur Inthronisation von Bischöfen wurden eigens Abordnungen entsandt.

Getreuer Gottesdienstbesuch war allgemeine Pflicht. Der Stoppenberger Verein »Glückauf« mahnte seine Mitglieder[35]

> »zur treuen Pflichterfüllung aus religiösen Gründen und empfiehlt ihnen den regelmäßigen Besuch der hl. Messe und die öftere Kommunion im Sinne des hl. Vaters Pius X. Alle zwei Monate findet gemeinschaftliche hl. Kommunion statt. Wöchentlich einmal läßt der Verein durch den Präses eine hl. Messe für seine Mitglieder lesen, um sie dem Schutze der Gottesmutter und der hl. Barbara gegen Berufsgefahren, besonders gegen unversehenen Tod zu befehlen. Außerdem erleichtert der Verein seinen Mitgliedern die Teilnahme an geistlichen Übungen (Exerzitien) ...«

Man wollte den Mitgliedern »die zur Abwehr religionsfeindlicher Angriffe dienliche Ausrüstung«[36] vermitteln und hielt deshalb »dem Freidenkertum gegenüber [...] in einzelnen Bezirken Protestversammlungen«[37] ab; Stellungnahmen gegen die Sozialdemokratie, in den frühen Jahrzehnten auch gegen den wirtschaftlichen Liberalismus und Materialismus verstanden sich von selbst. Wenn, wie dies gelegentlich vorkommen mochte, Vereinsmitglieder nachweislich sozialdemokratisch gewählt hatten oder den Alten Verband unterstützten, konnte der Vereinsausschluß herbeigeführt werden[38]; andere Vereine hielten für solche Fälle in den Statuten eine Unvereinbarkeitsklausel bereit. Im

---

34 Protokollbuch Stoppenberg, 487. Versammlung (17. 12. 1905).
35 Satzungen des Stoppenberger Vereins von 1913, § 3; Druckfassung: Pfarrarchiv St. Nikolaus Essen-Stoppenberg, Nr. 257.
36 Ebd.
37 Jahresbericht des Verbandes katholischer Arbeiter- und Knappenvereine der Diözese Münster für das Jahr 1909/1910, o. O. o. J. [1910], S. 3.
38 Vgl. die Diskussionen im Bergmannsverein Überruhr, Protokollbuch vom 27. 4. 1902, 27. 11. 1904, 2. 10. 1905.

Überruhrer Knappenverein ließ man 1902 keinen Zweifel daran, daß »der Gewerkverein für uns maßgebend ist«[39]; man lud dessen Führer zu Vorträgen und hörte befürwortende Voten der Präsides, während andere Bestrebungen, wo sie laut wurden, mit einem klaren »Pfui beantwortet«[40] wurden.

Der Einfluß der Präsides in den Vereinsversammlungen ging sehr weit. Wenn, wie dies hin und wieder geschah, Vereinsmitglieder zu kleinen Vorträgen das Wort erhielten, griff im Stoppenberger Verein der Präses zur Erläuterung und Richtigstellung ein. Von dem Geistlichen vorgetragene gemeindliche Angelegenheiten fanden auch dann bereitwilliges Gehör, wenn es sich, wie meistens der Fall, um Wünsche an die Vereinskasse handelte. Die Autorität des Ortsgeistlichen, der sich im Amt des Vereinspräses vielfach durch einen Vikar der Pfarre vertreten ließ, blieb unbezweifelt, auch wenn sich hin und wieder Stimmen dagegen regten. Vom Duisburger katholischen Arbeiterverein ist überliefert, daß sich der Verein um die Jahrhundertwende wegen der mit dem Gewerkschaftsstreit aufgekommenen Meinungen spaltete und mehrheitlich von der Linie des Vereinspräses löste[41]. Im Bergmannsverein Überruhr entstand 1901 ein hitziger Konflikt über die Einladung eines dem Präses nicht genehmen, im Verein offenbar beliebten Kaplans zum Stiftungsfest. Der Präses verlangte erfolglos die Streichung einer hierauf bezogenen Passage aus dem Protokoll, mochte dann am Fest mit Ausnahme der kirchlichen Weihe der Fahne nicht mehr mitwirken und nutzte, sehr zum Mißfallen der Mitgliedschaft, am nächsten Sonntag die Kanzel zur Kritik am Verein[42].

Kassenangelegenheiten und Vorstandswahlen waren die Gelegenheiten, zu denen Formen demokratischer Mitwirkung der Vereinsmitglieder möglich wurden. Auseinandersetzungen über die Beitragshöhe und über zusätzlich beschlossene, befristete Beiträge zur Anschaffung von Sakralgegenständen für die Kirche oder zur Vorbereitung großer Feste, schließlich über Auszahlungen an Anspruchsberechtigte und andere Aufwendungen erregten die Gemüter ebenso wie Unregelmäßigkeiten in der Geschäftsführung und bei den Wahlen der »Vereinsbeamten«. Die Vorstände setzten sich gewöhnlich aus einem ersten und einem stellvertretenden Vorsitzenden, dem Schriftführer als Protokollanten, dem Kassierer und seinem Stellvertreter und mehreren Beisitzern zusammen; letztere wurden oft nach einem gemeindlichen Proporz gewählt, der alle im Einzugsbereich liegenden Dörfer umfassen sollte.

---

39 Protokollbuch Überruhr vom 27. 4. 1902.
40 Ebd. vom 2. 10. 1905.
41 Vgl. die Schilderung bei A. Kalis (s. Anm. 11), S. 92–94.
42 Protokollbuch Überruhr vom 31. 3. 1901, 26. 5. 1901, 23. 6. 1901.

Rücktritte einzelner Vorstandsmitglieder oder auch des geschlossenen Vorstands drohten vor allem dann, wenn die Mitgliedschaft in Kassenangelegenheiten gegen die Beschlüsse des Vorstands votierte; bei regulär in zweijährigem Abstand vollzogenen Vorstandswahlen wurden recht häufig Nachwahlen erforderlich. Für Wahlproteste empfahl sich naturgemäß der Präses als Adressat; in freien Knappenvereinen haben sich die Bergleute mit ihren Wahlbeschwerden auch an die örtlichen Behörden gewandt[43]. Die Einübung von Gesprächsdisziplin und demokratischen Versammlungs- und Wahlbräuchen schlug sich in manchen Knappenvereinen sogar in einer eigenen Geschäftsordnung nieder. In jener des Knappenvereins »Borussia« zu Eving bei Dortmund hieß es unter anderem[44]:

> »§ 1. Jedes aktive Mitglied des Vereins hat das Recht, das Wort zum Sprechen zu fordern. Während der Redner spricht oder einen zur Unterhaltung geeigneten Aufsatz verliest oder einen deklamatorischen Vortrag hält, wird von der Versammlung erwartet, sich in angemessener Ruhe und Ordnung zu verhalten.
> § 2. Bittet ein Mitglied ums Wort, so ist der die Versammlung leitende Präses verpflichtet, ihm dasselbe zu erteilen, jedoch nicht eher, bis der Vorredner ausgesprochen hat oder mit seinem Vortrage zu Ende ist.«

Es ist kaum abzuschätzen, in welchem Umfang durch solche, jedermann unmittelbar einsichtige, gleichwohl für viele ungewohnte Verhaltensregeln die Einübung nicht nur von Versammlungsdisziplin, sondern überhaupt von Regelhaftigkeit und Toleranz gefördert worden ist. Deutlich bot sich in den Vereinen besonders dann, wenn ihnen, wie im Knappenverein zu Eving, ein Bergmann als »Präses« vorstand, Gelegenheit zur Selbst- und Mitbestimmung, wie sie im politischen Bereich noch weitgehend ausgeschlossen war. Ebenso wie Fragen der Sozialpolitik fanden daher die regelmäßigen Gemeinderats-, Landtags- und Reichstagswahlen die Aufmerksamkeit von Vereinsversammlungen; man bekräftigte sein Eintreten für die Zentrumskandidaten, und vom preußischen Dreiklassenwahlrecht hieß es 1908 in Stoppenberg, dies sei »das Elendigste aller Systeme«.
Inwiefern trug nun das Vereinsleben bergmännischen Charakter? Hier wirkten sich naturgemäß besonders in der frühen Phase der Vereinsgeschichte die gewohnte ständische Formenpflege, das Brauchtum der Knappschaften und die Eigenheiten des Berufs aus. Vielfach erfaßten die Knappenvereine Belegschaftsmitglieder von nur einer größeren, nahegelegenen Anlage: man kannte sich also nicht nur aus dem Verein,

---

43 Vgl. die Vorkommnisse im Knappenverein »Borussia«, Eving, im Jahre 1893: Stadtarchiv Dortmund 17 Lü n 35.
44 Druckexemplar der Geschäftsordnung in: Stadtarchiv Dortmund 17 Lü n 35.

sondern von der Zeche her, arbeitete zusammen in einer Kameradschaft oder im selben Steigerrevier, mochte auch benachbart wohnen. Die Vereine fügten damit der beruflichen Gemeinschaft im Betrieb, in der Nachbarschaft, der Pfarrgemeinde und Kommune eine zusätzliche Klammer zu. Bergbauliche Gewohnheiten, darunter vor allem der »Glückauf«-Gruß[45], waren gang und gäbe, und manche Vereine verpflichteten ihre Mitglieder eigens zu dessen regem Gebrauch. Von der besonderen Fürsorge in Gebet und Gottesdienst angesichts der ständig drohenden Unfallgefahren bei der Arbeit war bereits die Rede. Der Eigencharakter des Berufs fügte seine Menschen enger zusammen, als dies in anderen Gewerben der Fall war; hieraus erklärt sich das anhaltende Widerstreben der Bergleute, gemeinsame Vereine mit anderen Arbeitern zu bilden.

Die Pflege des bergmännischen Liedguts in Vereinsversammlungen und eigenen Gesangsabteilungen war selbstverständlich. Eine besondere Rolle in der Formenpflege spielte die Vereinsfahne, für deren Anschaffung die Mitglieder oft über Jahre hinweg Beitragsgroschen zurücklegten. Das Fahnenbild vereinigte bergbauliche Symbole wie die Grubenlampe oder Schlägel und Eisen mit dem Emblem der Kommune, religiösen Zeichen und Legenden. Unter den Vereinsämtern genossen die Fahnenoffiziere, die dem Verein bei Prozessionen und Festzügen, in bergmännische Uniform gekleidet, die Fahne vorantrugen oder als Fahnendeputation zu anderen festlichen Anlässen entsandt wurden, das besondere Vertrauen der Vereinsmitglieder; die Ämter waren begehrt und wurden gelegentlich gegen Höchstspenden ausgeschrieben. Zu den Vereinsveranstaltungen war das Tragen der Vereinsmütze neben dem Vereinsabzeichen am Revers erforderlich. Zur Anschaffung bergmännischer Uniformen für jeden einzelnen, wie sie in ständischer Zeit von den Bergbehörden vorgeschrieben wurden, dürfte meistens das Geld gefehlt haben, so daß auch die Uniformen der Fahnenoffiziere auf Vereinskosten beschafft wurden. Manche Vereine unternahmen Versuche, den Brauch der Bergmusik durch ein eigenes Musikkorps zu beleben.

Ihren deutlichsten Niederschlag fand die bergmännische Formenpflege bei den besonderen Veranstaltungen des Vereins. Frauen und Kinder fanden zu Familienveranstaltungen Zugang, wie sie überwiegend in der Weihnachtszeit ausgerichtet wurden. Einen Brauch ließen sich die Bergleute besonders angelegen sein: Sie bemühten sich, verstorbenen Kameraden das letzte Geleit unter möglichst großer Beteiligung der Vereinskameraden hinter der Fahnenabordnung feierlich zu gestalten –

---

45 Vgl. hierzu: *G. Heilfurth:* Glückauf! Geschichte, Bedeutung und Sozialkraft des Bergmannsgrußes, Essen 1958.

auch dies eine aus ständischer Zeit überlieferte Gewohnheit. Daß die Vereine geschlossen an kirchlichen Festen teilnahmen, wurde bereits erwähnt; gegenüber den feierlichen nationalen Gedenktagen bewahrten die katholischen Vereine dagegen noch lange nach dem Kulturkampf Zurückhaltung. Erst gegen Ende der 1880er Jahre bürgerte sich das Kaiserhoch mindestens am Kaisergeburtstag ein; am Sedanstag wollte man sich lange nicht beteiligen, und in Überruhr wurde sogar den Kindern der Vereinsmitglieder durch Beschluß im Verein die Teilnahme an diesem stets mit Kinderbelustigungen verbundenen Volksfest untersagt. Selbstverständlich entsprach dies nicht der Regel in protestantischen Gegenden; hier beteiligten sich die Knappenvereine im Schmuck von Uniformen und Vereinsmützen rege am nationalen Festtreiben.

Feste zu feiern, dies war ein Hauptzweck des Vereinslebens. Das Unterhaltungsbedürfnis hat wiederholt Ausmaße erreicht, die in den Behörden und der Geistlichkeit Veranlassung zur Sorge gaben[46]. Hier war auch der Punkt, an dem das Vereinsleben, vor allem, wenn die strenge Kirchenaufsicht fehlte, zur Vereinsmeierei, zur bloßen Vergnügungssucht ausuferte. Vereinsähnliche »Schnapskasinos«, wie sie seit den 1890er Jahren vielerorts im Schoße der Kneipen entstanden, um des Alkoholgenusses unbeschadet der Sperrstunde frönen zu können, geben hierfür ein beredtes Zeugnis (s. in diesem Band S. 160 ff.). Zur Mäßigung beizutragen und das Vergnügungsbedürfnis der Bergleute in geregelte Bahnen zu führen, war deshalb Anliegen der Geistlichen, und die katholische Dortmunder »Tremonia« betonte, daß man den Arbeitern »ein Vergnügen zur rechten Zeit und am rechten Ort von ganzem Herzen gönnt«[47].

Lambert Lensing, der Herausgeber der »Tremonia«, war deshalb einer der Initiatoren eines gemeinschaftlichen jährlichen Verbandsfestes aller katholischen Vereine Dortmunds und der näheren Umgebung, zu dem selbst Essener Vereine herbeiströmten. Das Fest sollte dem Überhandnehmen einzelner Vereinsfeste entgegenwirken und zugleich die katho-

---

46 Mit insgeheimer Freude wurde von behördlicher Seite konstatiert, Vergnügungen seien ein Bereich, in dem der »der Gehorsam gegen die geistlichen Oberen eine Grenze« habe (Staatsarchiv Koblenz, Oberpräsidium 177 II Bl. 671 ff.); man sah sich gleichwohl wiederholt zum Einschreiten genötigt und schränkte u. a. die Festdauer ein. In einem Schreckensbild vom Müßiggang der arbeitenden Klassen befangen, meinte der Bochumer Landrat (Kreuzzeitung 311/8. 7. 1890, Ausschnitt Staatsarchiv Münster, Oberpräsidium 3906; vgl. auch Stadtarchiv Bochum, Landratsamt VIII 339), »die aus jungen Leuten zusammengesetzten Vereinigungen bilden eine ernste Gefahr, da besonders in solchen der schrankenlosen Vergnügungssucht mit unverhältnismäßigem Aufwand gefrönt, der verdiente Lohn vergeudet, nicht selten aber auch durch dieselben die gute Sitte sowie die öffentliche Ruhe und Sicherheit empfindlich verletzt wird«.

47 Tremonia 123/2. 6. 1882 (Institut f. Zeitungsforschung, Dortmund).

lische Bevölkerungsminderheit zusammenführen; es trug in seinen Programmteilen deutlich katholischen, während des Kulturkampfes auch gesellschaftskritischen Charakter und gab den herausragenden katholischen Politikern Gelegenheit, in Festreden ihrer Überzeugung Ausdruck zu verleihen[48].

Im Essener Raum, wo die Dörfer und Landgemeinden ganz überwiegend katholisch geprägt waren, ist es dagegen nicht zu einem gemeinsamen Fest aller Knappenvereine gekommen – nicht zuletzt, weil die Vereine älter waren und auf der Tradition ihres langjährigen Stiftungsfestes beharrten. Dieses Stiftungsfest stand besonders zu »runden« Vereinsjubiläen im Mittelpunkt allen Vereinslebens. Über Jahre hinweg konnten Fonds für diese mehrtägigen, mit großem Spektakel ausgeführten Feiern angesammelt werden, und man verstand es, im Stiftungsfest Traditionen des älteren »Bergfestes« der Knappschaften[49] zu beleben. Bis heute ist, wie eine Vielzahl überlieferter Programme und Festschriften, Zeitungsannoncen und Einladungen zeigt, der Festablauf ähnlich geblieben: Alljährlich wurde das Stiftungsfest am Vorabend durch Böllerschüsse, Musikdarbietungen und Jubilarehrung eingeleitet; am Festsonntag fand man sich, natürlich unter der Fahne und gehörig mit Mütze und Abzeichen versehen, zum gemeinsamen Gottesdienst, zur Vereinsmesse in der Kirche ein und lauschte anschließend dem Festkonzert eines örtlichen Musikvereins. Am frühen Nachmittag trafen die auswärtigen Vereine mit ihren farbenprächtigen Fahnen und Uniformen ein. Man sammelte und ordnete sich an geeignetem Ort zu einem langen, von mehreren Musikkapellen geführten Festzug durch die Straßen der Gemeinde, die bei großen Festen durch Baumgrün, Girlanden und ausgehängte Fahnen geschmückt wurden. Danach setzte das Festtreiben auf den Festplätzen mit Platzkonzerten und Kinderbelustigungen ein. Der Abend war einem großen Festball vorbehalten, dessen Ablauf durch Festreden, Gesangs- und Theatervorführungen im steten Wechsel gestaltet wurde. Auch hieran wirkten die befreundeten Knappenvereine durch ihren Gesang und Rezitationen mit. Gutes Wetter war Vorbedingung für ein Gelingen des Fests, denn man feierte mit Vorliebe im Freien und erfreute sich an den Gartenilluminationen. Aber auch im Winter, so häufiger zur Fastnacht oder auch am Kaisergeburtstag, konnte das Stiftungsfest oder ein zusätzliches, dann in bescheidenerem Rahmen ausgeführtes Vereinsfest stattfinden.

---

48 Große Festberichte finden sich regelmäßig in der Tremonia, z. B. 234/8. 6. 1900.

49 Vgl. mit zahlreichen Quellen *K. Tenfelde:* Mining Festivals in the Nineteenth Century, in: Journal of Contemporary History, Jg. 13 (1978), S. 377–412.

Abb. 27: Anzeige aus dem Dortmunder Anzeiger vom 23. Juni 1873.

Mit dem Stiftungsfest ahmten die Knappenvereine eine schon dem älteren bürgerlichen Vereinswesen eigene, überall auch in nichtbergmännischen, nicht von Arbeitern getragenen Vereinen übliche Sitte nach. Sie erfüllten das Fest mit ihren bergmännischen Gepflogenheiten und paßten es dem Bedürfnis ihrer Mitglieder nach Geselligkeit und Vergnügen an. Festlichkeiten solcher Art lenkten alltägliches Denken und Streben auf sich, und sie brachten um so mehr Entlastung vom Alltag, als dieser von der bitteren Routine der Arbeitswelt und ihren täglichen Reibungen, von der Sorge um den Existenzerhalt, von dürftigem Milieu beherrscht blieb. Obgleich berufsständische Formen die Feste prägten, standen Arbeit und Fest, Alltag und Festtag einander schroff gegenüber; erst nach der Jahrhundertwende griffen die größeren Zechengesellschaften selbst zum Betriebsfest, besonders als Jubilarehrung, im Rahmen ihrer betrieblichen Sozialpolitik. Und wenn das Fest der Arbeiter in katholischen Vereinen zu Kulturkampfzeiten, in gewerkschaftlichen Zahlstellen und sozialdemokratischen Vereinen mehr oder weniger verschleiert oppositionelle Züge in Gestalt versteckter lokaler und politischer Satiren, im Gesang religiöser bzw. demokratischer Lied-

343

texte nach den bekanntesten Melodien der Kaiserzeit, in Gedichtrezitationen und Festvorträgen trug[50], so entsprach dies nur der weitgehenden gesellschaftlichen Isolation der Arbeiterschaft in Wilhelminischer Zeit, ihrer Abkapselung vom Kulturleben der bürgerlichen und feudalen Schichten, ihrem Drang nach gesicherten Daseinsverhältnissen, gleichem Recht und angemessener Teilhabe.

Auswüchse des Festtreibens und Vereinslebens konnten in solcher Sicht auch Ausdruck vorsichtigen Protests sein. Dies war freilich eher die Ausnahme im Vereinswesen. Die Kritik der zeitgenössischen Gewerkschaften der Bergleute richtete sich dann auch zeitweise vehement gegen die Vereinssucht der Bergleute, die von den gewerkschaftlichen Zielen hinweg, zur Selbstbescheidung in einem unpolitischen Alltag zu führen schien. Vor allem von sozialdemokratischer Seite klang schon während des Streiks 1889 scharfe Ablehnung jener den Streik mittragenden »Luxusvereine«, jener Bergleute mit ihren »Paradekitteln« in den Festzügen[51] auf; in Kreisen christlicher Gewerkschaftsführer verhielt man sich vorsichtiger, bestanden doch enge Bindungen zum katholischen Vereinswesen. Aber auch hier wurden Angriffe gegen die »Klimbim-Vereine« laut, in denen man sich nur einer stumpfsinnigen Feierei, dem organisierten Alkoholismus hingebe[52].

Das Urteil über die »Zersplitterung der ohnehin zur Sonderbündelei neigenden Bergleute« durch ihr vielgegliedertes Vereinswesen[53] ist im Anschluß an diese Stimmen wiederholt in die Literatur eingegangen. Man wird damit jedoch, und damit schließt sich der Kreis unserer Argumentation, nur zu einem Teil der Bedeutung des Vereinswesens bis heute, seinen wiederholten Wandlungen im Industrialisierungsjahrhundert, seinen Richtungs- und Funktionsdifferenzierungen gerecht. Was die einen als Zersplitterung im Kampf um wohlbegründete Rechte, andere unter Hinweis auf Vorbilder und Vereinssitten als »Verbürgerlichung«, als nichtssagende Anpassung an die Gegebenheiten und vorgefundenen Formen einschätzen, war doch für die Betroffenen zugleich auch eine, vielfach die einzige Möglichkeit, Licht in das Arbeiterdasein zu bringen, sich der Umwelt einzugewöhnen und Formen geregelten Zusammenlebens zu finden.

---

50 Vgl. das Programm eines sozialdemokratischen Fests, in: Westfälische Freie Presse 55/8. 6. 1878 (Institut f. Zeitungsforschung).
51 Vgl. *W. Köllmann / A. Gladen* (s. Anm. 19), S. 265; *O. Hue* (s. Anm. 11), Bd. 1, S. 421.
52 Vgl. das Gedicht »Klimbim-Vereine«, in: Der Bergknappe (d. i. Organ des Gewerkvereins christl. Bergarbeiter), Nr. 8/1910; vgl. ebd. 31/1913 und 28/1911.
53 *A. Bieker:* Die Deutschen Bergarbeiterorganisationen. Darstellung ihrer geschichtlichen Entwicklung, Diss. (masch.schr.) Köln 1922, S. 5.

Volker Schmidtchen

Arbeitersport – Erziehung zum sozialistischen Menschen?

Leitwerte und Jugendarbeit in zwei Ruhrgebietsvereinen
in der Weimarer Republik

> *»Und Mensch sein will jeder*
> *Wo ist des Menschseins Hort?*
> *Wo sind die Menschenbrüder?*
> *Im Arbeitersport!«*

Vor etwa 45 Jahren endete erzwungenermaßen der Versuch, in Deutschland alternativ zu den schon bestehenden Formen überwiegend bürgerlichen Sporttreibens und ihren Organisationsstrukturen eine sozialistische Körperkultur aufzubauen. Nach der Machtergreifung der Nationalsozialisten wurden unter Berufung auf den § 1 der »Verordnung des Reichspräsidenten zum Schutz von Staat und Volk vom 28. Februar 1933« die Verwaltungszentralen und die Einrichtungen aller in der »Zentralkommission für Arbeitersport und Körperpflege« (ZK), dem Dachverband in der »Arbeiter-Turn- und Sportbewegung« (ATUS), zusammengefaßten Verbände durch die zuständigen Behörden geschlossen, damit die Verbände aufgelöst und das Sporttreiben in den einzelnen Vereinen im gesamten Reichsgebiet verboten.

Die nachdrücklichste Signalwirkung für dieses »Ende per Verwaltungsakt« hatte dabei auf die Arbeitersportler im ganzen Reich die gewaltsame Besetzung der Leipziger Bundeszentrale sowie der Bundesschule des »Arbeiter-Turn- und Sportbundes« (ATSB) durch SA-Einheiten aus Plauen am 23. März 1933. Die SA-Männer jagten das anwesende Personal davon und beschlagnahmten die Kasse, Gerätschaften und Mobiliar. Die nachträgliche Legalisierung dieser Gewaltaktion mittels der Auflösungsverordnung für den ATSB durch das sächsische Innenministerium vom 28. April 1933, verbunden mit der Einsetzung eines Zwangsverwalters und Liquidators, ließ keinen Zweifel mehr an der von den neuen Machthabern beabsichtigten völligen Zerschlagung des gesamten Arbeitersports.

Die relativ einfach zu realisierenden und vorgeblich im Einklang mit dem geltenden Recht stehenden administrativen Maßnahmen gegen die Arbeitersportverbände trafen ca. 1,3 Millionen Mitglieder. Bei insgesamt etwa 7 Millionen in Vereinen aktiven Sportlern im Deutschen Reich entsprach dies dem nach dem »Deutschen Reichsausschuß für Leibesübungen« (DRL), mit fast 3 Millionen Mitgliedern die Dachorganisation vieler bürgerlicher Sportverbände, größten Zusammenschluß von Fachverbänden. Außer dem bereits erwähnten ATSB gehörten noch folgende Verbände zur »Arbeiter-Turn- und Sportbewegung«:

Tabelle 19:
Verbände der Arbeiter-Turn- und Sportbewegung (ohne ATSB) 1933[1]

Bezeichnung	Mitglieder	Vereine
»Arbeiter-Radfahrerbund Solidarität«	320 000	4 951
»Arbeiter-Athletenbund«	63 316	1 206
»Arbeiter-Schützenbund«	5 579	412
»Arbeiter-Anglerbund«	6 500	142
»Arbeiter-Keglerbund«	8 216	815
»Arbeiter-Schachbund«	12 850	460
»Freier Segler-Verband«	2 100	37
»Arbeiter-Samariterbund«	42 757	1 209
»Naturfreunde« (Touristenvereine)	87 575	1 010
»Verband Volksgesundheit«	15 393	112

Alle diese Verbände waren seit 1912 in der »Zentralkommission für Arbeitersport und Körperpflege« mit Sitz in Berlin zusammengefaßt. Nimmt man die 738 048 Mitglieder in den 6 886 Vereinen des ATSB als ihres größten Verbandes noch hinzu, so repräsentierte die ZK im Jahre 1933 insgesamt 1 302 334 Mitglieder der ATUS in 17 240 Vereinen. Die ZK selbst vertrat wiederum die Interessen der deutschen Arbeitersportler im 1913 in Gent gegründeten »Internationalen Arbeiterverband für Sport und Körperpflege«, der 1925 in Frankfurt, 1931 in Wien und 1937 in Antwerpen (da schon ohne die deutschen Mitglieder) eigene »Arbeiterolympiaden« veranstaltete.

Der bedeutendste Verband im deutschen Arbeitersport war zweifellos der ATSB, der, im Jahre 1893 als »Arbeiter-Turnerbund« (ATB) gegründet, die gesamte Arbeitersportbewegung über vier Jahrzehnte hin entscheidend geprägt hat. Seine wesentliche Rolle im sportpolitischen Bereich zur Zeit der Weimarer Republik wird eindrücklich durch den Anstieg der Mitgliederzahlen im Vergleich zu anderen Verbänden sowie durch die nahezu synonyme Verwendung seiner Abkürzung »ATSB« mit »ATUS«, die eigentlich für die gesamte Bewegung stand,

---

1 Die Zahlen sind bis in die Hunderterstellen in der einschlägigen Literatur unterschiedlich angegeben. Bei dieser Tabelle wurden deswegen die »neutralen« Angaben aus Meyers Enzyklopädischem Lexikon in der Ausgabe von 1977 übernommen.

dokumentiert. Betrachtet man den Mitgliederzuwachs vom durch den
Ersten Weltkrieg bedingten absoluten Tiefstand im Jahre 1918 bis zum
Jahresende 1930, so wird gerade auch in der Relation zur bürgerlichen
»Deutschen Turnerschaft« (DT) die rasante quantitative Entwicklung
des ATSB in der Weimarer Zeit deutlich:

Tabelle 20:
*Mitgliederzahlen[2] des Arbeiter-Turn- und Sportbundes im Vergleich
zur Deutschen Turnerschaft*

Jahr	DT	ATSB
1918	840 000	42 000
1920	1 250 000	448 000
1930	1 600 000	746 000
Steigerung 1918/1930	um ca. 90 %	um ca. 1 676 %

Wenn wir die entsprechenden Werte für das Jahresende 1920 vergleichen, so zeigt sich im Verhältnis zu 1918, daß die DT in diesen zwei
Jahren ihren Mitgliederbestand um etwa die Hälfte hatte steigern
können. Dem ATSB dagegen war es im gleichen knappen Zeitraum
gelungen, seine Mitgliederzahl mehr als zu verzehnfachen.
Als eine wesentliche Ursache dürfte dabei wohl die Aufnahme weiterer
Sportarten in den Bund, neben dem bis dahin fast ausschließlich betriebenen Gerätturnen nun vor allem Leichtathletik und Mannschaftsspiele
wie Fußball und Handball, zu nennen sein, eine Entwicklung, die
schon äußerlich anhand der 1919 beschlossenen Namensänderung von
ATB in ATSB erkennbar wurde.
Außerdem müssen die mittlerweile grundsätzlich veränderten politischen Verhältnisse in Deutschland berücksichtigt werden. Für die harte
Frontstellung der Arbeitersportler gegenüber dem Staat, und zwar dem
wilhelminisch-autoritären, gab es in der neuen Republik zunächst keinen Anlaß mehr.
Ursachen und Gründe für die angedeuteten Entwicklungen lassen sich
vielerorts finden. Statistisches Material erleichtert nur ab und zu den
Einstieg in die Thematik. Ob es gilt, Rolle und Bedeutung des ATSB
im letzten Jahrzehnt seiner Existenz aufzuzeigen oder auch nur einen
Teilbereich, wie in unserem Falle die Jugendarbeit, innerhalb der Vereine während dieses Zeitraums, herauszugreifen, verständlich werden
sowohl die Untersuchung wie auch deren Ergebnisse erst vor dem Hin-

2 *H. Ueberhorst:* Frisch, frei, stark und treu. Die Arbeitersportbewegung in
Deutschland 1893–1933, Düsseldorf 1973.

tergrund der allgemeinen politischen und sozio-ökonomischen Entwicklung dieser Epoche im Deutschen Reich, die wir für die folgende Darstellung als bekannt voraussetzen wollen. Darüber hinaus besteht die Notwendigkeit, mit der Geschichte des ATB/ATSB und der Arbeiterbewegung überhaupt vertraut zu sein. Darauf wird in kurzen Zügen noch in einem eigenen Kapitel eingegangen werden[3].

Zuvor aber noch eine Bemerkung über die Quellen sowie über die Absicht des hier vorliegenden Beitrages: In bezug auf die 40jährige Geschichte der Arbeiterturnbewegung in Deutschland kann die Quellenlage als gut bezeichnet werden. Alle Jahrgänge der »Arbeiter-Turnzeitung« (ATZ) sind noch vorhanden und können an mehreren Orten in der Bundesrepublik eingesehen werden[4]. Selbstzeugnisse in Form von Korrespondenzen, Pamphleten und eigenständigen Publikationen wie beispielsweise das Handbuch des Arbeiter-Turnerbundes befinden sich in zugänglichen Archiven und vielen Bibliotheken[5]. Eine besondere Gattung von Quellen soll hier aber noch angesprochen werden: das Interview mit noch lebenden Arbeitersportlern, mit Zeitgenossen der damaligen Ereignisse also. Trotz der immer zu berücksichtigenden, häufig sogar unbewußten nostalgischen Verbrämung der selbst erlebten Vergangenheit durch den Befragten erweist sich eine solche, selbstverständlich subjektive Aussage eines derart Beteiligten oder zumindest Betroffenen jeder aus sonstigen Quellen und Literatur erarbeiteten These gerade wegen ihrer Unmittelbarkeit als überlegen.

Der Verfasser schätzt sich im vorliegenden Fall besonders glücklich, die Gelegenheit zum zusätzlichen Einsatz der Quellengattung »Interview« erhalten zu haben. Seine Absicht war es, die vielerorts in den einschlägigen Quellen auftauchenden Aussagen über Ziele und Formen der Jugendarbeit im ATSB zur Zeit der Weimarer Republik in eine Relation zu den praktischen Erfahrungen junger Arbeitersportler im Vereinsalltag während dieser Epoche zu setzen. Für dieses Vorhaben konnte er zwei ehemalige Arbeitersportler, den Hagener Oberbürgermeister a. D. Helmut Turck und den langjährigen Dortmunder Stadtrat und Sportdezernenten a. D. Fritz Kauermann gewinnen. Beiden Herren, denen hiermit für ihr freundliches Entgegenkommen gedankt sein soll, sind in einem jeweils einstündigen Interview die genau gleichen Fragen gestellt worden, deren Antworten zusammengefaßt so-

---

3 Zur genaueren Information sei hier auf die einschlägige jüngere Literatur verwiesen, wie sie z. B. auch von *Ueberhorst* (s. Anm. 2) angeführt wird.

4 Beispielsweise als Kopie in der Bibliothek des Instituts für Sportwissenschaft an der Ruhr-Universität Bochum.

5 Bundesarchiv, Archiv der Friedrich-Ebert-Stiftung, Privatarchive oder Nachlässe ehemaliger Arbeitersportler sowie viele kommunale oder universitäre Bibliotheken.

wohl Gemeinsamkeiten als auch unterschiedliche Akzente beim Jugend-
sport und seiner Orientierung in zwei Ruhrgebietsvereinen des ATSB
aus Hagen und Dortmund deutlich werden lassen.

Der ATB / ATSB – Entstehung, Organisation, Probleme, Ziele

Die Gründung des ATB stellt sich als Ergebnis einer aus zwei Richtungen kommenden Entwicklung dar: Die eine reicht bis in die Tage des
Vormärz und der demokratischen Ideale der Revolution von 1848/49
zurück. Für die Arbeiterschaft waren hier vor allem die Vorstellungen
der Arbeiterbildung, d. h. das Streben nach freier geistiger Entfaltung
ebenso bestimmend wie der permanente Kampf um die Verbesserung
der sozialen und ökonomischen Bedingungen des Alltags. Schon zu Beginn der 60er Jahre des 19. Jahrhunderts entstanden innerhalb der damaligen Arbeiterbildungsvereine auch erste eigene Turnabteilungen.
Während der Zeit des Sozialistengesetzes (1878-1890) erwiesen sich
diese Turnabteilungen häufig als eine bedeutende Basis für die damals
illegale Arbeit der Sozialdemokratie.
Die zweite Richtung entstammte der Deutschen Turnerschaft. Innerhalb ihrer Vereine kam es nach der Reichsgründung 1871 zu politischen
Auseinandersetzungen zwischen den Turnern, die im Wilhelminischen
Deutschen Reich Bismarckscher Prägung das Ziel des jahrzehntelangen
Kampfes um die Reichseinheit erblickten und denen, für die der neue
Staat, gemessen an den propagierten Ideen eines Friedrich Ludwig Jahn beispielsweise, eben nicht die eigentlich angestrebte Lösung
darstellte, und die insbesondere der damaligen Führung der DT Verrat
an der eigenen revolutionären Vergangenheit vorwarfen. Hierbei ist
festzustellen, daß diese Opposition vorwiegend aus Angehörigen der
Industriearbeiterschaft bestand, und es somit schon zu einer gewissen
klassenspezifischen Polarisierung der politischen Interessen innerhalb
der Turnerschaft gekommen war. Diese »klassenbewußten« Arbeiter
bemühten sich zwar, bürgerliche Bildung und Kultur zu adaptieren,
weil sie von deren Werten überzeugt waren, lehnten aber die im Bürgertum der Zeit damit verbundene Gesinnung, die sich an Ordnung
und Ruhe, Gehorsam und Pflichterfüllung als erstrangigen Werten
orientierte, ebenso entschieden ab, wie die Garanten solcher Werte in
Form von Schule, Kirche, Militär und Behörden. Die Revolution von
1848 war zwar gescheitert, die damals blockierte demokratische Ordnung aber galt gerade für viele Arbeiter immer noch als Leitbild für
die Organisation einer freiheitlichen Gesellschaft. Hinzu kamen die
Vorstellungen eines Karl Marx, die gerade bei den deutschen Industriearbeitern auf fruchtbaren Boden fielen.

Der größte Teil der deutschen Turner feierte nicht nur in nationalistischem Überschwang den Sieg über den »Erbfeind Frankreich«, wie es in den entsprechenden Ausgaben der »Deutschen Turnzeitung« (DTZ) nachzulesen ist, sondern vergaß auch über der erreichten nationalen Eigenständigkeit preußischer Art alle weiteren, von den Turnern stets angestrebten politischen Ziele im Hinblick auf eine, auch nach unserem heutigen Verständnis eindeutig demokratische Staatsform. Man unterwarf sich völlig der autoritären Struktur des neuen Reiches mit seiner Militarisierung nahezu aller Bereiche und gewann dieser vor allem patriotisch motivierten Anpassung ausschließlich positive Seiten ab.

Viele Industriearbeiter, lohnabhängige Handwerker und kleine Angestellte, die in den Vereinen der DT turnten und zumeist auch Sozialdemokraten waren, wandten sich daher enttäuscht von der DT ab, gründeten eigene Vereine, traten den schon vorhandenen sog. Freien Turnvereinen[6] oder den Turnabteilungen der Arbeiterbildungsvereine bei, wo immer dies möglich war. Im Jahre 1878 erschien in der DTZ ein Artikel des damaligen Vorsitzenden der DT, Georgi, in dem er unter der Überschrift »Das Turnen und die Sozialdemokratie« den Vereinsvorständen im Hinblick auf das Sozialistengesetz empfahl, sozialdemokratische Turner auszuschließen[7].

Die DT-Führung machte sich dadurch in den Augen ihrer sozialdemokratischen Mitglieder zum Handlanger des autoritären Staates. Wie sich dies beispielsweise auf der Vereinsebene darstellte, unterstreicht der einstimmige Beschluß einer Hauptversammlung des Oerlinghauser Turnvereins vom 5. Juli 1878:

> »Da die revolutionären Ansichten der Sozialdemokratie mit den patriotischen Ansichten der Turner unvereinbar sind, so wird hierdurch beschlossen, die Sozialdemokraten in dem Verein nicht zu dulden. Jeder Turner verpflichtet sich auf Ehrenwort durch seine Unterschrift, weder auf sozialdemokratische Schriften zu abonnieren, noch irgendeiner revolutionären Vereinigung angehören zu wollen. Weigert ein Turner sich, diese Unterschrift zu leisten, so wird derselbe aus dem Verein ausgestoßen. Jeder Neueintretende hat sofort bei seiner Aufnahme dieses Schriftstück zu lesen und zu unterzeichnen.«[8]

Aber es wurden in vielen Vereinen nicht nur einzelne sozialdemokratische Turner ausgeschlossen, auch ganze Vereine, in denen sozialdemokratische Mitglieder in der Mehrzahl waren, mußten die DT verlassen oder gingen aus eigenem Antrieb. Auf diese Weise verlor die DT von 1894 bis 1905 insgesamt 460 Vereine.

---

6 Turnvereine, die keinem Fachverband angeschlossen waren.
7 DTZ 1878, S. 365.
8 Zitat bei *K. Frey*: Streitschrift für Mitglieder des Arbeiter-Turnerbundes, 2. Aufl. Leipzig 1906, S. 36.

Viele Arbeiter kehrten in den 80er Jahren des vorigen Jahrhunderts der DT vor allem aber wegen des in ihren Vereinen häufig anzutreffenden »Kastenbewußtseins« den Rücken. Die in der Revolution von 1848 betonte »turnbrüderliche Gleichheit ohne Rang und Stand« war längst dem die wilhelminische Epoche kennzeichnenden Standesdünkel des wohlhabenden Bürgertums, der Beamtenschaft sowie der Akademiker gewichen. Durch viele Vereine innerhalb der DT ging ein Riß, der »bessere« von »gewöhnlichen« Mitgliedern, d. h. in den meisten Fällen Angehörigen der Arbeiterschaft, trennte. Es verstand sich daher nahezu von selbst, wenn die Vereinsvorstände nur von Repräsentanten der »besseren« Kreise beschickt wurden.

Fritz Wildung, langjähriger Presseleiter des ATB und ab 1920 Leiter der »Zentralkommission für Arbeitersport und Körperpflege« in Berlin schrieb 1918 in einem Rückblick auf diese Lage in den Vereinen der DT:

> »In den Vereinen der Deutschen Turnerschaft lag die Vereinsleitung meistens in den Händen von Persönlichkeiten, die die Masse der Mitglieder sozial und intellektuell weit überragten und ihnen naturgemäß den Stempel ihrer Lebensauffassung aufzudrücken suchten.«[9]

Hinzuzufügen wäre hier noch, daß in die Vorstände wegen ihres sozialen Status und seiner »Aushängeschildfunktion« eigentlich eher passive Mitglieder, d. h. keine aktiven Turner, gewählt wurden. Eine Folge aus der Erfahrung solcher, die Turner aus der Arbeiterschaft diskriminierenden Verhaltensweisen waren auch die nach der Gründung des ATB in der »Arbeiter-Turnzeitung« (ATZ) verlangten Anforderungen für Vorstandsmitglieder in Arbeiter-Turnvereinen und die anschließende Begründung mit dem Hinweis auf die Situation innerhalb der DT:

> »Um in den Turnvereinen stets das demokratische Prinzip zu wahren, darf der Vorstand nicht aus zu vielen Mitgliedern und muß hauptsächlich aus solchen bestehen, welche sich am praktischen Turnen beteiligen; sollten Vorstandsmitglieder während der Verwaltungsperiode vom praktischen Turnen sich zurückziehen, so können sie als beratende Vorstandsmitglieder in Funktion bleiben und für sie andere, turnende Mitglieder gewählt werden.
> Anmerkung: Das Mißverhältnis, daß bei den zum Deutschen Turnerbund gehörigen Turnvereinen meistens Leute zu Vorstandsmitgliedern gewählt werden, welche oft der Turnsache ganz fern stehen und es viele Vorstandsmitglieder giebt, welche seit Jahren kein Gerät mehr angreifen, ist wohl mit die Ursache, daß die Turnvereine in einem so reaktionären Fahrwasser sich befinden ...«[10]

---

9 F. *Wildung:* Der Arbeiter-Turnerbund, in: Hertha Siemering (Hg.): Die deutschen Gesundheitspflegeverbände. Ihre Ziele, Geschichte und Organisation, Berlin 1918, S. 42.
10 ATZ 1894, Nr. 7.

Als 1890 das Sozialistengesetz aufgehoben bzw. vom Reichstag nicht mehr verlängert wurde, strebten die in den Vereinen der DT gemaßregelten, die ausgeschlossenen und die aus eigenem Antrieb ausgeschiedenen Turner ebenso wie ihre Kameraden in den bereits erwähnten Freien Turnvereinen oder den Turnabteilungen der Arbeiterbildungsvereine[11] nach einem eigenen organisierten Zusammenschluß aller Arbeiterturner.

Nach ersten Vorbereitungen im märkischen Raum während des Jahres 1892 kam es auf dem allgemeinen Turntag an Pfingsten 1893 in Gera (Thüringen) zur Gründung des »Arbeiter-Turnerbundes Deutschlands« durch 39 Delegierte, die ca. 4 000 Turner vertraten. Der Bund wurde nach der geographischen Herkunft der an der Gründung Beteiligten in zunächst 5 Kreise eingeteilt, die wiederum in Bezirke untergliedert waren. 1926 deckte der ATSB mit 19 Kreisen das gesamte Reichsgebiet und Österreich (2 Kreise) ab[12].

Bemerkenswert an der Gründung ist auch die sofortige Schaffung eines Publikationsorgans in Form der ATZ, die sich gleich in ihrer ersten Ausgabe vom 15. Juli des Jahres mit der DT anlegte und dies nicht etwa über turnerische Belange, sondern über ein brisantes politisches Thema jener Tage: eine Resolution der DT zur damals beratenen Militärvorlage, die dann Anlaß zur Auflösung des Reichstages gab. Wie groß eigentlich das personelle Potential für einen eigenständigen Verband der Arbeiterturner war, läßt sich an den Mitgliederzahlen des ATB in den ersten sieben Jahren nach seiner Gründung aufzeigen[13]:

Tabelle 21:
Mitgliederzahlen des ATB 1893-1900

1893 (zur Gründung)	51 Vereine mit 3 556 Mitgliedern
1894	125 Vereine mit 9 096 Mitgliedern
1896*	223 Vereine mit 13 964 Mitgliedern
1897	285 Vereine mit 18 523 Mitgliedern
1898	361 Vereine mit 27 149 Mitgliedern
1899	453 Vereine mit 32 454 Mitgliedern
1900	512 Vereine mit 37 371 Mitgliedern

* Erst 1897 wurde das bis dahin gültige Geschäftsjahr von jeweils Pfingsten bis Pfingsten des nächsten Jahres dem Kalenderjahr angeglichen.

Trotz dieser beeindruckenden Zahlen dürfen zwei für die Beurteilung wichtige Tatsachen nicht verschwiegen werden: Nach wie vor turnten

---

11 Häufig auch als Volksbildungsvereine bezeichnet. Siehe *F. Wildung:* Handbuch des ATB, Leipzig 1911, S. 12.
12 Die näheren Umstände detailliert bei *F. Wildung:* Handbuch des ATB, S. 12 f.
13 *F. Wildung:* Handbuch des ATB, S. 25 ff.

in den Vereinen der DT Hunderttausende von Arbeitern[14]. Hier waren alle technischen Voraussetzungen gegeben, eine Selbstverständlichkeit für eine so große und im Einklang mit den Behörden befindliche Organisation, während der ATB aus Geldmangel über keine eigenen Übungsstätten verfügte, und die kommunalen Einrichtungen ihm von den Behörden verweigert wurden. Außerdem waren durchaus nicht alle Arbeiter als Anhänger der Sozialdemokratie zu bezeichnen. Der Tausch aller Vorteile eines sachgemäßen Turnbetriebs gegen letztlich nur das Gefühl der Solidarität mit Arbeiterturnern, die auch ihr Turnen unter dem Gesichtspunkt des Klassenkampfes betrieben, setzte einen, in vielen Fällen Jahre dauernden Prozeß der Bewußtseinsbildung voraus. Selbst Arbeiter, die in den Gewerkschaften Funktionen übernommen hatten, turnten oft in den meist über eigene Turnhallen und qualitativ gute Geräte verfügenden Vereinen der DT.

Zweitens wird sowohl bei der Betrachtung der Vorgeschichte des ATB wie auch seines Gründungsprozesses seit 1892 klar, daß die beteiligten Arbeiterturner keine eigentlich neuen, grundsätzlich andersartigen turnerischen Positionen etwa im Vergleich zur DT vertraten. Es fehlte zunächst ein eigenständiger »ideologischer Überbau«. Kennzeichnend für die Entstehung des ATB bleibt eine Protesthaltung gegenüber den an den turnerischen Idealen von 1848 gemessenen unbefriedigenden gesellschaftlichen Gegebenheiten sowie gegenüber den reaktionären Tendenzen und ihren Auswirkungen innerhalb vieler Vereine der DT. Für die Gründungsmitglieder des ATB galt noch die schon vom »Turnvater« Friedrich Ludwig Jahn vertretene enge Verbindung von Turnen und Volksbefreiung, für die eine große Zahl von Turnern 1848 auf den Barrikaden gefallen war. Jahn hatte schon 1813 die Volksbefreiung in zweifacher Hinsicht angestrebt und sein aus den Vorstellungen der Philanthropen entwickeltes Turnprogramm als einen dazu gangbaren Weg verstanden: die nationale Befreiung von der napoleonischen Herrschaft und auch die Befreiung von den eigenen Fürsten, um die es dann 1848 gegangen war. Die Arbeiterturner lehnten zwar Jahns Nationalismus, Rassismus und seinen späteren Anschluß an das rechte Zentrum im Paulskirchenparlament ab, würdigten ihn aber als Kämpfer für eine freie Verfassung und gegen die Unterdrückung durch die Fürsten und ihre Polizei[15], als Kritiker der herrschenden politischen und sozialen Mißstände seiner Zeit und deswegen Verfolgten. Er erschien den Vertretern des jungen ATB, im Gegensatz zu seinem von der DT gezeichneten Bild, als Sozialrevolutionär und wegen des von ihm begründeten freien und volkstümlichen Turnens als auch von Ar-

---

14 *H. Ueberhorst* (s. Anm. 2), S. 24.
15 ATZ 1908, Nr. 11.

beiterturnern zu verehrende Persönlichkeit[16]. Seine Vorstellungen zur Beteiligung des ganzen Volkes an der politischen Willensbildung mittels einer demokratischen Verfassung, über die Erziehung junger Staatsbürger zur Mündigkeit durch die Bildung politischen Bewußtseins und seine Auffassung von der Gleichheit aller Turner, ungeachtet der jeweiligen sozialen Herkunft, was schon äußerlich am kameradschaftlichen »Du« in der Anrede erkennbar sein sollte[17], galten noch am Ende des 19. Jh. den Arbeiterturnern als Werte, für die es zu kämpfen lohnte. Die teilweise Rückwendung zu Jahn betraf also vor allem den politischen Bereich. Hier fand man in der Betrachtung der Vergangenheit Parallelen zur eigenen Situation.

In einem Aufruf des Jahres 1892 an die Turner in Sachsen lassen sich die politischen Motive für die Gründung des ATB ebenfalls deutlich ausmachen[18]:

> »... Die erwachte Stimme des bedrückten Volkes verlangt Verteidiger der durch die besitzende Klasse bedrohten Rechte und Freiheiten des Volkes. Freudigen Herzens wollen wir der in schwerer Zeit um Recht und Freiheit blutenden Vorkämpfer der edlen Turnerei gedenken. Wir dürfen nicht länger Reaktionären Gefolgschaft leisten, sondern müssen frisch, fröhlich, frei in Reih und Glied mit *der* Klasse ringen, der wir selbst angehören. Mit dem Erwarten, daß die freiheitsliebenden Turner obigem entsprechen werden, rufen wir ihnen zu: Es lebe der freie Arbeiter-Turnerbund Deutschlands!«

Hier sind die vier entscheidenden Absichten erkennbar: Verteidigung der eigenen Rechte und Freiheiten gegen den Machtanspruch des Besitzbürgers als Nutznießer und Repräsentanten des autoritären Staates, Rückbesinnung auf die turnerischen Ideale von 1848/49, Aufkündigung der Gefolgschaft gegenüber Reaktionären – gemeint ist hier die Führung der DT – sowie auch als Turner (»frisch, fröhlich, frei«, unter Verzicht auf das vierte »f« = fromm bei der DT) der im Bewußtsein der Zugehörigkeit zur Arbeiterklasse solidarisch mit den anderen Kräften der Arbeiterbewegung geführte Kampf für die angestrebten Ziele.

Die angeführten Punkte steckten in etwa den von allen Arbeiterturnern akzeptierten Orientierungsrahmen ab, an dessen fortlaufender programmatischer Ausgestaltung der ATB/ATSB als größter Verband in der ATUS bis zu seiner Auflösung 1933 den umfassendsten Anteil aufzuweisen hatte. Von der Gründung des ATB an bis zum Ersten Weltkrieg gab es bezüglich der eigenen Programmatik stets erhebliche

---

16 ATZ 1902, Nr. 20.
17 Erst in der Weimarer Republik ist beim ATSB eine weitaus kritischere Sicht der Person Jahns zu beobachten, die schließlich zu Beginn der 30er Jahre zu einer deutlichen Distanzierung führt. Siehe hierzu die ausführliche Analyse bei *H. Ueberhorst*, S. 190 ff.
18 Zitat bei *H. Ueberhorst*, S. 19.

Schwierigkeiten im Zusammenhang mit der Abgrenzung zur SPD, da
eben nicht alle Arbeiterturner auch als Mitglieder oder »Sympathisan-
ten« dieser Partei gelten konnten. In den Augen der DT sowie der Behörden galt der ATB allerdings als Ableger bzw. Zulieferorganisation
der SPD. Mittels dieser Etikettierung versuchte man, den Arbeiter-
turnvereinen den alleinigen Status politischer Vereinigungen unterzu-
schieben, um sie dadurch behördlicherseits völlig kontrollieren zu können.
Nach preußischem wie auch sächsischem Vereinsgesetz mußte der Vorstand eines politischen Vereins nämlich außer seinen Statuten auch eine
Liste seiner Mitglieder vorlegen. Die häufige behördliche Deklaration
von Arbeiterturnvereinen als zur SPD gehörigen politischen Zusammenschlüssen stellte die Arbeiterturner nicht nur unter das Vereinsgesetz, sondern brachte auch die als Abschreckung wohl beabsichtigte
Gefährdung ihrer Arbeitsplätze mit sich. Viele Wirtschaftsunternehmen
setzten nämlich »sozialistische Arbeiter« umgehend vor die Tür. In
einem Erlaß des preußischen Innenministeriums vom Jahre 1895 treten
die Einschätzung der Arbeiterturner durch staatliche Stellen wie auch
die organisatorische Gliederung des ATB klar zutage[19]:

> »Es ist zur Sprache gebracht worden, daß die Anhänger der Sozialdemo-
> kratie neuerdings auch das Turnwesen als ein Mittel benutzen, ihren
> Einfluß auf immer weitere Kreise auszudehnen und insbesondere die
> soeben erst aus der Schule entlassenen jugendlichen Personen für ihre
> Anschauungen zu gewinnen. Es sollen zu diesem Zweck an vielen Orten
> unter den Namen ›Freier Turnverein‹, ›Arbeiter-Turnverein‹ u. a. oder
> als besondere Abteilungen eines ›Volksvereins‹, ›Arbeitervereins‹, ›Volks-
> bildungsvereins‹ und ähnlicher sozialdemokratischer Verbindungen Ver-
> eine entstanden sein, die sich angeblich nur mit dem Turnen beschäftigen,
> in Wahrheit aber der sozialdemokratischen Organisation und Agitation
> dienen. Von der Deutschen Turnerschaft sollen diese Vereine sich getrennt
> halten und auf dem zu Pfingsten 1893 in Gera abgehaltenen Turntag zu
> einem »Deutschen Turnerbund« zusammengetreten sein, dessen Organi-
> sation sich bereits über einen großen Teil der deutschen Bundesstaaten
> erstrecke. Das Reich sei in Kreise, jeder Kreis in Bezirke geteilt; an der
> Spitze eines jeden Kreises stehe ein Kreisturnwart, dessen Mitglieder –
> der Kreisvertreter als Vorsitzender, zwei Kassenrevisoren und vier von
> den Delegierten der Bundesvereine gewählte Beisitzer – aus der Kreis-
> kasse besoldet werden, aber nicht selbst Delegierte eines Bundesvereins
> sein dürfen. Neben den jährlich ein- oder zweimal stattfindenden Kreis-
> turntagen sollen in den einzelnen Bezirken besondere Gau- und Bezirks-
> turntage abgehalten werden. Der Bund soll ein eigenes Organ in der zu
> Leipzig erscheinenden ›Arbeiter-Turn-Zeitung‹ (Redaktion und Verlag
> Moritz Fromm, Leipzig-Neuschönefeld) besitzen und der Inhalt dieser
> Zeitschrift außer Zweifel stellen, daß die Turnerei nur der Vorwand, die
> Förderung sozialistischer Umtriebe aber der eigentliche Zweck dieser Ver-
> einigungen sei ... Nach Mitteilung des Ministers der geistlichen, Unter-

19 Auszug aus der Monatsschrift für das Turnwesen, Berlin 1895, S. 50.

richts- und Medizinal-Angelegenheiten ist von seiten der Unterrichts-
verwaltung gegen das Treiben staatsgefährlicher Turnvereine durch drei
Maßnahmen zu wirken versucht worden:

1. durch das Verbot der Teilnahme von Schülern und Schülerinnen an
   ihnen;
2. durch ablehnende Haltung etwaiger Gesuche um Gestattung der Benutzung von Turnräumen und Turngeräten, die Schulen gehören, und
3. durch Fernhaltung solcher Personen von den staatlichen Kursen zur
   Ausbildung von Turnlehrern und -lehrerinnen, sowie von den
   Turnlehrer- und Turnlehrerinnen-Prüfungen, die möglicherweise die
   Leitung des Turnunterrichts in den nicht zur Deutschen Turnerschaft
   gehörenden Vereinen übernehmen könnten ...«

Die hier deutlich werdenden Schikanen der Behörden trafen den noch
jungen ATB empfindlich. Zu einer Verschärfung der Situation aber
kam es im Jahre 1908, als das Reichsvereinsgesetz in Kraft trat, dessen
§ 17 alle Personen unter 18 Jahren von der Mitgliedschaft in politischen Vereinen wie auch von der Teilnahme an politischen Veranstaltungen ausschloß. Mit der behördlichen Feststellung, daß es sich bei
einem Arbeiter-Turnverein um einen politischen Verein im Sinne des
Gesetzes handelte, war das Ziel bereits erreicht, diesen Verein vom
eigenen Nachwuchs abzuschneiden. Vereinsversammlungen mit Jugendlichen wurden zwangsweise aufgelöst, selbst Ausflüge und Wanderungen von der Polizei unterbrochen. Der ATB kämpfte gegen diese
Diskriminierung, indem er die Gerichte anrief, die in vielen Fällen[20]
auch die verhängten behördlichen Maßnahmen aufhoben.

Diese permanenten Auseinandersetzungen störten zwar bis 1914 den
Vereinsbetrieb ganz erheblich, da viele Arbeiterfamilien davor zurück-
schreckten, ihre Kinder in die Vereine des ATB zu schicken, brachten
dem Arbeitersport andererseits jedoch gerade wegen der versuchten
Unterdrückung einen Zuwachs an jugendlichen Mitgliedern, der sich
1914 mit 100 000 auf nahezu 50 % des gesamten Bestandes belief.
Während des Ersten Weltkrieges ging dann das Turnen, wie auch bei
den bürgerlichen Verbänden erheblich zurück. Nach dem Krieg wurde
dem Vorstand des ATB durch ein deutliches Desinteresse besonders der
Jugend am herkömmlichen Turnen klar, daß es galt, sich der von England ausgehenden Spiel- und Sportbewegung anzupassen. Der Anreiz
für die Jugend lag hier, im Gegensatz zum Turnen, in der Möglichkeit,
aus dem weiten Feld der Leibesübungen für sich eine, den eigenen
Wünschen und dem Talent entsprechende Art sportlicher Betätigung zu
wählen und ihr uneingeschränkt nachzugehen.

Im Gegensatz zur DT, die 1924 endgültig die sog. reinliche Scheidung
von Turnen und Sport vollzog und damit Anlaß zur Abspaltung ganzer Abteilungen und zur ersten Gründung eines »Deutschen Sport-

---

20 *H. Ueberhorst* (s. Anm. 2) bringt Beispiele. Dokumente 4 und 5, S. 330 f.

Ein Wort an die Jugend!

Gewiß haft Du, junger Mann, das Herz auf dem rechten Fleck und haft auch den guten Willen, mit Kraft und Mut ins Leben einzutreten, das ernstere Pflichten von Dir fordert, als wie es bisher der Fall war. Du bift doch sicherlich gewillt, ein Mann zu werden, der seine Pflicht gegen sich selbft und gegen seine Nebenmenschen erfüllt.

Als erfte Aufgabe, die Du zu erfüllen haft, ift es, stets Deinen anderen Kameraden und Freunden mit gutem Beispiel voranzugehen. Dieses ift Dir aber nur dann möglich, wenn Du die Pflichten gegenüber Dir felbft beachteft und Deinen Körper gesund und kräftig erhältft, damit auch Dein Geift gesund bleibt. Willft Du, daß man vor Dir sagen kann, dieser Jüngling ift gesund, kräftig, hat eine schöne Körperform und auch klare, gesunde Gedanken, dann höre unsern Ruf:

Komm zum Turnen!

Nun kannft Du einwenden, ja, ich muß doch in meinem Berufe genug turnen, ich muß arbeiten als Schloffer, Buchdrucker, Hilfsarbeiter, Maler usw. oder auf dem Lande die Hacke und Schaufel führen. Dieser Einwand ift ganz richtig, und es wäre traurig, wenn Du nicht arbeiten wollteft. Weißt Du aber auch, daß durch die Art der Arbeiten, die Du verrichten mußt, Dein Körper krank werden kann? In der Fabrik haft Du keine frische Luft, der Staub, das Geraffel der Maschinen, die einseitige Arbeitsleistung wirkt schädlich auf Deine Gesundheit, dazu kommt vielfach überanftrengung, der schädliche Geruch von Farbftoffen usw. Also, dein innerer Organismus, das Herz, die Lunge wird krank. Diesen schädlichen Einflüffen muß entgegengearbeitet werden, und das kann am besten geschehen, wenn Du zum Turnen kommft. Deine Knochen werden fefter und stärker, Deine Sehnen erfahren Kräftigung. Durch das Turnen wird die Sehkraft Deines Auges geftärkt. Verweichlichung, Unenschloffenheit und sonftige krankhaften Erscheinungen weichen der Abhärtung, dem Mut, der Willenskraft und dem Selbftvertrauen. Dein Herz und Deine Lunge können nur gesund bleiben, wenn Du durch Turnübungen zur Stärkung derselben beiträgft. Durch das Turnen geht das Blut rascher durch Deinen Körper und nährt die inneren Organe, bleibt das Blut durch Untätigkeit ftill fitzen, dann erkranken Herz, Lunge usw. und Du wirft ein kranker Mensch und ftirbft ab. An diesen kurzen Worten mußt Du sehen, wie notwendig es ift, daß Du mit auf den Turnplatz gehft und Dich unter uns Turner ftellft und auch kräftig mitturnft.

Nun gibt es verschiedene Vereine, die um Deine Jünglingsmitgliedschaft werben, wir raten Dir deshalb: Gehe nicht in die Sportsvereine, denn selbige üben ebenso einseitig wie Du im Berufe angeftrengt biff. Gehe in keine Vergnügungsvereine und keine sonftigen Klubs, diese nützen Dir gar nichts, fie vergiften nur Dein schönes Jugendleben. Gehe nicht in den deutschen Turnvereine, denn fie ftehen Deiner freien, geiftigen Fortentwicklung hindernd im Weg, und im reiferen Alter bereuft Du es bitter, wenn Du die Zeit in Vereinen zugebracht haft, die Dir fürs künftige Leben nichts nützen.

Befolgft Du unsere Mahnung, dann wirft Du uns später dankbar dafür sein. Du wirft auch bald begreifen und erfahren, warum wir Dich vor der

deutschen Turnerschaft warnen. Folge unserem Ruf und schließe Dich unferm Verein an, der dem

Arbeiter=Turnerbund

angehört. Sei ftolz darauf, daß Du arbeiten kannft und Arbeiter biff. Schäme Dich nicht des Standes, dem Du angehörft; der Arbeiterftand ift ein Ehrenftand!

Wir meinen es gut mit Dir und werden Dich zu einen tüchtigen Turner und ordentlichen Menschen heranbilden, deshalb höre und folge unserem Rufe.

Ans Werk!

Ans Werk! Ihr jungen Turngenoffen,
Ans Werk! Mit Eurer ganzen Kraft.
Denn wißt, dem Turnen erft entfproffen
Ift das, was wahre Menschen schafft.

Ans Werk! So tönt Euch allen heute
Der Ruf, herbei, befolget ihn.
Und Euer Streben ftets geleite
Ein frischer, froher Jugendsinn.

Ans Werk! Die Ihr in Kindheit Tagen
Kaum frohe Stunden habt gesehn,
Ans Werk! Die Ihr müßt früh entfagen
Der Kindheit Freuden, licht und schön.

Ans Werk! Die Ihr schon früh müßt schaffen
In den Fabriken dumpf und schwül,
Ans Werk! Damit Euch nicht erschlaffen
Die Kräfte, noch eh' Ihr am Ziel.

Ans Werk! Die Ihr noch ftebt in Jahren,
Wo Euer Körper erft erblüht.
Stärkt ihn! Damit er den Gefahren
Trotzbietend feft entgegensieht.

Ans Werk! Im Turnen ift's gefunden,
Im Turnen da liegt Lebenskraft,
Weil es Euch außer frohen Stunden
Auch ein'n gesunden Körper schafft.

Ans Werk! Dem Sinn fürs Edle, Schöne
Weckt in Euch's Turnen unbewußt,
Ans Werk! Ihr Proletarierföhne
Turnt fleißig und mit voller Luft.

Drum, frisch ans Werk! Gelobt uns heute:
„Wir wollen fleißig turnen gehn",
Damit uns einft im großen Streite
Mut, Selbftvertraun zur Seite ftehn.

Herausgeber: Arbeiter-Turnerbund. Redaktion: Karl Frey, Leipzig. Rotationsdruck: Leipziger Buchdruckerei Aktiengesellschaft.

Abb. 28: Text eines Flugblattes an die Arbeiterjugend aus dem Jahre 1906.

bundes« (DSB) durch Fußballer, Leicht- und Schwerathleten, Schwimmer und Radfahrer mit insgesamt ca. 2 Millionen Mitgliedern gab, integrierte der ATB, nun im Jahr 1919 als »Arbeiter-Turn- und *Sport*bund« (ATSB) zunächst die Fußballer und die Leichtathleten, dann auch die Schwimmer, Handballer u. a. als eigene sog. Sparten.

Mit dem Sport aber hielt in verstärktem Maße auch der Wettkampfgedanke beim ATSB seinen Einzug. Von Anfang an hatte der ATB in seiner Mehrheit Preis- und Wett-Turnen sowie alle wettkampfmäßigen Spiele als Ausdruck bürgerlichen Konkurrenzstrebens ebenso abgelehnt[21] wie die Verleihung von Preisen oder sonstigen Auszeichnungen für besondere Leistungen. Gerade die Wettkampffrage war bis zur eingeschränkten Aufhebung des Verbots im Jahre 1911, die lediglich eine bei vielen Vereinen bereits gängige Praxis offiziell sanktionierte, immer heftig umstritten gewesen. Die nach dem Ersten Weltkrieg in den Bund neu aufgenommenen Sportarten aber brachten von ihrer Struktur her schon den Leistungsvergleich in Form von Wettkämpfen mit sich, so daß sich besonders die älteren Turner hier umstellen mußten.

Auch in der Frage der Auszeichnungen kam es erneut zu umfangreichen Diskussionen, als auf den Bundestagen 1919 und 1921 die Mehrheit einer Verleihung von Diplomen für herausragende Leistungen im Bereich der Turnsparte zustimmte, um für das Gerätturnen wieder stärkere Anreize zu schaffen. In diesem Falle setzten sich 1924 jedoch die »Traditionalisten« mit dem Hinweis auf die Prinzipien des ATB durch[22]:

> »Auszeichnungen irgendwelcher Art für turnerische und sportliche Leistungen, Diplome, Kränze und dergleichen, sind verboten ... Die Freude am Selbstschaffen muß genügend Anregungsmittel sein, das Können der Turner und Sportler zur Entfaltung zu bringen.«

Diese Haltung wurde auf dem 15. Bundestag des ATSB 1926 in Hamburg endgültig bestätigt.

Die entscheidende, weil an die Existenz des Bundes rührende Prüfung aber kam mit dem Richtungsstreit innerhalb der Arbeitersportbewegung seit 1924, der vier Jahre später zur Spaltung führte. Das Selbstverständnis der Arbeitersportbewegung beinhaltete wegen der Überzeugung, eine Klassenorganisation für alle Arbeiter, unabhängig von der jeweiligen politischen Ausrichtung, mit dem Ziel des gemeinsamen Kampfes für den Sozialismus auch auf dem Wege über den Sport zu sein, die strikte parteipolitische Neutralität wie sie vom Präsidium des

---

21 Siehe hier die exakte Analyse der Motive bei *H. Schuster:* Arbeiterturner im Kampf um die Jugend, Berlin (Ost) 1962, S. 55 f.
22 ATZ 1924, Nr. 13.

ATSB 1919 in Leipzig erklärt worden war. Nachdem KPD-Mitglieder im Auftrag der »Roten Sportinternationale« damit begannen, innerhalb der Vereine Fraktionen und Zellen mit dem Ziel der Einspannung des gesamten deutschen Arbeitersports für die Interessen der III. Internationale[23] zu bilden[24], beschloß die ATUS-Führung auf dem 16. Bundestag in Leipzig 1928 die Trennung von diesen kommunistischen Arbeitersportlern, die sich 1929 in der »Interessengemeinschaft zur Wiederherstellung der Einheit im Arbeitersport« (IG) organisierten. 1930 wurde die IG in »Kampfgemeinschaft für Rote Sporteinheit« (KG) umbenannt und quasi direkt der Führung der KPD unterstellt. Im Juni 1931 gehörten der KG 2 253 Vereine mit 100 790 Mitgliedern an[25], ein deutlicher Aderlaß für die ATUS. Die KG tat sich in der Folge vor allem mit scharfen, verleumderischen Attacken gegen die im KPD-Tenor als »Sozialfaschisten« beschimpften sozialdemokratischen Arbeitersportler hervor. Die Reaktion des ATSB war sehr deutlich in Aufrufen an den eigenen Nachwuchs zu erkennen, wie beispielsweise vom Vorsitzenden des Bundesjugendausschusses, Oskar Drees 1931:

> »Jugend erwache! Auch die KPD ist Gegner der Republik, der Demokratie, auch sie stellt sich in die Front der Gegner des heutigen politischen Systems. Sie spaltet die Geschlossenheit der deutschen Arbeiterschaft im Auftrage Moskaus und stärkt dadurch die Kampffront des Faschismus.«[26]

Die harten Auseinandersetzungen innerhalb der Arbeitersportbewegung dokumentierten den desolaten Zustand der politischen Linken in den letzten Jahren der Weimarer Republik, der eine mögliche sozialistische Einheitsfront gegen das Aufkommen des Nationalsozialismus unmöglich machte und von daher auch im Bereich des Arbeitersports die spätere Auflösung der ganzen Bewegung durch die selbstzerstörerische Spaltung letztlich in Gang setzte.

Betroffen war vor allem die junge Generation, der eigentlich immer das Hauptaugenmerk der ATUS gegolten hatte. Erstes Ziel sollte die mit Hilfe des Arbeitersports zu realisierende Erziehung der Jugendlichen zu »sozialistischen Menschen« sein. Als entscheidende Voraussetzung dafür wurde die Weckung eines proletarischen Selbst- und Klassenbewußtseins angesehen. Die Erkenntnis, im herrschenden Gesellschaftssystem einer unterprivilegierten Klasse anzugehören, sollte bei den jungen Arbeitern nicht zur Resignation und damit zur An-

---

23 Auch Kommunistische Internationale 1919–1943, der sich 1920 in Deutschland die USPD anschloß.
24 Siehe hierzu sehr detailliert *H. Ueberhorst* (s. Anm. 2), Kapitel V (S. 216 ff.).
25 *H. Ueberhorst*, S. 233.
26 Jugend und Arbeitersport, Jg. 1931, Heft 8, S. 29.

erkennung der bestehenden Verhältnisse führen, sondern gerade mit Hilfe des Sports als einer Art psychischen Therapeutikums das Erlebnis von Erfolgen, Gemeinschaft und Toleranz vermitteln.

Gleichrangig mit dem Streben nach körperlicher Fitneß als gerade für Jugendliche notwendigem Ausgleich der Belastung durch den Arbeitsprozeß galt die Rücksicht auf den weniger Begabten oder physisch Schwachen[27]. Der Beitrag des Arbeitersports für die gesamte Arbeiterbewegung in bezug auf die Jugendförderung verstand sich als möglichst vielseitige körperliche und auch geistige Ausbildung der proletarischen Jugend, d. h. der »Erziehung des Jungproletariats zu gesunden, kräftigen, lebensfrohen, energischen Menschen«[28]. Die Umsetzung dieser bemerkenswerten ethischen Ansprüche in die Praxis hing von der Situation in den Vereinen ab. Das folgende Interview mit zwei ehemaligen Arbeitersportlern[29] macht diese Situation mit ihrer Problematik am Beispiel zweier Ruhrgebietsvereine des ATSB zur Zeit der Weimarer Republik auf jeweils unterschiedliche Weise deutlich. Es wird daher ohne weiteren Kommentar den bisherigen Ausführungen zum Vergleich an die Seite gestellt.

Zusammengefaßtes Tonbandprotokoll der Gespräche mit den Herren Helmut Turck und Fritz Kauermann[30]:

»Wann und wo sind Sie welchem Arbeitersportverein beigetreten, und wie lange waren Sie dort Mitglied?«

H. Turck: »Als 12jähriger Junge bin ich 1920 der Schülerabteilung im ›Freien Turn- und Spielverein Hagen 1896‹ beigetreten und war bis zur Auflösung 1933 Mitglied dieses Vereins.«

F. Kauermann: »Ich kam 1919 zum Arbeitersportverein ›Eintracht Eichlinghofen‹ in einem Vorort von Dortmund. In diesem Verein blieb ich bis gegen 1922/23, als unsere Familie nach Dortmund-Brünninghausen, d. h. näher an die Stadtmitte heran, umzog. Ich wechselte hier zum ›Arbeiter-Turn- und Sportverein 1898‹, wo ich als Kurzstreckenläufer bessere Trainings- und Wettkampfmöglichkeiten hatte. Mitglied war ich bis zum Verbot des Vereins 1933.

»Welche Gründe waren für Ihren damaligen Beitritt ausschlaggebend?«

---

27 Zu diesen Idealen sind die Ausführungen von *F. Wildung:* Arbeitersport, S. 79 ff., und *H. Wagner:* Sport und Arbeitersport, Berlin 1931, S. 208 ff., besonders aufschlußreich.

28 *H. Schuster* (s. Anm. 21), S. 45.

29 Zwei jeweils einstündige Tonbandinterviews wurden hier vom Verfasser leicht gekürzt und stilistisch überarbeitet, aber in den inhaltlichen Aussagen unverändert zusammengefaßt.

30 S. Hinweis in den einleitenden Bemerkungen zu diesem Beitrag, bes. S. 348.

H. Turck: »Meine Eltern vor allem. Mein Vater war damals übergangs-
weise Mitglied der USPD. Durch diese Mitgliedschaft meines Vaters hatten
wir viele Bekannte, deren Kinder zum Turnen gingen und mich eines
Tages einfach einmal mitnahmen. Die Turnhalle lag nur 8 Minuten Fußweg von unserer Wohnung entfernt, und auf diese Weise bin ich eben mit
noch anderen Jungen zusammen Mitglied des Vereins geworden.
F. Kauermann: »Ich kam 1919 aus der Schule und erlebte damals gerade,
wie die Soldaten aus dem Ersten Weltkrieg zurückkamen. Meine Lehrzeit
begann bei einer Versicherungsgesellschaft in Dortmund; es war eine Zeit
neuer Formen in der beruflichen Ausbildung. In Dortmund habe ich auch
als Lehrling den Kapp-Putsch 1920 miterlebt. Ich bin damals im Bereich
des Hauptbahnhofs vor Einheiten der Brigade Ehrhardt, die mich und
andere Jugendliche verhaften wollten, geflüchtet. Entscheidende Gründe
für meinen Beitritt waren vor allem meine Erziehung im Elternhaus sowie
meine ebenfalls im Jahre 1919 begonnene Mitgliedschaft bei der Sozialistischen Arbeiterjugend (SAJ), wo wir auch ein wenig Sport trieben, bis
wir die hierfür bessere Gelegenheit im eigentlichen Arbeitersportverein
erkannten.«

»Welche Sportarten wurden in Ihrem Verein betrieben, und für welche hatten Sie sich selbst entschieden?«

H. Turck: »Nahezu alles, vom Turnen über Handball, Fußball, Schwimmen bis zur Leichtathletik. Ich hatte mich vorwiegend dem Geräteturnen
zugewandt, obwohl ich wegen meines Gewichts eigentlich nicht die optimalen Voraussetzungen dafür mitbrachte. Außerdem habe ich in geringem Umfang auch noch Handball gespielt und Leichtathletik betrieben.
Als Jugendlicher bin ich pro Woche 4 bis 5 mal abends zum Turnen
gegangen. Unser Verein war über das ganze Hagener Stadtgebiet verbreitet und hatte außer in Oberhagen, wo unser Vereinslokal lag, noch in
Weringhausen und in Eckesey Turnhallen für Übungsstunden zur Verfügung. Dort konnten wir auch spielen oder einmal bei einem anderen
Vorturner neue Übungsteile an den Geräten lernen. Der abendliche Weg
zum Sport dauerte allerdings in diesen Fällen meistens eine halbe Stunde
und mußte zu Fuß zurückgelegt werden, denn Geld für die Straßenbahn
hatten wir nicht. So wurden nach einem langen und harten Arbeitstag
aus der angestrebten Sportstunde am Abend mit Hin- und Rückweg sowie Umkleiden immer ca. 3–4 Stunden.«
F. Kauermann: »Eintracht Eichlinghofen war ein reiner Turnverein. Auch
die Gymnastik und das Arbeiten mit der Hantel dienten nur zweckge-
bunden der Vorbereitung des Geräteturnens. Ich besaß allerdings eine
gewisse Veranlagung für den Sprint, die dort nicht entsprechend gefördert werden konnte, da wir in Eichlinghofen weder über einen eigenen
Sportplatz noch etwa über eine Turnhalle verfügten. Unsere Übungsstunden fanden in Sälen von Gastwirtschaften statt und waren demzufolge immer vom guten Willen des Besitzers oder Pächters abhängig.
Meine erste Turnhalle habe ich dann nach dem Wechsel zu ›98‹ in der
Adlerstraße gesehen. Dieser Großverein gliederte sich im Raum Dortmund in 4 eigenständige Abteilungen, in denen jeweils mehrere Sportarten betrieben wurden. Neben dem Turnen haben wir noch Handball
und Fußball gespielt sowie Leichtathletik getrieben. Unsere Fußballer
machten sich allerdings unter dem Namen ›Hansa‹ selbständig und legten
sich auch noch eine eigene Leichtathletikabteilung zu. Die Entwicklung

verlief interessanterweise jedoch geradezu im Kreise, denn die Leichtathleten von ›Hansa‹ trennten sich schon nach kurzer Zeit wieder von
diesem Fußballverein und traten der vierten Abteilung von ›98‹ bei, in
der auch ich Mitglied war. In dieser vierten Abteilung haben wir eigene
Kindergruppen in den einzelnen Sportarten eingerichtet sowie eine intensive Jugendförderung betrieben. Im Leistungssport waren wir hier im
Raum schon bald ein Begriff.«

»Haben Sie während Ihrer Mitgliedschaft irgendwelche Ämter innerhalb des Vereins oder in Gremien des ATSB bekleidet sowie bestimmte
Funktionen wie z. B. Übungsleiter (im ATSB »Techniker« genannt)
wahrgenommen?«

H. Turck: »Als junger Mann zunächst nicht, mit Ausnahme vielleicht des
Kassierens von Beiträgen. Dafür nahm man gern junge Leute, die von
Haus zu Haus gingen und an der Wohnungstür den Beitrag einsammel-
ten. Später, ab 1929 bin ich Jugend- und Männerturnwart des Vereins
gewesen, und im letzten Jahr vor der Auflösung war ich als technischer
Leiter für Jugend- und Männerturnen des Bezirks tätig.«
F. Kauermann: »Ich habe fast alles gemacht. Ich war Vorturner und habe
stets versucht, mich anhand einschlägiger Literatur fortzubilden, so daß ich
neue Übungen etc. in den Übungsstunden weitergeben konnte. Wir hatten
im Gegensatz zu den Gepflogenheiten bei der DT keine Geldgeber im
Verein oder sonstige Mäzene, die uns die Anstellung eines Trainers erlaubt hätten. Wir waren also auf die Selbsthilfe angewiesen. Im Bereich
der Leichtathletik fungierte ich zunächst als Sportwart, dann unterstanden
mir als einer Art technischer Leiter die Leichtathletikgruppen aller vier
Abteilungen des Vereins. Auch im Handball habe ich den Übungsleiter
gemacht. Wir besaßen hier in Dortmund eine besonders gute Handballmannschaft. Auch auf Bezirksebene habe ich den Vorsitz der Handball-
gruppen der verschiedenen Vereine wahrgenommen. Auch auf der Ebene
des Kreises Rheinland-Westfalen des ATSB war ich im Vorstand der
Fachgruppe Handball tätig. Ich fungierte zuletzt als der hauptverant-
wortliche Berichterstatter in diesem Bereich.«

»Wie stand Ihre Frau zu Ihrem Engagement im Arbeitersportverein?«

H. Turck: »Sie war damals nicht besonders begeistert und auch nicht
selbst Mitglied im Verein. Die Zeit, die ich für den Sport aufwandte,
hätte sie gerne für sich gehabt.«
F. Kauermann: »Ich habe zwar meine Frau nicht im Sport kennengelernt,
nahm sie dann aber mit hinein in den Verein. Sie hat dort in der Frauen-
abteilung auch geturnt. Auch meinen Sohn brachte ich in unserem Verein
zum Sport.«

»Waren Sie während der Zeit Ihrer Vereinszugehörigkeit auch Mitglied einer politischen Partei?«

H. Turck: »Nein, ich bin erst nach 1945 der SPD beigetreten.«
F. Kauermann: »Ich war seit 1920 Mitglied der SPD.«

»›Der Arbeiter-Turn- und Sportbund hat seit seiner Gründung in der
Jugenderziehung eine seiner wichtigsten Aufgaben gesehen und ist

sich der Wichtigkeit der Jugenderziehung sowohl für die Jugend selbst als auch für die weitere Zukunft des ATUS und darüber hinaus für die gesamte moderne Arbeiterbewegung bewußt gewesen.‹ Hat diese Auffassung, wie hier von Oskar Drees formuliert, konkrete Auswirkungen auf die Arbeit in Ihrem Verein gehabt?«

H. Turck: »Eigentlich ja. Es wird Ihnen sicher bekannt sein, daß in der Deutschen Turnerschaft Sozialdemokraten schon um die Jahrhundertwende Schwierigkeiten hatten, überhaupt zu turnen. Von daher hatte der ATSB ja überhaupt erst seinen Zulauf. Auch die Unterschiedlichkeit in den Auffassungen über Leistungssport oder Sport zur Gesunderhaltung oder Sport als Ausgleich zwischen der Arbeiterturnbewegung und der DT sowie auch dem Westdeutschen Spielverband wurden sehr deutlich. Wir haben nicht nur anders gewertet, sondern uns auch beim Sporttreiben selbst ganz anders verhalten. Wir haben Sport vielmehr aus der Freude an ihm heraus und, wenn man will, auch zum Zweck der Geselligkeit betrieben. Dies gilt speziell für das Sporttreiben unserer Jugend.«

F. Kauermann: »Ja, ich glaube schon, denn Oskar Drees war als Vorsitzender des Bundesjugendausschusses ja kein Unbekannter. Zweifellos sind auch seine Aussagen zu dieser Thematik in den Vereinen entsprechend gewürdigt worden. Es war ganz selbstverständlich, daß man sich der Jugend bediente, ja bedienen mußte um weiterzukommen. Man kann sagen, daß es eine eigenständige Jugend im Sport gab. Gerade bei uns war dieses Engagement der Jugend aber erheblich weiter ausgeprägt als in anderen Sportvereinen bzw. Sportverbänden. In den Funktionen, die ich innehatte, habe ich bei öffentlichen Äußerungen wie auch im kleinen Kreis immer versucht, klar zu machen, daß die Gewinnung von Jugendlichen für unsere Ideale die einzig bedeutsame Voraussetzung zur Erzeugung eines entsprechenden Bewußtseins bedeutete. Im Laufe der Zeit kamen immer mehr Jugendliche, die auch die höhere Schule absolviert hatten und dort einen relativ guten Sportunterricht genossen, zu uns. Die jungen Mitglieder unseres Vereins haben uns aufgrund der Ausbildung, die sie von der Schule her mitbrachten, sehr geholfen. Manch einer von ihnen ist sehr schnell Vorturner geworden. Bei unserer Werbung haben wir uns aber auch besonders um diesen Personenkreis bemüht.«

»Gab es für Ihren Verein Schwierigkeiten mit den Behörden, beispielsweise in bezug auf die Nachwuchswerbung oder ganz allgemein auf das Sporttreiben von Jugendlichen im Verein?«

H. Turck: »In den Jahren, als ich Jugendlicher war, nicht. Wir hatten wohl Schwierigkeiten mit der Zuteilung geeigneter Sportstätten durch die kommunale Verwaltung (Turnhallen, Bäder und Sportplätze). Wir haben lange darum kämpfen müssen, anteilmäßig die richtigen Übungsstunden zu bekommen. Erst in den späten 20er Jahren, als Dr. Weißer, der uns nahestand, hier zweiter Bürgermeister war, ging es damit etwas besser.

»Würden Sie sagen, daß man von seiten der Behörden Sie als Arbeitersportverein im Vergleich zu anderen Vereinen bei der Vergabe von Sportstätten und Übungszeiten deutlich benachteiligt hat?«

H. Turck: »Das kann man ohne weiteres sagen. Die Vereine der DT erhielten im Zweifelsfalle hier im Raume Hagen eher Übungszeiten und Plätze als wir. Hinzu kam noch, daß einige Vereine der DT diese Probleme nicht kannten, da sie über eigene Sportstätten verfügten.«

F. Kauermann: »Nach 1919 hat es dies eigentlich nicht mehr gegeben. Im Dortmunder Bereich gab es auch keine diskriminierenden Einschränkungen bei der Verteilung von städtischen Sportplätzen bzw. der Zuweisung von Hallennutzungszeiten. Ganz im Gegenteil, wir haben da aufgepaßt. Wir waren uns unserer Stärke, hier speziell der politischen, sehr bewußt.«

»Haben Sie von Ihrem Verein her versucht, Jugendliche bei anderen Vereinen, auch anderen Arbeitersportvereinen, abzuwerben?«

H. Turck: »Kaum, jedenfalls ist mir davon nichts bekannt. Eher traf doch das Gegenteil zu. Wir hatten z. B. drei oder vier gute jugendliche Turner, die bei uns abgeworben worden sind. In der Fußballsparte war das noch viel deutlicher, weil es häufiger vorkam. Wir verfügten hier am Ort allein über fünf Fußballabteilungen, deren gute Spieler immer wieder von auswärts umworben wurden. Man köderte sie z. T. mit besseren Arbeitsplätzen und entsprechend mehr Verdienst. Auf diese Weise haben wir einen hervorragenden Torwart und einen unserer Mittelstürmer an hiesige Vereine verloren. Noch stärker ist das ja im Raum Dresden gewesen, wo ganze Vereine sich neu als Betriebssportvereine gegründet haben und sehr viele Arbeitersportler in die jeweilige Betriebsmannschaft herüberzogen.«

F. Kauermann: »Bei unserem Verein traf das weniger zu, doch sind mir solche Abwerbaktionen natürlich bekannt. Es gab durchaus von der bürgerlichen Seite her häufiger die Gelegenheit, mittels bestimmter Zuwendungen, wie es auch heute ja noch üblich ist, gute Sportler bei uns abzuwerben. Hierbei ging es weniger um Geldzuwendungen, sondern oft auch um den Anreiz, durch die Mitgliedschaft in einem renommierten bürgerlichen Verein einer anderen, sprich besseren, weil höheren Gesellschaftsschicht zuzugehören. Wir haben uns in dieser Zeit auch stark gegen die damaligen Werksportvereine gewehrt. Gerade diese Vereine haben immer wieder versucht, unsere besten Leute abzuwerben. Man wollte sogar Mitglieder von uns als bezahlte Übungsleiter für solche Vereine gewinnen. Leider ließen sich manchmal gute Übungsleiter von uns durch vielfältige Versprechungen zum Übertritt in Vereine der DT bewegen.«

»Ist in Ihrem Verein die Frage des Klassenbewußtseins der Arbeiterschaft und die Rolle, die dabei der Arbeitersport spielen könnte, diskutiert worden? In Publikationen der Zeit finden sich immer wieder Hinweise auf die Bedeutung des Arbeiterturnens für die Erzeugung proletarischer Gesinnung, Kampfbereitschaft, Verzicht auf das Streben nach bürgerlichen Idealen usw. Hat es dieses Problemfeld in der Alltagswirklichkeit des Vereinslebens überhaupt gegeben?«

H. Turck: »Ich glaube, die Struktur der Stadt war damals eine andere als heute. Es gab hier in Hagen ausgesprochene Stadtteile, in denen nur Arbeiter wohnten. Die Lebensbedingungen waren dort eben nicht immer die besten. Diese Menschen fühlten sich, wenn es um die Gestaltung der knappen Freizeit durch Sport ging, natürlich zu den Arbeitersportvereinen hingezogen, wo man unter ›Seinesgleichen‹ war. Innerhalb unseres Vereins haben wir, vor allem in der Jugendarbeit, an Abenden Zusammenkünfte veranstaltet, wo Arbeiterdichtung gelesen wurde, und wo wir versuchten, vor allem den jungen Leuten klarzumachen, warum wir in diesem Verband unseren Sport trieben. Man muß auch daran denken, daß neben der DT und dem Westdeutschen Spielverband sehr stark die DJK [Deutsche Jugendkraft] als konfessioneller (katholischer) Sportverband in Erscheinung getreten ist und sich stark von allen übrigen unterschied. Ohne sie politisch zu sehen, war daher, auch durch die Abgrenzung zur DJK, das Zusammengehörigkeitsgefühl der Kinder und Jugendlichen aus den Arbeitervierteln größer und äußerte sich in der Mitgliedschaft im Arbeitersportverein. Von uns in der Arbeitsportbewegung ist dieses Gefühl, das aus dem Bewußtsein erwuchs, Arbeiterkind zu sein, stark gefördert worden. Ich erinnere mich daran, daß es lange Zeit auch bei uns, vergleichbar zu konfessionellen Vereinen, vor jeder Turnstunde den Brauch gab, einen Wahlspruch zu sagen. Man verlas ihn wie einen Spruch von einem Kalenderzettel, und er galt als Motto für den jeweiligen Übungsabend. Dies waren nun nicht allein Parolen, sondern auch häufig Zitate aus der Arbeiterdichtung, wie z. B. aus Gedichten von Autoren wie Max Bartel oder Erich Grieser.

Es muß noch erwähnt werden, daß wir zu Beginn und zu Ende jeder Übungsstunde immer gemeinsam einen Rundgang durch die Turnhalle veranstaltet haben, wobei wir gemeinschaftlich Lieder gesungen haben wie ›Brüder zur Sonne, zur Freiheit‹ oder ›Wann wir schreiten Seit' an Seit'‹. Es war schon so wie eine Art Zeremoniell. Besonders wichtig war das Lied am Abschluß. Man verabschiedete sich anschließend und verschwand nicht etwa gleich unter die Dusche, die es in den Hallen ohnehin damals nicht gab. Meist wurde die verschwitzte Kleidung angelassen und man zog für den Heimweg nur den Rock über.«

F. Kauermann: »Wenn Sie mich so fragen, schon. Ich selbst habe Vorträge in dieser Richtung gehalten. Wir haben, wenn Sie so wollen, gerade bei Jugendlichen agitiert. Allerdings bezog sich das mehr auf den sportlichen Bereich, d. h. man versuchte, das Bestreben, das Beste zu sein, zu unterstützen. Wir selbst waren ja auch noch sehr jung und wollten die noch Jüngeren gewinnen. Dies ging nur über den Anreiz der sportlichen Leistung. Im Vordergrund stand die Absicht im Sport eine Bestleistung zu erreichen. Das galt für die Individualsportart ebenso wie für das Mannschaftsspiel.«

»Der Sport wurde also nicht unbedingt als ein Mittel gesehen, bei den Jugendlichen innerhalb der Arbeiterschaft so etwas wie Klassenbewußtsein zu entwickeln?«

F. Kauermann: »Nein, das möchte ich zurückweisen. Wir haben zwar versucht die Eltern zu beeinflussen, damit sie ihre Kinder nicht aus Anpassungsgründen an die herrschende Gesellschaftsstruktur in bürgerliche Vereine schickten, wie es häufig auch vorkam, doch eine Art ideologischer Schulung über den Sport war uns gar nicht vorstellbar. Wir selbst glaubten bei allen unseren Aktivitäten unserem Klassenbewußtsein als Arbeiter und eben auch als Arbeitersportler verpflichtet zu sein, haben dies aber niemand anderem aufgezwungen. Das Bewußtsein schloß für uns vor allem auch die Vorstellungen der Gewerkschaften sowie die Ideale der Arbeiterjugendbewegung ein.«

»Gab des Kontakte Ihres Vereins zur Jugendbewegung?«

> *H. Turck:* »Nein, abgesehen vielleicht von den Kontakten einzelner Personen. Einige von uns hatten auch engere Beziehungen zur Freidenkerbewegung. Selbstverständlich waren viele unserer Jugendlichen gleichzeitig auch Mitglieder der SAJ. In der Woche trieben sie bei uns ihren Sport, und sonntags gingen sie im Rahmen der jeweiligen Gruppen bei der SAJ auf Wanderschaft.
> Zur SAJ hatten wir durchaus Kontakte, die sich in regelmäßigen gegenseitigen Besuchen ausdrückten. Allerdings war die Teilnehmerzahl dabei sehr begrenzt, denn die SAJ befaßte sich meist mit politischen Fragen, die für unsere Jugendlichen, die nicht gleichzeitig auch dort Mitglieder waren, nicht immer auf ursächliches Interesse stießen. Unsere Jugendlichen wollten sich in der Hauptsache körperlich betätigen. Das Interesse an Vorträgen rein politischer Art war eher gering. Ein Jugendkartell mit unserer Beteiligung wurde nie angestrebt.«
> *F. Kauermann:* »Ja, natürlich zur SAJ. Weniger allerdings zu Gliederungen der bündischen Jugend.«

»Wie sahen die Kontakte Ihres Vereins- bzw. Bundesjugendausschuß im ATSB aus?«

> *H. Turck:* »Wir hatten Delegierte, die in der Mitgliederversammlung gewählt wurden und uns auf Kreis- sowie Bezirksebene vertraten. Der Verein hat wegen dieser vielfältigen Mitgliedschaften in Ausschüssen auf den unterschiedlichen Ebenen immer über gute Informationen bezüglich der allgemeinen Sportpolitik des ATSB verfügt. Ich selbst besitze beispielsweise noch ein Büchlein vom Bundestag 1930 in Köln, in dem Sie eine große Anzahl von Namen aus unserem Raum hier finden werden.«
> *F. Kauermann:* »In unserem Verein war dies eigentlich sehr gut ausgeprägt. Wir hatten mehrere Mitglieder, die auch auf diesen Ebenen tätig waren. Wir haben einige Delegierte in die verschiedenen Gremien entsandt, allerdings nicht bis auf Bundesebene. Die Jugendarbeit war in unserem Verein eine Sparte für sich. Delegierte von uns – wir waren schließlich der größte Verein in unserem Raum – haben in vielen Jugendausschüssen gesessen.«

»Als Ziel der Jugendarbeit erscheint in nahezu allen einschlägigen Publikationen des ATSB, vor allem auch auf dem Wege über den Arbeitersport aus der proletarischen Jugend Sozialisten zu machen. Wie wurde dieses Erziehungsziel in Ihrem Verein umgesetzt? Haben Sie unter der Maxime, proletarisches Selbst- und Klassenbewußtsein zu wecken, Sport getrieben?«

> *H. Turck:* »Das wird man von den Jugendlichen nicht generell sagen können. Erst die 16- bis 18jährigen verfügten aufgrund schon erworbener Erfahrungen im Arbeitersport über so etwas wie ein sozialistisches Bewußtsein, um so mehr, wenn sie auch noch in der SAJ oder ähnlichen Vereinigungen Mitglied waren. Alle, die sich mit sozialistischem Gedankengut nicht vertraut machen konnten – hier spielte natürlich der Einfluß des Elternhauses eine große Rolle – sonderten sich stärker ab.

Viele von ihnen verließen auch den Verein wieder. Andererseits gab es aber auch eine Menge Jugendliche, die über den politischen Weg, d. h. aus der sozialistischen Jugendbewegung zu uns kamen, da sie im Sport eine Ergänzung sahen.«

F. Kauermann: »In den ersten Jahren eigentlich weniger. Gegen Ende der 20er Jahre allerdings wurden die Differenzen innerhalb der politischen Gruppierungen auch im Verein immer deutlicher. Auch wir hatten uns mit kommunistischen wie nationalsozialistischen Gruppen auseinanderzusetzen. Viele unserer Mitglieder engagierten sich damals sehr stark in den verschiedenen politischen Bereichen. Der Richtungskampf trat auch im Verein deutlich zu Tage, wirkte sich aber im allgemeinen nicht direkt auf den Sportbetrieb aus.«

»Waren Sie in Ihren Verein der Ansicht, die so häufig propagierte ›Erziehung zum sozialistischen Menschen‹ könne allein schon durch die Art gemeinschaftlichen Sporttreibens beeinflußt werden oder haben Sie noch zusätzlich Vortrags- und Diskussionsabende über Fragen des Marxismus, der Kultur, der Sexualität, der Geschichte von Arbeiter-, Arbeitersport-, und Gewerkschaftsbewegung o. ä. veranstaltet? Gab es durch Einrichtung einer Bücherei oder durch Bildung von Musikgruppen z. B. im Verein eine Form von Bildungsarbeit mit dem Ziel der weiteren geistigen Entwicklung gerade der Jugend?«

H. Turck: »Zunächst zum letzteren: Eine Zeitlang war innerhalb des ATSB der sog. Sprech- und Bewegungschor von besonderer Bedeutung. Wir verfügten dazu über befähigte Schauspieler, die uns anleiteten. Außerdem besaß unser Verein schon von seiner Gründung an ein eigenes Pfeifer- und Trommlerkorps, dessen Mitglieder aber nicht alle auch aktive Sportler waren. Bei allen größeren Sportveranstaltungen waren fast immer auch unsere Musiker dabei. Wir sind damals viel häufiger an die Öffentlichkeit gegangen, als das heute der Fall ist. Deswegen war es schon notwendig, daß man bei Aufmärschen, Sportfesten und Demonstrationen einen Musikzug vorweg hatte, der das Schrittempo angab. Unser Pfeifer- und Trommlerkorps hat auch bei Massenübungen und an Aufmärschen auf Bezirks-, Kreis- und sogar Bundesebene teilgenommen. Dabei kam es oft auch zu gemeinsamen Musikdarbietungen mit anderen Korps. So waren wir z. B. mit unserem Korps auf der Arbeiterolympiade in Frankfurt 1925, auf dem Bundesfest in Nürnberg 1929 und dem Westdeutschen Arbeiter-Turn- und Sportfest 1931 in Köln dabei. Nachwuchssorgen in diesem Bereich kannten wir nicht. Nun zum ersten Teil der Frage: Diskussionsabende über solche Themen haben wir nicht veranstaltet. Seitens des Vereins wurde jedoch immer darauf hingewiesen, wenn es solche Gelegenheiten bei der SAJ oder, in bezug auf sexuelle Fragen beispielsweise, bei der Freidenkerbewegung gab. Die Freidenker haben sich in diesen Jahren gerade in der Frage der sexuellen Aufklärung der Jugend und der Geschlechterbeziehungen besonders profiliert, in Zusammenarbeit mit der Liga für Mutterschutz übrigens. Der heute an den Schulen übliche Sexualkundeunterricht hatte in diesen Initiativen des Freidenkerverbandes damals seinen Vorläufer. Hier in Hagen fanden Veranstaltungen mit bis zu 500 Menschen statt. Wir haben unsere Jugendlichen immer aufgefordert, dort hinzugehen. Eine weitere Einwirkung auf die Vereinsjugend in dem von Ihnen angeführten Sinne war für die

Übungsleiter durch die vom ATSB herausgegebenen kleinen Hefte wie ›Der Vorturner‹ möglich. Außer methodischen Anleitungen zu einzelnen Übungen standen darin auch Gedichte sowie auch öfter Stellungnahmen von Präsidiumsmitgliedern des ATSB zu politischen Problemen oder zum Verhältnis zu anderen Sportverbänden. Dies ergab immer genügend Gesprächsstoff für die Übungsstunden bzw. ein kurzes Zusammensein hinterher. Einige unserer jugendlichen Mitglieder haben sich auch bildungsmäßig noch stärker interessiert, so z. B. durch ihre Mitgliedschaft im Arbeiter-Esperanto-Bund.«

F. Kauermann: »Selbstverständlich wurde bei uns stark auf den Faktor Solidarität abgehoben, d. h. die Gemeinschaftsleitung stand bei Übungen stets im Vordergrund. Wir haben immer eher das Erreichen eines gemeinsamen Zieles höher angesetzt als die Forcierung der Individualleistung. Eine Art Schulungsabende in Theorie des Sozialismus/Marxismus u. ä. gab es nicht. Als ich nach der Schulentlassung in den Kreis der Arbeitersportler aufgenommen wurde, gab es viele Dinge, die mich anregten. Ich war nicht allein beim Arbeitersportverein und bei der SAJ Mitglied, sondern auch im Arbeitergesangverein, in den mein Vater mich mitnahm. Außerdem habe ich beim Arbeitertheaterverein aktiv mitgewirkt sowie Mandoline gespielt. In unserem Verein hier in Dortmund hatten wir ein großes Pfeifer- und Trommlerkorps. Es bildete eine eigene Gruppe im Verein. Auch hier wurden Jugendliche nachgezogen. Innerhalb unserer Jugendgruppen hat es schon ein Engagement für Literatur, hier besonders Arbeiterdichtung gegeben. Ich selbst war aufgrund meiner vielfältigen Verpflichtungen zu sehr beschäftigt, aber es hat natürlich Genossen gegeben, die immer wieder Jugendliche über ihre eigenen Kontakte mit zusätzlichen Bildungsbereichen an diese herangeführt haben. Von uns wurde z. B. auch angeregt, daß jugendliche Mitglieder von uns hier in Dortmund der Volksbühne beitraten.«

»Wie gestaltete sich die Organisation des Übungsbetriebes in Ihrem Verein?«

H. Turck: »Ich selbst war ja Jugendwart beim Turnen, und wir hatten meist vier Riegen, die alle zur gleichen Zeit an den Abenden in ein und derselben Halle übten. Jede Turnstunde wurde mit 10 bis 15 Minuten Gymnastik im Gehen, Laufen und am Boden begonnen. An Geräten verwendeten wir bei diesem ›Aufwärmen‹ u. a. Medizinbälle, Keulen, Stäbe usw. Bei der Gymnastik sollte stets besonders darauf geachtet werden, daß auch die Körperpartien, die beim Turnen nicht belastet wurden, Berücksichtigung erfuhren. Pro Woche fand in der Halle ein solcher Turnabend von zwei Stunden Dauer statt, den ich dann jeweils zu leiten hatte. Wir wechselten immer riegenweise von Gerät zu Gerät, vornehmlich Barren, Boden, Reck, Pferdsprung und schwingende Ringe. Diejenigen, die gern noch mehr Sport treiben wollten, hatten noch die Gelegenheit, an anderen Abenden zu den Übungsstunden anderer Gruppen des Vereins in weiteren Hallen im Stadtgebiet zu gehen. Auch ich habe von dieser Möglichkeit oft gebrauch gemacht. Wegen der besonderen Gliederung unseres Vereins gab es also ausreichend Gelegenheit, sich sportlich zu betätigen, denn wir verfügten im Stadtgebiet von Hagen glücklicherweise in mehreren Stadtteilen über Übungsstunden in den dortigen Hallen. Hinzu kam noch, daß während der Wintermonate etwa alle 8 Wochen jeweils am Sonntagvormittag in einer Halle eine gezielte Vorturnerschulung abgehalten wurde. Verantwortlich hierfür war der Bezirk. Übungsleiter und Jugendwarte aus Gevelsberg, Wetter, Herdecke und Hagen nahmen regelmäßig daran teil. Wir wurden dadurch in die Lage versetzt, neue Übungsteile oder ganze, z. B. in der ATZ vorgeschlagene Übungskombinationen auszuprobieren und dann diese Kenntnisse in den Turnstunden des eigenen Vereins an die anderen weiterzugeben. Im Bereich Schwimmen z. B. sah die Ausgangslage völlig anders aus. Unsere Schwimmabteilung hatte nur sonntags eine Übungsstunde im Hagener Damenbad, einer sehr kleinen Sportstätte, zur Verfügung. Es gab aber in Hagen noch einen freien Schwimmverein, bei dem wir durch einen Zusatzbeitrag auch Mitglied werden konnten. Dieser Verein hatte freitagabends im großen Herrenbad, das auch über Sprungbretter verfügte, Übungsstunden, an denen unsere Sportler dann zusätzlich teilnehmen konnten.

Für die Organisation innerhalb des Vereins war der technische Leiter verantwortlich. Er gab für alle Abteilungen die Richtlinien für die Tätigkeit eines Jahres heraus, so z. B. die auf Kreis- oder Bundesebene beschlossenen Pflichtübungen, die im Verein in die Praxis umgesetzt werden sollten. Hierfür stellte die bereits erwähnte Vorturnerschulung ein gutes Hilfsmittel dar. Es mußte gewährleistet sein, daß alle Übungen bei allen Vereinen des ATSB einheitlich ausgeführt wurden, damit bei großen Festen Turner aus den verschiedensten Kreisen in der Lage waren, gemeinsam und in Masse solche Übungen vorzuführen. Eine weitere Aufgabe des Technischen Leiters war die Festlegung der Wettkampftermine in Absprache mit anderen Vereinen. Ich selbst habe diese Funktion auch wahrgenommen, die, um es nochmals deutlich zu sagen, Terminabsprache, Programmgestaltung, Aufgabenstellung und ihre Überwachung beinhaltete.«

F. Kauermann: »Ich habe in der Nähe unserer Übungsstätte gearbeitet, und da bin ich zweimal in der Woche nachmittags um 16.00 Uhr in die Turnhalle bzw. auf den Sportplatz gegangen und habe dort Kinder, Jugendliche und später auch die Älteren sozusagen trainiert. Eine direkte Trennung zwischen der Jugend- und der Erwachsenenabteilung gab es mit Ausnahme der Mannschaftssportarten bei uns im Übungsbetrieb nicht. Aber selbst bei den Handballern kam es schon einmal zu Trainingsspielen mit aus Jugendlichen und Erwachsenen gemischten Mannschaften. In der Leichtathletik machte es überhaupt nichts aus, wenn alle Altersgruppen gemeinsam übten, da hier ja die Frage des Kampfes Mann gegen Mann wie bei den Ballspielen nicht akut war. Für die Jugendarbeit speziell hatten wir im Verein einen vom Vorstand eigens dazu bestellten erfahrenen Jugendleiter, der allerdings Erwachsener war.«

»Gab es in Ihrem Verein Probleme mit außergewöhnlich talentierten jungen Sportlern? Die Arbeitersportbewegung hat sich doch immer gegen die Förderung einzelner Spitzenkönner ausgesprochen. Haben Ihre Übungsleiter etwa gegen dieses ja durchaus in einzelnen Vereinen umstrittene Prinzip verstoßen?«

H. Turck: »Nein, der Leistungssport hat mit seinem Rekordstreben eigentlich dem tieferen Sinn des Arbeitersports widersprochen und wurde auch von uns strikt abgelehnt. Es gab wohl einzelne jüngere Kameraden, die als eigentlich sehr begabte Sportler anderenorts bessere individuelle Förderungsmöglichkeiten zu sehen glaubten. Wir haben sie in jedem Fall ohne Bedauern gehen lassen.«

F. Kauermann: »Gegen Mitte der 20er Jahre traten auch bei uns gewisse Auffassungen aus dem Bereich des Leistungssports auf. Es galt doch schon etwas, der beste Sprinter im Verein oder im Bezirk bzw. sogar Kreis zu sein. Ein großes Erlebnis für unsere jungen Sportler war es immer, montags in der Zeitung ihre Plazierungen vom Wochenendwettkampf veröffentlicht zu sehen. Diese Haltung war nur natürlich wie ja im Bereich des bürgerlichen Sports auch. Leider mußten auch wir einige Auswüchse auf diesem Gebiet verzeichnen, d. h. auch im Arbeitersport trat das individuelle wie mannschaftliche Streben nach der absoluten Höchstleistung immer stärker in den Vordergrund und verschärfte das Konkurrenzverhalten. Deswegen kam es auch innerhalb der Arbeitersportbewegung zu Abwerbeaktionen.«

»Schwierigkeiten beim Sport im Verein ergeben sich zumeist aufgrund der unterschiedlichen körperlichen Voraussetzungen, mit denen Vereinsmitglieder zu einer bestimmten Sportart kommen. Nahm man in Ihrem Verein beim täglichen Sportbetrieb Rücksicht auf den physisch Schwachen oder Unbegabten?«

H. Turck: »Ja, durchaus. Es gab auch bei uns eine Menge Schüler und Jugendliche, deren Eltern es gern sahen, wenn sie zum Sport gingen. Nicht alle von diesen waren nun besonders für den Sport begabt. Diese Jugendlichen haben wir in Gruppen zusammengefaßt, in denen dann kleine Spiele (Völkerball, Prellball usw.) oder Hindernisrennen veranstaltet wurden, um auch diesen Vereinsmitgliedern ihr sportliches Erfolgserlebnis zu verschaffen. Die meisten von ihnen haben selbst eingesehen, wie groß ihr persönlicher Abstand zur Leistung der eigentlichen Mannschaften oder Riegen war und sich bemüht, in dem erwähnten Spielbereich zum ganz persönlichen Erfolg zu gelangen. Wir haben uns dabei lediglich bemüht, jedem eine entsprechende Betätigung sportlicher Art anzubieten. So wurden u. a. jeweils zu Pfingsten Wanderungen von zwei Tagen innerhalb der einzelnen Abteilungen veranstaltet. Wir zelteten oder übernachteten in Jugendherbergen. Die Jugendleiter der einzelnen Abteilungen besaßen den Jugendherbergsausweis. Ich darf hier noch anmerken, daß jeder der Jugend- oder Männerturnwart werden wollte, zusätzliche Qualifikationen erwerben mußte. Hierzu gehörte ein Kurs in Erster Hilfe beim Arbeiter-Samariterbund. Wir haben diese Kurse von uns aus freiwillig, aber auf Empfehlung des Vereins absolviert. Ich selbst habe innerhalb des Arbeiter-Wassersports noch meinen Rettungsschwimmerschein gemacht, damit gerade für die Wanderungen, beim Baden der Jugendlichen in den Talsperren und offenen Flüssen eine gewisse Sicherheit schon von der Person des Leiters her gegeben war.«

F. Kauermann: »Natürlich haben wir versucht, auch den guten Sportlern gerecht zu werden, dabei aber die weniger Begabten nicht vergessen. Im ersten Fall galt es, der Konkurrenz der bürgerlichen Sportvereine paroli zu bieten. Der zweite Fall betraf vereinsinterne Belange. Hier wurde versucht, über Zusammenkünfte, Kameradschaftsabende, besondere Spielgruppen u. ä., die nicht so begabten und erfolgreichen Mitglieder des Vereins am Vereinsleben zu beteiligen. Es gab Ausflüge, Wanderungen, Waldläufe, Schnitzeljagden usw. Hierbei stand der Geselligkeitsaspekt im Vordergrund. So wurden anläßlich solcher Aktivitäten Picknicks mit Pfannkuchenessen usw. veranstaltet. Auch die Mitglieder, die nicht in der ersten oder zweiten Mannschaft spielen konnten, sollten sich ihrer

Zugehörigkeit zum Verein bewußt bleiben. Wir bemühten uns immer, auch diesen Genossen ein Erfolgserlebnis zu vermitteln, denn gerade auf diese, eigentlich die Mehrzahl, waren wir als Verein deutlicher angewiesen als auf die wenigen Spitzenkönner. Der Verein galt uns als solcher eben mehr als eine Organisation zum Zwecke des gemeinschaftlichen Sporttreibens, bei dem die Integrationsmomente überwogen. Die weniger Begabten faßten wir im Verein zu sog. Reisemannschaften zusammen, die Ausflüge mit dem Fahrrad oder Wanderungen machten und am jeweiligen Ziel auf entsprechende Mannschaften anderer Vereine stießen. Diese Mannschaften hielten für sich auf ihrem Niveau Vergleichswettkämpfe ab, nach denen sie noch den Tag bei geselligem Zusammensein ausklingen ließen.«

»Wie stellte sich Ihr Verein zur Frage von Medaillen, Urkunden und Diplomen?«

H. Turck: »Grundsätzlich ganz ablehnend. Gegen Ende der 20er Jahre wurde vor allem aus dem Kreis der Jugendlichen im ATSB immer wieder die Frage nach einer Art von Auszeichnung für besondere Wettkampfleistungen gestellt. Zumindest ein Kärtchen, auf dem vermerkt war, welchen Platz jemand bei irgendeinem Wettkampf belegt hatte, sollte es sein. Als Reaktion auf dieses Begehren wurden auf Bundesebene solche Kärtchen ausgegeben, und wir haben auch vom Verein her einige bestellt. In diese Kärtchen konnte dann eingetragen werden, welche Leistungen z. B. jemand beim Fünfkampf erbracht hatte. Das galt aber nur für unsere Jugendlichen, denn die Älteren waren über so etwas längst hinweg. Ich weiß natürlich, wie motivationsfördernd solche Leistungsnachweise für alle Altersgruppen sind. Von daher haben wir diese Frage auch immer offen diskutiert und schließlich die Lösung mit den Kärtchen gefunden, die sich doch noch wohltuend von der Unsitte der Medaillen und protzigen Pokale bei vielen bürgerlichen Vereinen abhob.«

F. Kauermann: »Ich selbst habe auch einige herausragende Leistungen vollbracht, aber dennoch keine großartigen Medaillen oder Diplome erhalten und auch nicht gewünscht. Es war für uns und hier speziell auch für mich ein ausreichendes Erfolgserlebnis, am nächsten Tag die Bestätigung der eigenen Leistung in der Tageszeitung nachlesen zu können. In den letzten Jahren vor der Auflösung des ATSB gab es auch innerhalb des Arbeitersports Bestrebungen, z. B. bei den Turnern echte Vereinsturnwettkämpfe wie in der DT zu veranstalten. Es wäre zweifellos auch noch soweit gekommen, daß die Beteiligten irgendwann dann auch Belohnungen und Preise erwartet hätten. Ich kann mich noch gut an das bei den sog. wilden Vereinen und auch bei denen der bürgerlichen Sportbewegung übliche und sehr beliebte Preisturnen, bei dem es z. T. um Gegenstände von erheblichem Wert ging, erinnern. Ein wenig davon färbte auch auf unsere Mitglieder ab, daher die entsprechenden Initiativen auch bei uns, die sich aber nicht durchgesetzt haben.«

»Hat es bei Ihnen eine weiterführende Ausbildung für Vorturner, Obleute und Jugendleiter gegeben?«

H. Turck: »Beim Turnen z. B. die Vorturnerschulung. Ich selbst war 1930 zum Lehrgang für den Bereich Jugend- und Männerturnen auf der Bundesschule des ATSB in Leipzig, und auch unser Frauenturnwart hat dort einen Lehrgang mitgemacht. Wegen dieser Weiterbildung habe ich damals sogar meinen Arbeitsplatz verloren: Im Betrieb, in dem ich als Schlosser arbeitete, hatte ich einen Kollegen aus einem bürgerlichen Turnverein, der im Rahmen der auch dort intensiv betriebenen Schulung im Frühjahr 1930 für vier Wochen zur Diemschen Sportschule nach Berlin ging. Als ich im Herbst des gleichen Jahres für drei Wochen zur Bundesschule nach Leipzig wollte, gab es plötzlich Widerstand besonders durch einen sehr konservativen Obermeister an meiner Arbeitsstelle. Der Betriebsobmann hat aber meinen Lehrgang durchgesetzt. Nachdem ich im September wieder zurückgekommen war, ging es darum, daß in unserer Abteilung zwei bis drei Arbeitskräfte wegen der schlechten wirtschaftlichen Lage gekündigt werden sollten. Wie ich schon fast vermutet hatte, war auch ich darunter. Letztlich kam es bei der Entscheidung, wer nun entlassen werden sollte, auf den schon erwähnten Obermeister als unseren direkten ›Vorgesetzten‹ im Betrieb an, der in diesem Falle einen objektiv minder qualifizierten Kollegen vorzog und mich quasi auf die Straße setzte. Seitens des Arbeitgebers wurde die Sache dann zwar offiziell damit begründet, daß ich im Gegensatz zu dem Kollegen eben nicht verheiratet war und es leichter sei, einem Junggesellen zu kündigen, aber selbst die anderen Kollegen waren der Ansicht, meine Entlassung habe mindestens indirekt mit meiner Mitgliedschaft im ATSB, dem Lehrgang und vor allem der Art, wie er gegenüber dem Betrieb durchgesetzt worden war, zu tun gehabt. Ich bin anschließend drei Jahre arbeitslos gewesen.«

F. Kauermann: »Bei uns gab es eine Art Weiterbildung in Form von sonntäglichen Vorturner-Schulungen auf Bezirksebene, an denen auch ich mehrfach teilgenommen habe. Aber das war eher freiwillig. Unser Verein verfügte über einen besonders qualifizierten Jugendleiter als Organisationsleiter für sämtliche Aktivitäten im Bereich der Vereinsjugend.«

»Galt in Ihrem Verein das Sporttreiben auch als psychisches Therapeutikum zum Ausgleich von Frustrationen im Beruf, und haben Sie diesen und ähnliche Komplexe besonders im Hinblick auf die Jugendarbeitslosigkeit dieser Jahre berücksichtigt?«

H. Turck: »Vom Verein gingen hier eigentlich wenig Initiativen aus. Die Stadt Hagen aber hat in Verbindung mit dem Arbeitsamt und auch dem Sportamt im Jugendheim gegenüber dem Stadttheater, im sog. Kaisersaal, Kurse veranstaltet, die eine gewisse kostenlose theoretische Weiterbildung darstellten. Auch in Turnhallen und auf Sportplätzen fanden diese Kurse, dann immer in Verbindung auch mit sportlicher Betätigung statt. Wir haben unsere Jugendlichen gezielt dorthin geschickt, besonders in den Jahren 1929/30, als die allgemeine Arbeitslosigkeit verstärkt auch die junge Generation erfaßte.

Zum Problem der Frustration im Beruf kann ich nur sagen, daß wir viele Mitglieder hatten, die sich beruflich nicht gefordert fühlten oder keine Erfolge in diesem Bereich aufweisen konnten und darunter litten, bei uns im Verein aber hervorragende sportliche Leistungen vollbrachten und diese negative berufliche Erfahrung damit kompensierten. Gerade das gemeinschaftliche Sporttreiben bewirkte ein Zusammengehörigkeitsgefühl, daß anderenorts nicht ohne weiteres zu erreichen war. Das galt sogar für Organisationen wie die SAJ, bei der die Mitgliedschaft immer noch eine gewisse Unverbindlichkeit des einzelnen beinhaltete, während es im Sport eben stets auf den Mitspieler oder die Hilfestellung beim Turnen ankam. Das Gefühl des zum Erreichen eines gemeinsamen Zieles unbedingt Aufeinanderangewiesenseins hat doch so manchen Jugendlichen bei uns besonders nachhaltig geprägt.«

F. Kauermann: »Das war eines der Argumente unseres gesamten Handelns. Ich habe häufig bei den verschiedensten Gelegenheiten gerade auch zu jungen Arbeitersportlern sprechen müssen und bin dabei immer wieder auf diese Probleme eingegangen. Als ab 1924 die Gruppen des politischen Kampfverbandes ›Reichsbanner Schwarz-Rot-Gold‹ gegründet wurden, die ja fast ausschließlich aus SPD-Mitgliedern bestanden, bin ich im Dortmunder Raum überall dorthin gegangen und habe für unseren Verein geworben. Ich forderte diese Genossen auf, Sport zu treiben und dies natürlich im Arbeitersportverein! Vor allem habe ich versucht, sie für Handball zu begeistern, doch flossen bei der Werbung durchaus politische Motive mit ein.

»Hatten Sie arbeitslose Jugendliche im Verein, und haben Sie seitens der Vereinsführung dagegen etwas unternommen?«

H. Turck: »Nein, nicht daß ich wüßte. Mit einer Ausnahme vielleicht: Im Rahmen des freiwilligen Arbeitsdienstes haben die Naturfreunde damals hier in der Gegend ein Haus errichtet. Die Erdarbeiten und die Fundamentierung wurden von den arbeitslosen jugendlichen Naturfreunden selbst gemacht. Da das ganze Vorhaben einen Zuschuß vom Arbeitsamt erhielt, war auch zwingend vorgeschrieben, daß in der Woche zwei bis vier Stunden Sport stattzufinden hatten. So bin ich damals in meiner Funktion als Jugendwart und natürlich Übungsleiter jede Woche 12 km mit dem Fahrrad zur Gemeinde Priorei, in deren Nähe das Haus entstand, gefahren und habe dort im Freien mit den Naturfreunden gymnastische Übungen, ein wenig Waldlauf usw. durchgeführt. Die Naturfreunde mußten dem Arbeitsamt gegenüber nämlich nachweisen, daß aus Sicherheitsgründen beim Sport ein ausgebildeter Übungsleiter dabei war.«

F. Kauermann: »Ja, wir haben versucht, sie zu betreuen. Der Verein hat sich stark darum bemüht, arbeitslosen Jugendlichen an unserem Verein einen neuen Arbeitsplatz bzw. eine neue Lehrstelle zu verschaffen. Wo wir konnten, haben wir geholfen.«

»Wie verhielt sich Ihr Verein in der Frage der Spaltung der Arbeiter-Turn- und Sportbewegung 1928? Hatten Sie auch KPD-Mitglieder im Verein?«

H. Turck: »Und wie! Die Spaltung ist hier in unserem Raum besonders stark in Erscheinung getreten. Man kann davon ausgehen, daß mindestens dreiviertel der damaligen Mitglieder in die sog. rote Sportbewegung abgewandert sind, die mit sehr viel Werbung und Agitation systematisch arbeitete. Wir haben das anfangs nicht erkannt. Auch unsere Jugendlichen verließen in großer Zahl den Verein, allerdings nicht etwa alle aus politischer Überzeugung, sondern weil sie beispielsweise als Mannschaft oder als Riege zusammenbleiben wollten, wenn der Mannschaftskapitän oder Riegenführer und mit denen einige andere noch zu den KPD-Sportgruppen wechselten. Wenn auch stark geschrumpft, hat unser Verein dennoch weiter bestanden.«

F. Kauermann: »Wir haben das aufs Schärfste verurteilt. Auch unter uns gab es den einen oder anderen, der kommunistisch beeinflußt war, da er in einem Betrieb arbeitete, in dem eine Mehrheit für diese Richtung bestand. Auch unter unseren Jugendlichen waren eine Menge Anhänger der KPD, die später, als sie wählen konnten, ihre Stimme dieser Partei mit Sicherheit gegeben haben. Wir hatten eigentlich kaum Austritte von Mitgliedern zu verzeichnen, die etwa zu den Gliederungen der Roten Sporteinheit überwechselten. In keinem Fall sind ganze Gruppen ausgetreten. Uns war natürlich bekannt, daß wir im Verein auch KPD-Mitglieder hatten, aber wir haben uns mit denen unterhalten und ausgesprochen. Die Auseinandersetzungen bewegten sich immer in vertretbarem Rahmen.«

»Wie verlief die zwangsweise Auflösung Ihres Vereins im Jahre 1933, und was haben Sie in dieser Situation unternommen?«

H. Turck: »Der Verein wurde, da er ja ein eindeutiger Arbeitersportverein war, aufgelöst. Es gab allerdings noch andere Möglichkeiten. Bei Vereinen, von denen die neuen Machthaber nicht genau wußten, wo sie einzuordnen waren, hat es ja Übernahmemöglichkeiten gegeben. Häufig wurde einfach jemand von oben kommissarisch delegiert, der auch den betreffenden Verein einem anderen, etwa der DT, zuführte. Erstaunlicherweise kam auch für uns nach der Auflösung das Angebot, uns dem einen oder anderen Verein neu anzuschließen. Daraufhin sind z. B. Teile der Fußballabteilung zu anderen Vereinen übergegangen, der größte Teil aber verzichtete lieber auf den gewohnten Sport. Ich selbst bin zwei- bis dreimal hier in Hagen noch beim Turnverein ›Jahn‹ gewesen, habe dann aber, von den politischen Ereignissen tief betroffen, jegliche turnerische Betätigung aufgegeben, obwohl ich ein begeisterter Turner gewesen war.«

F. Kauermann: »Wir haben versucht, am Schluß zu retten, was möglich war. Ich selbst bin damals zum Dortmunder Sportbeauftragten gegangen und habe interveniert. Zunächst versuchten wir, unseren Vereinsbetrieb weiter aufrechtzuerhalten. Wir haben damals nicht gemerkt, daß all diese Bemühungen illusorisch waren. Andere Vereine, besonders bürgerliche Sportvereine, haben versucht, Mitglieder von uns dann zu sich herüberzuziehen. Auch nach 1933 sind wir eine eigentlich verschworene Gemeinschaft geblieben, die eine eindeutige auch politische Überzeugung besaß. Nur wenige von uns haben nicht mehr weitergemacht. Wir sind 1933 dazu übergegangen, uns gruppenweise Vereinen anzuschließen, mit denen wir schon vorher Kontakte gepflegt hatten. So verfügte z. B. unsere Turnabteilung über gute Beziehungen zur Dortmunder Turngemeinde (DTG). Besonders den jungen Leuten habe ich empfohlen, zu diesen Sportkameraden, die eigentlich gleichgesonnen waren, zu gehen, d. h. dort einzutreten. Unsere Fußball- und Handballmannschaft wurde ebenfalls von einem anderen Verein übernommen, und auch ich sah mich schließlich veranlaßt, den Wechsel zu vollziehen. Ich bin im übrigen noch heute der Meinung, daß die Integration in andere Vereine, von denen einige unserer Leistungssportler natürlich besonders umworben wurden, richtig war. Die Alternative hätte totaler Sportverzicht geheißen. Letztendlich ist aus den damaligen Verhältnissen meine nach 1945 geäußerte und gemeinsam mit vielen anderen ehemaligen Arbeitersportlern durchgesetzte Ansicht erwachsen, die Arbeitersportbewegung als solche mit einseitiger politischer und gesellschaftlicher Ausrichtung nicht wieder neu ins Leben zu rufen. Wir haben dann für den Aufbau einer gemeinsamen deutschen Sportorganisation, den ›Deutschen Sportbund‹ (DSB) gestimmt. Nur der Arbeiter-Samariterbund, der Rad- und Kraftfahrerbund Solidarität und der Touristenverein ›Die Naturfreunde‹ wurden wieder neu gegründet. Der nach dem Zweiten Weltkrieg beschrittene Weg der Gemeinsamkeit mit allen anderen Sportverbänden hatte im Grunde für uns seinen Ursprung bereits in den Lösungsmöglichkeiten, die wir für unsere Weiterexistenz um der Sache willen nach der gewaltsamen Zerschlagung des Arbeitersports 1933 mit der Integration in andere Vereine und Verbände gefunden hatten.

Der nach dem Zweiten Weltkrieg beschrittene Weg der Gemeinsamkeit mit allen anderen Sportverbänden hatte somit im Grunde seinen Ursprung schon in unserer Integration als Möglichkeit des ›sportlichen Überlebens‹ nach der Zerschlagung des Arbeitersports 1933.«

Siegfried Gehrmann

Fußball in einer Industrieregion

Das Beispiel F. C. Schalke 04

> *»Wir kannten nur Arbeit und Fußball, sonst nichts.«*
> (Ernst Kuzorra, früherer Spieler von Schalke 04).

Als am 24. Juni 1934 der F. C. Schalke 04 im Berliner Poststadion vor 65 000 Zuschauern den 1. F. C. Nürnberg im Endspiel um die Deutsche Fußballmeisterschaft mit 2 : 1 Toren bezwang, bedeutete dieser Sieg für den Gelsenkirchener Verein den vorläufigen Höhepunkt in einer Kette sportlicher Erfolge, die 1926 mit dem Aufstieg aus der Emscherliga in die Ruhrbezirksklasse und damit in die höchste Spielklasse des Deutschen Fußballbundes (DFB) begonnen hatte. Die Begeisterung und der Jubel, die der Schalker Elf bei ihrer Rückkehr von Berlin entgegenschlugen, übertrafen alles, was man in dieser Hinsicht bisher in Gelsenkirchen erlebt hatte. Die »Vestischen Neuesten Nachrichten« brachten darüber unter der Überschrift »Das Chaos der Freude« folgenden Bericht:

»Eine Triumphfahrt sondergleichen war die Rückkehr der elf Knappen[1], die am Sonntag in dem so mitreißenden, bis auf die letzte Sekunde dramatischen Endkampf verdient den Sieg bei der Deutschen Fußballmeisterschaft errungen hatten ... Es ist fast unfaßlich, was sich da an Sportbegeisterung und Fußballfanatismus zuhauf türmte. Stunden vorher standen schon die Menschen an, säumten die Straßen, erzwangen Verkehrsumleitungen und warteten auf ihre Fußballkönige ... Schon auf dem Bahnsteig, als der Eilzug ... mit der Knappenelf einlief, fegte die Sportbegeisterung jede Ordnung weg. Nur zu einem kurzen Händedruck hatte der Oberbürgermeister Böhmer am Abteilfenster Gelegenheit, dann trug man Szepan, Kuzorra und die Meistertrophäe, die ›Viktoria‹, jubelnd hoch über den Köpfen herunter auf den Gelsenkirchener Bahnhofsvorplatz[2]. Hatte bisher ein Aufgebot wie nie zuvor die Ordnung hier mühsam aufrechterhalten können – als das Volk seine Sportlieblinge ... in der Bahnhofstür erscheinen sah, war nichts mehr zu halten. Da halfen drei- und vierfache SA- und SS-Ketten nichts. Da wurde einfach alles an Ordnung und Disziplin überrannt und versank alles in einem grandiosen

---

1 »Knappe« ist die literarische Bezeichnung für Bergmann. In der Sportpresse wurden die Schalker Spieler häufig so genannt, weil ein großer Teil von ihnen von Beruf ursprünglich Bergmann war; s. dazu S. 385 dieses Beitrags.
2 *Ernst Kuzorra* und *Fritz Szepan* waren in dem Spiel gegen den 1. FC Nürnberg die Schützen der beiden Schalker Tore.

Chaos von Begeisterung und einer einzigen großen unaufhaltsamen Welle von überströmender Sportfreude, die alles hinwegfegte ... Und wie die großen Triumphatoren zogen die Schalker Knappen durch das ungeheure Spalier einer hunderttausendköpfigen Gefolgschar zum Schalker Markt, wo die große Siegerehrung stattfand ...«[3]

Der »F. C. Gelsenkirchen-Schalke 04« – so die vollständige und exakte Bezeichnung des Vereins, der bei seinem ersten Gewinn einer Deutschen Fußballmeisterschaft so überschwenglich gefeiert wurde – war zu jener Zeit, wie noch näher darzulegen ist, ein Sportklub, dessen Mitglieder zum größten Teil Arbeiter waren[4]. Dieser Aufsatz versucht, am Beispiel von Schalke 04 die Bedeutung von Fußballvereinen für das Alltagsleben von Arbeitern darzustellen. Dabei interessiert ein bestimmter Aspekt. Es geht um die Frage, welche Bedeutung der Fußballklub Schalke 04 für den Aufbau zwischenmenschlicher Bindungen und Beziehungen unter Arbeitern hatte, auf welchen Ebenen des Vereinslebens diese besonders prägnant in Erscheinung traten, inwiefern bei ihrer Begründung und Festigung schichtenbezogene Lebensbedingungen und Erfahrungen eine Rolle spielten und in welcher Hinsicht sie schließlich auch eine politische Dimension besaßen. Der Untersuchungszeitraum reicht von der Gründung von Schalke 04 bis zum Beginn der 30er Jahre, als den Schalkern endgültig der Durchbruch zur nationalen Leistungsspitze gelang. Bevor aber auf die hier angedeutete Thematik näher eingegangen wird, sei noch ein kurzer Überblick über die wirtschaftliche und gesellschaftliche Struktur des Gelsenkirchener Stadtteils Schalke, in dem der Verein groß geworden ist, vorausgeschickt.

Der Industrieort Schalke

Bis zur Errichtung der ersten Industriewerke lag die Gemeinde Schalke in einer »fast urwüchsige(n), wenig fruchtbare(n) und fast unbesiedelte(n) Landschaft«[5]. Der ländliche Charakter Schalkes begann sich zu verändern mit dem Jahre 1855. Damals wurde der Schacht I der Zeche Wilhelmine-Viktoria niedergebracht. Einige Jahre später, am

---

3 Vestische Neueste Nachrichten, Nr. 173, Jg. 1934, 26. Juni 1934.
4 Der Begriff »Arbeiter« meint hier Menschen, die lohnabhängig sind und deren berufliche Tätigkeit in überwiegend körperlicher Arbeit besteht. Diese Definition gilt mit allem Vorbehalt. Auf eine gründlichere Erörterung des Begriffs muß hier verzichtet werden.
5 *H. Ermeling:* Zur Standortfrage der Industrialisierung Friedrich Grillos, in: Beiträge zur Gelsenkirchener Stadtgeschichte, Sonderausgabe 1972, S. 11.

11. August 1863, wurde die Zeche Consolidation gegründet. Außer diesen beiden Zechen, die am Anfang der Industrialisierung Schalkes standen, ließen sich hier bis in die Mitte der 1870er Jahre noch eine Reihe anderer Unternehmen nieder, darunter das Steinkohlenbergwerk Graf Bismarck, das allerdings nur zum geringen Teil auf Schalker Gebiet lag, und vor allem mehrere Werke der eisenverarbeitenden Industrie. Die folgenden Tabellen vermitteln einen Eindruck von der Größe der in Schalke ansässigen Unternehmen anhand der Entwicklung ihrer Belegschaftsstärke bis kurz vor dem Ausbruch der Weltwirtschaftskrise[6].

Zu dieser Zusammenstellung erscheint insofern noch eine Erläuterung angebracht, als von der Belegschaftsstärke der Bergwerke einerseits und der Fabriken andererseits noch keine Rückschlüsse auf entsprechende Größenverhältnisse bei der Berufsstruktur der Schalker Be-

Tabelle 22:
Belegschaftsentwicklung der Schalker Zechen

Jahr	Zeche Consolidation	Zeche Graf Bismarck 1/4	Zeche Wilhelmine-Viktoria
1879	1 763	516	632
1906	5 628	1 136	1 862
1912	6 701	2 007	1 910
1918	6 786	2 751	1 915
1927	7 827	2 572	2 652

Tabelle 23:
Belegschaftsentwicklung der Schalker Fabriken

Jahr	F. Küppersbusch & Söhne (Herdfabrik)	Mannesmann-röhrenwerke Abtlg. Grillo Funke	Gutehoffnungshütte Abteilung Gelsenkirchen
1879	–	606	–
1903	1 617	1 412	743
1914	1 915	1 232	729
1919	1 491	2 379	1 293
1927	2 701	1 640	1 358

6 Das Material für die folgende Zusammenstellung ist entnommen aus: Schalke und seine hauptsächlichsten Industriezweige. Eine statistisch-volkswirtschaftliche Skizze, Verf. und Hg. unbekannt, o. O. o. J., Stadtarchiv Gelsenkirchen VII/2/7; Statistisches Handbuch der Stadt Gelsenkirchen 1903–1927, hg. vom Statistischen Amt der Stadt Gelsenkirchen-Buer, 1928, S. 242 ff.

Jahr	Gewerkschaft Schalker Eisenhütte	Glas- und Spiegelmanufaktur	Aktien-Gesellschaft für Chem. Industrie
1903	149	442	209
1914	187	148	179
1919	233	158	455
1927	183	422	344

völkerung insgesamt gezogen werden dürfen. Während nämlich nach der Tabelle ein Überwiegen des bergmännischen Anteils bei der in Schalke ansässigen Arbeiterschaft zu vermuten ist, war das tatsächliche Verhältnis umgekehrt. Nach der Personenstandsaufnahme von 1922 beispielsweise, wohnten zu diesem Zeitpunkt in Gelsenkirchen-Schalke 3 209 Bergleute, aber 6 524 Fabrik- und sonstige Arbeiter, wozu noch 307 weibliche Arbeiter hinzukamen[7]. Der hier beobachtete Tatbestand findet eine leichte Erklärung, wenn man berücksichtigt, daß sowohl die Zeche Graf Bismarck, was bereits angedeutet wurde, als auch die Zeche Wilhelmine-Viktoria an der Peripherie Schalkes lagen und sich ihr Einzugsbereich vor allem auf die benachbarten Stadtteile Bismarck und Heßler erstreckt haben dürfte. Ähnliches gilt für die Schächte III/IV der Zeche Consolidation, die ebenfalls an der Grenze von Gelsenkirchen-Bismarck niedergebracht worden waren (vgl. Abb. 29a, Karte von Gelsenkirchen 1909).

Im Jahre 1861, als die Industrialisierung die Gemeinde Schalke gerade berührt hatte, lebten hier 400 Menschen. In der Folgezeit kam es zu einem sprunghaften Anstieg der Bevölkerung. 1875 zählte Schalke schon 7 828 Einwohner, in vierzehn Jahren hatte sich ihre Zahl somit fast verzwanzigfacht. Die genauere Bevölkerungsentwicklung veranschaulicht Tabelle 24, die zugleich die männlichen und weiblichen Bevölkerungsanteile wiedergibt und die konfessionelle Struktur aufzeigt[7].

Wie aus dieser Aufstellung zu ersehen ist, hat die Entwicklung des Schalker Bevölkerungsbildes kurz vor Ausbruch des Ersten Weltkriegs einen gewissen Abschluß erreicht. Dies gilt sowohl für die absoluten Einwohnerzahlen als auch für die Anteile der Geschlechter und der beiden großen Konfessionen, die in der Folgezeit etwa gleich stark vertreten waren.

Was die Herkunft der Schalker Bevölkerung betrifft, war sie in hohem Maße bestimmt von der mit der Industrialisierung des Ruhrgebiets verbundenen Ost-West-Wanderung. Im Jahre 1900 waren von der gesamten Einwohnerschaft Schalkes in Ostpreußen, Westpreußen und

---

7 Stat. Handbuch (s. Anm. 6), S. 22 ff.

Tabelle 24:
Die Bevölkerungsentwicklung Schalkes

Jahr	Zahl der Personen	männl.	weibl.	ev.	kath.	dissid., jüdisch, andersgläubig
1861	400	—	—	—	—	—
1875	7 828	4 376	3 452	—	—	—
1890	14 887	8 005	6 882	6 680	8 128	79
1903	27 766	14 747	13 019	14 002	13 339	425
1913	34 497	17 865	16 632	16 634	17 160	703
1927	35 782	18 293	17 489	16 883	16 849	2 050

Posen 24,27 % geboren[8]. Da 53,19 % aller Einwohner in Westfalen geboren waren, bedeutet dies, daß 52,60 % der außerhalb Westfalens gebürtigen Schalker Bevölkerung aus dem Osten stammte. Nach der Personenstandsaufnahme vom 10. Oktober 1924 hat sich dieses Bild etwas verändert. 63,69 % der Bevölkerung Schalkes waren danach in Westfalen geboren, nur noch 36,31 % stammten also außerhalb Westfalens, davon aber immerhin etwa zwei Drittel aus Ost- und Westpreußen, Posen und Schlesien[9]. Bei diesen Zahlen ist zu bedenken, daß mit hoher Wahrscheinlichkeit der größte Teil der Personen, die bei beiden Erhebungen als in Westfalen gebürtig ausgewiesen sind, ihre Herkunft keineswegs aus alteingesessenen westfälischen Familien ableiteten, sondern aus solchen, die ebenfalls aus dem Osten Deutschlands zugewandert waren. Wie weiter unten noch genauer dargelegt wird, bestand die Mitgliederschaft des F. C. Schalke 04 zum erheblichen Teil aus Bergleuten. Daher erscheint in dem Zusammenhang noch ein Blick auf die Belegschaftsstruktur der Schalker Zechen unter dem Gesichtspunkt der landsmannschaftlichen Herkunft aufschlußreich. Bezogen auf die Gesamtbelegschaft waren nach einer Erhebung vom 31. Dezember 1899 auf der Zeche Consolidation 55,3 % fremd- oder gemischtsprachige Arbeiter, d. h. solche, die nur polnisch oder neben deutsch auch polnisch sprachen, bei der Zeche Wilhelmine Viktoria waren es 52,2 % und bei der Zeche Graf Bismarck 71 %[10]. Bei diesen Menschen dürfte es sich zum größten Teil um Masuren gehandelt haben, d. h. um

---

8 *W. Brepohl:* Der Aufbau des Ruhrvolkes im Zuge der Ost-West-Wanderung, Recklinghausen 1948, S. 247.
9 Stat. Handbuch (s. Anm. 6), S. 30 ff.
10 *L. Pieper:* Die Lage der Bergarbeiter im Ruhrrevier, Stuttgart und Berlin 1903, S. 20.

Angehörige einer Volksgruppe, deren Sprache zwar ein Sonderzweig des Polnischen war, die aber sonst eine von den Polen getrennte kulturelle Entwicklung genommen hatten – im Gegensatz zu diesen waren sie z. B. streng evangelisch – und aus dem Südteil Ostpreußens, vor allem aus dem Gebiet um die Orte Allenstein, Neidenburg, Osterode und Ortelsburg zugewandert waren[11]. Daß der Zuwandererstrom aus diesem Raum auch noch nach dem Ersten Weltkrieg anhielt, beweist beispielsweise die Belegschaftsentwicklung der Schachtanlage Graf Bismarck 2/6/9. Im Jahre 1920 legten hier 211 Bergleute aus Ostpreußen an, davon waren 156, d. h. 73,9 % Masuren, 1922 legten 183 ostpreußische Bergleute an, davon gehörten 130, d. h. 71,0 %, zur Volksgruppe der Masuren[12].

Der F. C. Schalke 04

a) Zur Geschichte seiner Organisation und seiner gesellschaftlichen Struktur

Der F. C. Schalke 04 war am 4. Mai 1904 von einigen Jugendlichen, sämtlich zwischen 14 und 16 Jahren alt, unter der Bezeichnung »Westfalia Schalke« gegründet worden[13]. Die Klubfarben waren am Anfang Rot und Gelb, die Farben Blau und Weiß, die heute die Traditionsfarben des Vereins sind, traten erst nach dem Ersten Weltkrieg an deren Stelle. Die Westfalia Schalke war ursprünglich eine Straßenmannschaft, deren Mitglieder zum größten Teil in der Schalker Hauergasse oder in deren unmittelbarer Nähe wohnten, unweit der Schachtanlage Consolidation I/VI und der Herdfabrik Küppersbusch. In den ersten Jahren ihres Bestehens gehörte die Westfalia Schalke keinem Sportverband an, sie galt daher als »wilder« Verein, der auch nur gegen andere »wilde« Klubs Spiele austragen konnte. Verbandsvereinen war es gewöhnlich bei strenger Strafe untersagt, gegen verbandsfremde Vereine zu spielen. Der Eintritt in den Westdeutschen Spielverband (WSV), die größte Fußballsport betreibende Organisation in Westdeutschland und Unterverband des Deutschen Fußballbundes (DFB), gelang erst nach zwei vergeblichen Versuchen im Jahre 1915. Nach dem Ersten Weltkrieg fusionierte Westfalia Schalke mit dem wesentlich älteren »Turnverein Schalke 1877« zu dem neuen Verein

---

11 *E. Franke:* Das Ruhrgebiet und Ostpreußen, Essen 1936, S. 13 f.
12 Ebd., S. 124.
13 Vgl. zum folgenden *Th. Krein:* Die blau-weißen Fußballknappen, o. O. 1948; *P. Konzen* u. a.: 50 Jahre Schalke 04, Gelsenkirchen 1954; *W.-H. Koch:* Die Königsblauen, 2. Aufl. Düsseldorf 1974.

»Turn- und Sportverein Schalke 1877«. Aus verbandspolitischen Gründen, auf die näher einzugehen hier zu weit führen würde – die Deutsche Turnerschaft, deren Mitglied die 1877er waren, verlangte eine »reinliche Scheidung« von Turnen und Sport, d. h. Mitglieder ihrer Vereine durften nicht gleichzeitig auch anderen Sportverbänden angehören, wodurch vor allem der WSV getroffen werden sollte –, trennte sich die Fußballabteilung von den 1877ern wieder, und zwar mitten im Spieljahr 1923/24. Sie konstituierte sich am 5. Januar 1924 neu als selbständiger Verein, nun allerdings nicht mehr unter der alten Bezeichnung »Westfalia Schalke«, sondern als »Fußball-Club Schalke 04«. Das ursprüngliche Gründungsjahr 1904 nahm man auf diese Weise in den Vereinsnamen auf. 1928 erweiterte man diesen um den Namen der Stadt Gelsenkirchen und nannte sich von da an »F. C. Gelsenkirchen-Schalke 04«. Diesen Namen trägt der Verein noch heute.

In der ersten Zeit ihres Bestehens standen an der Spitze der Westfalia Schalke Gerhard Klopp und Heinrich Kullmann. Klopp, Jahrgang 1890 und aus Schalke stammend, war auf der Zeche Consolidation als Schlosser beschäftigt, Kullmann, Jahrgang 1889, war ebenfalls in Schalke geboren und Schlosser von Beruf. Da unter Leitung dieser beiden Jugendlichen Westfalia Schalke von der städtischen Behörde nicht als ordentlicher Verein anerkannt wurde, eine wichtige Voraussetzung für die angestrebte Aufnahme in den WSV, wählte man im Jahre 1909 den Wiegemeister Heinrich Hilgert zum 1. Vorsitzenden. Hilgert war wahrscheinlich bei der Westfalia niemals aktiver Fußballspieler gewesen, allerdings muß er sich schon früh für die Fußballspielerei der Schalker Jungen interessiert haben. Während des Krieges leiteten der Bankangestellte Robert Schuermann den Verein und nach seiner Einberufung zum Militär seine Frau Christine, eine Schalker Gastwirtstochter. Durch die vorübergehende Fusion mit dem T. V. Schalke 1877 kam die Westfalia Schalke mit einer Persönlichkeit in Berührung, die für ihre weitere Geschichte von großer Bedeutung sein sollte, nämlich mit dem damaligen Vorsitzenden der 1877er Fritz Unkel. Dieser Mann, ursprünglich von Beruf Kohlenhändler und dann als Materialverwalter auf der Zeche Consolidation tätig, kam aus einer alteingesessenen Gelsenkirchener Familie. Sein Vater war einer der ersten Betriebsführer von Consolidation gewesen[14]. Als die Fußballabteilung 1924 aus dem Turn- und Sportverein Schalke 1877 wieder ausschied und sich als selbständiger Verein konstituierte, blieb Fritz Unkel, obwohl alter Anhänger der Turnbewegung, bei den Fußballspielern. Er wurde der erste Vereinsführer des neugegründeten Klubs

---

14 Mitteilung von *Ernst Reckmann,* wohnhaft in Gelsenkirchen, Hertastraße 23, vom 16. 11. 1977.

Schalke 04 und blieb mit kurzen Unterbrechungen in dieser Funktion bis 1939. Inzwischen schon 74 Jahre alt, wurde er damals zum Ehrenvorsitzenden ernannt. Fritz Unkel muß nach dem Zeugnis von Personen, die die Zeit seiner Vereinsführung noch bewußt miterlebt haben, für den Schalker Fußballklub ungefähr das gewesen sein, was man gerne etwas enthusiastisch die »Seele« des Vereins nennt, also eine Leit- und Integrationsfigur, an der sich das gesamte Klubleben orientierte. Seiner Initiative als Materialverwalter auf der Zeche Consolidation – die Stellung eines Material- oder Magazinverwalters galt früher als »Druckposten«, d. h. als eine einflußreiche Position, durch die man auch mit führenden Leuten eines Werkes in Berührung kam – war es zum erheblichen Teil zu verdanken, daß das Unternehmen seinen Verein in großzügiger Weise förderte. Ihren sichtbarsten Ausdruck erhielt diese Förderung in dem 1928 fertiggestellten Bau der »Kampfbahn-Glückauf« (vgl. Abb. 29b, Karte 1929). Das entsprechende Gelände für diese Anlage, eines der größten Fußballstadien Westdeutschlands mit einem Fassungsvermögen von ca. 40 000 Zuschauern, war Schalke 04 von »Consol«, wie die Zeche im Gelsenkirchener Volksmund genannt wurde, gegen eine geringe Pachtgebühr auf 99 Jahre überlassen worden. Fritz Unkel, einer der Hauptinitiatoren dieser Abmachung, wird von einem alten Schalker Vereinsmitglied, das mit ihm als Schriftführer ungefähr zehn Jahre im Vorstand zusammengearbeitet hatte, folgendermaßen beschrieben:

»Er war nicht größer als ich (d. h. etwa 165 cm, S. G.) ... Das war unser Papa Unkel ... Der war beliebt bei uns. ›Meine Jungens, enttäuscht mich nicht!‹, sagte er immer. ›Das gibt es nicht!‹, so hat der gebaut auf seine Jungens! Wir waren froh, daß wir so einen hatten. In der Versammlung, in der Hauptversammlung, bei der Wahl zum 1. Vorsitzenden – einen Gegenkandidaten? Das gab's doch nicht! Das war immer einstimmig ... Der hat für jeden Verständnis gehabt. Sie wissen ja, wie es so früher war, als die Erwerbslosigkeit kam usw. ›Was ich tun kann, das tu' ich‹, hat er immer gesagt. Er hat sie (d. h. Bittsteller, S. G.) nie abgewiesen. Er hat alle Hebel in Bewegung gesetzt, und da war keiner, der erwerbslos war, ... Mit einem Wort, der Papa Unkel, der hat für jeden ein offenes Ohr gehabt. Meinen Bruder, der im Tor stand, den hat er ja auch aus der Grube 'rausgeholt und den hat er bei sich ins Magazin genommen ... Also, der Papa Unkel, der muß eine Anziehungskraft an sich gehabt haben, weiß der Kuckuck! Die ganzen Vorgesetzten, die Direktoren usw., die konnten zu dem doch nicht ›Nein‹ sagen! Der hat eine Anziehungskraft an sich gehabt durch sein Auftreten, durch seine Liebenswürdigkeit! Das hat den Herren, also seinen Vorgesetzten, imponiert. Ruhig war er und sachlich. Ein Streit kam ja schon mal vor. ›Kinder‹, sagte er dann, ›Kinder‹ – Wir waren ja seine Kinder, nicht wahr? –, ›so kann das nicht gehn.‹ Er hat das jedenfalls so immer wieder eingerenkt, daß es wieder lief.«[15]

---

15 Auszug aus einem Interview mit *Ernst Reckmann* vom 19. 11. 1977.

Als die Westfalia Schalke im Jahre 1904 gegründet wurde, gehörten dem Verein nicht mehr als 16 Personen an. Dieser Kreis vergrößerte sich in zehn Jahren auf 80 bis 90 Mitglieder. Nach dem Ersten Weltkrieg ist die Zahl der Mitglieder sehr stark angestiegen. Im Februar 1930 hatte der F. C. Schalke 04 schließlich unter Einschluß der Box-, Leichtathletik- und Handballabteilung – diese Abteilungen waren im Vergleich zur Fußballabteilung zahlenmäßig jedoch von nur geringer Bedeutung – ca. 1 100 Mitglieder. Im folgenden wird versucht, die Sozialstruktur des Vereins, die sich hinter solchen Zahlen verbarg, genauer zu beschreiben. Dazu einige Vorbemerkungen: Im Herbst 1944 ist durch einen Bombenangriff das gesamte Vereinsarchiv des F. C. Schalke 04, das in der Wirtschaft Thiemeyer am Schalker Markt untergebracht war, vernichtet worden. Darunter befand sich auch die Personalkartei. Soweit dennoch u. a. auch der Beruf oder das Arbeitsverhältnis eines Teiles der Mitglieder festgestellt werden konnte, geschah dies durch ein verhältnismäßig aufwendiges Verfahren, das sich auf die Auswertung von Vereinschroniken, Zeitungen, Adressbüchern, Unterlagen des Gelsenkirchener Einwohnermeldearchivs und des Standesamtes und auf mündliche Auskünfte früherer Vereinsmitglieder stützt. 254 Personen, von denen feststeht, daß sie über einen bestimmten Zeitraum dem F. C. Schalke 04 in den Dekaden 1904–1913, 1914 bis 1923 und 1924–1934 (Anfang) angehörten, konnten so unter dem hier interessierenden Gesichtspunkt identifiziert werden[16].

Tabelle 25:
Zur Sozialstruktur des F. C. Schalke 04

	1904–1913	1914–1923	1924–1934
Gesamtzahl d. erfaßten Personen	44	88	122
Bergmann	22	40	34
Fabrikarbeiter oder Handwerker	15	33	57
Angestellter oder Beamter	5	11	22
Selbständig	2	4	9

Nach dieser Aufstellung waren die Mitglieder von Schalke 04, wenn auch mit zeitlich fallender Tendenz, zum weit überwiegenden Teil Arbeiter, d. h. Bergleute, Fabrikarbeiter und Handwerker. Dabei ist

---

16 Die Kartei der identifizierten Personen stellt Verf. zur Einsichtnahme zur Verfügung.

noch zu berücksichtigen, daß auch die als Angestellte, Beamte oder Selbständige identifizierten Personen, von wenigen Ausnahmen abgesehen, aus Arbeiterfamilien stammten. So gab es z. B. eine Reihe von Vereinsmitgliedern, insbesondere waren es Steiger, die selbst in einem Angestelltenverhältnis standen, deren Väter jedoch und auch deren Brüder Arbeiter waren. Bei der obigen Zusammenstellung fällt weiter unter den Arbeitern der hohe Anteil von Bergleuten auf. Er lag 1904–1913 bei 59 %, 1914–1923 bei 55 %, fiel dann allerdings in der dritten Dekade stark ab auf 37 %. Da unter der Rubrik »Angestellter oder Beamter« auch eine Reihe von Bergwerksangestellten, vor allem, wie gerade angedeutet, von Steigern, subsumiert ist, lag die Gesamtzahl der im Bergbau Tätigen noch deutlich über diesen Werten. Beschäftigt waren diese Personen, vergleicht man die Lage ihrer Wohnung mit den Standorten der Gelsenkirchener bzw. Schalker Bergwerke, offenbar zum größten Teil auf der Zeche Consolidation (vgl. Abb. 29b, Karte 1929).

Bei dem Versuch, die Sozialstruktur des F. C. Schalke 04 zu rekonstruieren, bleibt der erhebliche Unsicherheitsfaktor zu beachten, der durch die schmale Materialbasis gegeben ist. Es ist nicht bekannt und aus erwähntem Grunde auch nicht mehr feststellbar, wieviel Personen in dem fraglichen Zeitraum überhaupt jemals dem Verein angehört haben. Damit fehlt aber die Bezugsgröße, deren Kenntnis allein einen genauen Aufschluß über den Grad der Repräsentativität des aufgeführten Zahlenmaterials gestatten würde. Dennoch darf davon ausgegangen werden, daß dieses Material den Charakter der Gesamtmitgliederschaft von Schalke 04 in den verschiedenen Zeitabschnitten zumindest tendenziell adäquat widerspiegelt.

b) *Zum Vereinsleben als Erfahrungsfeld von Kameradschaft und Solidarität*

>»Wir waren eine Gemeinschaft, wie man sich das heute gar nicht mehr vorstellen kann. Alles hielt eisern zusammen. Jeder war für jeden da, wie in einer großen Familie. Eine Kameradschaft war das, sag' ich Ihnen, ein Zusammenhalt, das war wunderbar. Anders als heute . . .«[17]

Selbst wenn man solche Äußerungen eines früheren Schalker Vereinsmitglieds wegen ihres schwärmerischen Tenors nur mit einem gewissen Vorbehalt zur Kenntnis zu nehmen bereit ist, ist hier offenbar ein Zusammenhang angesprochen, der für das Vereinsleben von zentraler Bedeutung war[18].

---

17 Vgl. Anm. 15.
18 In ähnlicher Weise wie *Ernst Reckmann* äußerte sich auch *Ernst Kuzorra*, wohnhaft in Gelsenkirchen, Kurt-Schumacher-Straße 121, in einem Inter-

In zwei Bereichen, so scheint es, fanden in dem Verein Zusammengehörigkeitsgefühl und Solidaritätsbewußtsein ihren augenfälligsten Ausdruck, und zwar auf dem Gebiet des geselligen Umgangs und im sportlichen Wettkampf. Was das Erstere betrifft, pflegte man vor allem bis etwa zur Mitte der 20er Jahre, als Schalke 04 noch kaum über die engeren Grenzen des Ruhrgebiets hinaus bekannt war, intime Formen der Geselligkeit. Spiele gegen einen auswärtigen Gegner, so berichtet z. B. die Witwe eines früheren Schalker Spielers (s. u.), waren häufig der Anlaß zu regelrechten Familienausflügen. Soweit es das Wetter erlaubte, brachen die Spieler bereits um 7.00 Uhr in der Frühe zusammen mit ihren Frauen oder Freundinnen und versehen mit Thermosflasche und Butterbrotpaketen auf und wanderten zu Fuß zu dem jeweiligen Spielort. Dieser lag meistens nicht weit von Schalke entfernt wie Katernberg, Gladbeck, Hochlamark, Herten oder Bottrop. Auf diese Weise erwanderte man das gesamte Gelsenkirchener Gebiet und seine Umgebung. Nach dem Spiel war es allgemein üblich, daß man bis in den späten Abend noch in geselliger Runde zusammenblieb. Einige Spieler bildeten dann oft eine kleine Kapelle, die zum Tanz aufspielte oder sonst für musikalische Unterhaltung sorgte. Von solchen Formen der Geselligkeit unterschieden sich die offiziellen Vereinsfeste wie Stiftungsfest, Sommerball, Karnevalsfest und Weihnachtsfest. Auch an derartigen Veranstaltungen, ebenso wie an Feiern anläßlich von Ereignissen im persönlichen Bereich eines Vereinskameraden wie Geburtstag, Verlobung, Hochzeit und Kindtaufe nahm man häufig mit familiärem Anhang teil[19].

Traten Zusammenhalt und Solidarität schon im Bereich des geselligen Umgangs augenfällig in Erscheinung, so manifestierten sie sich am eindruckvollsten auf sportlichem Gebiet, wo der Verein durch seine Erfolge die Aufmerksamkeit der Sportwelt nach dem Ersten Weltkrieg in wachsendem Maße auf sich zog. In dem Zusammenhang sind einige Bemerkungen zur Eigenart des Fußballspiels angebracht. Im Gegensatz zu Sportarten wie Boxen, Leichtathletik und Schwimmen ist das Fußballspiel eine Mannschaftssportart. Der sportliche Erfolg ist also u. a. an Bedingungen geknüpft, die dem Teamcharakter dieser Sportart Rechnung tragen. Ob eine Mannschaft erfolgreich ist, hängt zwar einerseits ab von bestimmten individuellen Vorzügen ihrer Spieler wie Schnelligkeit, Wendigkeit, Kraft und guter Balltechnik. Hinzukommen muß aber auf der anderen Seite auch deren Fähigkeit und Bereitschaft,

---

view vom 17. 11. 1977. – Vgl. auch *H.-J. Teske:* Der F.C. Gelsenkirchen-Schalke 04 (= Hausarbeit zur Ersten Staatsprüfung für das Lehramt für Sekundarstufe I, GHS Essen, Fb I, SS 1977), S. 81 ff.

19 Dies betonte besonders *Ernst Kuzorra,* vgl. Anm. 18.

sich mit ihrem Können ganz in den Dienst der Mannschaft zu stellen. Nicht der »eigensinnige« Spieler ist der eigentlich wertvolle Akteur, nicht der, der mit technischen Kabinettstückchen auf den Beifall der Zuschauer spekuliert, sondern derjenige, der auf Spielweise und Eigenart seiner Mitspieler eingeht, uneigennützig das Zusammenspiel mit ihnen sucht und ihre Schwächen und Fehler durch eigenen erhöhten Einsatz ausgleicht. Für jeden, der nur etwas vom Fußballspiel versteht, sind das Binsenweisheiten. Die überragenden Erfolge nun, die Schalke 04 in den 20er und vor allem in den 30er Jahren errang, sind zweifellos in erster Linie darauf zurückzuführen, daß eine ungewöhnlich große Zahl hervorragender Einzelspieler in den Reihen der 1. Mannschaft stand wie, um nur einige zu nennen, Ernst Kuzorra, Fritz Szepan, Adolf Urban, Ernst Poertgen, Rudi Gellesch, Ernst Kalwitzki und Otto Tibulski. Damit allein lassen sich jene Erfolge jedoch nicht erklären. Es kam hinzu, daß man als Mannschaft eine organische Einheit in dem Sinne darstellte, daß sich jeder dem Ganzen einfügte und unterordnete und somit in hohem Maße die Eigenschaften verkörperte, die den mannschaftsdienlichen Spieler ausmachen.

Im folgenden soll versucht werden, Zusammenhalt und Solidarität als charakteristische Züge des Schalker Vereinslebens in einen plausibelen Begründungszusammenhang zu bringen mit der besonderen Soziallage der Mitglieder.

Vergleicht man die Lage von Vereinslokal, Platz und Einzugsgebiet von bürgerlichen Klubs und Arbeitervereinen, fällt ein gravierender Unterschied ins Auge. Während bei jenen der Standort oft am Stadtrand oder zumindest an der Peripherie des Stadtzentrums und damit in einiger Entfernung von dichter besiedelten Wohnvierteln lag, war bei diesen das Gegenteil der Fall. Hier wohnten die Mitglieder des Vereins zumeist in unmittelbarer Nähe von Vereinslokal und Platzanlage[20]. Die Ursache für den Unterschied in den räumlichen Verhältnissen der beiden Vereinstypen ist unschwer auszumachen. Sie ist vor allem in den unterschiedlichen materiellen Möglichkeiten der Vereine zu sehen. Die bürgerlichen Klubs waren in der Regel finanziell potente Organisationen. Sie waren daher häufig imstande, weitläufige und in reizvoller Umgebung gelegene Grundstücke für die Errichtung ihrer Sportanlagen zu erwerben. Da diese allerdings oft in den Außenbezirken der Stadt lagen, mußte man größere Entfernungen zwischen Platzanlage und Vereinslokal einerseits und den Wohnungen der Mitglieder andererseits in Kauf nehmen. Anders war die Situation bei

---

20 Verf. arbeitet z. Z. an einer größeren Studie über Sportvereine im rheinisch-westfälischen Industriegebiet, wo diese Verhältnisse genauer dargestellt und belegt werden.

Arbeitervereinen. Wegen ihrer geringeren Finanzkraft mußten sie sich gewöhnlich mit billigerem Gelände begnügen, wenn sie überhaupt Grundstücke ankauften und nicht pachteten, und diese lagen zumeist eher im Zentrum eines Industrieareals und damit auch in der Nähe der Wohnungen der Vereinsangehörigen. Wie die kartographischen Darstellungen zeigen (s. u.), traf dies für Schalke 04 in besonderem Maße zu. Das Gros der Mitglieder des Vereins wohnte zumindest bis gegen Ende des Untersuchungszeitraums in unmittelbarer Nähe von Platz und Vereinslokal. Worauf es nun in dem Zusammenhang ankommt, ist zu beachten, welche Bedeutung solche räumlichen Gegebenheiten für das Vereinsleben haben konnten. Wenn ein großer Teil der Mitglieder nur einige Minuten von seiner Wohnung zum Vereinslokal, beispielsweise, zu laufen hatte, lag es natürlich nahe, daß man sich hier am Feierabend noch häufig zur geselligen Runde traf. Auf diese Weise konnte ein dichtes Netz menschlicher Bindungen und Beziehungen bereits unterhalb der Ebene entstehen, auf der der offizielle Vereinsbetrieb ablief. Räumliche Verhältnisse und soziale Kohärenz der Mitgliederschaft lassen sich somit bei einem Verein wie Schalke 04 zueinander in eine plausible Beziehung setzen.

Bei dem Versuch, die Ursachen für das starke Bewußtsein der Zusammengehörigkeit im Klubleben des F. C. Schalke 04 zu ergründen, stellt die geographische Situation des Vereins nur einen Aspekt dar. Einen weiteren bildet seine Entstehungsgeschichte.

Die ersten Fußballformationen, die z. B. im Ruhrgebiet entstanden sind, hatten sich entweder im Rahmen eines schon längere Zeit existierenden Turnvereins gebildet oder im Rahmen einer höheren Schule. Zum erstgenannten Entstehungstyp sind beispielsweise zu rechnen die Fußballabteilungen vom »Duisburger Turnverein 1848« und vom »Essener Turnerbund Schwarz-Weiß«, die 1892 bzw. 1899 gegründet worden waren. Pennälermannschaften bestanden schon Anfang der 90er Jahre am Duisburger Realgymnasium, am Ruhrorter Realgymnasium und wahrscheinlich auch am Carl-Humann-Gymnasium in Steele und am Schalker Gymnasium. Aus ihnen gingen hervor der »Duisburger Sport-Club Preußen« (1901), der »Verein für volkstümliche Bewegungsspiele Ruhrort« (1900), der »Essener Sportverein 1899« und »Spiel und Sport Schalke 1896«[21]. Im Gegensatz zu solchen Klubs, die durchweg dem bürgerlichen Milieu angehörten, repräsentierte Westfalia Schalke einen Vereinstyp, der spontan, d. h. ohne Anlehnung an einen vorgegebenen Organisationsrahmen, sei dies eine Turnervereinigung oder eine Schule, entstanden ist[22]. Daher waren die

---

21 Vgl. Anm. 20.
22 Vgl. S. 382 des vorliegenden Beitrags.

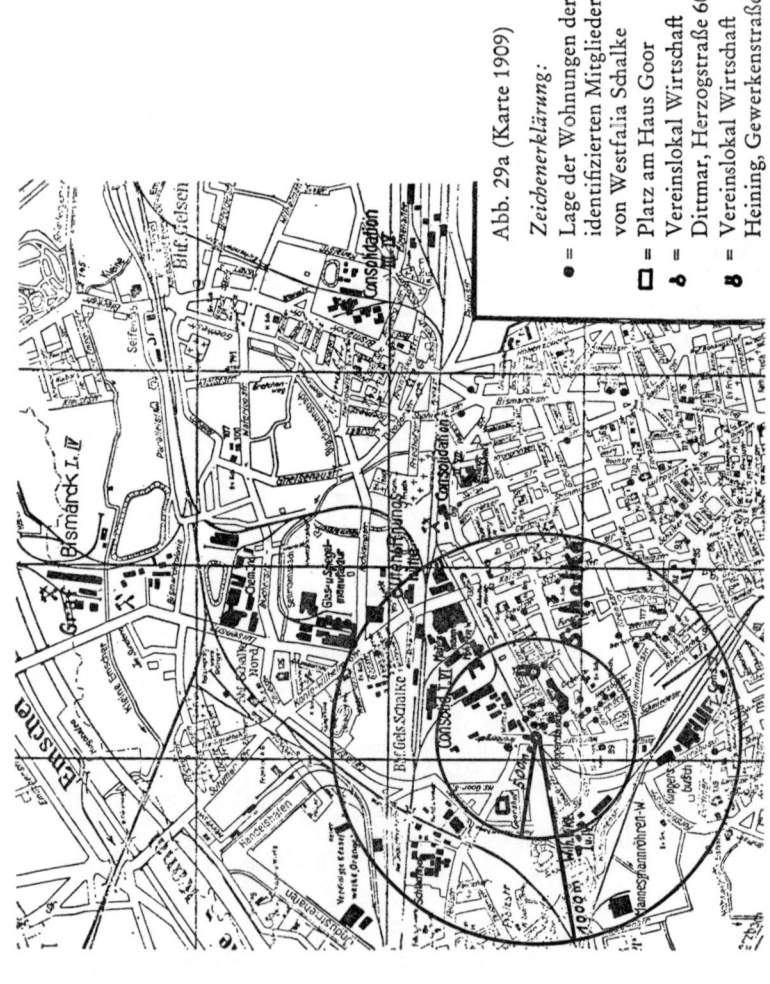

Abb. 29a (Karte 1909)

Zeichenerklärung:

● = Lage der Wohnungen der
     identifizierten Mitglieder
     von Westfalia Schalke

□ = Platz am Haus Goor

♂ = Vereinslokal Wirtschaft
     Dittmar, Herzogstraße 60

♀ = Vereinslokal Wirtschaft
     Heining, Gewerkenstraße 58

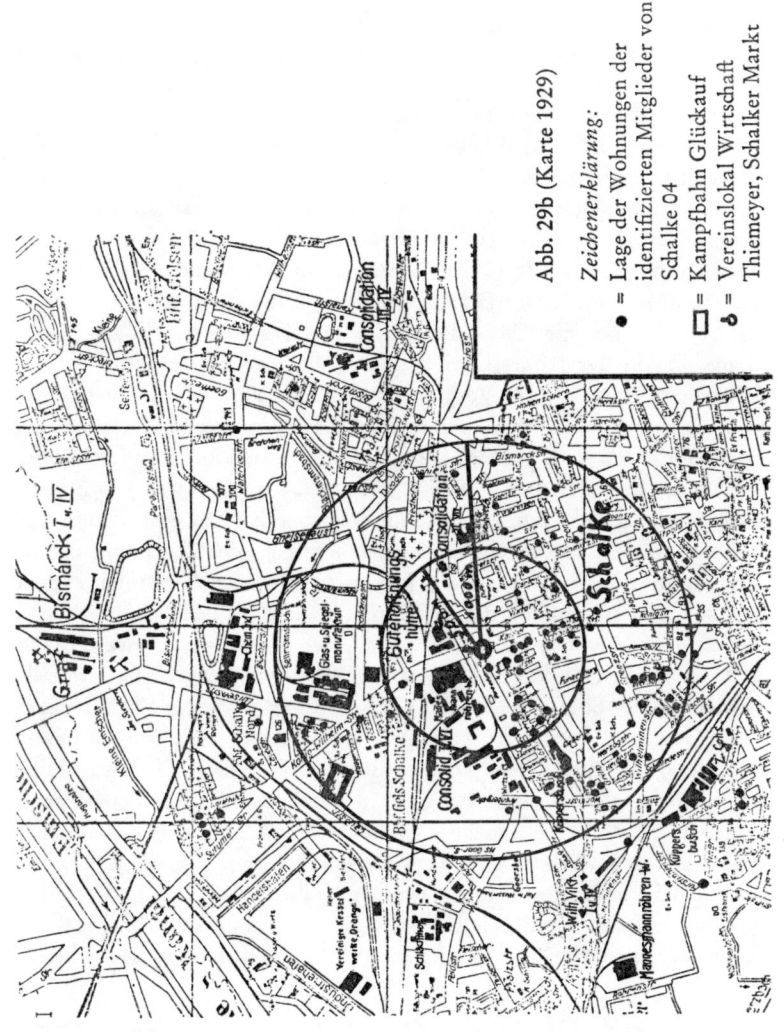

Abb. 29b (Karte 1929)

Zeichenerklärung:

● = Lage der Wohnungen der identifizierten Mitglieder von Schalke 04

☐ = Kampfbahn Glückauf

δ = Vereinslokal Wirtschaft Thiemeyer, Schalker Markt

jungen Spieler dieses Vereins, indem sie sich nicht auf die Hilfe erfahrener Vereinsfunktionäre oder sportlich interessierter Lehrer stützen konnten, wie dies bei den anderen genannten Klubs der Fall war, zu Anfang zunächst ganz auf sich allein gestellt. Nach einem acht- bis neunstündigen Arbeitstag, der von ihnen z. T. körperliche Schwerarbeit verlangte, mußten sie alle organisatorischen Probleme, wie sie die Gründung eines Vereins und der Aufbau eines regelmäßigen Spielverkehrs mit anderen Vereinen mit sich brachten, aus eigener Kraft bewältigen. Besonders drückend bemerkbar machte sich das materielle Problem. Der bürgerliche Duisburger Turnverein 1848, beispielsweise, der den Fußballsport bereits in den frühen 90er Jahren im westlichen Ruhrgebiet durch seine gut geführte Fußballabteilung sehr populär gemacht hatte, war 1896 im Besitze eines Barvermögens von über 20 000 Goldmark[23]. Der Duisburger Sport-Club Preußen, ein weiteres Beispiel für potentes Mäzenatentum, besaß schon bald nach seiner Gründung in der Ruhrau bei Duisburg ein eigenes Vereinsheim, das »Preußen-Casino«[24]. Im Vergleich zu solchen Vereinen nahm sich die materielle Lage des Schalker Arbeiterklubs geradezu kümmerlich aus. Jugendliche unter 16 Jahren, aus denen der Verein anfangs fast durchweg bestand, verdienten z. B. im Jahre 1900 im Bergbau pro Schicht 1,28 Mark[25]. Viele junge Leute, die zu jener Zeit in einem Lehrverhältnis standen, verdienten sogar noch weniger oder überhaupt nichts. Von ihren Eltern konnten die jungen Spieler der Westfalia zudem wegen deren Ablehnung des in ihren Augen rohen und »undeutschen« Fußballsports kaum Hilfe erwarten. Der Vater von Fritz Szepan z. B., dem späteren Meisterspieler, hat sich heftig gegen die Fußballspielerei seines Sohnes gesträubt, ähnlich auch die Mutter Ernst Kuzorras[26]. Gemessen an den Einkommensmöglichkeiten jener jungen Leute, war demgegenüber eine Sportausrüstung recht teuer. Ein Paar Fußballschuhe kostete zwischen 9 und 13 Mark, ein Fußball zwischen 6 und 8 Mark und eine Kniehose zwischen 1 und 2 Mark[27]. Man suchte daher bei den »Westfalen« nach allen möglichen Aushilfen. So benutzte man z. B. abgetragene Grubenschuhe, unter die Lederstollen genagelt worden waren, als Fußballstiefel und kaufte von wohlhabenderen Vereinen alte und zerschlissene Bälle, die diese abgelegt hatten,

23 Gedenkschrift des Duisburger Turn- und Sportvereins von 1848/1899, Duisburg 1958, S. 10.
24 Mitteilung von *Paul Grandjean*, wohnhaft in Duisburg, Neue Fruchtstraße 13 vom 14. 3. 1975.
25 *L. Pieper* (s. Anm. 10), S. 72.
26 Vgl. Anm. 15 und 18.
27 Körper und Geist (= Nachrichtenblatt des Rheinisch-Westfälischen Spielverbands), Jg. VI, 1905, S. 11.

gegen ein paar Groschen ab und flickte sie wieder zusammen[28]. Besonders schwierig war die Beschaffung einer geeigneten Platzanlage. In dem industriellen Ballungsraum Schalke lagen die Bodenpreise so hoch, daß an den käuflichen Erwerb eines Areals, das immerhin mindestens 5 000 qm umfassen mußte, natürlich nicht zu denken war[29]. Es gab daher nur zwei Möglichkeiten. Entweder versuchte man, von der städtischen Behörde die Erlaubnis zu erhalten, auf einer kommunalen Anlage zu spielen – allerdings mußte man sich mit anderen Vereinen in die Benutzung eines solchen Platzes teilen, außerdem durften auf ihm keine Eintrittsgelder erhoben werden – oder man mußte sich darum bemühen, ein geeignetes Gelände zu pachten. Dieser letzte Weg erwies sich auf die Dauer als der gangbarste. Nachdem man zu Anfang auf einem unbebauten, mit Steinen übersäten und von Rinnen durchzogenen Platz neben dem Haus Goor, einem halbverfallenen Landsitz am Westrand Schalkes (vgl. Abb. 29a, Karte 1909), gespielt hatte und auch das städtische Gelände an der Schalker Taubenstraße nur vorübergehend benutzt worden war, gelang es endlich 1914, also rund zehn Jahre nach der Gründung des Vereins, von der Zeche Consolidation ein größeres Gelände an der Grenzstraße in Schalke zur Pacht zu erhalten. Da dieser Platz ungefähr einen Meter unter dem Niveau seiner Umgebung lag und sich daher die Spielfläche bei Regenwetter in einen grundlosen Morast verwandelte, waren umfangreiche Erdarbeiten notwendig, um ihn ständig bespielbar zu halten. In gemeinsamer Arbeit haben die Spieler von Westfalia Schalke auch dieses Problem gelöst. Die bereits in einem anderen Zusammenhang zitierte Witwe des früheren Schalker Mannschaftskapitäns Thomas Student berichtet, daß sie während jener Zeit ihren Mann nur wenig zu Gesicht bekommen habe. Sobald er von der Schicht nach Hause gekommen sei – er war von Beruf Bergmann –, habe er nur hastig gegessen und sei dann sofort zum Platz gegangen, um seinen Kameraden bei der Arbeit zu helfen. Die Herrichtung des Platzes an der Grenzstraße hatte viele Monate gedauert[30].

Die schwierigen Bedingungen, unter denen junge Arbeiter den Fußballklub Westfalia Schalke gründeten und die die ersten Jahre seines Bestehens kennzeichneten, verlangten von ihnen zu ihrer Überwindung ein hohes Maß an Solidarität. Alte Vereinsmitglieder sprechen in dem Zusammenhang gerne von »Idealismus«. Die Einstellungen und Verhaltensweisen, auf die mit diesem Begriff verwiesen wird,

28 Vgl. Anm. 15.
29 Nach W. *Hudde* lag z. B. 1907 der Durchschnittspreis bei 892 Mark pro Ar, d. h. bei 8,92 Mark pro qm; vgl. *ders.*: Die Grundstückspolitik der Städte Gelsenkirchen, Buer und Horst, Gelsenkirchen 1924, S. 80.
30 Nach *H.-J. Teske* (s. Anm. 18), S. 82.

müssen sich in der Frühzeit des Vereins so eingeschliffen und verfestigt haben, daß sie im Klubleben auch noch wirksam sein konnten, als man die eigentliche Notsituation schon längst überwunden hatte. So gesehen bildeten sie neben den zuvor beschriebenen siedlungsgeographischen Gegebenheiten eine weitere wichtige Wurzel der Vereinskameradschaft. Als drittes Moment in dieser Beziehung verdient schließlich das Verhältnis des Arbeiterklubs Schalke 04 zu den bürgerlichen Vereinen Beachtung.

Wie schon erwähnt, trat Westfalia Schalke 1915 dem Westdeutschen Spielverband bei. Dieser Verband war 1898 unter der Bezeichnung »Rheinischer Spielverband« in Düsseldorf gegründet worden, und zwar von Vereinen, deren Mitglieder, soweit sich dies heute noch erkennen läßt, überwiegend dem bürgerlichen Milieu entstammten[31]. Als nun auch Arbeitervereine zum WSV stießen, wurde dadurch zunächst die leistungsmäßige Dominanz der bürgerlichen Klubs kaum berührt. Dies änderte sich nach dem Ersten Weltkrieg. Im westlichen Ruhrgebiet beispielsweise, machte immer mehr durch seine hervorragenden Leistungen der »Duisburger Fußballverein 1908«, der in dem Duisburger Arbeiterviertel Hochfeld ansässig war, von sich Reden und im Gelsenkirchener Raum war es vor allem die Fußballabteilung des Schalker Turn- und Sportvereins von 1877, aus der, wie dargelegt, 1924 der F. C. Schalke 04 hervorging, die durch ihre Spielstärke Aufsehen erregte.

Seit 1919 bestand im WSV ein System von Leistungsklassen, das sich von unten nach oben in folgender Weise staffelte: C-Klasse, B-Klasse, A-Klasse, Kreisliga, Bezirksklasse. Die Klassenersten stiegen nach einer Spielsaison in die jeweils nächst höhere Klasse auf, die Klassenletzten in die jeweils nächst niedere Klasse ab. 1923 wurde diese Regelung unterbrochen. Das neue System, das nun eingeführt wurde, sah zunächst einen Auf- und Abstiegsstop für zwei Jahre vor. Das Ziel dieses »Neuen Weges« war, wie es von Verbandsseite hieß, der in den Fußballbetrieb eingerissenen Hektik, verursacht durch die unbegrenzte Geltung des Leistungsprinzips und vor allem erkennbar an der zunehmenden Härte und Erbitterung, mit der die meisten Spiele ausgetragen wurden, entgegenzuwirken. Was von Seiten des WSV offiziell als eine Maßnahme zur Hebung der allgemeinen Sportmoral ausgegeben wurde, sah man im Schalker Lager anders. Hier wurde die vom WSV verfügte Aufstiegssperre als ein Versuch der bürgerlichen Fraktion im Verband empfunden, Arbeitervereinen, und unter ihnen besonders dem eigenen Verein, der seit 1919 in einem unaufhaltsamen Aufstieg begriffen schien – zwischen 1919 und 1921 war den Schalkern

---

31 Vgl. Anm. 20.

der Aufstieg von der B- über die A-Klasse in die Emscherliga gelungen –, durch eine organisatorische Manipulation den Zutritt zur Nobelklasse des deutschen Fußballsports, nämlich der Bezirksklasse, zu verwehren. Ob eine solche Auffassung die Motive der Verbandspolitik realistisch wiedergibt, mag dahingestellt bleiben, positiv belegen läßt sie sich jedenfalls nicht. Im Schalker Lager gab es in der Hinsicht allerdings nicht den geringsten Zweifel: Die Aufstiegssperre war eine Maßnahme, hinter der die bürgerlichen Vereine standen und die sich vornehmlich gegen den Gelsenkirchener »Polacken- und Proletenklub« richtete. »Die wollten uns nicht in ihrer höchsten Klasse haben«[32], »die bürgerlichen Vereine, Schwarz-Weiß Essen und so, wollten nur gegen ihresgleichen spielen«[33], so beurteilen noch heute zwei ehemalige Schalker Spieler die damalige Situation. Sie und ihre Kameraden reagierten auf die Herausforderung auf ihre Weise. Das Bewußtsein, ein Opfer von Neid und Mißgunst zu sein und aus Gründen der gesellschaftlichen Herkunft um den verdienten sportlichen Erfolg gebracht zu werden, führte nicht etwa zu Resignation, sondern mobilisierte neue Energien. Man rückte im Verein enger zusammen als je zuvor. Wenn das Schlagwort von der »verschworenen Gemeinschaft« für das Schalker Vereinsleben jemals seine Berechtigung hatte, dann vor allem für jene Zeit[34]. Das Training wurde intensiviert und systematisiert – damals wurden die Grundlagen für den später so berühmten »Schalker Kreisel« gelegt, ein Spielsystem, das Schönheit und Erfolg in einer bis dahin nicht gekannten Weise vereinte –, und als die Sperre wegen des sinkenden Zuschauerinteresses an den Spielen 1925 aufgehoben werden mußte, war das der Ausgangspunkt für einen kometenhaften Aufstieg der Schalker. Er führte in der Zeit zwischen 1934 und 1942 zum Gewinn von sechs Deutschen Meisterschaften und machte den Namen F. C. Schalke 04 zum Synonym für höchste Fußballkunst.

Aus den bisherigen Darlegungen ist ein Aspekt ausgespart worden, auf den zum Schluß noch einzugehen ist, nämlich der politische. Wenn Kameradschaft und Solidarität in einem Verein wie Schalke 04 durch die spezifische Soziallage seiner Mitglieder, wie zu zeigen versucht wurde, zumindest mitbedingt worden sind, bleibt zu fragen, ob und inwiefern einem solchen Bewußtsein der Zusammengehörigkeit eine politische Dimension zukam.

Bis zur Machtübernahme durch den Nationalsozialismus gab es in Deutschland neben dem DFB und seinen Unterverbänden, zu denen auch der schon mehrfach erwähnte WSV gehörte, noch andere Sport-

---

32 Zit. nach *H.-J. Teske* (s. Anm. 18), S. 59.
33 Vgl. Anm. 32.
34 Vgl. Anm. 15.

verbände, in deren Vereinen Fußballsport betrieben wurde. Dies waren der »Arbeiter-Turn- und Sportbund« (ATUS), die »Deutsche Jugendkraft« (DJK), das »Eichenkreuz« und die ebenfalls bereits erwähnte »Deutsche Turnerschaft« (DT), in der der Fußballsport allerdings, ähnlich wie im »Eichenkreuz«, nur eine untergeordnete Rolle spielte. Das Nebeneinanderbestehen verschiedener Sportverbände mit denselben Disziplinen war darin begründet, daß diese Verbände aus verschiedenen, in ihrer Eigenart deutlich identifizierbaren sozio-kulturellen Milieus hervorgegangen sind. Der Begriff »sozio-kulturelles Milieu« meint hier gesellschaftliche Einheiten, die sich durch gemeinsame Merkmale auszeichnen wie Religion, wirtschaftliche Lage und kulturelle Orientierung[35]. In diesem Sinne stand die Deutsche Turnerschaft, gegr. 1863, als ältester Verband dem bürgerlich-national-protestantischen Milieu nahe, ebenso das »Eichenkreuz«, gegr. 1921, das aus evangelischen Jungmännerbünden hervorgegangen ist. Die »Deutsche Jugendkraft« war das katholische Pendant zum »Eichenkreuz«, sie ist 1920 gegründet worden. Der »Arbeiter-Turn- und Sportbund«, gegr. 1892, ist als sportlicher Exponent des proletarisch-sozialistischen Milieus anzusehen[36]. Daß den »Westdeutschen Spielverband« schließlich bürgerliche Vereine gegründet haben, wurde bereits erwähnt. In seiner gesellschaftlichen Orientierung stand er somit ursprünglich der Deutschen Turnerschaft nahe.

Die Sportverbände, wie sie hier in ihrer sozio-kulturellen Zuordnung vorgestellt worden sind, waren nach dem Ersten Weltkrieg in Schalke durch folgende Vereine mit einer Fußballabteilung vertreten: Spiel und Sport Schalke 96 (WSV), Turn- und Sportverein Schalke 1877 bzw. ab 1924 F. C. Schalke 04 (WSV), Eintracht Schalke (DJK) und Rotsport Schalke (ATUS). Berücksichtigt man nun, daß die beiden zuletzt genannten Vereine, Eintracht Schalke und Rotsport Schalke, zahlenmäßig sehr klein waren[37] und daß neben ihnen zwei Großvereine

35 Diese Definition folgt im wesentlichen *M. R. Lepsius:* Parteiensystem und Sozialstruktur: Zum Problem der Demokratisierung der deutschen Gesellschaft, in: Die deutschen Parteien vor 1918, hg. von *G. A. Ritter,* Köln 1973, S. 68.

36 Diese Verbände sind bisher nur z. T. Gegenstand wissenschaftlichen Interesses gewesen. Vgl. z. B. *E. Jeran:* Deutsche Turnerschaft (DT) 1868 bis 1936, in: *D. Fricke* u. a.: Die bürgerlichen Parteien in Deutschland, Bd. I, Berlin 1968, S. 605–619; *H. Ueberhorst:* Frisch, Frei, Stark und Treu. Die Arbeitersportbewegung in Deutschland 1893–1933, Düsseldorf 1973; *H. Timmermann:* Geschichte und Struktur der Arbeitersportbewegung 1893–1933, Ahrensburg 1973.

37 Nach Mitteilung von *Karl Hallwaß,* bis 1933 Vorsitzender der Arbeitersportvereine in Gelsenkirchen und Bezirksvorsitzender der Sparte Fußball, heute wohnhaft in Gelsenkirchen, In der Heide 22, zählten diese Vereine nicht mehr als etwa 60 Mitglieder (Mitteilung vom 8. 12. 1977).

bestanden, von denen der eine, nämlich Schalke 04, ein fast reiner Arbeiterverein war, läßt dies nur den Schluß zu, daß die überwiegende Mehrheit der am Fußball aktiv interessierten Schalker Arbeiter diesem Verein angehörte. Versucht man, die Ursachen für eine solche auf den ersten Blick überraschende Bevorzugung des WSV-Fußballs zu ergründen, liegt zunächst die Annahme nahe, daß die Schalker Arbeiterschaft zum erheblichen Teil politisch-weltanschaulich gleichsam im Dunstkreis des Milieus stand, von dem der WSV-Sport ursprünglich getragen wurde, nämlich dem bürgerlich-nationalen, und daß ihr Verhalten auf sportlichem Gebiet aus einem derartigen Zusammenhang zu erklären wäre. Um eine solche Vermutung näher zu belegen, bietet sich am ehesten eine Analyse von politischen Wahlen an. Genauer untersuchen lassen sich in der Hinsicht die Wahlen zum Preußischen Landtag vom 20. Februar 1921[38]. In dem Einzugsgebiet von Schalke 04 (vgl. Abb. 29b, Karte 1929) können für diese Wahlen mehrere Wahlbezirke mit einer relativ hohen sozialen Homogenität ausgemacht werden. In ihnen lag jeweils der Arbeiteranteil an der Gesamtheit der Berufstätigen bei über 80 %. Unter der Voraussetzung, daß die Wahlbeteiligung – sie lag absolut bei 71 % aller Wahlberechtigten – bei allen Schichten der Bevölkerung gleich hoch war, was allerdings nicht zu beweisen ist und daher einen erheblichen Unsicherheitsfaktor in einer solchen Berechnung darstellt, wählten im Durchschnitt knapp 18 % der Arbeiter jener Bezirke die Parteien der bürgerlich-nationalen Richtung, d. h. die Deutsche Demokratische Partei (DDP), die Deutsche Volkspartei (DVP) und die Deutschnationale Volkspartei (DNVP). Die übrigen Parteien des Parteienspektrums wählten somit 82 % der Arbeiter, d. h. entweder die Linksparteien, also die Mehrheitssozialdemokratie (MSPD), die Unabhängigen (USPD) und die Kommunisten (Vereinigte KPD), oder die Zentrumspartei als politischen Exponenten des katholischen Lagers. Vergleicht man diesen Befund mit der Ausgangshypothese, so erscheint diese keineswegs überzeugend belegt. Es ist zwar nach den dargelegten Zahlen rein rechnerisch möglich, daß die Mitglieder von Schalke 04 aus dem Teil der Arbeiterschaft stammten, die jene 18 % Arbeiterwähler des Bürgerblocks ausmachten, die Wahrscheinlichkeit spricht allerdings eher dagegen. Wahrscheinlich ist vielmehr – läßt man die hier auch nur rein theoretische Möglichkeit außer Betracht, daß die Mitglieder von Schalke 04 auf den Teil der Bevölkerung beschränkt waren, der von seinem Wahlrecht keinen Gebrauch machte –, daß sie in Mehrheit politisch der katholischen bzw. sozialistischen Richtung anhingen. Die Frage nach den Ursachen für die besondere Anziehungskraft des WSV-Fußballs verlangt also offenkundig

38 Vgl. Anm. 20.

eine plausibelere Antwort. Sie erscheint möglich, wenn man Selbstverständnis und Selbstdarstellung der verschiedenen Vereinstypen berücksichtigt. Sowohl die DJK- als auch die ATUS-Vereine waren politisch-weltanschaulich stark fixiert. Dies kam z. T. schon in ihren Vereinsnamen – »Rotsport«! – zum Ausdruck und prägte das Vereinsleben
insgesamt. Die Mitgliedschaft in solchen Vereinen kam einem politischen Bekenntnis gleich. Völlig anders lagen die Verhältnisse in den
WSV-Vereinen. Zwar war der WSV ebenfalls aus einem spezifischen
Milieu, dem bürgerlich-nationalen, hervorgegangen (s. o.). Das hinderte ihn jedoch nicht daran, seine strikte politische und weltanschauliche
Neutralität zu erklären[39]. »Wir wollten Fußball spielen. Mit was anderem wollten wir nichts zu schaffen haben«, meinte z. B. Ernst Kuzorra auf eine entsprechende Frage. »Politik und Religion spielten bei
uns im Verein überhaupt keine Rolle.«[40] Man geht wahrscheinlich nicht
fehl, wenn man annimmt, daß ein politisch-weltanschaulich neutrales
Vereinswesen, wie in der Bemerkung Kuzorras angedeutet wird, im
Freizeitbereich einem weitverbreiteten Bedürfnis entgegenkam. Die
Attraktivität eines WSV-Vereins selbst in einem Arbeitermilieu wie
dem Schalker hatte sicherlich in einer derartigen Neutralität eine wichtige Ursache.

Kameradschaft und Zusammenhalt in dem Arbeiterverein Schalke 04
waren, um das zentrale Thema noch einmal aufzunehmen, wesentlich
bedingt durch die Soziallage seiner Mitglieder. Diese Solidarität, das
scheint zuletzt deutlich geworden zu sein, gewann jedoch keine im engeren Sinne politische Qualität. Im Gegenteil: Das Leben in jenem
Fußballklub wurde entschieden als etwas Unpolitisches begriffen, als
eine Art Freiraum oder Schonbezirk, in dem man sich bewußt von jedem politisch-weltanschaulichen Engagement fernhielt. Es bleibt die
Frage, wie weit die an dem Schalker Beispiel in Erscheinung getretene
Mentalitätsstruktur von Arbeitern über die regionale Begrenzung hinaus als repräsentativ anzusehen ist. Sollten Paralleluntersuchungen in
anderen Gebieten zu ähnlichen Ergebnissen führen wie diese Studie,
wofür einiges zu sprechen scheint[41], könnte damit ein wichtiger Hinweis geliefert werden für die Grenzen politisch-ideologischer Mobili-
sierbarkeit großer Teile einer bedeutenden gesellschaftlichen Gruppe.
Daß darin dann allerdings ein im höheren Sinne politisches Faktum
von nicht geringer Bedeutung zu sehen wäre, liegt auf der Hand.

---

39 W. *Erbach:* 65 Jahre Westdeutscher Fußballverband e. V., Oberhausen
und Düsseldorf 1965, S. 64.
40 Vgl. Anm. 18.
41 In Hamborn beispielsweise, einer Stadt mit einer ähnlichen Sozialstruktur
wie der Gelsenkirchens, übertraf 1930 die Zahl der WSV-Vereine die der
DJK- und ATUS-Vereine etwa um das Dreifache.

Bibliographische Hinweise

Daß sich mit der sozialgeschichtlichen Untersuchung des Alltags im Industrie-
zeitalter die Chance zu einer erheblichen Erweiterung und damit auch
Bereicherung historischer Erkenntnismöglichkeiten verbindet, ist schon im
Vorwort angedeutet worden. Der Historiker muß jedoch – gerade auf diesem
Gebiet – nicht nur besonders sensibel an die Quellen herangehen, er hat diese
in vielen Fällen überhaupt erst einmal aufzuspüren und durch neuartige
Fragen zu erschließen:
> Vgl. dazu: *A. von Rohr:* Kulturgut – Erfassen, Erschließen, Erhalten,
> Göttingen 1977.

Der durchaus nicht völlig neue Gegenstand »Sozialgeschichte des Alltags«
(s. Ansätze der älteren Landes-, Verfassungs- und Kulturgeschichte) ist seit
einigen Jahren »wiederentdeckt« worden und hat in der Bundesrepublik wie
auch in der DDR wenn nicht schon zu größeren Untersuchungen so doch
zumindest neben vielen kleineren Beiträgen zu ersten Forschungsstrategien
in dieser Richtung geführt:
> Vgl. *W. Conze:* Die deutsche Geschichtswissenschaft seit 1945. Bedingungen
> und Ergebnisse, in: Historische Zeitschrift, Bd. 225 (1978), S. 1–28; zu den
> methodologischen Auseinandersetzungen s. *J. Kocka:* Sozialgeschichte.
> Begriff – Entwicklung – Probleme, Göttingen 1977, bes. S. 59 f., 70, 89 f.,
> 92 mit weiteren Literaturhinweisen zu diesem Thema.

Auch in der DDR wollen offenbar die Historiker von den »fleischlosen«
Gerüsten, d. h. von den Klassenkampforganisationen und Klasseninstitu-
tionen, zu einer anschaulicheren und sicherlich auch vielfältigeren Darstellung
sozialgeschichtlicher Erscheinungen kommen. So plant *J. Kuczynski* parallel
zu seinem voluminösen Werk über die »Geschichte der Lage der Arbeiter
unter dem Kapitalismus« ein mehrbändiges Werk über die Alltagsprobleme
der arbeitenden Klasse. Siehe dazu den Bericht:
> *J. Kocka / R. Rürup:* Geschichtsforschung und Geschichtspropaganda, in:
> Geschichte und Gesellschaft (GG), 4. Jg. (1978), S. 138–141.

I. Allgemeine Hinweise

Die Fülle verstreuter Ansätze und die fließenden Übergänge zu anderen
Spezialdisziplinen der Geschichtswissenschaft (wie z. B. der Historischen
Demographie, der Kulturgeschichte, der Historischen Familienforschung) be-
dingen, daß im folgenden keine erschöpfende Bibliographie zusammengestellt
werden kann und soll. Ziel dieser Hinweise ist es, einige Hilfen zum ersten
Einstieg in die verschiedenen Themenbereiche unter dem Oberbegriff »Sozial-
geschichte des Alltags« zu nennen, wobei auch exemplarisch Fundorte von
Sachquellen Erwähnung finden werden.
Erste Hinweise lassen sich aus zwei umfassenderen Bibliographien entnehmen,
die *H. U. Wehler* zusammengestellt hat:
> *H. U. Wehler:* Bibliographie zur modernen deutschen Wirtschaftsgeschichte,
> Göttingen 1976, sowie: *ders.:* Bibliographie zur modernen deutschen Sozial-
> geschichte, Göttingen 1976.

Zur Ermittlung des allgemeinen historischen Hintergrundes und Zusammen-
hangs sowie zum Problem der begrifflichen Abgrenzung ist die Lektüre be-
stimmter Artikel aus folgendem Lexikon zu empfehlen:
Geschichtliche Grundbegriffe. Historisches Lexikon zur politisch-sozialen
Sprache in Deutschland, hg. von O. Brunner u. a., Bd. 1: Stuttgart 1972,
Bd. 2: Stuttgart 1975; s. darin vor allem im Bd. 1 die Artikel »Arbeit«,
»Bedürfnis«, »Beruf« und »Bildung« und in Bd. 2 die Artikel »Fabrik«
und »Familie« mit jeweils reichen Literaturangaben.
Den Bezug des Themas zur Landes-, Regional- und Lokalgeschichte hat
W. Köllmann im Archiv für Sozialgeschichte erläutert:
W. Köllmann: Zur Bedeutung der Regionalgeschichte im Rahmen struktur-
und sozialgeschichtlicher Konzeptionen, in: AfS, Bd. 15 (1975), S. 43–50.
Zu den anregenden Ansätzen, die von der französischen Historikergruppe
um die Zeitschrift »Annales« ausgingen, vgl. vor allem:
M. Wüstemeier: Sozialgeschichte und soziologische Geschichte. Zur Raum-
Zeit-Lehre der »Annales«, in: Kölner Zeitschrift für Soziologie und Sozial-
psychologie, Sonderheft 16, Opladen 1972, S. 566–583; D. Groh: Kritische
Geschichtswissenschaft in emanzipatorischer Absicht, Stuttgart 1973;
G. Iggers: Die »Annales« und ihre Kritiker, in: Historische Zeitschrift,
Bd. 219 (1974), S. 578–609.
Speziellere bibliographische Hinweise, die im Zusammenhang mit der Unter-
suchung der Geschichte der Arbeiterbewegung stehen, finden sich in folgenden
Bibliographien:
D. Dowe: Bibliographie zur Geschichte der deutschen Arbeiterbewegung,
sozialistischen und kommunistischen Bewegung von den Anfängen bis 1863
unter Berücksichtigung der politischen, wirtschaftlichen und sozialen Rah-
menbedingungen (= Beiheft 5 zum Archiv für Sozialgeschichte), Berichts-
zeitraum 1945–1971, Bonn-Bad Godesberg 1976.
K. Klotzbach: Bibliographie zur Geschichte der deutschen Arbeiterbewegung 1914–1945. Sozialdemokratie, Freie Gewerkschaften, Christlich Soziale
Bewegung, Kommunistische Bewegung und linke Splittergruppen, 2. Aufl.
Bonn-Bad Godesberg 1976. Vgl. auch die von der Bibliothek des Archivs
der sozialen Demokratie herausgegebene viermal jährlich erscheinende
»Bibliographie zur Geschichte der deutschen Arbeiterbewegung«, in der
eine große Zahl von Periodika ausgewertet wird; sowie die »Internationale
wissenschaftliche Korrespondenz zur Geschichte der deutschen Arbeiter-
bewegung (IWK)« mit einer fortlaufenden Bibliographie und Berichten
über Forschungsvorhaben (Hg.: Hist. Kommission zu Berlin).
Einen guten Überblick über die Probleme einer »Historischen Sozialwissenschaft« und über den Forschungsstand und die neuere Literatur z. B. in den
Teildisziplinen Historische Demographie, Historische Familienforschung,
Historische Bildungsforschung und Historische Anthropologie vermitteln die
Bände:
R. Rürup (Hg.): Historische Sozialwissenschaft. Beiträge zur Einführung
in die Forschungspraxis, Göttingen 1977; und auch: H. U. Wehler: Geschichte als historische Sozialwissenschaft, Frankfurt/Main 1973, sowie das
von A. Lüdtke hg. 4. Heft des 6. Jg. der »Sozialwissenschaftlichen Informationen für Unterricht und Studium«, Stuttgart 1977, darin bes. die
Beiträge von D. Sabean, F. Brüggemeier und K. Tenfelde zu den Problem-
feldern »Bedürfnisse, Erfahrung, Verhalten«.

II. Technische Denkmale, (Freilicht-)Museen u. ä.

Ganz im Sinne einer verstärkten Aufmerksamkeit für Anschauung und Erscheinungen hat sich das öffentliche Interesse in den letzten Jahren in starkem Maße Museen bzw. ihren Objekten zugewandt. Obwohl letztlich die Distanz zwischen einer funktionalen Wiedergabe im Museum (und sei sie noch so geschickt gemacht) und der tatsächlichen Vergangenheit nicht aufhebbar ist, kann eine wachsende Zahl von Museen doch Einblicke in vergangene menschliche bzw. gesellschaftliche Alltagswelt vermitteln. Dieses Konzept der stärkeren Alltagsbezogenheit, das man schon unmittelbar nach dem Zweiten Weltkrieg im Ostberliner Museum für Deutsche Geschichte in die Tat umzusetzen suchte, gilt heute unbestritten für Museen mit Massenbesuch, gleichgültig, ob sie antike oder neuzeitliche Geschehnisse und Gegenstände dar- und ausstellen.

Eine wegen höherer Anschaulichkeit wesentliche Orientierungshilfe bieten Freilichtmuseen, welche volkskundliche, kulturelle und handwerkliche Traditionen der heutigen Industriegesellschaft deutlich machen wollen. Sie entstanden um die Jahrhundertwende zunächst in Schweden. Allerdings wird hier sicherlich noch oft auf die Idylle spekuliert, die aus solchen gelegentlich schön herausgeputzten Wohnungen und Arbeitsplätzen hervorscheint. Industrielle Daseinsformen werden in diesen Museen leider kaum dargeboten. Allein die Architektur technischer Anlagen hat sich gelegentlich als beachtenswert oder erhaltenswürdig durchgesetzt. Hier muß aber der »Fortschritt«, der seit dem zweiten Viertel des 20. Jahrhunderts mit dem Übergang zum reinen Funktionalismus im Baustil und damit zur »Verpackungsarchitektur« eingesetzt hat, zugleich als das Ende einer industrietypischen Bauweise gelten, von der es sicherlich noch mehr bedeutende Denkmäler zu erhalten gilt, als das heute geschieht. Nur in der Stadtsanierung haben sich diese Erkenntnisse für Wohnhäuser bereits ansatzweise Bahn gebrochen. S. dazu eine Reihe von Beiträgen in der Zeitschrift:

Zeitschrift für Stadtgeschichte, Stadtsoziologie und Denkmalpflege, hg. von O. *Borst,* erscheint seit 1974 halbjährlich, seit 1978 vierteljährlich im Auftrage der Arbeitsgemeinschaft »Die alte Stadt«.

Die folgenden Literaturhinweise sollten unter den oben angedeuteten Einschränkungen gesehen werden. Allgemein zu den Erkenntnismöglichkeiten der Technikgeschichte:

U. *Troitzsch / W. Weber:* Methodologische Überlegungen für eine zukünftige Technikhistorie, in: Deutsche Technikgeschichte, Göttingen 1977, S. 99 bis 125; außerdem: R. *Stahlschmidt:* Quellen und Fragestellungen einer deutschen Technikgeschichte des frühen 20. Jahrhunderts bis 1945, Göttingen 1977.

Allgemein zu den Museen in Deutschland und zur Industriearchitektur vgl.: Handbuch der Museen in der Bundesrepublik Deutschland, München 1971, und – als noch lückenhafte, aber mit wichtigen Daten versehene Aufzählung – G. *Goldbeck:* Technische Museen, München 1973; G. *Drebusch:* Industriearchitektur, München 1976.

Die Zeitschrift »Museum« beschreibt zudem in jedem Heft ein Museum, darunter auch technische Museen. Jedes Museum hat außerdem meist gedruckte Führer, so auch das Deutsche Museum in München, eines der vielseitigsten und größten technischen Museen in der Welt. Hier erscheint auch seit 1977 die Zeitschrift »Kultur und Technik«, in der Ausbildung und Einsatz von Technik in allgemeinverständlicher Form behandelt werden. Gelegentlich haben Museen auch interessante Außenstellen wie etwa das Deutsche

Bergbaumuseum im Muttental bei Witten einen bergbaugeschichtlichen Lehrpfad oder die Maschinenhalle Zollern II bei Dortmund-Bövinghausen. Auch der »Industriegeschichtspfad Hammertal« des Werkzeugmuseums Remscheid ist hier zu nennen. Die Freilichtmuseen sind verzeichnet bei:

A. Zippelius: Handbuch der europäischen Freilichtmuseen, Köln 1974. Es handelt sich in der Bundesrepublik Deutschland um die Museen in: Kiel-Molfsee, Hamburg-Harburg, Bremerhaven (Schiffahrtsmuseum), Cloppenburg, Detmold, Hagen (einziges Freilichtmuseum technischer Kulturdenkmale, eigene Zeitschrift), Kommern/Eifel, Sobernheim, Gutach, Unteruhldingen, Großweil. Ein weiteres – industriegeschichtliches – Freilichtmuseum in der Oberpfalz befindet sich in der Planung.

Weiterhin gibt es in Deutschland eine Fülle von Verkehrs-, Bergwerks- und anderen Spezialmuseen, die hier nicht alle aufgezählt werden können. Technische Einzeldenkmäler, in und außer Betrieb, sind für Deutschland am besten zu ermitteln über:

R. Slotta: Technische Denkmäler in der Bundesrepublik Deutschland, 2 Bände, Bochum 1975/1977; außerdem als erste Orientierung – wenn auch nicht immer ganz fehlerfrei – *W. Paul:* Technische Sehenswürdigkeiten in Deutschland, Bd. 1: Schleswig-Holstein, Niedersachsen, Bremen, Bd. 2: Nordrhein-Westfalen, München 1976/1977. Für die DDR siehe *E. Wächtler / O. Wagenbreth:* Technische Denkmale in der DDR, Berlin (Ost) 1973. Für den im vorliegenden Band stärker berücksichtigten Raum des rheinisch-westfälischen Industriegebiets empfehlen sich:

Westfälische Museen. Führer durch die Museen in Westfalen und Lippe, Münster 1971; außerdem die Arbeitshefte des Landeskonservators Rheinland, der auch als einziger Landeskonservator eine Veröffentlichungsreihe über technische Denkmäler initiiert hat, in der z. B. auch Arbeitersiedlungen und bürgerliche Villenviertel neben Brücken, Bahnhöfen, Industrieanlagen usw. vorgestellt werden. Eine vorläufige Übersicht für das Rheinland findet sich auch in: *A. Föhl* (Hg.): Technische Denkmale im Rheinland, Köln 1976 (mit Karte und dem Beitrag von *W. Weber:* Technische Denkmale – Historische Topographie, S. 13–26); für Westfalen-Lippe vgl.: *E. G. Neumann:* Industriearchitektur und Denkmalpflege in Westfalen, in: Technische Kulturdenkmale, Bd. 8 (1975), S. 10 f.

Die wissenschaftliche Erforschung älterer, auch zerfallener und untergegangener Gewerbe- und Industriebauten dient nicht nur der musealen Aufbereitung, sondern auch der Rekonstruktion der Architektur und der Arbeitsverhältnisse besonders dort, wo schriftliche Quellen fehlen. Das gilt für die Ur- und Frühgeschichte ebenso wie für die mittelalterliche und die Industriearchäologie; s. dazu:

A. Paulinyi: Industriearchäologie. Neue Aspekte der Wirtschafts- und Technikgeschichte, Dortmund 1975.

III. Hinweise zum Problem des Arbeitsplatzwandels

Der Sprung von den z. B. in den Museen erhaltenen »handgreiflichen« Relikten zum Verständnis ihrer funktionalen Verwendung ist oft äußerst schwierig und noch lange nicht durchgehend geleistet. Die stets erforderlichen Vergleichsarbeiten mit den schriftlichen Quellen lassen sich mit Hilfe der Gemeinde-, regionalen, Landes- oder Bundesarchive durchführen, nachdem die einschlägige Literatur befragt worden ist. Wichtig unter dem Aspekt des Arbeitsplatzwandels in der Industrialisierungsperiode sind vor allem auch die Bestände der regionalen Wirtschaftsarchive wie des Rheinisch-Westfälischen Wirtschaftsarchivs in Köln und der Stiftung Westfälisches Wirtschaftsarchiv in Dortmund mit reichen Quellen zur Sozialgeschichte des Alltags. Auch auf Branchenarchive wie z. B. das Bergbauarchiv in Bochum ist hinzuweisen. Unterteilt man die technischen Veränderungen am Arbeitsplatz in die ingenieurwissenschaftlichen einerseits und die organisatorisch begründeten andererseits, so sind erstere fast gar nicht, letztere etwas besser untersucht:

> *H. Zwahr:* Ausbeutung und gesellschaftliche Stellung des Fabrik- und Manufakturproletariats am Ende der Industriellen Revolution im Spiegel Leipziger Fabrikordnungen, in: *W. Jacobeit / U. Mohrmann* (Hg.): Kultur und Lebensweise des Proletariats. Kulturhistorisch-volkskundliche Studien und Materialien, Berlin (Ost) 1973, S. 85–136.
>
> *L. Burchardt:* Technischer Fortschritt und sozialer Wandel. Am Beispiel der Taylorismusrezeption, in: Deutsche Technikgeschichte, hg. von *W. Treue,* Göttingen 1977, S. 52–98; s. außerdem *G. Schweling:* Frederick Winslow Taylor als sozialer Innovator, in: Soziale Innovation und sozialer Konflikt, hg. von *O. Neuloh,* Göttingen 1977, S. 167–197.

Auch zur rechtlichen Verfassung der Arbeitsverhältnisse im Industriezeitalter gibt es inzwischen eine Untersuchung:

> *Günther Bernert:* Arbeitsverhältnisse im 19. Jahrhundert (= Beiträge zum Arbeitsrecht, Bd. 8), Marburg 1972.

Zur aktuellen Diskussion um die Arbeitsverhältnisse und um Arbeitsplatzfragen sind in den letzten Jahren verschiedene Untersuchungen erschienen, von denen einige auswahlweise genannt werden sollen:

> Wirtschaftliche und soziale Aspekte des technischen Wandels in der Bundesrepublik Deutschland, 9 Bände, Frankfurt/Main 1970/1971; *H. Kern / M. Schumann:* Industriearbeit und Arbeiterbewußtsein. Eine empirische Untersuchung über den Einfluß der aktuellen technischen Entwicklung auf die industrielle Arbeit und das Arbeiterbewußtsein, 3. Aufl. Frankfurt/Main 1974; speziell zur Eisenhüttenindustrie: *H. Popitz* u. a.: Technik und Industriearbeit. Soziologische Untersuchungen in der Hüttenindustrie, Tübingen 1957. Die besondere Aktualität des Problemfeldes Arbeitsplatz wird auch durch die Herausgabe eines Sonderheftes »Arbeitswelt« der Frankfurter Hefte unterstrichen (32. Jg., Heft 4, 1977).

Die sehr schwierige Materie der technischen Determiniertheit des Arbeitsplatzes ist auch in der DDR für die Zeit der Industrialisierung noch nicht untersucht. Von der folgenden auf mehrere Bände geplanten Untersuchung existiert bisher erst der erste Band (bis zum Beginn der Industrialisierung):

> *W. Jonas* u. a.: Die Produktivkräfte in der Geschichte, Berlin (Ost) 1969.

IV. Familienstruktur, Haushalt, Lebensformen

Zum Forschungsstand der Historischen Familienforschung im engeren Sinn, die im vorliegenden Band nicht mit einem eigenen Beitrag vertreten ist, sei vor allem auf folgende Aufsätze verwiesen:

> *K. Hausen:* Historische Familienforschung, in: *R. Rürup* (Hg.): Historische Sozialwissenschaft, Göttingen 1977, S. 59–95; sowie in dem Heft »Historische Familienforschung und Demographie« der Zeitschrift »Geschichte und Gesellschaft« (1. Jg., Heft 2/3, 1975) vor allem *H. Rosenbaum:* Zur neueren Entwicklung der Historischen Familienforschung (S. 210–225) und *M. Mitterauer:* Familiengröße – Familientypen – Familienzyklus (S. 226–255).

Eine zusammenfassende Bibliographie zur Historischen Familienforschung

erstellte *A. Gräfin zu Castell* in folgendem Band (S. 394–401), in dem sich
ebenfalls eine Reihe neuerer Forschungsergebnisse zur Sozialgeschichte der
Familie befindet:

W. Conze (Hg.): Sozialgeschichte der Familie in der Neuzeit Europas.
Neue Forschungen (= Industrielle Welt, Bd. 21), Stuttgart 1976.

Inzwischen sind weitere umfangreichere Darstellungen zu diesem Thema
erschienen:

M. Mitterauer / R. Sieder: Vom Patriarchat zur Partnerschaft. Zum Strukturwandel der Familie, München 1977;

E. Shorter: Die Geburt der modernen Familie, dt. Übersetzung von *G.
Klipper,* Reinbek 1977;

I. Weber-Kellermann: Die deutsche Familie. Versuch einer Sozialgeschichte,
3. Aufl. Frankfurt/Main 1977.

Bevölkerungsprobleme unter dem Einfluß der Industrialisierung, vor allem
Fragen des generativen Verhaltens und der Wanderungen, sind lange Zeit
von der Sozialgeschichte vernachlässigt worden. S. jetzt den Sammelband von
W. Köllmann zu diesem Themenbereich:

W. Köllmann: Bevölkerung in der industriellen Revolution (= Kritische
Studien zur Geschichtswissenschaft, Bd. 12), Göttingen 1974; s. außerdem
U. Linse: Arbeiterschaft und Geburtenentwicklung im Deutschen Kaiserreich von 1871, in: Archiv für Sozialgeschichte, Bd. 12 (1972), S. 205–271,
und *D. Langewiesche:* Wanderungsbewegungen in der Hochindustrialisierungsperiode. Regionale, interstädtische und innerstädtische Mobilität in
Deutschland 1880–1914, in: VSWG Bd. 64 (1977), S. 1–40.

Zur Problematik des gesamten kulturellen Wandels im 19. und 20. Jahrhundert vgl.:

G. Wiegelmann (Hg.): Kultureller Wandel im 19. Jahrhundert. Verhandlungen des 18. Deutschen Volkskunde-Kongresses 1971, Göttingen 1973;
A. Nitschke (Hg.): Verhaltenswandel in der Industriellen Revolution.
Beiträge zur Sozialgeschichte, Stuttgart u. a. 1975; als Fallstudien: *R. Braun:*
Sozialer und kultureller Wandel in einem ländlichen Industriegebiet
(Zürcher Oberland) unter Einwirkung des Maschinen- und Fabrikwesens
im 19. und 20. Jahrhundert, Zürich 1965, sowie *G. Schwarz:* »Nahrungs-
stand« und »erzwungener Gesellenstand«. Mentalité und Strukturwandel
des bayerischen Handwerks im Industrialisierungsprozeß um 1800, Berlin
1974, und *E. Shorter:* »La vie intime«. Beiträge zu seiner Geschichte am
Beispiel des kulturellen Wandels in den bayerischen Unterschichten im
19. Jahrhundert, in: *P. Ch. Ludz* (Hg.): Soziologie und Sozialgeschichte
(= Sonderheft 16 der Kölner Zeitschrift für Soziologie und Sozialpsycho-
logie), Opladen 1972, S. 530–549.

Als neuere Untersuchungen zu Fragen der Kindheit, des Wohnens, der Ernährung und Haushaltsführung sind auswahlweise folgende Werke und Beiträge
zu nennen:

Ph. Ariès: Geschichte der Kindheit, dt. Übersetzung von *K. Kersten* und
C. Neubaur, München/Wien 1975; *E. Shorter:* Der Wandel der Mutter-
Kind-Beziehung zu Beginn der Moderne, in: Geschichte und Gesellschaft,
1. Jg. (1975), S. 256–287; *M.-L. Könneker* (Hg.): Kinderschaukel. Ein
Lesebuch zur Geschichte der Kindheit in Deutschland 1860–1930, 2 Bände,
Darmstadt/Neuwied 1976;

L. Niethammer / F. Brüggemeier: Wie wohnten die Arbeiter im Kaiserreich? in: Archiv für Sozialgeschichte, Bd. 16 (1976), S. 61–134.

H. J. Teuteberg / G. Wiegelmann: Der Wandel der Nahrungsgewohnheiten
unter dem Einfluß der Industrialisierung, Göttingen 1972; *E. Heischkel-*

Artelt (Hg.): Ernährung und Ernährungslehre im 19. Jahrhundert (= Studien zur Medizingeschichte im 19. Jahrhundert, Bd. 6), Göttingen 1976, darin vor allem der Aufsatz von *H. J. Teuteberg:* Die Nahrung der sozialen Unterschichten im späten 19. Jahrhundert, S. 205–287.

L. Schneider: Der Arbeiterhaushalt im 18. und 19. Jahrhundert. Dargestellt am Beispiel des Heim- und Fabrikarbeiters, Berlin 1967; *E. Hasselmann:* Geschichte der deutschen Konsumgenossenschaften, Frankfurt/Main 1971.

Die Lebensverhältnisse im Alltag sind – wenn überhaupt – fast ausschließlich in bezug auf die Unterschichten untersucht worden:

Neben dem umfangreichen Werk von *J. Kuczynski:* Die Geschichte der Lage der Arbeiter unter dem Kapitalismus, 38 Bände, Berlin (Ost) 1961 bis 1972, ist hier z. B. die Untersuchung von *S. Reck* zu nennen: Bedingungen und Strukturen des Privatlebens deutscher Arbeiter. Wandlungen seit der Jahrhundertwende, Diss. Marburg 1969, gedruckt unter dem Titel »Arbeiter nach der Arbeit«, Lahn-Gießen 1977; außerdem die Fallstudie von *H. Schomerus:* Die Arbeiter der Maschinenfabrik Esslingen. Forschungen zur Lage der Arbeiterschaft im 19. Jahrhundert (= Industrielle Welt, Bd. 24), Stuttgart 1977, weiterhin die umfangreiche Untersuchung von *K. Tenfelde:* Sozialgeschichte der Bergarbeiterschaft an der Ruhr im 19. Jahrhundert (= Schriftenreihe des Forschungsinstituts der Friedrich-Ebert-Stiftung, Bd. 125), Bonn-Bad Godesberg 1977.

Allerdings findet sich in folgenden Quellenpublikationen auch eine Fülle von Hinweisen auf die alltäglichen Lebensverhältnisse anderer sozialer Gruppen: *W. Pöls* (Hg.): Deutsche Sozialgeschichte. Dokumente und Skizzen, Bd. 1: 1815–1870, München 1973; *G. A. Ritter / J. Kocka* (Hg.): Deutsche Sozialgeschichte, Bd. 2: 1870–1914, München 1974; *G. Hohorst / J. Kocka / G. A. Ritter:* Sozialgeschichtliches Arbeitsbuch. Materialien zur Statistik des Kaiserreiches 1870–1914, München 1975; s. auch den Aufsatzsammelband von *R. Engelsing:* Zur Sozialgeschichte deutscher Mittel- und Unterschichten (= Kritische Studien zur Geschichtswissenschaft, Bd. 4), Göttingen 1973.

Auch das Problem von Bildung und Ausbildung als Teil alltäglicher Sozialisation im Rahmen und im Hinblick auf konkrete soziale Strukturen und Machtverhältnisse ist bisher von Sozialhistorikern nur ansatzweise angegangen worden. Hinweise und weiterführende Literaturangaben finden sich u. a. in folgenden Untersuchungen:

H. Blankertz: Bildung im Zeitalter der großen Industrie. Pädagogik, Schule und Berufsbildung im 19. Jahrhundert, Hannover u. a. 1969; *R. Alt / W. Lemm* (Bearb.): Zur Geschichte der Arbeitserziehung in Deutschland, 2 Teile, Berlin (Ost) 1970/1971; *P. Lundgreen:* Bildung und Wirtschaftswachstum im Industrialisierungsprozeß des 19. Jahrhunderts, Berlin 1973; *D. K. Müller:* Sozialstruktur und Schulsystem. Aspekte zum Strukturwandel des Schulwesens im 19. Jahrhundert, Göttingen 1977.

Speziellere Darstellungen zum Thema Schule, z. T. mit vielerlei Angaben zum Schulalltag: *F. Nyssen / H. Waldeyer* (Hg.): Schule und Staat in Deutschland im 18. und 19. Jahrhundert. Zur Sozialgeschichte der Schule im 18. und 19. Jahrhundert in Deutschland, Frankfurt/Main 1974; *F. Meyer:* Schule der Untertanen. Lehrer und Politik in Preußen 1848–1900, Hamburg 1976; *A. Leschinsky / P. M. Roeder:* Schule im historischen Prozeß. Zum Wechselverhältnis von institutioneller Erziehung und gesellschaftlicher Entwicklung, Stuttgart 1976; *Th. Nipperdey:* Volksschule und Revolution im Vormärz, in: *ders.:* Gesellschaft, Kultur, Theorie (= Kritische Studien zur Geschichtswissenschaft, Bd. 18), Göttingen 1976, S. 206–227; vgl. auch als neuere Quellenpublikation: *K. Rutschky* (Hg.): Schwarze Pädagogik. Quellen zur Naturgeschichte der bürgerlichen Erziehung, Frankfurt/Main u. a. 1977.

Die Fülle weiterer Ansatzmöglichkeiten einer »Sozialgeschichte des Alltags« kann hier nur angedeutet werden. Stellvertretend für weitere seien noch einige Anregungen erwähnt, die aus Untersuchungen und Diskussionsbeiträgen von *D. Blasius* stammen:

D. Blasius: Bürgerliche Gesellschaft und Kriminalität. Zur Sozialgeschichte Preußens im Vormärz (= Kritische Studien zur Geschichtswissenschaft, Bd. 22), Göttingen 1976; *ders.:* Geschichte und Krankheit. Sozialgeschichtliche Perspektiven der Medizingeschichte, in: Geschichte und Gesellschaft, 2. Jg. (1976), S. 386–415; außerdem die Sammelrezension: Psychohistorie und Sozialgeschichte, in: Archiv für Sozialgeschichte, Bd. 17 (1977), S. 383–403.

V. Religion und Kirche im Alltag, Feierabendbereich

Zur Rolle der Kirchen in der Industrialisierungsphase, bes. zu ihrer Haltung zur sozialen Frage, gibt es inzwischen eine Reihe neuerer Untersuchungen und Darstellungen; vgl. u. a.:

W. O. Shanahan: Der deutsche Protestantismus vor der sozialen Frage 1815 bis 1871, München 1962; *F. J. Stegmann:* Geschichte der sozialen Ideen im deutschen Katholizismus, in: *H. Grebing* (Hg.): Geschichte der sozialen Ideen in Deutschland, München/Wien 1969, S. 325–560; *F. H. Mueller:* Kirche und Industrialisierung. Sozialer Katholizismus in den Vereinigten Staaten und in Deutschland bis zu Pius XII., Osnabrück 1971; *G. Brakelmann:* Die soziale Frage des 19. Jahrhunderts, 5. Aufl. Bielefeld 1975; *ders.:* Kirche, soziale Frage und Sozialismus 1871–1914, Gütersloh 1977; vgl. auch die Detailuntersuchung von *E. Gatz:* Kirche und Krankenpflege im 19. Jahrhundert. Katholische Bewegung und karitativer Aufbruch in den preußischen Provinzen Rheinland und Westfalen, München u. a. 1972. Dagegen gibt es erst allererste Anfänge einer sozialgeschichtlichen Untersuchung religiöser Verhaltensweisen und ihrer Veränderungen, während die volkskundliche Forschung hier schon eine größere Anzahl von Veröffentlichungen geliefert hat. Die Forschungsproblematik erläutert:

W. Schieder: Religionsgeschichte als Sozialgeschichte. Einleitende Bemerkungen zur Forschungsproblematik, in: Geschichte und Gesellschaft, 3. Jg. (1977), Heft 3: Religion und Gesellschaft im 19. Jahrhundert, S. 291–298; in demselben Heft finden sich verschiedene exemplarische Beiträge, so z. B.: *G. Korff:* Formierung der Frömmigkeit. Zur sozialpolitischen Intention der Trierer Rockwallfahrten 1891, S. 352–383, und *M. E. Welti:* Abendmahl, Zollpolitik und Sozialistengesetz in der Pfalz. Eine statistischquantifizierende Untersuchung zur Verbreitung von liberal-aufklärerischem Gedankengut im 19. Jahrhundert, S. 384–405; vgl. auch den ebenfalls exemplarischen Aufsatz von *W. Schieder:* Kirche und Revolution. Zur Sozialgeschichte der Trierer Wallfahrt von 1844, in: Archiv für Sozialgeschichte, Bd. 14 (1974), S. 419–454.

Zu den volkskundlichen Forschungen in diesem wie auch in vielen anderen Bereichen einer »Sozialgeschichte des Alltags« s. neben den Veröffentlichungsreihen der Universitätsinstitute für Volkskunde in Bonn, Marburg/Lahn und Münster vor allem die Bibliographie:

R. Wildhaber: Internationale Volkskundliche Bibliographie, zuletzt Jg. 1971/72, Bonn 1974.

Auch für den Feierabendbereich ist die Zahl der sozialgeschichtlichen Untersuchungen noch gering. Am ehesten findet man noch Detailstudien zu subkulturellen Aktivitäten der Arbeiterschaft, zu denen u. a. Forschungen von *G. Roth* den Anstoß gaben:

G. Roth: The Social Democrats in Imperial Germany. A Study in Working-Class Isolation and National Integration, Totowa N. J. 1963; dt. Auszug unter dem Titel: Die kulturellen Bestrebungen der Sozialdemokratie im kaiserlichen Deutschland, in: *H. U. Wehler* (Hg.): Moderne deutsche Sozialgeschichte, 5. Aufl. Köln 1976, S. 342–365.

Inzwischen gibt es Beiträge zum Arbeiterlied, zum Arbeitertheater, zu einzelnen subkulturellen Gruppierungen, zur sozialdemokratischen Kulturpolitik, zu den Kommunikationsstrukturen innerhalb der Arbeiterschaft u. ä.; stellvertretend seien genannt:

K. Tenfelde: Arbeiterschaft, Arbeitsmarkt und Kommunikationsstrukturen im Ruhrgebiet in den 50er Jahren des 19. Jahrhunderts, und *D. Langewiesche / K. Schönhoven:* Arbeiterbibliotheken und Arbeiterlektüre im Wilhelminischen Deutschland, beide Aufsätze in: Archiv für Sozialgeschichte, Bd. 16 (1976), S. 1–59 und 135–204; außerdem *A. von Saldern:* Wilhelminische Gesellschaft und Arbeiterklasse: Emanzipations- und Integrationsprozesse im kulturellen und sozialen Bereich, sowie *H. Wunderer:* Der Touristenverein die »Naturfreunde« – eine sozialdemokratische Arbeiterkulturorganisation, beide Aufsätze in: Internationale wissenschaftliche Korrespondenz zur Geschichte der deutschen Arbeiterbewegung, 13. Jg. (1977), S. 469–505 und 506–520.

Fragen des Zeitbudgets, der Ausfüllung der arbeitsfreien Zeit, der gegenseitigen Beeinflussung von Arbeitszeit und Nicht-Arbeitszeit, die heute bes. von den Sozialwissenschaften intensiv untersucht werden, müssen für die Industrialisierungsphase erst noch unter sozialgeschichtlichem Aspekt angegangen werden. Erste Hinweise finden sich in:

A. Timm: Verlust der Muße. Zur Geschichte der Freizeitgesellschaft, Hamburg 1968; *W. Nahrstedt:* Die Entstehung der Freizeit, dargestellt am Beispiel Hamburgs, Göttingen 1972; *ders.:* Zum Funktionswandel der Feiertage seit dem 18. Jahrhundert in Hamburg (1743–1860), in: VSWG, Bd. 57 (1970), S. 46–92; *J. Reulecke:* Vom blauen Montag zum Arbeiterurlaub. Vorgeschichte und Entstehung des Erholungsurlaubs für Arbeiter vor dem Ersten Weltkrieg, in: Archiv für Sozialgeschichte, Bd. 16 (1976), S. 205–248; *W. Kleinschmidt:* Der Wandel des Festlebens bei Arbeitern und Landwirten im 20. Jahrhundert: eine empirische Untersuchung in zwei unterschiedlich strukturierten Gemeinden der Westpfalz (= Kultureller Wandel, Bd. 4), Meisenheim/Glan 1977.

Abschließend noch einige neuere Untersuchungen zur Rolle des Sports, bes. des Arbeitersports, in der Industriegesellschaft, der im vorliegenden Band in zwei Beiträgen thematisiert wird:

H. Wagner: Sport und Arbeitersport, Köln 1973; *J. Fischer / P. M. Meiners:* Zur Geschichte des Arbeitersports, Gießen 1973; *H. Timmermann:* Geschichte und Struktur der Arbeitersportbewegung 1893–1933, Ahrensburg 1973; *A. Wohl:* Die gesellschaftlich-historischen Grundlagen des bürgerlichen Sports, Köln 1973; *H. Eichberg:* Der Weg des Sports in die industrielle Zivilisation, Baden-Baden 1973; *ders.:* »Schneller, höher, stärker«. Der Umbruch in der deutschen Körperkultur um 1900 als Signal gesellschaftlichen Wandels, in: *G. Mann / R. Winau* (Hg.): Medizin, Naturwissenschaft und Technik und das Zweite Kaiserreich, Göttingen 1977, S. 259 bis 283; *H. Ueberhorst:* Frisch, frei, stark und treu. Die Arbeitersportbewegung in Deutschland 1893–1933, Düsseldorf 1973; *ders:* Bildungsgedanke und Solidaritätsbewußtsein in der deutschen Arbeitersportbewegung zur Zeit der Weimarer Republik, in: Archiv für Sozialgeschichte, Bd. 14 (1974), S. 275–292.

VI. *Schlußbemerkung*

Die Herausgeber sind sich darüber im klaren, daß die hiermit vorgelegten »Bibliographischen Hinweise« noch höchst lückenhaft sind, jedoch hoffen sie, daß dadurch, daß im wesentlichen nur neueste Veröffentlichungen genannt werden (aus ungefähr den letzten 10 Jahren), diese Angaben zusammen mit den Anmerkungen zu den einzelnen Beiträgen des vorliegenden Bandes dennoch eine erste Hilfestellung bieten, um Detailprobleme und Grundfragen einer »Sozialgeschichte des Alltags« angehen zu können.

Bildnachweis, Quellenangaben zu den Abbildungen und Tabellenverzeichnis

I. Bildnachweis

Die insgesamt 35 Bilder (incl. des Titelbildes) entstammen folgenden Quellen oder wurden dankenswerterweise von folgenden Personen und Institutionen zur Verfügung gestellt:

1 (Heimatchronik der Stadt Wuppertal, Köln 1959, S. 182); 2 (*H. Spethmann:* Das Ruhrgebiet, 3. Bd., Berlin 1938, S. 874); 3 (*W. Rinne:* Ruhrgeist und Ruhrstahl, Berlin 1941, S. 67); 4, 15, 26, 28 (Ullstein-Bilderdienst, Berlin); 5 (Histor. Archiv der GHH-Oberhausen); 6 (Westf. Union AG, Gelsenkirchen); 7, 8, 9, 10, 11 (Deutsches Bergbaumuseum Bochum); 12 (*H. Stache:* Die Entwicklungsgeschichte der Herner Volksschulen, Herne 1964, S. 108a); 13 (Privatbesitz *Keim*, Bochum); 14 (*R. Alt:* Bilderatlas zur Schul- und Erziehungsgeschichte, Berlin-O. 1965, S. 429); 16 (Privatbesitz *Mittweg*, Essen); 17 (Stadtsparkasse Gelsenkirchen, hier aus: *H. Mönnich:* Aufbruch ins Revier. Aufbruch nach Europa. Hoesch 1871–1971, Dortmund 1971, S. 163); 18 (*G. Schwarz:* Kohlenpott. Ein Buch von der Ruhr, Berlin 1931, S. 192); 19, 21 (Stadtarchiv Gelsenkirchen, Sammlung Brepohl); 20 (Steinkohlenbergbauverein Essen, hier nach: wie Bild 17); 22 (Leipziger Illustrierte, hier nach: Katalog zur Ausstellung »Fragen an die deutsche Geschichte« im Berliner Reichstagsgebäude, Nr. 112); 23 (*O. Rühle:* Illustrierte Kultur- und Sittengeschichte des Proletariats, 1. Bd., Berlin 1930, S. 396); 24, 30, 31 (Stadtarchiv Gelsenkirchen); 25 (Werden und Wirken der Verbraucherselbsthilfe im östlichen Ruhrgebiet 1902–1967, Dortmund 1967, S. 11); 27 und Titelbild (*W. Ranke:* Heinrich Zille. Photographien Berlin 1890–1910, München 1975, S. 80 und 103, Schirmer/Mosel Verlag); 29 (*Th. Krein:* Die blau-weißen Fußballknappen, Berlin/Bielefeld 1948); 32 (Bildarchiv Preußischer Kulturbesitz, Berlin); 33 (Privatbesitz *Turck*, Hagen); 34 (Festschrift des St. Georg-Knappenvereins Gelsenkirchen 1919, S. 64, – durch Vermittlung des Stadtarchivs Essen).

II. Quellenangaben zu den Abbildungen im Text

Abb. 1, S. 19: Lieder aus der Küche, hg. von *H. Goetz*, München o. J., S. 16;
Abb. 2, S. 25, und Abb. 3, S. 34: *O. Hausmann:* Lewensgeschichte vam Mina Knallenfalls, Wuppertal o. J., S. 9 und S. 15;
Abb. 4, S. 41: eigene Zeichnung;
Abb. 5, S. 98: *F. Heise / F. Herbst:* Lehrbuch der Bergbaukunde mit besonderer Berücksichtigung des Steinkohlenbergbaus, Bd. 1, 2. Aufl. Berlin 1911, S. 326;
Abb. 6, S. 98: eigene Zeichnung;
Abb. 7, S. 99: wie Abb. 5, Bd. 2, 5. Aufl. Berlin 1932, S. 522;
Abb. 8, S. 101: Deutsches Bergbaumuseum Bochum;
Abb. 9 bis 12, S. 102: wie Abb. 5, Bd. 1, 2. Aufl. Berlin 1911, S. 124 f.;
Abb. 13, S. 106: Die Entwicklung des niederrheinisch-westfälischen Steinkohlen-Bergbaues, Bd. 4, Berlin 1902, S. 75;

III. Tabellenverzeichnis

Stichwortregister

Das folgende Stichwortregister soll kein umfassendes Sachregister sein, sondern nennt nur eine Reihe häufiger und breiter in den Beiträgen erwähnte Schwerpunkte und Zusammenhänge.

Ortsregister

Der bibliographische Anhang, die Städte auf der Karte (S. 41) sowie die Begriffe Deutschland bzw. Deutsches Reich, Rheinland, Ruhrgebiet und Westfalen sind nicht berücksichtigt; kursiv gesetzte Seitenzahlen verweisen auf die Anmerkungen.

Autorenverzeichnis

Annegret Bernhard, Studienreferendarin, geb. 1951, Studium der Geschichte, Germanistik und Philosophie in Münster.

Günter Brakelmann, Dr. theol., ord. Professor für christliche Gesellschaftslehre an der Ruhr-Universität Bochum, geb. 1931, Studium der Theologie und Geschichte in Bethel, Tübingen und Münster.

Franz J. Brüggemeier, Wissenschaftlicher Assistent im Fachbereich 1 (Fach Geschichte) der Universität Essen, geb. 1951, Studium der Geschichte und Sozialwissenschaften in Bochum, München, York und Bremen.

Siegfried Gehrmann, Dr. phil., Akademischer Oberrat im Fachbereich 1 (Fach Geschichte) an der Universität Essen, geb. 1936, Studium der Geschichte, lateinischen Philologie und Philosophie in Köln und Freiburg.

Albin Gladen, B. A., Dr. phil., Studienprofessor an der Abteilung für Geschichtswissenschaft der Ruhr-Universität Bochum, geb. 1929, Studium der Geschichte, Anglistik und Romanistik in Münster, Dayton (Ohio, USA) und Bochum.

Friedrich-Wilhelm Henning, Dr. rer. pol., Dr. jur., ord. Professor für Wirtschafts- und Sozialgeschichte an der Universität Köln, geb. 1931, Studium der Geschichte, Landwirtschaft, Rechtswissenschaft und Wirtschaftswissenschaft in Göttingen.

Gerhard Huck, Dr. phil., Wissenschaftlicher Assistent am Lehrstuhl für Sozial- und Wirtschaftsgeschichte I/Demographie an der Ruhr-Universität Bochum, Abteilung für Geschichtswissenschaft, geb. 1945, Studium der Geschichte und Politologie in Göttingen, Freiburg und Bochum.

Wolfgang Köllmann, Dr. phil., ord. Professor für Sozial- und Wirtschaftsgeschichte/Demographie an der Ruhr-Universität Bochum, geb. 1925, Studium der Geschichte und Germanistik in Göttingen.

Antje Kraus, Dr. phil., Akademische Oberrätin an der Abteilung für Geschichtswissenschaft der Ruhr-Universität Bochum, geb. 1933, Studium der Soziologie, Psychologie und Geschichte in Berlin und Hamburg.

Lutz Niethammer, Dr. phil., ord. Professor für Neuere Geschichte an der Universität Essen, geb. 1939, Studium der Geschichte, Theologie und Sozialwissenschaften in Bonn, Heidelberg, Köln und München.

Jürgen Reulecke, Dr. phil., Wissenschaftlicher Assistent am Lehrstuhl für Sozial- und Wirtschaftsgeschichte I/Demographie an der Ruhr-Universität Bochum, Abteilung für Geschichtswissenschaft, geb. 1940, Studium der Geschichte, Germanistik und Philosophie in Münster, Bonn und Bochum.

Volker Schmidtchen, Dr. phil., Wissenschaftlicher Assistent am Lehrstuhl für Wirtschafts- und Technikgeschichte an der Ruhr-Universität Bochum, Abteilung für Geschichtswissenschaft, geb. 1945, Studium der Geschichte, Romanistik und Sportwissenschaft in Bochum.

Rainer Stahlschmidt, Dr. phil., Staatsarchivrat am Nordrhein-Westfälischen Hauptstaatsarchiv Düsseldorf, geb. 1944, Studium der Geschichte, Geographie und Soziologie in Bonn, Heidelberg und Bochum.

Klaus Tenfelde, Dr. phil., Wissenschaftlicher Assistent am Institut für Neuere Geschichte an der Universität München, geb. 1944, Studium der Geschichte, Soziologie und Germanistik in Münster.

Hans-Jürgen Teuteberg, Dr. phil., ord. Professor für Sozial- und Wirtschaftsgeschichte der Neueren und Neuesten Zeit an der Universität Münster, geb. 1929, Studium der Geschichte, Volkswirtschaft, Staatswissenschaft und englischen Philologie in Göttingen.

Wolfhard Weber, Dr. phil., apl. Professor, Dozent für Wirtschafts- und Technikgeschichte an der Ruhr-Universität Bochum, Abteilung für Geschichtswissenschaft, geb. 1940, Studium der Geschichte, Anglistik, Pädagogik und Sportwissenschaft in Marburg und Hamburg.